Pour la France : 2 fr. le volume — Pour l'Étranger : 2 fr. 50 c.

ŒUVRES COMPLÈTES

DE

P. CORNEILLE

SUIVIES

DES ŒUVRES CHOISIES

DE THOMAS CORNEILLE

TOME QUATRIÈME

ÉDITION DE CH. LAHURE

Imprimeur à Paris

SE VEND A PARIS

CHEZ L. HACHETTE ET Cie

RUE PIERRE-SARRAZIN, N° 14

1857

ŒUVRES COMPLÈTES

DE

P. CORNEILLE

SUIVIES

DES OEUVRES CHOISIES

DE THOMAS CORNEILLE

TOME QUATRIÈME

ÉDITION DE CH. LAHURE
Imprimeur à Paris

SE VEND A PARIS
CHEZ L. HACHETTE ET Cie
RUE PIERRE-SARRAZIN, N° 14

1857

ŒUVRES COMPLÈTES

DE

P. CORNEILLE

TYPOGRAPHIE DE CH. LAHURE
Imprimeur du Sénat et de la Cour de Cassation
rue de Vaugirard, 9

PSYCHÉ.

TRAGÉDIE-BALLET[1].

1671.

PERSONNAGES.

JUPITER.
VÉNUS.
L'AMOUR.
ÉGIALE, } Grâces.
PHAÈNE, }
PSYCHÉ.
LE ROI, père de Psyché.
AGLAURE, } sœurs de Psyché.
CYDIPPE, }
CLÉOMÈNE, } princes, amans de Psyché.
AGÉNOR, }
ZÉPHIRE.
LYCAS.
LE DIEU D'UN FLEUVE.

PROLOGUE.

La scène représente sur le devant un lieu champêtre, et dans l'enfoncement un rocher percé à jour, à travers duquel on voit la mer en éloignement. — Flore paroît au milieu du théâtre, accompagnée de Vertumne, dieu des arbres et des fruits, et de Palémon, dieu des eaux. Chacun de ces dieux conduit une troupe de divinités : l'un mène à sa suite des Dryades et des Sylvains; et l'autre des dieux, des Fleuves, et des Naïades. Flore chante ce récit pour inviter Vénus à descendre en terre :

> Ce n'est plus le temps de la guerre;
> Le plus puissant des rois
> Interrompt ses exploits
> Pour donner la paix à la terre.
> Descendez, mère des Amours;
> Venez nous donner de beaux jours.

1. *Le libraire au lecteur.* — Cet ouvrage n'est pas tout d'une main. M. Quinault a fait les paroles qui s'y chantent en musique, à la réserve de la plainte italienne. M. Molière a dressé le plan de la pièce et réglé la disposition, où il s'est plus attaché aux beautés et à la pompe du spectacle qu'à l'exacte régularité. Quant à la versification, il n'a pas eu le loisir de la faire entière. Le carnaval approchoit; et les ordres pressans du roi, qui se vouloit donner ce magnifique divertissement plusieurs fois avant le carême, l'ont mis dans la nécessité de souffrir un peu de secours. Ainsi il n'y a que le prologue, le

(Vertumne et Palémon, avec les divinités qui les accompagnent, joignent leurs voix à celle de Flore, et chantent ces paroles :)

CHŒUR DE TOUTES LES DIVINITÉS DE LA TERRE ET DES EAUX, COMPOSÉ DE FLORE, NYMPHES, PALÉMON, VERTUMNE, SYLVAINS, FAUNES, DRYADES ET NAÏADES.

Nous goûtons une paix profonde ;
Les plus doux jeux sont ici-bas :
On doit ce repos, plein d'appas,
 Au plus grand roi du monde.
Descendez, mère des Amours ;
Venez nous donner de beaux jours.

(Il se fait ensuite une entrée de ballet, composée de deux Dryades, quatre Sylvains, deux Fleuves et deux Naïades ; après laquelle Vertumne et Palémon chantent ce dialogue :)

VERTUMNE.

Rendez-vous, beautés cruelles ;
Soupirez à votre tour.

PALÉMON.

Voici la reine des belles,
Qui vient inspirer l'amour.

VERTUMNE.

Un bel objet toujours sévère
Ne se fait jamais bien aimer.

PALÉMON.

C'est la beauté qui commence de plaire ;
Mais la douceur achève de charmer.

(Ils répètent ensemble ces derniers vers :)

C'est la beauté qui commence de plaire ;
Mais la douceur achève de charmer.

VERTUMNE.

Souffrons tous qu'Amour nous blesse ;
Languissons, puisqu'il le faut.

PALÉMON.

Que sert un cœur sans tendresse ?
 Est-il plus grand défaut ?

VERTUMNE.

Un bel objet toujours sévère
Ne se fait jamais bien aimer.

PALÉMON.

C'est la beauté qui commence de plaire ;
Mais la douceur achève de charmer.

premier acte, la première scène du second, et la première du troisième, dont les vers soient de lui. M. Corneille a employé une quinzaine au reste ; et, par ce moyen, Sa Majesté s'est trouvée servie dans le temps qu'elle l'avoit ordonné.

(Flore répond au dialogue de Vertumne et de Palémon par ce menuet et les autres divinités y mêlent leurs danses:)

    Est-on sage,
    Dans le bel âge,
    Est-on sage
   De n'aimer pas?
    Que sans cesse
    L'on se presse
De goûter les plaisirs ici-bas.
    La sagesse
    De la jeunesse,
C'est de savoir jouir de ses appas.
    L'Amour charme
    Ceux qu'il désarme,
    L'Amour charme;
    Cédons-lui tous :
    Notre peine
    Seroit vaine
De vouloir résister à ses coups.
    Quelque chaîne
    Qu'un amant prenne,
La liberté n'a rien qui soit si doux.

(Vénus descend du ciel dans une grande machine avec l'Amour, son fils, et deux petites Grâces, nommées Égiale et Phaène; et les divinités de la terre et des eaux recommencent de joindre toutes leurs voix, et continuent par leurs danses de lui témoigner la joie qu'elles ressentent à son abord.)

CHŒUR DE TOUTES LES DIVINITÉS DE LA TERRE ET DES EAUX.

  Nous goûtons une paix profonde;
  Les plus doux jeux sont ici-bas :
  On doit ce repos, plein d'appas,
    Au plus grand roi du monde.
  Descendez, mère des Amours;
  Venez nous donner de beaux jours.

    VÉNUS, *dans sa machine.*

Cessez, cessez pour moi tous vos chants d'allégresse;
De si rares honneurs ne m'appartiennent pas,
Et l'hommage qu'ici votre bonté m'adresse
Doit être réservé pour de plus doux appas.
   C'est une trop vieille méthode
   De me venir faire sa cour;
   Toutes les choses ont leur tour,
   Et Vénus n'est plus à la mode.
   Il est d'autres attraits naissans,
   Où l'on va porter ses encens :
Psyché, Psyché la belle, aujourd'hui tient ma place;

Déjà tout l'univers s'empresse à l'adorer,
    Et c'est trop que, dans ma disgrâce,
Je trouve encor quelqu'un qui me daigne honorer.
On ne balance point entre nos deux mérites ;
A quitter mon parti tout s'est licencié,
Et du nombreux amas de Grâces favorites
Dont je traînois partout les soins et l'amitié,
Il ne m'en est resté que deux des plus petites,
    Qui m'accompagnent par pitié.
    Souffrez que ces demeures sombres
Prêtent leur solitude aux troubles de mon cœur,
    Et me laissez parmi leurs ombres
    Cacher ma honte et ma douleur.

(Flore et les autres déités se retirent, et Vénus avec sa suite sort de sa machine.)

ÉGIALE.

Nous ne savons, Déesse, comment faire,
Dans ce chagrin qu'on voit vous accabler.
    Notre respect veut se taire,
    Notre zèle veut parler.

VÉNUS.

Parlez ; mais, si vos soins aspirent à me plaire,
Laissez tous vos conseils pour une autre saison,
    Et ne parlez de ma colère
    Que pour dire que j'ai raison.
C'étoit là, c'étoit là la plus sensible offense
Que ma divinité pût jamais recevoir ;
    Mais j'en aurai la vengeance,
    Si les dieux ont du pouvoir.

PHAÈNE.

Vous avez plus que nous de clartés, de sagesse,
Pour juger ce qui peut être digne de vous ;
Mais, pour moi, j'aurois cru qu'une grande déesse
    Devroit moins se mettre en courroux.

VÉNUS.

Et c'est là la raison de ce courroux extrême.
Plus mon rang a d'éclat, plus l'affront est sanglant ;
Et, si je n'étois pas dans ce degré suprême,
Le dépit de mon cœur seroit moins violent.
Moi, la fille du dieu qui lance le tonnerre ;
    Mère du dieu qui fait aimer ;
Moi, les plus doux souhaits du ciel et de la terre,
Et qui ne suis venue au jour que pour charmer ;
    Moi qui, par tout ce qui respire,
Ai vu de tant de vœux encenser mes autels,
Et qui de la beauté, par des droits immortels,

PROLOGUE.

Ai tenu de tout temps le souverain empire;
Moi dont les yeux ont mis deux grandes déités
Au point de me céder le prix de la plus belle,
Je me vois ma victoire et mes droits disputés
    Par une chétive mortelle!
Le ridicule excès d'un fol entêtement
Va jusqu'à m'opposer une petite fille!
Sur ses traits et les miens j'essuierai constamment
    Un téméraire jugement,
    Et du haut des cieux où je brille,
J'entendrai prononcer aux mortels prévenus:
    « Elle est plus belle que Vénus! »

ÉGIALE.

Voilà comme l'on fait; c'est le style des hommes,
Ils sont impertinens dans leurs comparaisons.

PHAÈNE.

Ils ne sauroient louer, dans le siècle où nous sommes,
    Qu'ils n'outragent les plus grands noms.

VÉNUS.

Ah! que de ces trois mots la rigueur insolente
    Venge bien Junon et Pallas,
Et console leurs cœurs de la gloire éclatante
Que la fameuse pomme acquit à mes appas!
Je les vois s'applaudir de mon inquiétude,
Affecter à toute heure un ris malicieux,
Et, d'un fixe regard, chercher avec étude
    Ma confusion dans mes yeux.
Leur triomphante joie, au fort d'un tel outrage,
Semble me venir dire, insultant mon courroux:
« Vante, vante, Vénus, les traits de ton visage:
Au jugement d'un seul, tu l'emportas sur nous;
    Mais, par le jugement de tous,
Une simple mortelle a sur toi l'avantage. »
Ah! ce coup-là m'achève, il me perce le cœur;
Je n'en puis plus souffrir les rigueurs sans égales,
Et c'est trop de surcroît à ma vive douleur
    Que le plaisir de mes rivales.
Mon fils, si j'eus jamais sur toi quelque crédit,
    Et si jamais je te fus chère,
Si tu portes un cœur à sentir le dépit
    Qui trouble le cœur d'une mère
    Qui si tendrement te chérit,
Emploie, emploie ici l'effort de ta puissance
    A soutenir mes intérêts;
    Et fais à Psyché, par tes traits,
    Sentir les traits de ma vengeance.
    Pour rendre son cœur malheureux,

Prends celui de tes traits le plus propre à me plaire,
　　　Le plus empoisonné de ceux
　　　Que tu lances dans ta colère.
Du plus bas, du plus vil, du plus affreux mortel,
Fais que jusqu'à la rage elle soit enflammée,
Et qu'elle ait à souffrir le supplice cruel
　　　D'aimer et n'être point aimée.

　　　　　　L'AMOUR.

Dans le monde on n'entend que plaintes de l'Amour;
On m'impute partout mille fautes commises,
Et vous ne croiriez point le mal et les sottises
　　　Que l'on dit de moi chaque jour.
　　　Si pour servir votre colère....

　　　　　　VÉNUS.

Va, ne résiste point aux souhaits de ta mère;
　　　N'applique tes raisonnemens
　　　Qu'à chercher les plus prompts momens
De faire un sacrifice à ma gloire outragée.
Pars, pour toute réponse à mes empressemens;
Et ne me revois point que je ne sois vengée.

　　(L'Amour s'envole, et Vénus se retire avec les Grâces.—La scène est changée en une grande ville, où l'on découvre, des deux côtés, des palais et des maisons de différens ordres d'architecture.)

ACTE PREMIER.

SCÈNE I. — AGLAURE, CYDIPPE.

　　　　　　AGLAURE.

Il est des maux, ma sœur, que le silence aigrit :
Laissons, laissons parler mon chagrin et le vôtre :
　　　Et de nos cœurs l'une à l'autre
　　　Exhalons le cuisant dépit.
　　　Nous nous voyons sœurs d'infortune;
Et la vôtre et la mienne ont un si grand rapport,
Que nous pouvons mêler toutes les deux en une,
　　　Et, dans notre juste transport,
　　　Murmurer à plainte commune
　　　Des cruautés de notre sort.
　　　Quelle fatalité secrète,
　　　Ma sœur, soumet tout l'univers
　　　Aux attraits de notre cadette,
　　　Et de tant de princes divers
　　　Qu'en ces lieux la fortune jette,
　　　N'en présente aucun à nos fers?

ACTE I, SCÈNE I.

Quoi ! voir de toutes parts, pour lui rendre les armes,
  Les cœurs se précipiter,
  Et passer devant nos charmes
  Sans s'y vouloir arrêter !
  Quel sort ont nos yeux en partage !
  Et qu'est-ce qu'ils ont fait aux dieux,
  De ne jouir d'aucun hommage
Parmi tous ces tributs de soupirs glorieux
  Dont le superbe avantage
  Fait triompher d'autres yeux ?
Est-il pour nous, ma sœur, de plus rude disgrâce
Que de voir tous les cœurs mépriser nos appas,
Et l'heureuse Psyché jouir avec audace
D'une foule d'amans attachés à ses pas ?

    CYDIPPE.

  Ah ! ma sœur, c'est une aventure
  A faire perdre la raison ;
  Et tous les maux de la nature
  Ne sont rien en comparaison.

    AGLAURE.

Pour moi, j'en suis souvent jusqu'à verser des larmes.
Tout plaisir, tout repos par là m'est arraché ;
Contre un pareil malheur ma constance est sans armes.
Toujours à ce chagrin mon esprit attaché
Me tient devant les yeux la honte de nos charmes,
  Et le triomphe de Psyché.
La nuit, il m'en repasse une idée éternelle
  Qui sur toute chose prévaut :
Rien ne me peut chasser cette image cruelle ;
Et, dès qu'un doux sommeil vient me délivrer d'elle,
  Dans mon esprit aussitôt
  Quelque songe la rappelle,
  Qui me réveille en sursaut.

    CYDIPPE.

  Ma sœur, voilà mon martyre.
  Dans vos discours je me voi ;
  Et vous venez là de dire
  Tout ce qui se passe en moi.

    AGLAURE.

Mais encor, raisonnons un peu sur cette affaire.
Quels charmes si puissans en elle sont épars ?
Et par où, dites-moi, du grand secret de plaire
L'honneur est-il acquis à ses moindres regards ?
  Que voit-on dans sa personne
  Pour inspirer tant d'ardeurs ?
  Quel droit de beauté lui donne
  L'empire de tous les cœurs ?

Elle a quelques attraits, quelque éclat de jeunesse,
On en tombe d'accord, je n'en disconviens pas :
Mais lui cède-t-on fort pour quelque peu d'aînesse,
   Et se voit-on sans appas ?
Est-on d'une figure à faire qu'on se raille ?
N'a-t-on point quelques traits et quelques agrémens,
Quelque teint, quelques yeux, quelque air, et quelque taille
A pouvoir dans nos fers jeter quelques amans ?
   Ma sœur, faites-moi la grâce
   De me parler franchement :
Suis-je faite d'un air, à votre jugement,
Que mon mérite au sien doive céder la place ?
   Et dans quelque ajustement
   Trouvez-vous qu'elle m'efface ?

    CYDIPPE.

   Qui ? vous, ma sœur ? nullement.
   Hier à la chasse près d'elle
   Je vous regardai longtemps :
   Et, sans vous donner d'encens,
   Vous me parûtes plus belle.
Mais, moi, dites, ma sœur, sans me vouloir flatter,
Sont-ce des visions que je me mets en tête,
Quand je me crois taillée à pouvoir mériter
   La gloire de quelque conquête ?

    AGLAURE.

Vous, ma sœur ? vous avez, sans nul déguisement,
Tout ce qui peut causer une amoureuse flamme.
Vos moindres actions brillent d'un agrément
   Dont je me sens toucher l'âme ;
   Et je serois votre amant,
   Si j'étois autre que femme.

    CYDIPPE.

D'où vient donc qu'on la voit l'emporter sur nous deux,
Qu'à ses premiers regards les cœurs rendent les armes,
Et que d'aucun tribut de soupirs et de vœux
   On ne fait honneur à nos charmes ?

    AGLAURE.

   Toutes les dames, d'une voix,
   Trouvent ses attraits peu de chose ;
Et du nombre d'amans qu'elle tient sous ses lois,
   Ma sœur, j'ai découvert la cause.

    CYDIPPE.

Pour moi, je la devine, et l'on doit présumer
Qu'il faut que là-dessous soit caché du mystère.
   Ce secret de tout enflammer
N'est point de la nature un effet ordinaire :
L'art de la Thessalie entre dans cette affaire ;

Et quelque main a su sans doute lui former
    Un charme pour se faire aimer.
AGLAURE.
Sur un plus fort appui ma croyance se fonde ;
Et le charme qu'elle a pour attirer les cœurs,
C'est un air en tout temps désarmé de rigueurs,
Des regards caressans que la bouche seconde,
    Un souris chargé de douceurs
    Qui tend les bras à tout le monde,
    Et ne vous promet que faveurs.
Notre gloire n'est plus aujourd'hui conservée,
Et l'on n'est plus au temps de ces nobles fiertés
Qui, par un digne essai d'illustres cruautés,
Vouloient voir d'un amant la constance éprouvée.
De tout ce noble orgueil qui nous seyoit si bien,
On est bien descendu dans le siècle où nous sommes ;
Et l'on en est réduite à n'espérer plus rien,
A moins que l'on se jette à la tête des hommes.
CYDIPPE.
Oui, voilà le secret de l'affaire, et je voi
    Que vous le prenez mieux que moi.
C'est pour nous attacher à trop de bienséance
Qu'aucun amant, ma sœur, à nous ne veut venir ;
    Et nous voulons trop soutenir
L'honneur de notre sexe et de notre naissance.
Les hommes maintenant aiment ce qui leur rit ;
L'espoir, plus que l'amour, est ce qui les attire,
    Et c'est par là que Psyché nous ravit
    Tous les amans qu'on voit sous son empire.
Suivons, suivons l'exemple ; ajustons-nous au temps ;
Abaissons-nous, ma sœur, à faire des avances,
Et ne ménageons plus de tristes bienséances
Qui nous ôtent les fruits du plus beau de nos ans.
AGLAURE.
J'approuve la pensée ; et nous avons matière
    D'en faire l'épreuve première
Aux deux princes qui sont les derniers arrivés.
Ils sont charmans, ma sœur ; et leur personne entière
    Me.... Les avez-vous observés ?
CYDIPPE.
Ah ! ma sœur, ils sont faits tous deux d'une manière
Que mon âme.... Ce sont deux princes achevés.
AGLAURE.
Je trouve qu'on pourroit rechercher leur tendresse
    Sans se faire déshonneur.
CYDIPPE.
Je trouve que, sans honte, une belle princesse

Leur pourroit donner son cœur.
AGLAURE.
Les voici tous deux, et j'admire
Leur air et leur ajustement.
CYDIPPE.
Ils ne démentent nullement
Tout ce que nous venons de dire.

SCÈNE II. — CLÉOMÈNE, AGÉNOR, AGLAURE, CYDIPPE.

AGLAURE.
D'où vient, princes, d'où vient que vous fuyez ainsi ?
Prenez vous l'épouvante en nous voyant paroître ?
CLÉOMÈNE.
On nous faisoit croire qu'ici
La princesse Psyché, madame, pourroit être.
AGLAURE.
Tous ces lieux n'ont-ils rien d'agréable pour vous,
Si vous ne les voyez ornés de sa présence ?
AGÉNOR.
Ces lieux peuvent avoir des charmes assez doux ;
Mais nous cherchons Psyché dans notre impatience.
CYDIPPE.
Quelque chose de bien pressant
Vous doit à la chercher pousser tous deux, sans doute ?
CLÉOMÈNE.
Le motif est assez puissant,
Puisque notre fortune enfin en dépend toute.
AGLAURE.
Ce seroit trop à nous que de nous informer
Du secret que ces mots nous peuvent enfermer.
CLÉOMÈNE.
Nous ne prétendons point en faire de mystère :
Aussi bien malgré nous paroîtroit-il au jour ;
Et le secret ne dure guère,
Madame, quand c'est de l'amour.
CYDIPPE.
Sans aller plus avant, princes, cela veut dire
Que vous aimez Psyché tous deux.
AGÉNOR.
Tous deux soumis à son empire,
Nous allons de concert lui découvrir nos feux.
AGLAURE.
C'est une nouveauté sans doute assez bizarre,
Que deux rivaux si bien unis.
CLÉOMÈNE.
Il est vrai que la chose est rare,

Mais non pas impossible à deux parfaits amis.
CYDIPPE.
Est-ce que dans ces lieux il n'est qu'elle de belle?
Et n'y trouvez-vous point à séparer vos vœux?
AGLAURE.
Parmi l'éclat du sang, vos yeux n'ont-ils vu qu'elle
    A pouvoir mériter vos feux?
CLÉOMÈNE.
Est-ce que l'on consulte au moment qu'on s'enflamme?
    Choisit-on qui l'on veut aimer?
    Et pour donner toute son âme,
Regarde-t-on quel droit on a de nous charmer?
AGÉNOR.
    Sans qu'on ait le pouvoir d'élire,
    On suit dans une telle ardeur
    Quelque chose qui nous attire;
    Et lorsque l'amour touche un cœur,
    On n'a point de raisons à dire.
AGLAURE.
En vérité, je plains les fâcheux embarras
    Où je vois que vos cœurs se mettent.
Vous aimez un objet dont les rians appas
Mêleront des chagrins à l'espoir qu'ils vous jettent;
    Et son cœur ne vous tiendra pas
    Tout ce que ses yeux vous promettent.
CYDIPPE.
L'espoir qui vous appelle au rang de ses amans
Trouvera du mécompte aux douceurs qu'elle étale;
Et c'est pour essuyer de très-fâcheux momens,
Que les soudains retours de son âme inégale.
AGLAURE.
Un clair discernement de ce que vous valez
Nous fait plaindre le sort où cet amour vous guide;
Et vous pouvez trouver tous deux, si vous voulez,
Avec autant d'attraits, une âme plus solide.
CYDIPPE.
    Par un choix plus doux de moitié,
Vous pouvez de l'amour sauver votre amitié;
Et l'on voit en vous deux un mérite si rare,
Qu'un tendre avis veut bien prévenir, par pitié,
    Ce que votre cœur se prépare.
CLÉOMÈNE.
Cet avis généreux fait pour nous éclater
    Des bontés qui nous touchent l'âme;
Mais le ciel nous réduit à ce malheur, madame,
    De ne pouvoir en profiter.

AGÉNOR.

Votre illustre pitié veut en vain nous distraire
D'un amour dont tous deux nous redoutons l'effet;
Ce que notre amitié, madame, n'a pas fait,
  Il n'est rien qui le puisse faire.

CYDIPPE.

Il faut que le pouvoir de Psyché.... La voici.

SCÈNE III. — PSYCHÉ, CYDIPPE, AGLAURE, CLÉOMÈNE, AGÉNOR.

CYDIPPE.

Venez jouir, ma sœur, de ce qu'on vous apprête.

AGLAURE.

Préparez vos attraits à recevoir ici
Le triomphe nouveau d'une illustre conquête.

CYDIPPE.

Ces princes ont tous deux si bien senti vos coups,
Qu'à vous le découvrir leur bouche se dispose.

PSYCHÉ.

Du sujet qui les tient si rêveurs parmi nous,
  Je ne me croyois pas la cause;
  Et j'aurois cru toute autre chose
  En les voyant parler à vous.

AGLAURE.

  N'ayant ni beauté ni naissance
A pouvoir mériter leur amour et leurs soins,
  Ils nous favorisent au moins
  De l'honneur de la confidence.

CLÉOMÈNE, *à Psyché*.

L'aveu qu'il nous faut faire à vos divins appas
Est sans doute, madame, un aveu téméraire;
  Mais tant de cœurs près du trépas
Sont, par de tels aveux, forcés à vous déplaire,
Que vous êtes réduite à ne les punir pas
  Des foudres de votre colère.
  Vous voyez en nous deux amis
Qu'un doux rapport d'humeurs sut joindre dès l'enfance;
Et ces tendres liens se sont vus affermis
Par cent combats d'estime et de reconnoissance.
Du destin ennemi les assauts rigoureux,
Les mépris de la mort, et l'aspect des supplices,
Par d'illustres éclats de mutuels offices,
Ont de notre amitié signalé les beaux nœuds:
Mais, à quelques essais qu'elle se soit trouvée,
  Son grand triomphe est en ce jour;
Et rien ne fait tant voir sa constance éprouvée

ACTE I, SCÈNE III.

Que de se conserver au milieu de l'amour.
Oui, malgré tant d'appas, son illustre constance
Aux lois qu'elle nous fait a soumis tous nos vœux :
Elle vient, d'une douce et pleine déférence,
Remettre à votre choix le succès de nos feux ;
Et, pour donner un poids à notre concurrence,
Qui des raisons d'État entraîne la balance
    Sur le choix de l'un de nous deux,
Cette même amitié s'offre sans répugnance
D'unir nos deux Etats au sort du plus heureux.

AGÉNOR.

    Oui, de ces deux États, madame,
Que sous votre heureux choix nous nous offrons d'unir,
    Nous voulons faire à notre flamme,
    Un secours pour vous obtenir.
Ce que, pour ce bonheur, près du roi votre père,
    Nous nous sacrifions tous deux,
N'a rien de difficile à nos cœurs amoureux ;
Et c'est au plus heureux faire un don nécessaire
    D'un pouvoir dont le malheureux,
    Madame, n'aura plus affaire.

PSYCHÉ.

Le choix que vous m'offrez, princes, montre à mes yeux
De quoi remplir les vœux de l'âme la plus fière,
Et vous me le parez tous deux d'une manière
Qu'on ne peut rien offrir qui soit plus précieux.
Vos feux, votre amitié, votre vertu suprême,
Tout me relève en vous l'offre de votre foi ;
Et j'y vois un mérite à s'opposer lui-même
    A ce que vous voulez de moi.
Ce n'est pas à mon cœur qu'il faut que je défère
    Pour entrer sous de tels liens :
Ma main, pour se donner, attend l'ordre d'un père,
Et mes sœurs ont des droits qui vont devant les miens.
Mais, si l'on me rendoit sur mes vœux absolue,
Vous y pourriez avoir trop de part à la fois ;
Et toute mon estime, entre vous suspendue,
Ne pourroit sur aucun laisser tomber mon choix.
    A l'ardeur de votre poursuite
Je répondrois assez de mes vœux les plus doux ;
    Mais c'est, parmi tant de mérite,
Trop que deux cœurs pour moi, trop peu qu'un cœur pour vous.
De mes plus doux souhaits j'aurois l'âme gênée
    A l'effort de votre amitié ;
Et j'y vois l'un de vous prendre une destinée
    A me faire trop de pitié.
Oui, princes, à tous ceux dont l'amour suit le vôtre

Je vous préférerois tous deux avec ardeur ;
      Mais je n'aurois jamais le cœur
De pouvoir préférer l'un de vous deux à l'autre
      A celui que je choisirois
Ma tendresse feroit un trop grand sacrifice ;
Et je m'imputerois à barbare injustice
      Le tort qu'à l'autre je ferois.
Oui, tous deux vous brillez de trop de grandeur d'âme
      Pour en faire aucun malheureux ;
Et vous devez chercher dans l'amoureuse flamme
      Le moyen d'être heureux tous deux.
      Si votre cœur me considère
Assez pour me souffrir de disposer de vous,
      J'ai deux sœurs capables de plaire,
Qui peuvent bien vous faire un destin assez doux :
Et l'amitié me rend leur personne assez chère
      Pour vous souhaiter leurs époux.

####CLÉOMÈNE.

      Un cœur dont l'amour est extrême
      Peut-il bien consentir, hélas !
      D'être donné par ce qu'il aime ?
Sur nos deux cœurs, madame, à vos divins appas
      Nous donnons un pouvoir suprême :
      Disposez-en pour le trépas ;
      Mais pour une autre que vous-même
Ayez cette bonté de n'en disposer pas.

####AGÉNOR.

Aux princesses, madame, on feroit trop d'outrage ;
Et c'est pour leurs attraits un indigne partage
      Que les restes d'une autre ardeur.
Il faut d'un premier feu la pureté fidèle
      Pour aspirer à cet honneur
      Où votre bonté nous appelle ;
      Et chacune mérite un cœur
      Qui n'ait soupiré que pour elle.

####AGLAURE.

      Il me semble, sans nul courroux,
      Qu'avant que de vous en défendre,
      Princes, vous deviez bien attendre
      Qu'on se fût expliqué sur vous.
Nous croyez-vous un cœur si facile et si tendre ?
Et lorsqu'on parle ici de vous donner à nous,
      Savez-vous si l'on veut vous prendre ?

####CYDIPPE.

Je pense que l'on a d'assez hauts sentimens
Pour refuser un cœur qu'il faut qu'on sollicite,
Et qu'on ne veut devoir qu'à son propre mérite

La conquête de ses amans.
PSYCHÉ.
J'ai cru pour vous, mes sœurs, une gloire assez grande,
Si la possession d'un mérite si haut....

SCÈNE IV. — PSYCHÉ, AGLAURE, CYDIPPE, CLÉOMÈNE,
AGÉNOR, LYCAS.

LYCAS, *à Psyché.*
Ah, madame !
PSYCHÉ.
Qu'as-tu ?
LYCAS.
Le roi....
PSYCHÉ.
Quoi ?
LYCAS.
Vous demande.
PSYCHÉ.
De ce trouble si grand que faut-il que j'attende ?
LYCAS.
Vous ne le saurez que trop tôt.
PSYCHÉ.
Hélas ! que pour le roi tu me donnes à craindre !
LYCAS.
Ne craignez que pour vous, c'est vous que l'on doit plaindre.
PSYCHÉ.
C'est pour louer le ciel, et me voir hors d'effroi,
De savoir que je n'aie à craindre que pour moi.
Mais apprends-moi, Lycas, le sujet qui te touche.
LYCAS.
Souffrez que j'obéisse à qui m'envoie ici,
Madame, et qu'on vous laisse apprendre de sa bouche
Ce qui peut m'affliger ainsi.
PSYCHÉ.
Allons savoir sur quoi l'on craint tant ma foiblesse.

SCÈNE V. — AGLAURE, CYDIPPE, LYCAS

AGLAURE.
Si ton ordre n'est pas jusqu'à nous étendu,
Dis-nous quel grand malheur nous couvre ta tristesse.
LYCAS.
Hélas ! ce grand malheur dans la cour répandu,
Voyez-le vous-même, princesse,
Dans l'oracle qu'au roi les destins ont rendu.
Voici ses propres mots que la douleur, madame,
A gravés au fond de mon âme :

« Que l'on ne pense nullement
A vouloir de Psyché conclure l'hyménée :
Mais qu'au sommet d'un mont elle soit promptement
　　En pompe funèbre menée ;
　　Et que, de tous abandonnée,
Pour époux elle attende en ces lieux constamment
Un monstre dont on a la vue empoisonnée,
Un serpent qui répand son venin en tous lieux,
Et trouble dans sa rage et la terre et les cieux. »
　　Après un arrêt si sévère
Je vous quitte, et vous laisse à juger entre vous
Si, par de plus cruels et plus sensibles coups,
Tous les dieux nous pouvoient expliquer leur colère.

SCÈNE VI. — AGLAURE, CYDIPPE.

CYDIPPE.

Ma sœur, que sentez-vous à ce soudain malheur
　Où nous voyons Psyché par les destins plongée ?

AGLAURE.

　　Mais vous, que sentez-vous, ma sœur ?

CYDIPPE.

A ne vous point mentir, je sens que dans mon cœur
　　Je n'en suis pas trop affligée.

AGLAURE.

　　Moi, je sens quelque chose au mien
　　Qui ressemble assez à la joie.
　　Allons, le destin nous envoie
Un mal que nous pouvons regarder comme un bien.

PREMIER INTERMÈDE.

La scène est changée en des rochers affreux, et fait voir en éloignement une grotte effroyable. — C'est dans ce désert que Psyché doit être exposée pour obéir à l'oracle. Une troupe de personnes affligées y viennent déplorer sa disgrâce. Une partie de cette troupe désolée témoigne sa pitié par des plaintes touchantes et par des concerts lugubres ; et l'autre exprime sa désolation par une danse pleine de toutes les marques du plus violent désespoir.

PLAINTES EN ITALIEN,

Chantées par une femme désolée et deux hommes affligés.

FEMME DÉSOLÉE.

Deh ! piangete al pianto mio,
　Sassi duri, antiche selve,
　Lagrimate, fonti, e belue,
　D'un bel volto il fato rio.

PREMIER HOMME AFFLIGÉ.
Ahi dolore!
SECOND HOMME AFFLIGÉ.
Ahi martire!
PREMIER HOMME AFFLIGÉ.
Cruda morte!
SECOND HOMME AFFLIGÉ.
Empia sorte!
TOUS TROIS.
Che condanni a morir tanta beltà,
Cieli, stelle, ahi crudeltà!
SECOND HOMME AFFLIGÉ.
Com' esser può fra voi, o numi eterni,
Chi voglia estinta una beltà innocente?
Ahi! che tanto rigor, cielo inclemente,
Vince di crudeltà gli stessi inferni!
PREMIER HOMME AFFLIGÉ.
Nume fiero!
SECOND HOMME AFFLIGÉ.
Dio severo!
ENSEMBLE.
Perchè tanto rigor
Contro innocente cor!
Ahi! sentenza inudita,
Dar morte a la beltà, ch'altrui dà vita.
FEMME DÉSOLÉE.
Ahi ch'indarno si tarda
Non resiste agli dei mortale affetto,
Alto impero ne sforza,
Ove commanda il ciel, l'uom cede a forza.
Ahi dolore! etc., *come sopra.*

(Ces plaintes sont entrecoupées et finies par une entrée de ballet de huit personnes affligées.)

ACTE SECOND.

SCÈNE I. — LE ROI, PSYCHÉ, AGLAURE, CYDIPPE, LYCAS, SUITE.

PSYCHÉ.
De vos larmes, seigneur, la source m'est bien chère;
Mais c'est trop aux bontés que vous avez pour moi
Que de laisser régner les tendresses de père
    Jusque dans les yeux d'un grand roi.
Ce qu'on vous voit ici donner à la nature

Au rang que vous tenez, seigneur, fait trop d'injure,
Et j'en dois refuser les touchantes faveurs.
   Laissez moins sur votre sagesse
   Prendre d'empire à vos douleurs,
Et cessez d'honorer mon destin par des pleurs,
Qui, dans le cœur d'un roi, montrent de la foiblesse.

####### LE ROI.

Ah! ma fille, à ces pleurs laisse mes yeux ouverts;
Mon deuil est raisonnable, encor qu'il soit extrême;
Et lorsque pour toujours on perd ce que je perds
La sagesse, crois-moi, peut pleurer elle-même.
   En vain l'orgueil du diadème
Veut qu'on soit insensible à ces cruels revers;
En vain de la raison les secours sont offerts
Pour vouloir d'un œil sec voir mourir ce qu'on aime;
L'effort en est barbare aux yeux de l'univers;
Et c'est brutalité plus que vertu suprême.
  Je ne veux point, dans cette adversité,
  Parer mon cœur d'insensibilité,
   Et cacher l'ennui qui me touche :
   Je renonce à la vanité
   De cette dureté farouche
   Que l'on appelle fermeté;
   Et, de quelque façon qu'on nomme
Cette vive douleur dont je ressens les coups,
Je veux bien l'étaler, ma fille, aux yeux de tous,
Et dans le cœur d'un roi montrer le cœur d'un homme.

####### PSYCHÉ.

Je ne mérite pas cette grande douleur :
Opposez, opposez un peu de résistance
   Aux droits qu'elle prend sur un cœur
Dont mille événemens ont marqué la puissance.
Quoi! faut-il que pour moi vous renonciez, seigneur,
   A cette royale constance
Dont vous avez fait voir dans les coups du malheur
   Une fameuse expérience?

####### LE ROI.

La constance est facile en mille occasions.
   Toutes les révolutions
Où nous peut exposer la fortune inhumaine,
La perte des grandeurs, les persécutions,
Le poison de l'envie, et les traits de la haine,
   N'ont rien que ne puissent sans peine
   Braver les résolutions
D'une âme où la raison est un peu souveraine.
   Mais ce qui porte des rigueurs
   A faire succomber les cœurs

Sous le poids des douleurs amères,
Ce sont, ce sont les rudes traits
De ces fatalités sévères
Qui nous enlèvent pour jamais
Les personnes qui nous sont chères.
La raison contre de tels coups
N'offre point d'armes secourables;
Et voilà des dieux en courroux
Les foudres les plus redoutables
Qui se puissent lancer sur nous.

PSYCHÉ.

Seigneur, une douceur ici vous est offerte.
Votre hymen a reçu plus d'un présent des dieux;
Et, par une faveur ouverte,
Ils ne vous ôtent rien, en m'ôtant à vos yeux,
Dont ils n'aient pris le soin de réparer la perte.
Il vous reste de quoi consoler vos douleurs,
Et cette loi du ciel, que vous nommez cruelle,
Dans les deux princesses mes sœurs
Laisse à l'amitié paternelle
Où placer toutes ses douceurs.

LE ROI.

Ah! de mes maux soulagement frivole!
Rien, rien ne s'offre à moi qui de toi me console.
C'est sur mes déplaisirs que j'ai les yeux ouverts,
Et, dans un destin si funeste,
Je regarde ce que je perds,
Et ne vois point ce qui me reste.

PSYCHÉ.

Vous savez mieux que moi qu'aux volontés des dieux,
Seigneur, il faut régler les nôtres;
Et je ne puis vous dire, en ces tristes adieux,
Que ce que beaucoup mieux vous pouvez dire aux autres.
Ces dieux sont maîtres souverains
Des présens qu'ils daignent nous faire;
Ils ne les laissent dans nos mains
Qu'autant de temps qu'il peut leur plaire;
Lorsqu'ils viennent les retirer,
On n'a nul droit de murmurer
Des grâces que leur main ne veut plus nous étendre.
Seigneur, je suis un don qu'ils ont fait à vos vœux;
Et quand, par cet arrêt, ils veulent me reprendre,
Ils ne vous ôtent rien que vous ne teniez d'eux,
Et c'est sans murmurer que vous devez me rendre.

LE ROI.

Ah! cherche un meilleur fondement
Aux consolations que ton cœur me présente;

Et de la fausseté de ce raisonnement
　　　Ne fais point un accablement
　　　A cette douleur si cuisante
　　　Dont je souffre ici le tourment.
Crois-tu là me donner une raison puissante
Pour ne me plaindre point de cet arrêt des cieux?
　　　Et, dans le procédé des dieux
　　　Dont tu veux que je me contente,
　　　Une rigueur assassinante
　　　Ne paroît-elle pas aux yeux?
Vois l'état où ces dieux me forcent à te rendre,
Et l'autre où te reçut mon cœur infortuné;
Tu connoîtras par là qu'ils me viennent reprendre
　　　Bien plus que ce qu'ils m'ont donné.
　　　Je reçus d'eux en toi, ma fille,
Un présent que mon cœur ne leur demandoit pas;
　　　J'y trouvois alors peu d'appas,
Et leur en vis sans joie accroître ma famille;
　　　Mais mon cœur, ainsi que mes yeux,
S'est fait de ce présent une douce habitude;
J'ai mis quinze ans de soins, de veilles et d'études
　　　A me le rendre précieux;
　　　Je l'ai paré de l'aimable richesse
　　　De mille brillantes vertus;
En lui j'ai renfermé, par des soins assidus,
Tous les plus beaux trésors que fournit la sagesse :
A lui j'ai de mon âme attaché la tendresse;
J'en ai fait de ce cœur le charme et l'allégresse,
La consolation de mes sens abattus,
　　　Le doux espoir de ma vieillesse.
　　　Ils m'ôtent tout cela, ces dieux;
Et tu veux que je n'aie aucun sujet de plainte
Sur cet affreux arrêt dont je souffre l'atteinte!
Ah! leur pouvoir se joue avec trop de rigueur
　　　Des tendresses de notre cœur.
Pour m'ôter leur présent, leur falloit-il attendre
　　　Que j'en eusse fait tout mon bien?
Ou plutôt, s'ils avoient dessein de le reprendre,
N'eût-il pas été mieux de ne me donner rien?

PSYCHÉ.

　　Seigneur, redoutez la colère
De ces dieux contre qui vous osez éclater.

LE ROI.

　　Après ce coup, que peuvent-ils me faire?
Ils m'ont mis en état de ne rien redouter.

PSYCHÉ.

　　Ah! seigneur, je tremble des crimes

Que je vous fais commettre, et je dois me haïr.
LE ROI.
Ah! qu'ils souffrent du moins mes plaintes légitimes!
Ce m'est assez d'effort que de leur obéir;
Ce doit leur être assez que mon cœur t'abandonne
Au barbare respect qu'il faut qu'on ait pour eux,
Sans prétendre gêner la douleur que me donne
L'épouvantable arrêt d'un sort si rigoureux.
Mon juste désespoir ne sauroit se contraindre;
Je veux, je veux garder ma douleur à jamais;
Je veux sentir toujours la perte que je fais;
De la rigueur du ciel je veux toujours me plaindre;
Je veux jusqu'au trépas incessamment pleurer
Ce que tout l'univers ne peut me réparer.
PSYCHÉ.
Ah! de grâce, seigneur, épargnez ma foiblesse;
J'ai besoin de constance en l'état où je suis.
Ne fortifiez point l'excès de mes ennuis
    Des larmes de votre tendresse.
Seuls ils sont assez forts; et c'est trop pour mon cœur
    De mon destin et de votre douleur.
LE ROI.
Oui, je dois t'épargner mon deuil inconsolable.
Voici l'instant fatal de m'arracher de toi :
Mais comment prononcer ce mot épouvantable?
Il le faut toutefois, le ciel m'en fait la loi;
    Une rigueur inévitable
M'oblige à te laisser en ce funeste lieu.
    Adieu : je vais.... Adieu.

SCÈNE II[1]. — PSYCHÉ, AGLAURE, CYDIPPE.

PSYCHÉ.
Suivez le roi, mes sœurs; vous essuierez ses larmes,
    Vous adoucirez ses douleurs;
    Et vous l'accableriez d'alarmes,
Si vous vous exposiez encore à mes malheurs.
    Conservez-lui ce qui lui reste.
Le serpent que j'attends peut vous être funeste,
    Vous envelopper dans mon sort,
Et me porter en vous une seconde mort....
    Le ciel m'a seule condamnée
    A son haleine empoisonnée :

---

[1]. Ce qui suit, jusqu'à la fin de la pièce, est de Corneille, à la réserve de la première scène du troisième acte, qui est de la même main que ce qui a précédé.

Rien ne sauroit me secourir;
Et je n'ai pas besoin d'exemple pour mourir.
              AGLAURE.
Ne nous enviez pas ce cruel avantage
De confondre nos pleurs avec vos déplaisirs,
De mêler nos soupirs à vos derniers soupirs :
D'une tendre amitié souffrez ce dernier gage.
              PSYCHÉ.
  C'est vous perdre inutilement.
              CYDIPPE.
C'est en votre faveur espérer un miracle,
Ou vous accompagner jusques au monument.
              PSYCHÉ.
Que peut-on se promettre après un tel oracle?
              AGLAURE.
Un oracle jamais n'est sans obscurité :
On l'entend d'autant moins que mieux on croit l'entendre;
Et peut-être, après tout, n'en devez-vous attendre
  Que gloire et que félicité.
Laissez-nous voir, ma sœur, par une digne issue
Cette frayeur mortelle heureusement déçue,
  Ou mourir du moins avec vous,
Si le ciel à nos vœux ne se montre plus doux.
              PSYCHÉ.
Ma sœur, écoutez mieux la voix de la nature
  Qui vous appelle auprès du roi.
  Vous m'aimez trop; le devoir en murmure,
  Vous en savez l'indispensable loi.
Un père vous doit être encor plus cher que moi.
Rendez-vous toutes deux l'appui de sa vieillesse;
Vous lui devez chacune un gendre et des neveux.
Mille rois à l'envi vous gardent leur tendresse,
Mille rois à l'envi vous offriront leurs vœux.
L'oracle me veut seule; et seule aussi je veux
  Mourir, si je puis, sans foiblesse,
Ou ne vous avoir pas pour témoins toutes deux
De ce que, malgré moi, la nature m'en laisse.
              AGLAURE.
Partager vos malheurs, c'est vous importuner?
              CYDIPPE.
J'ose dire un peu plus, ma sœur, c'est vous déplaire?
              PSYCHÉ.
  Non; mais enfin c'est me gêner,
Et peut-être du ciel redoubler la colère.
              AGLAURE.
  Vous le voulez, et nous partons.
Daigne ce même ciel, plus juste et moins sévère,

Vous envoyer le sort que nous vous souhaitons,
 Et que notre amitié sincère,
En dépit de l'oracle, et malgré vous, espère!
    PSYCHÉ.
Adieu. C'est un espoir, ma sœur, et des souhaits
 Qu'aucun des dieux ne remplira jamais.

SCÈNE III. — PSYCHÉ.

  Enfin, seule et toute à moi-même,
Je puis envisager cet affreux changement
  Qui, du haut d'une gloire extrême,
  Me précipite au monument.
  Cette gloire étoit sans seconde;
L'éclat s'en répandoit jusqu'aux deux bouts du monde;
Tout ce qu'il a de rois sembloient faits pour m'aimer;
 Tous leurs sujets, me prenant pour déesse,
  Commençoient à m'accoutumer
  Aux encens qu'ils m'offroient sans cesse :
Leurs soupirs me suivoient sans qu'il m'en coûtât rien;
Mon âme restoit libre en captivant tant d'âmes;
  Et j'étois parmi tant de flammes
Reine de tous les cœurs, et maîtresse du mien.
  O ciel, m'auriez-vous fait un crime
  De cette insensibilité?
Déployez-vous sur moi tant de sévérité,
Pour n'avoir à leurs vœux rendu que de l'estime?
  Si vous m'imposiez cette loi,
Qu'il fallût faire un choix pour ne pas vous déplaire,
  Puisque je ne pouvois le faire,
  Que ne le faisiez-vous pour moi?
Que ne m'inspiriez-vous ce qu'inspire à tant d'autres
Le mérite, l'amour, et.... Mais que vois-je ici?

SCÈNE IV. — CLÉOMÈNE, AGÉNOR, PSYCHÉ.

    CLÉOMÈNE.
Deux amis, deux rivaux, dont l'unique souci
Est d'exposer leurs jours pour conserver les vôtres.
    PSYCHÉ.
Puis-je vous écouter quand j'ai chassé deux sœurs?
Princes, contre le ciel pensez-vous me défendre?
Vous livrer au serpent qu'ici je dois attendre,
Ce n'est qu'un désespoir qui sied mal aux grands cœurs;
  Et mourir alors que je meurs,
  C'est accabler une âme tendre,
  Qui n'a que trop de ses douleurs.

AGÉNOR.
Un serpent n'est pas invincible :
Cadmus, qui n'aimoit rien, défit celui de Mars.
Nous aimons, et l'amour sait rendre tout possible
    Au cœur qui suit ses étendards,
A la main dont lui-même il conduit tous les dards.
PSYCHÉ.
Voulez-vous qu'il vous serve en faveur d'une ingrate
    Que tous ses traits n'ont pu toucher;
Qu'il dompte sa vengeance au moment qu'elle éclate,
    Et vous aide à m'en arracher?
    Quand même vous m'auriez servie,
    Quand vous m'auriez rendu la vie,
Quel fruit espérez-vous de qui ne peut aimer?
CLÉOMÈNE.
Ce n'est point par l'espoir d'un si charmant salaire
    Que nous nous sentons animer;
    Nous ne cherchons qu'à satisfaire
Aux devoirs d'un amour qui n'ose présumer
    Que jamais, quoi qu'il puisse faire,
    Il soit capable de vous plaire,
    Et digne de vous enflammer.
Vivez, belle princesse, et vivez pour un autre :
    Nous le verrons d'un œil jaloux,
Nous en mourrons, mais d'un trépas plus doux
    Que s'il nous falloit voir le vôtre;
Et si nous ne mourons en vous sauvant le jour,
Quelque amour qu'à nos yeux vous préfériez au nôtre,
Nous voulons bien mourir de douleur et d'amour.
PSYCHÉ.
Vivez, princes, vivez, et de ma destinée
Ne songez plus à rompre ou partager la loi;
Je crois vous l'avoir dit, le ciel ne veut que moi,
    Le ciel m'a seule condamnée.
Je pense ouïr déjà les mortels sifflemens
    De son ministre qui s'approche :
Ma frayeur me le peint, me l'offre à tous momens;
Et, maîtresse qu'elle est de tous mes sentimens,
Elle me le figure au haut de cette roche.
J'en tombe de foiblesse, et mon cœur abattu
Ne soutient plus qu'à peine un reste de vertu.
Adieu, princes; fuyez, qu'il ne vous empoisonne.
AGÉNOR.
Rien ne s'offre à nos yeux encor qui les étonne;
Et quand vous vous peignez un si proche trépas,
    Si la force vous abandonne,
    Nous avons des cœurs et des bras

ACTE II, SCÈNE IV.

  Que l'espoir n'abandonne pas.
Peut-être qu'un rival a dicté cet oracle,
Que l'or a fait parler celui qui l'a rendu :
  Ce ne seroit pas un miracle
Que pour un dieu muet un homme eût répondu ;
Et dans tous les climats on n'a que trop d'exemples
Qu'il est, ainsi qu'ailleurs, des méchans dans les temples.

     CLÉOMÈNE.

Laissez-nous opposer au lâche ravisseur
A qui le sacrilége indignement vous livre,
Un amour qu'a le ciel choisi, pour défenseur
De la seule beauté pour qui nous voulons vivre.
Si nous n'osons prétendre à sa possession,
Du moins en son péril permettez-nous de suivre
L'ardeur et les devoirs de notre passion.

     PSYCHÉ.

  Portez-les à d'autres moi-mêmes,
  Princes, portez-les à mes sœurs,
  Ces devoirs, ces ardeurs extrêmes,
  Dont pour moi sont remplis vos cœurs :
  Vivez pour elles quand je meurs.
Plaignez de mon destin les funestes rigueurs,
Sans leur donner en vous de nouvelles matières.
  Ce sont mes volontés dernières ;
  Et l'on a reçu de tout temps
Pour souveraines lois les ordres des mourans.

     CLÉOMÈNE.

Princesse....

     PSYCHÉ.

  Encore un coup, princes, vivez pour elles.
Tant que vous m'aimerez, vous devez m'obéir :
Ne me réduisez pas à vouloir vous haïr,
  Et vous regarder en rebelles
  A force de m'être fidèles.
Allez, laissez-moi seule expirer en ce lieu
Où je n'ai plus de voix que pour vous dire adieu.
Mais je sens qu'on m'enlève, et l'air m'ouvre une route
D'où vous n'entendrez plus cette mourante voix.
Adieu, princes, adieu pour la dernière fois.
Voyez si de mon sort vous pouvez être en doute.

  (Elle est enlevée en l'air par deux Zéphires.)

     AGÉNOR.

Nous la perdons de vue. Allons tous deux chercher
  Sur le faîte de ce rocher,
  Prince, les moyens de la suivre.

     CLÉOMÈNE.

Allons-y chercher ceux de ne lui point survivre.

SCÈNE V. — L'AMOUR, *en l'air.*

Allez mourir, rivaux d'un dieu jaloux,
Dont vous méritez le courroux
Pour avoir eu le cœur sensible aux mêmes charmes.
Et toi, forge, Vulcain, mille brillans attraits
Pour orner un palais
Où l'Amour de Psyché veut essuyer les larmes,
Et lui rendre les armes.

SECOND INTERMÈDE.

La scène se change en une cour magnifique ornée de colonnes de lapis enrichies de figures d'or, qui forment un palais pompeux et brillant que l'Amour destine pour Psyché. Six Cyclopes avec quatre fées y font une entrée de ballet, où ils achèvent en cadence quatre gros vases d'argent que les fées leur ont apportés. Cette entrée est entrecoupée par ce récit de Vulcain, qu'il fait à deux reprises :

PREMIER COUPLET.

Dépêchez, préparez ces lieux
Pour le plus aimable des dieux;
Que chacun pour lui s'intéresse.
N'oubliez rien des soins qu'il faut :
Quand l'Amour presse,
On n'a jamais fait assez tôt.

L'Amour ne veut point qu'on diffère :
Travaillez, hâtez-vous,
Frappez, redoublez vos coups ;
Que l'ardeur de lui plaire
Fasse vos soins les plus doux.

SECOND COUPLET.

Servez bien un dieu si charmant;
Il se plaît dans l'empressement;
Que chacun pour lui s'intéresse.
N'oubliez rien des soins qu'il faut :
Quand l'Amour presse,
On n'a jamais fait assez tôt.

L'Amour ne veut point qu'on diffère :
Travaillez, etc.

ACTE TROISIÈME.

SCÈNE I. — L'AMOUR, ZÉPHIRE.

ZÉPHIRE.
Oui, je me suis galamment acquitté
De la commission que vous m'avez donnée;
Et du haut du rocher, je l'ai, cette beauté,
Par le milieu des airs, doucement amenée
    Dans ce beau palais enchanté,
    Où vous pouvez en liberté
    Disposer de sa destinée.
Mais vous me surprenez par ce grand changement
    Qu'en votre personne vous faites :
Cette taille, ces traits, et cet ajustement,
    Cachent tout à fait qui vous êtes;
Et je donne aux plus fins à pouvoir en ce jour
    Vous reconnoître pour l'Amour.

L'AMOUR.
Aussi ne veux-je pas qu'on puisse me connoître :
Je ne veux à Psyché découvrir que mon cœur,
Rien que les beaux transports de cette vive ardeur
    Que ses doux charmes y font naître;
Et pour en exprimer l'amoureuse langueur,
    Et cacher ce que je puis être
    Aux yeux qui m'imposent des lois,
    J'ai pris la forme que tu vois.

ZÉPHIRE.
    En tout vous êtes un grand maître,
    C'est ici que je le connois.
Sous des déguisemens de diverse nature
    On a vu les dieux amoureux
Chercher à soulager cette douce blessure
Que reçoivent les cœurs de vos traits pleins de feux :
    Mais en bon sens vous l'emportez sur eux;
    Et voilà la bonne figure
    Pour avoir un succès heureux
Près de l'aimable sexe où l'on porte ses vœux.
Oui, de ces formes-là l'assistance est bien forte;
    Et, sans parler ni de rang ni d'esprit,
Qui peut trouver moyen d'être fait de la sorte
    Ne soupire guère à crédit.

L'AMOUR.
    J'ai résolu, mon cher Zéphire,
    De demeurer ainsi toujours;

Et l'on ne peut le trouver à redire
A l'aîné de tous les Amours.
Il est temps de sortir de cette longue enfance
Qui fatigue ma patience;
Il est temps désormais que je devienne grand.

ZÉPHIRE.

Fort bien, vous ne pouvez mieux faire;
Et vous entrez dans un mystère
Qui ne demande rien d'enfant.

L'AMOUR.

Ce changement sans doute irritera ma mère

ZÉPHIRE.

Je prévois là-dessus quelque peu de colère.
Bien que les disputes des ans
Ne doivent point régner parmi les immortelles,
Votre mère Vénus est de l'humeur des belles,
Qui n'aiment point de grands enfans.
Mais où je la trouve outragée,
C'est dans le procédé que l'on vous voit tenir;
Et c'est l'avoir étrangement vengée
Que d'aimer la beauté qu'elle vouloit punir.
Cette haine, où ses vœux prétendent que réponde
La puissance d'un fils que redoutent les dieux....

L'AMOUR.

Laissons cela, Zéphire, et me dis si tes yeux
Ne trouvent pas Psyché la plus belle du monde.
Est-il rien sur la terre, est-il rien dans les cieux
Qui puisse lui ravir le titre glorieux
De beauté sans seconde?
Mais je la vois, mon cher Zéphire,
Qui demeure surprise à l'éclat de ces lieux.

ZÉPHIRE.

Vous pouvez vous montrer pour finir son martyre,
Lui découvrir son destin glorieux,
Et vous dire entre vous tout ce que peuvent dire
Les soupirs, la bouche et les yeux.
En confident discret, je sais ce qu'il faut faire
Pour ne pas interrompre un amoureux mystère.

SCÈNE II. — PSYCHÉ.

Où suis-je? et, dans un lieu que je croyois barbare,
Quelle savante main a bâti ce palais,
Que l'art, que la nature pare
De l'assemblage le plus rare
Que l'œil puisse admirer jamais?
Tout rit, tout brille, tout éclate

Dans ces jardins, dans ces appartemens,
　　Dont les pompeux ameublemens
　　N'ont rien qui n'enchante et ne flatte;
Et, de quelque côté que tournent mes frayeurs,
Je ne vois sous mes pas que de l'or ou des fleurs.
Le ciel auroit-il fait cet amas de merveilles
　　Pour la demeure d'un serpent?
Ou lorsque par leur vue il amuse et suspend
De mon destin jaloux les rigueurs sans pareilles,
　　Veut-il montrer qu'il s'en repent?
Non, non, c'est de sa haine, en cruautés féconde,
　　Le plus noir, le plus rude trait,
Qui, par une rigueur nouvelle et sans seconde,
　　N'étale ce choix qu'elle a fait
　　De ce qu'a de plus beau le monde
Qu'afin que je le quitte avec plus de regret.

　　Que son espoir est ridicule,
　S'il croit par là soulager mes douleurs!
Tout autant de momens que ma mort se recule
　　Sont autant de nouveaux malheurs;
　Plus elle tarde, et plus de fois je meurs.

Ne me fais plus languir, viens prendre ta victime,
　　Monstre qui dois me déchirer.
Veux-tu que je te cherche, et faut-il que j'anime
　　Tes fureurs à me dévorer?
Si le ciel veut ma mort, si ma vie est un crime,
De ce peu qui m'en reste ose enfin t'emparer.
　　Je suis lasse de murmurer
　　Contre un châtiment légitime;
　　Je suis lasse de soupirer:
　　Viens, que j'achève d'expirer.

SCÈNE III. — L'AMOUR, PSYCHÉ, ZÉPHIRE.

L'AMOUR.

Le voilà ce serpent, ce monstre impitoyable,
Qu'un oracle étonnant pour vous a préparé,
Et qui n'est pas, peut-être, à tel point effroyable
　　Que vous vous l'êtes figuré.

PSYCHÉ.

Vous, seigneur, vous seriez ce monstre dont l'oracle
　　A menacé mes tristes jours,
Vous qui semblez plutôt un dieu qui, par miracle,
　　Daigne venir lui-même à mon secours!

L'AMOUR.

Quel besoin de secours au milieu d'un empire

Où tout ce qui respire
N'attend que vos regards pour en prendre la loi,
Où vous n'avez à craindre autre monstre que moi?
PSYCHÉ.
Qu'un monstre tel que vous inspire peu de crainte !
Et que, s'il a quelque poison,
Une âme auroit peu de raison
De hasarder la moindre plainte
Contre une favorable atteinte
Dont tout le cœur craindroit la guérison !
A peine je vous vois, que mes frayeurs cessées
Laissent évanouir l'image du trépas,
Et que je sens couler dans mes veines glacées
Un je ne sais quel feu que je ne connois pas.
J'ai senti de l'estime et de la complaisance,
De l'amitié, de la reconnoissance;
De la compassion les chagrins innocens
M'en ont fait sentir la puissance :
Mais je n'ai point encor senti ce que je sens.
Je ne sais ce que c'est; mais je sais qu'il me charme,
Que je n'en conçois point d'alarme :
Plus j'ai les yeux sur vous, plus je m'en sens charmer;
Tout ce que j'ai senti n'agissoit point de même;
Et je dirois que je vous aime,
Seigneur, si je savois ce que c'est que d'aimer.
Ne les détournez point, ces yeux qui m'empoisonnent,
Ces yeux tendres, ces yeux perçans, mais amoureux,
Qui semblent partager le trouble qu'ils me donnent.
Hélas ! plus ils sont dangereux,
Plus je me plais à m'attacher sur eux.
Par quel ordre du ciel, que je ne puis comprendre,
Vous dis-je plus que je ne dois,
Moi, de qui la pudeur devroit du moins attendre
Que vous m'expliquassiez le trouble où je vous vois?
Vous soupirez, seigneur, ainsi que je soupire;
Vos sens, comme les miens paroissent interdits :
C'est à moi de m'en taire, à vous de me le dire;
Et cependant c'est moi qui vous le dis.
L'AMOUR.
Vous avez eu, Psyché, l'âme toujours si dure,
Qu'il ne faut pas vous étonner
Si, pour en réparer l'injure,
L'Amour en ce moment se paye avec usure
De ceux qu'elle a dû lui donner.
Ce moment est venu qu'il faut que votre bouche
Exhale des soupirs si longtemps retenus;
Et qu'en vous arrachant à cette humeur farouche,

Un amas de transports aussi doux qu'inconnus
Aussi sensiblement tout á la fois vous touche,
Qu'ils ont dû vous toucher durant tant de beaux jours
Dont cette âme insensible a profané le cours.

PSYCHÉ.

N'aimer point, c'est donc un grand crime?

L'AMOUR.

En souffrez-vous un rude châtiment?

PSYCHÉ.

C'est punir assez doucement.

L'AMOUR.

C'est lui choisir sa peine légitime,
Et se faire justice, en ce glorieux jour,
D'un manquement d'amour par un excès d'amour.

PSYCHÉ.

Que n'ai-je été plus tôt punie!
J'y mets le bonheur de ma vie.
Je devrois en rougir, ou le dire plus bas;
Mais le supplice a trop d'appas.
Permettez que tout haut je le die et redie:
Je le dirois cent fois et n'en rougirois pas.
Ce n'est point moi qui parle, et de votre présence
L'empire surprenant, l'aimable violence,
Dès que je veux parler s'empare de ma voix.
C'est en vain qu'en secret ma pudeur s'en offense,
Que le sexe et la bienséance
Osent me faire d'autres lois:
Vos yeux de ma réponse eux-mêmes font le choix;
Et ma bouche, asservie à leur toute-puissance,
Ne me consulte plus sur ce que je me dois.

L'AMOUR.

Croyez, belle Psyché, croyez ce qu'ils vous disent,
Ces yeux qui ne sont point jaloux:
Qu'à l'envi les vôtres m'instruisent
De tout ce qui se passe en vous.
Croyez-en ce cœur qui soupire,
Et qui, tant que le vôtre y voudra repartir,
Vous dira bien plus, d'un soupir,
Que cent regards ne peuvent dire.
C'est le langage le plus doux,
C'est le plus fort, c'est le plus sûr de tous.

PSYCHÉ.

L'intelligence en étoit due
A nos cœurs, pour les rendre également contens.
J'ai soupiré, vous m'avez entendue;
Vous soupirez, je vous entends;
Mais ne me laissez plus en doute,

Seigneur, et dites-moi si, par la même route,
Après moi, le Zéphire ici vous a rendu
         Pour me dire ce que j'écoute.
Quand j'y suis arrivée, étiez-vous attendu ?
Et, quand vous lui parlez, êtez-vous entendu ?
                L'AMOUR.
J'ai dans ce doux climat un souverain empire
         Comme vous l'avez sur mon cœur;
L'Amour m'est favorable, et c'est en sa faveur
Qu'à mes ordres Éole a soumis le Zéphire.
C'est l'Amour qui, pour voir mes feux récompensés,
         Lui-même a dicté cet oracle.
         Par qui vos beaux jours menacés
D'une foule d'amans se sont débarrassés,
Et qui m'a délivré de l'éternel obstacle
         De tant de soupirs empressés
Qui ne méritoient pas de vous être adressés.
Ne me demandez point quelle est cette province,
         Ni le nom de son prince;
Vous le saurez quand il en sera temps.
Je veux vous acquérir, mais c'est par mes services,
Par des soins assidus, et par des vœux constans,
         Par les amoureux sacrifices
              De tout ce que je suis,
              De tout ce que je puis,
Sans que l'éclat du rang pour moi vous sollicite,
Sans que de mon pouvoir je me fasse un mérite;
Et, bien que souverain dans cet heureux séjour,
Je ne vous veux, Psyché, devoir qu'à mon amour.
Venez en admirer avec moi les merveilles,
Princesse, et préparez vos yeux et vos oreilles
         A ce qu'il a d'enchantemens :
    Vous y verrez des bois et des prairies
              Contester sur leurs agrémens
              Avec l'or et les pierreries;
    Vous n'entendrez que des concerts charmans;
    De cent beautés vous y serez servie,
Qui vous adoreront sans vous porter envie,
              Et brigueront à tous momens,
              D'une âme soumise et ravie,
              L'honneur de vos commandemens.
                PSYCHÉ.
    Mes volontés suivent les vôtres;
         Je n'en saurois plus avoir d'autres.
Mais votre oracle enfin vient de me séparer
         De deux sœurs, et du roi mon père.
              Que mon trépas imaginaire

ACTE III, SCÈNE IV.

Réduit tous trois à me pleurer.

Pour dissiper l'erreur dont leur âme accablée
De mortels déplaisirs se voit par moi comblée,
Souffrez que mes sœurs soient témoins
Et de ma gloire et de vos soins;
Prêtez-leur, comme à moi, les ailes du Zéphire,
Qui leur puissent de votre empire,
Ainsi qu'à moi, faciliter l'accès;
Faites-leur voir en quel lieu je respire;
Faites-leur de ma perte admirer le succès.

L'AMOUR.

Vous ne me donnez pas, Psyché, toute votre âme :
Ce tendre souvenir d'un père et de deux sœurs
Me vole une part des douceurs
Que je veux toutes pour ma flamme.
N'ayez d'yeux que pour moi qui n'en ai que pour vous;
Ne songez qu'à m'aimer, ne songez qu'à me plaire;
Et quand de tels soucis osent vous en distraire....

PSYCHÉ.

Des tendresses du sang peut-on être jaloux?

L'AMOUR.

Je le suis, ma Psyché, de toute la nature :
Les rayons du soleil vous baisent trop souvent;
Vos cheveux souffrent trop les caresses du vent :
Dès qu'il les flatte, j'en murmure;
L'air même que vous respirez
Avec trop de plaisir passé par votre bouche;
Votre habit de trop près vous touche;
Et sitôt que vous soupirez,
Je ne sais quoi qui m'effarouche
Craint parmi vos soupirs des soupirs égarés.
Mais vous voulez vos sœurs : allez, partez, Zéphire;
Psyché le veut, je ne l'en puis dédire.

(Zéphire s'envole.)

SCÈNE IV. — L'AMOUR, PSYCHÉ.

L'AMOUR.

Quand vous leur ferez voir ce bienheureux séjour,
De ses trésors faites-leur cent largesses,
Prodiguez-leur caresses sur caresses,
Et du sang, s'il se peut, épuisez les tendresses
Pour vous rendre toute à l'amour.
Je n'y mêlerai point d'importune présence.
Mais ne leur faites pas de si longs entretiens;
Vous ne sauriez pour eux avoir de complaisance,
Que vous ne dérobiez aux miens.

PSYCHÉ.
Votre amour me fait une grâce
Dont je n'abuserai jamais.
L'AMOUR.
Allons voir cependant ces jardins, ce palais,
Où vous ne verrez rien que votre éclat n'efface.
Et vous, petits Amours, et vous, jeunes Zéphirs,
Qui pour armes n'avez que de tendres soupirs,
Montrez tous à l'envi ce qu'à voir ma princesse
Vous avez senti d'allégresse.

TROISIÈME INTERMÈDE.

Il se fait une entrée de ballet de quatre Amours et quatre Zéphires, interrompue deux fois par un dialogue chanté par un Amour et un Zéphire.

LE ZÉPHIRE.
Aimable jeunesse,
Suivez la tendresse;
Joignez aux beaux jours
La douceur des Amours.
C'est pour vous surprendre
Qu'on vous fait entendre
Qu'il faut éviter leurs soupirs
Et craindre leurs désirs :
Laissez-vous apprendre
Quels sont leurs plaisirs.

ILS CHANTENT ENSEMBLE.
Chacun est obligé d'aimer
A son tour;
Et plus on a de quoi charmer,
Plus on doit à l'Amour.

LE ZÉPHIRE SEUL.
Un cœur jeune et tendre
Est fait pour se rendre;
Il n'a point à prendre
De fâcheux détour.

ILS CHANTENT ENSEMBLE.
Chacun est obligé d'aimer
A son tour;
Et plus on a de quoi charmer,
Plus on doit à l'Amour.

L'AMOUR SEUL.
Pourquoi se défendre?
Que sert-il d'attendre?
Quand on perd un jour,
On le perd sans retour.

TROISIÈME INTERMÈDE.

ILS CHANTENT ENSEMBLE.
Chacun est obligé d'aimer
A son tour;
Et plus on a de quoi charmer,
Plus on doit à l'Amour.

SECOND COUPLET.

LE ZÉPHIRE.
L'Amour a des charmes;
Rendons-lui les armes :
Ses soins et ses pleurs
Ne sont pas sans douceurs.
Un cœur, pour le suivre,
A cent maux se livre.
Il faut, pour goûter ses appas,
Languir jusqu'au trépas;
Mais ce n'est pas vivre
Que de n'aimer pas.

ILS CHANTENT ENSEMBLE.
S'il faut des soins et des travaux
En aimant,
On est payé de mille maux
Par un heureux moment.

LE ZÉPHIRE SEUL.
On craint, on espère,
Il faut du mystère :
Mais on n'obtient guère
De bien sans tourment.

ILS CHANTENT ENSEMBLE.
S'il faut des soins et des travaux
En aimant,
On est payé de mille maux
Par un heureux moment.

L'AMOUR SEUL.
Que peut-on mieux faire
Qu'aimer et que plaire?
C'est un soin charmant
Que l'emploi d'un amant.

ILS CHANTENT ENSEMBLE.
S'il faut des soins et des travaux
En aimant,
On est payé de mille maux
Par un heureux moment.

ACTE QUATRIÈME.

Le théâtre devient un autre palais magnifique, coupé dans le fond par un vestibule, au travers duquel on voit un jardin superbe et charmant, décoré de plusieurs vases d'orangers, et d'arbres chargés de toutes sortes de fruits.

SCÈNE I. — AGLAURE, CYDIPPE.

AGLAURE.

Je n'en puis plus, ma sœur; j'ai vu trop de merveilles :
L'avenir aura peine à les bien concevoir;
Le soleil, qui voit tout, et qui nous fait tout voir,
    N'en a vu jamais de pareilles.
    Elles me chagrinent l'esprit;
Et ce brillant palais, ce pompeux équipage,
    Font un odieux étalage
Qui m'accable de honte autant que de dépit.
    Que la fortune indignement nous traite!
    Et que sa largesse indiscrète
Prodigue aveuglément, épuise, unit d'efforts,
    Pour faire de tant de trésors
    Le partage d'une cadette!

CYDIPPE.

    J'entre dans tous vos sentimens,
J'ai les mêmes chagrins; et dans ces lieux charmans,
    Tout ce qui vous déplaît me blesse;
Tout ce que vous prenez pour un mortel affront,
    Comme vous, m'accable et me laisse
L'amertume dans l'âme et la rougeur au front.

AGLAURE.

    Non, ma sœur, il n'est point de reines
Qui, dans leur propre État, parlent en souveraines
    Comme Psyché parle en ces lieux.
On l'y voit obéie avec exactitude,
Et de ses volontés une amoureuse étude
    Les cherche jusque dans ses yeux.
    Mille beautés s'empressent autour d'elle,
    Et semblent dire à nos regards jaloux :
« Quels que soient nos attraits, elle est encor plus belle;
Et nous, qui la servons, le sommes plus que vous. »
    Elle prononce, on exécute;
Aucun ne s'en défend, aucun ne s'en rebute.
    Flore, qui s'attache à ses pas,
Répand à pleines mains autour de sa personne

ACTE IV, SCÈNE I.

Ce qu'elle a de plus doux appas ;
Zéphire vole aux ordres qu'elle donne ;
Et son amante et lui, s'en laissant trop charmer,
Quittent pour la servir les soins de s'entr'aimer.

CYDIPPE.

Elle a des dieux à son service,
Elle aura bientôt des autels ;
Et nous ne commandons qu'à de chétifs mortels
De qui l'audace et le caprice,
Contre nous à toute heure en secret révoltés,
Opposent à nos volontés
Ou le murmure ou l'artifice !

AGLAURE.

C'étoit peu que dans notre cour
Tant de cœurs à l'envi nous l'eussent préférée ;
Ce n'étoit pas assez que de nuit et de jour
D'une foule d'amans elle y fût adorée :
Quand nous nous consolions de la voir au tombeau
Par l'ordre imprévu d'un oracle,
Elle a voulu de son destin nouveau
Faire en notre présence éclater le miracle,
Et choisi nos yeux pour témoins
De ce qu'au fond du cœur nous souhaitions le moins.

CYDIPPE.

Ce qui le plus me désespère,
C'est cet amant parfait et si digne de plaire
Qui se captive sous ses lois.
Quand nous pourrions choisir entre tous les monarques,
En est-il un, de tant de rois,
Qui porte de si nobles marques ?
Se voir du bien par delà ses souhaits,
N'est souvent qu'un bonheur qui fait des misérables ;
Il n'est ni train pompeux, ni superbes palais
Qui n'ouvrent quelque porte à des maux incurables :
Mais avoir un amant d'un mérite achevé,
Et s'en voir chèrement aimée,
C'est un bonheur si haut, si relevé,
Que sa grandeur ne peut être exprimée.

AGLAURE.

N'en parlons plus, ma sœur, nous en mourrions d'ennui :
Songeons plutôt à la vengeance ;
Et trouvons le moyen de rompre entre elle et lui
Cette adorable intelligence.
La voici. J'ai des coups tout prêts à lui porter
Qu'elle aura peine d'éviter.

SCÈNE II. — PSYCHÉ, AGLAURE, CYDIPPE.

PSYCHÉ.

Je viens vous dire adieu; mon amant vous renvoie,
   Et ne sauroit plus endurer
Que vous lui retranchiez un moment de la joie
Qu'il prend de se voir seul à me considérer;
Dans un simple regard, dans la moindre parole,
   Son amour trouve des douceurs
   Qu'en faveur du sang je lui vole,
   Quand je les partage à des sœurs.

AGLAURE.

  La jalousie est assez fine;
   Et ces délicats sentimens
   Méritent bien qu'on s'imagine
Que celui qui pour vous a ces empressemens
   Passe le commun des amans.
Je vous en parle ainsi, faute de le connoître.
Vous ignorez son nom et ceux dont il tient l'être;
   Nos esprits en sont alarmés.
Je le tiens un grand prince, et d'un pouvoir suprême,
   Bien au delà du diadème;
Ses trésors sous vos pas confusément semés
Ont de quoi faire honte à l'abondance même.
   Vous l'aimez autant qu'il vous aime;
   Il vous charme, et vous le charmez :
Votre félicité, ma sœur, seroit extrême
   Si vous saviez qui vous aimez.

PSYCHÉ.

  Que m'importe? j'en suis aimée;
   Plus il me voit, plus je lui plais.
Il n'est point de plaisirs dont l'âme soit charmée
   Qui ne préviennent mes souhaits;
Et je vois mal de quoi la vôtre est alarmée
   Quand tout me sert dans ce palais.

AGLAURE.

  Qu'importe qu'ici tout vous serve,
Si toujours cet amant vous cache ce qu'il est?
Nous ne nous alarmons que pour votre intérêt.
En vain tout vous y rit, en vain tout vous y plaît,
Le véritable amour ne fait point de réserve;
   Et qui s'obstine à se cacher
Sent quelque chose en soi qu'on lui peut reprocher.
   Si cet amant devient volage,
Car souvent en amour le change est assez doux;
   Et j'ose le dire entre nous,
Pour grand que soit l'éclat dont brille ce visage,

Il en peut être ailleurs d'aussi belles que vous ;
Si, dis-je, un autre objet sous d'autres lois l'engage,
  Si, dans l'état où je vous voi,
  Seule en ses mains et sans défense,
  Il va jusqu'à la violence,
  Sur qui vous vengera le roi,
Ou de ce changement ou de cette insolence ?

PSYCHÉ.

 Ma sœur, vous me faites trembler.
Juste ciel! pourrois-je être assez infortunée....

CYDIPPE.

Que sait-on si déjà les nœuds de l'hyménée....

PSYCHÉ.

N'achevez pas, ce seroit m'accabler.

AGLAURE.

 Je n'ai plus qu'un mot à vous dire.
Ce prince qui vous aime, et qui commande aux vents,
Qui nous donne pour char les ailes du Zéphire,
Et de nouveaux plaisirs vous comble à tous momens,
Quand il rompt à vos yeux l'ordre de la nature,
Peut-être à tant d'amour mêle un peu d'imposture ;
Peut-être ce palais n'est qu'un enchantement :
Et ces lambris dorés, ces amas de richesses
  Dont il achète vos tendresses,
Dès qu'il sera lassé de souffrir vos caresses,
  Disparoîtront en un moment.
Vous savez comme nous ce que peuvent les charmes.

PSYCHÉ.

Que je sens à mon tour de cruelles alarmes!

AGLAURE.

 Notre amitié ne veut que votre bien.

PSYCHÉ.

Adieu, mes sœurs ; finissons l'entretien :
J'aime ; et je crains qu'on ne s'impatiente.
  Partez ; et demain, si je puis,
  Vous me verrez ou plus contente,
Ou dans l'accablement des plus mortels ennuis.

AGLAURE.

Nous allons dire au roi quelle nouvelle gloire,
Quel excès de bonheur le ciel répand sur vous.

CYDIPPE.

Nous allons lui conter d'un changement si doux
  La surprenante et merveilleuse histoire.

PSYCHÉ.

Ne l'inquiétez point, ma sœur, de vos soupçons ;
Et quand vous lui peindrez un si charmant empire....

AGLAURE.
Nous savons toutes deux ce qu'il faut taire ou dire,
Et n'avons pas besoin, sur ce point, de leçons.

(Le Zéphire enlève les deux sœurs de Psyché dans un nuage qui descend jusqu'à terre, et dans lequel il les emporte avec rapidité.)

SCÈNE III. — L'AMOUR, PSYCHÉ.

L'AMOUR.
Enfin vous êtes seule, et je puis vous redire,
Sans avoir pour témoins vos importunes sœurs,
Ce que des yeux si beaux ont pris sur moi d'empire,
  Et quels excès ont des douceurs
  Qu'une sincère ardeur inspire
  Sitôt qu'elle assemble deux cœurs.
Je puis vous expliquer de mon âme ravie
  Les amoureux empressemens,
  Et vous jurer qu'à vous seule asservie
Elle n'a pour objet de ses ravissemens
Que de voir cette ardeur de même ardeur suivie,
  Ne concevoir plus d'autre envie
  Que de régler mes vœux sur vos désirs,
Et de ce qui vous plaît faire tous mes plaisirs.
  Mais d'où vient qu'un triste nuage
  Semble offusquer l'éclat de ces beaux yeux?
  Vous manque-t-il quelque chose en ces lieux?
Des vœux qu'on vous y rend dédaignez-vous l'hommage?

PSYCHÉ.
Non, seigneur.

L'AMOUR.
  Qu'est-ce donc? et d'où vient mon malheur?
J'entends moins de soupirs d'amour que de douleur;
Je vois de votre teint les roses amorties
  Marquer un déplaisir secret;
  Vos sœurs à peine sont parties
  Que vous soupirez de regret.
Ah! Psyché, de deux cœurs quand l'ardeur est la même,
  Ont-ils des soupirs différens?
Et quand on aime bien, et qu'on voit ce qu'on aime,
  Peut-on songer à des parens?

PSYCHÉ.
  Ce n'est point là ce qui m'afflige.

L'AMOUR.
  Est-ce l'absence d'un rival,
Et d'un rival aimé, qui fait qu'on me néglige?

PSYCHÉ.
Dans un cœur tout à vous que vous pénétrez mal
Je vous aime, seigneur, et mon amour s'irrite

De l'indigne soupçon que vous avez formé.
Vous ne connoissez pas quel est votre mérite,
 Si vous craignez de n'être pas aimé.
Je vous aime; et depuis que j'ai vu la lumière,
 Je me suis montrée assez fière
 Pour dédaigner les vœux de plus d'un roi;
Et s'il vous faut ouvrir mon âme tout entière,
Je n'ai trouvé que vous qui fût digne de moi.
 Cependant j'ai quelque tristesse
 Qu'en vain je voudrois vous cacher;
Un noir chagrin se mêle à toute ma tendresse,
 Dont je ne la puis détacher.
 Ne m'en demandez point la cause :
Peut-être la sachant voudrez-vous m'en punir;
Et si j'ose aspirer encore à quelque chose,
Je suis sûre du moins de ne point l'obtenir.

L'AMOUR.

Et ne craignez-vous point qu'à mon tour je m'irrite
Que vous connoissiez mal quel est votre mérite,
 Ou feigniez de ne pas savoir
 Quel est sur moi votre absolu pouvoir?
Ah! si vous en doutez, soyez désabusée.
Parlez.

PSYCHÉ.

 J'aurai l'affront de me voir refusée.

L'AMOUR.

Prenez en ma faveur de meilleurs sentimens,
 L'expérience en est aisée;
Parlez, tout se tient prêt à vos commandemens.
 Si pour m'en croire il vous faut des sermens,
J'en jure vos beaux yeux, ces maîtres de mon âme,
 Ces divins auteurs de ma flamme;
Et si ce n'est assez d'en jurer vos beaux yeux,
J'en jure par le Styx, comme jurent les dieux.

PSYCHÉ.

J'ose craindre un peu moins après cette assurance.
Seigneur, je vois ici la pompe et l'abondance,
 Je vous adore, et vous m'aimez,
Mon cœur en est ravi, mes sens en sont charmés;
 Mais, parmi ce bonheur suprême,
 J'ai le malheur de ne savoir qui j'aime.
 Dissipez cet aveuglement,
Et faites-moi connoître un si parfait amant.

L'AMOUR.

 Psyché, que venez-vous de dire?

PSYCHÉ.

Que c'est le bonheur où j'aspire;
Et si vous ne me l'accordez....

L'AMOUR.
Je l'ai juré, je n'en suis plus le maître ;
Mais vous ne savez pas ce que vous demandez.
Laissez-moi mon secret. Si je me fais connoître,
Je vous perds, et vous me perdez.
Le seul remède est de vous en dédire.
PSYCHÉ.
C'est là sur vous mon souverain empire?
L'AMOUR.
Vous pouvez tout, et je suis tout à vous ;
Mais si nos feux vous semblent doux,
Ne mettez point d'obstacle à leur charmante suite ;
Ne me forcez point à la fuite :
C'est le moindre malheur qui nous puisse arriver
D'un souhait qui vous a séduite.
PSYCHÉ.
Seigneur, vous voulez m'éprouver ;
Mais je sais ce que j'en dois croire.
De grâce, apprenez-moi tout l'excès de ma gloire,
Et ne me cachez plus pour quel illustre choix
J'ai rejeté les vœux de tant de rois.
L'AMOUR.
Le voulez-vous?
PSYCHÉ.
Souffrez que je vous en conjure.
L'AMOUR.
Si vous saviez, Psyché, la cruelle aventure
Que par là vous vous attirez....
PSYCHÉ.
Seigneur, vous me désespérez.
L'AMOUR.
Pensez-y bien, je puis encor me taire.
PSYCHÉ.
Faites-vous des sermens pour n'y point satisfaire?
L'AMOUR.
Eh bien! je suis le dieu le plus puissant des dieux,
Absolu sur la terre, absolu dans les cieux ;
Dans les eaux, dans les airs mon pouvoir est suprême ;
En un mot, je suis l'Amour même,
Qui de mes propres traits m'étois blessé pour vous ;
Et sans la violence, hélas! que vous me faites,
Et qui vient de changer mon amour en courroux,
Vous m'alliez avoir pour époux.
Vos volontés sont satisfaites,
Vous avez su qui vous aimiez,
Vous connoissez l'amant que vous charmiez ;
Psyché, voyez où vous en êtes :
Vous me forcez vous-même à vous quitter ;

Vous me forcez vous-même à vous ôter
   Tout l'effet de votre victoire.
Peut-être vos beaux yeux ne me reverront plus.
Ces palais, ces jardins, avec moi disparus,
Vont faire évanouir votre naissante gloire.
   Vous n'avez pas voulu m'en croire;
   Et, pour tout fruit de ce doute éclairci,
      Le Destin, sous qui le ciel tremble,
Plus fort que mon amour, que tous les dieux ensemble,
Vous va montrer sa haine, et me chasse d'ici.

(L'Amour disparoît, et, dans l'instant qu'il s'envole, le superbe jardin s'évanouit. Psyché demeure seule au milieu d'une vaste campagne, et sur le bord sauvage d'un grand fleuve où elle se veut précipiter. Le dieu du fleuve paroît assis sur un amas de joncs et de roseaux, et appuyé sur une grande urne, d'où sort une grosse source d'eau.)

SCÈNE IV. — PSYCHÉ, LE DIEU DU FLEUVE.

PSYCHÉ.

Cruel destin! funeste inquiétude!
   Fatale curiosité!
Qu'avez-vous fait, affreuse solitude,
   De toute ma félicité?
J'aimois un dieu, j'en étois adorée,
Mon bonheur redoubloit de moment en moment;
   Et je me vois seule, éplorée,
Au milieu d'un désert, où, pour accablement,
   Et confuse et désespérée,
Je sens croître l'amour quand j'ai perdu l'amant.
   Le souvenir m'en charme et m'empoisonne;
Sa douceur tyrannise un cœur infortuné
Qu'aux plus puissans chagrins ma flamme a condamné.
   O ciel! quand l'Amour m'abandonne,
Pourquoi me laisse-t-il l'amour qu'il m'a donné?
Source de tous les biens, inépuisable et pure,
   Maître des hommes et des dieux,
   Cher auteur des maux que j'endure,
Êtes-vous pour jamais disparu de mes yeux?
   Je vous en ai banni moi-même;
Dans un excès d'amour, dans un bonheur extrême,
D'un indigne soupçon mon cœur s'est alarmé.
Cœur ingrat, tu n'avois qu'un feu mal allumé;
Et l'on ne peut vouloir, du moment que l'on aime,
   Que ce que veut l'objet aimé.
Mourons, c'est le parti qui seul me reste à suivre
   Après la perte que je fais.
   Pour qui, grands dieux! voudrois-je vivre?
   Et pour qui former des souhaits?

Fleuve, de qui les eaux baignent ces tristes sables,
   Ensevelis mon crime dans tes flots;
  Et pour finir des maux si déplorables,
Laisse-moi dans ton lit assurer mon repos.

LE DIEU DU FLEUVE.

   Ton trépas souilleroit mes ondes,
    Psyché; le ciel te le défend;
Et peut-être qu'après des douleurs si profondes
    Un autre sort t'attend.
Fuis plutôt de Vénus l'implacable colère.
Je la vois qui te cherche et qui te veut punir :
L'amour du fils a fait la haine de la mère.
   Fuis, je saurai la retenir.

PSYCHÉ.

  J'attends ses fureurs vengeresses;
Qu'auront-elles pour moi qui ne me soit trop doux?
Qui cherche le trépas ne craint dieux ni déesses,
   Et peut braver tout leur courroux.

SCÈNE V. — VÉNUS, PSYCHÉ, LE DIEU DU FLEUVE.

VÉNUS.

Orgueilleuse Psyché, vous m'osez donc attendre
Après m'avoir sur terre enlevé mes honneurs,
   Après que vos traits suborneurs
Ont reçu les encens qu'aux miens seuls on doit rendre?
   J'ai vu mes temples désertés;
J'ai vu tous les mortels, séduits par vos beautés,
Idolâtrer en vous la beauté souveraine,
Vous offrir des respects jusqu'alors inconnus
   Et ne se mettre pas en peine
   S'il étoit une autre Vénus :
   Et je vous vois encor l'audace
De n'en pas redouter les justes châtimens,
   Et de me regarder en face,
Comme si c'étoit peu que mes ressentimens!

PSYCHÉ.

Si de quelques mortels on m'a vue adorée,
Est-ce un crime pour moi d'avoir eu des appas
   Dont leur âme inconsidérée
Laissoit charmer des yeux qui ne vous voyoient pas?
   Je suis ce que le ciel m'a faite,
Je n'ai que les beautés qu'il m'a voulu prêter.
Si les vœux qu'on m'offroit vous ont mal satisfaite,
Pour forcer tous les cœurs à vous les reporter,
   Vous n'aviez qu'à vous présenter,
Qu'à ne leur cacher plus cette beauté parfaite

ACTE IV, SCÈNE V.

Qui, pour les rendre à leur devoir,
Pour se faire adorer, n'a qu'à se faire voir.

VÉNUS.

Il falloit vous en mieux défendre.
Ces respects, ces encens, se devoient refuser ;
Et pour les mieux désabuser,
Il falloit à leurs yeux vous-même me les rendre.
Vous avez aimé cette erreur
Pour qui vous ne deviez avoir que de l'horreur :
Vous avez bien fait plus ; votre humeur arrogante,
Sur le mépris de mille rois,
Jusques aux cieux a porté de son choix
L'ambition extravagante.

PSYCHÉ.

J'aurois porté mon choix, déesse, jusqu'aux cieux ?

VÉNUS.

Votre insolence est sans seconde.
Dédaigner tous les rois du monde,
N'est-ce pas aspirer aux dieux ?

PSYCHÉ.

Si l'Amour pour eux tous m'avoit endurci l'âme,
Et me réservoit toute à lui,
En puis-je être coupable ? et faut-il qu'aujourd'hui,
Pour prix d'une si belle flamme,
Vous vouliez m'accabler d'un éternel ennui ?

VÉNUS.

Psyché, vous deviez mieux connoître
Qui vous étiez, et quel étoit ce dieu.

PSYCHÉ.

Et m'en a-t-il donné ni le temps ni le lieu,
Lui qui de tout mon cœur d'abord s'est rendu maître ?

VÉNUS.

Tout votre cœur s'en est laissé charmer,
Et vous l'avez aimé dès qu'il vous a dit : « J'aime. »

PSYCHÉ.

Pouvois-je n'aimer pas le dieu qui fait aimer,
Et qui me parloit pour lui-même ?
C'est votre fils ; vous savez son pouvoir ;
Vous en connoissez le mérite.

VÉNUS.

Oui, c'est mon fils ; mais un fils qui m'irrite ;
Un fils qui me rend mal ce qu'il sait me devoir ;
Un fils qui fait qu'on m'abandonne,
Et qui, pour mieux flatter ses indignes amours,
Depuis que vous l'aimez ne blesse plus personne
Qui vienne à mes autels implorer mon secours
Vous m'en avez fait un rebelle.

On m'en verra vengée, et hautement, sur vous;
Et je vous apprendrai s'il faut qu'une mortelle
    Souffre qu'un dieu soupire à ses genoux.
Suivez-moi; vous verrez, par votre expérience,
      A quelle folle confiance
      Vous portoit cette ambition.
Venez, et préparez autant de patience
      Qu'on vous voit de présomption.

QUATRIÈME INTERMÈDE.

La scène représente les enfers. On y voit une mer toute de feu, dont les flots sont dans une perpétuelle agitation. Cette mer effroyable est bornée par des ruines enflammées; et au milieu de ses flots agités, au travers d'une gueule affreuse, paroît le palais infernal du Pluton. Huit Furies en sortent, et forment une entrée de ballet, où elles se réjouissent de la rage qu'elles ont allumée dans l'âme de la plus douce des divinités. Un Lutin mêle quantité de sauts périlleux à leurs danses, cependant que Psyché, qui a passé aux enfers par le commandement de Vénus, repasse dans la barque de Caron avec la boîte qu'elle a reçue de Proserpine pour cette déesse.

ACTE CINQUIÈME.

SCÈNE I. — PSYCHÉ.

Effroyables replis des ondes infernales,
Noirs palais où Mégère et ses sœurs font leur cour,
      Éternels ennemis du jour,
Parmi vos Ixions et parmi vos Tantales,
Parmi tant de tourmens qui n'ont point d'intervalles,
      Est-il dans votre affreux séjour
      Quelques peines qui soient égales
Aux travaux où Vénus condamne mon amour?
      Elle n'en peut être assouvie;
Et, depuis qu'à ses lois je me trouve asservie,
Depuis qu'elle me livre à ses ressentimens,
    Il m'a fallu dans ces cruels momens
      Plus d'une âme et plus d'une vie
      Pour remplir ses commandemens.
      Je souffrirois tout avec joie,
Si, parmi les rigueurs que sa haine déploie,
Mes yeux pouvoient revoir, ne fût-ce qu'un moment,
      Ce cher, cet adorable amant.
Je n'ose le nommer : ma bouche, criminelle
      D'avoir trop exigé de lui,

S'en est rendue indigne ; et, dans ce dur ennui,
    La souffrance la plus mortelle
Dont m'accable à toute heure un renaissant trépas,
    Est celle de ne le voir pas.
    Si son courroux duroit encore,
Jamais aucun malheur n'approcheroit du mien ;
Mais s'il avoit pitié d'une âme qui l'adore,
Quoi qu'il fallût souffrir, je ne souffrirois rien.
Oui, destins, s'il calmoit cette juste colère,
    Tous mes malheurs seroient finis :
Pour me rendre insensible aux fureurs de la mère,
    Il ne faut qu'un regard du fils.
Je n'en veux plus douter, il partage ma peine :
Il voit ce que je souffre et souffre comme moi ;
    Tout ce que j'endure le gêne ;
Lui-même il s'en impose une amoureuse loi.
En dépit de Vénus, en dépit de mon crime,
C'est lui qui me soutient, c'est lui qui me ranime
Au milieu des périls où l'on me fait courir ;
Il garde la tendresse où son feu le convie,
Et prend soin de me rendre une nouvelle vie
    Chaque fois qu'il me faut mourir.
    Mais que me veulent ces deux ombres
Qu'à travers le faux jour de ces demeures sombres
    J'entrevois s'avancer vers moi ?

SCÈNE II. — PSYCHÉ, CLÉOMÈNE, AGÉNOR.

PSYCHÉ.

Cléomène, Agénor, est-ce vous que je vois ?
    Qui vous a ravi la lumière ?

CLÉOMÈNE.

La plus juste douleur qui d'un beau désespoir
    Nous eût pu fournir la matière ;
Cette pompe funèbre où du sort le plus noir
    Vous attendiez la rigueur la plus fière,
    L'injustice la plus entière.

AGÉNOR.

Sur ce même rocher où le ciel en courroux
    Vous promettoit, au lieu d'époux,
Un serpent dont soudain vous seriez dévorée,
    Nous tenions la main préparée
A repousser sa rage, ou mourir avec vous.
Vous le savez, princesse ; et lorsqu'à notre vue
Par le milieu des airs vous êtes disparue,
Du haut de ce rocher, pour suivre vos beautés,
Ou plutôt pour goûter cette amoureuse joie

D'offrir pour vous au monstre une première proie,
D'amour et de douleur l'un et l'autre emportés,
　　　　Nous nous sommes précipités.
　　　　　　　　CLÉOMÈNE.
Heureusement déçus au sens de votre oracle,
Nous en avons ici reconnu le miracle,
Et su que le serpent prêt à vous dévorer
　　　　　Étoit le dieu qui fait qu'on aime,
Et qui, tout dieu qu'il est, vous adorant lui-même,
　　　　　Ne pouvoit endurer
Qu'un mortel comme nous osât vous adorer.
　　　　　　　　AGÉNOR.
　　　Pour prix de vous avoir suivie,
Nous jouissons ici d'un trépas assez doux.
　　　Qu'avions-nous affaire de vie,
　　　Si nous ne pouvions être à vous?
　　　Nous revoyons ici vos charmes,
Qu'aucun des deux là-haut n'auroit revus jamais.
Heureux si nous voyions la moindre de vos larmes
Honorer des malheurs que vous nous avez faits!
　　　　　　　　PSYCHÉ.
　　　Puis-je avoir des larmes de reste,
Après qu'on a porté les miens au dernier point?
Unissons nos soupirs dans un sort si funeste,
　　　Les soupirs ne s'épuisent point.
Mais vous soupireriez, princes, pour une ingrate.
Vous n'avez point voulu survivre à mes malheurs;
　　　Et, quelque douleur qui m'abatte,
　　　Ce n'est point pour vous que je meurs.
　　　　　　　　CLÉOMÈNE.
L'avons-nous mérité, nous dont toute la flamme
N'a fait que vous lasser du récit de nos maux?
　　　　　　　　PSYCHÉ.
Vous pouviez mériter, princes, toute mon âme,
　　　Si vous n'eussiez été rivaux.
　　　Ces qualités incomparables
Qui de l'un et de l'autre accompagnoient les vœux
　　　Vous rendoient tous deux trop aimables
　　　Pour mépriser aucun des deux.
　　　　　　　　AGÉNOR.
Vous avez pu, sans être injuste ni cruelle,
Nous refuser un cœur réservé pour un dieu.
Mais revoyez Vénus. Le destin nous rappelle,
　　　Et nous force à vous dire adieu.
　　　　　　　　PSYCHÉ.
Ne vous donne-t-il pas le loisir de me dire
　　　Quel est ici votre séjour?

ACTE V, SCÈNE II.

CLÉOMÈNE.

Dans des bois toujours verts, où d'amour on respire,
　　Aussitôt qu'on est mort d'amour;
D'amour on y revit, d'amour on y soupire,
Sous les plus douces lois de son heureux empire;
Et l'éternelle nuit n'ose en chasser le jour
　　Que lui-même il attire
　　Sur nos fantômes qu'il inspire,
Et dont aux enfers même il se fait une cour.

AGÉNOR.

Vos envieuses sœurs, après nous descendues,
　　Pour vous perdre se sont perdues;
　　Et l'une et l'autre tour à tour,
Pour le prix d'un conseil qui leur coûte la vie,
A côté d'Ixion, à côté de Titye,
Souffrent tantôt la roue, et tantôt le vautour.
L'Amour, par les Zéphyrs, s'est fait prompte justice
De leur envenimée et jalouse malice :
Ces ministres ailés de son juste courroux,
Sous couleur de les rendre encore auprès de vous,
Ont plongé l'une et l'autre au fond d'un précipice,
Où le spectacle affreux de leurs corps déchirés
N'étale que le moindre et le premier supplice
　　De ces conseils dont l'artifice
　　Fait les maux dont vous soupirez.

PSYCHÉ.

Que je les plains !

CLÉOMÈNE.

　　　　Vous êtes seule à plaindre.
Mais nous demeurons trop à vous entretenir.
Adieu. Puissions-nous vivre en votre souvenir !
Puissiez-vous, et bientôt, n'avoir plus rien à craindre !
Puisse, et bientôt, l'Amour vous enlever aux cieux,
　　Vous y mettre à côté des dieux,
Et, rallumant un feu qui ne se puisse éteindre,
Affranchir à jamais l'éclat de vos beaux yeux
　　D'augmenter le jour en ces lieux !

SCÈNE III. — PSYCHÉ.

Pauvres amans ! Leur amour dure encore !
　Tout morts qu'ils sont, l'un et l'autre m'adore,
Moi dont la dureté reçut si mal leurs vœux !
Tu n'en fais pas ainsi, toi, qui seul m'as ravie,
Amant que j'aime encor cent fois plus que ma vie,
　　Et qui brises de si beaux nœuds !
　Ne me fuis plus, et souffre que j'espère

Que tu pourras un jour rabaisser l'œil sur moi,
Qu'à force de souffrir j'aurai de quoi te plaire,
  De quoi me rengager ta foi.
Mais ce que j'ai souffert m'a trop défigurée
  Pour rappeler un tel espoir;
 L'œil abattu, triste, désespérée,
  Languissante et décolorée,
  De quoi puis-je me prévaloir,
Si par quelque miracle, impossible à prévoir,
Ma beauté qui t'a plu ne se voit réparée?
  Je porte ici de quoi la réparer;
  Ce trésor de beauté divine,
Qu'en mes mains pour Vénus a remis Proserpine,
Enferme des appas dont je puis m'emparer;
  Et l'éclat en doit être extrême,
  Puisque Vénus, la beauté même,
  Les demande pour se parer.
En dérober un peu seroit-ce un si grand crime?
Pour plaire aux yeux d'un dieu qui s'est fait mon amant,
Pour regagner son cœur et finir mon tourment,
  Tout n'est-il pas trop légitime?
Ouvrons. Quelles vapeurs m'offusquent le cerveau,
Et que vois-je sortir de cette boîte ouverte?
Amour, si ta pitié ne s'oppose à ma perte,
Pour ne revivre plus je descends au tombeau.

  (Elle s'évanouit, et l'Amour descend auprès d'elle en volant.)

  SCENE IV. — L'AMOUR, PSYCHÉ *évanouie*.

    L'AMOUR.

Votre péril, Psyché, dissipe ma colère,
Ou plutôt de mes feux l'ardeur n'a point cessé;
Et, bien qu'au dernier point vous m'ayez su déplaire,
  Je ne me suis intéressé
  Que contre celle de ma mère.
J'ai vu tous vos travaux, j'ai suivi vos malheurs,
Mes soupirs ont partout accompagné vos pleurs.
Tournez les yeux vers moi, je suis encor le même.
Quoi! je dis et redis tout haut que je vous aime,
Et vous ne dites point, Psyché, que vous m'aimez!
Est-ce que pour jamais vos beaux yeux sont fermés,
Qu'à jamais la clarté leur vient d'être ravie?
O mort! devois-tu prendre un dard si criminel,
Et, sans aucun respect pour mon être éternel,
  Attenter à ma propre vie?
  Combien de fois, ingrate déité,
  Ai-je grossi ton noir empire

Par les mépris et par la cruauté
D'une orgueilleuse ou farouche beauté!
　　Combien même, s'il le faut dire,
　　T'ai-je immolé de fidèles amans
　　　　A force de ravissemens!
　　　Va, je ne blesserai plus d'âmes,
　　　Je ne percerai plus de cœurs
Qu'avec des dards trempés aux divines liqueurs
Qui nourrissent du ciel les immortelles flammes,
Et n'en lancerai plus que pour faire à tes yeux
　　　Autant d'amans, autant de dieux.
　　　Et vous, impitoyable mère,
　　　Qui la forcez à m'arracher
　Tout ce que j'avois de plus cher,
Craignez, à votre tour, l'effet de ma colère.
　　Vous me voulez faire la loi,
Vous qu'on voit si souvent la recevoir de moi!
Vous qui portez un cœur sensible comme un autre,
Vous enviez au mien les délices du vôtre!
Mais dans ce même cœur j'enfoncerai des coups
Qui ne seront suivis que de chagrins jaloux;
Je vous accablerai de honteuses surprises,
Et choisirai partout, à vos vœux les plus doux,
　　　Des Adonis et des Anchises,
　　　Qui n'auront que haine pour vous.

SCÈNE V. — VÉNUS, L'AMOUR, PSYCHÉ *évanouie*.

VÉNUS.

　　La menace est respectueuse;
Et d'un enfant qui fait le révolté
　　La colère présomptueuse....

L'AMOUR.

Je ne suis plus enfant, et je l'ai trop été;
Et ma colère est juste autant qu'impétueuse.

VÉNUS.

L'impétuosité s'en devroit retenir,
　　Et vous pourriez vous souvenir
　　Que vous me devez la naissance.

L'AMOUR.

　　Et vous pourriez n'oublier pas
　　Que vous avez un cœur et des appas
　　Qui relèvent de ma puissance;
Que mon arc de la vôtre est l'unique soutien;
　　Que sans mes traits elle n'est rien;
　　Et que, si les cœurs les plus braves
En triomphe par vous se sont laissé traîner,

Vous n'avez jamais fait d'esclaves
Que ceux qu'il m'a plu d'enchaîner.
Ne me vantez donc plus ces droits de la naissance
Qui tyrannisent mes désirs ;
Et, si vous ne voulez perdre mille soupirs,
Songez, en me voyant, à la reconnoissance,
Vous qui tenez de ma puissance
Et votre gloire et vos plaisirs.

VÉNUS.

Comment l'avez-vous défendue,
Cette gloire dont vous parlez ?
Comment me l'avez-vous rendue ?
Et, quand vous avez vu mes autels désolés,
Mes temples violés,
Mes honneurs ravalés,
Si vous avez pris part à tant d'ignominie,
Comment en a-t-on vu punie
Psyché qui me les a volés ?
Je vous ai commandé de la rendre charmée
Du plus vil de tous les mortels,
Qui ne daignât répondre à son âme enflammée
Que par des rebuts éternels,
Par les mépris les plus cruels :
Et vous-même l'avez aimée !
Vous avez contre moi séduit les immortels :
C'est pour vous qu'à mes yeux les Zéphyrs l'ont cachée ;
Qu'Apollon même, suborné
Par un oracle adroitement tourné,
Me l'avoit si bien arrachée,
Que si sa curiosité,
Par une aveugle défiance,
Ne l'eût rendue à ma vengeance,
Elle échappoit à mon cœur irrité.
Voyez l'état où votre amour l'a mise,
Votre Psyché ; son âme va partir :
Voyez ; et si la vôtre en est encore éprise,
Recevez son dernier soupir.
Menacez, bravez-moi, cependant qu'elle expire.
Tant d'insolence vous sied bien !
Et je dois endurer quoi qu'il vous plaise dire,
Moi qui sans vos traits ne puis rien !

L'AMOUR.

Vous ne pouvez que trop, déesse impitoyable ;
Le Destin l'abandonne à tout votre courroux.
Mais soyez moins inexorable
Aux prières, aux pleurs d'un fils à vos genoux.
Ce doit vous être un spectacle assez doux

ACTE V, SCÈNE V.

> De voir d'un œil Psyché mourante,
> Et de l'autre ce fils, d'une voix suppliante,
> Ne vouloir plus tenir son bonheur que de vous.
> Rendez-moi ma Psyché, rendez-lui tous ses charmes :
> Rendez-la, déesse, à mes larmes ;
> Rendez à mon amour, rendez à ma douleur
> Le charme de mes yeux et le choix de mon cœur.

VÉNUS.

> Quelque amour que Psyché vous donne,
> De ses malheurs par moi n'attendez pas la fin ;
> Si le Destin me l'abandonne,
> Je l'abandonne à son destin.
> Ne m'importunez plus ; et, dans cette infortune,
> Laissez-la sans Vénus triompher ou périr.

L'AMOUR.

> Hélas ! si je vous importune,
> Je ne le ferois pas si je pouvois mourir.

VÉNUS.

> Cette douleur n'est pas commune,
> Qui force un immortel à souhaiter la mort.

L'AMOUR.

> Voyez par son excès si mon amour est fort.
> Ne lui ferez-vous grâce aucune ?

VÉNUS.

> Je vous l'avoue, il me touche le cœur,
> Votre amour ; il désarme, il fléchit ma rigueur.
> Votre Psyché reverra la lumière.

L'AMOUR.

> Que je vous vais partout faire donner d'encens !

VÉNUS.

> Oui, vous la reverrez dans sa beauté première :
> Mais de vos vœux reconnoissans
> Je veux la déférence entière ;
> Je veux qu'un vrai respect laisse à mon amitié
> Vous choisir une autre moitié.

L'AMOUR.

> Et moi je ne veux plus de grâce,
> Je reprends toute mon audace :
> Je veux Psyché, je veux sa foi ;
> Je veux qu'elle revive, et revive pour moi,
> Et tiens indifférent que votre haine lasse
> En faveur d'une autre se passe.
> Jupiter, qui paroît, va juger entre nous
> Des mes emportemens et de votre courroux.

(Après quelques éclairs et roulemens de tonnerre, Jupiter paroît en l'air sur son aigle.)

SCÈNE VI.—JUPITER, VÉNUS, L'AMOUR, PSYCHÉ *évanouie*.

L'AMOUR.

Vous à qui seul tout est possible,
Père des dieux, souverain des mortels,
Fléchissez la rigueur d'une mère inflexible,
Qui sans moi n'auroit point d'autels.
J'ai pleuré, j'ai prié, je soupire, menace,
Et perds menaces et soupirs.
Elle ne veut pas voir que de mes déplaisirs
Dépend du monde entier l'heureuse ou triste face,
Et que si Psyché perd le jour,
Si Psyché n'est à moi, je ne suis plus l'Amour.
Oui, je romprai mon arc, je briserai mes flèches,
J'éteindrai jusqu'à mon flambeau,
Je laisserai languir la nature au tombeau;
Ou, si je daigne aux cœurs faire encor quelques brèches
Avec ces pointes d'or qui me font obéir,
Je vous blesserai tous là-haut pour des mortelles,
Et ne décocherai sur elles
Que des traits émoussés qui forcent à haïr,
Et qui ne font que des rebelles,
Des ingrates et des cruelles.
Par quelle tyrannique loi
Tiendrai-je à vous servir mes armes toujours prêtes,
Et vous ferai-je à tous conquêtes sur conquêtes,
Si vous me défendez d'en faire une pour moi?

JUPITER, *à Vénus*.

Ma fille, sois-lui moins sévère.
Tu tiens de sa Psyché le destin en tes mains;
La Parque, au moindre mot, va suivre ta colère;
Parle, et laisse-toi vaincre aux tendresses de mère,
Ou redoute un courroux que moi-même je crains.
Veux-tu donner le monde en proie
A la haine, au désordre, à la confusion;
Et d'un dieu d'union,
D'un dieu de douceurs et de joie,
Faire un dieu d'amertume et de division?
Considère ce que nous sommes,
Et si les passions doivent nous dominer:
Plus la vengeance a de quoi plaire aux hommes,
Plus il sied bien aux dieux de pardonner.

VÉNUS.

Je pardonne à ce fils rebelle.
Mais voulez-vous qu'il me soit reproché
Qu'une misérable mortelle,
L'objet de mon courroux, l'orgueilleuse Psyché,

ACTE V, SCÈNE VI.

Sous ombre qu'elle est un peu belle,
Par un hymen dont je rougis
Souille mon alliance et le lit de mon fils?

JUPITER.

Eh bien! je la fais immortelle,
Afin d'y rendre tout égal.

VÉNUS.

Je n'ai plus de mépris ni de haine pour elle,
Et l'admets à l'honneur de ce nœud conjugal.
Psyché, reprenez la lumière
Pour ne la reperdre jamais.
Jupiter a fait votre paix,
Et je quitte cette humeur fière
Qui s'opposoit à vos souhaits.

PSYCHÉ, *sortant de son évanouissement.*

C'est donc vous, ô grande déesse,
Qui redonnez la vie à ce cœur innocent!

VÉNUS.

Jupiter vous fait grâce, et ma colère cesse.
Vivez, Vénus l'ordonne; aimez, elle y consent.

PSYCHÉ, *à l'Amour.*

Je vous revois enfin, cher objet de ma flamme!

L'AMOUR, *à Psyché.*

Je vous possède enfin, délices de mon âme!

JUPITER.

Venez, amans, venez aux cieux
Achever un si grand et si digne hyménée.
Viens-y, belle Psyché, changer de destinée;
Viens prendre place au rang des dieux.

CINQUIÈME INTERMÈDE.

Deux grandes machines descendent aux deux côtés de Jupiter, cependant qu'il dit ces derniers vers. Vénus avec sa suite monte dans l'une, l'Amour avec Psyché dans l'autre, et tous ensemble remontent au ciel. — Les divinités, qui avoient été partagées entre Vénus et son fils, se réunissent en les voyant d'accord; et toutes ensemble, par des concerts, des chants, et des danses, célèbrent la fête des noces de l'Amour. — Apollon paroît le premier, et, comme dieu de l'harmonie, commence à chanter, pour inviter les autres dieux à se réjouir.

RÉCIT D'APOLLON.

Unissons-nous, troupe immortelle;
Le dieu d'amour devient heureux amant,
Et Vénus a repris sa douceur naturelle
En faveur d'un fils si charmant :
Il va goûter en paix, après un long tourment,
Une félicité qui doit être éternelle.

(Toutes les divinités chantent ensemble ce couplet à la gloire de l'Amour:)
Célébrons ce grand jour;
Célébrons tous une fête si belle;
Que nos chants en tous lieux en portent la nouvelle,
Qu'ils fassent retentir le céleste séjour.
Chantons, répétons tour à tour
Qu'il n'est point d'âme si cruelle
Qui tôt ou tard ne se rende à l'Amour.

APOLLON CONTINUE.

Le dieu qui nous engage
A lui faire la cour
Défend qu'on soit trop sage.
Les Plaisirs ont leur tour;
C'est leur plus doux usage
Que de finir les soins du jour.
La nuit est le partage
Des Jeux et de l'Amour.

Ce seroit grand dommage
Qu'en ce charmant séjour
On eût un cœur sauvage.
Les Plaisirs ont leur tour;
C'est leur plus doux usage
Que de finir les soins du jour.
La nuit est le partage
Des Jeux et de l'Amour.

(Deux Muses, qui ont toujours évité de s'engager sous les lois de l'Amour, conseillent aux belles qui n'ont point encore aimé de s'en défendre avec soin, à leur exemple.)

CHANSONS DES MUSES.

Gardez-vous, beautés sévères;
Les Amours font trop d'affaires :
Craignez toujours de vous laisser charmer.
Quand il faut que l'on soupire,
Tout le mal n'est pas de s'enflammer :
Le martyre
De le dire
Coûte plus cent fois que d'aimer.

SECOND COUPLET DES MUSES.

On ne peut aimer sans peines,
Il est peu de douces chaînes;
A tout moment on se sent alarmer.
Quand il faut que l'on soupire,
Tout le mal n'est pas de s'enflammer :
Le martyre
De le dire
Coûte plus cent fois que d'aimer.

CINQUIÈME INTERMÈDE.

(Bacchus fait entendre qu'il n'est pas si dangereux que l'Amour.)

RÉCIT DE BACCHUS.
Si quelquefois,
Suivant nos douces lois,
La raison se perd et s'oublie,
Ce que le vin nous cause de folie
Commence et finit en un jour :
Mais, quand un cœur est enivré d'amour,
Souvent c'est pour toute la vie.

(Mome déclare qu'il n'a pas de plus doux emploi que de médire, et que ce n'est qu'à l'Amour seul qu'il n'ose se jouer.)

RÉCIT DE MOME.
Je cherche à médire
Sur la terre et dans les cieux,
Je soumets à ma satire
Les plus grands des dieux.
Il n'est dans l'univers que l'Amour qui m'étonne :
Il est le seul que j'épargne aujourd'hui ;
Il n'appartient qu'à lui
De n'épargner personne.

ENTRÉE DE BALLET,
Composée de deux Ménades et de deux Ægipans qui suivent Bacchus.

ENTRÉE DE BALLET,
Composée de quatre Polichinelles et de deux Matassins qui suivent Mome, et viennent joindre leur plaisanterie et leur badinage aux divertissemens de cette grande fête.

Bacchus et Mome, qui les conduisent, chantent au milieu d'eux chacun une chanson, Bacchus à la louange du vin, et Mome une chanson enjouée sur le sujet et les avantages de la raillerie.

RÉCIT DE BACCHUS.
Admirons le jus de la treille;
Qu'il est puissant ! qu'il a d'attraits !
Il sert aux douceurs de la paix,
Et dans la guerre il fait merveille;
Mais surtout pour les amours
Le vin est d'un grand secours.

RÉCIT DE MOME.
Folâtrons, divertissons-nous,
Raillons ; nous ne saurions mieux faire :
La raillerie est nécessaire
Dans les jeux les plus doux.
Sans la douceur que l'on goûte à médire,
On trouve peu de plaisirs sans ennui :
Rien n'est si plaisant que de rire,
Quand on rit aux dépens d'autrui.

Plaisantons, ne pardonnons rien,
Rions, rien n'est plus à la mode :
On court péril d'être incommode
En disant trop de bien.
Sans la douceur que l'on goûte à médire,
On trouve peu de plaisirs sans ennui :
Rien n'est si plaisant que de rire,
Quand on rit aux dépens d'autrui.

(Mars arrive au milieu du théâtre, suivi de sa troupe guerrière, qu'il excite à profiter de leur loisir, en prenant part aux divertissemens.)

RÉCIT DE MARS.

Laissons en paix toute la terre,
Cherchons de doux amusemens ;
Parmi les jeux les plus charmans
Mêlons l'image de la guerre.

ENTRÉE DE BALLET.

Suivans de Mars, qui font, en dansant avec des enseignes, une manière d'exercice.

DERNIÈRE ENTRÉE DE BALLET.

Les troupes différentes de la suite d'Apollon, de Bacchus, de Mome et de Mars, après avoir achevé leurs entrées particulières, s'unissent ensemble, et forment la dernière entrée qui renferme toutes les autres. Un chœur de toutes les voix et de tous les instrumens, qui sont au nombre de quarante, se joint à la danse générale, et termine la fête des noces de l'Amour et de Psyché.

DERNIER CHŒUR.

Chantons les plaisirs charmans
Des heureux amans ;
Que tout le ciel s'empresse
A leur faire sa cour ;
Célébrons ce beau jour
Par mille doux chants d'allégresse ;
Célébrons ce beau jour
Par mille doux chants d'amour.

(Dans le grand salon du palais des Tuileries, où *Psyché* a été représentée devant Leurs Majestés, il y avoit des timbales, des trompettes et des tambours, mêlés dans ces derniers concerts ; et ce dernier couplet se chantoit ainsi :)

Chantons les plaisirs charmans
Des heureux amans.
Répondez-nous, trompettes,
Timbales et tambours ;
Accordez-vous toujours
Avec le doux son des musettes ;
Accordez-vous toujours
Avec le doux chant des amours.

FIN DE PSYCHÉ.

PULCHÉRIE.

COMÉDIE-HÉROÏQUE.

1672.

AU LECTEUR.

Pulchérie, fille de l'empereur Arcadius, et sœur du jeune Théodose, a été une princesse très-illustre, et dont les talens étoient merveilleux : tous les historiens en conviennent. Dès l'âge de quinze ans elle empiéta le gouvernement sur son frère, dont elle avoit reconnu la foiblesse, et s'y conserva tant qu'il vécut, à la réserve d'environ une année de disgrâce, qu'elle passa loin de la cour, et qui coûta cher à ceux qui l'avoient réduite à s'en éloigner. Après la mort de ce prince, ne pouvant retenir l'autorité souveraine en sa personne, ni se résoudre à la quitter, elle proposa son mariage à Martian, à la charge qu'il lui permettroit de garder sa virginité, qu'elle avoit vouée et consacrée à Dieu. Comme il étoit déjà assez avancé dans la vieillesse, il accepta la condition aisément, et elle le nomma pour empereur au sénat, qui ne voulut, ou n'osa l'en dédire. Elle passoit alors cinquante ans, et mourut deux ans après. Martian en régna sept, et eut pour successeur Léon, que ses excellentes qualités firent surnommer le Grand. Le patrice Aspar le servit à monter au trône, et lui demanda pour récompense l'association à cet empire qu'il lui avoit fait obtenir. Le refus de Léon le fit conspirer contre ce maître qu'il s'étoit choisi ; la conspiration fut découverte, et Léon s'en défit. Voilà ce que m'a prêté l'histoire. Je ne veux point prévenir votre jugement sur ce que j'y ai changé ou ajouté, et me contenterai de vous dire que, bien que cette pièce ait été reléguée dans un lieu où on ne vouloit plus se souvenir qu'il y eût un théâtre, bien qu'elle ait passé par des bouches pour qui on n'étoit prévenu d'aucune estime, bien que ses principaux caractères soient contre le goût du temps, elle n'a pas laissé de peupler le désert, de mettre en crédit des acteurs dont on ne connoissoit pas le mérite, et de faire voir qu'on n'a pas toujours besoin de s'assujettir aux entêtemens du siècle pour se faire écouter sur la scène. J'aurai de quoi me satisfaire, si cet ouvrage est aussi heureux à la lecture qu'il l'a été à la représentation ; et, si j'ose ne vous dissimuler rien, je me flatte assez pour l'espérer.

PERSONNAGES.

PULCHÉRIE, impératrice d'Orient.
MARTIAN, vieux sénateur, ministre d'État sous Théodose le Jeune.
LÉON, amant de Pulchérie.
ASPAR, amant d'Irène.
IRÈNE, sœur de Léon.
JUSTINE, fille de Martian.

La scène est à Constantinople, dans le palais impérial.

ACTE PREMIER.

SCÈNE I. — PULCHÉRIE, LÉON.

PULCHÉRIE.

Je vous aime, Léon, et n'en fais point mystère ;
Des feux tels que les miens n'ont rien qu'il faille taire :
Je vous aime, et non point de cette folle ardeur
Que les yeux éblouis font maîtresse du cœur,
Non d'un amour conçu par les sens en tumulte,
A qui l'âme applaudit sans qu'elle se consulte,
Et qui, ne concevant que d'aveugles désirs,
Languit dans les faveurs, et meurt dans les plaisirs :
Ma passion pour vous, généreuse et solide,
A la vertu pour âme, et la raison pour guide,
La gloire pour objet, et veut sous votre loi
Mettre en ce jour illustre et l'univers et moi.
  Mon aïeul Théodose, Arcadius mon père,
Cet empire quinze ans gouverné pour un frère,
L'habitude à régner, et l'horreur d'en déchoir,
Vouloient dans un mari trouver même pouvoir.
Je vous en ai cru digne ; et, dans ces espérances,
Dont un penchant flatteur m'a fait des assurances,
De tout ce que sur vous j'ai fait tomber d'emplois
Aucun n'a démenti l'attente de mon choix ;
Vos hauts faits à grands pas nous portoient à l'empire ;
J'avois réduit mon frère à ne m'en point dédire ;
Il vous y donnoit part, et j'étois toute à vous :
Mais ce malheureux prince est mort trop tôt pour nous.
L'empire est à donner, et le sénat s'assemble
Pour choisir une tête à ce grand corps qui tremble,
Et dont les Huns, les Goths, les Vandales, les Francs,
Bouleversent la masse et déchirent les flancs.
  Je vois de tous côtés des partis et des ligues ;
Chacun s'entre-mesure et forme ses intrigues.
Procope, Gratian, Aréobinde, Aspar,
Vous peuvent enlever ce grand nom de César :
Ils ont tous du mérite ; et ce dernier s'assure
Qu'on se souvient encor de son père Ardabure,
Qui, terrassant Mitrane en combat singulier,
Nous acquit sur la Perse un avantage entier,
Et, rassurant par là nos aigles alarmées,
Termina seul la guerre aux yeux des deux armées.
  Mes souhaits, mon crédit, mes amis, sont pour vous ;
Mais, à moins que ce rang, plus d'amour, point d'époux :

Il faut, quelques douceurs que cet amour propose,
Le trône ou la retraite au sang de Théodose ;
Et, si par le succès mes desseins sont trahis,
Je m'exile en Judée auprès d'Athénaïs.
LÉON.
Je vous suivrois, madame ; et du moins sans ombrage
De ce que mes rivaux ont sur moi d'avantage,
Si vous ne m'y faisiez quelque destin plus doux,
J'y mourrois de douleur d'être indigne de vous ;
J'y mourrois à vos yeux en adorant vos charmes :
Peut-être essuieriez-vous quelqu'une de mes larmes ;
Peut-être ce grand cœur, qui n'ose s'attendrir,
S'y défendroit si mal de mon dernier soupir,
Qu'un éclat imprévu de douleur et de flamme
Malgré vous à son tour voudroit suivre mon âme.
La mort, qui finiroit à vos yeux mes ennuis,
Auroit plus de douceur que l'état où je suis.
Vous m'aimez ; mais, hélas ! quel amour est le vôtre,
Qui s'apprête peut-être à pencher vers un autre ?
Que servent ces désirs, qui n'auront point d'effet
Si votre illustre orgueil ne se voit satisfait ?
Et que peut cet amour dont vous êtes maîtresse,
Cet amour dont le trône a toute la tendresse,
Esclave ambitieux du suprême degré,
D'un titre qui l'allume et l'éteint à son gré ?
Ah ! ce n'est point par là que je vous considère ;
Dans le plus triste exil vous me seriez plus chère :
Là, mes yeux, sans relâche attachés à vous voir,
Feroient de mon amour mon unique devoir ;
Et mes soins, réunis à ce noble esclavage,
Sauroient de chaque instant vous rendre un plein hommage.
Pour être heureux amant faut-il que l'univers
Ait place dans un cœur qui ne veut que vos fers ;
Que les plus dignes soins d'une flamme si pure
Deviennent partagés à toute la nature ?
Ah ! que ce cœur, madame, a lieu d'être alarmé
Si sans être empereur je ne suis plus aimé !
PULCHÉRIE.
Vous le serez toujours ; mais une âme bien née
Ne confond pas toujours l'amour et l'hyménée :
L'amour entre deux cœurs ne veut que les unir ;
L'hyménée a de plus leur gloire à soutenir ;
Et, je vous l'avouerai, pour les plus belles vies
L'orgueil de la naissance a bien des tyrannies :
Souvent les beaux désirs n'y servent qu'à gêner ;
Ce qu'on se doit combat ce qu'on se veut donner :
L'amour gémit en vain sous ce devoir sévère

Ah! si je n'avois eu qu'un sénateur pour père!
Mais mon sang dans mon sexe a mis les plus grands cœurs;
Eudoxe et Placidie ont eu des empereurs :
Je n'ose leur céder en grandeur de courage;
Et malgré mon amour je veux même partage :
Je pense en être sûre, et tremble toutefois
Quand je vois mon bonheur dépendre d'une voix.

LÉON.

Qu'avez-vous à trembler? Quelque empereur qu'on nomme,
Vous aurez votre amant, ou du moins un grand homme,
Dont le nom, adoré du peuple et de la cour,
Soutiendra votre gloire, et vaincra votre amour.
Procope, Aréobinde, Aspar, et leurs semblables,
Parés de ce grand nom, vous deviendront aimables;
Et l'éclat de ce rang, qui fait tant de jaloux,
En eux, ainsi qu'en moi, sera charmant pour vous.

PULCHÉRIE.

Que vous m'êtes cruel, que vous m'êtes injuste
D'attacher tout mon cœur au seul titre d'auguste!
Quoi que de ma naissance exige la fierté,
Vous seul ferez ma joie et ma félicité;
De tout autre empereur la grandeur odieuse....

LÉON.

Mais vous l'épouserez, heureuse ou malheureuse?

PULCHÉRIE.

Ne me pressez point tant, et croyez avec moi
Qu'un choix si glorieux vous donnera ma foi,
Ou que, si le sénat à nos vœux est contraire,
Le ciel m'inspirera ce que je devrai faire.

LÉON.

Il vous inspirera quelque sage douleur,
Qui n'aura qu'un soupir à perdre en ma faveur.
Oui, de si grands rivaux....

PULCHÉRIE.

    Ils ont tous des maîtresses.

LÉON.

Le trône met une âme au-dessus des tendresses.
Quand du grand Théodose on aura pris le rang,
Il y faudra placer les restes de son sang :
Il voudra, ce rival, qui que l'on puisse élire,
S'assurer par l'hymen de vos droits à l'empire.
S'il a pu faire ailleurs quelque offre de sa foi,
C'est qu'il a cru ce cœur trop prévenu pour moi :
Mais se voyant au trône et moi dans la poussière,
Il se promettra tout de votre humeur altière;
Et, s'il met à vos pieds ce charme de vos yeux,
Il deviendra l'objet que vous verrez le mieux.

ACTE I, SCÈNE I.

PULCHÉRIE.
Vous pourriez un peu loin pousser ma patience,
Seigneur; j'ai l'âme fière, et tant de prévoyance
Demande à la souffrir encor plus de bonté
Que vous ne m'avez vu jusqu'ici de fierté.
Je ne condamne point ce que l'amour inspire;
Mais enfin on peut craindre, et ne le point tant dire.
Je n'en tiendrai pas moins tout ce que j'ai promis.
Vous avez mes souhaits, vous aurez mes amis;
De ceux de Martian vous aurez le suffrage:
Il a, tout vieux qu'il est, plus de vertus que d'âge;
Et, s'il briguoit pour lui, ses glorieux travaux
Donneroient fort à craindre à vos plus grands rivaux.

LÉON.
Notre empire, il est vrai, n'a point de plus grand homme:
Séparez-vous du rang, madame, et je le nomme.
S'il me peut enlever celui de souverain,
Du moins je ne crains pas qu'il m'ôte votre main;
Ses vertus le pourroient; mais je vois sa vieillesse.

PULCHÉRIE.
Quoi qu'il en soit, pour vous ma bonté l'intéresse:
Il s'est plu sous mon frère à dépendre de moi,
Et je me viens encor d'assurer de sa foi.
Je vois entrer Irène; Aspar la trouve belle:
Faites agir pour vous l'amour qu'il a pour elle;
Et, comme en ce dessein rien n'est à négliger,
Voyez ce qu'une sœur vous pourra ménager.

SCÈNE II. — PULCHÉRIE, LÉON, IRÈNE.

PULCHÉRIE.
M'aiderez-vous, Irène, à couronner un frère?

IRÈNE.
Un si foible secours vous est peu nécessaire,
Madame, et le sénat....

PULCHÉRIE.
N'en agissez pas moins;
Joignez vos vœux aux miens, et vos soins à mes soins,
Et montrons ce que peut en cette conjoncture
Un amour secondé de ceux de la nature.
Je vous laisse y penser.

SCÈNE III. — LÉON, IRÈNE.

IRÈNE.
Vous ne me dites rien,
Seigneur; attendez-vous que j'ouvre l'entretien?

LÉON.

A dire vrai, ma sœur, je ne sais que vous dire.
Aspar m'aime, il vous aime : il y va de l'empire ;
Et, s'il faut qu'entre nous on balance aujourd'hui,
La princesse est pour moi, le mérite est pour lui.
Vouloir qu'en ma faveur à ce grade il renonce,
C'est faire une prière indigne de réponse ;
Et de son amitié je ne puis l'exiger,
Sans vous voler un bien qu'il vous doit partager.
  C'est là ce qui me force à garder le silence :
Je me réponds pour vous à tout ce que je pense,
Et puisque j'ai souffert qu'il ait tout votre cœur,
Je dois souffrir aussi vos soins pour sa grandeur.

IRÈNE.

J'ignore encor quel fruit je pourrois en attendre.
Pour le trône, il est sûr qu'il a droit d'y prétendre ;
Sur vous et sur tout autre il le peut emporter :
Mais qu'il m'y donne part, c'est dont j'ose douter.
Il m'aime en apparence, en effet il m'amuse ;
Jamais pour notre hymen il ne manque d'excuse,
Et vous aime à tel point, que, si vous l'en croyez,
Il ne peut être heureux que vous ne le soyez :
Non que votre bonheur fortement l'intéresse ;
Mais, sachant quel amour a pour vous la princesse,
Il veut voir quel succès aura son grand dessein,
Pour ne point m'épouser qu'en sœur de souverain :
Ainsi depuis deux ans vous voyez qu'il diffère :
Du reste à Pulchérie il prend grand soin de plaire,
Avec exactitude il suit toutes ses lois ;
Et dans ce que sous lui vous avez eu d'emplois,
Votre tête aux périls à toute heure exposée
M'a pour vous et pour moi presque désabusée ;
La gloire d'un ami, la haine d'un rival,
La hasardoient peut-être avec un soin égal.
Le temps est arrivé qu'il faut qu'il se déclare ;
Et de son amitié l'effort sera bien rare
Si, mis à cette épreuve, ambitieux qu'il est,
Il cherche à vous servir contre son intérêt.
Peut-être il promettra ; mais, quoi qu'il vous promette,
N'en ayons pas, seigneur, l'âme moins inquiète ;
Son ardeur trouvera pour vous si peu d'appui,
Qu'on le fera lui-même empereur malgré lui :
Et lors, en ma faveur quoi que l'amour oppose,
Il faudra faire grâce au sang de Théodose ;
Et le sénat voudra qu'il prenne d'autres yeux
Pour mettre la princesse au rang de ses aïeux.
  Son cœur suivra le sceptre en quelque main qu'il brille :

ACTE I, SCÈNE III.

Si Martian l'obtient, il aimera sa fille;
Et l'amitié du frère et l'amour de la sœur
Céderont à l'espoir de s'en voir successeur.
En un mot, ma fortune est encor fort douteuse :
Si vous n'êtes heureux, je ne puis être heureuse;
Et je n'ai plus d'amant non plus que vous d'ami,
A moins que dans le trône il vous voie affermi.

LÉON.

Vous présumez bien mal d'un héros qui vous aime.

IRÈNE.

Je pense le connoître à l'égal de moi-même;
Mais croyez-moi, seigneur, et l'empire est à vous.

LÉON.

Ma sœur!

IRÈNE.

Oui, vous l'aurez malgré lui, malgré tous.

LÉON.

N'y perdons aucun temps : hâtez-vous de m'instruire;
Hâtez-vous de m'ouvrir la route à m'y conduire;
Et si votre bonheur peut dépendre du mien....

IRÈNE.

Apprenez le secret de ne hasarder rien.
N'agissez point pour vous; il s'en offre trop d'autres
De qui les actions brillent plus que les vôtres,
Que leurs emplois plus hauts ont mis en plus d'éclat,
Et qui, s'il faut tout dire, ont plus servi l'État :
Vous les passez peut-être en grandeur de courage;
Mais il vous a manqué l'occasion et l'âge;
Vous n'avez commandé que sous des généraux,
Et n'êtes pas encor du poids de vos rivaux.
　Proposez la princesse; elle a des avantages
Que vous verrez sur l'heure unir tous les suffrages :
Tant qu'a vécu son frère, elle a régné pour lui;
Ses ordres de l'empire ont été tout l'appui;
On vit depuis quinze ans sous son obéissance :
Faites qu'on la maintienne en sa toute-puissance,
Qu'à ce prix le sénat lui demande un époux;
Son choix tombera-t-il sur un autre que vous?
Voudroit-elle de vous une action plus belle
Qu'un respect amoureux qui veut tenir tout d'elle?
L'amour en deviendra plus fort qu'auparavant,
Et vous vous servirez vous-même en la servant.

LÉON.

Ah! que c'est me donner un conseil salutaire!
A-t-on jamais vu sœur qui servît mieux un frère?
Martian avec joie embrassera l'avis :
A peine parle-t-il que les siens sont suivis;

Et, puisqu'à la princesse il a promis un zèle
A tout oser pour moi sur l'ordre qu'il a d'elle,
Comme sa créature, il fera hautement
Bien plus en sa faveur qu'en faveur d'un amant.

IRÈNE.

Pour peu qu'il vous appuie, allez, l'affaire est sûre.

LÉON.

Aspar vient : faites-lui, ma sœur, quelque ouverture ;
Voyez....

IRÈNE.

C'est un esprit qu'il faut mieux ménager ;
Nous découvrir à lui, c'est tout mettre en danger :
Il est ambitieux, adroit, et d'un mérite....

SCÈNE IV. — ASPAR, LÉON, IRÈNE.

LÉON.

Vous me pardonnez bien, seigneur, si je vous quitte ;
C'est suppléer assez à ce que je vous doi
Que vous laisser ma sœur, qui vous plaît plus que moi

ASPAR.

Vous m'obligez, seigneur ; mais en cette occurrence
J'ai besoin avec vous d'un peu de conférence.
Du sort de l'univers nous allons décider :
L'affaire vous regarde, et peut me regarder ;
Et si tous mes amis ne s'unissent aux vôtres,
Nos partis divisés pourront céder à d'autres.
Agissons de concert ; et, sans être jaloux,
En ce grand coup d'État, vous de moi, moi de vous,
Jurons-nous que des deux qui que l'on puisse élire
Fera de son ami son collègue à l'empire ;
Et, pour nous l'assurer, voyons sur qui des deux
Il est plus à propos de jeter tant de vœux ;
Quel nom seroit plus propre à s'attirer le reste :
Pour moi, je suis tout prêt, et dès ici j'atteste....

LÉON.

Votre nom pour ce choix est plus fort que le mien,
Et je n'ose douter que vous n'en usiez bien.
Je craindrois de tout autre un dangereux partage ;
Mais de vous je n'ai pas, seigneur, le moindre ombrage,
Et l'amitié voudroit vous en donner ma foi :
Mais c'est à la princesse à disposer de moi ;
Je ne puis que par elle, et n'ose rien sans elle.

ASPAR.

Certes, s'il faut choisir l'amant le plus fidèle,
Vous l'allez emporter sur tous sans contredit :
Mais ce n'est pas, seigneur, le point dont il s'agit ;

Le plus flatteur effort de la galanterie
Ne peut....
LÉON.
Que voulez-vous? j'adore Pulchérie;
Et, n'ayant rien d'ailleurs par où la mériter,
J'espère en ce doux titre, et j'aime à le porter.
ASPAR.
Mais il y va du trône, et non d'une maîtresse.
LÉON.
Je vais faire, seigneur, votre offre à la princesse;
Elle sait mieux que moi les besoins de l'État.
Adieu : je vous dirai sa réponse au sénat.

SCÈNE V. — ASPAR, IRÈNE.

IRÈNE.
Il a beaucoup d'amour.
ASPAR.
Oui, madame; et j'avoue
Qu'avec quelque raison la princesse s'en loue :
Mais j'aurois souhaité qu'en cette occasion
L'amour concertât mieux avec l'ambition,
Et que son amitié, s'en laissant moins séduire,
Ne nous exposât point à nous entre-détruire.
Vous voyez qu'avec lui j'ai voulu m'accorder.
M'aimeriez-vous encor si j'osois lui céder,
Moi qui dois d'autant plus mes soins à ma fortune,
Que l'amour entre nous la doit rendre commune?
IRÈNE.
Seigneur, lorsque le mien vous a donné mon cœur,
Je n'ai point prétendu la main d'un empereur;
Vous pouviez être heureux sans m'apporter ce titre:
Mais du sort de Léon Pulchérie est l'arbitre,
Et l'orgueil de son sang avec quelque raison
Ne peut souffrir d'époux à moins de ce grand nom.
Avant que ce cher frère épouse la princesse,
Il faut que le pouvoir s'unisse à la tendresse,
Et que le plus haut rang mette en leur plus beau jour
La grandeur du mérite et l'excès de l'amour.
M'aimeriez-vous assez pour n'être point contraire
A l'unique moyen de rendre heureux ce frère,
Vous qui, dans votre amour, avez pu sans ennui
Vous défendre de l'être un moment avant lui,
Et qui mériteriez qu'on vous fît mieux connoître
Que, s'il ne le devient, vous aurez peine à l'être?
ASPAR.
C'est aller un peu vite, et bientôt m'insulter

En sœur de souverain qui cherche à me quitter.
Je vous aime, et jamais une ardeur plus sincère....
IRÈNE.
Seigneur, est-ce m'aimer que de perdre mon frère?
ASPAR.
Voulez-vous que pour lui je me perde d'honneur?
Est-ce m'aimer que mettre à ce prix mon bonheur?
Moi, qu'on a vu forcer trois camps et vingt murailles,
Moi qui, depuis dix ans, ai gagné sept batailles,
N'ai-je acquis tant de nom que pour prendre la loi
De qui n'a commandé que sous Procope, ou moi,
Que pour m'en faire un maître, et m'attacher moi-même
Un joug honteux au front, au lieu d'un diadème?
IRÈNE.
Je suis plus raisonnable, et ne demande pas
Qu'en faveur d'un ami vous descendiez si bas.
Pylade pour Oreste auroit fait davantage :
Mais de pareils efforts ne sont plus en usage,
Un grand cœur les dédaigne, et le siècle a changé;
A s'aimer de plus près on se croit obligé,
Et des vertus du temps l'âme persuadée
Hait de ces vieux héros la surprenante idée.
ASPAR.
Il y va de ma gloire, et les siècles passés....
IRÈNE.
Elle n'est pas, seigneur, peut-être où vous pensez;
Et, quoi qu'un juste espoir ose vous faire croire,
S'exposer au refus, c'est hasarder sa gloire.
La princesse peut tout, ou du moins plus que vous.
Vous vous attirerez sa haine et son courroux.
Son amour l'intéresse, et son âme hautaine....
ASPAR.
Qu'on me fasse empereur, et je crains peu sa haine.
IRÈNE.
Mais, s'il faut qu'à vos yeux un autre préféré
Monte, en dépit de vous, à ce rang adoré,
Quel déplaisir! quel trouble! et quelle ignominie
Laissera pour jamais votre gloire ternie!
Non, seigneur, croyez-moi, n'allez point au sénat,
De vos hauts faits pour vous laissez parler l'éclat.
Qu'il sera glorieux que, sans briguer personne,
Ils fassent à vos pieds apporter la couronne,
Que votre seul mérite emporte ce grand choix,
Sans que votre présence ait mendié de voix!
Si Procope, ou Léon, ou Martian, l'emporte,
Vous n'aurez jamais eu d'ambition si forte,
Et vous désavouerez tous ceux de vos amis

Dont la chaleur pour vous se sera trop permis.
ASPAR.
A ces hauts sentimens s'il me falloit répondre,
J'aurois peine, madame, à ne me point confondre :
J'y vois beaucoup d'esprit, j'y trouve encor plus d'art;
Et, ce que j'en puis dire à la hâte et sans fard,
Dans ces grands intérêts vous montrer si savante,
C'est être bonne sœur et dangereuse amante.
L'heure me presse : adieu. J'ai des amis à voir
Qui sauront accorder ma gloire et mon devoir;
Le ciel me prêtera par eux quelque lumière
A mettre l'un et l'autre en assurance entière,
Et répondre avec joie à tout ce que je doi
A vous, à ce cher frère, à la princesse, à moi.
IRÈNE, *seule*.
Perfide, tu n'es pas encore où tu te penses.
J'ai pénétré ton cœur, j'ai vu tes espérances;
De ton amour pour moi je vois l'illusion :
Mais tu n'en sortiras qu'à ta confusion.

ACTE SECOND.

SCÈNE I. — MARTIAN, JUSTINE.

JUSTINE.
Notre illustre princesse est donc impératrice,
Seigneur?
MARTIAN.
A ses vertus on a rendu justice :
Léon l'a proposée; et quand je l'ai suivi,
J'en ai vu le sénat au dernier point ravi;
Il a réduit soudain toutes ses voix en une,
Et s'est débarrassé de la foule importune,
Du turbulent espoir de tant de concurrens
Que la soif de régner avoit mis sur les rangs.
JUSTINE.
Ainsi voilà Léon assuré de l'empire.
MARTIAN.
Le sénat, je l'avoue, avoit peine à l'élire,
Et contre les grands noms de ses compétiteurs
Sa jeunesse eût trouvé d'assez froids protecteurs :
Non qu'il n'ait du mérite, et que son grand courage
Ne se pût tout promettre avec un peu plus d'âge;
On n'a point vu sitôt tant de rares exploits :
Mais et l'expérience, et les premiers emplois,

Le titre éblouissant de général d'armée,
Tout ce qui peut enfin grossir la renommée,
Tout cela veut du temps; et l'amour aujourd'hui
Va faire ce qu'un jour son nom feroit pour lui.

JUSTINE.

Hélas, seigneur!

MARTIAN.

Hélas! ma fille, quel mystère
T'oblige à soupirer de ce que dit un père?

JUSTINE.

L'image de l'empire en de si jeunes mains
M'a tiré ce soupir pour l'État que je plains.

MARTIAN.

Pour l'intérêt public rarement on soupire,
Si quelque ennui secret n'y mêle son martyre :
L'un se cache sous l'autre, et fait un faux éclat;
Et jamais, à ton âge, on ne plaignit l'État.

JUSTINE.

A mon âge, un soupir semble dire qu'on aime :
Cependant vous avez soupiré tout de même,
Seigneur; et si j'osois vous le dire à mon tour....

MARTIAN.

Ce n'est point à mon âge à soupirer d'amour,
Je le sais; mais enfin chacun a sa foiblesse.
Aimerois-tu Léon?

JUSTINE.

Aimez-vous la princesse?

MARTIAN.

Oublie en ma faveur que tu l'as deviné,
Et démens un soupçon qu'un soupir t'a donné.
L'amour en mes pareils n'est jamais excusable;
Pour peu qu'on s'examine, on s'en tient méprisable,
On s'en hait; et ce mal, qu'on n'ose découvrir,
Fait encor plus de peine à cacher qu'à souffrir :
Mais t'en faire l'aveu, c'est n'en faire à personne;
La part que le respect, que l'amitié t'y donne,
Et tout ce que le sang en attire sur toi,
T'imposent de le taire une éternelle loi.
J'aime, et depuis dix ans ma flamme et mon silence
Font à mon triste cœur égale violence :
J'écoute la raison, j'en goûte les avis,
Et les mieux écoutés sont les plus mal suivis.
Cent fois en moins d'un jour je guéris et retombe;
Cent fois je me révolte, et cent fois je succombe :
Tant ce calme forcé, que j'étudie en vain,
Près d'un si rare objet s'évanouit soudain!

JUSTINE.
Mais pourquoi lui donner vous-même la couronne,
Quand à son cher Léon c'est donner sa personne?
MARTIAN.
Apprends que dans un âge usé comme le mien,
Qui n'ose souhaiter ni même accepter rien,
L'amour hors d'intérêt s'attache à ce qu'il aime,
Et, n'osant rien pour soi, le sert contre soi-même.
JUSTINE.
N'ayant rien prétendu, de quoi soupirez-vous?
MARTIAN.
Pour ne prétendre rien on n'est pas moins jaloux;
Et ces désirs, qu'éteint le déclin de la vie,
N'empêchent pas de voir avec un œil d'envie,
Quand on est d'un mérite à pouvoir faire honneur,
Et qu'il faut qu'un autre âge emporte le bonheur.
Que le moindre retour vers nos belles années
Jette alors d'amertume en nos âmes gênées !
« Que n'ai-je vu le jour quelques lustres plus tard !
Disois-je; en ses bontés peut-être aurois-je part,
Si le ciel n'opposoit auprès de la princesse
A l'excès de l'amour le manque de jeunesse;
De tant et tant de cœurs qu'il force à l'adorer,
Devois-je être le seul qui ne pût espérer? »
J'aimois quand j'étois jeune, et ne déplaisois guère :
Quelquefois de soi-même on cherchoit à me plaire;
Je pouvois aspirer au cœur le mieux placé :
Mais, hélas ! j'étois jeune, et ce temps est passé;
Le souvenir en tue, et l'on ne l'envisage
Qu'avec, s'il faut le dire, une espèce de rage;
On le repousse, on fait cent projets superflus :
Le trait qu'on porte au cœur s'enfonce d'autant plus;
Et ce feu, que de honte on s'obstine à contraindre,
Redouble par l'effort qu'on se fait pour l'éteindre.
JUSTINE.
Instruit que vous étiez des maux que fait l'amour,
Vous en pouviez, seigneur, empêcher le retour,
Contre toute sa ruse être mieux sur vos gardes.
MARTIAN.
Et l'ai-je regardé comme tu le regardes,
Moi qui me figurois que ma caducité
Près de la beauté même étoit en sûreté?
Je m'attachois sans crainte à servir la princesse,
Fier de mes cheveux blancs, et fort de ma foiblesse :
Et, quand je ne pensois qu'à remplir mon devoir,
Je devenois amant sans m'en apercevoir.
Mon âme, de ce feu nonchalamment saisie,

Ne l'a point reconnu que par ma jalousie;
Tout ce qui l'approchoit vouloit me l'enlever,
Tout ce qui lui parloit cherchoit à m'en priver :
Je tremblois qu'à leurs yeux elle ne fût trop belle;
Je les haïssois tous comme plus dignes d'elle,
Et ne pouvois souffrir qu'on s'enrichît d'un bien
Que j'enviois à tous sans y prétendre rien.
 Quel supplice d'aimer un objet adorable,
Et de tant de rivaux se voir le moins aimable!
D'aimer plus qu'eux ensemble, et n'oser de ses feux,
Quelques ardens qu'ils soient, se promettre autant qu'eux!
On auroit deviné mon amour par ma peine,
Si la peur que j'en eus n'avoit fui tant de gêne.
L'auguste Pulchérie avoit beau me ravir,
J'attendois à la voir qu'il la fallût servir :
Je fis plus, de Léon j'appuyai l'espérance;
La princesse l'aima, j'en eus la confiance,
Et la dissuadai de se donner à lui
Qu'il ne fût de l'empire ou le maître ou l'appui.
Ainsi, pour éviter un hymen si funeste,
Sans rendre heureux Léon, je détruisois le reste;
Et, mettant un long terme au succès de l'amour,
J'espérois de mourir avant ce triste jour.
 Nous y voilà, ma fille, et du moins j'ai la joie
D'avoir à son triomphe ouvert l'unique voie.
J'en mourrai du moment qu'il recevra sa foi,
Mais dans cette douceur qu'ils tiendront tout de moi.
 J'ai caché si longtemps l'ennui qui me dévore,
Qu'en dépit que j'en aie enfin il s'évapore;
L'aigreur en diminue à te le raconter :
Fais-en autant du tien; c'est mon tour d'écouter.

JUSTINE.

Seigneur, un mot suffit pour ne vous en rien taire :
Le même astre a vu naître et la fille et le père;
Ce mot dit tout. Souffrez qu'une imprudente ardeur,
Prête à s'évaporer, respecte ma pudeur.
 Je suis jeune, et l'amour trouvoit une âme tendre
Qui n'avoit ni le soin ni l'art de se défendre :
La princesse, qui m'aime et m'ouvroit ses secrets,
Lui prêtoit contre moi d'inévitables traits,
Et toutes les raisons dont s'appuyoit sa flamme
Étoient autant de dards qui me traversoient l'âme.
Je pris, sans y penser, son exemple pour loi :
« Un amant digne d'elle est trop digne de moi,
Disois-je; et, s'il brûloit pour moi comme pour elle,
Avec plus de bonté je recevrois son zèle. »
Plus elle m'en peignoit les rares qualités,

Plus d'une douce erreur mes sens étoient flattés.
D'un illustre avenir l'infaillible présage
Qu'on voit si hautement écrit sur son visage,
Son nom que je voyois croître de jour en jour,
Pour moi comme pour elle étoient dignes d'amour :
Je les voyois d'accord d'un heureux hyménée ;
Mais nous n'en étions pas encore à la journée :
« Quelque obstacle imprévu rompra de si doux nœuds,
Ajoutois-je ; et le temps éteint les plus beaux feux. »
C'est ce que m'inspiroit l'aimable rêverie
Dont jusqu'à ce grand jour ma flamme s'est nourrie ;
Mon cœur, qui ne vouloit désespérer de rien,
S'en faisoit à toute heure un charmant entretien.

Qu'on rêve avec plaisir, quand notre âme blessée
Autour de ce qu'elle aime est toute ramassée !
Vous le savez, seigneur, et comme à tout propos
Un doux je ne sais quoi trouble notre repos ;
Un sommeil inquiet sur de confus nuages
Élève incessamment de flatteuses images,
Et sur leur vain rapport fait naître des souhaits
Que le réveil admire et ne dédit jamais.

Ainsi, près de tomber dans un malheur extrême,
J'en écartois l'idée en m'abusant moi-même ;
Mais il faut renoncer à des abus si doux ;
Et je me vois, seigneur, au même état que vous.

MARTIAN.
Tu peux aimer ailleurs, et c'est un avantage
Que n'ose se permettre un amant de mon âge.
Choisis qui tu voudras, je saurai l'obtenir.
Mais écoutons Aspar, que j'aperçois venir.

SCÈNE II. — MARTIAN, ASPAR, JUSTINE.

ASPAR.
Seigneur, votre suffrage a réuni les nôtres ;
Votre voix a plus fait que n'auroient fait cent autres :
Mais j'apprends qu'on murmure, et doute si le choix
Que fera la princesse aura toutes les voix.

MARTIAN.
Et qui fait présumer de son incertitude
Qu'il aura quelque chose ou d'amer ou de rude ?

ASPAR.
Son amour pour Léon : elle en fait son époux,
Aucun n'en veut douter.

MARTIAN.
　　　　　　　Je le crois comme eux tous.
Qu'y trouve-t-on à dire, et quelle défiance....

ASPAR.

Il est jeune, et l'on craint son peu d'expérience.
Considérez, seigneur, combien c'est hasarder :
Qui n'a fait qu'obéir saura mal commander ;
On n'a point vu sous lui d'armée ou de province.

MARTIAN.

Jamais un bon sujet ne devint mauvais prince ;
Et, si le ciel en lui répond mal à nos vœux,
L'auguste Pulchérie en sait assez pour deux.
Rien ne nous surprendra de voir la même chose
Où nos yeux se sont faits quinze ans sous Théodose :
C'étoit un prince foible, un esprit mal tourné ;
Cependant avec elle il a bien gouverné.

ASPAR.

Cependant nous voyons six généraux d'armée
Dont au commandement l'âme est accoutumée
Voudront-ils recevoir un ordre souverain
De qui l'a jusqu'ici toujours pris de leur main ?
Seigneur, il est bien dur de se voir sous un maître
Dont on le fut toujours, et dont on devroit l'être.

MARTIAN.

Et qui m'assurera que ces six généraux
Se réuniront mieux sous un de leurs égaux ?
Plus un pareil mérite aux grandeurs nous appelle,
Et plus la jalousie aux grands est naturelle.

ASPAR.

Je les tiens réunis, seigneur, si vous voulez.
Il est, il est encor des noms plus signalés :
J'en sais qui leur plairoient ; et, s'il vous faut plus dire,
Avouez-en mon zèle, et je vous fais élire.

MARTIAN.

Moi, seigneur, dans un âge où la tombe m'attend !
Un maître pour deux jours n'est pas ce qu'on prétend.
Je sais le poids d'un sceptre, et connois trop mes forces
Pour être encor sensible à ces vaines amorces.
Les ans, qui m'ont usé l'esprit comme le corps,
Abattroient tous les deux sous les moindres efforts ;
Et ma mort, que par là vous verriez avancée,
Rendroit à tant d'égaux leur première pensée,
Et feroit une triste et prompte occasion
De rejeter l'État dans la division.

ASPAR.

Pour éviter les maux qu'on en pourroit attendre,
Vous pourriez partager vos soins avec un gendre,
L'installer dans le trône, et le nommer César.

MARTIAN.

Il faudroit que ce gendre eût les vertus d'Aspar ;

Mais vous aimez ailleurs, et ce seroit un crime
Que de rendre infidèle un cœur si magnanime.
                    ASPAR.
J'aime, et ne me sens pas capable de changer;
Mais d'autres vous diroient que, pour vous soulager,
Quand leur amour iroit jusqu'à l'idolâtrie,
Ils le sacrifieroient au bien de la patrie.
                    JUSTINE.
Certes, qui m'aimeroit pour le bien de l'État
Ne me trouveroit pas, seigneur, un cœur ingrat,
Et je lui rendrois grâce au nom de tout l'empire :
Mais vous êtes constant; et, s'il vous faut plus dire,
Quoi que le bien public jamais puisse exiger,
Ce ne sera pas moi qui vous ferai changer.
                    MARTIAN.
Revenons à Léon. J'ai peine à bien comprendre
Quels malheurs d'un tel choix nous aurions lieu d'attendre;
Quiconque vous verra le mari de sa sœur,
S'il ne le craint assez, craindra son défenseur;
Et, si vous me comptez encor pour quelque chose,
Mes conseils agiront comme sous Théodose.
                    ASPAR.
Nous en pourrons tous deux avoir le démenti.
                    MARTIAN.
C'est affaire à périr pour le meilleur parti :
Il ne m'en peut coûter qu'une mourante vie,
Que l'âge et ses chagrins m'auront bientôt ravie.
Pour vous, qui d'un autre œil regardez ce danger,
Vous avez plus à vivre et plus à ménager;
Et je n'empêche pas qu'auprès de la princesse
Votre zèle n'éclate autant qu'il s'intéresse.
Vous pouvez l'avertir de ce que vous croyez,
Lui dire de ce choix ce que vous prévoyez,
Lui proposer sans fard celui qu'elle doit faire.
La vérité lui plaît, et vous pourrez lui plaire.
Je changerai comme elle alors de sentimens,
Et tiens mon âme prête à ses commandemens.
                    ASPAR.
Parmi les vérités il en est de certaines
Qu'on ne dit point en face aux têtes souveraines,
Et qui veulent de nous un tour, un ascendant,
Qu'aucun ne peut trouver qu'un ministre prudent;
Vous ferez mieux valoir ces marques d'un vrai zèle :
M'en ouvrant avec vous, je m'acquitte envers elle;
Et, n'ayant rien de plus qui m'amène en ce lieu,
Je vous en laisse maître, et me retire. Adieu.

SCÈNE III. — MARTIAN, JUSTINE.

MARTIAN.
Le dangereux esprit! et qu'avec peu de peine
Il manqueroit d'amour et de foi pour Irène!
Des rivaux de Léon il est le plus jaloux,
Et roule des projets qu'il ne dit pas à tous.

JUSTINE.
Il n'a pour but, seigneur, que le bien de l'empire.
Détrônez la princesse, et faites-vous élire :
C'est un amant pour moi que je n'attendois pas,
Qui vous soulagera du poids de tant d'États.

MARTIAN.
C'est un homme, et je veux qu'un jour il t'en souvienne,
C'est un homme à tout perdre, à moins qu'on le prévienne.
Mais Léon vient déjà nous vanter son bonheur :
Arme-toi de constance, et prépare un grand cœur;
Et, quelque émotion qui trouble ton courage,
Contre tout son désordre affermis ton visage.

SCÈNE IV. — LÉON, MARTIAN, JUSTINE.

LÉON.
L'auriez-vous cru jamais, seigneur? je suis perdu.

MARTIAN.
Seigneur, que dites-vous? ai-je bien entendu?

LÉON.
Je le suis sans ressource, et rien plus ne me flatte.
J'ai revu Pulchérie, et n'ai vu qu'une ingrate :
Quand je crois l'acquérir, c'est lors que je la perds,
Et me détruis moi-même alors que je la sers.

MARTIAN.
Expliquez-vous, seigneur, parlez en confiance;
Fait-elle un autre choix?

LÉON.
Non, mais elle balance :
Elle ne me veut pas encor désespérer,
Mais elle prend du temps pour en délibérer.
Son choix n'est plus pour moi, puisqu'elle le diffère :
L'amour n'est point le maître alors qu'on délibère;
Et je ne saurois plus me promettre sa foi,
Moi qui n'ai que l'amour qui lui parle pour moi.
Ah! madame....

JUSTINE.
Seigneur....

LÉON.
Auriez-vous pu le croire?

JUSTINE.

L'amour qui délibère est sûr de sa victoire,
Et, quand d'un vrai mérite il s'est fait un appui,
Il n'est point de raisons qui ne parlent pour lui.
Souvent il aime à voir un peu d'impatience,
Et feint de reculer, lorsque plus il avance;
Ce moment d'amertume en rend les fruits plus doux.
Aimez, et laissez faire une âme toute à vous.

LÉON.

Toute à moi! mon malheur n'est que trop véritable;
J'en ai prévu le coup, je le sens qui m'accable.
Plus elle m'assuroit de son affection,
Plus je me faisois peur de son ambition;
Je ne savois des deux quelle étoit la plus forte :
Mais, il n'est que trop vrai, l'ambition l'emporte;
Et, si son cœur encor lui parle en ma faveur,
Son trône me dédaigne en dépit de son cœur.

Seigneur, parlez pour moi, parlez pour moi, madame;
Vous pouvez tout sur elle, et lisez dans son âme :
Peignez-lui bien mes feux, retracez-lui les siens;
Rappelez dans son cœur leurs plus doux entretiens:
Et, si vous concevez de quelle ardeur je l'aime,
Faites-lui souvenir qu'elle m'aimoit de même.
Elle-même a brigué pour me voir souverain;
J'étois, sans ce grand titre, indigne de sa main :
Mais si je ne l'ai pas, ce titre qui l'enchante,
Seigneur, à qui tient-il qu'à son humeur changeante?
Son orgueil contre moi doit-il s'en prévaloir,
Quand pour me voir au trône elle n'a qu'à vouloir?
Le sénat n'a pour elle appuyé mon suffrage
Qu'afin que d'un beau feu ma grandeur fût l'ouvrage :
Il sait depuis quel temps il lui plaît de m'aimer;
Et, quand il l'a nommée, il a cru me nommer.

Allez, seigneur, allez empêcher son parjure;
Faites qu'un empereur soit votre créature.
Que je vous céderois ce grand titre aisément,
Si vous pouviez sans lui me rendre heureux amant!
Car enfin mon amour n'en veut qu'à sa personne,
Et n'a d'ambition que ce qu'on m'en ordonne.

MARTIAN.

Nous allons, et tous deux, seigneur, lui faire voir
Qu'elle doit mieux user de l'absolu pouvoir.
Modérez cependant l'excès de votre peine;
Remettez vos esprits dans l'entretien d'Irène.

LÉON.

D'Irène? et ses conseils m'ont trahi, m'ont perdu.

MARTIAN.
Son zèle pour un frère a fait ce qu'il a dû.
Pouvoit-elle prévoir cette supercherie
Qu'a faite à votre amour l'orgueil de Pulchérie ?
J'ose en parler ainsi, mais ce n'est qu'entre nous.
Nous lui rendrons l'esprit plus traitable et plus doux,
Et vous rapporterons son cœur et ce grand titre.
Allez.
LÉON.
Entre elle et moi que n'êtes-vous l'arbitre !
Adieu : c'est de vous seul que je puis recevoir
De quoi garder encor quelque reste d'espoir.

SCÈNE V. — MARTIAN, JUSTINE.

MARTIAN.
Justine, tu le vois, ce bienheureux obstacle
Dont ton amour sembloit pressentir le miracle.
Je ne te défends point, en cette occasion,
De prendre un peu d'espoir sur leur division ;
Mais garde-toi d'avoir une âme assez hardie
Pour faire à leur amour la moindre perfidie :
Le mien de ce revers s'applique tant de part
Que j'espère en mourir quelques momens plus tard.
Mais de quel front enfin leur donner à connoître
Les périls d'un amour que nous avons vu naître,
Dont nous avons tous deux été les confidens,
Et peut-être formé les traits les plus ardens ?
De tous leurs déplaisirs c'est nous rendre coupables :
Servons-les en amis, en amans véritables ;
Le véritable amour n'est point intéressé.
Allons, j'achèverai comme j'ai commencé :
Suis l'exemple, et fais voir qu'une âme généreuse
Trouve dans sa vertu de quoi se rendre heureuse
D'un sincère devoir fait son unique bien,
Et jamais ne s'expose à se reprocher rien.

ACTE TROISIÈME.

SCÈNE I. — PULCHÉRIE, MARTIAN, JUSTINE.

PULCHÉRIE.
Je vous ai dit mon ordre : allez, seigneur, de grâce,
Sauvez mon triste cœur du coup qui le menace ;
Mettez tout le sénat dans ce cher intérêt.

MARTIAN.

Madame, il sait assez combien Léon vous plaît,
Et le nomme assez haut alors qu'il vous défère
Un choix que votre amour vous a déjà fait faire.

PULCHÉRIE.

Que ne m'en fait-il donc une obligeante loi?
Ce n'est pas le choisir que s'en remettre à moi,
C'est attendre l'issue à couvert de l'orage :
Si l'on m'en applaudit, ce sera son ouvrage;
Et, si j'en suis blâmée, il n'y veut point de part.
En doute du succès, il en fuit le hasard;
Et, lorsque je l'en veux garant vers tout le monde,
Il veut qu'à l'univers moi seule j'en réponde.
Ainsi m'abandonnant au choix de mes souhaits,
S'il est des mécontens, moi seule je les fais;
Et je devrai moi seule apaiser le murmure
De ceux à qui ce choix semblera faire injure,
Prévenir leur révolte, et calmer les mutins
Qui porteront envie à nos heureux destins.

MARTIAN.

Aspar vous aura vue, et cette âme chagrine....

PULCHÉRIE.

Il m'a vue, et j'ai vu quel chagrin le domine;
Mais il n'a pas laissé de me faire juger
Du choix que fait mon cœur quel sera le danger.
Il part de bons avis quelquefois de la haine;
On peut tirer du fruit de tout ce qui fait peine;
Et des plus grands desseins qui veut venir à bout
Prête l'oreille à tous, et fait profit de tout.

MARTIAN.

Mais vous avez promis, et la foi qui vous lie....

PULCHÉRIE.

Je suis impératrice, et j'étois Pulchérie.
De ce trône, ennemi de mes plus doux souhaits,
Je regarde l'amour comme un de mes sujets;
Je veux que le respect qu'il doit à ma couronne
Repousse l'attentat qu'il fait sur ma personne;
Je veux qu'il m'obéisse, au lieu de me trahir;
Je veux qu'il donne à tous l'exemple d'obéir;
Et, jalouse déjà de mon pouvoir suprême,
Pour l'affermir sur tous, je le prends sur moi-même.

MARTIAN.

Ainsi donc ce Léon qui vous étoit si cher....

PULCHÉRIE.

Je l'aime d'autant plus qu'il m'en faut détacher.

MARTIAN.

Seroit-il à vos yeux moins digne de l'empire

Qu'alors que vous pressiez le sénat de l'élire ?
PULCHÉRIE.
Il falloit qu'on le vît des yeux dont je le voi,
Que de tout son mérite on convînt avec moi,
Et que par une estime éclatante et publique
On mît l'amour d'accord avec la politique.
J'aurois déjà rempli l'espoir d'un si beau feu,
Si le choix du sénat m'en eût donné l'aveu ;
J'aurois pris le parti dont il me faut défendre ;
Et, si jusqu'à Léon je n'ose plus descendre,
Il m'étoit glorieux, le voyant souverain,
De remonter au trône en lui donnant la main.
MARTIAN.
Votre cœur tiendra bon pour lui contre tous autres.
PULCHÉRIE.
S'il a ces sentimens, ce ne sont pas les vôtres ;
Non, seigneur, c'est Léon, c'est son juste courroux,
Ce sont ses déplaisirs qui s'expliquent par vous :
Vous prêtez votre bouche, et n'êtes pas capable
De donner à ma gloire un conseil qui l'accable.
MARTIAN.
Mais ses rivaux ont-ils plus de mérite ?
PULCHÉRIE.
Non :
Mais ils ont plus d'emploi, plus de rang, plus de nom ;
Et, si de ce grand choix ma flamme est la maîtresse,
Je commence à régner par un trait de foiblesse.
MARTIAN.
Et tenez-vous fort sûr qu'une légèreté
Donnera plus d'éclat à votre dignité ?
Pardonnez-moi ce mot, s'il a trop de franchise ;
Le peuple aura peut-être une âme moins soumise :
Il aime à censurer ceux qui lui font la loi,
Et vous reprochera jusqu'au manque de foi.
PULCHÉRIE.
Je vous ai déjà dit ce qui m'en justifie :
Je suis impératrice, et j'étois Pulchérie.
J'ose vous dire plus : Léon a des jaloux,
Qui n'en font pas, seigneur, même estime que nous.
Pour surprenant que soit l'essai de son courage,
Les vertus d'empereur ne sont point de son âge :
Il est jeune, et chez eux c'est un si grand défaut,
Que ce mot prononcé détruit tout ce qu'il vaut.
Si donc j'en fais le choix, je paroîtrai le faire
Pour régner sous son nom ainsi que sous mon frère :
Vous-même, qu'ils ont vu sous lui dans un emploi
Où vos conseils régnoient autant et plus que moi,

Ne donnerez-vous point quelque lieu de vous dire
Que vous n'aurez voulu qu'un fantôme à l'empire,
Et que dans un tel choix vous vous serez flatté
De garder en vos mains toute l'autorité?

MARTIAN.

Ce n'est pas mon dessein, madame; et s'il faut dire
Sur le choix de Léon ce que le ciel m'inspire,
Dès cet heureux moment qu'il sera votre époux,
J'abandonne Byzance et prends congé de vous,
Pour aller, dans le calme et dans la solitude,
De la mort qui m'attend faire l'heureuse étude.
Voilà comme j'aspire à gouverner l'État.
Vous m'avez commandé d'assembler le sénat;
J'y vais, madame.

PULCHÉRIE.

Quoi! Martian m'abandonne
Quand il faut sur ma tête affermir la couronne!
Lui, de qui le grand cœur, la prudence, la foi....

MARTIAN.

Tout le prix que j'en veux, c'est de mourir à moi.

SCÈNE II. — PULCHÉRIE, JUSTINE.

PULCHÉRIE.

Que me dit-il, Justine, et de quelle retraite
Ose-t-il menacer l'hymen qu'il me souhaite?
De Léon près de moi ne se fait-il l'appui
Que pour mieux dédaigner de me servir sous lui?
Le hait-il? le craint-il? et par quelle autre cause....

JUSTINE.

Qui que vous épousiez, il voudra même chose.

PULCHÉRIE.

S'il étoit dans un âge à prétendre ma foi,
Comme il seroit de tous le plus digne de moi,
Ce qu'il donne à penser auroit quelque apparence :
Mais les ans l'ont dû mettre en entière assurance.

JUSTINE.

Que savons-nous, madame? est-il dessous les cieux
Un cœur impénétrable au pouvoir de vos yeux?
Ce qu'ils ont d'habitude à faire des conquêtes
Trouve à prendre vos fers les âmes toujours prêtes;
L'âge n'en met aucune à couvert de leurs traits :
Non que sur Martian j'en sache les effets,
Il m'a dit comme à vous que ce grand hyménée
L'enverra loin d'ici finir sa destinée;
Et si j'ose former quelque soupçon confus,
Je parle en général et ne sais rien de plus.

Mais pour votre Léon, êtes-vous résolue
A le perdre aujourd'hui de puissance absolue?
Car ne l'épouser pas, c'est le perdre en effet.
PULCHÉRIE.
Pour te montrer la gêne où son nom seul me met,
Souffre que je t'explique en faveur de sa flamme
La tendresse du cœur après la grandeur d'âme.
  Léon seul est ma joie, il est mon seul désir;
Je n'en puis choisir d'autre, et n'ose le choisir :
Depuis trois ans unie à cette chère idée,
J'en ai l'âme à toute heure, en tous lieux, obsédée;
Rien n'en détachera mon cœur que le trépas,
Encore après ma mort n'en répondrois-je pas;
Et si dans le tombeau le ciel permet qu'on aime,
Dans le fond du tombeau je l'aimerai de même.
Trône qui m'éblouis, titres qui me flattez,
Pourrez-vous me valoir ce que vous me coûtez?
Et de tout votre orgueil la pompe la plus haute
A-t-elle un bien égal à celui qu'elle m'ôte?
JUSTINE.
Et vous pouvez penser à prendre un autre époux?
PULCHÉRIE.
Ce n'est pas, tu le sais, à quoi je me résous.
Si ma gloire à Léon me défend de me rendre,
De tout autre que lui l'amour sait me défendre.
Qu'il est fort cet amour! sauve-m'en, si tu peux;
Vois Léon, parle-lui, dérobe-moi ses vœux;
M'en faire un prompt larcin, c'est me rendre un service
Qui saura m'arracher des bords du précipice :
Je le crains, je me crains, s'il n'engage sa foi,
Et je suis trop à lui tant qu'il est tout à moi.
Sens-tu d'un tel effort ton amitié capable?
Ce héros n'a-t-il rien qui te paroisse aimable?
Au pouvoir de tes yeux j'unirai mon pouvoir :
Parle, que résous-tu de faire?
JUSTINE.
                Mon devoir.
Je sors d'un sang, madame, à me rendre assez vaine
Pour attendre un époux d'une main souveraine;
Et n'ayant point d'amour que pour la liberté,
S'il la faut immoler à votre sûreté,
J'oserai.... Mais voici ce cher Léon, madame;
Voulez-vous....
PULCHÉRIE.
           Laisse-moi consulter mieux mon âme;
Je ne sais pas encor trop bien ce que je veux :
Attends un nouvel ordre, et suspends tous tes vœux.

ACTE III, SCÈNE III.

SCÈNE III. — PULCHÉRIE, LÉON, JUSTINE.

PULCHÉRIE.

Seigneur, qui vous ramène? est-ce l'impatience
D'ajouter à mes maux ceux de votre présence,
De livrer tout mon cœur à de nouveaux combats;
Et souffré-je trop peu quand je ne vous vois pas?

LÉON.

Je viens savoir mon sort.

PULCHÉRIE.

N'en soyez point en doute;
Je vous aime et nous plains : c'est là me peindre toute,
C'est tout ce que je sens; et si votre amitié
Sentoit pour mes malheurs quelque trait de pitié,
Elle m'épargneroit cette fatale vue,
Qui me perd, m'assassine, et vous-même vous tue.

LÉON.

Vous m'aimez, dites-vous?

PULCHÉRIE.

Plus que jamais.

LÉON.

Hélas!
Je souffrirois bien moins si vous ne m'aimiez pas.
Pourquoi m'aimer encor seulement pour me plaindre?

PULCHÉRIE.

Comment cacher un feu que je ne puis éteindre?

LÉON.

Vous l'étouffez du moins sous l'orgueil scrupuleux
Qui fait seul tous les maux dont nous mourons tous deux.
Ne vous en plaignez point, le vôtre est volontaire;
Vous n'avez que celui qu'il vous plaît de vous faire;
Et ce n'est pas pour être aux termes d'en mourir
Que d'en pouvoir guérir dès qu'on s'en veut guérir.

PULCHÉRIE.

Moi seule je me fais les maux dont je soupire!
A-ce été sous mon nom que j'ai brigué l'empire?
Ai-je employé mes soins, mes amis, que pour vous?
Ai-je cherché par là qu'à vous voir mon époux?
Quoi! votre déférence à mes efforts s'oppose!
Elle rompt mes projets, et seule j'en suis cause!
M'avoir fait obtenir plus qu'il ne m'étoit dû,
C'est ce qui m'a perdue, et qui vous a perdu.
Si vous m'aimiez, seigneur, vous me deviez mieux croire,
Ne pas intéresser mon devoir et ma gloire;
Ce sont deux ennemis que vous nous avez faits,
Et que tout notre amour n'apaisera jamais.
Vous m'accablez en vain de soupirs, de tendresse;
En vain mon triste cœur en vos maux s'intéresse,

Et vous rend, en faveur de nos communs désirs,
Tendresse pour tendresse, et soupirs pour soupirs :
Lorsqu'à des feux si beaux je rends cette justice,
C'est l'amante qui parle; oyez l'impératrice.
　　Ce titre est votre ouvrage, et vous me l'avez dit :
D'un service si grand votre espoir s'applaudit,
Et s'est fait en aveugle un obstacle invincible,
Quand il a cru se faire un succès infaillible.
Appuyé de mes soins, assuré de mon cœur,
Il falloit m'apporter la main d'un empereur,
M'élever jusqu'à vous en heureuse sujette;
Ma joie étoit entière, et ma gloire parfaite :
Mais puis-je avec ce nom même chose pour vous?
Il faut nommer un maître, et choisir un époux;
C'est la loi qu'on m'impose, ou plutôt c'est la peine
Qu'on attache aux douceurs de me voir souveraine.
Je sais que le sénat, d'une commune voix,
Me laisse avec respect la liberté du choix;
Mais il attend de moi celui du plus grand homme
Qui respire aujourd'hui dans l'une et l'autre Rome :
Vous l'êtes, j'en suis sûre, et toutefois, hélas!
Un jour on le croira, mais....

　　　　　　　　　LÉON.
　　　　　　　　　　　On ne le croit pas,
Madame : il faut encor du temps et des services;
Il y faut du destin quelques heureux caprices,
Et que la renommée, instruite en ma faveur,
Séduisant l'univers, impose à ce grand cœur.
Cependant admirez comme un amant se flatte :
J'avois cru votre gloire un peu moins délicate;
J'avois cru mieux répondre à ce que je vous doi
En tenant tout de vous, qu'en vous l'offrant en moi;
Et qu'auprès d'un objet que l'amour sollicite,
Ce même amour pour moi tiendroit lieu de mérite.

　　　　　　　　　PULCHÉRIE.
Oui; mais le tiendra-t-il auprès de l'univers,
Qui sur un si grand choix tient tous ses yeux ouverts?
Peut-être le sénat n'ose encor vous élire,
Et, si je m'y hasarde, osera m'en dédire;
Peut-être qu'il s'apprête à faire ailleurs sa cour
Du honteux désaveu qu'il garde à notre amour :
Car, ne nous flattons point, ma gloire inexorable
Me doit au plus illustre, et non au plus aimable;
Et plus ce rang m'élève, et plus sa dignité
M'en fait avec hauteur une nécessité.

　　　　　　　　　LÉON.
Rabattez ces hauteurs où tout le cœur s'oppose,

Madame, et pour tous deux hasardez quelque chose :
Tant d'orgueil et d'amour ne s'accordent pas bien;
Et c'est ne point aimer que ne hasarder rien.
PULCHÉRIE.
S'il n'y faut que mon sang, je veux bien vous en croire :
Mais c'est trop hasarder qu'y hasarder ma gloire;
Et plus je ferme l'œil aux périls que j'y cours,
Plus je vois que c'est trop qu'y hasarder vos jours.
Ah! si la voix publique enfloit votre espérance
Jusqu'à me demander pour vous la préférence,
Si des noms que la gloire à l'envi me produit
Le plus cher à mon cœur faisoit le plus de bruit,
Qu'aisément à ce bruit on me verroit souscrire,
Et remettre en vos mains ma personne et l'empire !
Mais l'empire vous fait trop d'illustres jaloux :
Dans le fond de ce cœur je vous préfère à tous;
Vous passez les plus grands, mais ils sont plus en vue.
Vos vertus n'ont point eu toute leur étendue;
Et le monde, ébloui par des noms trop fameux,
N'ose espérer de vous ce qu'il présume d'eux.

Vous aimez, vous plaisez; c'est tout auprès des femmes;
C'est par là qu'on surprend, qu'on enlève leurs âmes :
Mais, pour remplir un trône et s'y faire estimer,
Ce n'est pas tout, seigneur, que de plaire et d'aimer.
La plus ferme couronne est bientôt ébranlée
Quand un effort d'amour semble l'avoir volée;
Et, pour garder un rang si cher à nos désirs,
Il faut un plus grand art que celui des soupirs.
Ne vous abaissez pas à la honte des larmes;
Contre un devoir si fort ce sont de foibles armes;
Et, si de tels secours vous couronnoient ailleurs,
J'aurois pitié d'un sceptre acheté par des pleurs.
LÉON.
Ah! madame, aviez-vous de si fières pensées
Quand vos bontés pour moi se sont intéressées?
Me disiez-vous alors que le gouvernement
Demandoit un autre art que celui d'un amant?
Si le sénat eût joint ses suffrages aux vôtres,
J'en aurois paru digne autant ou plus qu'un autre :
Ce grand art de régner eût suivi tant de voix;
Et vous-même....
PULCHÉRIE.
Oui, seigneur, j'aurois suivi ce choix,
Sûre que le sénat, jaloux de son suffrage,
Contre tout l'univers maintiendroit son ouvrage.
Tel contre vous et moi s'osera révolter,
Qui contre un si grand corps craindroit de s'emporter,

Et, méprisant en moi ce que l'amour m'inspire,
Respecteroit en lui le démon de l'empire.
LÉON.
Mais l'offre qu'il vous fait d'en croire tous vos vœux....
PULCHÉRIE.
N'est qu'un refus moins rude et plus respectueux.
LÉON.
Quelles illusions de gloire chimérique,
Quels farouches égards de dure politique,
Dans ce cœur tout à moi, mais qu'en vain j'ai charmé,
Me font le plus aimable et le moins estimé?
PULCHÉRIE.
Arrêtez : mon amour ne vient que de l'estime.
Je vous vois un grand cœur, une vertu sublime,
Une âme, une valeur dignes de mes aïeux ;
Et si tout le sénat avoit les mêmes yeux....
LÉON.
Laissons là le sénat, et m'apprenez, de grâce,
Madame, à quel heureux je dois quitter la place,
Qui je dois imiter pour obtenir un jour
D'un orgueil souverain le prix d'un juste amour.
PULCHÉRIE.
J'aurai peine à choisir ; choisissez-le vous-même
Cet heureux, et nommez qui vous voulez que j'aime ;
Mais vous souffrez assez, sans devenir jaloux.
J'aime ; et, si ce grand choix ne peut tomber sur vous,
Aucun autre du moins, quelque ordre qu'on m'en donne,
Ne se verra jamais maître de ma personne :
Je le jure en vos mains, et j'y laisse mon cœur.
N'attendez rien de plus, à moins d'être empereur ;
Mais j'entends empereur comme vous devez l'être,
Par le choix d'un sénat qui vous prenne pour maître ;
Qui d'un État si grand vous fasse le soutien,
Et d'un commun suffrage autorise le mien.
Je le fais rassembler exprès pour vous élire,
Ou me laisser moi seule à gouverner l'empire,
Et ne plus m'asservir à ce dangereux choix,
S'il ne me veut pour vous donner toutes ses voix.
Adieu, seigneur, je crains de n'être plus maîtresse
De ce que vos regards m'inspirent de foiblesse,
Et que ma peine, égale à votre déplaisir,
Ne coûte à mon amour quelque indigne soupir.

SCÈNE IV. — LÉON, JUSTINE.
LÉON.
C'est trop de retenue, il est temps que j'éclate
Je ne l'ai point nommée ambitieuse, ingrate ;

Mais le sujet enfin va céder à l'amant,
Et l'excès du respect au juste emportement.
Dites-le-moi, madame; a-t-on vu perfidie
Plus noire au fond de l'âme, au dehors plus hardie?
A-t-on vu plus d'étude attacher la raison
A l'indigne secours de tant de trahison?
Loin d'en baisser les yeux, l'orgueilleuse en fait gloire;
Elle nous l'ose peindre en illustre victoire.
L'honneur et le devoir eux seuls la font agir!
Et, m'étant plus fidèle, elle auroit à rougir!
            JUSTINE.
La gêne qu'elle en souffre égale bien la vôtre :
Pour vous, elle renonce à choisir aucun autre;
Elle-même en vos mains en a fait le serment.
            LÉON.
Illusion nouvelle, et pur amusement!
Il n'est, madame, il n'est que trop de conjonctures
Où les nouveaux sermens sont de nouveaux parjures.
Qui sait l'art de régner les rompt avec éclat,
Et ne manque jamais de cent raisons d'État.
            JUSTINE.
Mais si vous la piquiez d'un peu de jalousie,
Seigneur, si vous brouilliez par là sa fantaisie,
Son amour mal éteint pourroit vous rappeler,
Et sa gloire auroit peine à vous laisser aller.
            LÉON.
Me soupçonneriez-vous d'avoir l'âme assez basse
Pour employer la feinte à tromper ma disgrâce?
Je suis jeune, et j'en fais trop mal ici ma cour
Pour joindre à ce défaut un faux éclat d'amour.
            JUSTINE.
L'agréable défaut, seigneur, que la jeunesse!
Et que de vos jaloux l'importune sagesse,
Toute fière qu'elle est, le voudroit racheter
De tout ce qu'elle croit et croira mériter!
Mais, si feindre en amour à vos yeux est un crime,
Portez sans feinte ailleurs votre plus tendre estime;
Punissez tant d'orgueil par de justes dédains,
Et mettez votre cœur en de plus sûres mains.
            LÉON.
Vous voyez qu'à son rang elle me sacrifie,
Madame, et vous voulez que je la justifie!
Qu'après tous les mépris qu'elle montre pour moi,
Je lui prête un exemple à me voler sa foi!
            JUSTINE.
Aimez, à cela près, et, sans vous mettre en peine
Si c'est justifier ou punir l'inhumaine,

Songez que, si vos vœux en étoient mal reçus,
On pourroit avec joie accepter ses refus.
L'honneur qu'on se feroit à vous détacher d'elle
Rendroit cette conquête et plus noble et plus belle.
Plus il faut de mérite à vous rendre inconstant,
Plus en auroit de gloire un cœur qui vous attend;
Car peut-être en est-il que la princesse même
Condamne à vous aimer dès que vous direz : « J'aime. »
Adieu; c'en est assez pour la première fois.
LÉON.
O ciel, délivre-moi du trouble où tu me vois!

ACTE QUATRIÈME.

SCÈNE I. — JUSTINE, IRÈNE.

JUSTINE.
Non, votre cher Aspar n'aime point la princesse;
Ce n'est que pour le rang que tout son cœur s'empresse;
Et, si l'on eût choisi mon père pour César,
J'aurois déjà les vœux de cet illustre Aspar.
Il s'en est expliqué tantôt en ma présence;
Et tout ce que pour elle il a de complaisance,
Tout ce qu'il lui veut faire ou craindre ou dédaigner,
Ne doit être imputé qu'à l'ardeur de régner.
Pulchérie a des yeux qui percent le mystère,
Et le croit plus rival qu'ami de ce cher frère;
Mais, comme elle balance, elle écoute aisément
Tout ce qui peut d'abord flatter son sentiment.
Voilà ce que j'en sais.
IRÈNE.
Je ne suis point surprise
De tout ce que d'Aspar m'apprend votre franchise.
Vous ne m'en dites rien que ce que j'en ai dit
Lorsqu'à Léon tantôt j'ai dépeint son esprit;
Et j'en ai pénétré l'ambition secrète
Jusques à pressentir l'offre qu'il vous a faite.
Puisque en vain je m'attache à qui ne m'aime pas,
Il faut avec honneur franchir ce mauvais pas;
Il faut, à son exemple, avoir ma politique,
Trouver à ma disgrâce une face héroïque,
Donner à ce divorce une illustre couleur,
Et, sous de beaux dehors, dévorer ma douleur.
Dites-moi cependant, que deviendra mon frère?
D'un si parfait amour que faut-il qu'il espère?

JUSTINE.

On l'aime, et fortement, et bien plus qu'on ne veut;
Mais, pour s'en détacher, on fait tout ce qu'on peut.
Faut-il vous dire tout? On m'a commandé même
D'essayer contre lui l'art et le stratagème.
On me devra beaucoup si je puis l'ébranler,
On me donne son cœur, si je le puis voler;
Et déjà, pour essai de mon obéissance,
J'ai porté quelque attaque, et fait un peu d'avance.
Vous pouvez bien juger comme il a rebuté,
Fidèle amant qu'il est, cette importunité;
Mais, pour peu qu'il vous plût appuyer l'artifice,
Cet appui tiendroit lieu d'un signalé service.

IRÈNE.

Ce n'est point un service à prétendre de moi,
Que de porter mon frère à garder mal sa foi;
Et, quand à vous aimer j'aurois su le réduire,
Quel fruit son changement pourroit-il lui produire?
Vous qui ne l'aimez point, pourriez-vous l'accepter?

JUSTINE.

Léon ne sauroit être un homme à rejeter;
Et l'on voit si souvent, après la foi donnée,
Naître un parfait amour d'un pareil hyménée,
Que, si de son côté j'y voyois quelque jour,
J'espérerois bientôt de l'aimer à mon tour.

IRÈNE.

C'est trop et trop peu dire. Est-il encore à naître,
Cet amour? Est-il né?

JUSTINE.

    Cela pourroit bien être.
Ne l'examinons point avant qu'il en soit temps;
L'occasion viendra peut-être, et je l'attends.

IRÈNE.

Et vous servez Léon auprès de la princesse?

JUSTINE.

Avec sincérité pour lui je m'intéresse.
Et, si j'en étois crue, il auroit le bonheur
D'en obtenir la main, comme il en a le cœur.
J'obéis cependant aux ordres qu'on me donne,
Et souffrirois ses vœux, s'il perdoit la couronne.
Mais la princesse vient.

SCÈNE II. — PULCHÉRIE, IRÈNE, JUSTINE.

PULCHÉRIE.

    Que fait ce malheureux,
Irène?

IRÈNE.
Ce qu'on fait dans un sort rigoureux :
Il soupire, il se plaint.

PULCHÉRIE.
De moi?

IRÈNE.
De sa fortune.

PULCHÉRIE.
Est-il bien convaincu qu'elle nous est commune,
Qu'ainsi que lui du sort j'accuse la rigueur?

IRÈNE.
Je ne pénètre point jusqu'au fond de son cœur;
Mais je sais qu'au dehors sa douleur vous respecte :
Elle se tait de vous.

PULCHÉRIE.
Ah! qu'elle m'est suspecte!
Un modeste reproche à ses maux siéroit bien ;
C'est me trop accuser que de n'en dire rien.
M'auroit-il oubliée, et déjà dans son âme
Effacé tous les traits d'une si belle flamme?

IRÈNE.
C'est par là qu'il devroit soulager ses ennuis,
Madame; et de ma part j'y fais ce que je puis.

PULCHÉRIE.
Ah! ma flamme n'est pas à tel point affoiblie,
Que je puisse endurer, Irène, qu'il m'oublie.
Fais-lui, fais-lui plutôt soulager son ennui
A croire que je souffre autant et plus que lui.
C'est une vérité que j'ai besoin qu'il croie
Pour mêler à mes maux quelque inutile joie,
Si l'on peut nommer joie une triste douceur
Qu'un digne amour conserve en dépit du malheur.
L'âme qui l'a sentie en est toujours charmée,
Et, même en n'aimant plus, il est doux d'être aimée.

JUSTINE.
Vous souvient-il encor de me l'avoir donné,
Madame? et ce doux soin dont votre esprit gêné....

PULCHÉRIE.
Souffre un reste d'amour qui me trouble et m'accable.
Je ne t'en ai point fait un don irrévocable :
Mais, je te le redis, dérobe-moi ses vœux ;
Séduis, enlève-moi son cœur, si tu le peux.
J'ai trop mis à l'écart celui d'impératrice ;
Reprenons avec lui ma gloire et mon supplice :
C'en est un, et bien rude, à moins que le sénat
Mette d'accord ma flamme et le bien de l'État.

ACTE IV, SCÈNE II.

IRÈNE.

N'est-ce point avilir votre pouvoir suprême
Que mendier ailleurs ce qu'il peut de lui-même?

PULCHÉRIE.

Irène, il te faudroit les mêmes yeux qu'à moi
Pour voir la moindre part de ce que je prévoi.
Épargne à mon amour la douleur de te dire
A quels troubles ce choix hasarderoit l'empire :
Je l'ai déjà tant dit, que mon esprit lassé
N'en sauroit plus souffrir le portrait retracé.
Ton frère a l'âme grande, intrépide, sublime;
Mais d'un peu de jeunesse on lui fait un tel crime,
Que, si tant de vertus n'ont que moi pour appui,
En faire un empereur, c'est me perdre avec lui.

IRÈNE.

Quel ordre a pu du trône exclure la jeunesse?
Quel astre à nos beaux jours enchaîne la foiblesse?
Les vertus, et non l'âge, ont droit à ce haut rang;
Et, n'étoit le respect qu'imprime votre sang,
Je dirois que Léon vaudroit bien Théodose.

PULCHÉRIE.

Sans doute; et toutefois ce n'est pas même chose.
Foible qu'étoit ce prince à régir tant d'États,
Il avoit des appuis que ton frère n'a pas :
L'empire en sa personne étoit héréditaire;
Sa naissance le tint d'un aïeul et d'un père;
Il régna dès l'enfance, et régna sans jaloux;
Estimé d'assez peu, mais obéi de tous.
Léon peut succéder aux droits de la puissance,
Mais non pas au bonheur de cette obéissance;
Tant ce trône, où l'amour par ma main l'auroit mis,
Dans mes premiers sujets lui feroit d'ennemis!
Tout ce qu'ont vu d'illustre et la paix et la guerre
Aspire à ce grand nom de maître de la terre;
Tous regardent l'empire ainsi qu'un bien commun
Que chacun veut pour soi tant qu'il n'est à pas un.
Pleins de leur renommée, enflés de leurs services,
Combien ce choix pour eux aura-t-il d'injustices,
Si ma flamme obstinée et ses odieux soins
L'arrêtent sur celui qu'ils estiment le moins!
Léon est d'un mérite à devenir leur maître;
Mais, comme c'est l'amour qui m'aide à le connoître,
Tout ce qui contre nous s'osera mutiner
Dira que je suis seule à me l'imaginer.

IRÈNE.

C'est donc en vain pour lui qu'on prie et qu'on espère?

PULCHÉRIE.
Je l'aime, et sa personne à mes yeux est bien chère;
Mais, si le ciel pour lui n'inspire le sénat,
Je sacrifierai tout au bonheur de l'État.
IRÈNE.
Que pour vous imiter j'aurois l'âme ravie
D'immoler à l'État le bonheur de ma vie!
Madame, ou de Léon faites-nous un César,
Ou portez ce grand choix sur le fameux Aspar :
Je l'aime, et ferois gloire, en dépit de ma flamme,
De faire un maître à tous de celui de mon âme;
Et, pleurant pour le frère en ce grand changement,
Je m'en consolerois à voir régner l'amant.
De deux têtes qu'au monde on me voit les plus chères
Élevez l'une ou l'autre au trône de vos pères;
Daignez....
PULCHÉRIE.
Aspar seroit digne d'un tel honneur,
Si vous pouviez, Irène, un peu moins sur son cœur.
J'aurois trop à rougir, si, sous le nom de femme,
Je le faisois régner sans régner dans son âme;
Si j'en avois le titre, et vous tout le pouvoir,
Et qu'entre nous ma cour partageât son devoir.
IRÈNE.
Ne l'appréhendez pas; de quelque ardeur qu'il m'aime,
Il est plus à l'État, madame, qu'à lui-même.
PULCHÉRIE.
Je le crois comme vous, et que sa passion
Regarde plus l'État que vous, moi, ni Léon.
C'est vous entendre, Irène, et vous parler sans feindre :
Je vois ce qu'il projette, et ce qu'il en faut craindre.
L'aimez-vous?
IRÈNE.
Je l'aimai quand je crus qu'il m'aimoit;
Je voyois sur son front un air qui me charmoit :
Mais, depuis que le temps m'a fait mieux voir sa flamme,
J'ai presque éteint la mienne et dégagé mon âme.
PULCHÉRIE.
Achevez. Tel qu'il est, voulez-vous l'épouser?
IRÈNE.
Oui, madame, ou du moins le pouvoir refuser.
Après deux ans d'amour il y va de ma gloire :
L'affront seroit trop grand, et la tache trop noire,
Si, dans la conjoncture où l'on est aujourd'hui,
Il m'osoit regarder comme indigne de lui.
Ses desseins vont plus haut; et voyant qu'il vous aime,
Bien que peut-être moins que votre diadème,

Je n'ai vu rien en moi qui le pût retenir ;
Et je ne vous l'offrois que pour le prévenir.
C'est ainsi que j'ai cru me mettre en assurance
Par l'éclat généreux d'une fausse apparence :
Je vous cédois un bien que je ne puis garder,
Et qu'à vous seule enfin ma gloire peut céder.
PULCHÉRIE.
Reposez-vous sur moi. Votre Aspar vient.

SCÈNE III. — PULCHÉRIE, ASPAR, IRÈNE, JUSTINE.

ASPAR.
Madame,
Déjà sur vos desseins j'ai lu dans plus d'une âme,
Et crois de mon devoir de vous mieux avertir
De ce que sur tous deux on m'a fait pressentir.
J'espère pour Léon, et j'y fais mon possible ;
Mais j'en prévois, madame, un murmure infaillible,
Qui pourra se borner à quelque émotion,
Et peut aller plus loin que la sédition.
PULCHÉRIE.
Vous en savez l'auteur : parlez, qu'on le punisse ;
Que moi-même au sénat j'en demande justice.
ASPAR.
Peut-être est-ce quelqu'un que vous pourriez choisir,
S'il vous falloit ailleurs tourner votre désir,
Et dont le choix illustre à tel point sauroit plaire,
Que nous n'aurions à craindre aucun parti contraire.
Comme, à vous le nommer, ce seroit fait de lui,
Ce seroit à l'empire ôter un ferme appui,
Et livrer un grand cœur à sa perte certaine,
Quand il n'est pas encor digne de votre haine.
PULCHÉRIE.
On me fait mal sa cour avec de tels avis,
Qui, sans nommer personne, en nomment plus de dix.
Je hais l'empressement de ces devoirs sincères,
Qui ne jette en l'esprit que de vagues chimères,
Et, ne me présentant qu'un obscur avenir,
Me donne tout à craindre, et rien à prévenir.
ASPAR.
Le besoin de l'État est souvent un mystère
Dont la moitié se dit, et l'autre est bonne à taire.
PULCHÉRIE.
Il n'est souvent aussi qu'un pur fantôme en l'air
Que de secrets ressorts font agir et parler,
Et s'arrête où le fixe une âme prévenue,
Qui, pour ses intérêts, le forme et le remue.

Des besoins de l'État si vous êtes jaloux,
Fiez-vous-en à moi, qui les vois mieux que vous.
Martian, comme vous, à vous parler sans feindre,
Dans le choix de Léon voit quelque chose à craindre :
Mais il m'apprend de qui je dois me défier ;
Et je puis, si je veux, me le sacrifier.

ASPAR.

Qui nomme-t-il, madame ?

PULCHÉRIE.

Aspar, c'est un mystère
Dont la moitié se dit, et l'autre est bonne à taire.
Si l'on hait tant Léon, du moins réduisez-vous
A faire qu'on m'admette à régner sans époux.

ASPAR.

Je ne l'obtiendrois point, la chose est sans exemple.

PULCHÉRIE.

La matière au vrai zèle en est d'autant plus ample ;
Et vous en montrerez de plus rares effets
En obtenant pour moi ce qu'on n'obtint jamais.

ASPAR.

Oui ; mais qui voulez-vous que le sénat vous donne,
Madame, si Léon....

PULCHÉRIE.

Ou Léon, ou personne.
A l'un de ces deux points amenez les esprits.
Vous adorez Irène, Irène est votre prix ;
Je la laisse avec vous, afin que votre zèle
S'allume à ce beau feu que vous avez pour elle.
Justine, suivez-moi.

SCÈNE IV. — ASPAR, IRÈNE.

IRÈNE.

Ce prix qu'on vous promet
Sur votre âme, seigneur, doit faire peu d'effet.
La mienne, toute acquise à votre ardeur sincère,
Ne peut à ce grand cœur tenir lieu de salaire ;
Et l'amour à tel point vous rend maître du mien,
Que me donner à vous, c'est ne vous donner rien.

ASPAR.

Vous dites vrai, madame ; et du moins j'ose dire
Que me donner un cœur au-dessous de l'empire,
Un cœur qui me veut faire une honteuse loi,
C'est ne me donner rien qui soit digne de moi.

IRÈNE.

Indigne que je suis d'une foi si douteuse,
Vous fais-je quelque loi qui puisse être honteuse ?

Et, si Léon devoit l'empire à votre appui,
Lui qui vous y feroit le premier après lui,
Auriez-vous à rougir de l'en avoir fait maître,
Seigneur, vous qui voyez que vous ne pouvez l'être?
Mettez-vous, j'y consens, au-dessus de l'amour,
Si, pour monter au trône, il s'offre quelque jour.
Qu'à ce glorieux titre un amant soit volage,
Je puis l'en estimer, l'en aimer davantage,
Et voir avec plaisir la belle ambition
Triompher d'une ardente et longue passion.
L'objet le plus charmant doit céder à l'empire.
Régnez; j'en dédirai mon cœur s'il en soupire.
Vous ne m'en croyez pas, seigneur; et toutefois
Vous régneriez bientôt si l'on suivoit ma voix.
Apprenez à quel point pour vous je m'intéresse.
Je viens de vous offrir moi-même à la princesse;
Et je sacrifiois mes plus chères ardeurs
A l'honneur de vous mettre au faîte des grandeurs.
Vous savez sa réponse : « Ou Léon, ou personne. »

ASPAR.

C'est agir en amante et généreuse et bonne :
Mais, sûre d'un refus qui doit rompre le coup,
La générosité ne coûte pas beaucoup.

IRÈNE.

Vous voyez les chagrins où cette offre m'expose,
Et ne me voulez pas devoir la moindre chose!
Ah! si j'osois, seigneur, vous appeler ingrat!

ASPAR.

L'offre sans doute est rare, et feroit grand éclat,
Si, pour mieux m'éblouir, vous aviez eu l'adresse
D'ébranler tant soit peu l'esprit de la princesse.
Elle est impératrice, et d'un seul : « Je le veux, »
Elle peut de Léon faire un monarque heureux :
Qu'a-t-il besoin de moi, lui qui peut tout sur elle?

IRÈNE.

N'insultez point, seigneur, une flamme si belle;
L'amour, las de gémir sous les raisons d'État,
Pourroit n'en croire pas tout à fait le sénat.

ASPAR.

L'amour n'a qu'à parler : le sénat, quoi qu'on pense,
N'aura que du respect et de la déférence;
Et de l'air dont la chose a déjà pris son cours,
Léon pourra se voir empereur pour trois jours.

IRÈNE.

Trois jours peuvent suffire à faire bien des choses :
La cour en moins de temps voit cent métamorphoses;
En moins de temps un prince, à qui tout est permis,

Peut rendre ce qu'il doit aux vrais et faux amis.
ASPAR.
L'amour qui parle ainsi ne paroît pas fort tendre.
Mais je vous aime assez pour ne vous pas entendre;
Et dirai toutefois, sans m'en embarrasser,
Qu'il est un peu bientôt pour vous de menacer.
IRÈNE.
Je ne menace point, seigneur; mais je vous aime
Plus que moi, plus encor que ce cher frère même.
L'amour tendre est timide, et craint pour son objet,
Dès qu'il lui voit former un dangereux projet.
ASPAR.
Vous m'aimez, je le crois; du moins cela peut être.
Mais de quelle façon le faites-vous connoître?
L'amour inspire-t-il ce rare empressement
De voir régner un frère aux dépens d'un amant?
IRÈNE.
Il m'inspire à regret la peur de votre perte.
Régnez, je vous l'ai dit, la porte en est ouverte.
Vous avez du mérite, et je manque d'appas;
Dédaignez, quittez-moi; mais ne vous perdez pas.
Pour le salut d'un frère ai-je si peu d'alarmes,
Qu'il y faille ajouter d'autres sujets de larmes?
C'est assez que pour vous j'ose en vain soupirer;
Ne me réduisez point, seigneur, à vous pleurer.
ASPAR.
Gardez, gardez vos pleurs pour ceux qui sont à plaindre:
Puisque vous m'aimez tant, je n'ai point lieu de craindre.
Quelque peine qu'on doive à ma témérité,
Votre main qui m'attend fera ma sûreté;
Et contre le courroux le plus inexorable
Elle me servira d'asile inviolable.
IRÈNE.
Vous la voudrez peut-être, et la voudrez trop tard.
Ne vous exposez point, seigneur, à ce hasard;
Je doute si j'aurois toujours même tendresse,
Et pourrois de ma main n'être pas la maîtresse.
Je vous parle sans feindre, et ne sais point railler
Lorsqu'au salut commun il nous faut travailler.
ASPAR.
Et je veux bien aussi vous répondre sans feindre.
J'ai pour vous un amour à ne jamais s'éteindre,
Madame; et, dans l'orgueil que vous-même approuvez,
L'amitié de Léon a ses droits conservés:
Mais ni cette amitié, ni cet amour si tendre,
Quelques soins, quelque effort qu'il vous en plaise attendre,
Ne me verront jamais l'esprit persuadé

Que je doive obéir à qui j'ai commandé,
A qui, si j'en puis croire un cœur qui vous adore,
J'aurai droit, et longtemps, de commander encore.
Ma gloire, qui s'oppose à cet abaissement,
Trouve en tous mes égaux le même sentiment.
Ils ont fait la princesse arbitre de l'empire :
Qu'elle épouse Léon, tous sont prêts d'y souscrire;
Mais je ne réponds pas d'un long respect en tous,
A moins qu'il associe aussitôt l'un de nous.
La chose est peu nouvelle, et je ne vous propose
Que ce que l'on a fait pour le grand Théodose.
C'est par là que l'empire est tombé dans ce sang
Si fier de sa naissance et si jaloux du rang.
Songez sur cet exemple à vous rendre justice,
A me faire empereur pour être impératrice :
Vous avez du pouvoir, madame; usez-en bien,
Et pour votre intérêt attachez-vous au mien.

IRÈNE.

Léon dispose-t-il du cœur de la princesse?
C'est un cœur fier et grand; le partage la blesse;
Elle veut tout ou rien; et dans ce haut pouvoir
Elle éteindra l'amour plutôt que d'en déchoir.
Près d'elle avec le temps nous pourrons davantage :
Ne pressons point, seigneur, un si juste partage.

ASPAR.

Vous le voudrez peut-être, et le voudrez trop tard;
Ne laissez point longtemps nos destins au hasard.
J'attends de votre amour cette preuve nouvelle.
Adieu, madame.

IRÈNE.

Adieu. L'ambition est belle;
Mais vous n'êtes, seigneur, avec ce sentiment,
Ni véritable ami, ni véritable amant.

ACTE CINQUIÈME.

SCÈNE I. — PULCHÉRIE, JUSTINE.

PULCHÉRIE.

Justine, plus j'y pense, et plus je m'inquiète :
Je crains de n'avoir plus une amour si parfaite,
Et que, si de Léon on me fait un époux,
Un bien si désiré ne me soit plus si doux.
Je ne sais si le rang m'auroit fait changer d'âme;
Mais je tremble à penser que je serois sa femme,

Et qu'on n'épouse point l'amant le plus chéri
Qu'on ne se fasse un maître aussitôt qu'un mari.
J'aimerois à régner avec l'indépendance
Que des vrais souverains s'assure la prudence ;
Je voudrois que le ciel inspirât au sénat
De me laisser moi seule à gouverner l'État,
De m'épargner ce maître, et vois d'un œil d'envie
Toujours Sémiramis, et toujours Zénobie.
On triompha de l'une : et pour Sémiramis,
Elle usurpa le nom et l'habit de son fils ;
Et, sous l'obscurité d'une longue tutelle,
Cet habit et ce nom régnoient tous deux plus qu'elle.
Mais mon cœur de leur sort n'en est pas moins jaloux ;
C'étoit régner enfin, et régner sans époux.
Le triomphe n'en fait qu'affermir la mémoire ;
Et le déguisement n'en détruit point la gloire.

JUSTINE.

Que les choses bientôt prendroient un autre tour
Si le sénat prenoit le parti de l'amour !
Que bientôt.... Mais je vois Aspar avec mon père.

PULCHÉRIE.

Sachons d'eux quel destin le ciel vient de me faire.

SCÈNE II. — PULCHÉRIE, MARTIAN, ASPAR, JUSTINE.

MARTIAN.

Madame, le sénat nous députe tous deux
Pour vous jurer encor qu'il suivra tous vos vœux.
Après qu'entre vos mains il a remis l'empire,
C'est faire un attentat que de vous rien prescrire ;
Et son respect vous prie une seconde fois
De lui donner vous seule un maître à votre choix.

PULCHÉRIE.

Il pouvoit le choisir.

MARTIAN.

Il s'en défend l'audace,
Madame ; et sur ce point il vous demande grâce.

PULCHÉRIE.

Pourquoi donc m'en fait-il une nécessité ?

MARTIAN.

Pour donner plus de force à votre autorité.

PULCHÉRIE.

Son zèle est grand pour elle : il faut le satisfaire,
Et lui mieux obéir qu'il n'a daigné me plaire.
Sexe, ton sort en moi ne peut se démentir :
Pour être souveraine il faut m'assujettir,
En montant sur le trône entrer dans l'esclavage,

Et recevoir des lois de qui me rend hommage.
Allez, dans quelques jours je vous ferai savoir
Le choix que par son ordre aura fait mon devoir.

ASPAR.

Il tiendroit à faveur et bien haute et bien rare
De le savoir, madame, avant qu'il se sépare.

PULCHÉRIE.

Quoi! pas un seul moment pour en délibérer!
Mais je ferois un crime à le plus différer;
Il vaut mieux, pour essai de ma toute-puissance,
Montrer un digne effet de pleine obéissance.
Retirez-vous, Aspar; vous aurez votre tour.

SCÈNE III. — PULCHÉRIE, MARTIAN, JUSTINE.

PULCHÉRIE.

On m'a dit que pour moi vous aviez de l'amour,
Seigneur; seroit-il vrai?

MARTIAN.

Qui vous l'a dit, madame?

PULCHÉRIE.

Vos services, mes yeux, le trouble de votre âme,
L'exil que mon hymen vous devoit imposer;
Sont-ce là des témoins, seigneur, à récuser?

MARTIAN.

C'est donc à moi, madame, à confesser mon crime.
L'amour naît aisément du zèle et de l'estime;
Et l'assiduité près d'un charmant objet
N'attend point notre aveu pour faire son effet.
Il m'est honteux d'aimer; il vous l'est d'être aimée
D'un homme dont la vie est déjà consumée,
Qui ne vit qu'à regret depuis qu'il a pu voir
Jusqu'où ses yeux charmés ont trahi son devoir.
Mon cœur, qu'un si long âge en mettoit hors d'alarmes,
S'est vu livré par eux à ces dangereux charmes.
En vain, madame, en vain je m'en suis défendu;
En vain j'ai su me taire après m'être rendu:
On m'a forcé d'aimer, on me force à le dire.
Depuis plus de dix ans je languis, je soupire,
Sans que, de tout l'excès d'un si long déplaisir,
Vous ayez pu surprendre une larme, un soupir:
Mais enfin la langueur qu'on voit sur mon visage
Est encor plus l'effet de l'amour que de l'âge.
Il faut faire un heureux, le jour n'en est pas loin:
Pardonnez à l'horreur d'en être le témoin,
Si mes maux, et ce feu digne de votre haine,
Cherchent dans un exil leur remède, et sa peine.

Adieu. Vivez heureuse : et si tant de jaloux....
PULCHÉRIE.
Ne partez pas, seigneur, je les tromperai tous;
Et, puisque de ce choix aucun ne me dispense,
Il est fait, et de tel à qui pas un ne pense.
MARTIAN.
Quel qu'il soit, il sera l'arrêt de mon trépas,
Madame.
PULCHÉRIE.
Encore un coup, ne vous éloignez pas.
Seigneur, jusques ici vous m'avez bien servie;
Vos lumières ont fait tout l'éclat de ma vie;
La vôtre s'est usée à me favoriser :
Il faut encor plus faire, il faut....
MARTIAN.
Quoi?
PULCHÉRIE.
M'épouser.
MARTIAN.
Moi, madame?
PULCHÉRIE.
Oui, seigneur; c'est le plus grand service
Que vos soins puissent rendre à votre impératrice.
Non qu'en m'offrant à vous je réponde à vos feux
Jusques à souhaiter des fils et des neveux :
Mon aïeul, dont partout les hauts faits retentissent,
Voudra bien qu'avec moi ses descendans finissent,
Que j'en sois la dernière, et ferme dignement
D'un si grand empereur l'auguste monument.
Qu'on ne prétende plus que ma gloire s'expose
A laisser des Césars du sang de Théodose.
Qu'ai-je affaire de race à me déshonorer,
Moi qui n'ai que trop vu ce sang dégénérer,
Et que, s'il est fécond en illustres princesses,
Dans les princes qu'il forme il n'a que des foiblesses?
Ce n'est pas que Léon, choisi pour souverain,
Pour me rendre à mon rang n'eût obtenu ma main;
Mon amour, à ce prix, se fût rendu justice :
Mais, puisqu'on m'a sans lui nommée impératrice,
Je dois à ce haut rang d'assez nobles projets
Pour n'admettre en mon lit aucun de mes sujets.
Je ne veux plus d'époux, mais il m'en faut une ombre,
Qui des Césars pour moi puisse grossir le nombre;
Un mari qui, content d'être au-dessus des rois,
Me donne ses clartés, et dispense mes lois;
Qui, n'étant en effet que mon premier ministre,
Pare ce que sous moi l'on craindroit de sinistre,
Et, pour tenir en bride un peuple sans raison,

Paroisse mon époux, et n'en ait que le nom.
　Vous m'entendez, seigneur, et c'est assez vous dire.
Prêtez-moi votre main, je vous donne l'empire :
Éblouissons le peuple, et vivons entre nous
Comme s'il n'étoit point d'épouse ni d'époux.
Si ce n'est posséder l'objet de votre flamme,
C'est vous rendre du moins le maître de son âme,
L'ôter à vos rivaux, vous mettre au-dessus d'eux,
Et de tous mes amans vous voir le plus heureux.

MARTIAN.

Madame....

PULCHÉRIE.

　　　　A vos hauts faits je dois ce grand salaire;
Et j'acquitte envers vous et l'État et mon frère.

MARTIAN.

Auroit-on jamais cru, madame?....

PULCHÉRIE.

　　　　　　　　Allez, seigneur,
Allez en plein sénat faire voir l'empereur.
Il demeure assemblé pour recevoir son maître :
Allez-y de ma part vous faire reconnoître;
Ou, si votre souhait ne répond pas au mien,
Faites grâce à mon sexe, et ne m'en dites rien.

MARTIAN.

Souffrez qu'à vos genoux, madame....

PULCHÉRIE.

　　　　　　　　　　Allez, vous dis-je :
Je m'oblige encor plus que je ne vous oblige;
Et mon cœur, qui vous vient d'ouvrir ses sentimens,
N'en veut ni de refus ni de remercîmens.
Faites rentrer Aspar.

SCÈNE IV. — PULCHÉRIE, ASPAR, JUSTINE

PULCHÉRIE.

　　　　　Que faites-vous d'Irène?
Quand l'épouserez-vous? Ce mot vous fait-il peine?
Vous ne répondez point?

ASPAR.

　　　　　　Non, madame, et je doi
Ce respect aux bontés que vous avez pour moi.
Qui se tait obéit.

PULCHÉRIE.

　　　　　J'aime assez qu'on s'explique.
Les silences de cour ont de la politique.
Sitôt que nous parlons, qui consent applaudit,
Et c'est en se taisant que l'on nous contredit.
Le temps m'éclaircira de ce que je soupçonne.

Cependant j'ai fait choix de l'époux qu'on m'ordonne.
Léon vous faisoit peine, et j'ai dompté l'amour
Pour vous donner un maître admiré dans la cour,
Adoré dans l'armée, et que de cet empire
Les plus fermes soutiens feroient gloire d'élire :
C'est Martian.

ASPAR.
Tout vieil et tout cassé qu'il est !
PULCHÉRIE.
Tout vieil et tout cassé je l'épouse ; il me plaît.
J'ai mes raisons. Au reste, il a besoin d'un gendre
Qui partage avec lui les soins qu'il lui faut prendre,
Qui soutienne des ans penchés dans le tombeau,
Et qui porte sous lui la moitié du fardeau.
Qui jugeriez-vous propre à remplir cette place?
Une seconde fois vous paroissez de glace !

ASPAR.
Madame, Aréobinde et Procope tous deux
Ont engagé leur cœur et formé d'autres vœux :
Sans cela je dirois....
PULCHÉRIE.
Et sans cela moi-même
J'élèverois Aspar à cet honneur suprême ;
Mais, quand il seroit homme à pouvoir aisément
Renoncer aux douceurs de son attachement,
Justine n'auroit pas une âme assez hardie
Pour accepter un cœur norci de perfidie,
Et vous regarderoit comme un volage esprit
Toujours prêt à donner où la fortune rit.
N'en savez-vous aucun de qui l'ardeur fidèle....

ASPAR.
Madame, vos bontés choisiront mieux pour elle ;
Comme pour Martian elles nous ont surpris,
Elles sauront encor surprendre nos esprits.
Je vous laisse en résoudre.
PULCHÉRIE.
Allez ; et pour Irène,
Si vous ne sentez rien en l'âme qui vous gêne,
Ne faites plus douter de vos longues amours,
Ou je dispose d'elle avant qu'il soit deux jours.

SCÈNE V. — PULCHÉRIE, JUSTINE.

PULCHÉRIE.
Ce n'est pas encor tout, Justine ; je veux faire
Le malheureux Léon successeur de ton père.
Y contribueras-tu? prêteras-tu la main
Au glorieux succès d'un si noble dessein?

JUSTINE.

Et la main et le cœur sont en votre puissance,
Madame; doutez-vous de mon obéissance,
Après que par votre ordre il m'a déjà coûté
Un conseil contre vous qui doit l'avoir flatté?

PULCHÉRIE.

Achevons; le voici. Je réponds de ton père;
Son cœur est trop à moi pour nous être contraire.

SCÈNE VI. — PULCHÉRIE, LÉON, JUSTINE.

LÉON.

Je me le disois bien que vos nouveaux sermens,
Madame, ne seroient que des amusemens.

PULCHÉRIE.

Vous commencez d'un air....

LÉON.

J'achèverai de même,
Ingrate! ce n'est plus ce Léon qui vous aime;
Non, ce n'est plus....

PULCHÉRIE.

Sachez....

LÉON.

Je ne veux rien savoir,
Et je n'apporte ici ni respect ni devoir.
L'impétueuse ardeur d'une rage inquiète
N'y vient que mériter la mort que je souhaite;
Et les emportemens de ma juste fureur
Ne m'y parlent de vous que pour m'en faire horreur.
Oui, comme Pulchérie et comme impératrice,
Vous n'avez eu pour moi que détour, qu'injustice :
Si vos fausses bontés ont su me décevoir,
Vos sermens m'ont réduit au dernier désespoir.

PULCHÉRIE.

Ah! Léon.

LÉON.

Par quel art que je ne puis comprendre
Forcez-vous d'un soupir ma fureur à se rendre?
Un coup d'œil en triomphe; et, dès que je vous voi,
Il ne me souvient plus de vos manques de foi.
Ma bouche se refuse à vous nommer parjure,
Ma douleur se défend jusqu'au moindre murmure;
Et l'affreux désespoir qui m'amène en ces lieux
Cède au plaisir secret d'y mourir, à vos yeux.
J'y vais mourir, madame, et d'amour, non de rage;
De mon dernier soupir recevez l'humble hommage;
Et, si de votre rang la fierté le permet,
Recevez-le, de grâce, avec quelque regret.

Jamais fidèle ardeur n'approcha de ma flamme,
Jamais frivole espoir ne flatta mieux une âme;
Je ne méritois pas qu'il eût aucun effet,
Ni qu'un amour si pur se vît mieux satisfait.
Mais quand vous m'avez dit : «Quelque ordre qu'on me donne,
Nul autre ne sera maître de ma personne,»
J'ai dû me le promettre; et toutefois, hélas!
Vous passez dès demain, madame, en d'autres bras;
Et, dès ce même jour, vous perdez la mémoire
De ce que vos bontés me commandoient de croire!

PULCHÉRIE.

Non, je ne la perds pas, et sais ce que je doi.
Prenez des sentimens qui soient dignes de moi,
Et ne m'accusez point de manquer de parole,
Quand pour vous la tenir moi-même je m'immole.

LÉON.

Quoi! vous n'épousez pas Martian dès demain?

PULCHÉRIE.

Savez-vous à quel prix je lui donne la main?

LÉON.

Que m'importe à quel prix un tel bonheur s'achète?

PULCHÉRIE.

Sortez, sortez du trouble où votre erreur vous jette,
Et sachez qu'avec moi ce grand titre d'époux
N'a point de privilége à vous rendre jaloux;
Que sous l'illusion de ce faux hyménée,
Je fais vœu de mourir telle que je suis née;
Que Martian reçoit et ma main, et ma foi,
Pour me conserver toute, et tout l'empire à moi;
Et que tout le pouvoir que cette foi lui donne
Ne le fera jamais maître de ma personne.
Est-ce tenir parole? et reconnoissez-vous
A quel point je vous sers quand j'en fais mon époux?
C'est pour vous qu'en ses mains je dépose l'empire;
C'est pour vous le garder qu'il me plaît de l'élire.
Rendez-vous, comme lui, digne de ce dépôt
Que son âge penchant vous remettra bientôt;
Suivez-le pas à pas; et, marchant dans sa route,
Mettez ce premier rang après lui hors de doute.
Étudiez sous lui ce grand art de régner,
Que tout autre auroit peine à vous mieux enseigner;
Et, pour vous assurer ce que j'en veux attendre,
Attachez-vous au trône, et faites-vous son gendre;
Je vous donne Justine.

LÉON.

A moi, madame!

PULCHÉRIE.
         A vous,
Que je m'étois promis moi-même pour époux.
LÉON.
Ce n'est donc pas assez de vous avoir perdue,
De voir en d'autres mains la main qui m'étoit due,
Il faut aimer ailleurs !
PULCHÉRIE.
        Il faut être empereur,
Et, le sceptre à la main, justifier mon cœur ;
Montrer à l'univers, dans le héros que j'aime,
Tout ce qui rend un front digne du diadème ;
Vous mettre, à mon exemple, au-dessus de l'amour,
Et par mon ordre enfin régner à votre tour.
Justine a du mérite, elle est jeune, elle est belle :
Tous vos rivaux pour moi le vont être pour elle :
Et l'empire pour dot est un trait si charmant,
Que je ne vous en puis répondre qu'un moment.
LÉON.
Oui, madame, après vous elle est incomparable ;
Elle est de votre cour la plus considérable ;
Elle a des qualités à se faire adorer :
Mais, hélas ! jusqu'à vous j'avois droit d'aspirer.
Voulez-vous qu'à vos yeux je trompe un tel mérite,
Que sans amour pour elle à m'aimer je l'invite,
Qu'en vous laissant mon cœur je demande le sien,
Et lui promette tout pour ne lui donner rien ?
PULCHÉRIE.
Et ne savez-vous pas qu'il est des hyménées
Que font sans nous au ciel les belles destinées ?
Quand il veut que l'effet en éclate ici-bas,
Lui-même il nous entraîne où nous ne pensions pas ;
Et, dès qu'il les résout, il sait trouver la voie
De nous faire accepter ses ordres avec joie.
LÉON.
Mais ne vous aimer plus ! vous voler tous mes vœux !
PULCHÉRIE.
Aimez-moi, j'y consens ; je dis plus, je le veux,
Mais comme impératrice, et non plus comme amante ;
Que la passion cesse, et que le zèle augmente.
Justine, qui m'écoute, agréera bien, seigneur,
Que je conserve ainsi ma part en votre cœur.
Je connois tout le sien. Rendez-vous plus traitable
Pour apprendre à l'aimer autant qu'elle est aimable ;
Et laissez-vous conduire à qui sait mieux que vous
Les chemins de vous faire un sort illustre et doux.
Croyez-en votre amante et votre impératrice :

L'une aime vos vertus, l'autre leur rend justice;
Et sur Justine et vous je dois pouvoir assez
Pour vous dire à tous deux : « Je parle, obéissez. »
     LÉON, *à Justine.*
J'obéis donc, madame, à cet ordre suprême,
Pour vous offrir un cœur qui n'est pas à lui-même :
Mais enfin je ne sais quand je pourrai donner
Ce que je ne puis même offrir sans le gêner;
Et cette offre d'un cœur entre les mains d'une autre
Ne peut faire un amour qui mérite le vôtre.
     JUSTINE.
Il est assez à moi, dans de si bonnes mains,
Pour n'en point redouter de vrais et longs dédains;
Et je vous répondrois d'une amitié sincère,
Si j'en avois l'aveu de l'empereur mon père.
Le temps fait tout, seigneur.

SCÈNE VII. — PULCHÉRIE, MARTIAN, LÉON, JUSTINE.

     MARTIAN.
       D'une commune voix,
Madame, le sénat accepte votre choix.
A vos bontés pour moi son allégresse unie
Soupire après le jour de la cérémonie;
Et le serment prêté pour n'en retarder rien
A votre auguste nom vient de mêler le mien.
     PULCHÉRIE.
Cependant j'ai sans vous disposé de Justine,
Seigneur, et c'est Léon à qui je la destine.
     MARTIAN.
Pourrois-je lui choisir un plus illustre époux
Que celui que l'amour avoit choisi pour vous?
Il peut prendre après vous tout pouvoir dans l'empire,
S'y faire des emplois où l'univers l'admire,
Afin que, par votre ordre et les conseils d'Aspar,
Nous l'installions au trône, et le nommions César.
     PULCHÉRIE.
Allons tout préparer pour ce double hyménée,
En ordonner la pompe, en choisir la journée.
D'Irène avec Aspar j'en voudrois faire autant;
Mais j'ai donné deux jours à cet espoir flottant,
Et laisse jusque-là ma faveur incertaine,
Pour régler son destin sur le destin d'Irène.

FIN DE PULCHÉRIE.

SURÉNA,
GÉNÉRAL DES PARTHES.
TRAGÉDIE.
1674.

AU LECTEUR.

Le sujet de cette tragédie est tiré de Plutarque et d'Appian Alexandrin. Ils disent tous deux que Suréna[1] étoit le plus noble, le plus riche, le mieux fait, et le plus vaillant des Parthes. Avec ces qualités, il ne pouvoit manquer d'être un des premiers hommes de son siècle; et, si je ne m'abuse, la peinture que j'en ai faite ne l'a point rendu méconnoissable : vous en jugerez.

PERSONNAGES.

ORODE, roi des Parthes.
PACORUS, fils d'Orode.
SURÉNA, lieutenant d'Orode, et général de son armée contre Crassus.
SILLACE, autre lieutenant d'Orode.
EURYDICE, fille d'Artabase, roi d'Arménie.
PALMIS, sœur de Suréna.
ORMÈNE, dame d'honneur d'Eurydice.

La scène est à Séleucie, sur l'Euphrate.

ACTE PREMIER.

SCÈNE I. — EURYDICE, ORMÈNE.

EURYDICE.

Ne me parle plus tant de joie et d'hyménée;
Tu ne sais pas les maux où je suis condamnée,
Ormène : c'est ici que doit s'exécuter
Ce traité qu'à deux rois il a plu d'arrêter;
Et l'on a préféré cette superbe ville,
Ces murs de Séleucie, aux murs d'Hécatompyle.
La reine et la princesse en quittent le séjour,
Pour rendre en ces beaux lieux tout son lustre à la cour.
Le roi les mande exprès, le prince n'attend qu'elles;

---

1. Suréna n'est point un nom propre; c'est un titre d'honneur, un nom de dignité. Le suréna des Parthes était le grand vizir des Turcs. (*Voltaire.*)

Et jamais ces climats n'ont vu pompes si belles.
Mais que servent pour moi tous ces préparatifs,
Si mon cœur est esclave et tous ses vœux captifs,
Si de tous ces efforts de publique allégresse
Il se fait des sujets de trouble et de tristesse?
J'aime ailleurs.

ORMÈNE.
Vous, madame?

EURYDICE.
Ormène, je l'ai tu
Tant que j'ai pu me rendre à toute ma vertu.
N'espérant jamais voir l'amant qui m'a charmée,
Ma flamme dans mon cœur se tenoit renfermée :
L'absence et la raison sembloient la dissiper;
Le manque d'espoir même aidoit à me tromper.
Je crus ce cœur tranquille, et mon devoir sévère
Le préparoit sans peine aux lois du roi mon père,
Au choix qui lui plairoit. Mais, ô dieux! quel tourment,
S'il faut prendre un époux aux yeux de cet amant!

ORMÈNE.
Aux yeux de votre amant!

EURYDICE.
Il est temps de te dire
Et quel malheur m'accable, et pour qui je soupire.
Le mal qui s'évapore en devient plus léger,
Et le mien avec toi cherche à se soulager.
    Quand l'avare Crassus, chef des troupes romaines,
Entreprit de dompter les Parthes dans leurs plaines,
Tu sais que de mon père il brigua le secours;
Qu'Orode en fit autant au bout de quelques jours;
Que pour ambassadeur il prit ce héros même,
Qui l'avoit su venger et rendre au diadème.

ORMÈNE.
Oui, je vis Suréna vous parler pour son roi,
Et Cassius pour Rome avoir le même emploi.
Je vis de ces États l'orgueilleuse puissance
D'Artabase à l'envi mendier l'assistance,
Ces deux grands intérêts partager votre cour,
Et des ambassadeurs prolonger le séjour.

EURYDICE.
Tous deux, ainsi qu'au roi, me rendirent visite,
Et j'en connus bientôt le différent mérite.
L'un, fier, et tout gonflé d'un vieux mépris des rois,
Sembloit pour compliment nous apporter des lois;
L'autre, par les devoirs d'un respect légitime,
Vengeoit le sceptre en nous de ce manque d'estime.
L'amour s'en mêla même; et tout son entretien

Sembla m'offrir son cœur, et demander le mien.
Il l'obtint; et mes yeux, que charmoit sa présence,
Soudain avec les siens en firent confidence.
Ces muets truchemens surent lui révéler
Ce que je me forçois à lui dissimuler;
Et les mêmes regards qui m'expliquoient sa flamme
S'instruisoient dans les miens du secret de mon âme.
Ses vœux y rencontroient d'aussi tendres désirs;
Un accord imprévu confondoit nos soupirs,
Et d'un mot échappé la douceur hasardée
Trouvoit l'âme en tous deux toute persuadée.

ORMÈNE.

Cependant est-il roi, madame?

EURYDICE.

Il ne l'est pas;
Mais il sait rétablir les rois dans leurs États.
Des Parthes le mieux fait d'esprit et de visage,
Le plus puissant en biens, le plus grand en courage,
Le plus noble : joins-y l'amour qu'il a pour moi;
Et tout cela vaut bien un roi qui n'est que roi.
Ne t'effarouche point d'un feu dont je fais gloire,
Et souffre de mes maux que j'achève l'histoire.
L'amour, sous les dehors de la civilité,
Profita quelque temps des longueurs du traité :
On ne soupçonna rien des soins d'un si grand homme,
Mais il fallut choisir entre le Parthe et Rome.
Mon père eut ses raisons en faveur du Romain;
J'eus les miennes pour l'autre, et parlai même en vain :
Je fus mal écoutée, et dans ce grand ouvrage
On ne daigna peser ni compter mon suffrage.
Nous fûmes donc pour Rome; et Suréna confus
Emporta la douleur d'un indigne refus.
Il m'en parut ému, mais il sut se contraindre :
Pour tout ressentiment il ne fit que nous plaindre;
Et comme tout son cœur me demeura soumis,
Notre adieu ne fut point un adieu d'ennemis.
Que servit de flatter l'espérance détruite?
Mon père choisit mal : on l'a vu par la suite.
Suréna fit périr l'un et l'autre Crassus,
Et sur notre Arménie Orode eut le dessus;
Il vint dans nos États fondre comme un tonnerre.
Hélas! j'avois prévu les maux de cette guerre,
Et n'avois pas compté parmi ses noirs succès
Le funeste bonheur que me gardoit la paix.
Les deux rois l'ont conclue, et j'en suis la victime :
On m'amène épouser un prince magnanime;
Car son mérite enfin ne m'est point inconnu,

Et se feroit aimer d'un cœur moins prévenu.
Mais quand ce cœur est pris et la place occupée,
Des vertus d'un rival en vain l'âme est frappée;
Tout ce qu'il a d'aimable importune les yeux;
Et plus il est parfait, plus il est odieux.
Cependant j'obéis, Ormène; je l'épouse,
Et de plus...

ORMÈNE.
Qu'auriez-vous de plus?

EURYDICE.
Je suis jalouse.

ORMÈNE.
Jalouse! Quoi! pour comble aux maux dont je vous plains....

EURYDICE.
Tu vois ceux que je souffre, apprends ceux que je crains.
Orode fait venir la princesse sa fille;
Et s'il veut de mon bien enrichir sa famille,
S'il veut qu'un double hymen honore un même jour,
Conçois mes déplaisirs; je t'ai dit mon amour.
C'est bien assez, ô ciel! que le pouvoir suprême
Me livre en d'autres bras aux yeux de ce que j'aime;
Ne me condamne pas à ce nouvel ennui
De voir tout ce que j'aime entre les bras d'autrui.

ORMÈNE.
Votre douleur, madame, est trop ingénieuse.

EURYDICE.
Quand on a commencé de se voir malheureuse,
Rien ne s'offre à nos yeux qui ne fasse trembler;
La plus fausse apparence a droit de nous troubler;
Et tout ce qu'on prévoit, tout ce qu'on s'imagine,
Forme un nouveau poison pour une âme chagrine.

ORMÈNE.
En ces nouveaux poisons trouvez-vous tant d'appas
Qu'il en faille faire un d'un hymen qui n'est pas?

EURYDICE.
La princesse est mandée, elle vient, elle est belle :
Un vainqueur des Romains n'est que trop digne d'elle;
S'il la voit, s'il lui parle, et si le roi le veut....
J'en dis trop; et déjà tout mon cœur qui s'émeut....

ORMÈNE.
A soulager vos maux appliquez même étude
Qu'à prendre un vain soupçon pour une certitude :
Songez par où l'aigreur s'en pourroit adoucir.

EURYDICE.
J'y fais ce que je puis, et n'y puis réussir.
N'osant voir Suréna, qui règne en ma pensée,
Et qui me croit peut-être une âme intéressée,

Tu vois quelle amitié j'ai faite avec sa sœur :
Je crois le voir en elle, et c'est quelque douceur,
Mais légère, mais foible, et qui me gêne l'âme
Par l'inutile soin de lui cacher ma flamme.
Elle la sait sans doute, et l'air dont elle agit
M'en demande un aveu dont mon devoir rougit.
Ce frère l'aime trop pour s'être caché d'elle :
N'en use pas de même, et sois-moi plus fidèle ;
Il suffit qu'avec toi j'amuse mon ennui.
Toutefois tu n'as rien à me dire de lui ;
Tu ne sais ce qu'il fait, tu ne sais ce qu'il pense :
Une sœur est plus propre à cette confiance ;
Elle sait s'il m'accuse, ou s'il plaint mon malheur,
S'il partage ma peine, ou rit de ma douleur,
Si du vol qu'on lui fait il m'estime complice,
S'il me garde son cœur, ou s'il me rend justice.
Je la vois ; force-la, si tu peux, à parler.
Force-moi, s'il le faut, à ne lui rien celer.
L'oserai-je, grands dieux ! ou plutôt le pourrai-je ?

ORMÈNE.

L'amour, dès qu'il le veut, se fait un privilége ;
Et quand de se forcer ses désirs sont lassés,
Lui-même à n'en rien taire il s'enhardit assez.

SCÈNE II. — EURYDICE, PALMIS, ORMÈNE.

PALMIS.

J'apporte ici, madame, une heureuse nouvelle :
Ce soir la reine arrive.

EURYDICE.

Et Mandane avec elle ?

PALMIS.

On n'en fait aucun doute.

EURYDICE.

Et Suréna l'attend
Avec beaucoup de joie et d'un esprit content ?

PALMIS.

Avec tout le respect qu'elle a lieu d'en attendre.

EURYDICE.

Rien de plus ?

PALMIS.

Qu'a de plus un sujet à lui rendre ?

EURYDICE.

Je suis trop curieuse et devrois mieux savoir
Ce qu'aux filles des rois un sujet peut devoir :
Mais de pareils sujets, sur qui tout l'État roule,
Se font assez souvent distinguer de la foule ;
Et je sais qu'il en est, qui, si j'en puis juger,

Avec moins de respect savent mieux obliger.
PALMIS.
Je n'en sais point, madame, et ne crois pas mon frère
Plus savant que sa sœur en un pareil mystère.
EURYDICE.
Passons. Que fait le prince?
PALMIS.
En véritable amant,
Doutez-vous qu'il ne soit dans le ravissement?
Et pourroit-il n'avoir qu'une joie imparfaite
Quand il se voit toucher au bonheur qu'il souhaite?
EURYDICE.
Peut-être n'est-ce pas un grand bonheur pour lui,
Madame; et j'y craindrois quelque sujet d'ennui.
PALMIS.
Et quel ennui pourroit mêler son amertume
Au doux et plein succès du feu qui le consume?
Quel chagrin a-de quoi troubler un tel bonheur?
Le don de votre main....
EURYDICE.
La main n'est pas le cœur.
PALMIS.
Il est maître du vôtre.
EURYDICE.
Il ne l'est point, madame;
Et même je ne sais s'il le sera de l'âme.
Jugez après cela quel bonheur est le sien.
Mais achevons, de grâce, et ne déguisons rien.
Savez-vous mon secret?
PALMIS.
Je sais celui d'un frère.
EURYDICE.
Vous savez donc le mien. Fait-il ce qu'il doit faire?
Me hait-il? et son cœur, justement irrité,
Me rend-il sans regret ce que j'ai mérité?
PALMIS.
Oui, madame, il vous rend tout ce qu'une grande âme
Doit au plus grand mérite et de zèle et de flamme.
EURYDICE.
Il m'aimeroit encor?
PALMIS.
C'est peu de dire aimer :
Il souffre sans murmure; et j'ai beau vous blâmer,
Lui-même il vous défend, vous excuse sans cesse.
« Elle est fille, et de plus, dit-il, elle est princesse :
Je sais les droits d'un père, et connois ceux d'un roi;
Je sais de ses devoirs l'indispensable loi;
Je sais quel rude joug, dès sa plus tendre enfance,

Imposent à ses vœux son rang et sa naissance :
Son cœur n'est pas exempt d'aimer ni de haïr ;
Mais qu'il aime ou haïsse, il lui faut obéir.
Elle m'a tout donné ce qui dépendoit d'elle,
Et ma reconnoissance en doit être éternelle. »
EURYDICE.
Ah ! vous redoublez trop, par ce discours charmant,
Ma haine pour le prince et mes feux pour l'amant ;
Finissons-le, madame ; en ce malheur extrême,
Plus je hais, plus je souffre, et souffre autant que j'aime.
PALMIS.
N'irritons point vos maux, et changeons d'entretien.
Je sais votre secret, sachez aussi le mien.
Vous n'êtes pas la seule à qui la destinée
Prépare un long supplice en ce grand hyménée :
Le prince....
EURYDICE.
Au nom des dieux, ne me le nommez pas ;
Son nom seul me prépare à plus que le trépas.
PALMIS.
Un tel excès de haine !
EURYDICE.
Elle n'est que trop due
Aux mortelles douleurs dont m'accable sa vue.
PALMIS.
Eh bien ! ce prince donc, qu'il vous plaît de haïr,
Et pour qui votre cœur s'apprête à se trahir,
Ce prince qui vous aime, il m'aimoit.
EURYDICE.
L'infidèle !
PALMIS.
Nos vœux étoient pareils, notre ardeur mutuelle ;
Je l'aimois.
EURYDICE.
Et l'ingrat brise des nœuds si doux !
PALMIS.
Madame, est-il des cœurs qui tiennent contre vous ?
Est-il vœux ni sermens qu'ils ne vous sacrifient ?
Si l'ingrat me trahit, vos yeux le justifient,
Vos yeux qui sur moi-même ont un tel ascendant....
EURYDICE.
Vous demeurez à vous, madame, en le perdant ;
Et le bien d'être libre aisément vous console
De ce qu'a d'injustice un manque de parole :
Mais je deviens esclave ; et tels sont mes malheurs,
Qu'en perdant ce que j'aime il faut que j'aime ailleurs.
PALMIS.
Madame, trouvez-vous ma fortune meilleure ?

Vous perdez votre amant, mais son cœur vous demeure;
Et j'éprouve en mon sort une telle rigueur,
Que la perte du mien m'enlève tout son cœur.
Ma conquête m'échappe où les vôtres grossissent;
Vous faites des captifs des miens qui s'affranchissent;
Votre empire s'augmente où se détruit le mien;
Et de toute ma gloire il ne me reste rien.

EURYDICE.

Reprenez vos captifs, rassurez vos conquêtes,
Rétablissez vos lois sur les plus grandes têtes;
J'en serai peu jalouse, et préfère à cent rois
La douceur de ma flamme et l'éclat de mon choix.
La main de Suréna vaut mieux qu'un diadème.
Mais dites-moi, madame, est-il bien vrai qu'il m'aime?
Dites; et, s'il est vrai, pourquoi fuit-il mes yeux?

PALMIS.

Madame, le voici qui vous le dira mieux.

EURYDICE.

Juste ciel! à le voir déjà mon cœur soupire!
Amour, sur ma vertu prends un peu moins d'empire!

SCÈNE III. — EURYDICE, SURÉNA.

EURYDICE.

Je vous ai fait prier de ne me plus revoir,
Seigneur : votre présence étonne mon devoir;
Et ce qui de mon cœur fit toutes les délices,
Ne sauroit plus m'offrir que de nouveaux supplices.
Osez-vous l'ignorer? et, lorsque je vous voi,
S'il me faut trop souffrir, souffrez-vous moins que moi?
Souffrons-nous moins tous deux pour soupirer ensemble?
Allez, contentez-vous d'avoir vu que j'en tremble;
Et, du moins par pitié d'un triomphe douteux,
Ne me hasardez plus à des soupirs honteux.

SURÉNA.

Je sais ce qu'à mon cœur coûtera votre vue;
Mais qui cherche à mourir doit chercher ce qui tue.
Madame, l'heure approche, et demain votre foi
Vous fait de m'oublier une éternelle loi;
Je n'ai plus que ce jour, que ce moment de vie :
Pardonnez à l'amour qui vous la sacrifie,
Et souffrez qu'un soupir exhale à vos genoux,
Pour ma dernière joie, une âme toute à vous.

EURYDICE.

Et la mienne, seigneur, la jugez-vous si forte,
Que vous ne craigniez point que ce moment l'emporte,
Que ce même soupir qui tranchera vos jours

Ne tranche aussi des miens le déplorable cours?
Vivez, seigneur, vivez, afin que je languisse,
Qu'à vos feux ma langueur rende longtemps justice.
Le trépas à vos yeux me sembleroit trop doux,
Et je n'ai pas encore assez souffert pour vous.
Je veux qu'un noir chagrin à pas lents me consume,
Qu'il me fasse à longs traits goûter son amertume;
Je veux, sans que la mort ose me secourir,
Toujours aimer, toujours souffrir, toujours mourir.
Mais pardonneriez-vous l'aveu d'une foiblesse
A cette douloureuse et fatale tendresse?
Vous pourriez-vous, seigneur, résoudre à soulager
Un malheur si pressant par un bonheur léger?

SURÉNA.

Quel bonheur peut dépendre ici d'un misérable
Qu'après tant de faveurs son amour même accable?
Puis-je encor quelque chose en l'état où je suis?

EURYDICE.

Vous pouvez m'épargner d'assez rudes ennuis.
N'épousez point Mandane : exprès on l'a mandée;
Mon chagrin, mes soupçons, m'en ont persuadée.
N'ajoutez point, seigneur, à des malheurs si grands
Celui de vous unir au sang de mes tyrans;
De remettre en leurs mains le seul bien qui me reste,
Votre cœur; un tel don me seroit trop funeste :
Je veux qu'il me demeure, et, malgré votre roi,
Disposer d'une main qui ne peut être à moi.

SURÉNA.

Plein d'un amour si pur et si fort que le nôtre,
Aveugle pour Mandane, aveugle pour toute autre,
Comme je n'ai plus d'yeux vers elles à tourner,
Je n'ai plus ni de cœur ni de main à donner.
Je vous aime, et vous perds. Après cela, madame,
Seroit-il quelque hymen que pût souffrir mon âme?
Seroit-il quelques nœuds où se pût attacher
Le bonheur d'un amant qui vous étoit si cher,
Et qu'à force d'amour vous rendez incapable
De trouver sous le ciel quelque chose d'aimable?

EURYDICE.

Ce n'est pas là de vous, seigneur, ce que je veux.
A la postérité vous devez des neveux;
Et ces illustres morts dont vous tenez la place
Ont assez mérité de revivre en leur race :
Je ne veux pas l'éteindre, et tiendrois à forfait
Qu'il m'en fût échappé le plus léger souhait.

SURÉNA.

Que tout meure avec moi, madame : que m'importe

Qui foule après ma mort la terre qui me porte?
Sentiront-ils percer par un éclat nouveau,
Ces illustres aïeux, la nuit de leur tombeau?
Respireront-ils l'air où les feront revivre
Ces neveux qui peut-être auront peine à les suivre,
Peut-être ne feront que les déshonorer,
Et n'en auront le sang que pour dégénérer?
Quand nous avons perdu le jour qui nous éclaire,
Cette sorte de vie est bien imaginaire,
Et le moindre moment d'un bonheur souhaité
Vaut mieux qu'une si froide et vaine éternité.

EURYDICE.

Non, non, je suis jalouse; et mon impatience
D'affranchir mon amour de toute défiance,
Tant que je vous verrai maître de votre foi,
La croira réservée aux volontés du roi;
Mandane aura toujours un plein droit de vous plaire;
Ce sera l'épouser que de le pouvoir faire;
Et ma haine sans cesse aura de quoi trembler,
Tant que par là mes maux pourront se redoubler.
Il faut qu'un autre hymen me mette en assurance.
N'y portez, s'il se peut, que de l'indifférence :
Mais, par de nouveaux feux dussiez-vous me trahir,
Je veux que vous aimiez afin de m'obéir;
Je veux que ce grand choix soit mon dernier ouvrage,
Qu'il tienne lieu vers moi d'un éternel hommage,
Que mon ordre le règle, et qu'on me voie enfin
Reine de votre cœur et de votre destin;
Que Mandane, en dépit de l'espoir qu'on lui donne,
Ne pouvant s'élever jusqu'à votre personne,
Soit réduite à descendre à ces malheureux rois
A qui, quand vous voudrez, vous donnerez des lois.
Et n'appréhendez point d'en regretter la perte;
Il n'est cour sous les cieux qui ne vous soit ouverte;
Et partout votre gloire a fait de tels éclats,
Que les filles de roi ne vous manqueront pas.

SURÉNA.

Quand elles me rendroient maître de tout un monde,
Absolu sur la terre et souverain sur l'onde,
Mon cœur....

EURYDICE.

N'achevez point : l'air dont vous commencez
Pourroit à mon chagrin ne plaire pas assez;
Et d'un cœur qui veut être encor sous ma puissance
Je ne veux recevoir que de l'obéissance.

SURÉNA.

A qui me donnez-vous?

EURYDICE.
Moi? que ne puis-je, hélas!
Vous ôter à Mandane, et ne vous donner pas!
Et contre les soupçons de ce cœur qui vous aime
Que ne m'est-il permis de m'assurer moi-même!
Mais adieu; je m'égare.
SURÉNA.
Où dois-je recourir,
O ciel! s'il faut toujours aimer, souffrir, mourir?

ACTE SECOND.

SCÈNE I. — PACORUS, SURÉNA.

PACORUS.
Suréna, votre zèle a trop servi mon père
Pour m'en laisser attendre un devoir moins sincère;
Et, si près d'un hymen qui doit m'être assez doux,
Je mets ma confiance et mon espoir en vous.
Palmis avec raison de cet hymen murmure;
Mais je puis réparer ce qu'il lui fait d'injure;
Et vous n'ignorez pas qu'à former ces grands nœuds
Mes pareils ne sont point tout à fait maîtres d'eux.
Quand vous voudrez tous deux attacher vos tendresses,
Il est des rois pour elle, et pour vous des princesses,
Et je puis hautement vous engager ma foi
Que vous ne vous plaindrez du prince ni du roi.
SURÉNA.
Cessez de me traiter, seigneur, en mercenaire :
Je n'ai jamais servi par espoir de salaire;
La gloire m'en suffit, et le prix que reçoit....
PACORUS.
Je sais ce que je dois quand on fait ce qu'on doit,
Et si de l'accepter ce grand cœur vous dispense,
Le mien se satisfait alors qu'il récompense.
J'épouse une princesse en qui les doux accords
Des grâces de l'esprit avec celles du corps
Forment le plus brillant et plus noble assemblage
Qui puisse orner une âme et parer un visage.
Je n'en dis que ce mot; et vous savez assez
Quels en sont les attraits, vous qui la connoissez.
Cette princesse donc, si belle, si parfaite,
Je crains qu'elle n'ait pas ce que plus je souhaite,
Qu'elle manque d'amour, ou plutôt que ses vœux
N'aillent pas tout à fait du côté que je veux.

Vous qui l'avez tant vue, et qu'un devoir fidèle
A tenu si longtemps près de son père et d'elle,
Ne me déguisez point ce que dans cette cour
Sur de pareils soupçons vous auriez eu de jour.

SURÉNA.

Je la voyois, seigneur, mais pour gagner son père :
C'étoit tout mon emploi, c'étoit ma seule affaire ;
Et je croyois par elle être sûr de son choix :
Mais Rome et son intrigue eurent le plus de voix.
Du reste, ne prenant intérêt à m'instruire
Que de ce qui pouvoit vous servir ou vous nuire,
Comme je me bornois à remplir ce devoir,
Je puis n'avoir pas vu ce qu'un autre eût pu voir.
Si j'eusse pressenti que, la guerre achevée,
A l'honneur de vos feux elle étoit réservée,
J'aurois pris d'autres soins, et plus examiné ;
Mais j'ai suivi mon ordre, et n'ai point deviné.

PACORUS.

Quoi ! de ce que je crains vous n'auriez nulle idée ?
Par aucune ambassade on ne l'a demandée ?
Aucun prince auprès d'elle, aucun digne sujet
Par ses attachemens n'a marqué de projet ?
Car il vient quelquefois du milieu des provinces
Des sujets en nos cours qui valent bien des princes ;
Et par l'objet présent les sentimens émus
N'attendent pas toujours des rois qu'on n'a point vus.

SURÉNA.

Durant tout mon séjour rien n'y blessoit ma vue ;
Je n'y rencontrois point de visite assidue,
Point de devoirs suspects, ni d'entretiens si doux
Que, si j'avois aimé, j'en dusse être jaloux.
Mais qui vous peut donner cette importune crainte,
Seigneur ?

PACORUS.

Plus je la vois, plus j'y vois de contrainte ;
Elle semble, aussitôt que j'ose en approcher,
Avoir je ne sais quoi qu'elle me veut cacher.
Non qu'elle ait jusqu'ici demandé de remise :
Mais ce n'est pas m'aimer, ce n'est qu'être soumise ;
Et, tout le bon accueil que j'en puis recevoir,
Tout ce que j'en obtiens ne part que du devoir.

SURÉNA.

N'en appréhendez rien. Encor toute étonnée,
Toute tremblante encore au seul nom d'hyménée,
Pleine de son pays, pleine de ses parens,
Il lui passe en l'esprit cent chagrins différens.

PACORUS.
Mais il semble, à la voir, que son chagrin s'applique
A braver par dépit l'allégresse publique;
Inquiète, rêveuse, insensible aux douceurs
Que par un plein succès l'amour verse en nos cœurs....

SURÉNA.
Tout cessera, seigneur, dès que sa foi reçue
Aura mis en vos mains la main qui vous est due;
Vous verrez ces chagrins détruits en moins d'un jour,
Et toute sa vertu devenir tout amour.

PACORUS.
C'est beaucoup hasarder que de prendre assurance
Sur une si légère et douteuse espérance.
Et qu'aura cet amour d'heureux, de singulier,
Qu'à son trop de vertu je devrai tout entier?
Qu'auroit-il de charmant, cet amour, s'il ne donne
Que ce qu'un triste hymen ne refuse à personne,
Esclave dédaigneux d'une odieuse loi
Qui n'est pour toute chaîne attaché qu'à sa foi?
Pour faire aimer ses lois, l'hymen ne doit en faire
Qu'afin d'autoriser la pudeur à se taire.
Il faut, pour rendre heureux, qu'il donne sans gêner,
Et prête un doux prétexte à qui veut tout donner.
Que sera-ce, grands dieux! si toute ma tendresse
Rencontre un souvenir plus cher à ma princesse,
Si le cœur pris ailleurs ne s'en arrache pas,
Si pour un autre objet il soupire en mes bras?
Il faut, il faut enfin m'éclaircir avec elle.

SURÉNA.
Seigneur, je l'aperçois; l'occasion est belle.
Mais si vous en tirez quelque éclaircissement
Qui donne à votre crainte un juste fondement,
Que ferez-vous?

PACORUS.
J'en doute; et, pour ne vous rien feindre,
Je crois l'aimer assez pour ne la pas contraindre.
Mais tel chagrin aussi pourroit me survenir,
Que je l'épouserois afin de la punir.
Un amant dédaigné souvent croit beaucoup faire
Quand il rompt le bonheur de ce qu'on lui préfère.
Mais elle approche. Allez, laissez-moi seul agir;
J'aurois peur devant vous d'avoir trop à rougir.

SCÈNE II. — PACORUS, EURYDICE.

PACORUS.
Quoi! madame, venir vous-même à ma rencontre!
Cet excès de bonté que votre cœur me montre....

EURYDICE.

J'allois chercher Palmis, que j'aime à consoler
Sur un malheur qui presse et ne peut reculer.

PACORUS.

Laissez-moi vous parler d'affaires plus pressées,
Et songez qu'il est temps de m'ouvrir vos pensées;
Vous vous abuseriez à les plus retenir.
Je vous aime, et demain l'hymen doit nous unir.
M'aimez-vous?

EURYDICE.

Oui, seigneur; et ma main vous est sûre.

PACORUS.

C'est peu que de la main, si le cœur en murmure.

EURYDICE.

Quel mal pourroit causer le murmure du mien,
S'il murmuroit si bas qu'aucun n'en apprît rien?

PACORUS.

Ah! madame, il me faut un aveu plus sincère.

EURYDICE.

Épousez-moi, seigneur, et laissez-moi me taire;
Un pareil doute offense, et cette liberté
S'attire quelquefois trop de sincérité.

PACORUS.

C'est ce que je demande, et qu'un mot sans contrainte
Justifie aujourd'hui mon espoir ou ma crainte.
Ah! si vous connoissiez ce que pour vous je sens....

EURYDICE.

Je ferois ce que font les cœurs obéissans,
Ce que veut mon devoir, ce qu'attend votre flamme,
Ce que je fais enfin.

PACORUS.

Vous feriez plus, madame;
Vous me feriez justice, et prendriez plaisir
A montrer que nos cœurs ne forment qu'un désir.
Vous me diriez sans cesse : « Oui, prince, je vous aime,
Mais d'une passion, comme la vôtre extrême;
Je sens le même feu, je fais les mêmes vœux,
Ce que vous souhaitez est tout ce que je veux;
Et cette illustre ardeur ne sera point contente,
Qu'un glorieux hymen n'ait rempli notre attente. »

EURYDICE.

Pour vous tenir, seigneur, un langage si doux,
Il faudroit qu'en amour j'en susse autant que vous.

PACORUS.

Le véritable amour, dès que le cœur soupire,
Instruit en un moment de tout ce qu'on doit dire.
Ce langage à ses feux n'est jamais importun

Et, si vous l'ignorez, vous n'en sentez aucun.
EURYDICE.
Suppléez-y, seigneur, et dites-vous vous-même
Tout ce que sent un cœur dès le moment qu'il aime;
Faites-vous-en pour moi le charmant entretien :
J'avouerai tout, pourvu que je n'en dise rien.
PACORUS.
Ce langage est bien clair, et je l'entends sans peine.
Au défaut de l'amour, auriez-vous de la haine?
Je ne veux pas le croire, et des yeux si charmans....
EURYDICE.
Seigneur, sachez pour vous quels sont mes sentimens.
Si l'amitié vous plaît, si vous aimez l'estime,
A vous les refuser je croirois faire un crime;
Pour le cœur, si je puis vous le dire entre nous,
Je ne m'aperçois point qu'il soit encore à vous.
PACORUS.
Ainsi donc ce traité qu'ont fait les deux couronnes....
EURYDICE.
S'il a pu l'une à l'autre engager nos personnes,
Au seul don de la main son droit est limité,
Et mon cœur avec vous n'a point fait de traité.
C'est sans vous le devoir que je fais mon possible
A le rendre pour vous plus tendre et plus sensible :
Je ne sais si le temps l'y pourra disposer;
Mais, qu'il le puisse ou non, vous pouvez m'épouser.
PACORUS.
Je le puis, je le dois, je le veux; mais, madame,
Dans ces tristes froideurs dont vous payez ma flamme,
Quelque autre amour plus fort....
EURYDICE.
Qu'osez-vous demander,
Prince?
PACORUS.
De mon bonheur ce qui doit décider.
EURYDICE.
Est-ce un aveu qui puisse échapper à ma bouche?
PACORUS.
Il est tout échappé, puisque ce mot vous touche.
Si vous n'aviez du cœur fait ailleurs l'heureux don,
Vous auriez moins de gêne à me dire que non;
Et, pour me garantir de ce que j'appréhende,
La réponse avec joie eût suivi la demande.
Madame, ce qu'on fait sans honte et sans remords
Ne coûte rien à dire, il n'y faut point d'efforts;
Et sans que la rougeur au visage nous monte....

EURYDICE.

Ah! ce n'est point pour moi que je rougis de honte.
Si j'ai pu faire un choix, je l'ai fait assez beau
Pour m'en faire un honneur jusque dans le tombeau;
Et quand je l'avouerai, vous aurez lieu de croire
Que tout mon avenir en aimera la gloire.
Je rougis, mais pour vous qui m'osez demander
Ce qu'on doit avoir peine à se persuader;
Et je ne comprends point avec quelle prudence
Vous voulez qu'avec vous j'en fasse confidence,
Vous qui, près d'un hymen accepté par devoir,
Devriez sur ce point craindre de trop savoir.

PACORUS.

Mais il est fait, ce choix qu'on s'obstine à me taire,
Et qu'on cherche à me dire avec tant de mystère?

EURYDICE.

Je ne vous le dis point; mais, si vous m'y forcez,
Il vous en coûtera plus que vous ne pensez.

PACORUS.

Eh bien! madame, eh bien! sachons, quoi qu'il en coûte,
Quel est ce grand rival qu'il faut que je redoute.
Dites, est-ce un héros? est-ce un prince? est-ce un roi?

EURYDICE.

C'est ce que j'ai connu de plus digne de moi.

PACORUS.

Si le mérite est grand, l'estime est un peu forte.

EURYDICE.

Vous la pardonnerez à l'amour qui s'emporte :
Comme vous le forcez à se trop expliquer,
S'il manque de respect, vous l'en faites manquer.
Il est si naturel d'estimer ce qu'on aime,
Qu'on voudroit que partout on l'estimât de même;
Et la pente est si douce à vanter ce qu'il vaut,
Que jamais on ne craint de l'élever trop haut.

PACORUS.

C'est en dire beaucoup.

EURYDICE.

　　　　　　　Apprenez davantage,
Et sachez que l'effort où mon devoir m'engage
Ne peut plus me réduire à vous donner demain
Ce qui vous étoit sûr, je veux dire ma main.
Ne vous la promettez qu'après que dans mon âme
Votre mérite aura dissipé cette flamme,
Et que mon cœur, charmé par des attraits plus doux,
Se sera répondu de n'aimer rien que vous.
Et ne me dites point que pour cet hyménée
C'est par mon propre aveu qu'on a pris la journée :

J'en sais la conséquence, et diffère à regret ;
Mais puisque vous m'avez arraché mon secret,
Il n'est ni roi, ni père, il n'est prière, empire,
Qu'au péril de cent morts mon cœur n'ose en dédire.
C'est ce qu'il n'est plus temps de vous dissimuler,
Seigneur ; et c'est le prix de m'avoir fait parler.

PACORUS.

A ces bontés, madame, ajoutez une grâce ;
Et du moins, attendant que cette ardeur se passe,
Apprenez-moi le nom de cet heureux amant
Qui sur tant de vertu règne si puissamment,
Par quelles qualités il a pu la surprendre.

EURYDICE.

Ne me pressez point tant, seigneur, de vous l'apprendre.
Si je vous l'avois dit....

PACORUS.

Achevons.

EURYDICE.

Dès demain
Rien ne m'empêcheroit de lui donner la main.

PACORUS.

Il est donc en ces lieux, madame ?

EURYDICE.

Il y peut être,
Seigneur, si déguisé qu'on ne le peut connoître.
Peut-être en domestique est-il auprès de moi ;
Peut-être s'est-il mis de la maison du roi ;
Peut-être chez vous-même il s'est réduit à feindre.
Craignez-le dans tous ceux que vous ne daignez craindre,
Dans tous les inconnus que vous aurez à voir ;
Et, plus que tout encor, craignez de trop savoir.
J'en dis trop ; il est temps que ce discours finisse.
A Palmis que je vois rendez plus de justice ;
Et puissent de nouveau ses attraits vous charmer
Jusqu'à ce que le temps m'apprenne à vous aimer !

SCÈNE III. — PACORUS, PALMIS.

PACORUS.

Madame, au nom des dieux, ne venez pas vous plaindre
On me donne sans vous assez de gens à craindre ;
Et je serois bientôt accablé de leurs coups,
N'étoit que pour asile on me renvoie à vous.
J'obéis, j'y reviens, madame ; et cette joie....

PALMIS.

Que n'y revenez-vous sans qu'on vous y renvoie !
Votre amour ne fait rien ni pour moi ni pour lui,

Si vous n'y revenez que par l'ordre d'autrui.
PACORUS.
N'est-ce rien que pour vous à cet ordre il défère?
PALMIS.
Non, ce n'est qu'un dépit qu'il cherche à satisfaire.
PACORUS.
Depuis quand le retour d'un cœur comme le mien
Fait-il si peu d'honneur qu'on ne le compte à rien?
PALMIS.
Depuis qu'il est honteux d'aimer un infidèle,
Que ce qu'un mépris chasse un coup d'œil le rappelle,
Et que les inconstans ne donnent point de cœurs
Sans être encor tout prêts de les porter ailleurs.
PACORUS.
Je le suis, je l'avoue, et mérite la honte
Que d'un retour suspect vous fassiez peu de compte.
Montrez-vous généreuse; et si mon changement
A changé votre amour en vif ressentiment,
Immolez un courroux si grand, si légitime,
A la juste pitié d'un si malheureux crime.
J'en suis assez puni sans que l'indignité....
PALMIS.
Seigneur, le crime est grand; mais j'ai de la bonté :
Je sais ce qu'à l'État ceux de votre naissance,
Tout maîtres qu'ils en sont, doivent d'obéissance :
Son intérêt chez eux l'emporte sur le leur,
Et du moment qu'il parle il fait taire le cœur.
PACORUS.
Non, madame, souffrez que je vous désabuse;
Je ne mérite point l'honneur de cette excuse :
Ma légèreté seule a fait ce nouveau choix;
Nulles raisons d'État ne m'en ont fait de lois;
Et pour traiter la paix avec tant d'avantage,
On ne m'a point forcé de m'en faire le gage :
J'ai pris plaisir à l'être, et plus mon crime est noir,
Plus l'oubli que j'en veux me fera vous devoir.
Tout mon cœur....
PALMIS.
                Entre amans qu'un changement sépare,
Le crime est oublié sitôt qu'on le répare;
Et, bien qu'il vous ait plu, seigneur, de me trahir,
Je le dis malgré moi, je ne vous puis haïr.
PACORUS.
Faites-moi grâce entière, et songez à me rendre
Ce qu'un amour si pur, ce qu'une ardeur si tendre....
PALMIS.
Donnez-moi donc, seigneur, vous-même quelque jour,

ACTE II, SCENE III.

Quelque infaillible voie à fixer votre amour ;
Et s'il est un moyen....
PACORUS.
S'il en est? Oui, madame,
Il en est de fixer tous les vœux de mon âme ;
Et ce joug qu'à tous deux l'amour rendit si doux,
Si je ne m'y rattache, il ne tiendra qu'à vous.
Il est, pour m'arrêter sous un si digne empire,
Un office à me rendre, un secret à me dire.
La princesse aime ailleurs, je n'en puis plus douter,
Et doute quel rival s'en fait mieux écouter.
Vous êtes avec elle en trop d'intelligence
Pour n'en avoir pas eu toute la confidence :
Tirez-moi de ce doute, et recevez ma foi
Qu'autre que vous jamais ne régnera sur moi.
PALMIS.
Quel gage en est-ce, hélas! qu'une foi si peu sûre?
Le ciel la rendra-t-il moins sujette au parjure?
Et ces liens si doux, que vous avez brisés,
A briser de nouveau seront-ils moins aisés?
Si vous voulez, seigneur, rappeler mes tendresses,
Il me faut des effets, et non pas des promesses ;
Et cette foi n'a rien qui me puisse ébranler,
Quand la main seule a droit de me faire parler.
PACORUS.
La main seule en a droit! Quand cent troubles m'agitent,
Que la haine, l'amour, l'honneur, me sollicitent,
Qu'à l'ardeur de punir je m'abandonne en vain,
Hélas! suis-je en état de vous donner la main?
PALMIS.
Et moi, sans cette main, seigneur, suis-je maîtresse
De ce que m'a daigné confier la princesse,
Du secret de son cœur? Pour le tirer de moi,
Il me faut vous devoir plus que je ne lui doi,
Être un autre vous-même ; et le seul hyménée
Peut rompre le silence où je suis enchaînée.
PACORUS.
Ah! vous ne m'aimez plus.
PALMIS.
Je voudrois le pouvoir :
Mais pour ne plus aimer que sert de le vouloir?
J'ai pour vous trop d'amour, et je le sens renaître
Et plus tendre et plus fort qu'il n'a dû jamais être.
Mais si....
PACORUS.
Ne m'aimez plus, ou nommez ce rival.
PALMIS.
Me préserve le ciel de vous aimer si mal!

Ce seroit vous livrer à des guerres nouvelles,
Allumer entre vous des haines immortelles....

PACORUS.

Que m'importe? et qu'aurai-je à redouter de lui,
Tant que je me verrai Suréna pour appui?
Quel qu'il soit, ce rival, il sera seul à plaindre :
Le vainqueur des Romains n'a point de rois à craindre.

PALMIS.

Je le sais; mais, seigneur, qui vous peut engager
Aux soins de le punir et de vous en venger?
Quand son grand cœur charmé d'une belle princesse
En a su mériter l'estime et la tendresse,
Quel dieu, quel bon génie a dû lui révéler
Que le vôtre pour elle aimeroit à brûler?
A quel trait ce rival a-t-il dû le connoître,
Respecter de si loin des feux encore à naître,
Voir pour vous d'autres fers que ceux où vous viviez,
Et lire en vos destins plus que vous n'en saviez?
S'il a vu la conquête à ses vœux exposée,
S'il a trouvé du cœur la sympathie aisée,
S'être emparé d'un bien où vous n'aspiriez pas,
Est-ce avoir fait des vols et des assassinats?

PACORUS.

Je le vois bien, madame, et vous et ce cher frère
Abondez en raisons pour cacher le mystère :
Je parle, promets, prie, et je n'avance rien.
Aussi votre intérêt est préférable au mien;
Rien n'est plus juste; mais....

PALMIS.

Seigneur....

PACORUS.

Adieu, madame :
Je vous fais trop jouir des troubles de mon âme.
Le ciel se lassera de m'être rigoureux.

PALMIS.

Seigneur, quand vous voudrez, il fera quatre heureux.

ACTE TROISIÈME.

SCÈNE I. — ORODE, SILLACE.

SILLACE.

Je l'ai vu par votre ordre, et voulu par avance
Pénétrer le secret de son indifférence.
Il m'a paru, seigneur, si froid, si retenu,...

Mais vous en jugerez quand il sera venu.
Cependant je dirai que cette retenue
Sent une âme de trouble et d'ennuis prévenue;
Que ce calme paroît assez prémédité
Pour ne répondre pas de sa tranquillité;
Que cette indifférence a de l'inquiétude,
Et que cette froideur marque un peu trop d'étude.
ORODE.
Qu'un tel calme, Sillace, a droit d'inquiéter
Un roi qui lui doit tant, qu'il ne peut s'acquitter!
Un service au-dessus de toute récompense
A force d'obliger tient presque lieu d'offense;
Il reproche en secret tout ce qu'il a d'éclat,
Il livre tout un cœur au dépit d'être ingrat.
Le plus zélé déplaît, le plus utile gêne,
Et l'excès de son poids fait pencher vers la haine.
Suréna de l'exil lui seul m'a rappelé;
Il m'a rendu lui seul ce qu'on m'avoit volé,
Mon sceptre; de Crassus il vient de me défaire :
Pour faire autant pour lui quel don puis-je lui faire?
Lui partager mon trône? Il seroit tout à lui
S'il n'avoit mieux aimé n'en être que l'appui.
Quand j'en pleurois la perte, il forçoit des murailles;
Quand j'invoquois mes dieux, il gagnoit des batailles.
J'en frémis, j'en rougis, je m'en indigne, et crains
Qu'il n'ose quelque jour s'en payer par ses mains;
Et, dans tout ce qu'il a de nom et de fortune,
Sa fortune me pèse, et son nom m'importune.
Qu'un monarque est heureux quand parmi ses sujets
Ses yeux n'ont point à voir de plus nobles objets,
Qu'au-dessus de sa gloire il n'y connoît personne,
Et qu'il est le plus digne enfin de sa couronne!
SILLACE.
Seigneur, pour vous tirer de ces perplexités,
La saine politique a deux extrémités.
Quoi qu'ait fait Suréna, quoi qu'il en faille attendre,
Ou faites-le périr, ou faites-en un gendre.
Puissant par sa fortune, et plus par son emploi,
S'il devient par l'hymen l'appui d'un autre roi,
Si, dans les différends que le ciel vous peut faire,
Une femme l'entraîne au parti de son père,
Que vous servira lors, seigneur, d'en murmurer?
Il faut, il faut le perdre, ou vous en assurer;
Il n'est point de milieu.
ORODE.
Ma pensée est la vôtre;
Mais s'il ne veut pas l'un, pourrai-je vouloir l'autre?

Pour prix de ses hauts faits, et de m'avoir fait roi,
Son trépas.... Ce mot seul me fait pâlir d'effroi;
Ne m'en parlez jamais : que tout l'État périsse
Avant que jusque-là ma vertu se ternisse,
Avant que je défére à ces raisons d'État
Qui nommeroient justice un si lâche attentat!
           SILLACE.
Mais pourquoi lui donner les Romains en partage,
Quand sa gloire, seigneur, vous donnoit tant d'ombrage?
Pourquoi contre Artabase attacher vos emplois,
Et lui laisser matière à de plus grands exploits?
           ORODE.
L'événement, Sillace, a trompé mon attente.
Je voyois des Romains la valeur éclatante;
Et, croyant leur défaite impossible sans moi,
Pour me la préparer, je fondis sur ce roi :
Je crus qu'il ne pourroit à la fois se défendre
Des fureurs de la guerre et de l'offre d'un gendre;
Et que par tant d'horreurs son peuple épouvanté
Lui feroit mieux goûter la douceur d'un traité;
Tandis que Suréna, mis aux Romains en butte,
Les tiendroit en balance, ou craindroit pour sa chute
Et me réserveroit la gloire d'achever,
Ou de le voir tombant, et de le relever.
Je réussis à l'un, et conclus l'alliance;
Mais Suréna vainqueur prévint mon espérance.
A peine d'Artabase eus-je signé la paix,
Que j'appris Crassus mort, et les Romains défaits.
Ainsi d'une si haute et si prompte victoire
J'emporte tout le fruit, et lui toute la gloire,
Et, beaucoup plus heureux que je n'aurois voulu,
Je me fais un malheur d'être trop absolu.
Je tiens toute l'Asie et l'Europe en alarmes,
Sans que rien s'en impute à l'effort de mes armes;
Et quand tous mes voisins tremblent pour leurs États,
Je ne les fais trembler que par un autre bras.
J'en tremble enfin moi-même, et pour remède unique,
Je n'y vois qu'une basse et dure politique,
Si Mandane, l'objet des vœux de tant de rois,
Se doit voir d'un sujet le rebut ou le choix.
           SILLACE.
Le rebut! Vous craignez, seigneur, qu'il la refuse?
           ORODE.
Et ne se peut-il pas qu'un autre amour l'amuse,
Et que, rempli qu'il est d'une juste fierté,
Il n'écoute son cœur plus que ma volonté?
Le voici; laissez-nous.

SCÈNE II. — ORODE, SURÉNA.

ORODE.

Suréna, vos services
(Qui l'auroit osé croire?) ont pour moi des supplices;
J'en ai honte, et ne puis assez me consoler
De ne voir aucun don qui les puisse égaler.
Suppléez au défaut d'une reconnoissance
Dont vos propres exploits m'ont mis en impuissance;
Et s'il en est un prix dont vous fassiez état,
Donnez-moi les moyens d'être un peu moins ingrat.

SURÉNA.

Quand je vous ai servi, j'ai reçu mon salaire,
Seigneur, et n'ai rien fait qu'un sujet n'ait dû faire;
La gloire m'en demeure, et c'est l'unique prix
Que s'en est proposé le soin que j'en ai pris.
Si pourtant il vous plaît, seigneur, que j'en demande
De plus dignes d'un roi dont l'âme est toute grande,
La plus haute vertu peut faire de faux pas;
Si la mienne en fait un, daignez ne le voir pas;
Gardez-moi des bontés toujours prêtes d'éteindre
Le plus juste courroux que j'aurois lieu d'en craindre;
Et si....

ORODE.

Ma gratitude oseroit se borner
Au pardon d'un malheur qu'on ne peut deviner,
Qui n'arrivera point? et j'attendrois un crime,
Pour vous montrer le fond de toute mon estime?
Le ciel m'est plus propice, et m'en ouvre un moyen
Par l'heureuse union de votre sang au mien.
D'avoir tout fait pour moi ce sera le salaire.

SURÉNA.

J'en ai flatté longtemps un espoir téméraire;
Mais puisque enfin le prince....

ORODE.

Il aima votre sœur,
Et le bien de l'État lui dérobe son cœur;
La paix de l'Arménie à ce prix est jurée.
Mais l'injure aisément peut être réparée;
J'y sais des rois tout prêts : et pour vous, dès demain,
Mandane que j'attends vous donnera la main.
C'est tout ce qu'en la mienne ont mis les destinées
Qu'à force de hauts faits la vôtre a couronnées.

SURÉNA.

A cet excès d'honneur rien ne peut s'égaler :
Mais si vous me laissiez liberté d'en parler,
Je vous dirois, seigneur, que l'amour paternelle
Doit à cette princesse un trône digne d'elle;

Que l'inégalité de mon destin au sien
Ravaleroit son sang sans élever le mien;
Qu'une telle union, quelque haut qu'on la mette,
Me laisse encor sujet, et la rendroit sujette;
Et que de son hymen, malgré tous mes hauts faits,
Au lieu de rois à naître, il naîtroit des sujets.
De quel œil voulez-vous, seigneur, qu'elle me donne
Une main refusée à plus d'une couronne,
Et qu'un si digne objet des vœux de tant de rois
Descende par votre ordre à cet indigne choix?
Que de mépris pour moi! que de honte pour elle!
Non, seigneur, croyez-en un serviteur fidèle;
Si votre sang du mien veut augmenter l'honneur,
Il y faut l'union du prince avec ma sœur.
Ne le mêlez, seigneur, au sang de vos ancêtres
Qu'afin que vos sujets en reçoivent des maîtres :
Vos Parthes dans la gloire ont trop longtemps vécu,
Pour attendre des rois du sang de leur vaincu.
Si vous ne le savez, tout le camp en murmure;
Ce n'est qu'avec dépit que le peuple l'endure.
Quelles lois eût pu faire Artabase vainqueur
Plus rudes, disent-ils, même à des gens sans cœur?
Je les fais taire. Mais, seigneur, à le bien prendre,
C'étoit moins l'attaquer que lui mener un gendre;
Et si vous en aviez consulté leurs souhaits,
Vous auriez préféré la guerre à cette paix.

ORODE.

Est-ce dans le dessein de vous mettre à leur tête
Que vous me demandez ma grâce toute prête?
Et de leurs vains souhaits vous font-ils le porteur
Pour faire Palmis reine avec plus de hauteur?
Il n'est rien d'impossible à la valeur d'un homme
Qui rétablit son maître et triomphe de Rome :
Mais sous le ciel tout change, et les plus valeureux
N'ont jamais sûreté d'être toujours heureux.
J'ai donné ma parole; elle est inviolable.
Le prince aime Eurydice autant qu'elle est aimable :
Et, s'il faut dire tout, je lui dois cet appui
Contre ce que Phradate osera contre lui.
Car tout ce qu'attenta contre moi Mitradate,
Pacorus le doit craindre à son tour de Phradate;
Cet esprit turbulent, et jaloux du pouvoir,
Quoique son frère....

SURÉNA.

Il sait que je sais mon devoir
Et n'a pas oublié que dompter des rebelles,
Détrôner un tyran....

ORODE.

Ces actions sont belles ;
Mais pour m'avoir remis en état de régner,
Rendent-elles pour vous ma fille à dédaigner ?

SURÉNA.

La dédaigner, seigneur, quand mon zèle fidèle
N'ose me regarder que comme indigne d'elle !
Osez me dispenser de ce que je vous doi ;
Et, pour la mériter, je cours me faire roi.
S'il n'est rien d'impossible à la valeur d'un homme
Qui rétablit son maître et triomphe de Rome,
Sur quels rois aisément ne pourrois-je emporter,
En faveur de Mandane, un sceptre à la doter ?
Prescrivez-moi, seigneur, vous-même une conquête
Dont en prenant sa main je couronne sa tête ;
Et vous direz après si c'est la dédaigner
Que de vouloir me perdre ou la faire régner.
Mais je suis né sujet, et j'aime trop à l'être
Pour hasarder mes jours que pour servir mon maître,
Et consentir jamais qu'un homme tel que moi
Souille par son hymen le pur sang de son roi.

ORODE.

Je n'examine point si ce respect déguise ;
Mais parlons une fois avec pleine franchise.
  Vous êtes mon sujet, mais un sujet si grand,
Que rien n'est malaisé quand son bras l'entreprend.
Vous possédez sous moi deux provinces entières
De peuples si hardis, de nations si fières,
Que sur tant de vassaux je n'ai d'autorité
Qu'autant que votre zèle a de fidélité ;
Ils vous ont jusqu'ici suivi comme fidèle,
Et, quand vous le voudrez, ils vous suivront rebelle ;
Vous avez tant de nom, que tous les rois voisins
Vous veulent, comme Orode, unir à leurs destins.
La victoire, chez vous passée en habitude,
Met jusque dans ses murs Rome en inquiétude :
Par gloire, ou pour braver au besoin mon courroux,
Vous traînez en tous lieux dix mille âmes à vous :
Le nombre est peu commun pour un train domestique ;
Et s'il faut qu'avec vous tout à fait je m'explique,
Je ne vous saurois croire assez en mon pouvoir,
Si les nœuds de l'hymen n'enchaînent le devoir.

SURÉNA.

Par quel crime, seigneur, ou par quelle imprudence
Ai-je pu mériter si peu de confiance ?
Si mon cœur, si mon bras pouvoit être gagné ;

Mitradate et Crassus n'auroient rien épargné :
Tous les deux....
                    ORODE.
            Laissons là Crassus et Mitradate.
Suréna, j'aime à voir que votre gloire éclate ;
Tout ce que je vous dois j'aime à le publier :
Mais, quand je m'en souviens, vous devez l'oublier.
Si le ciel par vos mains m'a rendu cet empire,
Je sais vous épargner la peine de le dire ;
Et, s'il met votre zèle au-dessus du commun,
Je n'en suis point ingrat ; craignez d'être importun.
                    SURÉNA.
Je reviens à Palmis, seigneur. De mes hommages
Si les lois du devoir sont de trop foibles gages,
En est-il de plus sûrs, ou de plus fortes lois,
Qu'avoir une sœur reine et des neveux pour rois ?
Mettez mon sang au trône, et n'en cherchez point d'autres,
Pour unir à tel point mes intérêts aux vôtres,
Que tout cet univers, que tout notre avenir
Ne trouve aucune voie à les en désunir.
                    ORODE.
Mais, Suréna, le puis-je après la foi donnée,
Au milieu des apprêts d'un si grand hyménée ?
Et rendrai-je aux Romains qui voudroient me braver
Un ami que la paix vient de leur enlever ?
Si le prince renonce au bonheur qu'il espère,
Que dira la princesse, et que fera son père ?
                    SURÉNA.
Pour son père, seigneur, laissez-m'en le souci.
J'en réponds, et pourrois répondre d'elle aussi.
Malgré la triste paix que vous avez jurée,
Avec le prince même elle s'est déclarée ;
Et, si je puis vous dire avec quels sentimens
Elle attend à demain l'effet de vos sermens,
Elle aime ailleurs.
                    ORODE.
        Et qui ?
                    SURÉNA.
                C'est ce qu'elle aime à taire :
Du reste son amour n'en fait aucun mystère,
Et cherche à reculer les effets d'un traité
Qui fait tant murmurer votre peuple irrité.
                    ORODE.
Est-ce au peuple, est-ce à vous, Suréna, de me dire
Pour lui donner des rois quel sang je dois élire ?
Et, pour voir dans l'État tous mes ordres suivis,
Est-ce de mes sujets que je dois prendre avis ?

Si le prince à Palmis veut rendre sa tendresse,
Je consens qu'il dédaigne à son tour la princesse;
Et nous verrons après quel remède apporter
A la division qui peut en résulter.
Pour vous, qui vous sentez indigne de ma fille,
Et craignez par respect d'entrer en ma famille,
Choisissez un parti qui soit digne de vous,
Et qui surtout n'ait rien à me rendre jaloux;
Mon âme avec chagrin sur ce point balancée
En veut, et dès demain, être débarrassée.

SURÉNA.

Seigneur, je n'aime rien.

ORODE.

Que vous aimiez ou non,
Faites un choix vous-même, ou souffrez-en le don.

SURÉNA.

Mais, si j'aime en tel lieu qu'il m'en faille avoir honte,
Du secret de mon cœur puis-je vous rendre compte?

ORODE.

A demain, Suréna; s'il se peut, dès ce jour,
Résolvons cet hymen avec ou sans amour.
Cependant allez voir la princesse Eurydice;
Sous les lois du devoir ramenez son caprice;
Et ne m'obligez point à faire à ses appas
Un compliment de roi qui ne lui plairoit pas.
Palmis vient par mon ordre, et je veux en apprendre
Dans vos prétentions la part qu'elle aime à prendre.

SCÈNE III. — ORODE, PALMIS.

ORODE.

Suréna m'a surpris, et je n'aurois pas dit
Qu'avec tant de valeur il eût eu tant d'esprit:
Mais moins on le prévoit, et plus cet esprit brille:
Il trouve des raisons à refuser ma fille,
Mais fortes, et qui même ont si bien succédé,
Que s'en disant indigne il m'a persuadé.
    Savez-vous ce qu'il aime? Il est hors d'apparence
Qu'il fasse un tel refus sans quelque préférence,
Sans quelque objet charmant, dont l'adorable choix
Ferme tout son grand cœur au pur sang de ses rois.

PALMIS.

J'ai cru qu'il n'aimoit rien.

ORODE.

Il me l'a dit lui-même.
Mais la princesse avoue, et hautement, qu'elle aime:
Vous êtes son amie, et savez quel amant

Dans un cœur qu'elle doit règne si puissamment.
PALMIS.
Si la princesse en moi prend quelque confiance,
Seigneur, m'est-il permis d'en faire confidence?
Reçoit-on des secrets sans une forte loi?...
ORODE.
Je croyois qu'elle pût se rompre pour un roi,
Et veux bien toutefois qu'elle soit si sévère
Qu'en mon propre intérêt elle oblige à se taire :
Mais vous pouvez du moins me répondre de vous.
PALMIS.
Ah! pour mes sentimens, je vous les dirai tous.
J'aime ce que j'aimois, et n'ai point changé d'âme :
Je n'en fais point secret.
ORODE.
       L'aimer encor, madame?
Ayez-en quelque honte, et parlez-en plus bas.
C'est foiblesse d'aimer qui ne vous aime pas.
PALMIS.
Non, seigneur : à son prince attacher sa tendresse,
C'est une grandeur d'âme et non une foiblesse;
Et lui garder un cœur qu'il lui plut mériter
N'a rien d'assez honteux pour ne s'en point vanter.
J'en ferai toujours gloire; et mon âme, charmée
De l'heureux souvenir de m'être vue aimée,
N'étouffera jamais l'éclat de ces beaux feux
Qu'alluma son mérite, et l'offre de ses vœux.
ORODE.
Faites mieux, vengez-vous. Il est des rois, madame,
Plus dignes qu'un ingrat d'une si belle flamme.
PALMIS.
De ce que j'aime encor ce seroit m'éloigner,
Et me faire un exil sous ombre de régner.
Je veux toujours le voir, cet ingrat qui me tue,
Non pour le triste bien de jouir de sa vue;
Cette fausse douceur est au-dessous de moi,
Et ne vaudra jamais que je néglige un roi.
Mais il est des plaisirs qu'une amante trahie
Goûte au milieu des maux qui lui coûtent la vie.
Je verrai l'infidèle inquiet, alarmé
D'un rival inconnu, mais ardemment aimé,
Rencontrer à mes yeux sa peine dans son crime,
Par les mains de l'hymen devenir ma victime,
Et ne me regarder, dans ce chagrin profond,
Que le remords en l'âme, et la rougeur au front.
De mes bontés pour lui l'impitoyable image,
Qu'imprimera l'amour sur mon pâle visage,

Insultera son cœur; et dans nos entretiens
Mes pleurs et mes soupirs rappelleront les siens,
Mais qui ne serviront qu'à lui faire connoître
Qu'il pouvoit être heureux et ne sauroit plus l'être;
Qu'à lui faire trop tard haïr son peu de foi,
Et, pour tout dire ensemble, avoir regret à moi.
Voilà tout le bonheur où mon amour aspire;
Voilà contre un ingrat tout ce que je conspire;
Voilà tous les plaisirs que j'espère à le voir,
Et tous les sentimens que vous vouliez savoir.
             ORODE.
C'est bien traiter les rois en personnes communes
Qu'attacher à leur rang ces gênes importunes,
Comme si, pour vous plaire et les inquiéter,
Dans le trône avec eux l'amour pouvoit monter.
Il nous faut un hymen, pour nous donner des princes
Qui soient l'appui du sceptre et l'espoir des provinces;
C'est là qu'est notre force; et, dans nos grands destins,
Le manque de vengeurs enhardit les mutins.
Du reste, en ces grands nœuds l'État qui s'intéresse
Ferme l'œil aux attraits et l'âme à la tendresse :
La seule politique est ce qui nous émeut;
On la suit, et l'amour s'y mêle comme il peut :
S'il vient, on l'applaudit; s'il manque, on s'en console.
C'est dont vous pouvez croire un roi sur sa parole.
Nous ne sommes point faits pour devenir jaloux,
Ni pour être en souci si le cœur est à nous.
Ne vous repaissez plus de ces vaines chimères,
Qui ne font les plaisirs que des âmes vulgaires,
Madame; et, que le prince ait ou non à souffrir,
Acceptez un des rois que je puis vous offrir.
             PALMIS.
Pardonnez-moi, seigneur, si mon âme alarmée
Ne veut point de ces rois dont on n'est point aimée.
J'ai cru l'être du prince, et l'ai trouvé si doux,
Que le souvenir seul m'en plaît plus qu'un époux.
             ORODE.
N'en parlons plus, madame; et dites à ce frère
Qui vous est aussi cher que vous me seriez chère,
Que parmi ses respects il n'a que trop marqué....
             PALMIS.
Quoi, seigneur?
             ORODE.
         Avec lui je crois m'être expliqué.
Qu'il y pense, madame. Adieu.
             PALMIS, *seule.*
                 Quel triste augure !

Et que ne me dit point cette menace obscure!
Sauvez ces deux amans, ô ciel! et détournez
Les soupçons que leurs feux peuvent avoir donnés.

ACTE QUATRIÈME.

SCÈNE I. — EURYDICE, ORMÈNE.

ORMÈNE.
Oui, votre intelligence à demi découverte
Met votre Suréna sur le bord de sa perte.
Je l'ai su de Sillace; et j'ai lieu de douter
Qu'il n'ait, s'il faut tout dire, ordre de l'arrêter.

EURYDICE.
On n'oseroit, Ormène; on n'oseroit.

ORMÈNE.
Madame,
Croyez-en un peu moins votre fermeté d'âme.
Un héros arrêté n'a que deux bras à lui,
Et souvent trop de gloire est un débile appui.

EURYDICE.
Je sais que le mérite est sujet à l'envie,
Que son chagrin s'attache à la plus belle vie.
Mais sur quelle apparence oses-tu présumer
Qu'on pourroit....

ORMÈNE.
Il vous aime, et s'en est fait aimer.

EURYDICE.
Qui l'a dit?

ORMÈNE.
Vous et lui, c'est son crime et le vôtre.
Il refuse Mandane, et n'en veut aucune autre;
On sait que vous aimez; on ignore l'amant:
Madame, tout cela parle trop clairement.

EURYDICE.
Ce sont de vains soupçons qu'avec moi tu hasardes.

SCÈNE II. — EURYDICE, PALMIS, ORMÈNE.

PALMIS.
Madame, à chaque porte on a posé des gardes;
Rien n'entre, rien ne sort, qu'avec ordre du roi.

EURYDICE.
Qu'importe? et quel sujet en prenez-vous d'effroi?

PALMIS.
Ou quelque grand orage à nous troubler s'apprête,

ACTE IV, SCÈNE II.

Ou l'on en veut, madame, à quelque grande tête :
Je tremble pour mon frère.

EURYDICE.

A quel propos trembler ?
Un roi qui lui doit tout voudroit-il l'accabler ?

PALMIS.

Vous le figurez-vous à tel point insensible,
Que de son alliance un refus si visible....

EURYDICE.

Un si rare service a su le prévenir
Qu'il doit récompenser avant que de punir.

PALMIS.

Il le doit ; mais, après une pareille offense,
Il est rare qu'on songe à la reconnoissance,
Et par un tel mépris le service effacé
Ne tient plus d'yeux ouverts sur ce qui s'est passé.

EURYDICE.

Pour la sœur d'un héros, c'est être bien timide.

PALMIS.

L'amante a-t-elle droit d'être plus intrépide ?

EURYDICE.

L'amante d'un héros aime à lui ressembler,
Et voit ainsi que lui ses périls sans trembler.

PALMIS.

Vous vous flattez, madame ; elle a de la tendresse
Que leur idée étonne, et leur image blesse ;
Et ce que dans sa perte elle prend d'intérêt
Ne sauroit sans désordre en attendre l'arrêt
Cette mâle vigueur de constance héroïque
N'est point une vertu dont le sexe se pique,
Ou, s'il peut jusque-là porter sa fermeté,
Ce qu'il appelle amour n'est qu'une dureté.
Si vous aimiez mon frère, on verroit quelque alarme ;
Il vous échapperoit un soupir, une larme,
Qui marqueroit du moins un sentiment jaloux
Qu'une sœur se montrât plus sensible que vous.
Dieux ! je donne l'exemple, et l'on s'en peut défendre !
Je le donne à des yeux qui ne daignent le prendre !
Auroit-on jamais cru qu'on pût voir quelque jour
Les nœuds du sang plus forts que les nœuds de l'amour ?
Mais j'ai tort, et la perte est pour vous moins amère.
On recouvre un amant plus aisément qu'un frère ;
Et si je perds celui que le ciel me donna,
Quand j'en recouvrerois, seroit-ce un Suréna ?

EURYDICE.

Et si j'avois perdu cet amant qu'on menace,
Seroit-ce un Suréna qui rempliroit sa place ?

Pensez-vous qu'exposée à de si rudes coups,
J'en soupire au dedans, et tremble moins que vous?
Mon intrépidité n'est qu'un effort de gloire,
Que, tout fier qu'il paroît, mon cœur n'en peut pas croire.
Il est tendre, et ne rend ce tribut qu'à regret
Au juste et dur orgueil qu'il dément en secret.
Oui, s'il en faut parler avec une âme ouverte,
Je pense voir déjà l'appareil de sa perte,
De ce héros si cher; et ce mortel ennui
N'ose plus aspirer qu'à mourir avec lui.

PALMIS.

Avec moins de chaleur, vous pourriez bien plus faire.
Acceptez mon amant pour conserver mon frère,
Madame; et puisque enfin il vous faut l'épouser,
Tâchez, par politique, à vous y disposer.

EURYDICE.

Mon amour est trop fort pour cette politique :
Tout entier on l'a vu, tout entier il s'explique;
Et le prince sait trop ce que j'ai dans le cœur,
Pour recevoir ma main comme un parfait bonheur.
J'aime ailleurs, et l'ai dit trop haut pour m'en dédire
Avant qu'en sa faveur tout cet amour expire.
C'est avoir trop parlé; mais, dût se perdre tout,
Je me tiendrai parole, et j'irai jusqu'au bout.

PALMIS.

Ainsi donc, vous voulez que ce héros périsse?

EURYDICE.

Pourroit-on en venir jusqu'à cette injustice?

PALMIS.

Madame, il répondra de toutes vos rigueurs,
Et du trop d'union où s'obstinent vos cœurs.
Rendez heureux le prince, il n'est plus sa victime.
Qu'il se donne à Mandane, il n'aura plus de crime.

EURYDICE.

Qu'il s'y donne, madame, et ne m'en dise rien
Ou, si son cœur encor peut dépendre du mien,
Qu'il attende à l'aimer que ma haine cessée
Vers l'amour de son frère ait tourné ma pensée.
Résolvez-le vous-même à me désobéir;
Forcez-moi, s'il se peut, moi-même à le haïr;
A force de raisons faites-m'en un rebelle;
Accablez-le de pleurs pour le rendre infidèle;
Par pitié, par tendresse, appliquez tous vos soins
A me mettre en état de l'aimer un peu moins :
J'achèverai le reste. A quelque point qu'on aime,
Quand le feu diminue, il s'éteint de lui-même.

PALMIS.
Le prince vient, madame, et n'a pas grand besoin,
Dans son amour pour vous, d'un odieux témoin :
Vous pourrez mieux sans moi flatter son espérance,
Mieux en notre faveur tourner sa déférence;
Et ce que je prévois me fait assez souffrir,
Sans y joindre les vœux qu'il cherche à vous offrir.

SCÈNE III. — PACORUS, EURYDICE, ORMÈNE.

EURYDICE.
Est-ce pour moi, seigneur, qu'on fait garde à vos portes?
Pour assurer ma fuite, ai-je ici des escortes?
Ou si ce grand hymen, pour ses derniers apprêts...

PACORUS.
Madame, ainsi que vous, chacun a ses secrets.
Ceux que vous honorez de votre confidence
Observent par votre ordre un généreux silence.
Le roi suit votre exemple; et, si c'est vous gêner,
Comme nous devinons, vous pouvez deviner.

EURYDICE.
Qui devine est souvent sujet à se méprendre.

PACORUS.
Si je devine mal, je sais à qui m'en prendre;
Et comme votre amour n'est que trop évident,
Si je n'en sais l'objet, j'en sais le confident.
Il est le plus coupable : un amant peut se taire;
Mais d'un sujet au roi, c'est crime qu'un mystère.
Qui connoît un obstacle au bonheur de l'État,
Tant qu'il le tient caché, commet un attentat.
Ainsi ce confident.... Vous m'entendez, madame,
Et je vois dans les yeux ce qui se passe en l'âme.

EURYDICE.
S'il a ma confidence, il a mon amitié;
Et je lui dois, seigneur, du moins quelque pitié.

PACORUS.
Ce sentiment est juste, et même je veux croire
Qu'un cœur comme le vôtre a droit d'en faire gloire;
Mais ce trouble, madame, et cette émotion
N'ont-ils rien de plus fort que la compassion?
Et quand de ses périls l'ombre vous intéresse,
Qu'une pitié si prompte en sa faveur vous presse,
Un si cher confident ne fait-il point douter
De l'amant ou de lui qui les peut exciter?

EURYDICE.
Qu'importe? et quel besoin de les confondre ensemble,
Quand ce n'est que pour vous, après tout, que je tremble?

PACORUS.

Quoi! vous me menacez vous-même à votre tour!
Et les emportemens de votre aveugle amour....

EURYDICE.

Je m'emporte et m'aveugle un peu moins qu'on ne pense :
Pour l'avouer vous-même, entrons en confidence.
   Seigneur, je vous regarde en qualité d'époux;
Ma main ne sauroit être et ne sera qu'à vous;
Mes vœux y sont déjà, tout mon cœur y veut être;
Dès que je le pourrai, je vous en ferai maître;
Et si pour s'y réduire il me fait différer,
Cet amant si chéri n'en peut rien espérer.
Je ne serai qu'à vous, qui que ce soit que j'aime,
A moins qu'à vous quitter vous m'obligiez vous-même :
Mais s'il faut que le temps m'apprenne à vous aimer,
Il ne me l'apprendra qu'à force d'estimer;
Et si vous me forcez à perdre cette estime,
Si votre impatience ose aller jusqu'au crime....
Vous m'entendez, seigneur, et c'est vous dire assez
D'où me viennent pour vous ces vœux intéressés.
J'ai part à votre gloire, et je tremble pour elle
Que vous ne la souilliez d'une tache éternelle,
Que le barbare éclat d'un indigne soupçon
Ne fasse à l'univers détester votre nom,
Et que vous ne veuilliez sortir d'inquiétude
Par une épouvantable et noire ingratitude.
Pourrois-je après cela vous conserver ma foi
Comme si vous étiez encor digne de moi,
Recevoir sans horreur l'offre d'une couronne
Toute fumante encor du sang qui vous la donne,
Et m'exposer en proie aux fureurs des Romains,
Quand pour les repousser vous n'aurez point de mains?
Si Crassus est défait, Rome n'est pas détruite;
D'autres ont ramassé les débris de sa fuite;
De nouveaux escadrons leur vont enfler le cœur;
Et vous avez besoin encor de son vainqueur.
   Voilà ce que pour vous craint une destinée
Qui se doit bientôt voir à la vôtre enchaînée,
Et deviendroit infâme à se vouloir unir
Qu'à des rois dont on puisse aimer le souvenir.

PACORUS.

Tout ce que vous craignez est en votre puissance,
Madame; il ne vous faut qu'un peu d'obéissance,
Qu'exécuter demain ce qu'un père a promis :
L'amant, le confident, n'auront plus d'ennemis.
C'est de quoi tout mon cœur, de nouveau, vous conjure,
Par les tendres respects d'une flamme si pure,

Ces assidus respects, qui, sans cesse bravés,
Ne peuvent obtenir ce que vous me devez,
Par tout ce qu'a de rude un orgueil inflexible,
Par tous les maux que souffre....
    EURYDICE.
        Et moi, suis-je insensible?
Livre-t-on à mon cœur de moins rudes combats?
Seigneur, je suis aimée, et vous ne l'êtes pas.
Mon devoir vous prépare un assuré remède,
Quand il n'en peut souffrir au mal qui me possède;
Et pour finir le vôtre, il ne veut qu'un moment,
Quand il faut que le mien dure éternellement.
    PACORUS.
Ce moment quelquefois est difficile à prendre,
Madame; et si le roi se lasse de l'attendre,
Pour venger le mépris de son autorité,
Songez à ce que peut un monarque irrité
    EURYDICE.
Ma vie est en ses mains, et de son grand courage
Il peut montrer sur elle un glorieux ouvrage.
    PACORUS.
Traitez-le mieux, de grâce, et ne vous alarmez
Que pour la sûreté de ce que vous aimez.
Le roi sait votre foible et le trouble que porte
Le péril d'un amant dans l'âme la plus forte.
    EURYDICE.
C'est mon foible, il est vrai; mais, si j'ai de l'amour,
J'ai du cœur, et pourrois le mettre en son plein jour.
Ce grand roi cependant prend une aimable voie
Pour me faire accepter ses ordres avec joie!
Pensez-y mieux, de grâce; et songez qu'au besoin
Un pas hors du devoir nous peut mener bien loin.
Après ce premier pas, ce pas qui seul nous gêne,
L'amour rompt aisément le reste de sa chaîne;
Et, tyran à son tour du devoir méprisé,
Il s'applaudit longtemps du joug qu'il a brisé.
    PACORUS.
Madame....
    EURYDICE.
   Après cela, seigneur, je me retire;
Et s'il vous reste encor quelque chose à me dire,
Pour éviter l'éclat d'un orgueil imprudent,
Je vous laisse achever avec mon confident.

SCÈNE IV. — PACORUS, SURÉNA.

PACORUS.

Suréna, je me plains, et j'ai lieu de me plaindre.

SURÉNA.

De moi, seigneur?

PACORUS.

De vous. Il n'est plus temps de feindre :
Malgré tous vos détours on sait la vérité ;
Et j'attendois de vous plus de sincérité,
Moi qui mettois en vous ma confiance entière,
Et ne voulois souffrir aucune autre lumière.
L'amour dans sa prudence est toujours indiscret ;
A force de se taire il trahit son secret :
Le soin de le cacher découvre ce qu'il cache,
Et son silence dit tout ce qu'il craint qu'on sache.
Ne cachez plus le vôtre, il est connu de tous,
Et toute votre adresse a parlé contre vous.

SURÉNA.

Puisque vous vous plaignez, la plainte est légitime,
Seigneur : mais, après tout, j'ignore encor mon crime.

PACORUS.

Vous refusez Mandane avec tant de respect,
Qu'il est trop raisonné pour n'être point suspect.
Avant qu'on vous l'offrît vos raisons étoient prêtes,
Et jamais on n'a vu de refus plus honnêtes ;
Mais ces honnêtetés ne font pas moins rougir :
Il falloit tout promettre, et la laisser agir ;
Il falloit espérer de son orgueil sévère
Un juste désaveu des volontés d'un père,
Et l'aigrir par des vœux si froids, si mal conçus,
Qu'elle usurpât sur vous la gloire du refus.
Vous avez mieux aimé tenter un artifice
Qui pût mettre Palmis où doit être Eurydice,
En me donnant le change attirer mon courroux,
Et montrer quel objet vous réservez pour vous.
Mais vous auriez mieux fait d'appliquer tant d'adresse
A remettre au devoir l'esprit de la princesse :
Vous en avez eu l'ordre, et j'en suis plus haï.
C'est pour un bon sujet avoir bien obéi !

SURÉNA.

Je le vois bien, seigneur ; qu'on m'aime, qu'on vous aime,
Qu'on ne vous aime pas, que je n'aime pas même,
Tout m'est compté pour crime ; et je dois seul au roi
Répondre de Palmis, d'Eurydice et de moi :
Comme si je pouvois sur une âme enflammée
Ce qu'on me voit pouvoir sur tout un corps d'armée,

Et qu'un cœur ne fût pas plus pénible à tourner
Que les Romains à vaincre, ou qu'un sceptre à donner.
　Sans faire un nouveau crime, oserai-je vous dire
Que l'empire des cœurs n'est pas de votre empire,
Et que l'amour, jaloux de son autorité,
Ne reconnoît ni roi ni souveraineté?
Il hait tous les emplois où la force l'appelle;
Dès qu'on le violente, on en fait un rebelle :
Et je suis criminel de n'en pas triompher,
Quand vous-même, seigneur, ne pouvez l'étouffer !
Changez-en par votre ordre à tel point le caprice,
Qu'Eurydice vous aime, et Palmis vous haïsse,
Ou rendez votre cœur à vos lois si soumis
Qu'il dédaigne Eurydice, et retourne à Palmis.
Tout ce que vous pourrez ou sur vous ou sur elles
Rendra mes actions d'autant plus criminelles;
Mais sur elles, sur vous si vous ne pouvez rien,
Des crimes de l'amour ne faites plus le mien.

PACORUS.

Je pardonne à l'amour les crimes qu'il fait faire;
Mais je n'excuse point ceux qu'il s'obstine à taire,
Qui cachés avec soin se commettent longtemps,
Et tiennent près des rois de secrets mécontens.
Un sujet qui se voit le rival de son maître,
Quelque étude qu'il perde à ne le point paroître,
Ne pousse aucun soupir sans faire un attentat;
Et d'un crime d'amour il en fait un d'État.
Il a besoin de grâce, et surtout quand on l'aime
Jusqu'à se révolter contre le diadème,
Jusqu'à servir d'obstacle au bonheur général.

SURÉNA.

Oui : mais quand de son maître on lui fait un rival,
Qu'il aimoit le premier; qu'en dépit de sa flamme,
Il cède, aimé qu'il est, ce qu'adore son âme;
Qu'il renonce à l'espoir, dédit sa passion,
Est-il digne de grâce, ou de compassion?

PACORUS.

Qui cède ce qu'il aime est digne qu'on le loue :
Mais il ne cède rien quand on l'en désavoue;
Et les illusions d'un si faux compliment
Ne méritent qu'un long et vrai ressentiment.

SURÉNA.

Tout à l'heure, seigneur, vous me parliez de grâce,
Et déjà vous passez jusques à la menace !
La grâce est aux grands cœurs honteuse à recevoir;
La menace n'a rien qui les puisse émouvoir.
Tandis que hors des murs ma suite est dispersée,

Que la garde au dedans par Sillace est placée,
Que le peuple s'attend à me voir arrêter ;
Si quelqu'un en a l'ordre, il peut l'exécuter.
Qu'on veuille mon épée, ou qu'on veuille ma tête,
Dites un mot, seigneur, et l'une et l'autre est prête :
Je n'ai goutte de sang qui ne soit à mon roi ;
Et, si l'on m'ose perdre, il perdra plus que moi.
J'ai vécu pour ma gloire autant qu'il falloit vivre,
Et laisse un grand exemple à qui pourra me suivre ;
Mais si vous me livrez à vos chagrins jaloux,
Je n'aurai pas peut-être assez vécu pour vous.

PACORUS.

Suréna, mes pareils n'aiment point ces manières.
Ce sont fausses vertus que des vertus si fières.
Après tant de hauts faits et d'exploits signalés,
Le roi ne peut douter de ce que vous valez ;
Il ne veut point vous perdre : épargnez-vous la peine
D'attirer sa colère et mériter ma haine ;
Donnez à vos égaux l'exemple d'obéir
Plutôt que d'un amour qui cherche à vous trahir.
Il sied bien aux grands cœurs de paroître intrépides,
De donner à l'orgueil plus qu'aux vertus solides ;
Mais souvent ces grands cœurs n'en font que mieux leur cour
A paroître au besoin maîtres de leur amour.
Recevez cet avis d'une amitié fidèle.
Ce soir la reine arrive, et Mandane avec elle.
Je ne demande point le secret de vos feux ;
Mais songez bien qu'un roi, quand il dit : « Je le veux.... »
Adieu. Ce mot suffit, et vous devez m'entendre.

SURÉNA.

Je fais plus, je prévois ce que j'en dois attendre ;
Je l'attends sans frayeur ; et, quel qu'en soit le cours,
J'aurai soin de ma gloire ; ordonnez de mes jours.

ACTE CINQUIÈME.

SCÈNE I. — ORODE, EURYDICE.

ORODE.

Ne me l'avouez point ; en cette conjoncture,
Le soupçon m'est plus doux que la vérité sûre ;
L'obscurité m'en plaît, et j'aime à n'écouter
Que ce qui laisse encor liberté d'en douter.
Cependant par mon ordre on a mis garde aux portes,
Et d'un amant suspect dispersé les escortes,

De crainte qu'un aveugle et fol emportement
N'allât, et malgré vous, jusqu'à l'enlèvement.
La vertu la plus haute alors cède à la force ;
Et pour deux cœurs unis l'amour a tant d'amorce,
Que le plus grand courroux qu'on voie y succéder
N'aspire qu'aux douceurs de se raccommoder.
Il n'est que trop aisé de juger quelle suite
Exigeroit de moi l'éclat de cette fuite ;
Et pour n'en pas venir à ces extrémités,
Que vous l'aimiez ou non, j'ai pris mes sûretés.

EURYDICE.

A ces précautions je suis trop redevable ;
Une prudence moindre en seroit incapable,
Seigneur : mais, dans le doute où votre esprit se plaît,
Si j'ose en ce héros prendre quelque intérêt,
Son sort est plus douteux que votre incertitude,
Et j'ai lieu plus que vous d'être en inquiétude.
Je ne vous réponds point sur cet enlèvement ;
Mon devoir, ma fierté, tout en moi le dément.
La plus haute vertu peut céder à la force,
Je le sais ; de l'amour je sais quelle est l'amorce :
Mais contre tous les deux l'orgueil peut secourir,
Et rien n'en est à craindre alors qu'on sait mourir.
Je ne serai qu'au prince.

ORODE.

Oui : mais à quand, madame,
A quand cet heureux jour, que de toute son âme....

EURYDICE.

Il se verroit, seigneur, dès ce soir mon époux,
S'il n'eût point voulu voir dans mon cœur plus que vous :
Sa curiosité s'est trop embarrassée
D'un point dont il devoit éloigner sa pensée.
Il sait que j'aime ailleurs, et l'a voulu savoir ;
Pour peine il attendra l'effort de mon devoir.

ORODE.

Les délais les plus longs, madame, ont quelque terme.

EURYDICE.

Le devoir vient à bout de l'amour le plus ferme ;
Les grands cœurs ont vers lui des retours éclatans ;
Et, quand on veut se vaincre, il y faut peu de temps.
Un jour y peut beaucoup, une heure y peut suffire,
Un de ces bons momens qu'un cœur n'ose en dédire ;
S'il ne suit pas toujours nos souhaits et nos soins,
Il arrive souvent quand on l'attend le moins.
Mais je ne promets pas de m'y rendre facile,
Seigneur, tant que j'aurai l'âme si peu tranquille ;
Et je ne livrerai mon cœur qu'à mes ennuis,

Tant qu'on me laissera dans l'alarme où je suis.
ORODE.
Le sort de Suréna vous met donc en alarme?
EURYDICE.
Je vois ce que pour tous ses vertus ont de charme,
Et puis craindre pour lui ce qu'on voit craindre à tous,
Ou d'un maître en colère ou d'un rival jaloux.
Ce n'est point toutefois l'amour qui m'intéresse,
C'est.... Je crains encor plus que ce mot ne vous blesse,
Et qu'il ne vaille mieux s'en tenir à l'amour,
Que d'en mettre, et sitôt, le vrai sujet au jour.
ORODE.
Non, madame, parlez, montrez toutes vos craintes.
Puis-je sans les connoître en guérir les atteintes,
Et, dans l'épaisse nuit où vous vous retranchez,
Choisir le vrai remède aux maux que vous cachez?
EURYDICE.
Mais si je vous disois que j'ai droit d'être en peine
Pour un trône où je dois un jour monter en reine;
Que perdre Suréna, c'est livrer aux Romains
Un sceptre que son bras a remis en vos mains;
Que c'est ressusciter l'orgueil de Mitradate,
Exposer avec vous Pacorus et Phradate;
Que je crains que sa mort, enlevant votre appui,
Vous renvoie à l'exil où vous seriez sans lui :
Seigneur, ce seroit être un peu trop téméraire.
J'ai dû le dire au prince, et je dois vous le taire;
J'en dois craindre un trop long et trop juste courroux;
Et l'amour trouvera plus de grâce chez vous.
ORODE.
Mais, madame, est-ce à vous d'être si politique?
Qui peut se taire ainsi, voyons comme il s'explique.
Si votre Suréna m'a rendu mes États,
Me les a-t-il rendus pour ne m'obéir pas?
Et trouvez-vous par là sa valeur bien fondée
A ne m'estimer plus son maître qu'en idée,
A vouloir qu'à ses lois j'obéisse à mon tour?
Ce discours iroit loin : revenons à l'amour,
Madame; et s'il est vrai qu'enfin....
EURYDICE.
Laissez-m'en faire,
Seigneur; je me vaincrai, j'y tâche, je l'espère;
J'ose dire encor plus, je m'en fais une loi;
Mais je veux que le temps en dépende de moi.
ORODE.
C'est bien parler en reine, et j'aime assez, madame,
L'impétuosité de cette grandeur d'âme;

ACTE V, SCÈNE I.

Cette noble fierté que rien ne peut dompter
Remplira bien ce trône où vous devez monter.
Donnez-moi donc en reine un ordre que je suive.
  Phradate est arrivé, ce soir Mandane arrive ;
Ils sauront quels respects a montrés pour sa main
Cet intrépide effroi de l'empire romain.
Mandane en rougira, le voyant auprès d'elle.
Phradate est violent, et prendra sa querelle.
Près d'un esprit si chaud et si fort emporté,
Suréna dans ma cour est-il en sûreté ?
Puis-je vous en répondre, à moins qu'il se retire ?

EURYDICE.

Bannir de votre cour l'honneur de votre empire !
Vous le pouvez, seigneur, et vous êtes son roi ;
Mais je ne puis souffrir qu'il soit banni pour moi.
Car enfin les couleurs ne font rien à la chose ;
Sous un prétexte faux je n'en suis pas moins cause ;
Et qui craint pour Mandane un peu trop de rougeur
Ne craint pour Suréna que le fond de mon cœur.
Qu'il parte, il vous déplaît ; faites-vous-en justice ;
Punissez, exilez ; il faut qu'il obéisse.
Pour remplir mes devoirs j'attendrai son retour,
Seigneur ; et jusque-là point d'hymen ni d'amour.

ORODE.

Vous pourriez épouser le prince en sa présence ?

EURYDICE.

Je ne sais : mais enfin je hais la violence.

ORODE.

Empêchez-la, madame, en vous donnant à nous ;
Ou faites qu'à Mandane il s'offre pour époux.
Cet ordre exécuté, mon âme satisfaite
Pour ce héros si cher ne veut plus de retraite.
Qu'on le fasse venir. Modérez vos hauteurs :
L'orgueil n'est pas toujours la marque des grands cœurs.
Il me faut un hymen ; choisissez l'un ou l'autre,
Ou lui dites adieu pour le moins jusqu'au vôtre.

EURYDICE.

Je sais tenir, seigneur, tout ce que je promets,
Et promettrois en vain de ne le voir jamais,
Moi qui sais que bientôt la guerre rallumée
Le rendra pour le moins nécessaire à l'armée.

ORODE.

Nous ferons voir, madame, en cette extrémité,
Comme il faut obéir à la nécessité.
Je vous laisse avec lui.

SCÈNE II. — EURYDICE, SURÉNA.

EURYDICE.

Seigneur, le roi condamne
Ma main à Pacorus, ou la vôtre à Mandane;
Le refus n'en sauroit demeurer impuni;
Il lui faut l'une ou l'autre, ou vous êtes banni.

SURÉNA.

Madame, ce refus n'est point vers lui mon crime:
Vous m'aimez; ce n'est point non plus ce qui l'anime.
Mon crime véritable est d'avoir aujourd'hui
Plus de nom que mon roi, plus de vertu que lui;
Et c'est de là que part cette secrète haine
Que le temps ne rendra que plus forte et plus pleine.
Plus on sert des ingrats, plus on s'en fait haïr :
Tout ce qu'on fait pour eux ne fait que nous trahir.
Mon visage l'offense, et ma gloire le blesse.
Jusqu'au fond de mon âme il cherche une bassesse,
Et tâche à s'ériger par l'offre ou par la peur,
De roi que je l'ai fait, en tyran de mon cœur;
Comme si par ses dons il pouvoit me séduire,
Ou qu'il pût m'accabler, et ne se point détruire.
Je lui dois en sujet tout mon sang, tout mon bien;
Mais, si je lui dois tout, mon cœur ne lui doit rien,
Et n'en reçoit de lois que comme autant d'outrages,
Comme autant d'attentats sur de plus doux hommages.
Cependant pour jamais il faut nous séparer,
Madame.

EURYDICE.

Cet exil pourroit toujours durer?

SURÉNA.

En vain pour mes pareils leur vertu sollicite;
Jamais un envieux ne pardonne au mérite.
Cet exil toutefois n'est pas un long malheur;
Et je n'irai pas loin sans mourir de douleur.

EURYDICE.

Ah! craignez de m'en voir assez persuadée
Pour mourir avant vous de cette seule idée.
Vivez, si vous m'aimez.

SURÉNA.

Je vivrois pour savoir
Que vous aurez enfin rempli votre devoir,
Que d'un cœur tout à moi, que de votre personne
Pacorus sera maître, ou plutôt sa couronne?
Ce penser m'assassine, et je cours de ce pas
Beaucoup moins à l'exil, madame, qu'au trépas.

ACTE V, SCÈNE II.

EURYDICE.
Que le ciel n'a-t-il mis en ma main et la vôtre,
Ou de n'être à personne, ou d'être l'un à l'autre!
SURÉNA.
Falloit-il que l'amour vît l'inégalité
Vous abandonner toute aux rigueurs d'un traité!
EURYDICE.
Cette inégalité me souffroit l'espérance.
Votre nom, vos vertus, valoient bien ma naissance,
Et Crassus a rendu plus digne encor de moi
Un héros dont le zèle a rétabli son roi.
Dans les maux où j'ai vu l'Arménie exposée,
Mon pays désolé m'a seul tyrannisée.
Esclave de l'État, victime de la paix,
Je m'étois répondu de vaincre mes souhaits,
Sans songer qu'un amour comme le nôtre extrême
S'y rend inexorable aux yeux de ce qu'on aime.
Pour le bonheur public j'ai promis : mais, hélas!
Quand j'ai promis, seigneur, je ne vous voyois pas.
Votre rencontre ici m'ayant fait voir ma faute,
Je diffère à donner le bien que je vous ôte;
Et l'unique bonheur que j'y puis espérer
C'est de toujours promettre et toujours différer.
SURÉNA.
Que je serois heureux!... Mais qu'osé-je vous dire?
L'indigne et vain bonheur où mon amour aspire!
Fermez les yeux aux maux où l'on me fait courir :
Songez à vivre heureuse, et me laissez mourir.
Un trône vous attend, le premier de la terre,
Un trône où l'on ne craint que l'éclat du tonnerre,
Qui règle le destin du reste des humains,
Et jusque dans leurs murs alarme les Romains.
EURYDICE.
J'envisage ce trône et tous ses avantages,
Et je n'y vois partout, seigneur, que vos ouvrages;
Sa gloire ne me peint que celle de mes fers,
Et, dans ce qui m'attend, je vois ce que je perds.
Ah, seigneur!
SURÉNA.
Épargnez la douleur qui me presse;
Ne la ravalez point jusques à la tendresse;
Et laissez-moi partir dans cette fermeté
Qui fait de tels jaloux, et qui m'a tant coûté.
EURYDICE.
Partez, puisqu'il le faut, avec ce grand courage
Qui mérita mon cœur et donne tant d'ombrage.
Je suivrai votre exemple, et vous n'aurez point lieu...

Mais j'aperçois Palmis qui vient vous dire adieu,
Et je puis, en dépit de tout ce qui me tue,
Quelques momens encor jouir de votre vue.

SCÈNE III. — EURYDICE, SURÉNA, PALMIS.

PALMIS.
On dit qu'on vous exile à moins que d'épouser,
Seigneur, ce que le roi daigne vous proposer.

SURÉNA.
Non ; mais jusqu'à l'hymen que Pacorus souhaite
Il m'ordonne chez moi quelques jours de retraite.

PALMIS.
Et vous partez ?

SURÉNA.
Je pars.

PALMIS.
Et, malgré son courroux
Vous avez sûreté d'aller jusque chez vous ?
Vous êtes à couvert des périls dont menace
Les gens de votre sorte une telle disgrâce,
Et, s'il faut dire tout, sur de si longs chemins,
Il n'est point de poisons, il n'est point d'assassins ?

SURÉNA.
Le roi n'a pas encore oublié mes services,
Pour commencer par moi de telles injustices ;
Il est trop généreux pour perdre son appui.

PALMIS.
S'il l'est, tous vos jaloux le sont-ils comme lui ?
Est-il aucun flatteur, seigneur, qui lui refuse
De lui prêter un crime et lui faire une excuse ?
En est-il que l'espoir d'en faire mieux sa cour
N'expose sans scrupule à ces courroux d'un jour,
Ces courroux qu'on affecte alors qu'on désavoue
De lâches coups d'État dont en l'âme on se loue,
Et qu'une absence élude, attendant le moment
Qui laisse évanouir ce faux ressentiment ?

SURÉNA.
Ces courroux affectés que l'artifice donne
Font souvent trop de bruit pour abuser personne.
Si ma mort plaît au roi, s'il la veut tôt ou tard,
J'aime mieux qu'elle soit un crime qu'un hasard ;
Qu'aucun ne l'attribue à cette loi commune
Qu'impose la nature et règle la fortune ;
Que son perfide auteur, bien qu'il cache sa main,
Devienne abominable à tout le genre humain ;
Et qu'il en naisse enfin des haines immortelles

ACTE V, SCÈNE III.

Qui de tous ses sujets lui fassent des rebelles.

PALMIS.

Je veux que la vengeance aille à son plus haut point :
Les morts les mieux vengés ne ressuscitent point,
Et de tout l'univers la fureur éclatante
En consoleroit mal et la sœur et l'amante.

SURÉNA.

Que faire donc, ma sœur?

PALMIS.

Votre asile est ouvert.

SURÉNA.

Quel asile?

PALMIS.

L'hymen qui vous vient d'être offert.
Vos jours en sûreté dans les bras de Mandane,
Sans plus rien craindre....

SURÉNA.

Et c'est ma sœur qui m'y condamne !
C'est elle qui m'ordonne avec tranquillité
Aux yeux de ma princesse une infidélité !

PALMIS.

Lorsque d'aucun espoir notre ardeur n'est suivie,
Doit-on être fidèle aux dépens de sa vie?
Mais vous ne m'aidez point à le persuader,
Vous qui d'un seul regard pourriez tout décider,
Madame! ses périls ont-ils de quoi vous plaire?

EURYDICE.

Je crois faire beaucoup, madame, de me taire;
Et tandis qu'à mes yeux vous donnez tout mon bien,
C'est tout ce que je puis que de ne dire rien.
Forcez-le, s'il se peut, au nœud que je déteste;
Je vous laisse en parler, dispensez-moi du reste :
Je n'y mets point d'obstacle, et mon esprit confus....
C'est m'expliquer assez; n'exigez rien de plus.

SURÉNA.

Quoi! vous vous figurez que l'heureux nom de gendre,
Si ma perte est jurée, a de quoi m'en défendre,
Quand, malgré la nature, en dépit de ses lois,
Le parricide a fait la moitié de nos rois,
Qu'un frère pour régner se baigne au sang d'un frère,
Qu'un fils impatient prévient la mort d'un père?
Notre Orode lui-même, où seroit-il sans moi?
Mitradate pour lui montroit-il plus de foi?
Croyez-vous Pacorus bien plus sûr de Phradate?
J'en connois mal le cœur, si bientôt il n'éclate,
Et si de ce haut rang que j'ai vu l'éblouir
Son père et son aîné peuvent longtemps jouir.

Je n'aurai plus de bras alors pour leur défense.
Car enfin mes refus ne font pas mon offense;
Mon vrai crime est ma gloire, et non pas mon amour :
Je l'ai dit, avec elle il croîtra chaque jour;
Plus je les servirai, plus je serai coupable,
Et, s'ils veulent ma mort, elle est inévitable.
Chaque instant que l'hymen pourroit la reculer
Ne les attacheroit qu'à mieux dissimuler;
Qu'à rendre, sous l'appât d'une amitié tranquille,
L'attentat plus secret, plus noir, et plus facile.
Ainsi, dans ce grand nœud chercher ma sûreté,
C'est inutilement faire une lâcheté,
Souiller en vain mon nom, et vouloir qu'on m'impute
D'avoir enseveli ma gloire sous ma chute.
Mais, dieux! se pourroit-il qu'ayant si bien servi,
Par l'ordre de mon roi le jour me fût ravi?
Non, non : c'est d'un bon œil qu'Orode me regarde;
Vous le voyez, ma sœur, je n'ai pas même un garde :
Je suis libre.

PALMIS.

Et j'en crains d'autant plus son courroux;
S'il vous faisoit garder, il répondroit de vous.
Mais pouvez-vous, seigneur, rejoindre votre suite?
Êtes-vous libre assez pour choisir une fuite?
Garde-t-on chaque porte à moins d'un grand dessein?
Pour en rompre l'effet il ne faut qu'une main.
Par toute l'amitié que le sang doit attendre,
Par tout ce que l'amour a pour vous de plus tendre....

SURÉNA.

La tendresse n'est point de l'amour d'un héros;
Il est honteux pour lui d'écouter des sanglots;
Et, parmi la douceur des plus illustres flammes,
Un peu de dureté sied bien aux grandes âmes.

PALMIS.

Quoi! vous pourriez....

SURÉNA.

Adieu. Le trouble où je vous voi
Me fait vous craindre plus que je ne crains le roi.

SCÈNE IV. — EURYDICE, PALMIS.

PALMIS.

Il court à son trépas, et vous en serez cause,
A moins que votre amour à son départ s'oppose.
J'ai perdu mes soupirs, et j'y perdrois mes pas.
Mais il vous en croira, vous ne les perdrez pas.
Ne lui refusez point un mot qui le retienne,
Madame.

ACTE V, SCÈNE IV.

EURYDICE.
S'il périt, ma mort suivra la sienne.
PALMIS.
Je puis en dire autant; mais ce n'est pas assez.
Vous avez tant d'amour, madame, et balancez!
EURYDICE.
Est-ce le mal aimer que de le vouloir suivre?
PALMIS.
C'est un excès d'amour qui ne fait point revivre.
De quoi lui servira notre mortel ennui?
De quoi nous servira de mourir après lui?
EURYDICE.
Vous vous alarmez trop : le roi dans sa colère
Ne parle....
PALMIS.
Vous dit-il tout ce qu'il prétend faire?
D'un trône où ce héros a su le replacer,
S'il en veut à ses jours, l'ose-t-il prononcer?
Le pourroit-il sans honte? et pourriez-vous attendre
A prendre soin de lui qu'il soit trop tard d'en prendre?
N'y perdez aucun temps, partez : que tardez-vous?
Peut-être en ce moment on le perce de coups;
Peut-être....
EURYDICE.
Que d'horreurs vous me jetez dans l'âme!
PALMIS.
Quoi! vous n'y courez pas!
EURYDICE.
Et le puis-je, madame?
Donner ce qu'on adore à ce qu'on veut haïr,
Quel amour jusque-là put jamais se trahir?
Savez-vous qu'à Mandane envoyer ce que j'aime,
C'est de ma propre main m'assassiner moi-même?
PALMIS.
Savez-vous qu'il le faut, ou que vous le perdez?

SCÈNE V. — EURYDICE, PALMIS, ORMÈNE.

EURYDICE.
Je n'y résiste plus, vous me le défendez.
Ormène vient à nous, et lui peut aller dire
Qu'il épouse.... Achevez tandis que je soupire.
PALMIS.
Elle vient tout en pleurs.
ORMÈNE.
Qu'il vous en va coûter!
Et que pour Suréna....

PALMIS.
L'a-t-on fait arrêter?
ORMÈNE.
A peine du palais il sortoit dans la rue,
Qu'une flèche a parti d'une main inconnue;
Deux autres l'ont suivie; et j'ai vu ce vainqueur,
Comme si toutes trois l'avoient atteint au cœur,
Dans un ruisseau de sang tomber mort sur la place.
EURYDICE.
Hélas!
ORMÈNE.
Songez à vous, la suite vous menace;
Et je pense avoir même entendu quelque voix
Nous crier qu'on apprît à dédaigner les rois.
PALMIS.
Prince ingrat! lâche roi! Que fais-tu du tonnerre,
Ciel, si tu daignes voir ce qu'on fait sur la terre?
Et pour qui gardes-tu tes carreaux embrasés,
Si de pareils tyrans n'en sont point écrasés?
Et vous, madame, vous dont l'amour inutile,
Dont l'intrépide orgueil paroît encor tranquille,
Vous qui, brûlant pour lui, sans vous déterminer,
Ne l'avez tant aimé que pour l'assassiner,
Allez d'un tel amour, allez voir tout l'ouvrage,
En recueillir le fruit, en goûter l'avantage.
Quoi! vous causez sa perte, et n'avez point de pleurs!
EURYDICE.
Non, je ne pleure point, madame, mais je meurs.
Ormène, soutiens-moi.
ORMÈNE.
Que dites-vous, madame?
EURYDICE.
Généreux Suréna, reçois toute mon âme.
ORMÈNE.
Emportons-la d'ici pour la mieux secourir.
PALMIS.
Suspendez ces douleurs qui pressent de mourir,
Grands dieux! et, dans les maux où vous m'avez plongée,
Ne souffrez point ma mort que je ne sois vengée!

FIN DE SURÉNA.

L'IMITATION
DE JÉSUS-CHRIST,

TRADUITE ET PARAPHRASÉE EN VERS FRANÇOIS.

AU SOUVERAIN PONTIFE ALEXANDRE VII.

Très-saint-père,

L'hommage que je fais aux pieds de Votre Sainteté semble ne s'accorder pas bien avec les maximes du livre que je lui présente. Lui offrir cette traduction, c'est la juger digne de lui être offerte; et, bien loin de pratiquer cette humilité parfaite et ce profond mépris de soi-même que son original nous recommande incessamment, c'est montrer une ambition démesurée, et une opinion extraordinaire des productions de mon esprit. Mais il est hors de doute que ce même hommage, qui ne peut passer que pour une témérité signalée tant qu'on arrêtera les yeux sur moi, ne paroîtra plus qu'une action de justice sitôt qu'on les élèvera jusqu'à Votre Sainteté. Rien n'est plus juste que de mettre l'*Imitation de Jésus-Christ* sous la protection de son vicaire en terre, et de son plus grand imitateur parmi les hommes; rien n'est plus juste que de dédier les sublimes idées de la perfection chrétienne au père commun des chrétiens, qui les exprime toutes en sa personne : et si je croyois avoir égalé ce grand dévot que j'ai fait parler en vers, je dirois que rien n'appartient plus justement à Votre Sainteté que ce portrait achevé d'elle-même, et qu'à jeter l'œil, d'un côté sur les hautes leçons qu'il nous fait, et de l'autre sur les miracles continuels de votre vie, on ne voit que la même chose. J'ajouterai, très-saint-père, que rien n'est si puissant pour convaincre le lecteur que de lui donner en même temps le précepte et l'exemple. Soit que mon auteur nous invite à la retraite intérieure, soit qu'il nous exhorte à la simplicité des mœurs, soit qu'il nous instruise de ce que nous devons au prochain, soit qu'il nous pousse au détachement de la chair et du sang, soit qu'il nous apprenne à déraciner l'amour-propre par une abnégation sincère de nous-mêmes, soit qu'il tâche à nous faire goûter les saintes douceurs de la souffrance en nous expliquant ses priviléges, soit qu'il s'efforce à nous porter jusque dans le sein de Dieu, pour nous unir étroitement avec lui par une amoureuse acceptation de toutes ses volontés et une assidue recherche de sa gloire en toutes choses; quoi qu'il nous ordonne, quoi qu'il nous conseille, mettre le nom de Votre Sainteté à la tête de ses enseignemens, c'est ne laisser d'excuse à personne, et faire voir que toutes ces vertus n'ont rien d'incompatible avec les grandeurs, avec l'abondance et avec les soins de toute la terre. Ces raisons sont fortes, mais elles ne l'étoient pas assez pour l'emporter sur la connoissance de mon peu de mérite; et le moindre retour que je faisois sur moi-même dissipoit toute la hardiesse qu'elles m'avoient inspirée, sitôt que j'envisageois cette inconcevable disproportion de mon néant à la première dignité du monde. J'avois toutefois assez de courage pour ne descendre que d'un degré, et ne choisir pas un moindre protecteur que celui à qui je dois mes premiers respects dans l'Église après le saint-siége : je parle de M. l'archevêque de Rouen, dans le diocèse duquel Dieu m'a donné la naissance et arrêté ma fortune. Cet ouvrage a commencé avec son pontificat; et comme ce prélat a des talens merveilleux pour remplir toutes les fonctions d'un grand pasteur, et une ardeur infatigable de s'en acquitter, les plus belles lumières qui m'aient servi à l'exécution de cette entreprise, je les dois toutes aux vives clartés des instructions éloquentes et solides qu'il ne se lasse point de donner à son troupeau, ou aux rayons secrets et pénétrans que sa conversation familière répand à toute heure sur ceux qui ont le bonheur de l'approcher. Je lui ai donc voulu faire, non pas tant un présent de mon travail qu'une restitution de son propre bien ; mais la bonté qu'il a pour moi l'a préoccupé jusqu'à lui persuader que cet effort de ma plume pouvant être utile à tous les chrétiens, il lui falloit un protecteur dont le pouvoir s'étendît sur toute l'Église; et l'ayant regardé comme le premier fruit qu'il ait recueilli des Muses chrétiennes depuis qu'il occupe la chaire de saint Romain, il a cru que l'offrir à Votre Sainteté, c'étoit lui offrir en quelque sorte les prémices de son diocèse. Ses commandemens ont faire taire cette juste défiance que j'avois de ma foiblesse ; et ce qui n'étoit sans eux qu'un effet d'une insupportable présomption, est devenu un devoir indispensable pour moi sitôt que je les ai reçus. Oserai-je avouer à Votre Sainteté qu'ils m'ont fait une douce violence, et que j'ai été ravi de pouvoir prendre cette occasion d'applaudir à nos Muses, et de vous remercier pour elles des momens que vous avez autrefois ménagés en leur faveur parmi les occupations illustres où vous attachoient les importantes négociations que les souverains pontifes vos prédécesseurs avoient confiées à votre prudence ? Elles en reçoivent ce témoignage éclatant et cette preuve invincible, que non-seulement elles sont capables des vertus les plus éminentes et des emplois les plus hauts, mais qu'elles y disposent même, et conduisent l'esprit qui les cultive, quand il en sait faire un bon usage. C'est une vérité qui brille partout dans ce précieux recueil de vers latins, où vous n'avez point voulu d'autre nom que celui d'ami des Muses, et que ce grand prélat a pris plaisir de me faire voir des premiers : il me l'a fait lire, il me l'a fait admirer avec lui ; et, pour vous rendre justice partout durant cette lecture, je ne faisois que répéter les éloges que chaque vers tiroit de sa bouche : mais, entre tant de choses excellentes, rien ne fit alors et ne fait encore tous les jours une si forte impression sur mon âme que ces rares pensées de la mort que vous y avez semées si abondamment : elles me plongèrent dans une réflexion sérieuse qu'il falloit comparoître devant Dieu, et lui rendre compte du talent dont il m'avoit favorisé; je considérai ensuite que ce n'étoit pas assez de l'avoir si heureusement réduit à purger notre théâtre des ordures que les premiers siècles y avoient comme incorporées, et des licences que les derniers y avoient souffertes; qu'il ne me devoit pas suffire d'y avoir fait régner en leur place les vertus morales et politiques, et quelques-unes même des chrétiennes, qu'il falloit porter ma reconnoissance plus loin, et appliquer toute l'ardeur du génie à quelque nouvel essai de ses forces qui n'eût point d'autre but que le service de ce grand maître et l'utilité du prochain. C'est ce qui m'a fait choisir la traduction de cette sainte morale, qui, par la simplicité de son style, ferme la porte aux plus beaux ornemens de la poésie, et, bien loin d'augmenter ma réputation, semble sacrifier à la gloire du souverain auteur tout ce que j'en ai pu acquérir en ce genre d'écrire. Après avoir ressenti des effets si avantageux de cette obligation générale que toutes les Muses ont à Votre Sainteté, je serois le plus ingrat de tous les hommes, si je ne lui consacrois un ouvrage dont elle a été la première cause; ma conscience m'en feroit à tous momens des reproches d'autant plus sensibles que je vis dans une province qui n'a point attendu à vous aimer et à vous honorer qu'elle fût obligée d'obéir à Votre Sainteté, et où votre nom a été en vénération singulière avant même que vous eussiez quitté celui de Ghisi pour être Alexandre VII. Leurs Altesses de Longueville ont si bien fait passer dans toutes les âmes de leur gouvernement ces dignes sentimens d'affection et d'estime qu'elles ont rapportés de Munster pour votre personne, que tant qu'a duré le dernier conclave, nous n'avons demandé que vous à Dieu. Je n'ose dire que nos prières aient attiré les inspirations du Saint-Esprit sur le sacré collége, mais il est certain que du moins elles ont été au-devant d'elles, et que l'exaltation de Votre Sainteté a été la joie particulière de tous nos cœurs avant que les ordres du roi en aient fait l'allégresse publique de toute la France. Nous continuons et redoublons maintenant ces mêmes vœux pour obtenir de cette bonté inépuisable qu'elle nous laisse jouir longtemps de la grâce qu'elle nous a accordée, et que vous puissiez achever ce grand œuvre de la paix, à qui vous avez déjà donné tant de soins et tant de veilles. Nous espérons qu'elle vous aura réservé ce miracle que nous attendons avec tant d'impatience; et je ne serai désavoué de personne quand je dirai que ce sont les plus passionnés souhaits de tous les véritables chrétiens que porte aux pieds de Votre Sainteté,

Très-saint-père,

Son très-humble, très-obéissant et très-fidèle serviteur et fils en Jésus-Christ,

Corneille.

AU LECTEUR.

Je n'invite point à cette lecture ceux qui ne cherchent dans la poésie que la pompe des vers : ce n'est ici qu'une traduction fidèle où j'ai tâché de conserver le caractère et la simplicité de l'auteur. Ce n'est pas que je ne sache bien que l'utile a besoin de l'agréable pour s'insinuer dans l'amitié des hommes; mais j'ai cru qu'il ne falloit pas l'étouffer sous les enrichissemens, ni lui donner des lumières qui éblouissent au lieu d'éclairer. Il est juste de lui prêter quelques grâces, mais de celles qui lui laissent toute sa force, qui l'embellissent sans le déguiser, et l'accompagnent sans le dérober à la vue; autrement ce n'est plus qu'un effort ambitieux qui fait plus admirer le poëte qu'il ne touche le lecteur. J'espère qu'on trouvera celui-ci dans une raisonnable médiocrité, et telle que demande une morale chrétienne qui a pour but d'instruire, et ne se met pas en peine de chatouiller les sens. Il est hors de doute que les curieux n'y trouveront point de charme, mais peut-être qu'en récompense les bonnes intentions n'y trouveront point de dégoût; que ceux qui aimeront les choses qui y sont dites supporteront la façon dont elles y sont dites; et que ce qui pénétrera le cœur ne blessera point les oreilles. Le peu de disposition que les matières y ont à la poésie, le peu de liaison, non-seulement d'un chapitre avec l'autre, mais d'une période même avec celle qui la suit, et les répétitions assidues qui se trouvent dans l'original, sont des obstacles assez malaisés à surmonter, et qui par conséquent méritent bien que vous me fassiez quelque grâce. Surtout les redites y sont si fréquentes que quand notre langue seroit dix fois plus abondante qu'elle n'est, je l'aurois épuisée fort aisément; et j'avoue que je n'ai pu trouver le secret de diversifier mes expressions toutes les fois que j'ai eu la même chose à exprimer : il s'y rencontre même des mots si farouches pour nos vers, que j'ai été contraint d'avoir souvent recours à d'autres qui n'y répondent qu'imparfaitement, et ne disent pas tout ce que mon auteur veut dire. J'espérois trouver quelque soulagement dans le quatrième livre, par le changement des matières: mais je les y ai rencontrées encore plus éloignées des ornemens de la poésie, et les redites encore plus fréquentes; il ne s'y parle que de communier et dire la messe. Ce sont des termes qui n'ont pas un assez beau son dans nos vers pour soutenir la dignité de ce qu'ils signifient : la sainteté de notre religion les a consacrés, mais, en quelque vénération qu'elle les ait mis, ils sont devenus populaires à force d'être dans la bouche de tout le monde : cependant j'ai été obligé de m'en servir souvent, et de quelques autres de même classe. Si j'ose en dire ma pensée, je prévois que ceux qui ne liront que ma traduction feront moins d'état de ce dernier livre que des trois autres; mais aussi je me tiens assuré que ceux qui prendront la peine de la conférer avec le texte latin connoîtront combien ce dernier effort m'a coûté, et ne l'estimeront pas moins que le reste. Je n'examine point si c'est à Jean Gerson, ou à Thomas A Kempis, que l'Église est redevable d'un livre si précieux; cette question a été agitée de part et d'autre avec beaucoup d'esprit et de doctrine, et, si je ne me trompe, avec un peu de chaleur : ceux qui voudront en être particulièrement éclairés pourront consulter ce qu'on a publié de part et d'autre sur ce sujet. Messieurs des requêtes du parlement de Paris ont prononcé en faveur de Thomas A Kempis; et nous pouvons nous en tenir à leur jugement jusqu'à ce que l'autre parti en ait fait donner un contraire. Par la lecture, il est constant que l'auteur étoit prêtre : j'y trouve quelque apparence qu'il étoit moine; mais j'y trouve aussi quelque répugnance à le croire Italien. Les mots grossiers dont il se sert assez souvent sentent bien autant le latin de nos vieilles pancartes que la corruption de celui de delà les monts; et non-seulement sa diction, mais sa phrase en quelques endroits est si purement françoise, qu'il semble avoir pris plaisir à suivre mot à mot notre commune façon de parler. C'est sans doute sur quoi se sont fondés ceux qui, du commencement que ce livre a paru, incertains qu'ils étoient de l'auteur, l'ont attribué à saint Bernard et puis à Jean Gerson, qui étoient tous deux François; et je voudrois qu'il se rencontrât assez d'autres conjectures pour former un troisième parti en faveur de ce dernier, et le remettre en possession d'une gloire dont il a joui assez longtemps. L'amour du pays m'y feroit volontiers donner les mains; mais il faudroit un plus habile homme et plus savant que je ne suis pour répondre aux objections que lui font les deux autres, qui s'accordent mieux à l'exclure qu'à remplir sa place. Quoi qu'il en soit, s'il y a quelque contestation pour le nom de l'auteur, il est hors de dispute que c'étoit un homme bien éclairé du Saint-Esprit, et que son ouvrage est une bonne école pour ceux qui veulent s'avancer dans la dévotion. Après en avoir donné beaucoup de préceptes admirables dans les deux premiers livres, voulant monter encore plus haut dans les deux autres, et nous enseigner la pratique de la spiritualité la plus épurée, il semble se défier de lui-même; et de peur que son autorité n'eût pas assez de poids pour nous mettre dans des sentimens si détachés de la nature, ni assez de force pour nous élever à ce haut degré de la perfection, il quitte la chaire à Jésus-Christ, et l'introduit lui-même, instruisant l'homme et le conduisant de sa propre main dans le chemin de la véritable vie. Ainsi ces deux derniers livres sont un dialogue continuel entre ce rédempteur de nos âmes et le vrai chrétien, qui souvent s'entre-répondent dans un même chapitre, bien que ce grand homme n'y marque aucune distinction. La fidélité avec laquelle je le suis pas à pas m'a persuadé que je n'y en devois pas mettre, puisqu'il n'y en avoit pas mis; mais j'ai pris la liberté de changer la mesure de mes vers toutes les fois qu'il change de personnages, tant pour aider le lecteur à remarquer ce changement, que parce que je n'ai pas cru à propos que l'homme parlât le même langage que Dieu. Au reste, si je ne rends point ici raison du changement que j'y ai fait en l'orthographe ordinaire, c'est parce que je l'ai rendue au commencement du recueil de mes pièces de théâtre, où le lecteur pourra recourir.

PRÉFACES.

POUR LES VINGT PREMIERS CHAPITRES DU LIVRE I,

PUBLIÉS EN 1651.

Au lecteur. — [1].... Les matières y ont si peu de disposition à la poésie, que mon entreprise n'est pas sans quelque apparence de témérité, et c'est ce qui m'a empêché de m'engager plus avant, que je n'aie consulté le jugement du public par ces vingt chapitres que je lui donne pour coup d'essai, et pour arrhes du reste. J'apprendrai, par l'estime ou le mépris qu'il en fera, si

---

1. Comme en la préface générale de l'*Imitation*.

j'ai bien ou mal pris mes mesures, et de quelle façon je dois continuer ; s'il me faut étendre davantage les pensées de mon auteur pour leur faire recevoir par force les agrémens qu'il a méprisés, ou si ce peu que j'y ajoute quelquefois, par la nécessité de fournir une strophe, n'est point une liberté qu'il soit à propos de retrancher. Je pensois être le premier à qui il fût tombé en l'esprit de sanctifier la poésie par un ouvrage si précieux ; mais je viens d'être surpris de le voir rendu en vers latins par le R. P. Thomas Mesler, bénédictin de l'abbaye impériale de Zuifalten, et imprimé à Bruxelles dès l'année 1649. Il s'en est acquitté si dignement, que je ne prétends pas l'égaler en notre langue. Je me contenterai de le suivre de loin, et de faire mes efforts pour rendre mon travail utile à mes lecteurs, sans aspirer à la gloire que le sien a méritée. Je ne prétends non plus à celle de donner mon suffrage parmi tant de savans, et me rendre partie en cette fameuse querelle touchant le véritable auteur d'un livre si saint. Que ce soit Jean Gerson, que ce soit Thomas A Kempis, ou quelque autre qu'on n'ait pas encore mis sur les rangs, tâchons de suivre ses instructions, puisqu'elles sont bonnes, sans examiner de quelles mains elles viennent. C'est ce qu'il nous ordonne lui-même dans le cinquième chapitre de ce premier livre, et cela doit suffire à ceux qui ne cherchent qu'à devenir meilleurs par sa lecture ; le reste n'est important qu'à la gloire des deux ordres qui le veulent chacun revêtir de leur habit. Je n'ai pas assez de suffisance pour pouvoir juger de leurs raisons, mais je trouve qu'ils ont raison l'un et l'autre de vouloir que l'Église leur soit obligée d'un si grand trésor ; et, si j'ose en dire mon opinion, j'estime que ce grand personnage a pris autant de peine à n'être pas connu qu'ils en prennent à le faire connoître, et tiens fort vraisemblable qu'il n'eût pas osé nous donner ce beau précepte d'humilité dès le second chapitre, *ama nesciri*, s'il ne l'eût pratiqué lui-même. Aussi ne puis-je dissimuler que je penserois aller contre l'intention de l'auteur que je traduis, si je portois ma curiosité dans ce qu'il nous a voulu et su cacher avec tant de soin. Ce m'est assez d'être assuré, par la lecture de son livre, que c'étoit un homme de Dieu, et bien illuminé du Saint-Esprit. J'y trouve certitude qu'il étoit prêtre ; j'y trouve grande apparence qu'il étoit moine ; mais j'y trouve aussi quelque répugnance à le croire Italien. Les mots grossiers dont il se sert assez souvent sentent bien autant le latin de nos vieilles pancartes que la corruption de celui de delà les monts ; et si je voyois encore quelques autres conjectures qui le pussent faire passer pour François, j'y donnerois volontiers les mains en faveur du pays.

POUR LES CINQ DERNIERS CHAPITRES DU LIVRE I, ET LES SIX PREMIERS DU LIVRE II, PUBLIÉS EN 1651.

Au lecteur. — Je donne cette seconde partie à l'impatience de ceux qui ont fait quelque état de la première, et ce n'est pas sans un peu de confusion que je leur donne si peu de chose à la fois. Quelques-uns même en pourront murmurer avec justice : mais après la grâce qu'ils m'ont faite de ne point dédaigner ce qu'ils en ont vu, je pense avoir quelque droit d'espérer qu'ils ne me refuseront pas celle de se contenter de ce que je puis, et de n'exiger rien de moi par delà ma portée. Le bon accueil qu'en a reçu le premier échantillon de cet ouvrage m'a bien enhardi à le poursuivre; mais il ne m'a pas donné la force d'aller bien loin sans me rebuter. Le peu de disposition que les matières y ont à la poésie, le peu de liaison non-seulement d'un chapitre avec l'autre, mais d'une période même avec celle qui la suit, et la quantité des redites qui s'y rencontrent, sont des obstacles assez malaisés à surmonter. Et si, outre ces trois difficultés qui viennent de l'original, vous voulez bien en considérer trois autres de la part du traducteur, peu de connoissance de la théologie, peu de pratique des sentimens de dévotion, et peu d'habitude à faire des vers d'ode et de stances, j'ose m'assurer que vous me trouverez assez excusable, quand je vous avouerai qu'après seize ou dix-sept cents vers de cette nature, j'ai besoin de reprendre haleine, et me reposer plus d'une fois dans une carrière si longue et si pénible. C'est ce que je fais avec d'autant plus de liberté, que je n'y vois aucun chapitre dont l'intelligence dépende de celui qui le précède, ou de celui qui le suit; et que, n'ayant point d'ordre entre eux, je puis m'arrêter où je me trouve las, sans craindre d'en rompre la tissure. Si Dieu me donne assez de vie et d'esprit, je tâcherai d'aller jusqu'au bout, et lors nous rejoindrons tous ces fragmens. Cependant je conjure le lecteur d'agréer ce que je lui pourrai donner de temps en temps, et surtout de souffrir l'importunité de quelques mots que j'emploie un peu souvent. Les répétitions sont si fréquentes dans le texte de mon auteur, que quand notre langue seroit dix fois plus abondante qu'elle n'est, ma traduction l'auroit déjà épuisée. Il s'y trouve même des mots si farouches pour la poésie, que je suis contraint d'en chercher d'autres qui n'y répondent pas si parfaitement que je souhaiterois, et n'en sauroient exprimer toute la force.

Je fais cette excuse particulièrement pour celui de *consolations* dont il se sert à tout propos, et qui a grande peine à trouver sa place dans nos vers avec quelque grâce; celui de *joie* et celui de *douceur* que je lui substitue ne disent pas tout ce qu'il veut dire; et, à moins que l'indulgence du lecteur supplée ce qui leur manque, il ne concevra pas la pensée de l'auteur dans toute son étendue. Il en est ainsi de quelques autres que je ne puis pas toujours rendre comme je voudrois. Je n'en veux pas toutefois imputer si pleinement la faute à la foiblesse de notre langue, que je ne confesse que la mienne y a bonne part; mais enfin je ne puis mieux, et de quelque importance que soit ce défaut, je n'ai pas cru qu'il me dût faire quitter un travail que d'ailleurs on me veut faire croire être assez utile au public, et pouvoir contribuer quelque chose à la gloire de Dieu et à l'édification du prochain.

POUR LA SUITE DU LIVRE II, PUBLIÉE EN 1653.

Au lecteur. — J'ai bien des grâces à vous demander, mais aussi les difficultés qui se rencontrent en cette sorte de traduction méritent bien que vous ne m'en soyez pas avare. Le peu de disposition que les matières y ont à la poésie, le peu de liaison non-seulement d'un chapitre avec l'autre, mais d'une période même avec celle qui la suit, et la quantité des redites, sont des obstacles assez malaisés à surmonter. Et si, outre ces trois qui viennent de l'original, vous voulez bien en considérer trois autres de la part du traducteur, peu de connoissance de la théologie, peu de pratique des sentimens de dévotion, et peu d'habitude à faire des vers d'ode et de stances, j'ose m'assurer que vous me pardonnerez aisément les défauts que je vois moi-même dans cet ouvrage, sans pouvoir l'en purger au point qu'on peut raisonnablement attendre d'un homme à qui les vers ont acquis quelque réputation. Surtout les répétitions sont si fréquentes dans le texte de mon auteur, que quand notre langue seroit dix fois plus abondante qu'elle n'est, je l'aurois déjà épuisée. Elles ont lieu de vous importuner, puisqu'elles m'accablent, et j'avoue ingénument que je n'ai pu encore trouver le secret de diversifier mes expressions, toutes les fois qu'il me présente la même chose à exprimer. Le premier et le dernier chapitre de ce second livre en sont tout remplis, et comme je n'ai pu me résoudre à faire une infidélité à mon guide, que je suis pas à pas, de peur de m'égarer dans un chemin qui m'est presque inconnu, aussi n'ai-je pu forcer mon génie à n'y laisser aucune marque du dégoût que ces redites m'ont donné. Il se rencontre même dans son texte des mots si farouches pour la poésie, que je suis contraint d'avoir recours à d'autres qui n'y répondent pas si bien que je souhaiterois, et n'en sauroient faire passer toute la force en notre françois. Je fais cette excuse particulièrement pour celui de *consolations*, dont il se sert à tout propos, et qui a grande peine à trouver sa place dans les vers avec quelque grâce. Ceux de *tribulation*, *contemplation*, *humiliation*, ne sont pas de meilleure trempe. La nécessité me les fait employer plus souvent que ne peut souffrir la douceur de la belle poésie; et quand je m'enhardis à en substituer quelques autres en leur place, je sens bien qu'ils ne disent pas tout ce que mon auteur veut dire, et qu'à moins que l'indulgence du lecteur supplée ce qui leur manque, il ne concevra pas sa pensée dans toute son étendue. Il en est ainsi de quelques autres encore que je ne puis pas rendre toujours comme je voudrois, et sont cause que les personnes bien illuminées, qui entendent et goûtent parfaitement l'original, ne trouvent pas leur compte dans ma traduction. Je n'en veux pas imputer si pleinement la faute à la foiblesse de notre langue, que je ne confesse que la mienne y a bonne part; mais enfin je ne puis mieux faire, et de quelque importance que soit ce défaut, je n'ai pas cru qu'il dût me faire quitter un travail que d'ailleurs on veut me faire croire être assez utile au public, et pouvoir contribuer quelque chose à la gloire de Dieu et à l'édification du prochain. Comme tout le monde n'a pas d'égales lumières, beaucoup de bonnes âmes sont assez simples pour ne s'apercevoir pas des imperfections de cette version, que d'autres mieux éclairées y remarquent du premier coup d'œil, et qui ne s'y couleroient pas en si grand nombre, si Dieu m'avoit donné plus d'esprit.

POUR LES TRENTE PREMIERS CHAPITRES DU LIVRE III, PUBLIÉS EN 1654.

Au lecteur. — Ce n'est ici que la moitié du troisième livre; je l'ai trouvé assez long pour en faire à deux fois. Ainsi ma traduction sera divisée en quatre parties, pour être plus portative. Les deux livres que vous avez déjà vus en composeront la première; celui-ci fournira aux deux suivantes, et le quatrième demeurera pour la dernière. Je vous demande encore un peu de patience pour les deux qui restent; elles ne me coûteront que chacune une année, pourvu qu'il plaise à Dieu de me donner assez de santé et d'esprit. Cependant j'espère que vous ferez aussi bon accueil à celle-ci que vous avez fait à celle qui l'a précédée. Les vers n'en sont pas moindres, et, si j'en puis croire mes amis, j'ai mieux pénétré l'esprit de l'auteur dans ces trente chapitres que par le passé. Il n'a fait de tout ce troisième livre qu'un dialogue entre Jésus-Christ et l'âme chrétienne, et souvent il les introduit l'un et l'autre dans un même chapitre, sans y marquer aucune distinction. La fidélité avec laquelle je le suis pas à pas m'a persuadé que je n'y en devois pas mettre, puisqu'il n'y en avoit pas mis; mais j'ai pris la liberté de changer de vers toutes les fois qu'il change de personnage, tant pour aider le lecteur à reconnoître ce changement que parce que je n'ai pas estimé à propos que l'homme parlât le même langage que Dieu.

POUR LA FIN DU LIVRE III ET LE LIVRE IV TOUT ENTIER, PUBLIÉS EN 1656.

Au lecteur. — Enfin me voici au bout d'un long ouvrage, et comme j'ai donné ces deux dernières parties aux libraires tout à la fois, ils ont cru qu'il vous seroit plus commode de les avoir en un seul volume, et n'ont point voulu les séparer. J'ai bien lieu de craindre que vous ne vous aperceviez un peu trop de l'impatience que j'ai eue de l'achever, et du chagrin qu'a jeté dans mon esprit un travail si long et si pénible.............

J'avois promis à quelques personnes dévotes de joindre à cette traduction celle du *Combat spirituel;* mais je les supplie de trouver bon que je retire ma parole. Puisque j'ai été prévenu dans ce dessein par une des plus belles plumes de la cour, il est juste de lui en laisser toute la gloire. Je n'ignore pas que les livres sont des trésors publics où chacun peut mettre la main: mais le premier qui s'en saisit pour les traduire, semble se les approprier en quelque façon, et on ne peut plus s'y engager sans lui faire un secret reproche de n'y avoir pas bien réussi, et promettre de s'en acquitter plus dignement. En attendant que Dieu m'inspire quelque autre dessein, je me contenterai de m'appliquer à une revue de mes pièces de théâtre, pour les réduire en un corps, et vous les faire voir en un état un peu plus supportable. J'y ajouterai quelques réflexions sur chaque poëme, tirées de l'art poétique, plus courtes ou plus étendues, selon que les matières s'en offriront, et j'espère que ce présent renouvelé ne vous sera point désagréable, ni tout à fait inutile à ceux qui voudront s'exercer en cette sorte de poésie.

LIVRE PREMIER.

Chap. I. — *De l'imitation de Jésus-Christ, et du mépris de toutes les vanités du monde.*

« Heureux qui tient la route où ma voix le convie!
Les ténèbres jamais n'approchent qui me suit,
Et partout sur mes pas il trouve un jour sans nuit
Qui porte jusqu'au cœur la lumière de vie. »
Ainsi Jésus-Christ parle; ainsi de ses vertus,
Dont brillent les sentiers qu'il a pour nous battus,
Les rayons toujours vifs montrent comme il faut vivre,
Et quiconque veut être éclairé pleinement
Doit apprendre de lui que ce n'est qu'à le suivre
Que le cœur s'affranchit de tout aveuglement.

Les doctrines des saints n'ont rien de comparable
A celle dont lui-même il s'est fait le miroir;
Elle a mille trésors qui se font bientôt voir,
Quand l'œil a pour flambeau son esprit adorable.
Toi qui, par l'amour-propre à toi-même attaché,
L'écoutes et la lis sans en être touché,
Faute de cet esprit, tu n'y trouves qu'épines;
Mais si tu veux l'entendre et lire avec plaisir,
Conformes-y ta vie, et ses douceurs divines
S'étaleront en foule à ton heureux désir.

Que te sert de percer les plus secrets abîmes
Où se cache à nos sens l'immense Trinité,
Si ton intérieur, manque d'humilité,
Ne lui sauroit offrir d'agréables victimes?
Cet orgueilleux savoir, ces pompeux sentimens,
Ne sont aux yeux de Dieu que de vains ornemens;
Il ne s'abaisse point vers des âmes si hautes :
Et la vertu sans eux est de telle valeur,
Qu'il vaut mieux bien sentir la douleur de tes fautes,
Que savoir définir ce qu'est cette douleur.

Porte toute la Bible en ta mémoire empreinte,
Sache tout ce qu'ont dit les sages des vieux temps;
Joins-y, si tu le peux, tous les traits éclatans
De l'histoire profane et de l'histoire sainte :
De tant d'enseignemens l'impuissante langueur
Sous leur poids inutile accablera ton cœur,
Si Dieu n'y verse encor son amour et sa grâce;
Et l'unique science où tu dois prendre appui,

C'est que tout n'est ici que vanité qui passe,
Hormis d'aimer sa gloire, et ne servir que lui.

C'est là des vrais savans la sagesse profonde ;
Elle est bonne en tout temps, elle est bonne en tous lieux,
Et le plus sûr chemin pour aller vers les cieux,
C'est d'affermir nos pas sur le mépris du monde.
Ce dangereux flatteur de nos foibles esprits
Oppose mille attraits à ce juste mépris ;
Qui s'en laisse éblouir s'en laisse tôt séduire :
Mais ouvre bien les yeux sur leur fragilité,
Regarde qu'un moment suffit pour les détruire,
Et tu verras qu'enfin tout n'est que vanité.

Vanité d'entasser richesses sur richesses ;
Vanité de languir dans la soif des honneurs ;
Vanité de choisir pour souverains bonheurs
De la chair et des sens les damnables caresses ;
Vanité d'aspirer à voir durer nos jours
Sans nous mettre en souci d'en mieux régler le cours,
D'aimer la longue vie, et négliger la bonne,
D'embrasser le présent sans soin de l'avenir,
Et de plus estimer un moment qu'il nous donne
Que l'attente des biens qui ne sauroient finir.

Toi donc, qui que tu sois, si tu veux bien comprendre
Comme à tes sens trompeurs tu dois te confier,
« Souviens-toi qu'on ne peut jamais rassasier
Ni l'œil humain de voir, ni l'oreille d'entendre ;
Qu'il faut se dérober à tant de faux appas,
Mépriser ce qu'on voit pour ce qu'on ne voit pas,
Fuir les contentemens transmis par ces organes ;
Que de s'en satisfaire on n'a jamais de lieu,
Et que l'attachement à leurs douceurs profanes
Souille ta conscience, et t'éloigne de Dieu.

CHAP. II. — *Du peu d'estime de soi-même.*

Le désir de savoir est naturel aux hommes ;
Il naît dans leur berceau sans mourir qu'avec eux :
Mais, ô Dieu ! dont la main nous fait ce que nous sommes,
Que peut-il sans ta crainte avoir de fructueux ?

Un paysan stupide et sans expérience,
Qui ne sait que t'aimer et n'a que de la foi,
Vaut mieux qu'un philosophe enflé de sa science,
Qui pénètre les cieux, sans réfléchir sur soi.

Qui se connoît soi-même en a l'âme peu vaine,
Sa propre connoissance en met bien bas le prix ;

Et tout le faux éclat de la louange humaine
N'est pour lui que l'objet d'un généreux mépris.

Au grand jour du Seigneur sera-ce un grand refuge
D'avoir connu de tout et la cause et l'effet,
Et ce qu'on aura su fléchira-t-il un juge
Qui ne regardera que ce qu'on aura fait?

Borne donc tes désirs à ce qu'il te faut faire;
Ne les porte plus trop vers l'amas du savoir;
Les soins de l'acquérir ne font que te distraire,
Et quand tu l'as acquis il peut te décevoir.

Les savans d'ordinaire aiment qu'on les regarde,
Qu'on murmure autour d'eux : « Voilà ces grands esprits; »
Et, s'ils ne font du cœur une soigneuse garde,
De cet orgueil secret ils sont toujours surpris.

Qu'on ne s'y trompe point, s'il est quelques sciences
Qui puissent d'un savant faire un homme de bien,
Il en est beaucoup plus de qui les connoissances
Ne servent guère à l'âme, ou ne servent de rien.

Par là tu peux juger à quels périls s'expose
Celui qui du savoir fait son unique but,
Et combien se méprend qui songe à quelque chose
Qu'à ce qui peut conduire au chemin du salut.

Le plus profond savoir n'assouvit point une âme;
Mais une bonne vie a de quoi la calmer,
Et jette dans le cœur qu'un saint désir enflamme
La pleine confiance au Dieu qu'il doit aimer.

Au reste, plus tu sais, et plus a de lumière
Le jour qui se répand sur ton entendement,
Plus tu seras coupable à ton heure dernière
Si tu n'en as vécu d'autant plus saintement.

La vanité par là ne te doit point surprendre.
Le savoir t'est donné pour guide à moins faillir;
Il te donne lui-même un plus grand compte à rendre,
Et plus lieu de trembler que de t'enorgueillir.

Trouve à t'humilier même dans ta doctrine :
Quiconque en sait beaucoup en ignore encor plus,
Et qui sans se flatter en secret s'examine
Est de son ignorance heureusement confus.

Quand pour quelques clartés dont ton esprit abonde
Ton orgueil à quelque autre ose te préférer,
Vois qu'il en est encor de plus savans au monde,
Qu'il en est que le ciel daigne mieux éclairer.

Fuis la haute science, et cours après la bonne;
Apprends celle de vivre ici-bas sans éclat;
Aime à n'être connu, s'il se peut, de personne,
Ou du moins aime à voir qu'aucun n'en fasse état.

Cette unique leçon, dont le parfait usage
Consiste à se bien voir et n'en rien présumer,
Est la plus digne étude où s'occupe le sage
Pour estimer tout autre, et se mésestimer.

Si tu vois donc un homme abîmé dans l'offense,
Ne te tiens pas plus juste ou moins pécheur que lui :
Tu peux en un moment perdre ton innocence,
Et n'être pas demain le même qu'aujourd'hui.

Souvent l'esprit est foible et les sens indociles,
L'amour-propre leur fait ou la guerre ou la loi;
Mais, bien qu'en général nous soyons tous fragiles,
Tu n'en dois croire aucun si fragile que toi.

Chap. III. — *De la doctrine de la vérité.*

Qu'heureux est le mortel que la vérité même
Conduit de sa main propre au chemin qui lui plaît!
Qu'heureux est qui la voit dans sa beauté suprême,
    Sans voile et sans emblème,
    Et telle enfin qu'elle est!

Nos sens sont des trompeurs dont les fausses images
A notre entendement n'offrent rien d'assuré,
Et ne lui font rien voir qu'à travers cent nuages
    Qui jettent mille ombrages
    Dans l'œil mal éclairé.

De quoi sert une longue et subtile dispute
Sur des obscurités où l'esprit est déçu?
De quoi sert qu'à l'envi chacun s'en persécute,
    Si Dieu jamais n'impute
    De n'en avoir rien su?

Grande perte de temps et plus grande foiblesse
De s'aveugler soi-même et quitter le vrai bien
Pour consumer sa vie à pointiller sans cesse
    Sur le genre et l'espèce,
    Qui ne servent à rien.

Touche, Verbe éternel, ces âmes curieuses;
Celui que ta parole une fois a frappé,
De tant d'opinions vaines, ambitieuses,
    Et souvent dangereuses,
    Est bien développé.

Ce Verbe donne seul l'être à toutes les causes ;
Il nous parle de tout, tout nous parle de lui ;
Il tient de tout en soi les natures encloses ;
    Il est de toutes choses
    Le principe et l'appui.

Aucun sans son secours ne sauroit se défendre
D'un million d'erreurs qui courent l'assiéger ;
Et depuis qu'un esprit refuse de l'entendre,
    Quoi qu'il pense comprendre,
    Il n'en peut bien juger.

Mais qui rapporte tout à ce Verbe immuable,
Qui voit tout en lui seul, en lui seul aime tout,
A la plus rude attaque il est inébranlable,
    Et sa paix ferme et stable
    En vient soudain à bout !

O Dieu de vérité, pour qui seul je soupire,
Unis-moi donc à toi par de forts et doux nœuds !
Je me lasse d'ouïr, je me lasse de lire,
    Mais non pas de te dire :
    « C'est toi seul que je veux. »

Parle seul à mon âme, et qu'aucune prudence,
Qu'aucun autre docteur ne m'explique tes lois ;
Que toute créature à ta sainte présence
    S'impose le silence,
    Et laisse agir ta voix.

Plus l'esprit se fait simple et plus il se ramène
Dans un intérieur dégagé des objets.
Plus lors sa connoissance est diffuse et certaine,
    Et s'élève sans peine
    Jusqu'aux plus hauts sujets.

Oui, Dieu prodigue alors ses grâces plus entières,
Et, portant notre idée au-dessus de nos sens,
Il nous donne d'en haut d'autant plus de lumières,
    Qui percent les matières
    Par des traits plus puissans.

Cet esprit simple, uni, stable, pur, pacifique,
En mille soins divers n'est jamais dissipé,
Et l'honneur de son Dieu, dans tout ce qu'il pratique,
    Est le projet unique
    Qui le tient occupé.

Il est toujours en soi détaché de soi-même ;
Il ne sait point agir quand il se faut chercher,
Et, fût-il dans l'éclat de la grandeur suprême,

Son propre diadème
Ne l'y peut attacher.

Il ne croit trouble égal à celui que se cause
Un cœur qui s'abandonne à ses propres transports,
Et, maître de soi-même, en soi-même il dispose
Tout ce qu'il se propose
De produire au dehors.

Bien loin d'être emporté par le courant rapide
Des flots impétueux de ses bouillans désirs,
Il les dompte, il les rompt, il les tourne, il les guide,
Et donne ainsi pour bride
La raison aux plaisirs.

Mais pour se vaincre ainsi qu'il faut d'art et de force !
Qu'il faut pour ce combat préparer de vigueur !
Et qu'il est malaisé de faire un plein divorce
Avec la douce amorce
Que chacun porte au cœur !

Ce devroit être aussi notre unique pensée
De nous fortifier chaque jour contre nous,
Pour en déraciner cette amour empressée
Où l'âme intéressée
Trouve un poison si doux.

Les soins que cette amour nous donne en cette vie
Ne peuvent aussi bien nous élever si haut,
Que la perfection la plus digne d'envie
N'y soit toujours suivie
Des hontes d'un défaut.

Nos spéculations ne sont jamais si pures
Qu'on ne sente un peu d'ombre y régner à son tour ;
Nos plus vives clartés ont des couleurs obscures,
Et cent fausses peintures
Naissent d'un seul faux jour.

Mais n'avoir que mépris pour soi-même et que haine
Ouvre et fait vers le ciel un chemin plus certain,
Que le plus haut effort de la science humaine,
Qui rend l'âme plus vaine
Et l'égare soudain.

Ce n'est pas que de Dieu ne vienne la science ;
D'elle-même elle est bonne, et n'a rien à blâmer :
Mais il faut préférer la bonne conscience
A cette impatience
De se faire estimer.

Cependant, sans souci de régler sa conduite,
On veut être savant, on en cherche le bruit;
Et cette ambition par qui l'âme est séduite
   Souvent traîne à sa suite
   Mille erreurs pour tout fruit.

Ah! si l'on se donnoit la même diligence,
Pour extirper le vice et planter la vertu,
Que pour subtiliser sa propre intelligence
   Et tirer la science
   Hors du chemin battu!

De tant de questions les dangereux mystères
Produiroient moins de trouble et de renversement,
Et ne couleroient pas dans les règles austères
   Des plus saints monastères
   Tant de relâchement.

Un jour, un jour viendra qu'il faudra rendre compte,
Non de ce qu'on a lu, mais de ce qu'on a fait;
Et l'orgueilleux savoir, à quelque point qu'il monte,
   N'aura lors que la honte
   De son mauvais effet.

Où sont tous ces docteurs qu'une foule si grande
Rendoit à tes yeux même autrefois si fameux?
Un autre tient leur place, un autre a leur prébende,
   Sans qu'aucun te demande
   Un souvenir pour eux.

Tant qu'a duré leur vie ils sembloient quelque chose;
Il semble après leur mort qu'ils n'ont jamais été :
Leur mémoire avec eux sous leur tombe est enclose;
   Avec eux y repose
   Toute leur vanité.

Ainsi passe la gloire où le savant aspire,
S'il n'a mis son étude à se justifier;
C'est là le seul emploi qui laisse lieu d'en dire
   Qu'il avoit su bien lire
   Et bien étudier.

Mais, au lieu d'aimer Dieu, d'agir pour son service,
L'éclat d'un vain savoir à toute heure éblouit,
Et fait suivre à toute heure un brillant artifice
   Qui mène au précipice,
   Et là s'évanouit.

Du seul désir d'honneur notre âme est enflammée;
Nous voulons être grands plutôt qu'humbles de cœur;
Et tout ce bruit flatteur de notre renommée,

Comme il n'est que fumée,
Se dissipe en vapeur.

La grandeur véritable est d'une autre nature ;
C'est en vain qu'on la cherche avec la vanité ;
Celle d'un vrai chrétien, d'une âme toute pure,
    Jamais ne se mesure
    Que sur sa charité.

Vraiment grand est celui qui dans soi se ravale,
Qui rentre en son néant pour s'y connoître bien,
Qui de tous les honneurs que l'univers étale
    Craint la pompe fatale,
    Et ne l'estime rien.

Vraiment sage est celui dont la vertu resserre
Autour du vrai bonheur l'essor de son esprit,
Qui prend pour du fumier les choses de la terre,
    Et qui se fait la guerre
    Pour gagner Jésus-Christ.

Et vraiment docte enfin est celui qui préfère
A son propre vouloir le vouloir de son Dieu,
Qui cherche en tout, partout, à l'apprendre, à le faire,
    Et jamais ne diffère
    Ni pour temps ni pour lieu.

CHAP. IV. — *De la prudence en sa conduite.*

    N'écoute pas tout ce qu'on dit,
    Et souviens-toi qu'une âme forte
    Donne malaisément crédit
A ces bruits indiscrets où la foule s'emporte.
Il faut examiner avec sincérité,
Selon l'esprit de Dieu, qui n'est que charité,
    Tout ce que d'un autre on publie :
Cependant, ô foiblesse indigne d'un chrétien !
    Jusque-là souvent on s'oublie
Qu'on croit beaucoup de mal plutôt qu'un peu de bien.

    Qui cherche la perfection,
    Loin de tout croire en téméraire,
    Pèse avec mûre attention
Tout ce qu'il entend dire et tout ce qu'il voit faire ;
La plus claire apparence a peine à l'engager :
Il sait que notre esprit est prompt à mal juger,
    Notre langue prompte à médire ;
Et, bien qu'il ait sa part en cette infirmité,
    Sur lui-même il garde un empire
Qui le fait triompher de sa fragilité.

C'est ainsi que son jugement,
Quoi qu'il apprenne, quoi qu'il sache,
Se porte sans empressement,
Sans qu'en opiniâtre à son sens il s'attache :
Il se défend longtemps du mal qu'on dit d'autrui,
Ou s'il en est enfin convaincu malgré lui,
Il ne s'en fait point le trompette,
Et cette impression qu'il en prend à regret,
Qu'il désavoue et qu'il rejette,
Demeure dans son âme un éternel secret.

Pour conseil en tes actions
Prends un homme de conscience,
Préfère ses instructions
A ce qu'ose inventer l'effort de ta science.
La bonne et sainte vie à chaque événement
Forme l'expérience, ouvre l'entendement,
Éclaire l'esprit qui l'embrasse ;
Et plus on a pour soi des sentimens abjects,
Plus Dieu, prodigue de sa grâce,
Répand à pleines mains la sagesse et la paix.

Chap. V. — *De la lecture de l'Écriture sainte.*

Cherche la vérité dans la sainte Ecriture,
Et lis du même esprit
Le texte impérieux de sa doctrine pure
Que tu le vois écrit.

On n'y doit point chercher ni le fard du langage,
Ni la subtilité,
Ni de quoi s'attacher sur le plus beau passage,
Qu'à son utilité.

Lis un livre dévot, simple et sans éloquence,
Avec plaisir pareil
Que ceux où se produit l'orgueil de la science
En son haut appareil.

Ne considère point si l'auteur d'un tel livre
Fut plus ou moins savant ;
Mais, s'il dit vérité, s'il t'apprend à bien vivre,
Feuillette-le souvent.

Quand son instruction est salutaire et bonne,
Donne-lui prompt crédit,
Et, sans examiner quel maître te la donne,
Songe à ce qu'il te dit.

L'autorité de l'homme est de peu d'importance,

Et passe en un moment ;
Mais cette vérité que le ciel nous dispense
Dure éternellement.

Sans égards à personne avec nous Dieu s'explique
En diverses façons,
Et par tel qu'il lui plaît sa bonté communique
Ses plus hautes leçons.

Le sens de sa parole est souvent si sublime
Et si mystérieux,
Qu'à trop l'approfondir il égare, il abîme
L'esprit du curieux.

Il ne veut pas toujours que la vérité nue
S'offre à l'entendement,
Et celui-là se perd qui s'arrête où la vue
Doit passer simplement.

De ce trésor ouvert la richesse éternelle
A beau nous inviter,
Si l'on n'y porte un cœur humble, simple, fidèle,
On n'en peut profiter.

Ne choisis point pour but de cette sainte étude
D'être estimé savant,
Ou pour fruit d'un travail et si long et si rude
Tu n'auras que du vent.

Consulte volontiers sur de si hauts mystères
Les meilleurs jugemens,
Écoute avec respect les avis des saints Pères
Comme leurs truchemens.

Ne te dégoûte point surtout des paraboles,
Quel qu'en soit le projet,
Et ne les prends jamais pour des contes frivoles
Qu'on forme sans sujet.

CHAP. VI. — *Des affections désordonnées.*

Quand l'homme avec ardeur souhaite quelque chose,
Quand son peu de vertu n'oppose
Ni règle à ses désirs ni modération,
Il tombe dans le trouble et dans l'inquiétude
Avec la même promptitude
Qu'il défère à sa passion.

L'avare et le superbe incessamment se gênent,
Et leurs propres vœux les entraînent
Loin du repos heureux qu'ils ne goûtent jamais ;

Mais les pauvres d'esprit, les humbles en jouissent,
  Et leurs âmes s'épanouissent
  Dans l'abondance de la paix.

Qui n'est point tout à fait dégagé de soi-même,
  Qui se regarde encore et s'aime,
Voit peu d'occasions sans en être tenté ;
Les objets les plus vils surmontent sa foiblesse,
  Et le moindre assaut qui le presse
  L'atterre avec facilité.

Ces dévots à demi, sur qui la chair plus forte
  Domine encore en quelque sorte,
Penchent à tous momens vers ses mortels appas,
Et n'ont jamais une âme assez haute, assez pure,
  Pour faire une entière rupture
  Avec les douceurs d'ici-bas.

Non, ces hommes charnels, dont les cœurs s'abandonnent
  A tout ce que les sens ordonnent,
Ne possèdent jamais un bien si précieux ;
Mais les spirituels, en qui l'âme fervente
  Rend la grâce toute-puissante,
  Le reçoivent toujours des cieux.

Oui, qui de cette chair à demi se détache,
  Se chagrine quand il s'arrache
Aux plaisirs dont l'image éveille son désir ;
Et, faisant à regret un effort qui l'attriste,
  Il s'indigne quand on résiste
  A ce qu'il lui plaît de choisir.

Que si, lâchant la bride à sa concupiscence,
  Il emporte la jouissance
Où l'a fait aspirer ce désir déréglé,
Soudain le vif remords qui le met à la gêne
  Redouble d'autant plus sa peine
  Que plus il s'étoit aveuglé.

Il recouvre la vue au milieu de sa joie,
  Mais seulement afin qu'il voie
Comme ses propres sens se font ses ennemis,
Et que la passion, qu'il a prise pour guide,
  Ne fait point le repos solide
  Qu'en vain il s'en étoit promis.

C'est donc en résistant à ces tyrans de l'âme
  Qu'une sainte et divine flamme
Nous donne cette paix que suit un vrai bonheur :
Et qui sous leur empire asservit son courage,

Dans quelques délices qu'il nage,
Jamais ne la trouve en son cœur.

Chap. VII. — *Qu'il faut fuir la vaine espérance et la présomption.*

O ciel! que l'homme est vain qui met son espérance
Aux hommes comme lui,
Qui sur la créature ose prendre assurance,
Et se propose un ferme appui
Sur une éternelle inconstance!

Sers pour l'amour de Dieu, mortel, sers ton prochain
Sans en avoir de honte;
Et quand tu parois pauvre, empêche que soudain
La rougeur au front ne te monte
Pour le paroître avec dédain.

Ne fais point fondement sur tes propres mérites;
Tiens ton espoir en Dieu;
De lui dépend l'effet de quoi que tu médites,
Et s'il ne te guide en tout lieu,
En tout lieu tu te précipites.

Ne dors pas toutefois, et fais de ton côté
Tout ce que tu peux faire,
Il ne manquera point d'agir avec bonté
Et de fournir comme vrai père
Des forces à ta volonté.

Mais ne t'assure point sur ta haute science,
Ni sur celle d'autrui;
Leur conduite souvent brouille la conscience,
Et Dieu seul est le digne appui
Que doit choisir ta confiance.

C'est lui qui nous fait voir l'humble et le vertueux
Élevé par sa grâce;
C'est lui qui nous fait voir son bras majestueux
Terrasser l'insolente audace
Dont s'enfle le présomptueux.

Soit donc qu'en ta maison la richesse s'épande,
Soit que de tes amis
Le pouvoir en tous lieux pompeusement s'étende,
Garde toujours un cœur soumis,
Quelque honneur par là qu'on te rende.

Prends-en la gloire en Dieu, qui jamais n'est borné
Dans son amour extrême,
En Dieu, qui, donnant tout sans être importuné,

Veut encor se donner soi-même,
Après même avoir tout donné.

Souviens-toi que du corps la taille avantageuse
Qui se fait admirer,
Ni de mille beautés l'union merveilleuse
Pour qui chacun veut soupirer,
Ne doit rendre une âme orgueilleuse.

Du temps l'inévitable et fière avidité
En fait un prompt ravage,
Et souvent avant lui la moindre infirmité
Laisse à peine au plus beau visage
Les marques de l'avoir été.

Si ton esprit est vif, judicieux, docile,
N'en deviens pas plus vain ;
Tu déplairois à Dieu, qui te fait tout facile,
Et n'a qu'à retirer sa main
Pour te rendre un sens imbécile.

Ne te crois pas plus saint qu'aucun autre pécheur,
Quoi qu'on te veuille dire ;
Dieu, qui connoît tout l'homme, et qui voit dans ton cœur,
Souvent te répute le pire,
Quand tu t'estimes le meilleur.

Ces bonnes actions sur qui chacun se fonde
Pour t'élever aux cieux
Ne partent pas toujours d'une vertu profonde ;
Et Dieu, qui voit par d'autres yeux,
En juge autrement que le monde.

Non qu'il nous faille armer contre la vérité
Pour juger mal des nôtres ;
Voyons-en tout le bien avec sincérité,
Mais croyons encor mieux des autres,
Pour conserver l'humilité.

Tu ne te nuis jamais quand tu les considères
Pour te mettre au-dessous ;
Mais ton orgueil t'expose à d'étranges misères,
Si tu peux choisir entre eux tous
Un seul à qui tu te préfères.

C'est ainsi que chez l'humble une éternelle paix
Fait une douce vie,
Tandis que le superbe est plongé pour jamais
Dans le noir chagrin de l'envie,
Qui trouble ses propres souhaits.

Chap. VIII. — *Qu'il faut éviter la trop grande familiarité.*

Ne fais point confidence avec toutes personnes,
Regarde où tu répands les secrets de ton cœur ;
Prends et suis les conseils de qui craint le Seigneur ;
Choisis tes amitiés, et n'en fais que de bonnes ;
Hante peu la jeunesse, et de ceux du dehors
    Souffre rarement les abords.

Jamais autour du riche à flatter ne t'exerce ;
Vis sans démangeaison de te montrer aux grands ;
Vois l'humble, le dévot, le simple, et n'entreprends
De faire qu'avec eux un long et plein commerce ;
Et n'y traite surtout que des biens précieux
    Dont une âme achète les cieux.

Évite avec grand soin la pratique des femmes,
Ton ennemi par là peut trouver ton défaut ;
Recommande en commun aux bontés du Très-Haut
Celles dont les vertus embellissent les âmes ;
Et, sans en voir jamais qu'avec un prompt adieu,
    Aime-les toutes, mais en Dieu.

Ce n'est qu'avec lui seul, ce n'est qu'avec ses anges
Que doit un vrai chrétien se rendre familier :
Porte-lui tout ton cœur, deviens leur écolier ;
Adore en lui sa gloire, apprends d'eux ses louanges ;
Et, bornant tes désirs à ses dons éternels,
    Fuis d'être connu des mortels.

La charité vers tous est toujours nécessaire,
Mais non pas avec tous un accès trop ouvert :
La réputation assez souvent s'y perd ;
Et tel qui plaît de loin, de près cesse de plaire :
Tant ce brillant éclat qui ne fait qu'éblouir
    Est sujet à s'évanouir !

Oui, souvent il arrive, et contre notre envie,
Que plus on prend de peine à se communiquer,
Plus cet effort nous trompe, et force à remarquer
Les désordres secrets qui souillent notre vie,
Et que ce qu'un grand nom avoit semé de bruit
    Par la présence est tôt détruit.

Chap. IX. — *De l'obéissance et de la subjétion.*

Qu'il fait bon obéir ! que l'homme a de mérite
Qui d'un supérieur aime à suivre les lois,
Qui ne garde aucun droit dessus son propre choix,
Qui l'immole à toute heure, et soi-même se quitte !
L'obéissance est douce, et son aveuglement

Forme un chemin plus sûr que le commandement,
Lorsque l'amour la fait, et non pas la contrainte ;
Mais elle n'a qu'aigreur sans cette charité,
Et c'est un long sujet de murmure et de plainte
Quand son joug n'est souffert que par nécessité.

Tous ces devoirs forcés où tout le cœur s'oppose
N'acquièrent à l'esprit ni liberté ni paix.
Aime qui te commande, ou n'y prétends jamais ;
S'il n'est aimable en soi, c'est Dieu qui te l'impose.
Cours deçà, cours delà, change d'ordre ou de lieux,
Si pour bien obéir tu ne fermes les yeux,
Tu ne trouveras point ce repos salutaire,
Et tous ceux que chatouille un pareil changement
N'y rencontrent enfin qu'un bien imaginaire
Dont la trompeuse idée échappe en un moment.

Il est vrai que chacun volontiers se conseille,
Qu'il aime que son sens règle ses actions,
Et tourne avec plaisir ses inclinations
Vers ceux dont la pensée à la sienne est pareille ;
Mais, si le Dieu de paix règne au fond de nos cœurs,
Il faut les arracher à toutes ces douceurs,
De tous nos sentimens soupçonner la foiblesse,
Les dédire souvent, et, pour mieux le pouvoir,
Nous souvenir qu'en terre il n'est point de sagesse
Qui sans aucune erreur puisse tout concevoir.

Ne prends donc pas aux tiens si pleine confiance
Que tu n'ouvres l'oreille encore à ceux d'autrui ;
Et quand tu te convaincs de juger mieux que lui,
Sacrifie à ton Dieu cette juste croyance.
Combattre une révolte où penche la raison,
Pour donner au bon sens une injuste prison,
C'est se faire soi-même une sainte injustice ;
Et pour en venir là plus tu t'es combattu,
Plus ce Dieu, qui regarde un si grand sacrifice,
T'impute de mérite et t'avance en vertu.

On va d'un pas plus ferme à suivre qu'à conduire ;
L'avis est plus facile à prendre qu'à donner :
On peut mal obéir comme mal ordonner ;
Mais il est bien plus sûr d'écouter que d'instruire.
Je sais que l'homme est libre, et que sa volonté,
Entre deux sentimens d'une égale bonté,
Peut avec fruit égal embrasser l'un ou l'autre ;
Mais ne point déférer à celui du prochain,
Quand l'ordre ou la raison parle contre le nôtre,
C'est montrer un esprit opiniâtre ou vain.

CHAP. X. — *Qu'il faut se garder de la superfluité des paroles.*

Fuis l'embarras du monde autant qu'il t'est possible ;
Ces entretiens du siècle ont trop d'inanité,
Et la paix y rencontre un obstacle invincible
Lors même qu'on s'y mêle avec simplicité.

Soudain l'âme est souillée, et le cœur fait esclave
Des vains amusemens qu'ils savent nous donner ;
Leur force est merveilleuse, et pour un qui les brave
Mille à leurs faux appas se laissent enchaîner.

Leur amorce flatteuse a l'art de nous surprendre ;
Le poison qu'elle glisse est aussitôt coulé ;
Et je voudrois souvent n'avoir pu rien entendre,
Ou n'avoir vu personne, ou n'avoir point parlé.

Qui donc fait naître en nous cette ardeur insensée,
Ce désir de parler en tous lieux épandu,
S'il est si malaisé que sans être blessée
L'âme rentre en soi-même après ce temps perdu ?

N'est-ce point que chacun, de s'aider incapable,
Espère l'un de l'autre un mutuel secours,
Et que l'esprit, lassé du souci qui l'accable,
Croit affoiblir son poids s'il l'exhale en discours ?

Du moins tous ces discours sur qui l'homme se jette,
Son propre intérêt seul les forme et les conduit ;
Il parle avec ardeur de tout ce qu'il souhaite,
Il parle avec douleur de tout ce qui lui nuit.

Mais souvent c'est en vain, et cette fausse joie,
Qu'il emprunte en passant de l'entretien d'autrui,
Repousse d'autant plus celle que Dieu n'envoie
Qu'aux esprits retirés qui n'en cherchent qu'en lui.

Veillons donc, et prions que le temps ne s'envole
Cependant que le cœur languit d'oisiveté ;
Ou s'il nous faut parler, qu'avec chaque parole
Il sorte de la bouche un trait d'utilité.

Le peu de soin qu'on prend de tout ce qui regarde
Ces biens spirituels dont l'âme s'enrichit
Pose sur notre langue une mauvaise garde,
Et fait ce long abus sous qui l'homme blanchit.

Parlons, mais dans une humble et sainte conférence
Qui nous puisse acquérir cette sorte de biens :
Dieu les verse toujours par delà l'espérance
Quand on s'unit à lui par de tels entretiens.

CHAP. XI. — *Qu'il faut tâcher d'acquérir la paix intérieure, et de profiter en la vie spirituelle.*

Que nous aurions de paix et qu'elle seroit forte,
Si nous n'avions le cœur qu'à ce qui nous importe,
Et si nous n'aimions point à nous brouiller l'esprit
Ni de ce que l'on fait ni de ce que l'on dit!
Le moyen qu'elle règne en celui qui sans cesse
Des affaires d'autrui s'inquiète et s'empresse,
Qui cherche hors de soi de quoi s'embarrasser,
Et rarement en soi tâche à se ramasser?

C'est vous, simples, c'est vous dont l'heureuse prudence
Du vrai repos d'esprit possède l'abondance;
C'est par là que les saints, morts à tous ces plaisirs
Où les soins de la terre abaissent nos désirs,
N'ayant le cœur qu'en Dieu, ni l'œil que sur eux-mêmes,
Élevoient l'un et l'autre aux vérités suprêmes,
Et qu'à les contempler bornant leur action,
Ils alloient au plus haut de la perfection.

Nous autres, asservis à nos lâches envies,
Sur des biens passagers nous occupons nos vies,
Et notre esprit se jette avec avidité
Où par leur vaine idée il s'est précipité.

C'est rarement aussi que nous avons la gloire
D'emporter sur un vice une pleine victoire;
Notre peu de courage est soudain abattu;
Nous aidons mal au feu qu'allume la vertu;
Et, bien loin de tâcher qu'une chaleur si belle
Prenne de jour en jour une force nouvelle,
Nous laissons attiédir son impuissante ardeur,
Qui de tépidité dégénère en froideur.

Si de tant d'embarras l'âme purifiée
Parfaitement en elle étoit mortifiée,
Elle pourroit alors, comme reine des sens,
Jusqu'au trône de Dieu porter des yeux perçans,
Et faire une tranquille et prompte expérience
Des douceurs que sa main verse en la conscience;
Mais l'empire des sens donne d'autres objets,
L'âme sert en esclave à ses propres sujets;
Nous dédaignons d'entrer dans la parfaite voie
Que la ferveur des saints a frayée avec joie;
Le moindre coup que porte un peu d'adversité
Triomphe en un moment de notre lâcheté,
Et nous fait recourir, aveugles que nous sommes,
Aux consolations que nous prêtent les hommes.

Combattons de pied ferme en courageux soldats ;
Et le secours du ciel ne nous manquera pas :
Dieu le tient toujours prêt ; et sa grâce fidèle,
Toujours propice aux cœurs qui n'espèrent qu'en elle,
Ne fait l'occasion du plus rude combat
Que pour nous faire vaincre avecque plus d'éclat.

Ces austères dehors qui parent une vie,
Ces supplices du corps où l'âme est endurcie,
Laissent bientôt finir notre dévotion
Quand ils sont tout l'effet de la religion.
L'âme, de ses défauts saintement indignée,
Doit jusqu'à la racine enfoncer la cognée,
Et ne sauroit jouir d'une profonde paix
A moins que d'arracher jusques à ses souhaits.

Qui pourroit s'affermir dans un saint exercice
Qui du cœur tous les ans déracinât un vice,
Cet effort, quoique lent, de sa conversion
Arriveroit bientôt à la perfection ;
Mais nous n'avons, hélas! que trop d'expérience
Qu'ayant traîné vingt ans l'habit de pénitence,
Souvent ce lâche cœur a moins de pureté
Qu'à son noviciat il n'avoit apporté.

Le zèle cependant chaque jour devroit croître,
Profiter de l'exemple et de l'emploi du cloître,
Au lieu que chaque jour sa vigueur s'alentit,
Sa fermeté se lasse, et son feu s'amortit ;
Et l'on croit beaucoup faire aux dernières années
D'avoir un peu du feu des premières journées.

Faisons-nous violence, et vainquons-nous d'abord ;
Tout deviendra facile après ce peu d'effort.
Je sais qu'aux yeux du monde il doit paroître rude
De quitter les douceurs d'une longue habitude ;
Mais, puisqu'on trouve encor plus de difficulté
A dompter pleinement sa propre volonté,
Dans les choses de peu si tu ne te commandes,
Dis, quand te pourras-tu surmonter dans les grandes ?

Résiste dès l'entrée aux inclinations
Que jettent dans ton cœur tes folles passions ;
Vois combien ces douceurs enfantent d'amertumes ;
Dépouille entièrement tes mauvaises coutumes ;
Leur appât dangereux, chaque fois qu'il surprend,
Forme insensiblement un obstacle plus grand.

Enfin règle ta vie ; et vois, si tu te changes,
Que de paix en toi-même, et que de joie aux anges !

Ah ! si tu le voyois, tu serois plus constant
A courir sans relâche au bonheur qui t'attend ;
Tu prendrois plus de soins de nourrir en ton âme
La sainte et vive ardeur d'une céleste flamme,
Et, tâchant de l'accroître à toute heure, en tout lieu,
Chaque instant de tes jours seroit un pas vers Dieu.

Chap. XII. — *Des utilités de l'adversité.*

Il est bon quelquefois de sentir des traverses
  Et d'en éprouver la rigueur ;
Elles rappellent l'homme au milieu de son cœur,
Et peignent à ses yeux ses misères diverses ;
  Elles lui font clairement voir
  Qu'il n'est qu'en exil en ce monde,
Et par un prompt dégoût empêchent qu'il n'y fonde
  Ou son amour ou son espoir.

Il est avantageux qu'on blâme, qu'on censure
  Nos plus sincères actions,
Qu'on prête des couleurs à nos intentions
Pour en faire une fausse et honteuse peinture :
  Le coup de cette indignité
  Rabat en nous la vaine gloire,
Dissipe ses vapeurs, et rend à la mémoire
  Le souci de l'humilité.

Cet injuste mépris dont nous couvrent les hommes
  Réveille un zèle languissant,
Et pousse nos soupirs aux pieds du Tout-Puissant,
Qui voit notre pensée, et sait ce que nous sommes :
  La conscience en ce besoin
  Y cherche aussitôt son refuge,
Et sa juste douleur l'appelle pour seul juge,
  Comme il en est le seul témoin.

Aussi l'homme devroit s'affermir en sa grâce,
  S'unir à lui parfaitement,
Pour n'avoir plus besoin du vain soulagement
Qu'au défaut du solide à toute heure il embrasse :
  Il cesseroit d'avoir recours
  Aux consolations humaines,
Si contre la rigueur de ses plus rudes peines
  Il voyoit un si prompt secours.

Lorsque l'âme du juste est vivement pressée
  D'une imprévue affliction,
Qu'elle sent les assauts de la tentation,
Ou l'effort insolent d'une indigne pensée,

Elle voit mieux qu'un tel appui
A sa foiblesse est nécessaire,
Et que, quoi quelle fasse, elle ne peut rien faire
Ni de grand ni de bon sans lui.

Alors elle gémit, elle pleure, elle prie,
Dans un destin si rigoureux ;
Elle importune Dieu pour ce trépas heureux
Qui la doit affranchir d'une ennuyeuse vie ;
Et la soif des souverains biens,
Que dans le ciel fait sa présence,
Forme en elle une digne et sainte impatience
De rompre ses tristes liens.

Alors elle aperçoit combien d'inquiétudes
Empoisonnent tous nos plaisirs,
Combien de prompts revers troublent tous nos désirs,
Combien nos amitiés trouvent d'ingratitudes,
Et voit avec plus de clarté
Qu'on ne rencontre point au monde
Ni de solide paix, ni de douceur profonde,
Ni de parfaite sûreté.

CHAP. XIII. — *De la résistance aux tentations.*

Tant que le sang bout dans nos veines
Tant que l'âme soutient le corps,
Nous avons à combattre et dedans et dehors
Les tentations et les peines.
Aussi, toi qui mis tant de maux
Au-dessous de ta patience,
Toi qu'une sainte expérience
Endurcit à tous leurs assauts,
Job, tu l'as souvent dit, que l'homme sur la terre
Trouvoit toute sa vie une immortelle guerre.

Il doit donc en toute saison
Tenir l'œil ouvert sur soi-même,
Et sans cesse opposer à ce péril extrême
La vigilance et l'oraison :
Ainsi jamais il n'est la proie
Du lion toujours rugissant,
Qui, pour surprendre l'innocent,
Tout à l'entour de lui tournoie
Et, ne dormant jamais, dévore sans tarder
Ce qu'un lâche sommeil lui permet d'aborder.

Dans la retraite la plus sainte
Il n'est si haut détachement

Qui des tentations affranchi pleinement
    N'en sente quelquefois l'atteinte :
    Mais il en demeure ce fruit
    Dans une âme bien recueillie,
    Que leur attaque l'humilie,
    Leur combat la purge et l'instruit ;
Elle en sort glorieuse, elle en sort couronnée,
Et plus humble, et plus nette, et plus illuminée.

    Par là tous les saints sont passés,
    Ils ont fait profit des traverses ;
Les tribulations, les souffrances diverses,
    Jusques au ciel les ont poussés.
    Ceux qui suivent si mal leur trace
    Qu'ils tombent sous les moindres croix,
    Accablés qu'ils sont de leur poids,
    Ne remontent point vers la grâce ;
Et la tentation qui les a captivés
Les mène triomphante entre les réprouvés.

    Elle va partout, à toute heure ;
    Elle nous suit dans le désert ;
Le cloître le plus saint lui laisse accès ouvert
    Dans sa plus secrète demeure.
    Esclaves de nos passions
    Et nés dans la concupiscence,
    Le moment de notre naissance
    Nous livre aux tribulations,
Et nous portons en nous l'inépuisable source
D'où prennent tous nos maux leur éternelle course.

    Vainquons celle qui vient s'offrir,
    Soudain une autre lui succède ;
Notre premier repos est perdu sans remède,
    Nous avons toujours à souffrir :
    Le grand soin dont on les évite
    Souvent y plonge plus avant ;
    Tel qui les craint court au-devant,
    Tel qui les fuit s'y précipite ;
Et l'on ne vient à bout de leur malignité
Que par la patience et par l'humilité.

    C'est par elles qu'on a la force
    De vaincre de tels ennemis ;
Mais il faut que le cœur, vraiment humble et soumis,
    Ne s'amuse point à l'écorce.
    Celui qui gauchit tout autour
    Sans en arracher la racine,
    Alors même qu'il les décline,

Ne fait que hâter leur retour ;
Il en devient plus foible, et lui-même se blesse
De tout ce qu'il choisit pour armer sa foiblesse.

    Le grand courage en Jésus-Christ
    Et la patience en nos peines
Font plus avec le temps que les plus rudes gênes
    Dont se tyrannise un esprit.
    Quand la tentation s'augmente,
    Prends conseil à chaque moment,
    Et, loin de traiter rudement
    Le malheureux qu'elle tourmente,
Tâche à le consoler et lui servir d'appui
Avec même douceur que tu voudrois de lui.

    Notre inconstance est le principe
    Qui nous en accable en tout lieu ;
Le peu de confiance en la bonté de Dieu
    Empêche qu'il ne les dissipe.
    Telle qu'un vaisseau sans timon,
    Le jouet des fureurs de l'onde,
    Une âme lâche dans le monde
    Flotte à la merci du démon :
Et tous ces bons propos qu'à toute heure elle quitte
L'abandonnent aux vents dont sa fureur l'agite.

    La flamme est l'épreuve du fer,
    La tentation l'est des hommes,
Par elle seulement on voit ce que nous sommes,
    Et si nous pouvons triompher.
    Lorsqu'à frapper elle s'apprête,
    Fermons-lui la porte du cœur :
    On en sort aisément vainqueur
    Quand dès l'abord on lui fait tête ;
Qui résiste trop tard a peine à résister,
Et c'est au premier pas qu'il la faut arrêter.

    D'une foible et simple pensée
    L'image forme un trait puissant :
Elle flatte, on s'y plaît ; elle émeut, on consent ;
    Et l'âme en demeure blessée :
    Ainsi notre fier ennemi
    Se glisse au dedans et nous tue,
    Quand l'âme, soudain abattue,
    Ne lui résiste qu'à demi ;
Et, dans cette langueur pour peu qu'il l'entretienne,
Des forces qu'elle perd il augmente la sienne.

    L'assaut de la tentation
    Ne suit pas le même ordre en toutes ;

Elle prend divers temps et tient diverses routes
    Contre notre conversion.
      A l'un soudain elle se montre,
      Elle attend l'autre vers la fin ;
      D'un autre le triste destin
      Presque à tous momens la rencontre :
Son coup est pour les uns rude, ferme, pressant ;
Pour les autres, débile, et mol, et languissant.

    C'est ainsi que la Providence,
    Souffrant cette diversité,
Par une inconcevable et profonde équité,
    Met ses bontés en évidence :
    Elle voit la proportion
    Des forces grandes et petites ;
    Elle sait peser les mérites,
    Le sexe, la condition ;
Et sa main, se réglant sur ces diverses causes,
Au salut des élus prépare toutes choses.

    Ainsi ne désespérons pas
    Quand la tentation redouble,
Mais redoublons plutôt nos ferveurs dans ce trouble
    Pour offrir à Dieu nos combats ;
    Demandons-lui qu'il nous console,
    Qu'il nous secoure en cet ennui :
    Saint Paul nous l'a promis pour lui ;
    Il dégagera sa parole,
Et tirera pour nous ce fruit de tant de maux,
Qu'ils rendront notre force égale à nos travaux.

    Quand il nous en donne victoire,
    Exaltons sa puissante main,
Et nous humilions sous le bras souverain
    Qui couronne l'humble de gloire.
    C'est dans les tribulations
    Qu'on voit combien l'homme profite,
    Et la grandeur de son mérite
    Ne paroît qu'aux tentations ;
Par elles sa vertu plus vivement éclate,
Et l'on doute d'un cœur jusqu'à ce qu'il combatte.

    Sans grand miracle on est fervent
    Tant qu'on ne sent point de traverse ;
Mais qui sans murmurer souffre un coup qui le perce
    Peut aller encor plus avant.
    Tel dompte avec pleine constance
    La plus forte tentation,
    Que la plus foible occasion

Trouve à tous coups sans résistance,
Afin qu'humilié de s'en voir abattu
Jamais il ne s'assure en sa propre vertu.

CHAP. XIV. — *Qu'il faut éviter le jugement téméraire.*

Fais réflexion sur toi-même,
Et jamais ne juge d'autrui :
Qui s'empresse à juger de lui
S'engage en un péril extrême;
Il travaille inutilement,
Il se trompe facilement,
Et plus facilement offense :
Mais celui qui se juge, heureusement s'instruit
A purger de péché ce qu'il fait, dit ou pense,
Se trompe beaucoup moins, et travaille avec fruit.

Souvent le jugement se porte
Selon que la chose nous plaît;
L'amour-propre est un intérêt
Sous qui notre raison avorte.
Si des souhaits que nous faisons,
Des pensers où nous nous plaisons,
Dieu seul étoit la pure idée,
Nous aurions moins de trouble et serions plus puissans
A calmer dans notre âme, ici-bas obsédée,
La révolte secrète où l'invitent nos sens.

Mais souvent, quand Dieu nous appelle,
En vain son joug nous semble doux,
Quelque charme au dedans de nous
Fait naître un mouvement rebelle;
Souvent quelque attrait du dehors
Résiste aux amoureux efforts
De la grâce en nous épandue,
Et nous fait, malgré nous, tellement balancer,
Qu'entre nos sens et Dieu notre âme suspendue
Perd le temps d'y répondre, et ne peut avancer.

Plusieurs de sorte se déçoivent
En l'examen de ce qu'ils sont,
Qu'ils se cherchent en ce qu'ils font
Sans même qu'ils s'en aperçoivent :
Ils semblent en tranquillité
Tant que ce qu'ils ont projeté
Succède comme ils l'imaginent;
Mais si l'événement remplit mal leurs souhaits,
Ils s'émeuvent soudain, soudain ils se chagrinent,
Et ne gardent plus rien de leur première paix.

Ainsi, par des avis contraires,
L'amour de nos opinions
Enfante les divisions
Entre les amis et les frères;
Ainsi les plus religieux
Par ce zèle contagieux
Se laissent quelquefois séduire;
Ainsi tout vieil usage est fâcheux à quitter;
Ainsi personne n'aime à se laisser conduire
Plus avant que ses yeux ne sauroient se porter.

Que si ta raison s'autorise
A plus appuyer ton esprit
Que la vertu que Jésus-Christ
Demande à ses ordres soumise,
Tu sentiras fort rarement
Éclairer ton entendement,
Et par des lumières tardives :
Dieu veut un cœur entier qui n'ait point d'autre appui,
Et que d'un saint amour les flammes toujours vives
Par-dessus la raison s'élèvent jusqu'à lui.

CHAP. XV. — *Des œuvres faites par la charité.*

Le mal n'a point d'excuse; il n'est espoir, surprise,
Intérêt, amitié, faveur, crainte, malheurs,
Dont le pouvoir nous autorise
A rien faire ou penser qui porte ses couleurs.

Non, il n'en faut souffrir l'effet ni la pensée;
Mais quand on voit qu'un autre a besoin de secours,
D'une bonne œuvre commencée
On peut, pour le servir, interrompre le cours.

Une bonne action a toujours grand mérite,
Mais pour une meilleure il nous la faut quitter;
C'est sans la perdre qu'on la quitte,
Et cet échange heureux nous fait plus mériter.

La plus haute pourtant n'attire aucune grâce,
Si par la charité son effet n'est produit;
Mais la plus foible et la plus basse,
Partant de cette source, est toujours de grand fruit.

Ce grand juge des cœurs perce d'un œil sévère
Les plus secrets motifs de nos intentions,
Et sa justice considère
Ce qui nous fait agir, plus que nos actions.

Celui-là fait beaucoup en qui l'amour est forte,
Celui-là fait beaucoup qui fait bien ce qu'il fait,

Celui-là fait bien qui se porte
Plus au bien du commun qu'à son propre souhait.

Mais souvent on s'y trompe ; et ce qu'on pense n'être
Qu'un véritable effet de pure charité,
    Aux yeux qui savent tout connoître,
Porte un mélange impur de sensualité.

De notre volonté la pente naturelle,
L'espoir de récompense, ou d'accommodement,
    Ou quelque affection charnelle,
Souvent tient même route, et le souille aisément.

L'homme vraiment rempli de charité parfaite
Avecque son désir sait comme il faut marcher ;
    En l'embrassant il le rejette,
Et va de son côté sans jamais le chercher.

Il le fuit comme sien, et fait ce qu'il demande
Quand la gloire de Dieu par là se fait mieux voir ;
    Et voulant ce que Dieu commande,
Il n'obéit qu'à Dieu quand il suit ce vouloir.

A personne jamais il ne porte d'envie,
Parce que sur la terre il ne recherche rien,
    Et que son âme, en Dieu ravie,
Ne fait point d'autres vœux, ne veut point d'autre bien.

D'aucun bien à personne il ne donne la gloire,
Pour mieux tout rapporter à cet Être divin,
    Et ne perd jamais la mémoire
Qu'il est de tous les biens le principe et la fin ;

Que c'est par le secours de sa toute-puissance
Que nous pouvons former un vertueux propos,
    Et que c'est par sa jouissance
Que les saints dans le ciel goûtent un plein repos.

Oh ! qui pourroit avoir une seule étincelle
De cette véritable et pure charité,
    Que bientôt sa clarté fidèle
Lui feroit voir qu'ici tout n'est que vanité !

CHAP. XVI. — *Comme il faut supporter d'autrui.*

Porte avec patience en tout autre, en toi-même,
    Ce que tu n'y peux corriger,
Jusqu'à ce que de Dieu la puissance suprême
En ordonne autrement, et daigne le changer.

Pour éprouver ta force il est meilleur peut-être
    Qu'il laisse durer cette croix :

Ton mérite par là se fera mieux connoître;
Et, s'il n'est à l'épreuve, il n'est pas de grand poids.

Tu dois pourtant au ciel élever ta prière
  Contre un si long empêchement,
Afin que sa bonté t'en fasse grâce entière,
Ou t'aide à le souffrir un peu plus doucement.

Quand par tes bons avis une âme assez instruite
  Continue à leur résister,
Entre les mains de Dieu remets-en la conduite,
Et ne t'obstine point à la persécuter.

Sa sainte volonté souvent veut être faite
  Par un autre ordre que le tien :
Il sait trouver sa gloire en tout ce qu'il projette;
Il sait, quand il lui plaît, tourner le mal en bien.

Souffre sans murmurer tous les défauts des autres,
  Pour grands qu'ils se puissent offrir;
Et songe qu'en effet nous avons tous les nôtres,
Dont ils ont à leur tour encor plus à souffrir.

Si ta fragilité met toujours quelque obstacle
  En toi-même à tes propres vœux,
Comment peux-tu d'un autre exiger ce miracle
Qu'il n'agisse partout qu'ainsi que tu le veux?

N'est-ce pas le traiter avec haute injustice
  De vouloir qu'il soit tout parfait,
Et de ne vouloir pas te corriger d'un vice,
Afin que ton exemple aide à ce grand effet?

Nous voulons que chacun soit sous la discipline,
  Qu'il souffre la correction,
Et nous ne voulons point qu'aucun nous examine,
Qu'aucun censure en nous une imperfection.

Nous blâmons en autrui ce qu'il prend de licence,
  Ce qu'il se permet de plaisirs,
Et nous nous offensons s'il n'a la complaisance
De ne refuser rien à nos bouillans désirs.

Nous voulons des statuts dont la dure contrainte
  L'attache avec sévérité,
Et nous ne voulons point qu'il porte aucune atteinte
A l'empire absolu de notre volonté.

Où te caches-tu donc, charité toujours vive,
  Qui dois faire tout notre emploi?
Et si l'on vit ainsi, quand est-ce qu'il arrive
Qu'on ait pour le prochain même amour que pour soi?

Si tous étoient parfaits, on n'auroit rien au monde
    A souffrir pour l'amour de Dieu,
Et cette patience en vertus si féconde
Jamais à s'exercer ne trouveroit de lieu.

La sagesse divine autrement en ordonne ;
    Rien n'est ni tout bon ni tout beau ;
Et Dieu nous forme ainsi pour n'exempter personne
De porter l'un de l'autre à son tour le fardeau.

Aucun n'est sans défaut, aucun n'est sans foiblesse,
    Aucun n'est sans besoin d'appui,
Aucun n'est sage assez de sa propre sagesse,
Aucun n'est assez fort pour se passer d'autrui.

Il faut donc s'entr'aimer, il faut donc s'entr'instruire,
    Il faut donc s'entre-secourir,
Il faut s'entre-prêter des yeux à se conduire,
Il faut s'entre-donner une aide à se guérir.

Plus les revers sont grands, plus la preuve est facile
    A quel point un homme est parfait ;
Et leurs plus rudes coups ne le font pas fragile,
Mais ils donnent à voir ce qu'il est en effet.

CHAP. XVII. — *De la vie monastique.*

Rends-toi des plus savans en l'art de te contraindre,
En ce rare et grand art de rompre tes souhaits,
Si tu veux avec tous une solide paix,
Si tu veux leur ôter tout sujet de se plaindre.
Vivre en communauté sans querelle et sans bruit,
Porter jusqu'au trépas un cœur vraiment réduit,
    C'est se rendre digne d'envie.
Heureux trois fois celui qui se fait un tel sort !
Heureux trois fois celui qu'une si douce vie
    Conduit vers une heureuse mort !

Si tu veux mériter, si tu veux croître en grâce,
Ne t'estime ici-bas qu'un passant, qu'un banni ;
Parois fou pour ton Dieu, prends ce zèle infini
Qui court après l'opprobre et jamais ne s'en lasse.
La tonsure et l'habit sont bien quelques dehors,
Mais ne présume pas que les gênes du corps
    Fassent l'âme religieuse ;
C'est au détachement de tes affections
Qu'au milieu d'une vie âpre et laborieuse
    En consistent les fonctions.

Cherche Dieu, cherche en lui le salut de ton âme,

Sans chercher rien de plus dessous cette couleur :
Tu ne rencontreras qu'amertume et douleur,
Si jamais dans ton cloître autre désir t'enflamme.
Tâche d'être le moindre et le sujet de tous,
Ou ce repos d'esprit qui te semble si doux
      Ne sera guère en ta puissance.
Veux-tu le retenir? Souviens-toi fortement
Que tu n'es venu là que pour l'obéissance,
      Et non pour le commandement.

Le cloître n'est pas fait pour une vie oisive,
Ni pour passer les jours en conversation,
Mais pour une éternelle et pénible action,
Pour voir les sens domptés, la volonté captive.
C'est là qu'un long travail n'est jamais achevé,
C'est là que pleinement le juste est éprouvé
      De même que l'or dans la flamme ;
Et c'est là que sans trouble on ne peut demeurer,
Si cette humilité qui doit régner sur l'âme
      N'y fait pour Dieu tout endurer.

Chap. XVIII. — *Des exemples des saints Pères.*

Tu vois en tous les saints de merveilleux exemples ;
      C'est la pure religion,
      C'est l'entière perfection
      Qu'en ces grands miroirs tu contemples :
      Vois les sentiers qu'ils ont battus,
      Vois la pratique des vertus
Aussi brillante en eux que par toi mal suivie.
      Que fais-tu pour leur ressembler?
Et quand à leurs travaux tu compares ta vie,
Peux-tu ne point rougir, peux-tu ne point trembler?

La faim, la soif, le froid, les oraisons, les veilles,
      Les fatigues, la nudité,
      Dans le sein de l'austérité
      Ont produit toutes leurs merveilles ;
      Les saintes méditations,
      Les longues persécutions,
Les jeûnes et l'opprobre ont été leurs délices,
      Et, de Dieu seul fortifiés,
Comme ils fuyoient la gloire et cherchoient les supplices,
Les supplices enfin les ont glorifiés.

Regarde les martyrs, les vierges, les apôtres,
      Et tous ceux de qui la ferveur
      Sur les sacrés pas du Sauveur
      A frayé des chemins aux nôtres :

Combien ont-ils porté de croix,
Et combien sont-ils morts de fois,
Au milieu d'une vie en souffrances féconde,
Jusqu'à ce que leur fermeté,
A force de haïr leurs âmes en ce monde,
Ait su les posséder dedans l'éternité?

Ouvrez, affreux déserts, vos retraites sauvages
Et des Pères que vous cachez,
Dans vos cavernes retranchés,
Laissez-nous tirer les images;
Montrez-nous les tentations,
Montrez-nous les vexations
Qu'à toute heure chez vous du diable ils ont souffertes;
Montrez par quels ardens soupirs
Les prières qu'à Dieu sans cesse ils ont offertes
Ont porté dans le ciel leurs amoureux désirs.

Jusques où n'ont été leurs saintes abstinences?
Jusques où n'ont-ils su pousser
Le zèle de voir avancer
Les fruits de tant de pénitences?
Qu'ils ont fait de rudes combats
Pour achever de mettre à bas
Cet indigne pouvoir dont s'emparent les vices!
Qu'ils se sont tenus de rigueur!
Que d'intention pure en tous leurs exercices
Pour rendre un Dieu vivant le maître de leur cœur!

Tout le jour en travail, et la nuit en prière,
Souvent ils mêloient tous les deux,
Et leur cœur poussoit mille vœux
Parmi la sueur journalière :
Toute action, tout temps, tout lieu,
Étoit propre à penser à Dieu;
Toute heure étoit trop courte à cette sainte idée;
Et le doux charme des transports
Dont leur âme en ces lieux se trouvoit possédée,
Suspendoit tous les soins qu'elle devoit au corps.

Par une pleine horreur des vanités humaines,
Ils rejetoient et biens et rang,
Et les amitiés ni le sang
N'avoient pour eux aucunes chaînes :
Ennemis du monde et des siens,
Ils en brisoient tous les liens,
De peur de retomber sous son funeste empire;
Et leur digne sévérité

Dans les besoins du corps rencontroit un martyre,
Quand ils abaissoient l'âme à leur nécessité.

Pauvres et dénués des secours de la terre,
    Mais riches en grâce et vertu,
    Ils ont sous leurs pieds abattu
    Tout ce qui leur faisoit la guerre.
    Ces inépuisables trésors
    De l'indigence du dehors
Réparoient au dedans les aimables misères ;
    Et Dieu, pour les en consoler,
Versoit à pleines mains sur des âmes si chères
Ces biens surnaturels qu'on ne sauroit voler.

L'éloignement, la haine, et le rebut du monde,
    Les approchoient du Tout-Puissant,
    De qui l'amour reconnoissant
    Couronnoit leur vertu profonde.
    Ils n'avoient pour eux que mépris ;
    Mais ils étoient d'un autre prix
Aux yeux de ce grand Roi qui fait les diadèmes :
    Et cet heureux abaissement
Sur ces mêmes degrés d'un saint mépris d'eux-mêmes
Élevoit pour leur gloire un trône au firmament.

Sous les lois d'une prompte et simple obédience,
    Leur véritable humilité
    Unissoit à la charité
    Les forces de la patience ;
    Ce parfait et divin amour
    Les élevoit de jour en jour
A ces progrès d'esprit où la vertu s'excite ;
    Et ces progrès continuels,
Faisant croître la grâce où croissoit le mérite,
    Les accabloient enfin de biens spirituels.

Voilà, religieux, des exemples à suivre ;
    Voilà quelles instructions
    Laissent toutes leurs actions
    A qui veut apprendre à bien vivre :
    La sainte ardeur qu'ils ont fait voir
    Montre quel est votre devoir
A chercher de vos maux les assurés remèdes,
    Et vous y doit plus attacher
Que ce que vous voyez d'imparfaits et de tièdes
Ne doit servir d'excuse à vous en relâcher.

Oh ! que d'abord le cloître enfanta de lumières !
    Qu'on vit éclater d'ornemens

Aux illustres commencemens
Des observances régulières!
Que de pure dévotion!
Que de sainte émulation!
Que de pleine vigueur soutint la discipline!
Que de respect intérieur!
Que de conformité de mœurs et de doctrine!
Que d'union d'esprits sous un supérieur!

Encor même à présent ces traces délaissées
Font voir combien étoient parfaits
Ceux qui, par de si grands effets,
Domptoient le monde et ses pensées :
Mais notre siècle est bien loin d'eux;
Qui vit sans crime est vertueux;
Qui ne rompt point sa règle est un grand personnage,
Et croit s'être bien acquitté
Lorsque avec patience il porte l'esclavage
Où sa robe et ses vœux le tiennent arrêté.

A peine notre cœur forme une bonne envie,
Qu'aussitôt nous la dépouillons;
La langueur dont nous travaillons
Nous lasse même de la vie.
C'est peu de laisser assoupir
La ferveur du plus saint désir,
Par notre lâcheté nous la laissons éteindre,
Nous qui voyons à tout moment
Tant d'exemples dévots où nous pouvons atteindre,
Et qui nous convaincront au jour du jugement.

Chap. XIX. — *Des exercices du bon religieux.*

Toi qui dedans un cloître as renfermé ta vie,
De toutes les vertus tâche de l'enrichir;
C'est sous ce digne effort que tu dois y blanchir;
Ta règle te l'apprend, ton habit t'en convie.
Fais par un saint amas de ces vivans trésors
Que le dedans réponde à l'éclat du dehors,
Que tu sois devant Dieu tel que devant les hommes;
Et de l'intérieur prends d'autant plus de soin,
Que Dieu sans se tromper connoît ce que nous sommes,
Et que du fond du cœur il se fait le témoin.

Nos respects en tous lieux lui doivent des louanges,
En tous lieux il nous voit, il nous juge en tous lieux :
Et comme nous marchons partout devant ses yeux,
Partout il faut porter la pureté des anges.
Chaque jour recommence à lui donner ton cœur,

Renouvelle tes vœux, rallume ta ferveur,
Et t'obstine à lui dire, en demandant sa grâce :
« Secourez-moi, Seigneur, et servez de soutien
Aux bons commencemens que sous vos lois j'embrasse :
Car jusques à présent ce que j'ai fait n'est rien. »

Dans le chemin du ciel l'âme du juste avance
Autant que ce propos augmente en fermeté ;
Son progrès, qui dépend de l'assiduité,
Veut pour beaucoup de fruit beaucoup de diligence.
Que si le plus constant et le mieux affermi
Se relâche souvent, souvent tombe à demi,
Et n'est jamais si fort qu'il soit inébranlable,
Que sera-ce de ceux dont le cœur languissant,
Ou rarement en soi forme un projet semblable,
Ou le laisse flotter et s'éteindre en naissant ?

C'est un chemin qui monte entre des précipices ;
Il n'est rien plus aisé que de l'abandonner ;
Et souvent c'est assez pour nous en détourner
Que le relâchement des moindres exercices.
Le bon propos du juste a plus de fondement
En la grâce de Dieu qu'au propre sentiment ;
Quelque dessein qu'il fasse, en elle il se repose :
A moins d'un tel secours nous travaillons en vain ;
Quoi que nous proposions, c'est Dieu seul qui dispose,
Et pour trouver sa voie, homme, il te faut sa main.

Laisse là quelquefois l'exercice ordinaire
Pour faire une action pleine de piété ;
Tu pourras y rentrer avec facilité
Si tu n'en es sorti que pour servir ton frère ;
Mais si, par nonchalance, ou par un lâche ennui
De prendre encor demain le même qu'aujourd'hui,
Ton âme appesantie une fois s'en détache,
Cet exercice alors négligé sans sujet
Imprimera sur elle une honteuse tache,
Et lui fera sentir le mal qu'elle s'est fait.

Quelque effort qu'ici-bas l'homme fasse à bien vivre,
Il est souvent trahi par sa fragilité ;
Et le meilleur remède à son infirmité,
C'est de choisir toujours un but certain à suivre.
Qu'il regarde surtout quel est l'empêchement
Qui met le plus d'obstacle à son avancement,
Et que tout son pouvoir s'attache à l'en défaire ;
Qu'il donne ordre au dedans, qu'il donne ordre au dehors ;
A cet heureux progrès l'un et l'autre confère,
Et l'âme a plus de force ayant l'aide du corps.

Si ta retraite en toi ne peut être assidue,
Recueille-toi du moins une fois chaque jour
Soit lorsque le soleil recommence son tour,
Soit lorsque sous les eaux sa lumière est fondue :
Propose le matin et règle tes projets,
Examine le soir quels en sont les effets;
Revois tes actions, tes discours, tes pensées :
Peut-être y verras-tu, malgré ton bon dessein,
A chaque occasion mille offenses glissées
Contre le grand Monarque, ou contre le prochain.

Montre-toi vraiment homme à l'attaque funeste
Que l'Ange ténébreux te porte à tout moment;
Dompte la gourmandise, et plus facilement
Des sentimens charnels tu dompteras le reste.
Dedans l'oisiveté jamais enseveli,
Toujours confère, prie, écris, médite, li,
Ou fais pour le commun quelque chose d'utile :
L'exercice du corps a quelques fruits bien doux;
Mais sans discrétion c'est un travail stérile,
Et même il n'est pas propre également à tous.

Ces emplois singuliers qu'on se choisit soi-même
Doivent fuir avec soin de paroître au dehors;
L'étalage les perd, et ce sont des trésors
Dont la possession veut un secret extrême.
Surtout n'aime jamais ces choix de ton esprit
Jusqu'à les préférer à ce qui t'est prescrit;
Tout le surabondant doit place au nécessaire.
Remplis tous tes devoirs avec fidélité;
Puis, s'il reste du temps pour l'emploi volontaire,
Applique tout ce reste où ton zèle est porté.

Tout esprit n'est pas propre aux mêmes exercices :
L'un est meilleur pour l'un, l'autre à l'autre sert mieux;
Et la diversité, soit des temps, soit des lieux,
Demande à notre ardeur de différens offices;
L'un est bon à la fête, et l'autre aux simples jours;
De la tentation l'un peut rompre le cours,
A la tranquillité l'autre est plus convenable :
L'homme n'a pas sur soi toujours même pouvoir;
Autres sont les pensers que la tristesse accable,
Autres ceux que la joie en Dieu fait concevoir.

A chaque grande fête augmente et renouvelle
Et ce bon exercice et ta prière aux saints;
Et tiens en l'attendant ton âme entre tes mains
Comme prête à passer à la fête éternelle.
En ces jours consacrés à la dévotion

Il faut mieux épurer l'œuvre et l'intention,
Suivre une plus étroite et plus ferme observance,
Nous recueillir sans cesse, et nous imaginer
Que de tous nos travaux la pleine récompense
Doit par les mains de Dieu bientôt nous couronner.

Souvent il la recule, et lors il nous faut croire
Que nous n'y sommes pas dignement préparés,
Et que ces doux momens ne nous sont différés
Qu'afin que nous puissions mériter plus de gloire.
Il nous en comblera dans le temps ordonné :
Préparons-nous donc mieux à ce jour fortuné.
« Heureux le serviteur, dit la Vérité même,
Que trouvera son maître en état de veiller !
Il lui partagera son propre diadème,
Et de toute sa gloire il le fera briller. »

CHAP. XX. — *De l'amour de la solitude et du silence.*

Choisis une heure propre à rentrer en toi-même,
A penser aux bienfaits de la bonté suprême,
Sans t'embrouiller l'esprit de rien de curieux ;
  Et ne t'engage en la lecture
  Que de quelque matière pure
Qui touche autant le cœur qu'elle occupe les yeux.

Si tu peux retrancher la perte des paroles,
La superfluité des visites frivoles,
La vaine attention aux nouveautés des bruits,
  Ton âme aura du temps de reste
  Pour suivre cet emploi céleste,
Et pour en recueillir les véritables fruits.

Ainsi des plus grands saints la sagesse profonde
Pour ne vivre qu'à Dieu fuyoit les yeux du monde,
Et n'en souffroit jamais l'entretien qu'à regret ;
  Ainsi plus la vie est parfaite,
  Plus elle aime cette retraite ;
Et qui veut trouver Dieu doit chercher le secret.

Un païen nous l'apprend, tout chrétiens que nous sommes :
« Je n'ai jamais, dit-il, été parmi les hommes
Que je n'en sois sorti moins homme et plus brutal ; »
  Et notre propre conscience
  Ne fait que trop d'expérience,
Combien à son repos leur commerce est fatal.

Se taire entièrement est beaucoup plus facile
Que de se préserver du mélange inutile
Qui dans tous nos discours aussitôt s'introduit ;

  Et c'est chose bien moins pénible
  D'être chez soi comme invisible,
Que de se bien garder alors qu'on se produit.

Quiconque aspire donc aux douceurs immortelles
Qu'un bon intérieur fait goûter aux fidèles,
Et veut prendre un bon guide afin d'y parvenir,
  Qu'avec Jésus-Christ il se coule
  Loin du tumulte et de la foule,
Et souvent seul à seul tâche à l'entretenir.

Personne en sûreté ne sauroit se produire,
Ni parler sans se mettre au hasard de se nuire,
Ni prendre sans péril les ordres à donner,
  Que ceux qui volontiers se cachent,
  Sans peine au silence s'attachent,
Et sans aversion se laissent gouverner.

Non, aucun ne gouverne avec pleine assurance,
Que ceux qu'y laisse instruits la pleine obéissance ;
Qui sait mal obéir ne commande pas bien :
  Aucun n'a de joie assurée
  Que ceux en qui l'âme épurée
Rend un bon témoignage et ne reproche rien.

Celui que donne aux saints leur bonne conscience
Ne va pourtant jamais sans soin, sans défiance,
Dont la crainte de Dieu fait la sincérité ;
  Et la grâce en eux épandue
  Ne rend pas de moindre étendue
Ni ces justes soucis, ni leur humilité.

Mais la présomption, l'orgueil d'une âme ingrate,
Fait cette sûreté dont le méchant se flatte,
Et le trompe à la fin, l'ayant mal éclairé.
  Quoique tu sois grand cénobite,
  Quoique tu sois parfait ermite,
Jamais, tant que tu vis, ne te tiens assuré.

Souvent ceux que tu vois par leur vertu sublime
Mériter notre amour, emporter notre estime,
Tout parfaits qu'on les croit, sont le plus en danger ;
  Et l'excessive confiance
  Qu'elle jette en leur conscience
Souvent les autorise à se trop néglige.

Souvent il est meilleur que quelque assaut nous presse,
Et que, nous faisant voir quelle est notre foiblesse,
Il réveille par là nos plus puissans efforts,
  De crainte que l'âme tranquille

Ne s'enfle d'un orgueil facile
A glisser de ce calme aux douceurs du dehors.

O plaisirs passagers! si jamais nos pensées
De vos illusions n'étoient embarrassées,
Si nous pouvions bien rompre avec le monde et vous,
      Que par cette sainte rupture
      L'âme se verroit libre et pure,
Et se conserveroit un repos long et doux!

Il seroit, il seroit d'éternelle durée,
Si tant de vains soucis dont elle est déchirée
Par votre long exil se trouvoient retranchés,
      Et si nos désirs solitaires,
      Bornés à des vœux salutaires,
Étoient par notre espoir à Dieu seul attachés.

Aucun n'est digne ici de ces grâces divines,
Qui, parmi tant de maux et parmi tant d'épines,
Versent du haut du ciel la consolation,
      Si son exacte vigilance
      Ne s'exerce avec diligence
Dans les saintes douleurs de la componction.

Veux-tu jusqu'en ton cœur la sentir vive et forte?
Rentre dans ta cellule, et fermes-en la porte
Aux tumultes du monde, à sa vaine rumeur;
      N'en écoute point l'imposture,
      Et, comme ordonne l'Écriture,
Repasse au cabinet les secrets de ton cœur.

Ce que tu perds dehors s'y retrouve à toute heure;
Mais il faut sans relâche en aimer la demeure;
Elle n'a rien de doux sans l'assiduité;
      Et depuis qu'elle est mal gardée,
      Ce n'est plus qu'une triste idée,
Qui n'enfante qu'ennuis et qu'importunité.

Elle sera ta joie et ta meilleure amie,
Si ta conversion, dans son calme affermie,
Dès le commencement la garde sans regret;
      C'est dans ce calme et le silence
      Que l'âme dévote s'avance,
Et que de l'Écriture elle apprend le secret.

Pour se fortifier elle y trouve des armes,
Pour se purifier elle y trouve des larmes,
Par qui tous ses défauts sont lavés chaque nuit;
      Elle s'y rend par la prière
      A Dieu d'autant plus familière,
Qu'elle en bannit du siècle et l'amour et le bruit.

Qui se détache donc pour cette solitude
De toutes amitiés et de toute habitude,
Plus il rompt les liens du sang et de la chair,
  Plus de Dieu la bonté suprême,
  Par ses anges et par lui-même,
Pour le combler de biens daigne s'en approcher.

Cache-toi, s'il le faut, pour briser ces obstacles ;
L'obscurité vaut mieux que l'éclat des miracles,
S'ils étouffent les soins qu'on doit avoir de soi ;
  Et le don de faire un prodige,
  Dans une âme qui se néglige,
D'un précieux trésor fait un mauvais emploi.

Le vrai religieux rarement sort du cloître,
Vit sans ambition de se faire connoître,
Ne veut point être vu, ne veut point regarder ;
  Et croit que celui-là se tue
  Qui cherche à se blesser la vue
De ce que, sans se perdre, il ne peut posséder.

Le monde et ses plaisirs s'écoulent et nous gênent ;
Et, quand à divaguer nos désirs nous entraînent,
Ce temps qu'on aime à perdre est aussitôt passé ;
  Et pour fruit de cette sortie
  On n'a qu'une âme appesantie,
Et des désirs flottans dans un cœur dispersé.

Ainsi celle qu'on fait avec le plus de joie
Souvent avec douleur au cloître nous renvoie ;
Les délices du soir font un triste matin :
  Ainsi la douceur sensuelle
  Nous cache sa pointe mortelle,
Qui nous flatte à l'entrée et nous tue à la fin.

Ne vois-tu pas ici le feu, l'air, l'eau, la terre
Leur éternelle amour, leur éternelle guerre ?
N'y vois-tu pas le ciel à tes yeux exposé ?
  Qu'est-ce qu'ailleurs tu te proposes ?
  N'est-ce pas bien voir toutes choses
Que voir les élémens dont tout est composé ?

Que peux-tu voir ailleurs qui soit longtemps durable ?
Crois-tu rassasier ton cœur insatiable
En promenant partout tes yeux avidement ?
  Et quand d'une seule ouverture
  Ils verroient toute la nature,
Que seroit-ce pour toi qu'un vain amusement ?

Lève les yeux au ciel, et par d'humbles prières
Tire des mains de Dieu ces faveurs singulières

Qui purgent tes péchés et tes déréglemens :
    Laisse les vanités mondaines
    En abandon aux âmes vaines,
Et ne porte ton cœur qu'à ses commandemens.

Ferme, encore une fois, ferme sur toi ta porte,
Et d'une voix d'amour languissante, mais forte,
Appelle cet objet de tes plus doux souhaits,
    Entretiens-le dans ta cellule
    De la vive ardeur qui te brûle,
Et ne crois point ailleurs trouver la même paix.

Tâche à n'en point sortir qu'il ne soit nécessaire :
N'écoute, si tu peux, aucun bruit populaire,
Ton calme en deviendra plus durable et meilleur ;
    Sitôt que tes sens infidèles
    Ouvrent ton oreille aux nouvelles,
Ils font entrer par là le trouble dans ton cœur.

CHAP. XXI. — *De la componction du cœur.*

Si tu veux avancer au chemin de la grâce,
Dans la crainte de Dieu soutiens tes volontés ;
Ne sois jamais trop libre, et rends-toi tout de glace
Pour tout ce que les sens t'offrent de voluptés :
Dompte sous une exacte et forte discipline
    Ces inséparables flatteurs
Que l'amour de toi-même à te séduire obstine,
    Et dans eux n'examine
Que la grandeur des maux dont ils sont les auteurs.

Ainsi fermant la porte à la joie indiscrète
Sous qui leur faux appât sème un poison caché,
Tu la tiendras ouverte à la douleur secrète
Qu'un profond repentir fait naître du péché :
Cette sainte douleur dans l'âme recueillie
    Produit mille sortes de biens,
Que son relâchement vers l'aveugle folie
    Des plaisirs de la vie
A bientôt dissipés en de vains entretiens.

Chose étrange que l'homme accessible à la joie,
Au milieu des malheurs dont il est enfermé,
Quelque exilé qu'il soit, quelques périls qu'il voie,
Par de fausses douceurs aime à se voir charmé !
Ah ! s'il peut consentir qu'une telle allégresse
    Tienne ses sens épanouis,
Il n'en voit pas la suite, et sa propre foiblesse.
    Qu'il reçoit pour maîtresse,
Dérobe sa misère à ses yeux éblouis.

Oui, sa légèreté que tout désir enflamme,
Et le peu de souci qu'il prend de ses défauts,
L'ayant rendu stupide aux intérêts de l'âme,
Ne lui permettent pas d'en ressentir les maux ;
Ainsi, pour grands qu'ils soient, jamais il n'en soupire,
   Faute de les considérer ;
Plus il en est blessé, plus lui-même il s'admire,
   Et souvent ose rire
Lorsque de tous côtés il a de quoi pleurer.

Homme, apprends qu'il n'est point ni de liberté vraie,
Ni de plaisir parfait qu'en la crainte de Dieu,
Et que la conscience et sans tache et sans plaie
A de pareils trésors seule peut donner lieu.
Toute autre liberté n'est qu'un long esclavage
   Qui cache ou qui dore ses fers ;
Et tout autre plaisir ne laisse en ton courage
    Qu'un prompt dégoût pour gage
Du tourment immortel qui l'attend aux enfers.

Heureux qui peut bannir de toutes ses pensées
Les vains amusemens de la distraction !
Heureux qui peut tenir ses forces ramassées
Dans le recueillement de la componction !
Mais plus heureux encor celui qui se dépouille
   De tout indigne et lâche emploi,
Qui, pour ne rien souffrir qui lui pèse ou le souille,
   Fuit ce qui le chatouille,
Et pour mieux servir Dieu se rend maître de soi !

Combats donc fortement contre l'inquiétude
Où te jette du monde et l'amour et le bruit :
L'habitude se vainc par une autre habitude,
Et les hommes jamais ne cherchent qui les fuit.
Néglige leur commerce, et romps l'intelligence
   Qui te lie encore avec eux,
Et bientôt à leur tour, te rendant par vengeance
   La même négligence,
Ils t'abandonneront à tout ce que tu veux.

N'attire point sur toi les affaires des autres,
Ne t'embarrasse point des intérêts des grands :
Notre propre besoin nous charge assez des nôtres ;
Tu te dois le premier les soins que tu leur rends.
Tiens sur toi l'œil ouvert, et toi-même t'éclaire
   Avant qu'éclairer tes amis ;
Et quand tu peux donner un conseil salutaire
   Qui les porte à bien faire,
Donne-t'en le plus ample et le plus prompt avis.

Pour te voir éloigné de la faveur des hommes,
Ne crois point avoir lieu de justes déplaisirs ;
Elle ne produit rien, en l'exil où nous sommes,
Qu'un espoir décevant et de vagues désirs.
Ce qui doit t'attrister, ce dont tu dois te plaindre,
    C'est de ne te régler pas mieux,
C'est de sentir ton feu s'amortir et s'éteindre
    Avant qu'il puisse atteindre
Où doit aller celui d'un vrai religieux.

Souvent il est plus sûr, tant que l'homme respire,
Qu'il sente peu de joie en son cœur s'épancher,
Surtout de ces douceurs que le dehors inspire,
Et qui naissent en lui du sang et de la chair.
Que si Dieu rarement sur notre longue peine
    Répand sa consolation,
La faute en est à nous, dont la prudence vaine
    Cherche un peu trop l'humaine,
Et ne s'attache point à la componction.

Reconnois-toi, mortel, indigne des tendresses
Que départ aux élus la divine bonté ;
Et des afflictions regarde les rudesses
Comme des traitemens dus à ta lâcheté.
L'homme vraiment atteint de la douleur profonde
    Qu'enfante un plein recueillement
Ne trouve qu'amertume aux voluptés du monde,
    Et voit qu'il ne les fonde
Que sur de longs périls que déguise un moment.

Le moyen donc qu'il puisse y trouver quelques charmes,
Soit qu'il se considère, ou qu'il regarde autrui,
S'il n'y peut voir partout que des sujets de larmes,
N'y voyant que des croix pour tout autre et pour lui ?
Plus il le sait connoître, et plus la vie entière
    Lui semble un amas de malheurs ;
Et plus du haut du ciel il reçoit de lumière,
    Plus il voit de matière
Dessus toute la terre à de justes douleurs.

Sacrés ressentimens, réflexions perçantes,
Qui dans un cœur navré versez d'heureux regrets,
Que vous trouvez souvent d'occasions pressantes
Parmi tant de péchés et publics et secrets !
Mais, hélas ! ces tyrans de l'âme criminelle
    L'enchaînent si bien en ces lieux,
Qu'il est bien malaisé que vous arrachiez d'elle
    Quelque soupir fidèle
Qui la puisse élever un moment vers les cieux.

Pense plus à la mort, que tu vois assurée,
Qu'à la vaine longueur de tes jours incertains,
Et tu ressentiras dans ton âme épurée
Une ferveur plus forte et des désirs plus saints.
Si ton cœur chaque jour mettoit dans la balance
  Ou le purgatoire ou l'enfer,
Il n'est point de travail, il n'est point de souffrance
  Où soudain ta constance
Ne portât sans effroi l'ardeur d'en triompher.

Mais nous n'en concevons qu'une légère image
Dont les traits impuissans ne vont point jusqu'au cœur;
Nous aimons ce qui flatte, et consumons notre âge
Dans l'assoupissement d'une froide langueur;
Aussi le corps se plaint, le corps gémit sans cesse,
  Accablé sous les moindres croix,
Parce que de l'esprit la honteuse mollesse
  N'agit qu'avec foiblesse,
Et refuse son aide à soutenir leur poids.

Demande donc à Dieu pour faveur singulière
L'esprit fortifiant de la componction;
Avec le roi-prophète élève ta prière,
Et dis à son exemple avec submission :
« Nourrissez-moi de pleurs, Seigneur, pour témoignage
  Que vous me voulez consoler.
Détrempez-en mon pain, mêlez-en mon breuvage,
  Et de tout mon visage
Jour et nuit à grands flots faites-les distiller. »

CHAP. XXII. — *Des considérations de la misère humaine.*

Mortel, ouvre les yeux, et vois que la misère
  Te cherche et te suit en tout lieu,
Et que toute la vie est une source amère
  A moins qu'elle tourne vers Dieu.

Rien ne te doit troubler, rien ne te doit surprendre,
  Quand l'effet manque à tes désirs,
Puisque ton sort est tel que tu n'en dois attendre
  Que des sujets de déplaisirs.

N'espère pas qu'ici jamais il se ravale
  A répondre à tous tes souhaits;
Pour toi, pour moi, pour tous, la règle est générale
  Et ne se relâche jamais.

Il n'est emploi ni rang dont la grandeur se pare
  De cette inévitable loi,

Et ceux qu'on voit porter le sceptre ou la tiare
    N'en sont pas plus exempts que toi.

L'angoisse entre partout, et si quelqu'un sur terre
    Porte mieux ce commun ennui,
C'est celui qui pour Dieu sait se faire la guerre,
    Et se plaît à souffrir pour lui.

Les foibles cependant disent avec envie :
    « Voyez, que cet homme est puissant,
Qu'il est grand, qu'il est riche, et que toute sa vie
    Prend un cours noble et florissant! »

Malheureux! regardez quels sont les biens célestes,
    Ceux-ci ne paroîtront plus rien,
Et vous n'y verrez plus que des attraits funestes
    Sous la fausse image du bien.

Douteuse est leur durée, et trompeur le remède
    Qu'ils donnent à quelques besoins,
Et le plus fortuné jamais ne les possède
    Que parmi la crainte et les soins.

Le solide plaisir n'est pas dans l'abondance
    De ces pompeux accablemens,
Et souvent leur excès amène l'impudence
    Des plus honteux déréglemens.

Leur médiocrité suffit au nécessaire
    D'un esprit sagement borné,
Et tout ce qui la passe augmente la misère
    Dont il se voit environné.

Plus il rentre en soi-même et regarde la vie
    Dedans son véritable jour,
Plus de cette misère il la trouve suivie,
    Et change en haine son amour.

Il ressent d'autant mieux l'amertume épandue
    Sur la longueur de ses travaux,
Et s'en fait un miroir qui présente à sa vue
    L'image de tous ses défauts.

Car enfin travailler, dormir, manger et boire,
    Et mille autres nécessités,
Sont aux hommes de Dieu, qui n'aiment que sa gloire,
    D'étranges importunités.

Oh! que tous ces besoins ont de cruelles gênes
    Pour un esprit bien détaché!
Et qu'avec pleine joie il en romproit les chaînes
    Qui l'asservissent au péché!

Ce sont des ennemis qu'en vain sa ferveur brave,
  Puisqu'ils sont toujours les plus forts,
Et des tyrans aimés qui tiennent l'âme esclave
  Sous les infirmités du corps.

David trembloit sous eux ; et parmi sa tristesse,
  Rempli de célestes clartés :
« Sauvez-moi, disoit-il, du joug qu'à ma foiblesse
  Imposent mes nécessités. »

Malheur à toi, mortel, si tu ne peux connoître
  La misère de ton séjour !
Et malheur plus encor si tu n'es pas le maître
  De ce qu'il te donne d'amour !

Faut-il que cette vie en soi si misérable
  Ait toutefois un tel attrait
Que le plus malheureux et le plus méprisable
  Ne l'abandonne qu'à regret ?

Le pauvre, qui l'arrache à force de prières,
  Avec horreur la voit finir ;
Et l'artisan s'épuise en sueurs journalières
  Pour trouver à la soutenir.

Que s'il étoit au choix de notre âme insensée
  De languir toujours en ces lieux,
Nous traînerions nos maux sans aucune pensée
  De régner jamais dans les cieux.

Lâches, qui sur nos cœurs aux voluptés du monde
  Souffrons des progrès si puissans,
Que rien n'y peut former d'impression profonde,
  S'il ne flatte et charme nos sens !

Nous verrons à la fin, aveugles que nous sommes,
  Que ce que nous aimons n'est rien,
Et qu'il ne peut toucher que les esprits des hommes
  Qui ne se connoissent pas bien.

Les saints, les vrais dévots, savoient mieux de leur être
  Remplir toute la dignité,
Et pour ces vains attraits ils ne faisoient paroître
  Qu'entière insensibilité.

Ils dédaignoient de perdre un moment aux idées
  Des biens passagers et charnels,
Et leurs intentions, d'un saint espoir guidées,
  Voloient sans cesse aux éternels.

Tout leur cœur s'y portoit, et, s'élevant sans cesse
  Vers leurs invisibles appas,

Il empêchoit la chair de s'en rendre maîtresse
Et de le ravaler trop bas.

Mon frère, à leur exemple, anime ton courage,
Et prends confiance après eux ;
Quoi qu'il faille de temps pour un si grand ouvrage,
Tu n'en as que trop, si tu veux.

Jusques à quand veux-tu que ta lenteur diffère ?
Ose, et dis sans plus négliger :
« Il est temps de combattre, il est temps de mieux faire,
Il est temps de nous corriger. »

Prends-en l'occasion dans tes peines diverses ;
Elles te la viennent offrir :
Le temps du vrai mérite est celui des traverses ;
Pour triompher il faut souffrir.

Par le milieu des eaux, par le milieu des flammes,
On passe au repos tant cherché ;
Et sans violenter et les corps et les âmes,
On ne peut vaincre le péché.

Tant qu'à ce corps fragile un souffle nous attache,
Tel est à tous notre malheur,
Que le plus innocent ne se peut voir sans tache,
Ni le plus content sans douleur.

Le plein calme est un bien hors de notre puissance,
Aucun ici-bas n'en jouit ;
Il descendit du ciel avec notre innocence,
Avec elle il s'évanouit.

Comme ces deux trésors étoient inséparables,
Un moment perdit tous les deux ;
Et le même péché qui nous fit tous coupables,
Nous fit aussi tous malheureux.

Prends donc, prends patience en un chemin qu'on passe
Sous des orages assidus,
Jusqu'à ce que ton Dieu daigne te faire grâce,
Et te rendre les biens perdus ;

Jusqu'à ce que la mort brise ce qui te lie
A cette longue infirmité,
Et qu'en toi dans le ciel la véritable vie
Consume la mortalité.

Jusque-là n'attends pas des plus saints exercices
Un long et plein soulagement ;
Le naturel de l'homme a tant de pente aux vices,
Qu'il s'y replonge à tout moment.

Tu pleures pour les tiens, pécheur, tu t'en confesses;
    Tu veux, tu crois y renoncer;
Et dès le lendemain tu reprends les foiblesses
    Dont tu te viens de confesser.

Tu promets de les fuir quand la douleur t'emporte
    Contre ce qu'elles ont commis,
Et presque au même instant tu vis de même sorte
    Que si tu n'avois rien promis.

C'est donc avec raison que l'âme s'humilie,
    Se mésestime, se déplaît,
Toutes les fois qu'en soi fortement recueillie
    Elle examine ce qu'elle est.

Elle voit l'inconstance avec un tel empire
    Régner sur sa fragilité,
Que le meilleur propos qu'un saint regret inspire
    N'a que de l'instabilité.

Elle voit clairement que ce que fait la grâce
    Par de rudes et longs travaux,
Un peu de négligence en un moment l'efface,
    Et nous rend tous nos premiers maux.

Que sera-ce de nous au bout d'une carrière
    Où s'offrent combats sur combats,
Si notre lâcheté déjà tourne en arrière,
    Et perd haleine au premier pas?

Malheur, malheur à nous, si notre âme endormie
    Penche vers la tranquillité,
Comme si notre paix déjà bien affermie
    Nous avoit mis en sûreté!

C'est usurper ici les douces récompenses
    Des véritables saintetés,
Avant qu'on en ait vu les moindres apparences
    Surmonter nos légèretés.

Ah! qu'il vaudroit bien mieux qu'ainsi que des novices
    De nouveau nous fussions instruits,
Et reprissions un maître aux premiers exercices
    Pour en tirer de meilleurs fruits!

Du moins on pourroit voir si nous serions capables,
    Encor de quelque amendement,
Et si dans nos esprits les clartés véritables
    Pourroient s'épandre utilement.

CHAP. XXIII. — *De la méditation de la mort.*

Pense, mortel, à t'y résoudre;
Ce sera bientôt fait de toi :
Tel aujourd'hui donne la loi,
Qui demain est réduit en poudre.
Le jour qui paroît le plus beau,
Souvent jette dans le tombeau
La mémoire la mieux fondée;
Et l'objet qu'on aime le mieux
Échappe bientôt à l'idée,
Quand il n'est plus devant les yeux.

Cependant ton âme stupide,
Sur qui les sens ont tout pouvoir,
Dans l'avenir ne veut rien voir
Qui la charme ou qui l'intimide;
Un assoupissement fatal
Dans ton cœur qu'elle éclaire mal
Ne souffre aucune sainte flamme,
Et forme une aveugle langueur
De la stupidité de l'âme
Et de la dureté du cœur.

Règle, règle mieux tes pensées,
Mets plus d'ordre en tes actions,
Réunis tes affections
Vagabondes et dispersées;
Pense, agis, aime incessamment,
Comme si déjà ce moment
Étoit celui d'en rendre compte,
Et ne devoit plus différer
Ta gloire éternelle ou ta honte,
Qu'autant qu'il faut pour expirer.

Qui prend soin de sa conscience
Ne considère dans la mort
Que la porte aimable d'un sort
Digne de son impatience;
L'horrible pâleur de son teint,
Les hideux traits dont on la peint,
N'ont pour ses yeux rien de sauvage,
Et ne font voir à leur clarté
Que la fin d'un triste esclavage
Et l'entrée à la liberté.

Crains le péché, si tu veux vivre
D'une vie heureuse et sans fin,
Et non pas ce commun destin

A qui la naissance te livre ;
Prépares-y-toi sans ennui :
Si tu ne le peux aujourd'hui,
Demain qu'aura-t-il de moins rude ?
As-tu ce terme dans ta main,
Et vois-tu quelque certitude
D'arriver jusqu'à ce demain ?

De quoi sert la plus longue vie
Avec si peu d'amendement,
Que d'un plus long engagement
Aux vices dont elle est suivie ?
Qu'est-elle souvent, qu'un amas
De sacriléges, d'attentats,
D'endurcissemens invincibles ?
Et qu'y font de vieux criminels,
Que s'y rendre plus insensibles
Aux charmes des biens éternels ?

Plût à Dieu que l'âme, bornée
A se bien regarder en soi,
Pût faire un bon et digne emploi
Du cours d'une seule journée !
Nos esprits lâches et pesans
Comptent bien les mois et les ans
Qu'a vus couler notre retraite ;
Mais tel les étale à grand bruit,
Dont la bouche devient muette
Quand il en faut montrer le fruit.

Si la mort te semble un passage
Si dur, si rempli de terreur,
Le péril qui t'en fait horreur
Peut croître à vivre davantage.
Heureux l'homme dont en tous lieux
Son image frappe les yeux,
Que chaque moment y prépare,
Qui la regarde comme un prix,
Et de soi-même se sépare
Pour n'en être jamais surpris !

Qu'un saint penser t'en entretienne
Quand un autre rend les abois :
Tu seras tel que tu le vois,
Et ton heure suivra la sienne.
Aussitôt que le jour te luit,
Doute si jusques à la nuit
Ta vie étendra sa durée ;
Et la nuit reçois le sommeil,

Sans la croire plus assurée
D'atteindre au retour du soleil.

Tiens ton âme toujours si prête,
Que ce glaive en l'air suspendu
Jamais sans en être attendu
Ne puisse tomber sur ta tête :
Souvent sans nous en avertir
La mort, nous forçant de partir,
Éteint la flamme la plus vive ;
Souvent tes yeux en sont témoins,
Et que le Fils de l'homme arrive
Alors qu'on y pense le moins.

Cette dernière heure venue
Donne bien d'autres sentimens,
Et sur les vieux déréglemens
Fait bien jeter une autre vue.
Avec combien de repentirs
Voudroit un cœur gros de soupirs
Pouvoir lors haïr ce qu'il aime,
Et combien avoir acheté
Le temps de prendre sur soi-même
Vengeance de sa lâcheté !

Oh ! qu'heureux est celui qui montre
A toute heure un esprit fervent,
Et qui se tient tel en vivant,
Qu'il veut que la mort le rencontre !
Toi qui prétends à bien mourir,
Écoute l'art d'en acquérir
La véritable confiance,
Et vois quel est ce digne effort
Qui peut mettre ta conscience
Au chemin d'une bonne mort :

Un parfait mépris de la terre,
Des vertus un ardent désir,
Suivre sa règle avec plaisir,
Faire au vice une rude guerre,
S'attacher à son châtiment,
Obéir tôt et pleinement,
Se quitter, se haïr soi-même,
Et supporter d'un ferme esprit
L'adversité la plus extrême
Pour l'amour seul de Jésus-Christ.

Mais il faut une âme agissante
Tandis que dure ta vigueur ;

Où la santé manque de cœur,
La maladie est impuissante :
Ses abattemens, ses douleurs,
Rendent fort peu d'hommes meilleurs,
Non plus que les plus grands voyages ;
Souvent les travaux en sont vains,
Et les plus longs pèlerinages
N'ont jamais fait beaucoup de saints.

Prends peu d'assurance aux prières
Qu'on te promet après ta mort,
Et pour te faire un saint effort
N'attends point les heures dernières :
Et tes proches et tes amis
Oublieront ce qu'ils t'ont promis
Plus tôt que tu ne t'imagines ;
Et qui peut attendre si tard
A répondre aux grâces divines,
Met son salut en grand hasard.

Tu dois envoyer par avance
Tes bonnes œuvres devant toi,
Qui de ton juge et de ton roi
Puissent préparer la clémence.
L'espérance au secours d'autrui
N'est pas toujours un bon appui
Près de sa majesté suprême ;
Et si tu veux bien négliger
Toi-même le soin de toi-même,
Peu d'autres s'en voudront charger.

Travaille donc et sans remise :
Chaque moment est précieux ;
Chaque instant peut t'ouvrir les cieux ;
Prends un temps qui te favorise :
Mais, hélas ! qu'avec peu de fruit
L'homme, par soi-même séduit,
Endure qu'on l'en sollicite !
Et qu'il aime à perdre ici-bas
Le temps d'amasser un mérite
Qui fait vivre après le trépas !

Un temps viendra, mais déplorable,
Que tes yeux, en vain mieux ouverts,
Te feront voir combien tu perds
Dans cette perte irréparable ;
Les soins tardifs de t'amender
Auront alors beau demander
Encore un jour, encore une heure :

Il faudra partir promptement,
Et la soif d'une fin meilleure
N'obtiendra pas un seul moment.

Penses-y sans cesse et sans feinte;
Ce grand péril se peut gauchir,
Et la crainte peut t'affranchir
Des plus justes sujets de crainte :
Quiconque à la mort se résout.
Qui la voit et la craint partout,
A peu de chose à craindre d'elle;
Et le plus assuré secours
Contre les traits d'une infidèle,
C'est de s'en défier toujours.

Qu'une pieuse et sainte adresse,
Servant de règle à tes désirs,
Dispose tes derniers soupirs
A moins d'effroi que d'allégresse :
Meurs à tous les mortels appas,
Afin qu'en Dieu par le trépas
Tu puisses commencer à vivre,
Et qu'un plein mépris de ces lieux
Te donne liberté de suivre
Jésus-Christ jusque dans les cieux.

Qu'une sévère pénitence
N'épargne point ici ton corps,
Si tu veux recueillir alors
Les fruits d'une entière constance :
De ses plus âpres châtimens
Naîtront les plus doux sentimens
D'une confiance certaine ;
Et plus on l'aura maltraité,
Plus l'âme, forte de sa peine,
Prendra son vol en sûreté.

D'où te vient la folle espérance
De faire en terre un long séjour,
Toi qui n'as pas même un seul jour
Où tes jours soient en assurance?
Combien en trompe un tel espoir !
Et combien en laisse-t-il choir
Dans le plus beau de leur carrière !
Combien tout à coup défaillir,
Et précipiter dans la bière
La vaine attente de vieillir !

Combien de fois entends-tu dire :

« Celui-ci vient d'être égorgé,
Celui-là d'être submergé,
Cet autre dans les feux expire ! »
L'un, écrasé subitement
Sous les débris d'un bâtiment,
A fini ses jours et ses vices;
L'autre au milieu d'un grand repas,
L'autre parmi d'autres délices
S'est trouvé surpris du trépas;

L'un est percé d'un plomb funeste,
L'autre dans le jeu rend l'esprit;
Tel meurt étranglé dans son lit,
Et tel étouffé de la peste !
Ainsi mille genres de morts,
Par mille différens efforts,
Des mortels retranchent le nombre;
L'ordre en ce point seul est pareil,
Qu'ils passent tous ainsi qu'une ombre
Qu'efface et marque le soleil.

Parmi les vers et la poussière
Qui daignera chercher ton nom,
Et pour obtenir ton pardon
Hasarder la moindre prière?
Fais, fais ce que tu peux de bien,
Donne aux saints devoirs d'un chrétien
Tout ce que Dieu te donne à vivre :
Tu ne sais quand tu dois mourir,
Et moins encor ce qui doit suivre
Les périls qu'il y faut courir.

Tandis que le temps favorable
Te donne loisir d'amasser,
Amasse, mais sans te lasser,
Une richesse perdurable;
Donne-toi pour unique but
Le grand œuvre de ton salut
Autant que le peut ta foiblesse;
N'embrasse aucun autre projet,
Et prends tout souci pour bassesse,
S'il n'a ton Dieu pour seul objet.

Fais des amis pour l'autre vie;
Honore les saints ici-bas,
Et tâche d'affermir tes pas
Dans la route qu'ils ont suivie;
Range-toi sous leur étendard,
Afin qu'à l'heure du départ

Ils fassent pour toi des miracles,
Et qu'ils viennent te recevoir
Dans ces lumineux tabernacles
Où la mort n'a point de pouvoir.

Ne tiens sur la terre autre place
Que d'un pèlerin sans arrêt,
Qui ne prend aucun intérêt
Aux soins dont elle s'embarrasse;
Tiens-y-toi comme un étranger
Qui dans l'ardeur de voyager
N'a point de cité permanente;
Tiens-y ton cœur libre en tout lieu,
Mais d'une liberté fervente
Qui s'élève et s'attache à Dieu.

Pousse jusqu'à lui tes prières
Par de sacrés élancemens;
Joins-y mille gémissemens,
Joins-y des larmes journalières.
Ainsi ton esprit bienheureux
Puisse d'un séjour dangereux
Passer en celui de la gloire!
Ainsi la mort pour l'y porter
Règne toujours en ta mémoire!
Ainsi Dieu te daigne écouter!

Chap. XXIV. — *Du jugement, et des peines du péché.*

Homme, quoi qu'ici-bas tu veuilles entreprendre,
Songe à ce compte exact qu'un jour il en faut rendre,
Et mets devant tes yeux cette dernière fin
Qui fera ton mauvais ou ton heureux destin.
Regarde avec quel front tu pourras comparoître
Devant le tribunal de ton souverain maître,
Devant ce juste juge à qui rien n'est caché,
Qui jusque dans ton cœur sait lire ton péché,
Qu'aucun don n'éblouit, qu'aucune erreur n'abuse,
Que ne surprend jamais l'adresse d'une excuse,
Qui rend à tous justice et pèse au même poids
Ce que font les bergers et ce que font les rois.
    Misérable pécheur, que sauras-tu répondre
A ce Dieu qui sait tout, et viendra te confondre,
Toi que remplit souvent d'un invincible effroi
Le courroux passager d'un mortel comme toi?
    Donne pour ce grand jour, donne ordre à tes affaires,
Pour ce grand jour, le comble ou la fin des misères,
Où chacun, trop chargé de son propre fardeau,

Son propre accusateur et son propre bourreau,
Répondra par sa bouche, et seul, à sa défense,
N'aura point de secours que de sa pénitence.
   Cours donc avec chaleur aux emplois vertueux :
Maintenant ton travail peut être fructueux,
Tes douleurs maintenant peuvent être écoutées,
Tes larmes jusqu'au ciel être soudain portées,
Tes soupirs de ton juge apaiser la rigueur,
Ton repentir lui plaire, et nettoyer ton cœur.
Oh! que la patience est un grand purgatoire
Pour laver de ce cœur la tache la plus noire!
Que l'homme le blanchit, lorsqu'il le dompte au point
De souffrir un outrage et n'en murmurer point;
Lorsqu'il est plus touché du mal que se procure
L'auteur de son affront, que de sa propre injure;
Lorsqu'il élève au ciel ses innocentes mains
Pour le même ennemi qui rompt tous ses desseins,
Qu'avec sincérité promptement il pardonne,
Qu'il demande pardon de même qu'il le donne,
Que sa vertu commande à son tempérament,
Que sa bonté prévaut sur son ressentiment,
Que lui-même à toute heure il se fait violence
Pour vaincre de ses sens la mutine insolence,
Et que pour seul objet partout il se prescrit
D'assujettir la chair sous les lois de l'esprit!
   Ah! qu'il vaudroit bien mieux par de saints exercices
Purger nos passions, déraciner nos vices,
Et nous-mêmes en nous à l'envi les punir,
Qu'en réserver la peine à ce long avenir!
Mais ce que nous avons d'amour désordonnée,
Pour cette ingrate chair à nous perdre obstinée,
Nous-mêmes nous séduit, et l'arme contre nous
De tout ce que nos sens nous offrent de plus doux.
   Qu'auront à dévorer les éternelles flammes,
Que cette folle amour où s'emportent les âmes,
Cet amas de péchés, ce détestable fruit
Que cette chair aimée au fond des cœurs produit?
Plus tu suis ses conseils et te fais ici grâce,
Plus de matière en toi pour ces flammes s'entasse ;
Et ta punition que tu veux reculer
Prépare à l'avenir d'autant plus à brûler.
   Là, par une justice effroyable à l'impie,
Par où chacun offense il faudra qu'il l'expie;
Les plus grands châtimens y seront attachés
Aux plus longues douceurs de nos plus grands péchés
   Dans un profond sommeil la paresse enfoncée
D'aiguillons enflammés s'y trouvera pressée,

Et les cœurs que charmoit sa molle oisiveté
Gémiront sans repos toute l'éternité.
　　L'ivrogne et le gourmand recevront leurs supplices
Du souvenir amer de leurs chères délices,
Et ces repas traînés jusques au lendemain
Mêleront leur idée aux rages de la faim.
　　Les sales voluptés, dans le milieu d'un gouffre,
Parmi les puanteurs de la poix et du soufre,
Laisseront occuper aux plus cruels tourmens
Les lieux les plus flattés de leurs chatouillemens.
　　L'envieux, qui verra du plus creux de l'abîme
Le ciel ouvert aux saints et fermé pour son crime,
D'autant plus furieux, hurlera de douleur
Pour leur félicité plus que pour son malheur.
　　Tout vice aura sa peine à lui seul destinée ;
La superbe à la honte y sera condamnée,
Et, pour punir l'avare avec sévérité,
La pauvreté qu'il fuit aura sa cruauté.
　　Là sera plus amère une heure de souffrance
Que ne le sont ici cent ans de pénitence ;
Là jamais d'intervalle ou de soulagement
N'affoiblit des damnés l'éternel châtiment :
Mais ici nos travaux peuvent reprendre haleine,
Souffrir quelque relâche à la plus juste peine ;
L'espoir d'en voir la fin à toute heure est permis,
Tandis qu'on s'en console avecque ses amis.
　　Romps-y donc du péché les noires habitudes,
A force de soupirs, de soins, d'inquiétudes,
Afin qu'en ce grand jour ce juge rigoureux
Te mette en sûreté parmi les bienheureux :
Car les justes alors avec pleine constance
Des maux par eux soufferts voudront prendre vengeance,
Et d'un regard farouche ils paroîtront armés
Contre les gros pécheurs qui les ont opprimés.
　　Tu verras lors assis au nombre de tes juges
Ceux qui jadis chez toi cherchoient quelques refuges,
Et tu seras jugé par le juste courroux
De qui te demandoit la justice à genoux.
　　L'humble alors et le pauvre après leur patience
Rentreront à la vie en paix, en confiance,
Cependant que le riche avec tout son orgueil,
Pâle et tremblant d'effroi, sortira du cercueil.
　　Lors aura son éclat la sagesse profonde
Qui passoit pour folie aux mauvais yeux du monde ;
Une gloire sans fin sera le digne prix
D'avoir souffert pour Dieu l'opprobre et le mépris.
　　Lors tous les déplaisirs endurés sans murmure

Seront changés en joie inépuisable et pure ;
Et toute iniquité confondant son auteur
Lui fermera la bouche et rongera le cœur.
   Point lors, point de dévots sans entière allégresse,
Point lors de libertins sans profonde tristesse ;
Ceux-là s'élèveront dans les ravissemens,
Ceux-ci s'abîmeront dans les gémissemens ;
Et la chair qu'ici-bas on aura maltraitée,
Que la règle ou le zèle auront persécutée,
Goûtera plus alors de solides plaisirs
Que celle que partout on livre à ses désirs.
   Les lambeaux mal tissus de la robe grossière
Des plus brillans habits terniront la lumière ;
Et les princes verront les chaumes préférés
Au faîte ambitieux de leurs palais dorés.
   La longue patience aura plus d'avantage
Que tout ce vain pouvoir qu'a le monde en partage ;
La prompte obéissance et sa simplicité,
Que tout ce que le siècle a de subtilité.
   La joie et la candeur des bonnes consciences
Iront lors au-dessus des plus hautes sciences ;
Et du mépris des biens les plus légers efforts
Seront de plus grand poids que les plus grands trésors.
   Tu sentiras ton âme alors plus consolée
D'une oraison dévote à tes soupirs mêlée,
Que d'avoir fait parade en de pompeux festins
Du choix le plus exquis des viandes et des vins.
   Tu te trouveras mieux de voir dans la balance
L'heureuse fermeté d'un rigoureux silence,
Que d'y voir l'embarras et les distractions
D'un cœur qui s'abandonne aux conversations ;
D'y voir de bons effets que de belles paroles,
Des actes de vertu que des discours frivoles ;
D'y voir la pénitence avec sa dureté,
D'y voir l'étroite vie avec son âpreté,
Que la douce mollesse où flotte vagabonde
Une âme qui s'endort dans les plaisirs du monde.
   Apprends qu'il faut souffrir quelques petits malheurs
Pour t'affranchir alors de ces pleines douleurs :
Éprouve ici ta force, et fais sur peu de chose
Un foible essai des maux où l'avenir t'expose ;
Ils seront éternels, et tu crains d'endurer
Ceux qui n'ont ici-bas qu'un moment à durer !
Si leurs moindres assauts, leur moindre expérience
Te jette dans le trouble et dans l'impatience,
Au milieu des enfers, où ton péché va choir,
Jusques à quelle rage ira ton désespoir ?

Souffre, souffre sans bruit, quoi que le ciel t'envoie :
Tu ne saurois avoir de deux sortes de joie,
Remplir de tes désirs ici l'avidité,
Et régner avec Dieu dedans l'éternité.
  Quand depuis ta naissance on auroit vu ta vie
D'honneurs jusqu'à ce jour et de plaisirs suivie,
Qu'auroit tout cet amas qui te pût secourir,
Si dans ce même instant il te falloit mourir ?
Tout n'est que vanité : gloire, faveurs, richesses,
Passagères douceurs, trompeuses allégresses ;
Tout n'est qu'amusement, tout n'est que faux appui,
Hormis d'aimer Dieu seul, et ne servir que lui.
Qui de tout son cœur l'aime y borne ses délices ;
Il ne craint mort, enfer, jugement, ni supplices ;
De ce parfait amour le salutaire excès
Près de l'objet aimé lui donne un sûr accès :
Mais lorsque le pécheur aime encor que du vice
La funeste douceur dans son âme se glisse,
Il n'est pas merveilleux s'il tremble incessamment
Au seul nom de la mort, ou de ce jugement.
  Il est bon toutefois que l'ingrate malice,
En qui l'amour de Dieu cède aux attraits du vice,
Du moins cède à son tour à l'effroi des tourmens
Qui l'arrache par force à ses déréglemens.
Si pourtant cette crainte est en toi la maîtresse,
Sans que celle de Dieu soutienne ta foiblesse,
Ce mouvement servile, indigne d'un chrétien,
Dédaignera bientôt les sentiers du vrai bien,
Et te laissera faire une chute effroyable
Dans les piéges du monde et les filets du diable.

CHAP. XXV. — *Du fervent amendement de toute la vie.*

De ton zèle envers Dieu bannis la nonchalance ;
Porte un amour actif dans un cœur enflammé ;
Souviens-toi que le cloître où tu t'es enfermé
Veut de l'intérieur et de la vigilance ;
Demande souvent compte au secret de ton cœur
Du dessein qui t'en fit épouser la rigueur,
Et renoncer au siècle, à sa pompe, à ses charmes ;
N'étoit-ce pas pour vivre à Dieu seul attaché,
Pour embrasser la croix, pour la baigner de larmes,
Et t'épurer l'esprit dans l'horreur du péché ?

Montre en ce grand dessein une ferveur constante,
Et pour un saint progrès rends ce cœur tout de feu ;
Ta récompense est proche, elle est grande, et dans peu
Son excès surprenant passera ton attente.

A tes moindres souhaits tu verras lors s'offrir,
Non plus de quoi trembler, non plus de quoi souffrir,
Mais du solide bien l'heureuse plénitude :
Tes yeux admireront son immense valeur ;
Tu l'obtiendras sans peine et sans inquiétude,
Et la posséderas sans crainte et sans douleur.

Ne dors pas cependant, prends courage, et l'emploie
Aux précieux effets d'un vertueux propos.
D'une heure de travail doit naître un long repos,
D'un moment de souffrance une éternelle joie.
C'est Dieu qui te promet cette félicité :
Si tu sais le servir avec fidélité,
Il sera, comme toi, fidèle en ses promesses ;
Sa main quand tu combats cherche à te couronner,
Et sa profusion, égale à ses richesses,
Ne voit tous ses trésors que pour te les donner.

Conçois, il t'en avoue, une haute espérance
De remporter la palme en combattant sous lui ;
Espère un plein triomphe avec un tel appui :
Mais garde-toi d'en prendre une entière assurance.
Les philtres dangereux de cette illusion
Charment si puissamment, que dans l'occasion
Nous laissons de nos mains échapper la victoire ;
Et quand le souvenir d'avoir le mieux vécu
Relâche la ferveur à quelque vaine gloire,
Qui s'assure de vaincre est aisément vaincu.

Un jour, un grand dévot dont l'âme, encor que sainte,
Flottoit dans une longue et triste anxiété,
Et tournoit sans repos son instabilité
Tantôt vers l'espérance, et tantôt vers la crainte,
Accablé sous le poids de cet ennui mortel,
Prosterné dans l'église au-devant d'un autel,
Rouloit cette inquiète et timide pensée :
« O Dieu ! si je savois, disoit-il en son cœur,
Qu'enfin ma lâcheté, par mes pleurs effacée,
De bien persévérer me laissât la vigueur ! »

Une céleste voix de lui seul entendue
A sa douleur secrète aussitôt répondit,
Et par un doux oracle à l'instant lui rendit
Le calme qui manquoit à son âme éperdue :
« Eh bien ! que ferois-tu ? dit cette aimable voix.
Montre la même ardeur que si tu le savois,
Et fais dès maintenant ce que tu voudrois faire ;
Commence, continue, et ne perds point de temps ;

Applique tous tes soins à m'aimer, à me plaire,
Et demeure assuré de ce que tu prétends. »

Ainsi Dieu conforta cette âme désolée ;
Cette âme en crut ainsi la divine bonté,
Et soudain vit céder à la tranquillité
Les agitations qui l'avoient ébranlée ;
Un parfait abandon au souverain vouloir
Dans l'avenir obscur ne chercha plus à voir
Que les moyens de plaire à l'auteur de sa joie ;
Un bon commencement fit son ambition,
Et son unique soin fut de prendre la voie
Qui pût conduire l'œuvre à sa perfection.

Espère, espère en Dieu, fais du bien sur la terre,
Tu recevras du ciel l'abondance des biens ;
C'est par là que David t'enseigne les moyens
De te rendre vainqueur en cette rude guerre.
Une chose, il est vrai, fait souvent balancer,
Attiédit en plusieurs l'ardeur de s'avancer,
Et dès le premier pas les retire en arrière :
C'est que leur cœur, sensible encore aux voluptés,
Ne s'ouvre qu'en tremblant cette rude carrière,
Tant il conçoit d'horreur de ses difficultés.

L'objet de cette horreur te doit servir d'amorce,
La grandeur des travaux ennoblit le combat,
Et la gloire de vaincre a d'autant plus d'éclat
Que pour y parvenir on fait voir plus de force [1].
L'homme qui porte en soi son plus grand ennemi,
Plus, à se bien haïr saintement affermi,
Il trouve en l'amour-propre une âpre résistance,
Plus il a de mérite à se dompter partout ;
Et la grâce, que Dieu mesure à sa constance,
D'autant plus dignement l'en fait venir à bout.

Tous n'ont pas toutefois mêmes efforts à faire,
Comme ils n'ont pas en eux à vaincre également,
Et la diversité de leur tempérament
Leur donne un plus puissant ou plus foible adversaire ;
Mais un esprit ardent aux saintes fonctions,
Quoiqu'il ait à forcer beaucoup de passions,
Tout chargé d'ennemis, fera plus de miracles

---

1. *Ibi homo plus proficit, ubi magis seipsum vincit.* Corneille doit peut-être à la lecture de ce passage de l'*Imitation* ce beau vers du *Cid* :

    A vaincre sans péril, on triomphe sans gloire.
                      Acte II, sc, II.

Qu'un naturel bénin, doux, facile, arrêté,
Qui, ne ressentant point en soi de grands obstacles,
S'enveloppe et s'endort dans sa tranquillité.

Agis donc fortement, et fais-toi violence
Pour te soustraire au mal où tu te vois pencher;
Examine quel bien tu dois le plus chercher,
Et portes-y soudain toute ta vigilance :
Mais ne crois pas en toi le voir jamais assez;
Tes sens à te flatter toujours intéressés
T'en pourroient souvent faire une fausse peinture;
Porte les yeux plus loin, et regarde en autrui
Tout ce qui t'y déplaît, tout ce qu'on y censure,
Et déracine en toi ce qui te choque en lui.

Dans ce miroir fidèle exactement contemple
Ce que sont en effet et ce mal et ce bien;
Et, les considérant d'un œil vraiment chrétien,
Fais ton profit du bon et du mauvais exemple;
Que l'un allume en toi l'ardeur de l'imiter,
Que l'autre excite en toi les soins de l'éviter,
Ou, si tu l'as suivi, d'en effacer la tache;
Sers toi-même d'exemple, et t'en fais une loi,
Puisque ainsi que ton œil sur les autres s'attache,
Les autres à leur tour attachent l'œil sur toi.

Oh! qu'il est est doux de voir une ferveur divine
Dans les religieux nourrir la sainteté !
Qu'on admire avec joie en eux la fermeté
Et de l'obéissance et de la discipline !
Qu'il est dur au contraire et scandaleux d'en voir
S'égarer chaque jour du cloître et du devoir,
Divaguer en désordre, et s'empresser d'affaires,
Désavouer l'habit par l'inclination,
Et pour des embarras un peu trop volontaires
Négliger les emplois de leur vocation !

Souviens-toi de tes vœux, et pense à quoi t'engage
Ce vertueux projet dont ton âme a fait choix;
Mets-toi devant les yeux un Jésus-Christ en croix,
Et jusques en ton cœur fais-en passer l'image :
A l'aspect amoureux de ce mourant Sauveur
Combien dois-tu rougir de ton peu de ferveur,
Et du peu de rapport de ta vie à sa vie !
Et quand il te dira : « Je t'appelois aux cieux,
Je t'ai mis en la voie, et tu l'as mal suivie, »
Combien doivent couler de larmes de tes yeux !

Oh! qu'un religieux heureusement s'exerce

Sur cette illustre vie et cette indigne mort !
Que tout ce qui peut faire ici-bas un doux sort
Se trouve abondamment dans ce divin commerce !
Qu'avec peu de raison il chercheroit ailleurs
Des secours plus puissans, ou des emplois meilleurs !
Qu'avec pleine clarté la grâce l'illumine !
Que son intérieur en est fortifié,
Et se fait promptement une haute doctrine
Quand il grave en son cœur un Dieu crucifié !

Sa paix est toujours ferme, et, quoi qu'on lui commande,
Il s'y porte avec joie et court avec chaleur :
Mais le tiède, au contraire, a douleur sur douleur,
Et voit fondre sur lui tout ce qu'il appréhende ;
L'angoisse, le chagrin, les contrariétés,
Dans son cœur inquiet tombant de tous côtés,
Lui donnent les ennuis et le trouble en partage ;
Il demeure accablé sous leurs moindres efforts,
Parce que le dedans n'a rien qui le soulage,
Et qu'il n'ose ou ne peut en chercher au dehors.

Oui, le religieux qui hait la discipline,
Qu'importune la règle, à qui pèse l'habit,
Qui par ses actions chaque jour les dédit,
Se jette en grand péril d'une prompte ruine.
Qui cherche à vivre au large est toujours à l'étroit ;
Dans ce honteux dessein son esprit maladroit
Se gêne d'autant plus qu'il se croit satisfaire ;
Et, quoi que de sa règle il ose relâcher,
Le reste n'a jamais si bien de quoi lui plaire
Que ses nouveaux dégoûts n'en veuillent retrancher.

Si ton cœur pour le cloître a de la répugnance
Jusqu'à grossir l'orgueil de tes sens révoltés,
Regarde ce que font tant d'autres mieux domptés,
Jusqu'où va leur étroite et fidèle observance ;
Ils vivent retirés et sortent rarement,
Grossièrement vêtus et nourris pauvrement,
Travaillent sans relâche ainsi que sans murmure,
Parlent peu, dorment peu, se lèvent du matin,
Prolongent l'oraison, prolongent la lecture,
Et sous ces dures lois font une douce fin.

Vois ces grands escadrons d'âmes laborieuses,
Vois l'ordre des Chartreux, vois celui de Cîteaux,
Vois tout autour de toi mille sacrés troupeaux
Et de religieux et de religieuses ;
Vois comme chaque nuit ils rompent le sommeil,
Et n'attendent jamais le retour du soleil

Pour envoyer à Dieu l'encens de ses louanges :
Il te seroit honteux d'avoir quelque lenteur,
Alors que sur la terre un si grand nombre d'anges
S'unit à ceux du ciel pour bénir leur auteur.

Oh ! si nous pouvions vivre et n'avoir rien à faire
Qu'à dissiper en nous cette infâme langueur,
Qu'à louer ce grand Maître et de bouche et de cœur,
Sans que rien de plus bas nous devînt nécessaire !
Oh ! si l'âme chrétienne et ses plus saints transports
N'étoient point asservis aux foiblesses du corps,
Aux besoins de dormir, de manger et de boire !
Si rien n'interrompoit un soin continuel
De publier de Dieu les bontés et la gloire,
Et d'avancer l'esprit dans le spirituel !

Que nous serions heureux ! qu'un an, un jour, une heure,
Nous feroit bien goûter plus de félicité
Que les siècles entiers de la captivité
Où nous réduit la chair dans sa triste demeure !
O Dieu ! pourquoi faut-il que ces infirmités,
Ces journaliers tributs, soient des nécessités
Pour tes vivans portraits qu'illumine ta flamme ?
Pourquoi pour subsister sur ce lourd élément
Faut-il d'autres repas que les repas de l'âme ?
Pourquoi les goûtons-nous, ô Dieu ! si rarement ?

Quand l'homme se possède, et que les créatures
N'ont aucunes douceurs qui puissent l'arrêter,
C'est alors que sans peine il commence à goûter
Combien le Créateur est doux aux âmes pures ;
Alors, quoi qu'il arrive ou de bien ou de mal,
Il vit toujours content, et d'un visage égal
Il reçoit la mauvaise et la bonne fortune ;
L'abondance sur lui tombe sans l'émouvoir,
La pauvreté pour lui n'est jamais importune,
La gloire et le mépris n'ont qu'un même pouvoir.

C'est lors entièrement en Dieu qu'il se repose,
En Dieu, sa confiance et son unique appui,
En Dieu, qu'il voit partout, en soi-même, en autrui,
En Dieu qui pour son âme est tout en toute chose.
Où qu'il soit, quoi qu'il fasse, il redoute, il chérit
Cet Être universel à qui rien ne périt,
Et dans qui tout conserve une immortelle vie,
Qui ne connoît jamais diversité de temps,
Et dont la voix sitôt de l'effet est suivie
Que dire et faire en lui ne sont point deux instans.

Toi qui, bien que mortel, inconstant, misérable,
Peux avec son secours aisément te sauver,
Souviens-toi de la fin où tu dois arriver,
Et que le temps perdu n'est jamais réparable.
Va, cours, vole sans cesse aux emplois fructueux ;
Cette sainte chaleur qui fait les vertueux
Veut des soins assidus et de la diligence ;
Et du moment fatal que ton manque d'ardeur
T'osera relâcher à quelque négligence,
Mille peines suivront ce moment de tiédeur.

Que si dans un beau feu ton âme persévère,
Tu n'auras plus à craindre aucun funeste assaut,
Et l'amour des vertus joint aux grâces d'en haut
Rendra de jour en jour ta peine plus légère.
Le zèle et la ferveur peuvent nous préparer
A quoi qu'en cette vie il nous faille endurer ;
Ils sèment des douceurs au milieu des supplices :
Mais, ne t'y trompe pas, il faut d'autres efforts,
Il en faut de plus grands à résister aux vices,
A se dompter l'esprit, qu'à se gêner le corps.

L'âme aux petits défauts souvent abandonnée
En de plus dangereux se laisse bientôt choir,
Et la parfaite joie arrive avec le soir
Chez qui sait avec fruit employer la journée.
Veille donc sur toi-même et sur tes appétits,
Excite, échauffe-toi toi-même, et t'avertis ;
Quoi qu'il en soit d'autrui, jamais ne te néglige :
Gêne-toi, force-toi, change de bien en mieux ;
Plus se fait violence un cœur qui se corrige,
Plus son progrès va haut dans la route des cieux.

LIVRE SECOND.

Chap. I. — *De la conversation intérieure.*

« Sachez que mon royaume est au dedans de vous, »
    Dit le céleste Époux
      Aux âmes de ses chers fidèles :
Élève donc la tienne où l'appelle sa voix,
  Quitte pour lui le monde, et laisse aux criminelles
      Ce triste canton de rebelles,
Et tu rencontreras le repos sous ses lois.

Apprends à mépriser les pompes inconstantes
    De ces douceurs flottantes

Dont le dehors brille à tes yeux ;
Apprends à recueillir ce qu'une sainte flamme
Dans un intérieur verse de précieux,
Et soudain du plus haut des cieux
Le royaume de Dieu descendra dans ton âme.

Car enfin ce royaume est une forte paix
Qui de tous les souhaits
Bannit la vaine inquiétude ;
Une stable allégresse, et dont le Saint-Esprit
Répandant sur les bons l'heureuse certitude,
L'impie et noire ingratitude
Jamais ne la reçut, jamais ne la comprit.

Jésus viendra chez toi lui-même la répandre,
Si ton cœur pour l'attendre
Lui dispose un digne séjour :
La gloire qui lui plaît et la beauté qu'il aime
De l'éclat du dedans tirent leur plus beau jour ;
Et pour te donner son amour
Il ne veut rien de toi qui soit hors de toi-même.

Il y fera pleuvoir mille sortes de biens
Par les doux entretiens
De ses amoureuses visites ;
Un plein épanchement de consolations,
Un calme inébranlable, une paix sans limites,
Et l'abondance des mérites,
Y suivront à l'envi ses conversations.

Courage donc, courage, âme sainte : prépare
Pour un bonheur si rare
Un cœur tout de zèle et de foi ;
Que ce divin Époux daigne à cette même heure,
S'y voyant seul aimé, seul reconnu pour roi,
Entrer chez toi, loger chez toi,
Et jusqu'à ton départ y faire sa demeure.

Lui-même il l'a promis : « Si quelqu'un veut m'aimer,
Il doit se conformer,
Dit-il, à ce que je commande ;
Alors mon Père et moi nous serons son appui,
Nous le garantirons de quoi qu'il appréhende :
Et, pour sa sûreté plus grande,
Nous viendrons jusqu'à lui pour demeurer chez lui. »

Ouvre-lui tout ce cœur ; et, quoi qu'on te propose,
Tiens-en la porte close
A tout autre objet qu'à sa croix :
Lui seul pour te guérir a d'assurés remèdes,

Lui seul pour t'enrichir abandonne à ton choix
    Plus que tous les trésors des rois,
Et tu possèdes tout lorsque tu le possèdes.

Il pourvoira lui-même à tes nécessités,
    Et ses hautes bontés
    Partout soulageront tes peines;
Il te sera fidèle, et son divin pouvoir
T'en donnera partout des preuves si soudaines,
    Que les assistances humaines
N'auront ni temps ni lieu d'amuser ton espoir.

Des peuples et des grands la faveur est changeante,
    Et la plus obligeante
    En moins de rien passe avec eux;
Mais celle de Jésus ne connoît point de terme,
Et s'attache à l'aimé par de si puissans nœuds,
    Que jusqu'au plein effet des vœux,
Jusqu'à la fin des maux elle tient toujours ferme.

Souviens-toi donc toujours, quand un ami te sert
    Le plus à cœur ouvert,
    Que souvent son zèle est stérile;
Fais peu de fondement sur son plus haut crédit,
Et, dans le même instant qu'il t'est le plus utile,
    Crois-le mortel, crois-le fragile,
Et t'attriste encor moins lorsqu'il te contredit.

Tel aujourd'hui t'embrasse et soutient ta querelle,
    Dont l'esprit infidèle
    Dès demain voudra t'opprimer;
Et tel autre aujourd'hui contre toi s'intéresse,
Que pour toi dès demain tu verras s'animer:
    Tant pour haïr et pour aimer
Au gré du moindre vent tourne notre foiblesse!

Ne t'assure qu'en Dieu, mets-y tout ton amour
    Jusqu'à ton dernier jour,
    Tout ton espoir, toute ta crainte:
Il conduira ta langue, il réglera tes yeux,
Et, de quelque malheur que tu sentes l'atteinte,
    Jamais il n'entendra ta plainte
Qu'il ne fasse pour toi ce qu'il verra de mieux.

L'homme n'a point ici de cité permanente;
    Où qu'il soit, quoi qu'il tente,
    Il n'est qu'un malheureux passant:
Et si, dans les travaux de son pèlerinage,
L'effort intérieur d'un cœur reconnoissant

Ne l'unit au bras tout-puissant,
Il s'y promet en vain le calme après l'orage.

Que regardes-tu donc, mortel, autour de toi,
Comme si quelque emploi
T'y faisoit une paix profonde?
C'est au ciel, c'est en Dieu qu'il te faut habiter;
C'est là, c'est en lui seul qu'un vrai repos se fonde;
Et, quoi qu'étale ici le monde,
Ce n'est qu'avec dédain que l'œil s'y doit prêter.

Tout ce qu'il te présente y passe comme une ombre,
Et toi-même es du nombre
De ces fantômes passagers :
Tu passeras comme eux, et ta chute funeste
Suivra l'attachement à ces objets légers,
Si pour éviter ces dangers
Tu ne romps avec toi comme avec tout le reste.

De ce triste séjour où tout n'est que défaut,
Jusqu'aux pieds du Très-Haut,
Sache relever ta pensée;
Qu'à force de soupirs, de larmes et de vœux,
Jusques à Jésus-Christ ta prière poussée
Lui montre une ardeur empressée
D'où sans cesse pour lui partent de nouveaux feux.

Si tu t'y sens mal propre, et qu'entre tant d'épines
Jusqu'aux grandeurs divines
Tes forces ne puissent monter,
S'il faut que sur la terre encor tu les essaies,
Sa Passion t'y donne assez où t'arrêter;
Mais il faut pour la bien goûter
Affermir ta demeure au milieu de ses plaies.

Prends ce dévot refuge en toutes tes douleurs,
Et tes plus grands malheurs
Trouveront une issue aisée;
Tu sauras négliger quoi qu'il faille souffrir;
Les mépris te seront des sujets de risée,
Et la médisance abusée
Ne dira rien de toi dont tu daignes t'aigrir.

Le Monarque du ciel, le Maître du tonnerre,
Méprisé sur la terre,
Dans l'opprobre y finit ses jours;
Au milieu de sa peine, au fort de sa misère,
Il vit tous ses amis lâches, muets et sourds;
Tout lui refusa du secours,
Et tout l'abandonna, jusqu'à son propre Père.

Cet abandon lui plut, il aima ce mépris,
   Et pour être ton prix
  Il voulut être ta victime;
Innocent qu'il étoit il voulut endurer;
Et toi, dont la souffrance est moindre que le crime,
   Tu t'oses plaindre qu'on t'opprime,
Et croire que tes maux valent en murmurer!

Il eut des ennemis, il vit la médisance
   Noircir en sa présence
  Ses plus sincères actions;
Et tu veux que chacun avec soin te caresse,
Que chacun soit jaloux de tes affections,
   Qu'il coure à tes intentions,
Et pour te mieux servir à l'envi s'intéresse!

Dans les adversités l'âme fait ses trésors
   Des misères du corps;
  Ce sont les épreuves des bonnes;
Leur patience amasse alors sans se lasser :
Mais où pourra la tienne emporter des couronnes,
   Si tous les soins que tu te donnes
N'ont pour but que de fuir ce qui peut l'exercer?

Tu vois ton Maître en croix, où ton péché le tue,
   Et tu peux à sa vue
  Te rebuter de quelque ennui!
Ah! ce n'est pas ainsi qu'on a part à sa gloire;
Change, pauvre pécheur, change dès aujourd'hui.
   Souffre avec lui, souffre pour lui,
Si tu veux avec lui régner par sa victoire.

Si tu peux dans son sein une fois pénétrer
   Jusqu'où savent entrer
  Les ardeurs d'un amour extrême;
Si tu peux faire en terre un essai des plaisirs
Où ce parfait amour abîme un cœur qui l'aime,
   Tu verras bientôt pour toi-même
Ta sainte indifférence avec peu de désirs.

Il t'importera peu que le monde s'en joue,
   Et t'offre de la roue
  Ou le dessus ou le dessous :
Plus cet amour est fort, plus l'homme se méprise;
Les opprobres n'ont rien qui ne lui semble doux,
   Et plus rudes en sont les coups,
Plus il voit que de Dieu la main le favorise.

L'amoureux de Jésus et de la vérité
   Avec sévérité

> Au dedans de soi se ramène ;
> Et depuis que son cœur pleinement s'affranchit
> De toute affection désordonnée et vaine,
> > De toute ambition humaine,
> Dans ce retour vers Dieu sans obstacle il blanchit.
>
> Son âme détachée, et libre autant que pure,
> > Par-dessus la nature
> > Sans peine apprend à s'élever :
> Sitôt que de soi-même il cesse d'être esclave,
> Un ferme et vrai repos chez lui le vient trouver ;
> > Et quand il a pu se braver,
> Il n'a point d'ennemis qu'aisément il ne brave.
>
> Il sait donner à tout un véritable prix,
> > Sans peser le mépris
> > Ou l'estime qu'en fait le monde :
> Vraiment sage et savant, il peut dire en tout lieu
> Qu'il ne tient point de lui sa doctrine profonde,
> > Et que celle dont il abonde
> Ne se puise jamais qu'en l'école de Dieu.
>
> Dedans l'intérieur il ordonne sa voie,
> > Et dehors, quoi qu'il voie,
> > Tout est peu de chose à ses yeux :
> Le zèle qui partout règne en sa conscience
> N'attend pour s'exercer ni les temps ni les lieux,
> > Et pour aller de bien en mieux
> Tout lieu, tout temps est propre à son impatience.
>
> Quelques tentations qui l'osent assaillir,
> > Prompt à se recueillir,
> > En soi-même il fait sa retraite ;
> Et, comme il s'y retranche avec facilité,
> Des attraits du dehors la douceur inquiète
> > Jamais jusque-là ne l'arrête
> Qu'il se répande entier sur leur inanité.
>
> Ni le travail du corps, ni le soin nécessaire
> > D'une pressante affaire
> > Ne l'emporte à se disperser ;
> Dans tous événemens ce zèle trouve place ;
> La bonne occasion, il la sait embrasser ;
> > La mauvaise, il la sait passer,
> Et faire son profit de ce qui l'embarrasse.
>
> Ce bel ordre au dedans en chasse tout souci
> > De ce que font ici
> > Ceux qu'on blâme et ceux qu'on admire ;
> Il ferme ainsi la porte à tous empêchemens,

Et sait qu'on n'est distrait du bien où l'âme aspire
　　Qu'autant qu'en soi-même on attire
D'un vain extérieur les prompts amusemens.

Si la tienne une fois étoit bien dégagée,
　　Bien nette, bien purgée
　　De ces folles impressions,
Tout la satisferoit, tout lui seroit utile,
Et Dieu, réunissant tes inclinations,
　　De toutes occupations
Te feroit en vrais biens une terre fertile.

Mais n'étant pas encor ni bien mortifié,
　　Ni bien fortifié
　　Contre les douceurs passagères,
Souvent il te déplaît qu'au lieu de ces vrais biens,
Tu ne te vois rempli que d'images légères,
　　Dont les promesses mensongères
Troublent à tous momens la route que tu tiens.

Ton cœur aime le monde; et tout ce qui le brouille,
　　Tout ce qui plus le souille,
　　C'est cet impur attachement:
Rejette ses plaisirs, romps avec leur bassesse;
Et ce cœur, vers le ciel s'élançant fortement,
　　Saura goûter incessamment
Du calme intérieur la parfaite allégresse.

Chap. II. — *De l'humble soumission.*

　　Ne te mets pas beaucoup en peine
　　De toute la nature humaine
Qui t'aime ou qui te hait, qui te nuit ou te sert;
Va jusqu'au Créateur, mets ton soin à lui plaire,
　　Quoi que tu veuilles faire;
Et s'il est avec toi, marche à front découvert.

　　La bonne et saine conscience
　　A toujours Dieu pour sa défense,
De qui le ferme appui l'empêche de trembler;
Et reçoit de son bras une si forte garde
　　Quand son œil la regarde,
Qu'il n'est point de méchant qui la puisse accabler.

　　Quoi qu'il t'arrive de contraire,
　　Apprends à souffrir, à te taire,
Et tu verras sur toi le secours du Seigneur.
Il a pour t'affranchir mille routes diverses,
　　Et sait dans ces traverses
Quand et comme il en faut adoucir la rigueur.

C'est en sa main forte et bénigne
Qu'il faut que l'homme se résigne,
Quelques maux qu'il prévoie ou puisse ressentir;
A lui seul appartient de nous donner de l'aide;
A lui seul le remède
Qui de confusion nous peut tous garantir.

Cependant ce qu'un autre blâme
Des taches qui souillent notre âme,
Souvent assure en nous la vraie humilité;
Souvent le vain orgueil par là se déracine,
L'amour-propre se mine,
Et fait place aux vertus avec facilité.

L'homme qui soi-même s'abaisse,
Par l'humble aveu de sa foiblesse,
Des plus justes fureurs rompt aisément les coups,
Et satisfait sur l'heure avec si peu de peine,
Que la plus âpre haine
Ne sauroit contre lui conserver de courroux.

L'humble seul vit comme il faut vivre :
Dieu le protége et le délivre ;
Il l'aime et le console à chaque événement ;
Il descend jusqu'à lui pour lui montrer ses traces ;
Il le comble de grâces,
Et l'élève à la gloire après l'abaissement.

Il répand sur lui ses lumières
Et les connoissances entières
De ses plus merveilleux et plus profonds secrets;
Il l'invite, il l'attire à ce bonheur extrême,
Et l'attache à soi-même
Par la profusion de ses plus doux attraits.

L'humble ainsi trouve tout facile,
Toujours content, toujours tranquille,
Quelque confusion qu'il lui faille essuyer ;
Et comme c'est en Dieu que son repos se fonde
Sur le mépris du monde,
En Dieu malgré le monde il le sait appuyer.

Enfin c'est par là qu'on profite,
C'est par là que le vrai mérite
Au reste des vertus se laisse dispenser.
Quelque éclat qu'à leur prix les tiennes puissent joindre,
Tiens-toi de tous le moindre,
Ou dans le bon chemin ne crois point avancer.

Chap. III. — *De l'homme pacifique.*

Prépare tes efforts à mettre en paix les autres
    Par ceux de l'affermir chez toi;
Leurs esprits aisément se règlent sur les nôtres,
L'exemple est la plus douce et la plus forte loi.

Ce calme intérieur est le trésor unique
    Qui soit digne de nos souhaits :
L'homme docte sert moins que l'homme pacifique,
Et le fruit du savoir cède à ceux de la paix.

Le savant qui reçoit sa passion pour guide
    N'agit sous elle qu'en brutal;
Le bien lui semble un crime, et sa croyance avide
Vole même au-devant de ce qu'on dit de mal.

Qui se possède en paix est d'une autre nature;
    Il sait tourner le mal en bien,
Il sait fermer l'oreille au bruit de l'imposture,
Et jamais d'aucun autre il ne soupçonne rien.

Mais qui vit mal content et suit l'impatience
    De ses bouillans et vains désirs,
Celui-là n'est jamais sans quelque défiance,
Et voit partout matière à de prompts déplaisirs.

Comme tout fait ombrage aux soucis qu'il se donne,
    Tout le blesse, tout lui déplaît;
Il n'a point de repos et n'en laisse à personne,
Il ne sait ce qu'il veut, ni même ce qu'il est.

Il tait ce qu'il doit dire, et dit ce qu'il doit taire;
    Il va quand il doit s'arrêter,
Et son esprit troublé quitte ce qu'il faut faire
Pour faire avec chaleur ce qu'il faut éviter.

Sa rigueur importune examine et publie
    Où manque le devoir d'autrui,
Et lui-même du sien pleinement il s'oublie,
Comme si Dieu jamais n'avoit rien dit pour lui.

Tourne les yeux sur toi, malheureux, et regarde
    Quel zèle aveugle te confond;
Mets sur ton propre cœur une soigneuse garde,
Et considère après ce que les autres font.

Tu sais bien t'excuser, et n'admets point d'excuses
    Pour les foiblesses du prochain;
Il n'est point de couleurs pour toi que tu refuses,
Ni de raisons pour lui qui ne parlent en vain.

Sois-lui plus indulgent, et pour toi plus sévère ;
    Censure ton mauvais emploi,
Excuse ceux d'un autre, et souffre de ton frère,
Si tu veux que ton frère aime à souffrir de toi.

Vois-tu combien ton âme est encore éloignée
    De l'humble et vive charité
Qui jamais ne s'aigrit, jamais n'est indignée,
Jamais ne veut de mal qu'à sa fragilité?

Ce n'est pas grand effort de hanter sans querelle
    Des esprits doux, des gens de bien ;
A se plaire avec eux la pente est naturelle,
Et chacun sans miracle aime leur entretien.

Chacun aime la paix, la cherche, la conserve,
    L'embrasse avec contentement,
Et se donne sans peine avec peu de réserve
A ceux qu'il voit partout suivre son sentiment.

Mais il est des esprits durs, indisciplinables,
    Dont on ne peut venir à bout ;
Il est des naturels farouches, intraitables,
Qui tirent vanité de contredire tout.

Converser avec eux sans bruit et sans murmure,
    C'est une si grande action,
Qu'il faut beaucoup de grâce à porter la nature
Jusqu'à ce haut degré de la perfection.

Je te le dis encore, il est parmi le monde
    Des genres d'esprits bien divers :
Il en est qui dans eux ont une paix profonde,
Et sauroient la garder avec tout l'univers ;

Il en est d'opposés, dont l'humeur inquiète
    L'exile à jamais de chez eux,
Et ne peut consentir qu'un autre se promette
Un bonheur si contraire au chagrin de leurs vœux.

Ceux-là partout à charge, et les vivans supplices
    De qui se condamne à les voir,
Mais plus à charge encore à leurs propres caprices,
Se donnent plus de mal qu'ils n'en font recevoir.

D'autres aiment la paix, et n'ont d'inquiétude
    Que pour s'y pouvoir maintenir,
Et d'autres sans relâche appliquent leur étude
A réduire quelque autre aux soins d'y parvenir.

Notre paix cependant n'est pas ce que l'on pense ;
    Et tant qu'il nous faut respirer,

Elle consiste plus dans une humble souffrance
Qu'à ne rien ressentir qu'il fâche d'endurer.

Qui sait le mieux souffrir, c'est chez lui qu'elle abonde,
C'est lui qui la garde le mieux ;
Il triomphe ici-bas de soi-même et du monde ;
Et comme enfant de Dieu, son partage est aux cieux.

Chap. IV. — *De la pureté du cœur, et de la simplicité de l'intention.*

Pour t'élever de terre, homme, il te faut deux ailes,
La pureté du cœur et la simplicité ;
Elles te porteront avec facilité
Jusqu'à l'abîme heureux des clartés éternelles ;
Celle-ci doit régner sur tes intentions,
Celle-là présider à tes affections,
Si tu veux de tes sens dompter la tyrannie :
L'humble simplicité vole droit jusqu'à Dieu,
La pureté l'embrasse, et l'une à l'autre unie
S'attache à ses bontés, et les goûte en tout lieu.

Nulle bonne action ne te feroit de peine
Si tu te dégageois de tous déréglemens ;
Le désordre insolent des propres sentimens
Forme tout l'embarras de la foiblesse humaine.
Ne cherche ici qu'à plaire à ce grand Souverain,
N'y cherche qu'à servir après lui ton prochain,
Et tu te verras libre au dedans de ton âme ;
Tu seras au-dessus de ta fragilité,
Et n'auras plus de part à l'esclavage infâme
Où par tous autres soins l'homme est précipité.

Si ton cœur étoit droit, toutes les créatures
Te seroient des miroirs et des livres ouverts,
Où tu verrois sans cesse en mille lieux divers
Des modèles de vie et des doctrines pures ;
Toutes comme à l'envi te montrent leur Auteur :
Il a dans la plus basse imprimé sa hauteur,
Et dans la plus petite il est plus admirable ;
De sa pleine bonté rien ne parle à demi,
Et du vaste éléphant la masse épouvantable
Ne l'étale pas mieux que la moindre fourmi.

Purge l'intérieur, rends-le bon et sans tache,
Tu verras tout sans trouble et sans empêchement,
Et tu sauras comprendre, et tôt et fortement,
Ce que des passions le voile épais te cache.
Au cœur bien net et pur l'âme prête des yeux

Qui pénètrent l'enfer, et percent jusqu'aux cieux ;
Il voit tout comme il est, et jamais ne s'abuse :
Mais le cœur mal purgé n'a que les yeux du corps ;
Toute sa connoissance ainsi qu'eux est confuse ;
Et tel qu'il est dedans, tel il juge au dehors.

Certes, s'il est ici quelque solide joie,
C'est ce cœur épuré qui seul la peut goûter ;
Et, s'il est quelque angoisse au monde à redouter,
C'est dans un cœur impur qu'elle entre et se déploie.
Dépouille donc le tien de ce qui l'a souillé,
Et vois comme le fer par le feu dérouillé
Prend une couleur vive au milieu de la flamme :
D'un plein retour vers Dieu c'est là le vrai tableau ;
Son feu sait dissiper les pesanteurs de l'âme,
Et faire du vieil homme un homme tout nouveau.

Quand ce feu s'alentit, soudain l'homme appréhende
Jusqu'au moindre travail, jusqu'aux moindres efforts,
Et souffre avec plaisir les douceurs du dehors,
Quelques pièges secrets que ce plaisir lui tende ;
Mais alors qu'il commence à triompher de soi,
Qu'il choisit Dieu pour maître et pour unique roi,
Que dans sa sainte voie il marche avec courage,
Le travail le plus grand ne l'en peut épuiser ;
Plus il se violente, et plus il se soulage,
Et ce qui l'accabloit cesse de lui peser.

CHAP. V. — *De la considération de soi-même.*

Ne nous croyons pas trop ; souvent nos connoissances
    Ne sont enfin qu'illusions ;
Souvent la grâce y manque, et toutes nos puissances
    N'ont que de fausses visions.

Nous avons peu de jour à discerner la feinte
    D'avec la pure vérité,
Et sa foible lumière est aussitôt éteinte
    Par notre indigne lâcheté.

L'homme aveugle au dedans rarement se défie
    De cet aveuglement fatal,
Et, quelque mal qu'il fasse, il ne s'en justifie
    Qu'en s'excusant encor plus mal.

Souvent, tout ébloui d'une vaine étincelle
    Qui brille en sa dévotion,
Il impute à l'ardeur d'un véritable zèle
    Les chaleurs de sa passion.

Comme partout ailleurs il porte une lumière
 Qui chez lui n'éclaire pas bien,
Il voit en l'œil d'autrui la paille et la poussière,
 Et ne voit pas la poutre au sien.

Ce qu'il souffre d'un autre est une peine extrême;
 Il en fait bien sonner l'ennui,
Et ne s'aperçoit pas combien cet autre même
 A toute heure souffre de lui.

Le vrai dévot sait prendre une juste balance
 Pour mieux peser tout ce qu'il fait,
Et, consumant sur soi toute sa vigilance,
 Il croit chacun moins imparfait.

Il se voit le premier, et met ce qu'il doit faire
 Au-devant de tout autre emploi,
Et, quoi qu'ailleurs il voie, il apprend à s'en taire
 A force de penser à soi.

Si tu veux donc monter jusqu'au degré suprême
 De la haute dévotion,
Ne censure aucun autre, et fixe sur toi-même
 L'effort de ton attention.

Pense à toute heure à Dieu, mais de toutes tes forces;
 Pense à toi de tout ton pouvoir,
Et de l'extérieur les flatteuses amorces
 Ne pourront jamais t'émouvoir.

Sais-tu, quand tu n'es pas présent à ta pensée,
 Où vont sans toi tes vœux confus?
Et vois-tu ce que fait ton âme dispersée
 Quand tu ne la regardes plus?

Quand ton esprit volage a couru tout le monde,
 Quel fruit en peux-tu retirer,
S'il est le seul qu'enfin sa course vagabonde
 Néglige de considérer?

Veux-tu vivre en repos, et que ton âme entière
 S'unisse au Monarque des cieux?
Sache pour ton salut mettre tout en arrière,
 Et l'avoir seul devant les yeux.

Tu l'avances beaucoup, si tu fais rude guerre
 Aux soins qui règnent ici-bas,
Et le recules fort, si de toute la terre
 Tu peux faire le moindre cas.

Ne crois rien fort, rien grand, rien haut, rien désirable,
 Rien digne de t'entretenir,

Que Dieu, que ce qui part de sa main adorable,
　　Que ce qui t'en fait souvenir.

Tiens pour vain et trompeur ce que les créatures
　　T'offrent de consolations,
Et n'abaisse jamais à leurs douceurs impures
　　L'honneur de tes affections.

L'âme que pour Dieu brûle un feu vraiment céleste
　　Ne peut accepter d'autre appui ;
Elle est toute à lui seule, et dédaigne le reste,
　　Qu'elle voit au-dessous de lui.

Il est lui seul aussi d'éternelle durée,
　　Il remplit tout de sa bonté,
Il est seul de nos cœurs l'allégresse épurée,
　　Et seul notre félicité.

CHAP. VI. — *Des joies de la bonne conscience.*

　　Droite et sincère conscience,
　　Digne gloire des gens de bien,
Oh ! que ton témoignage est un doux entretien,
Et qu'il mêle de joie à notre patience,
　　Quand il ne nous reproche rien !

　　Tu fais souffrir avec courage,
　　Tu fais combattre en sûreté ;
L'allégresse te suit parmi l'adversité,
Et contre les assauts du plus cruel orage
　　Tu soutiens la tranquillité.

　　Mais la conscience gâtée
　　Tremble au dedans sous le remords ;
Sa vaine inquiétude égare ses efforts ;
Et les noires vapeurs dont elle est agitée
　　Offusquent même ses dehors.

　　Malgré le monde et ses murmures,
　　Homme, tu sauras vivre en paix,
Si ton cœur est d'accord de tout ce que tu fais,
Et s'il ne porte point de secrètes censures
　　Sur la chaleur de tes souhaits.

　　Aime les avis qu'il t'envoie,
　　Embrasse leur correction,
Et, pour le bien tenir en ta possession,
Jamais ne te hasarde à prendre aucune joie
　　Qu'après une bonne action.

　　Méchans, cette vraie allégresse

Ne peut entrer en votre cœur :
Le calme en est banni par la voix du Seigneur,
Et c'est faire une injure à sa parole expresse
    Que vous vanter d'un tel bonheur.

    Ne dites point, pour nous séduire,
    Que vous vivez en pleine paix,
Que les malheurs sur vous ne tomberont jamais,
Et qu'aucun assez vain pour prétendre à vous nuire
    N'en sauroit venir aux effets.

    Vous mentez, et l'ire divine,
    Bientôt contrainte d'éclater,
Dans un triste néant vous va précipiter ;
Et sous l'affreux débris d'une prompte ruine
    Tous vos desseins vont avorter.

    Le juste a des routes diverses ;
    Il aime en Dieu l'affliction,
Et se souvient toujours parmi l'oppression
Que prendre quelque gloire à souffrir des traverses,
    C'est en prendre en sa Passion.

    Il voit celle qui vient des hommes
    Avec mépris, avec courroux ;
Aussi n'a-t-elle rien qu'il puisse trouver doux ;
Elle est foible, elle est vaine, ainsi que nous le sommes,
    Et périssable comme nous.

    Elle n'est jamais si fidèle
    Qu'elle ne déçoive à la fin ;
Et la déloyauté de son éclat malin
Dans un brillant nuage enveloppe avec elle
    Un noir amas de long chagrin.

    Celle des bons, toute secrète,
    N'a ni pompes, ni faux attraits ;
Leur seule conscience en forme tous les traits,
Et la bouche de l'homme, à changer si sujette,
    Ne la fait ni détruit jamais.

    De Dieu seul part toute leur joie,
    De qui la sainte activité,
Remontant vers sa source avec rapidité,
S'attache à la grandeur de la main qui l'envoie,
    Et s'abîme en sa vérité.

    L'amour de la gloire éternelle
    Les sait si pleinement saisir,
Que leur âme est stupide à tout autre plaisir,

Et que tout ce qu'on voit de gloire temporelle
  Ne les touche d'aucun désir.

    Aussi l'issue en est funeste
    Pour qui ne peut s'en dégager;
Et qui de tout son cœur n'aime à la négliger
Ne peut avoir d'amour pour la gloire céleste,
    Ou cet amour est bien léger.

    Douce tranquillité de l'âme,
    Avant-goût de celle des cieux,
Tu fermes pour la terre et l'oreille et les yeux;
Et qui sait dédaigner la louange et le blâme
    Sait te posséder en tous lieux!

    Ton repos est une conquête
    Dont jouissent en sûreté
Ceux dont la conscience est sans impureté;
Et le cœur est un port où n'entre la tempête
    Que par la vaine anxiété.

    Ris donc, mortel, des vains mélanges
    Qu'ici le monde aime à former;
Il a beau t'applaudir ou te mésestimer,
Tu n'en es pas plus saint pour toutes ses louanges,
    Ni moindre pour t'en voir blâmer.

    Ce que tu vaux est en toi-même;
    Tu fais ton prix par tes vertus;
Tous les encens d'autrui sont encens superflus;
Et ce qu'on est aux yeux du Monarque suprême,
    On l'est partout, et rien de plus.

    Vois-toi dedans, et considère
    Le fond de ton intention :
Qui peut s'y regarder avec attention,
Soit qu'on parle de lui, soit qu'on veuille s'en taire,
    N'en prend aucune émotion.

    L'homme ne voit que le visage,
    Mais Dieu voit jusqu'au fond du cœur;
L'homme des actions voit la vaine splendeur,
Mais Dieu connoît leur source, et voit dans le courage
    Ou leur souillure ou leur candeur.

    Fais toujours bien, et fuis le crime,
    Sans t'en donner de vanité;
Du mépris de toi-même arme ta sainteté :
Bien vivre et ne s'enfler d'aucune propre estime,
    C'est la parfaite humilité.

La marque d'une âme bien pure
Qui hors de Dieu ne cherche rien,
Et met en ses bontés son unique soutien,
C'est d'être sans désir qu'aucune créature
En dise ou pense quelque bien.

Cette sévère négligence
Des témoignages du dehors
Pour l'attacher à Dieu réunit ses efforts,
Et l'abandonne entière à cette Providence
Qu'adorent ses heureux transports.

« Ce n'est pas celui qui se loue,
Dit saint Paul, qui sera sauvé ;
Qui s'approuve soi-même est souvent réprouvé ;
Et c'est celui-là seul que ce grand Maître avoue
Qui pour sa gloire est réservé. »

Enfin cheminer dans sa voie,
Faire avec lui forte union,
Ne se lier ailleurs d'aucune affection,
N'avoir que lui pour but, que son amour pour joie,
C'est l'entière perfection.

CHAP. VII. — *De l'amour de Jésus-Christ par-dessus toutes choses.*

Oh! qu'heureux est celui qui de cœur et d'esprit
Sait goûter ce que c'est que d'aimer Jésus-Christ,
Et joindre à cet amour le mépris de soi-même !
Oh! qu'heureux est celui qui se laisse charmer
Aux célestes attraits de sa beauté suprême
Jusqu'à quitter tout ce qu'il aime
Pour un Dieu qu'il faut seul aimer !

Ce doux et saint tyran de notre affection
A de la jalousie et de l'ambition ;
Il veut régner lui seul sur tout notre courage ;
Il veut être aimé seul, et ne sauroit souffrir
Qu'autre amour que le sien puisse entrer en partage
Ni du cœur qu'il prend en otage,
Ni des vœux qu'on lui doit offrir.

Aussi tout autre objet n'a qu'un amour trompeur
Qui naît et se dissipe ainsi qu'une vapeur,
Et dont la foi douteuse est souvent parjurée :
Le seul Jésus-Christ aime avec fidélité,
Et son amour, pareil à sa source épurée,
N'a pour bornes de sa durée
Que celles de l'éternité.

Qui de la créature embrasse les appas
Trébuchera comme elle et suivra pas à pas
D'un si fragile appui le débris infaillible :
L'amour de Jésus-Christ a tout un autre effet ;
Qui le sait embrasser en devient invincible,
  Et sa défaite est impossible
  Au temps, par qui tout est défait.

Aime-le donc, chrétien, comme le seul ami
Qui puisse enfin te faire un bonheur affermi,
Et sans cesse à ta perte opposer son mérite ;
Attends de tout le reste un entier abandon,
Puisque c'est une loi dans le ciel même écrite,
  Qu'il faut un jour que tout te quitte,
  Soit que tu le veuilles, ou non.

Vis et meurs en ce Dieu qui seul peut secourir,
Tant que dure la vie, et lorsqu'il faut mourir,
Les foiblesses qu'en l'homme imprime la naissance :
Il donnera la main à ton infirmité ;
Et la profusion de sa reconnoissance
  Saura réparer l'impuissance
  De ce tout qui t'aura quitté.

Mais, je te le redis, il est amant jaloux,
Il est ambitieux, et s'éloigne de nous
Sitôt que notre cœur pour un autre soupire ;
Et si comme en son trône il n'est seul dans ce cœur,
Un orgueil adorable a ses bontés inspire
  Le dédain d'un honteux empire
  Que partage un autre vainqueur.

Si, de la créature entièrement purgé,
Tu lui savois offrir le tien tout dégagé,
Il y prendroit soudain la place qu'il veut prendre :
Tu lui dois tous tes vœux ; et ce qu'un lâche emploi
Sur de plus bas objets en fera se répandre,
  Quoi que tu veuilles en attendre,
  C'est autant de perdu pour toi.

Ne mets point ton espoir sur un frêle roseau
Qui penche au gré du vent, qui branle au gré de l'eau,
Sur le monde en un mot, ni sur sa flatterie ;
Sa gloire n'est qu'un songe, et ce qu'il en fait voir
Pour surprendre un moment de folle rêverie,
  Comme la fleur de la prairie,
  Tombera du matin au soir.

Tu seras tôt déçu, si tu n'ouvres les yeux
Qu'à ces dehors brillans qu'étale sous les cieux

De tant de vanités l'éblouissante image ;
Tu croiras y trouver un plein soulagement,
Tu croiras y trouver un solide avantage,
    Pour n'y trouver à ton dommage
    Qu'un déplorable amusement.

Qui cherche Dieu partout sait le trouver ici ;
Qui se cherche partout sait se trouver aussi :
Mais, par un heur funeste où sa perte se fonde,
Il n'a point d'ennemis de qui le coup fatal
Puisse faire une plaie en son cœur si profonde,
    Et les forces de tout un monde
    Pour lui nuire n'ont rien d'égal.

CHAP. VIII. — *De l'amitié familière de Jésus-Christ.*

Que ta présence, ô Dieu, donne à nos actions
Sous tes ordres sacrés une vigueur docile !
Que tout va bien alors ! que tout semble facile
A la sainte chaleur de nos intentions !
Mais quand tu disparois et que ta main puissante
Avec nos bons désirs n'entre plus au combat,
Oh ! que cette vigueur est soudain languissante !
    Qu'aisément elle s'épouvante,
    Et qu'un foible ennemi l'abat !

Les consolations des sens irrésolus
Tiennent le cœur en trouble et l'âme embarrassée,
Si Jésus-Christ ne parle au fond de la pensée
Ce langage secret qu'entendent ses élus ;
Mais dans nos plus grands maux, à sa moindre parole,
L'âme prend le dessus de notre infirmité,
Et le cœur, mieux instruit en cette haute école,
    Garde un calme qui nous console
    De toute leur indignité.

Tu pleurois, Madeleine, et ton frère au tombeau
Ne souffroit point de trêve à ta douleur fidèle ;
Mais à peine on te dit : «Viens, le Maître t'appelle,»
Que ce mot de tes pleurs fait tarir le ruisseau ;
Tu te lèves, tu pars, et ta douleur suivie
Des doux empressemens d'un amoureux transport,
Laissant régner la joie en ton âme ravie,
    Pour chercher l'Auteur de la vie,
    Ne voit plus ce qu'a fait la mort.

Qu'heureux est ce moment où ce Dieu de nos cœurs
D'un profond déplaisir les élève à la joie !
Qu'heureux est ce moment où sa bonté déploie
Sur un gros d'amertume un peu de ses douceurs !

Sans lui ton âme aride à mille maux t'expose,
Tu n'es que dureté, qu'impuissance, qu'ennui ;
Et vraiment fol est l'homme alors qu'il se propose
   Le vain désir de quelque chose
   Qu'il faille chercher hors de lui.

Sais-tu ce que tu perds en son éloignement ?
Tu perds une présence en vrais biens si féconde,
Qu'après avoir perdu tous les sceptres du monde,
Tu perdrois encor plus à la perdre un moment.
Vois bien ce qu'est ce monde, et te figure stable
Le plus pompeux éclat qui jamais t'y surprit :
Que te peut-il donner qui soit considérable,
   Si les présens dont il t'accable
   Te séparent de Jésus-Christ ?

Sa présence est pour nous un charmant paradis,
C'est un cruel enfer pour nous que son absence,
Et c'est elle qui fait la plus haute distance
Du sort des bienheureux à celui des maudits :
Si tu peux dans sa vue en tous lieux te conduire,
Tu te mets en état de triompher de tout ;
Tu n'as plus d'ennemis assez forts pour te nuire,
   Et, s'ils pensent à te détruire,
   Ils n'en sauroient venir à bout.

Qui trouve Jésus-Christ trouve un rare trésor,
Il trouve un bien plus grand que le plus grand empire :
Qui le perd, perd beaucoup ; et, j'ose le redire,
S'il perdoit tout un monde, il perdroit moins encor :
Qui le laisse échapper par quelque négligence,
Regorgeât-il de biens, il est pauvre en effet ;
Et qui peut avec lui vivre en intelligence,
   Fût-il noyé dans l'indigence,
   Il est et riche et satisfait.

Oh ! que c'est un grand art que de savoir unir
Par un saint entretien Jésus à sa foiblesse !
Oh ! qu'on a de prudence alors qu'on a l'adresse,
Quand il entre au dedans, de l'y bien retenir !
Pour l'attirer chez toi rends ton âme humble et pure ;
Sois paisible et dévot pour l'y voir arrêté ;
Sa demeure avec nous au zèle se mesure,
   Et la dévotion assure
   Ce que gagne l'humilité.

Mais parmi les douceurs qu'on goûte à l'embrasser
Il ne faut qu'un moment pour nous ravir sa grâce :
Pencher vers ces faux biens que le dehors entasse,

C'est de ton propre cœur toi-même le chasser.
Que si tu perds l'appui de sa main redoutable,
Où pourra dans tes maux ton âme avoir recours?
Où prendra-t-elle ailleurs un appui véritable,
  Et qui sera l'ami capable
  De te prêter quelque secours?

Aime; pour vivre heureux il te faut vivre aimé,
Il te faut des amis qui soient dignes de l'être;
Mais, si par-dessus eux tu n'aimes ce grand Maître,
Ton cœur d'un long ennui se verra consumé:
Crois-en ou ta raison ou ton expérience:
Toutes deux te diront qu'il n'est point d'autre bien,
Et que c'est au chagrin livrer ta conscience
  Que prendre joie ou confiance
  Sur un autre amour que le sien.

Tu dois plutôt choisir d'attirer sur tes bras
L'orgueil de tout un monde animé de colère,
Que d'offenser Jésus, que d'oser lui déplaire,
Que de vivre un moment et ne le chérir pas.
Donne-lui tout ton cœur et toutes tes tendresses;
Et, ne souffrant chez toi personne en même rang,
Réponds en quelque sorte à ces pleines largesses
  Qui pour acheter tes caresses
  Lui firent donner tout son sang.

Que tous s'entr'aiment donc à cause de Jésus,
Pour n'aimer que Jésus à cause de lui-même;
Rendons cette justice à sa bonté suprême
Qui sur tous les amis lui donne le dessus;
En lui seul, pour lui seul, tous ceux qu'il a fait naître,
Tant ennemis qu'amis, il les faut tous aimer,
Et demander pour tous à l'Auteur de leur être
  Et la grâce de le connoître
  Et l'heur de s'en laisser charmer.

Ne désire d'amour ni d'estime pour toi
Qui passant le commun te sépare du reste.
C'est un droit qui n'est dû qu'à la grandeur céleste
D'un Dieu qui là-haut même est seul égal à soi.
Ne souhaite régner dans le cœur de personne;
Ne fais régner non plus personne dans le tien;
Mais qu'au seul Jésus-Christ tout ce cœur s'abandonne,
  Que Jésus-Christ seul en ordonne
  Comme chez tous les gens de bien.

Tire-toi d'esclavage, et sache te purger
De ces vains embarras que font les créatures;

Saches en effacer jusqu'aux moindres teintures ;
Romps jusqu'aux moindres nœuds qui puissent t'engager.
Dans ce détachement tu trouveras des ailes
Qui porteront ton cœur jusqu'aux pieds de ton Dieu,
Pour y voir et goûter ces douceurs immortelles
  Que dans celui de ses fidèles
  Sa bonté répand en tout lieu.

Mais ne crois pas atteindre à cette pureté,
A moins que de là-haut sa grâce te prévienne,
A moins qu'elle t'attire, à moins qu'elle soutienne
Les efforts chancelans de ta légèreté :
Alors, par le secours de sa pleine efficace,
Tous autres nœuds brisés, tout autre objet banni,
Seul hôte de toi-même, et maître de la place,
  Tu verras cette même grâce
  T'unir à cet Etre infini.

Aussitôt que du ciel dans l'homme elle descend,
Il n'a plus aucun foible, il peut tout entreprendre ;
L'impression du bras qui daigne la répandre
D'infirme qu'il étoit l'a rendu tout-puissant ;
Mais sitôt que ce bras la retire en arrière,
L'homme dénué, pauvre, accablé de malheurs,
Et livré par lui-même à sa foiblesse entière,
  Semble ne voir plus la lumière
  Que pour être en proie aux douleurs.

Ne perds pas toutefois le courage ou l'espoir
Pour sentir cette grâce ou partie ou moins vive ;
Mais présente un cœur ferme à tout ce qui t'arrive,
Et bénis de ton Dieu le souverain vouloir.
Dans quelque excès d'ennuis qu'un tel départ t'engage,
Souffre tout pour sa gloire attendant le retour,
Et songe qu'au printemps l'hiver sert de passage,
  Qu'un profond calme suit l'orage,
  Et que la nuit fait place au jour.

CHAP. IX. — *Du manquement de toutes sortes de consolations.*

  Notre âme néglige sans peine
  La consolation humaine
  Quand la divine la remplit :
Une sainte fierté dans ce dédain nous jette,
Et la parfaite joie aisément établit
  L'heureux mépris de l'imparfaite.

Mais du côté de Dieu demeurer sans douceur
Quand nous foulons aux pieds toute celle du monde ;

Accepter pour sa gloire une langueur profonde,
Un exil où lui-même il abîme le cœur;
Ne nous chercher en rien alors que tout nous quitte;
Ne vouloir rien qui plaise alors que tout déplaît;
N'envoyer ni désirs vers le propre intérêt,
Ni regards échappés vers le propre mérite,
C'est un effort si grand, qu'il se faut élever
Au-dessus de tout l'homme avant que l'entreprendre :
Sans se vaincre soi-même on ne peut y prétendre,
Et sans faire un miracle on ne peut l'achever.

    Que fais-tu de grand ou de rare,
    Si la paix de ton cœur s'empare
    Quand la grâce règne au dedans,
Si tu sens pleine joie au moment qu'elle arrive,
Si tes vœux aussitôt deviennent plus ardens,
    Et ta dévotion plus vive?

C'est l'ordinaire effet de son épanchement
Que d'enfanter le zèle et semer l'allégresse;
C'est l'accompagnement de cette grande hôtesse,
Et tout le monde aspire à cet heureux moment.
Assez à l'aise marche et fournit sa carrière
Celui dont en tous lieux elle soutient la croix;
Du fardeau le plus lourd il ne sent point le poids;
Dans la nuit la plus sombre il a trop de lumière;
Le Tout-Puissant le porte et le daigne éclairer;
Le Tout-Puissant lui-même à sa course préside;
Et, comme il est conduit par le souverain guide,
Il n'est pas merveilleux s'il ne peut s'égarer.

    Nous aimons ce qui nous console;
    L'âme le cherche, l'âme y vole,
    L'âme s'attache au moindre attrait;
Elle penche toujours vers ce qui la chatouille,
Et difficilement l'homme le plus parfait
    De tout lui-même se dépouille.

Laurens le saint martyr en vint pourtant à bout
Quand Dieu le sépara de Sixte son grand prêtre;
Il l'aimoit comme père, il l'aimoit comme maître,
Mais un amour plus fort le détacha de tout.
D'une perte si dure il fit des sacrifices
A l'honneur de ce Dieu qui couronnoit sa foi;
Il triompha du siècle en triomphant de soi;
Par le mépris du monde il brava les supplices:
Mais il avoit porté cette mort constamment
Avant que des bourreaux il éprouvât la rage;

Et parmi les tourmens ce qu'il eut de courage
Fut un prix avancé de son détachement.

  Ainsi cette âme toute pure
  Mit l'amour de la créature
  Sous les ordres du Créateur;
Et son zèle pour Dieu, brisant toute autre chaîne,
Préféra le vouloir du souverain Auteur
  A toute la douceur humaine.

Apprends de cet exemple à desserrer les nœuds
Par qui l'affection, par qui le sang te lie,
Ces puissans et doux nœuds qui font aimer la vie,
Et sans qui l'homme a peine à s'estimer heureux.
Quitte un ami sans trouble alors que Dieu l'ordonne;
Vois sans trouble un ami te quitter à son tour;
Comme un bien passager regarde son amour,
Sois égal quand il t'aime et quand il t'abandonne.
Ne faut-il pas enfin chacun s'entre-quitter?
Où tous les hommes vont, aucuns ne vont ensemble;
Et, devant ce grand juge où le plus hardi tremble,
Le roi le mieux suivi se va seul présenter.

  Que l'homme a de combats à faire
  Avant que de se bien soustraire
  A l'empire des passions,
Avant que de soi-même il soit si bien le maître
Qu'il pousse tout l'effort de ses affections
  Jusqu'à l'Auteur de tout son être!

Qui s'attache à soi-même aussitôt l'en bannit,
Et qui peut sur soi-même appuyer sa foiblesse
Glisse et tombe aisément dans l'indigne mollesse
Des consolations que le siècle fournit;
Mais quiconque aime Dieu d'un amour véritable,
Quiconque s'étudie à marcher sur ses pas,
Apprend si bien à fuir ces dangereux appas,
Que d'une telle chute il devient incapable :
Rien de la part des sens ne le sauroit toucher;
Et, loin de prêter l'âme à leurs vaines délices,
Les grands travaux pour Dieu, les rudes exercices,
Sont tout ce qu'en la vie il se plaît à chercher.

  Quand donc tu sens parmi ton zèle
  Quelque douceur spirituelle
  Dont s'échauffe ta volonté,
Rends grâces à ton Dieu de ce feu qu'elle excite,
Et reconnois que c'est un don de sa bonté,
  Et non l'effet de ton mérite.

Quoique ce soit un bien sur tous autres exquis,
D'une excessive joie arrête la surprise ;
N'en sois pas plus enflé quand il t'en favorise,
Et n'en présume pas déjà le ciel acquis ;
En toutes actions sois-en mieux sur tes gardes ;
Que ton humilité sache s'en redoubler,
Plus il te donne à perdre, et plus tu dois trembler ;
Tant plus il t'enrichit, et tant plus tu hasardes.
Ces momens passeront avec tous leurs attraits,
Et la tentation, se coulant en leur place,
Y fera succéder l'orage à la bonace,
Les troubles au repos, et la guerre à la paix.

  Si toute leur douceur partie
  Laisse ta vigueur amortie,
  Ne désespère pas soudain ;
Mais, à l'humilité joignant la confiance,
Attends que le Très-Haut daigne abaisser la main
  Au secours de ta patience.

Ce Dieu, toujours tout bon et toujours tout-puissant,
Ce Dieu, dans ses bontés toujours inépuisable,
Peut faire un nouveau don d'une grâce plus stable,
D'une vigueur plus ferme, à ton cœur languissant.
Vous le savez, dévots qui marchez dans sa voie,
Qu'on y voit tour à tour la paix et les combats,
Qu'on y voit l'amertume enfanter les appas,
Qu'on y voit le chagrin succéder à la joie ;
Les saints même, les saints, tous comblés de ce don,
Ont éprouvé souvent de ces vicissitudes,
Et senti des momens tantôt doux, tantôt rudes,
Par la pleine assistance et l'entier abandon.

  Crois-en David sur sa parole.
  Tant que la grâce le console,
  C'est ainsi qu'il en parle à Dieu :
« Lorsque de tes faveurs je goûtois l'abondance,
Je le disois, Seigneur, qu'aucun temps, aucun lieu,
  Ne pourroit troubler ma constance. »

A cette fermeté succède la langueur
Par le départ soudain de cette même grâce :
« Tu n'as fait, lui dit-il, que détourner ta face,
Et le trouble aussitôt s'est saisi de mon cœur. »
Cependant il conserve une espérance entière ;
Et, dans cette langueur rassemblant ses esprits :
« Jusqu'à toi, poursuit-il, j'élèverai mes cris,
Jusqu'à toi, mon Sauveur, j'enverrai ma prière. »
Il en obtient le fruit, et change de discours :

« Le Seigneur à mes maux est devenu sensible,
Dit-il, et la pitié l'ayant rendu flexible,
Lui-même il a voulu descendre à mon secours. »
    Veux-tu savoir de quelle sorte
    Agit cette grâce plus forte ?
    Écoute ses ravissemens :
« Tu dissipes, ô Dieu ! l'aigreur de ma tristesse,
Tu changes en plaisirs tous mes gémissemens,
    Et m'environnes d'allégresse. »
Puisque Dieu traite ainsi même les plus grands saints,
Nous autres malheureux perdrons-nous tout courage,
Pour voir que notre vie ici-bas se partage
Aux inégalités qui troublent leurs desseins ?
Voyons tantôt le feu, voyons tantôt la glace
Dans nos cœurs tour à tour se mêler sans arrêt :
L'Esprit ne va-t-il pas et vient comme il lui plaît ?
Son bon plaisir lui seul le retient ou le chasse ;
Job en sert de témoin : « Tu le veux, ô Seigneur !
Disoit-il, que ton bras nous défende et nous quitte,
Et tu nous fais à peine un moment de visite
Qu'aussitôt ta retraite éprouve notre cœur. »
    Sur quoi donc faut-il que j'espère,
    Et, dans l'excès de ma misère,
    Sur quoi puis-je me confier,
Sinon sur la grandeur de sa miséricorde,
Et sur ce que sa grâce aime à justifier
    Ceux à qui sa bonté l'accorde ?
Soit que j'aie avec moi toujours des gens de bien,
De fidèles amis, ou de vertueux frères,
Soit que des beaux traités les conseils salutaires,
Soit que les livres saints me servent d'entretien,
Qu'en hymnes tout un chœur autour de moi résonne ;
Ces frères, ces amis, ces livres et ce chœur,
Tout cela n'a pour moi ni force ni saveur
Lorsqu'à ma pauvreté la grâce m'abandonne ;
Et l'unique remède en cette extrémité
C'est une patience égale au mal extrême,
Une abnégation parfaite de moi-même,
Pour accepter de Dieu toute la volonté.
    Je n'ai point vu d'âme si sainte,
    D'âme si fortement atteinte,
    De religieux si parfait,
Qui n'ait senti la grâce, en lui comme séchée,
N'y verser quelquefois aucun sensible attrait,
    Ou vu sa ferveur relâchée.

Aucun n'est éclairé de rayons si puissans,
Aucune âme si haut ne se trouve ravie,
Qui n'ait vu sa clarté précédée ou suivie
D'une attaque, ou du diable, ou de ses propres sens :
Aucun n'est digne aussi de la vive lumière
Par qui Dieu se découvre à l'esprit recueilli,
S'il ne s'est vu pour Dieu vivement assailli,
S'il n'a franchi pour Dieu quelque rude carrière.
Ne t'ébranle donc point dans les tentations ;
Ne t'inquiète point de leurs inquiétudes ;
D'elles naîtra le calme, et leurs coups les plus rudes
Sont les avant-coureurs des consolations.

  Puissant Maître de la nature,
  Ta sainte parole en assure
  Ceux qu'elles auront éprouvés :
« Sur qui vaincra, dis-tu, je répandrai ma gloire,
Et de l'arbre de vie il verra réservés
  Les plus doux fruits pour sa victoire. »

Cette douceur du ciel en tombe quelquefois
Pour fortifier l'homme à vaincre l'amertume ;
L'amertume la suit, de peur qu'il n'en présume
Le ciel ouvert pour lui sans plus porter de croix :
Car enfin le bien même est souvent une porte
Par où la propre estime entre avec la vertu ;
Et, quoique l'ennemi nous paroisse abattu,
Le diable ne dort point, et la chair n'est pas morte.
Il se faut donc sans cesse au combat disposer,
En craindre à tous momens quelques succès contraires,
Puisque de tous côtés on a des adversaires
Qui ne savent que c'est que de se reposer.

 Chap. X. — *De la reconnoissance pour les grâces de Dieu.*

  Oh ! que tu sais mal te connoître,
  Mortel, et que mal à propos,
Toi que pour le travail Dieu voulut faire naître,
  Tu cherches ici du repos !
  Songe plus à la patience
  Qu'à cette aimable confiance
Que versent dans les cœurs ses consolations,
Et te prépare aux croix que sa justice envoie,
  Plus qu'à cette innocente joie
Que mêlent ses bontés aux tribulations.

  Quels mondains à Dieu si rebelles
  De leurs âmes voudroient bannir
Le goût de ces douceurs toutes spirituelles,

    S'ils pouvoient toujours l'obtenir?
    Les pompes que le siècle étale
    N'ont jamais rien qui les égale ;
Les délices des sens n'en sauroient approcher ;
Et, de quelques appas qu'elles nous semblent pleines,
    Celles du siècle enfin sont vaines,
Et la honte s'attache à celles de la chair.

    Mais les douceurs spirituelles,
    Seules dignes de nos désirs,
Seules n'ont rien de bas, et seules toujours belles,
    Forment de solides plaisirs.
    C'est la vertu qui les fait naître,
    Et Dieu, cet adorable Maître,
N'en est jamais avare aux cœurs purs et constans :
Mais on n'en jouit pas autant qu'on le souhaite,
    Et l'âme la moins imparfaite
Voit la tentation ne cesser pas longtemps.

    Par trop d'espoir en nos mérites
    La fausse liberté d'esprit
S'oppose puissamment à ces douces visites
    Dont nous régale Jésus-Christ.
    Lorsque sa grâce nous console,
    D'un seul accent de sa parole
Il remplit tout l'excès de sa bénignité ;
Mais l'homme y répond mal, l'homme l'en désavoue,
    S'il ne rend grâces, s'il ne loue,
S'il ne rapporte tout à sa haute bonté.

    Veux-tu que la grâce divine
    Coule abondamment dans ton cœur?
Fais remonter ses dons jusqu'à son origine ;
    N'en sois point ingrat à l'auteur :
    Il fait toujours grâce nouvelle
    A qui, pour la moindre étincelle,
Lui témoigne un esprit vraiment reconnoissant ;
Mais il sait bien aussi remplir cette menace
    D'ôter au superbe la grâce
Dont il prodigue à l'humble un effet plus puissant.

    Loin, consolations funestes,
    Qui m'ôtez la componction !
Loin de moi ces pensers qui semblent tous célestes,
    Et m'enflent de présomption !
    Dieu n'a pas toujours agréable
    Tout ce qu'un dévot trouve aimable ;
Toute élévation n'a pas la sainteté :
On peut monter bien haut sans atteindre aux couronnes :

Toutes douceurs ne sont pas bonnes;
Et tous les bons désirs n'ont pas la pureté.

J'aime, j'aime bien cette grâce
Qui me sait mieux humilier,
Qui me tient mieux en crainte, et jamais ne se lasse
De m'apprendre à mieux m'oublier :
Ceux que ses dons daignent instruire,
Ceux qui savent où peut réduire
Le douloureux effet de sa substraction,
Jamais du bien qu'il font n'osent prendre la gloire,
Jamais n'ôtent de leur mémoire
Qu'ils ne sont que misère et qu'imperfection.

Qu'une sainte reconnoissance
Rende donc à Dieu tout le sien;
Et n'impute qu'à toi, qu'à ta propre impuissance,
Tout ce qui s'y mêle du tien :
Je m'explique, et je te veux dire
Que des grâces que Dieu t'inspire
Tu pousses jusqu'à lui d'humbles remercîmens,
Et que, te chargeant seul de toutes tes foiblesses,
Tu te prosternes, tu confesses
Qu'il ne te peut devoir que de longs châtimens.

Mets-toi dans le plus bas étage,
Il te donnera le plus haut :
C'est par l'humilité que le plus grand courage
Montre pleinement ce qu'il vaut :
La hauteur même dans le monde
Sur ce bas étage se fonde,
Et le plus haut sans lui n'y sauroit subsister;
Le plus grand devant Dieu c'est le moindre en soi-même,
Et les vertus que le ciel aime
Par les ravalemens trouvent l'art d'y monter.

La gloire des saints ne s'achève
Que par le mépris qu'ils en font;
Leur abaissement croît autant qu'elle s'élève,
Et devient toujours plus profond :
La vaine gloire a peu de place
Dans un cœur où règne la grâce,
L'amour de la céleste occupe tout le lieu;
Et cette propre estime, où se plaît la nature,
Ne sauroit trouver d'ouverture
Dans celui qui se fonde et s'affermit en Dieu.

Quand l'homme à cet Être sublime
Rend tout ce qu'il reçoit de bien,

D'aucun autre ici-bas il ne cherche l'estime;
Ici-bas il ne voit plus rien.
Dans le combat, dans la victoire,
De tels cœurs ne veulent de gloire
Que celle que Dieu seul y verse de ses mains;
Tout leur amour est Dieu, tout leur but sa louange,
Tout leur souhait que, sans mélange,
Elle éclate partout, en eux, en tous les saints.

Aussi sa bonté semble croître
Des louanges que tu lui rends;
Et, pour ses moindres dons savoir le reconnoître,
C'est en attirer de plus grands.
Tiens ses moindres grâces pour grandes,
N'en reçois point que tu n'en rendes :
Crois plus avoir reçu que tu n'as mérité;
Estime précieux, estime incomparable
Le don le moins considérable,
Et redouble son prix par ton humilité.

Si dans les moindres dons tu passes
A considérer leur Auteur,
Verras-tu rien de vil, rien de foible en ses grâces,
Rien de contemptible à ton cœur?
On ne peut sans ingratitude
Nommer rien de bas ni de rude
Quand il vient d'un si grand et si doux Souverain :
Et, lorsqu'il fait pleuvoir des maux et des traverses,
Ce ne sont que grâces diverses
Dont avec pleine joie il faut bénir sa main.

Cette charité, toujours vive,
Qui n'a que notre bien pour but,
Dispose avec amour tout ce qui nous arrive,
Et fait tout pour notre salut.
Montre une âme reconnoissante
Quand tu sens la grâce puissante;
Sois humble et patient dans sa substraction;
Joins, pour la rappeler, les pleurs à la prière,
Et, de peur de la perdre entière,
Unis la vigilance à la soumission.

CHAP. XI. — *Du petit nombre de ceux qui aiment la croix de Jésus-Christ.*

Que d'hommes amoureux de la gloire céleste
Envisagent la croix comme un fardeau funeste,
Et cherchent à goûter les consolations
Sans vouloir faire essai des tribulations!

Jésus-Christ voit partout cette humeur variable :
Il n'a que trop d'amis pour se seoir à sa table,
Aucun dans le banquet ne veut l'abandonner ;
Mais au fond du désert il est seul à jeûner :
Tous lui demandent part à sa pleine allégresse,
Mais aucun n'en veut prendre à sa pleine tristesse ;
Et ceux que l'on a vus les plus prompts à s'offrir
Le quittent les premiers quand il lui faut souffrir.

Jusqu'à la fraction de ce pain qu'il nous donne,
Assez de monde ici le suit et l'environne ;
Mais peu de son amour s'y laissent enflammer
Jusqu'à boire avec lui dans le calice amer.
Les miracles brillans dont il sème sa vie
Par leur éclat à peine échauffent notre envie,
Que sa honteuse mort refroidit nos esprits
Jusqu'à ne vouloir plus de ce don à ce prix.

Beaucoup avec chaleur l'aiment et le bénissent,
Dont, au premier revers, les louanges tarissent :
Tant qu'ils n'ont à gémir d'aucune adversité,
Qu'il n'épanche sur eux que sa bénignité,
Cette faveur sensible aisément sert d'amorce
A soutenir leur zèle et conserver leur force ;
Mais, lorsque sa bonté se cache tant soit peu,
Une soudaine glace amortit tout ce feu,
Et les restes fumans de leur ferveur éteinte
Ne font partir du cœur que murmure et que plainte,
Tandis qu'au fond de l'âme un lâche étonnement
Va de la fermeté jusqu'à l'abattement.

En usez-vous ainsi, vous dont l'amour extrême
N'embrasse Jésus-Christ qu'à cause de lui-même,
Et qui, sans regarder votre propre intérêt,
N'avez de passion que pour ce qui lui plaît ?
Vous voyez d'un même œil tout ce qu'il vous envoie :
Vous l'aimez dans l'angoisse ainsi que dans la joie ;
Vous le savez bénir dans la prospérité,
Vous le savez louer dans la calamité ;
Une égale constance attachée à ses traces
Dans l'un et l'autre sort trouve à lui rendre grâces ;
Et, quand jamais pour vous il n'auroit que rigueurs,
Mêmes remercîmens partiroient de vos cœurs.

Pur amour de Jésus, que ta force est étrange
Quand l'amour-propre en toi ne fait aucun mélange,
Et que, de l'intérêt pleinement dépouillé,
D'aucun regard vers nous tu ne te vois souillé !

N'ont-ils pas un amour servile et mercenaire,
Ces cœurs qui n'aiment Dieu que pour se satisfaire,
Et ne le font l'objet de leurs affections

Que pour en recevoir des consolations?
 Aimer Dieu de la sorte et pour nos avantages,
C'est mettre indignement ses bontés à nos gages,
Croire d'un peu de vœux payer tout son appui,
Et nous-mêmes enfin nous aimer plus que lui :
Mais où trouvera-t-on une âme si purgée,
D'espoir de tout salaire à ce point dégagée,
Qu'elle aime à servir Dieu sans se considérer,
Et ne cherche en l'aimant que l'heur de l'adorer?
 Certes, il s'en voit peu de qui l'amour soit pure
Jusqu'à se dépouiller de toute créature;
Et, s'il est sur la terre un vrai pauvre d'esprit,
Qui, détaché de tout, soit tout à Jésus-Christ,
C'est un trésor si grand, que ces mines fécondes
Que la nature écarte au bout des nouveaux mondes,
Ces mers où se durcit la perle et le coral,
N'en ont jamais conçu qui fût d'un prix égal.
 Mais aussi ce n'est pas une conquête aisée
Qu'à ses premiers désirs l'homme trouve exposée :
Quand pour y parvenir il donne tout son bien,
Avec ce grand effort il ne fait encor rien;
Quelque âpre pénitence ici-bas qu'il s'impose,
Ses plus longues rigueurs sont encor peu de chose;
Que sur chaque science il applique son soin,
Qu'il la possède entière, il est encor bien loin;
Qu'il ait mille vertus dont l'heureux assemblage
De tous leurs ornemens pare son grand courage;
Que sa dévotion, que ses hautes ferveurs
Attirent chaque jour de nouvelles faveurs,
Sache qu'il lui demeure encor beaucoup à faire
S'il manque à ce point seul qui seul est nécessaire.
Tu sais quel est ce point, je l'ai trop répété :
C'est qu'il se quitte encor quand il a tout quitté,
Que de tout l'amour-propre il fasse un sacrifice,
Que de lui-même enfin lui-même il se bannisse,
Et qu'élevé par là dans un état parfait
Il croie, ayant fait tout, n'avoir encor rien fait.

 Qu'il estime fort peu, suivant cette maxime,
Tout ce qui peut en lui mériter quelque estime;
Que lui-même il se die, et du fond de son cœur,
Serviteur inutile aux emplois du Seigneur.
La Vérité l'ordonne : « Après avoir, dit-elle,
Rempli tous les devoirs où ma voix vous appelle,
Après avoir fait tout ce que je vous prescris,
Gardez encor pour vous un sincère mépris,
Et nommez-vous encor disciples indociles,

Serviteurs fainéans, esclaves inutiles. »
  Ainsi vraiment tout nu, vraiment pauvre d'esprit,
Tout détaché de tout, et tout à Jésus-Christ,
Avec le roi-prophète il aura lieu de dire :
« Je n'ai plus rien en moi que ce que Dieu m'inspire ;
J'y suis seul, j'y suis pauvre. » Aucun n'est toutefois
Ni plus riche en vrais biens, ni plus libre en son choix,
Ni plus puissant enfin que ce chétif esclave
Qui, foulant tout aux pieds, lui-même encor se brave,
Et, rompant avec soi pour s'unir à son Dieu,
Sait en tout et partout se mettre au plus bas lieu.

CHAP. XII. — *Du chemin royal de la sainte croix.*

Homme, apprends qu'il te faut renoncer à toi-même,
Que pour suivre Jésus il faut porter ta croix :
Pour beaucoup de mortels ce sont de rudes lois ;
Ce sont de fâcheux mots pour un esprit qui s'aime ;
Mais il sera plus rude encore et plus fâcheux
Pour qui n'aura suivi ce chemin épineux,
D'entendre au dernier jour ces dernières paroles :
« Loin de moi, malheureux, loin, maudits criminels,
Qui des biens passagers avez fait vos idoles,
Trébuchez loin de moi dans les feux éternels ! »

En ce jour étonnant, qui du sein de la poudre
Fera sortir nos os à leur chair rassemblés,
Les bergers et les rois, également troublés,
Craindront de cet arrêt l'épouvantable foudre ;
Les abîmes ouverts des célestes rigueurs
D'un tremblement égal rempliront tous les cœurs
Où cette auguste croix ne sera point empreinte :
Mais ceux qui maintenant suivent son étendard
Verront lors tout frémir d'une trop juste crainte,
Et dans ce vaste effroi n'auront aucune part.

Ce signe au haut du ciel tout brillant de lumière,
Quand Dieu se fera voir en son grand tribunal,
Sera de ses élus le bienheureux fanal,
Et des victorieux l'éclatante bannière :
Lors du Crucifié les dignes serviteurs,
Qui pour en être ici les vrais imitateurs
Se sont faits de la croix esclaves volontaires,
Auront à son aspect de pleins ravissemens,
Et ne s'en promettront que d'éternels salaires,
Quand le reste en craindra d'éternels châtimens.

La croix ouvre l'entrée au trône de la gloire ;
Par elle ce royaume est facile à gagner :

Aime donc cette croix par qui tu dois régner;
En elle est le salut, la vie et la victoire;
L'invincible soutien contre tous ennemis,
Des célestes douceurs l'épanchement promis,
Et la force de l'âme ont leurs sources en elle;
L'esprit y voit sa joie et sa tranquillité;
Il y voit des vertus le comble et le modèle,
Et la perfection de notre sainteté.

C'est elle seule aussi qui doit être suivie;
Ce seroit t'abuser que prendre un autre but;
Hors d'elle pour ton âme il n'est point de salut,
Hors d'elle point d'espoir de l'éternelle vie.
Je veux bien te le dire et redire cent fois,
Si tu ne veux périr, charge sur toi ta croix,
Suis du Crucifié les douloureuses traces;
Et les dons attachés à ce glorieux faix,
Attirant dans ton cœur les trésors de ses grâces,
T'élèveront au ciel pour y vivre à jamais.

Il a marché devant, il a porté la sienne,
Il t'a montré l'exemple en y mourant pour toi;
Et cette mort te laisse une amoureuse loi
D'en porter une égale, et mourir en la tienne.
Si tu meurs avec lui, tu vivras avec lui;
La part que tu prendras à son mortel ennui,
Tu l'auras aux grandeurs qui suivent sa victoire.
La mesure est pareille; et c'est bien vainement
Qu'on s'imagine au ciel avoir part à sa gloire
Quand on n'a point ici partagé son tourment.

Ainsi pour arriver à cette pleine joie
Tout consiste en la croix, et tout gît à mourir;
C'est par là que le ciel se laisse conquérir,
Et Dieu pour te sauver n'a point fait d'autre voie.
La véritable vie et la solide paix,
Le calme intérieur de nos plus doux souhaits,
Le vrai repos enfin, c'est la croix qui le donne.
Apprends donc sans relâche à te mortifier,
Et sache que quiconque aspire à la couronne,
C'est à la seule croix qu'il se doit confier.

Revois de tous les temps l'image retracée,
Marche de tous côtés, cherche de toutes parts,
Jusqu'au plus haut des cieux élève tes regards,
Jusqu'au fond de la terre abîme ta pensée;
Vois ce qu'a de plus haut la contemplation,
Vois ce qu'a de plus sûr l'humiliation,
Ne laisse rien à voir dans toute la nature;

Tu ne trouveras point à faire un autre choix,
Tu ne trouveras point ni de route plus sûre,
Ni de chemin plus haut que celui de la croix.

Va plus outre, et de tout absolument dispose,
Règle tout sous ton ordre au gré de ton désir,
Tu ne manqueras point d'objets de déplaisir,
Tu trouveras partout à souffrir quelque chose :
Ou de force, ou de gré, quoi qu'on veuille espérer,
Toujours de quoi souffrir et de quoi soupirer
Nous présente partout la croix inévitable ;
Et nous sentons au corps toujours quelque douleur,
Ou quelque trouble en l'âme, encor plus intraitable,
Qui semblent tour à tour nous livrer au malheur.

Dieu te délaissera quelquefois sans tendresse ;
Souvent par le prochain tu seras exercé ;
Souvent, dans le chagrin par toi-même enfoncé,
Tu deviendras toi-même à charge à ta foiblesse ;
Souvent, et sans remède et sans allégement,
Tu ne rencontreras dans cet accablement
Rien qui puisse guérir ni relâcher ta peine ;
Ton seul recours alors doit être d'endurer
Par une patience égale à cette gêne
Tant qu'il plaît à ton Dieu de la faire durer.

Ses ordres amoureux veulent ainsi t'instruire
A souffrir l'amertume et pleine et sans douceur,
Afin que ta vertu laisse aller tout ton cœur
Où son vouloir sacré se plaît à le conduire :
Il te veut tout soumis, et par l'adversité
Il cherche à voir en toi croître l'humilité,
A te donner un goût plus pur de sa souffrance ;
Car aucun ne la goûte enfin si purement
Que celui qu'a daigné choisir sa Providence
Pour lui faire éprouver un semblable tourment.

La croix donc en tous lieux est toujours préparée :
La croix t'attend partout, et partout suit tes pas ;
Fuis-la de tous côtés, et cours où tu voudras,
Tu n'éviteras point sa rencontre assurée ;
Tel est notre destin, telles en sont les lois ;
Tout homme pour lui-même est une vive croix,
Pesante d'autant plus que plus lui-même il s'aime ;
Et, comme il n'est en soi que misère et qu'ennui,
En quelque lieu qu'il aille, il se porte lui-même,
Et rencontre la croix qu'il y porte avec lui.

Regarde sous tes pieds, regarde sur ta tête,

Regarde-toi dedans, regarde-toi dehors,
N'oublie aucuns secrets, n'épargne aucuns efforts,
Tu trouveras partout cette croix toujours prête ;
Tu trouveras partout tes secrets confondus,
Ton espérance vaine et tes efforts perdus,
Si tu n'es en tous lieux armé de patience :
C'est là l'unique effort qui te puisse en tous lieux
Sous un ferme repos calmer la conscience,
Et te prêter une aide à mériter les cieux.

Porte-la de bon cœur, cette croix salutaire,
Que tu vois attachée à ton infirmité ;
Fais un hommage à Dieu d'une nécessité,
Et d'un mal infaillible un tribut volontaire :
Elle te portera toi-même en tes travaux,
Elle te conduira par le milieu des maux
Jusqu'à cet heureux port où la peine est finie ;
Mais ce n'est pas ici que tu dois l'espérer :
La fin des maux consiste en celle de la vie,
Et l'on trouve à gémir tant qu'on peut respirer.

Si c'est avec regret, lâche, que tu la portes,
Si par de vains efforts tu l'oses rejeter,
Tu t'en fais un fardeau plus fâcheux à porter,
Tu l'attaches à toi par des chaînes plus fortes ;
Son joug mal secoué, devenu plus pesant,
Te charge malgré toi d'un amas plus cuisant,
Impose un nouveau comble à tes inquiétudes ;
Ou si tu peux enfin t'affranchir d'une croix,
Ce n'est que faire place à d'autres croix plus rudes,
Qui te viennent sur l'heure accabler de leur poids.

Te pourrois-tu soustraire à cette loi commune
Dont aucun des mortels n'a pu se dispenser ?
Quel monarque par là n'a-t-on point vu passer ?
Qui des saints a vécu sans croix, sans infortune ?
Ton maître Jésus-Christ n'eut pas un seul moment
Dégagé des douleurs et libre du tourment
Que de sa Passion avançoit la mémoire ;
Il fallut comme toi qu'il portât son fardeau ;
Il lui fallut souffrir pour se rendre à sa gloire,
Et, pour monter au trône, entrer dans le tombeau.

Quel privilége as-tu, vil amas de poussière,
Dont tu t'oses promettre un plus heureux destin ?
Crois-tu monter au ciel par un autre chemin ?
Crois-tu vaincre ici-bas sous une autre bannière ?
Jésus-Christ, en vivant, n'a fait que soupirer,
Il n'a fait que gémir, il n'a fait qu'endurer ;

Les plus beaux jours pour lui n'ont été que supplices ;
Et tu ne veux pour toi que pompe et que plaisirs,
Qu'une oisiveté vague où flottent les délices,
Qu'une pleine licence où nagent tes désirs !

Tu t'abuses, pécheur, si ton âme charmée
Cherche autre chose ici que tribulations ;
Elle n'y peut trouver que des afflictions,
Que des croix, dont la vie est toute parsemée :
Souvent même, souvent nous voyons arriver
Que plus l'homme en esprit apprend à s'élever,
Et plus de son exil les croix lui sont pesantes ;
Tel est d'un saint amour le digne empressement,
Que plus dans notre cœur ses flammes sont puissantes,
Plus il nous fait sentir notre bannissement.

Ce cœur ainsi sensible et touché de la sorte
N'est pas pourtant sans joie au milieu des douleurs,
Et le fruit qu'il reçoit de ses propres malheurs
S'augmente d'autant plus que sa souffrance est forte ;
A peine porte-t-il cette croix sans regret,
Que Dieu par un secours et solide et secret
Tourne son amertume en douce confiance ;
Et, plus ce triste corps est sous elle abattu,
Plus par la grâce unie à tant de patience
L'esprit fortifié s'élève à la vertu.

Comme l'expérience a toujours fait connoître
Que le nœud de l'amour est la conformité,
Il soupire à toute heure après l'adversité
Qui le fait d'autant mieux ressembler à son Maître :
L'impatient désir de cet heureux rapport
Dans un cœur tout de flamme est quelquefois si fort,
Qu'il ne voudroit pas être un moment sans souffrance,
Et croit avec raison que plus il peut souffrir,
Plus il plaît à ce Maître, et qu'enfin sa constance
Est le plus digne encens qu'il lui sauroit offrir.

Mais ne présume pas que la vertu de l'homme
Produise d'elle-même une telle ferveur ;
C'est de ce Maître aimé la céleste faveur
Qui la fait naître en nous, l'y nourrit, l'y consomme ;
C'est de sa pleine grâce un sacré mouvement,
Qui sur la chair fragile agit si puissamment,
Que tout l'homme lui cède et se fait violence,
Et que ce qu'il abhorre et que ce qu'il refuit,
Sitôt que cette grâce entre dans la balance,
Devient tout ce qu'il aime et tout ce qu'il poursuit.

Ce n'est pas de nos cœurs la pente naturelle
De porter une croix, de se plaire à pâtir,
De châtier le corps pour mieux assujettir
Sous les lois de l'esprit ce dangereux rebelle;
Il n'est pas naturel de craindre et fuir l'honneur,
De tenir le mépris à souverain bonheur,
De n'avoir pour soi-même aucune propre estime,
De supporter la peine avec tranquillité,
Et d'être des malheurs la butte et la victime,
Sans faire aucun souhait pour la prospérité.

Tu ne peux rien, mortel, de toutes ces merveilles,
Quand ce n'est que sur toi que tu jettes les yeux;
Mais, quand ta confiance est tout entière aux cieux,
Elle en reçoit pour toi des forces sans pareilles :
Alors victorieux de tous tes ennemis,
La chair sous toi domptée et le monde soumis,
Ton âme de tes sens ne se voit plus captive;
Et tu braves partout le prince de l'enfer
Quand ton cœur à sa rage oppose une foi vive,
Et ton front cette croix qui sut en triompher.

Résous-toi, résous-toi, mais d'un courage extrême,
En serviteur fidèle, à porter cette croix
Où ton Maître lui-même a rendu les abois,
Pressé du seul amour qu'il avoit pour toi-même.
Te redirai-je encor qu'il te faut préparer
A mille et mille maux que force d'endurer
Le cours de cette triste et misérable vie ?
Te redirai-je encor que le premier péché
En a semé partout une suite infinie,
Qui te sauront trouver où que tu sois caché ?

Je ne m'en lasse point : oui, c'est l'ordre des choses;
Il n'est point de remède à ce commun malheur;
Tu te verras sans cesse accablé de douleur,
Si tu ne veux souffrir, si tu ne t'y disposes.
Contemple de Jésus l'affreuse Passion,
Bois son calice amer avec affection,
Si tu veux avoir part à son grand héritage;
Et remets, en souffrant, le soin à sa bonté
De consoler tes maux durant cet esclavage,
Et d'ordonner de tout suivant sa volonté.

Cependant de ta part ne reçois qu'avec joie
Ce qu'il te fait souffrir de tribulations;
Répute-les pour toi des consolations,
Des grâces que sur toi sa main propre déploie :
Songe que, quoi qu'ici tu puisses supporter,

Tes maux, pour grands qu'ils soient, ne peuvent mériter
Le bien qui t'est promis en la gloire future,
Et que, quand tu pourrois souffrir tous les mépris,
Souffrir tous les revers dont gémit la nature,
Tu ne souffrirois rien digne d'un si haut prix.

Veux-tu faire un essai du paradis en terre?
Veux-tu te rendre heureux avant que de mourir?
Prends, pour l'amour de Dieu, prends plaisir à souffrir,
Prends goût à tous ces maux qui te livrent la guerre.
Souffrir avec regret, souffrir avec chagrin,
Tenir l'affliction pour un cruel destin,
La fuir, ou ne chercher qu'à s'en voir bientôt quitte,
C'est se rendre en effet d'autant plus malheureux;
L'affliction s'obstine à suivre qui l'évite,
Et lui porte partout des coups plus vigoureux.

Range à ce que tu dois ton âme en patience,
Je veux dire à souffrir de moment en moment,
Et tes maux recevront un prompt soulagement
De la solide paix qu'aura ta conscience.
Fusses-tu tout parfait, fusses-tu de ces lieux
Ravi comme saint Paul au troisième des cieux,
Tu ne te verrois point affranchi de traverses,
Puisque enfin ce fut là que le Verbe incarné
Lui fit voir les travaux et les peines diverses
Qu'à souffrir pour son nom il l'avoit destiné.

Tu n'as point à prétendre ici d'autres délices
Qu'une longue souffrance ou de corps ou d'esprit,
Du moins si ton dessein est d'aimer Jésus-Christ,
Si tu veux jusqu'au bout lui rendre tes services.
Et plût à sa bonté que par un heureux choix
Un violent désir de supporter sa croix
Te fît digne pour lui de souffrir quelque chose!
Que de gloire à ton cœur ainsi mortifié!
Que d'allégresse aux saints dont tu serois la cause!
Que ton prochain par là seroit édifié!

On recommande assez la patience aux autres,
Mais il s'en trouve peu qui veuillent endurer;
Et quand à notre tour il nous faut soupirer,
Ce remède à tous maux n'est plus bon pour les nôtres:
Tu devrois bien pourtant souffrir un peu pour Dieu,
Toi qui peux reconnoître à toute heure, en tout lieu,
Combien plus un mondain endure pour le monde;
Vois ce que sa souffrance espère d'acquérir,
Vois quel but a sa vie en travaux si féconde,
Et fais pour te sauver ce qu'il fait pour périr.

Pour maxime infaillible imprime en ta pensée
Que chaque instant de vie est un pas vers la mort,
Et qu'il faut de ton âme appliquer tout l'effort
A goûter chaque jour une mort avancée;
C'est là, pour vivre heureux, que tu dois recourir :
Plus un homme à lui-même étudie à mourir,
Plus il commence à vivre à l'Auteur de son être;
Et des biens éternels les célestes clartés
Jamais à nos esprits ne se laissent connoître,
S'ils n'acceptent pour lui toutes adversités.

En ce monde pour toi rien n'est plus salutaire,
Rien n'est plus agréable aux yeux du Tout-Puissant,
Que d'y souffrir pour lui le coup le plus perçant,
Et par un saint amour le rendre volontaire.
Si Dieu même, si Dieu t'y donnoit à choisir
Ou l'extrême souffrance ou l'extrême plaisir,
Tu devrois au plaisir préférer la souffrance;
Plus un si digne choix régleroit tes desseins,
Plus ta vie à la sienne auroit de ressemblance,
Et deviendroit conforme à celle de ses saints.

Ce peu que nous pouvons amasser de mérite,
Ce peu qu'il contribue à notre avancement,
Ne gît pas aux douceurs de cet épanchement
Qu'une vie innocente au fond des cœurs excite;
Non, ne nous flattons point de ces illusions :
Ce n'est pas la grandeur des consolations
Qui pour monter au ciel rend notre âme plus forte;
C'est le nombre des croix, c'en est la pesanteur,
C'est la soumission dont cette âme les porte,
Qui l'élève et l'unit à son divin Auteur.

S'il étoit quelque chose en toute la nature
Qui pour notre salut fût plus avantageux,
Ce Dieu, qui n'a pris chair que pour nous rendre heureux,
De parole et d'exemple en eût fait l'ouverture;
Ses disciples aimés suivoient par là ses pas;
Et quiconque après eux veut le suivre ici-bas,
C'est de sa propre voix qu'à souffrir il l'exhorte;
A tout sexe, à tout âge, il fait la même loi :
« Renonce à toi, dit-il, prends ta croix, et la porte,
Et par où j'ai marché viens et marche après moi. »

Concluons en un mot, et de tant de passages,
De tant d'instructions et de raisonnemens,
Réunissons pour fruit tous les enseignemens
A l'amour des malheurs, à la soif des outrages;
Affermissons nos cœurs dans cette vérité :

Que l'amas des vrais biens, l'heureuse éternité,
Ne se peut acquérir qu'à force de souffrances,
Que les afflictions sont les portes des cieux,
Qu'aux travaux Dieu mesure enfin les récompenses,
Et donne la plus haute à qui souffre le mieux.

LIVRE TROISIÈME.

CHAP. I. — *De l'entretien intérieur de Jésus-Christ avec l'âme fidèle.*

Je prêterai l'oreille à cette voix secrète
Par qui le Tout-Puissant s'explique au fond du cœur;
Je la veux écouter, cette aimable interprète
De ce qu'à ses élus demande le Seigneur.
Oh! qu'heureuse est une âme alors qu'elle l'écoute!
Qu'elle devient savante à marcher dans sa route!
Qu'elle amasse de force à l'entendre parler!
Et que dans ses malheurs son bonheur est extrême,
    Quand de la bouche de Dieu même
Sa misère reçoit de quoi se consoler!

Heureuses donc cent fois, heureuses les oreilles
Qui s'ouvrent sans relâche à ses divins accens,
Et, pleines qu'elles sont de leurs hautes merveilles,
Se ferment au tumulte et du monde et des sens!
Oui, je dirai cent fois ces oreilles heureuses
Qui, de la voix de Dieu saintement amoureuses,
Méprisent ces faux tons qui font bruit au dehors,
Pour entendre au dedans la vérité parlante,
    De qui la parole instruisante
N'a pour se faire ouïr que de muets accords.

Heureux aussi les yeux que les objets sensibles
Ne peuvent éblouir ni surprendre un moment!
Heureux ces mêmes yeux que les dons invisibles
Tiennent sur leurs trésors fixés incessamment!
Heureux encor l'esprit que de saints exercices
Préparent chaque jour par la fuite des vices
Aux secrets que découvre un si doux entretien!
Heureux tout l'homme enfin que ces petits miracles
    Purgent si bien de tous obstacles,
Qu'il n'écoute, hors Dieu, ne voit, ne cherche rien!

Prends-y garde, mon âme, et ferme bien la porte
Aux plaisirs que tes sens refusent de bannir,
Pour te mettre en état d'entendre en quelque sorte

Ce dont ton bien-aimé te veut entretenir.
« Je suis, te dira-t-il, ton salut et ta vie :
Si tu peux avec moi demeurer bien unie,
Le vrai calme avec toi demeurera toujours :
Renonce pour m'aimer aux douceurs temporelles ;
  N'aspire plus qu'aux éternelles ;
Et ce calme naîtra de nos saintes amours. »

Que peuvent après tout ces délices impures,
Ces plaisirs passagers, que séduire ton cœur?
De quoi te serviront toutes les créatures,
Si tu perds une fois l'appui du Créateur?
Défais-toi, défais-toi de toute autre habitude;
A ne plaire qu'à Dieu mets toute ton étude;
Porte-lui tous tes vœux avec fidélité :
Tu trouveras ainsi la véritable joie,
  Tu trouveras ainsi la voie
Qui seule peut conduire à la félicité.

  CHAP. II. — *Que la vérité parle au dedans du cœur*
    sans aucun bruit de paroles.

Parle, parle, Seigneur, ton serviteur écoute :
Je dis ton serviteur, car enfin je le suis;
Je le suis, je veux l'être, et marcher dans ta route
  Et les jours et les nuits.

Remplis-moi d'un esprit qui me fasse comprendre
Ce qu'ordonnent de moi tes saintes volontés,
Et réduis mes désirs au seul désir d'entendre
  Tes hautes vérités.

Mais désarme d'éclairs ta divine éloquence,
Fais-la couler sans bruit au milieu de mon cœur;
Qu'elle ait de la rosée et la vive abondance
  Et l'aimable douceur.

Vous la craigniez, Hébreux, vous croyiez que la foudre,
Que la mort la suivît, et dût tout désoler,
Vous qui dans le désert ne pouviez vous résoudre
  A l'entendre parler.

« Parle-nous, parle-nous, disiez-vous à Moïse,
Mais obtiens du Seigneur qu'il ne nous parle pas;
Des éclats de sa voix la tonnante surprise
  Seroit notre trépas. »

Je n'ai point ces frayeurs alors que je te prie;
Je te fais d'autres vœux que ces fils d'Israël,
Et, plein de confiance, humblement je m'écrie
  Avec ton Samuel :

« Quoique tu sois le seul qu'ici-bas je redoute,
C'est toi seul qu'ici-bas je souhaite d'ouïr :
Parle donc, ô mon Dieu! ton serviteur écoute,
  Et te veut obéir. »

Je ne veux ni Moïse à m'enseigner tes voies,
Ni quelque autre prophète à m'expliquer tes lois;
C'est toi, qui les instruis, c'est toi, qui les envoies,
  Dont je cherche la voix.

Comme c'est de toi seul qu'ils ont tous ces lumières
Dont la grâce par eux éclaire notre foi,
Tu peux bien sans eux tous me les donner entières,
  Mais eux tous rien sans toi.

Ils peuvent répéter le son de tes paroles,
Mais il n'est pas en eux d'en conférer l'esprit,
Et leurs discours sans toi passent pour si frivoles,
  Que souvent on s'en rit.

Qu'ils parlent hautement, qu'ils disent des merveilles,
Qu'ils déclarent ton ordre avec pleine vigueur :
Si tu ne parles point, ils frappent les oreilles
  Sans émouvoir le cœur.

Ils sèment la parole obscure, simple et nue;
Mais dans l'obscurité tu rends l'œil clairvoyant,
Et joins du haut du ciel à la lettre qui tue
  L'esprit vivifiant.

Leur bouche sous l'énigme annonce le mystère,
Mais tu nous en fais voir le sens le plus caché;
Ils nous prêchent tes lois, mais ton secours fait faire
  Tout ce qu'ils ont prêché.

Ils montrent le chemin, mais tu donnes la force
D'y porter tous nos pas, d'y marcher jusqu'au bout;
Et tout ce qui vient d'eux ne passe point l'écorce;
  Mais tu pénètres tout.

Ils n'arrosent sans toi que les dehors de l'âme,
Mais sa fécondité veut ton bras souverain;
Et tout ce qui l'éclaire et tout ce qui l'enflamme
  Ne part que de ta main.

Ces prophètes enfin ont beau crier et dire;
Ce ne sont que des voix, ce ne sont que des cris,
Si pour en profiter l'esprit qui les inspire
  Ne touche nos esprits.

Silence donc, Moïse, et toi, parle en sa place,
Éternelle, immuable, immense Vérité;

Parle, que je ne meure enfoncé dans la glace
    De ma stérilité.

C'est mourir en effet qu'à ta faveur céleste
Ne rendre point pour fruit des désirs plus ardens ;
Et l'avis du dehors n'a rien que de funeste
    S'il n'échauffe au dedans.

Cet avis écouté seulement par caprice,
Connu sans être aimé, cru sans être observé,
C'est ce qui vraiment tue, et sur quoi ta justice
    Condamne un réprouvé.

Parle donc, ô mon Dieu ! ton serviteur fidèle
Pour écouter ta voix rëunit tous ses sens,
Et trouve les douceurs de la vie éternelle
    En ses divins accens.

Parle, pour consoler mon âme inquiétée ;
Parle, pour la conduire à quelque amendement ;
Parle, afin que ta gloire ainsi plus exaltée
    Croisse éternellement.

CHAP. III. — *Qu'il faut écouter la parole de Dieu avec humilité.*

Écoute donc, mon fils, écoute mes paroles,
Elles ont des douceurs qu'on ne peut concevoir ;
Elles passent de loin cet orgueilleux savoir
Que la philosophie étale en ses écoles ;
Elles passent de loin ces discours éclatans
Qui semblent dérober à l'injure des temps
Ces fantômes pompeux de sagesse mondaine ;
Elles ne sont que vie, elles ne sont qu'esprit :
Mais la témérité de la prudence humaine
    Jamais ne les comprit.

N'en juge point par là ; leur goût deviendroit fade,
Si tu les confondois avec ce vil emploi,
Ou si ta complaisance amoureuse de toi
N'avoit autre dessein que d'en faire parade :
Ces sources de lumière et de sincérité
Dédaignent tout mélange avec la vanité,
Et veulent de ton cœur les respects du silence ;
Tu les dois recevoir avec soumission,
Et n'en peux profiter que par la violence
    De ton affection.

    Heureux l'homme dont la ferveur
  Obtient de toi cette haute faveur

Que ta main daigne le conduire !
Heureux, ô Dieu ! celui-là que ta voix
Elle-même prend soin d'instruire
Du saint usage de tes lois !
Cet inépuisable secours
Adoucira pour lui ces mauvais jours
Où tu t'armeras du tonnerre :
Il verra lors son bonheur dévoilé,
Et, tant qu'il vivra sur la terre,
Il n'y vivra point désolé.

Ma parole instruisoit dès l'enfance du monde :
Prophètes, de moi seul vous avez tout appris ;
C'est moi dont la chaleur échauffoit vos esprits ;
C'est moi qui vous donnois cette clarté féconde.
J'éclaire et parle encore à tous incessamment,
Et je vois presque en tous un même aveuglement,
Je trouve presque en tous des surdités pareilles ;
Si quelqu'un me répond, ce n'est qu'avec langueur,
Et l'endurcissement qui ferme les oreilles
Va jusqu'au fond du cœur.

Mais ce n'est que pour moi qu'on est sourd volontaire ;
Tous ces cœurs endurcis ne le sont que pour moi,
Et suivent de leur chair la dangereuse loi
Beaucoup plus volontiers que celle de me plaire.
Ce que promet le monde est temporel et bas ;
Ce sont biens passagers, ce sont foibles appas,
Et l'on y porte en foule une chaleur avide ;
Tout ce que je promets est éternel et grand,
Et pour y parvenir chacun est si stupide
Qu'aucun ne l'entreprend.

En peut-on voir un seul qui partout m'obéisse
Avec les mêmes soins, avec la même ardeur,
Qu'on s'empresse à servir cette vaine grandeur
Qui fait tourner le monde au gré de son caprice ?
« Rougis, rougis, Sidon, » dit autrefois la mer.
« Rougis, rougis toi-même, et te laisse enflammer,
Te dirai-je à mon tour, d'une sévère honte ; »
Et si tu veux savoir pour quel lâche souci
Je veux que la rougeur au visage te monte,
Écoute, le voici :

Pour un malheureux titre on s'épuise d'haleine,
On gravit sur les monts, on s'abandonne aux flots,
Et pour gagner au ciel un éternel repos
On ne lève le pied qu'à regret, qu'avec peine ;
Un peu de revenu fait tondre les cheveux,

Chercher sur mes autels les intérêts des vœux,
Prendre un habit dévot pour en toucher les gages :
Souvent pour peu de chose on plaide obstinément,
Et souvent moins que rien jette les grands courages
    Dans cet abaissement.

On veut bien travailler et se mettre à tout faire,
Joindre aux sueurs du jour les veilles de la nuit,
Pour quelque espoir flatteur d'un faux honneur qui fuit,
Ou pour quelque promesse incertaine et légère :
Cependant pour un prix qu'on ne peut estimer,
Pour un bien que le temps ne sauroit consumer,
Pour une gloire enfin qui n'aura point de terme,
Le cœur est sans désirs, l'œil n'y voit point d'appas,
L'esprit est lent et morne, et le pied le plus ferme
    Se lasse au premier pas.

Rougis donc, paresseux, dont l'humeur délicate
Trouve un bonheur si grand à trop haut prix pour toi;
Rougis d'oser t'en plaindre, et d'avoir de l'effroi
D'un travail qui te mène où tant de gloire éclate :
Vois combien de mondains se font bien plus d'effort
Pour tomber aux malheurs d'une éternelle mort,
Que toi pour t'assurer une vie éternelle;
Et, voyant leur ardeur après la vanité,
Rougis d'être de glace alors que je t'appelle
    A voir ma vérité.

Encor ces malheureux, malgré toute leur peine,
Demeurent quelquefois frustrés de leur espoir :
Mes promesses jamais ne surent décevoir;
La confiance en moi ne se vit jamais vaine :
Tout l'espoir que j'ai fait, je saurai le remplir;
Et tout ce que j'ai dit, je saurai l'accomplir,
Sans rien donner pourtant qu'à la persévérance :
Je suis de tous les bons le rémunérateur,
Mais je sais fortement éprouver la constance
    Qu'ils portent dans le cœur.

Ainsi tu dois tenir mes paroles bien chères,
Les écrire en ce cœur, souvent les repasser :
Quand la tentation viendra t'embarrasser,
Elles te deviendront pleinement nécessaires :
Tu pourras y trouver quelques obscurités,
Et ne connoître pas toutes mes vérités
Dans ce que t'offrira la première lecture;
Mais ces jours de visite auront un jour nouveau,
Qui pour t'en découvrir l'intelligence pure
    Percera le rideau.

Je fais à mes élus deux sortes de visites :
L'une par les assauts et par l'adversité,
L'autre par ces douceurs que ma bénignité
Pour arrhes de ma gloire avance à leurs mérites.
Comme je les visite ainsi de deux façons,
Je leur fais chaque jour deux sortes de leçons :
L'une pour la vertu, l'autre contre le vice.
Prends-y garde; quiconque ose le négliger,
Par ces mêmes leçons, au jour de ma justice,
   Il se verra juger.

Oraison pour obtenir de Dieu la grâce de la dévotion.

Quelles grâces, Seigneur, ne te dois-je point rendre,
A toi, ma seule gloire et mon unique bien ?
  Mais qui suis-je pour entreprendre
D'élever mon esprit jusqu'à ton entretien ?

Je suis un ver de terre, un chétif misérable,
Sur qui jamais tes yeux ne devroient s'abaisser,
  Plus pauvre encor, plus méprisable
Qu'il n'est en mon pouvoir de dire ou de penser.

Sans toi je ne suis rien, sans toi mon infortune
Me fait de mille maux l'inutile rebut;
  Je ne puis sans toi chose aucune,
Et je n'ai rien sans toi qui serve à mon salut.

C'est toi dont la bonté jusqu'à nous se ravale,
Qui, tout juste et tout saint, peux tout et donnes tout,
  Et de qui la main libérale
Remplit cet univers de l'un à l'autre bout.

Tu n'en exceptes rien que l'âme pécheresse,
Que tu rends toute vide à sa fragilité,
  Et que ton ire vengeresse
Punit dès ici-bas par cette inanité.

Daigne te souvenir de tes bontés premières,
Toi qui veux que la terre et les cieux en soient pleins,
  Et remplis-moi de tes lumières,
Pour ne point laisser vide une œuvre de tes mains.

Comment pourrai-je ici me supporter moi-même
Dans les maux où je tombe, et dans ceux où je cours,
  Si par cette bonté suprême
Tu ne fais choir du ciel ta grâce à mon secours ?

Ne détourne donc point les rayons de ta face,
Visite-moi souvent dans mes afflictions,

Prodigue-moi grâce sur grâce,
Et ne retire point tes consolations.

Ne laisse pas mon âme impuissante et languide
Dans la stérilité que le crime produit,
  Et telle qu'une terre aride
Qui n'ayant aucune eau ne peut rendre aucun fruit.

Daigne, Seigneur tout bon, daigne m'apprendre à vivre
Sous les ordres sacrés de ta divine loi,
  Et quelle route il me faut suivre
Pour marcher comme il faut humblement devant toi.

Tu peux seul m'inspirer ta sagesse profonde,
Toi qui me connoissois avant que m'animer,
  Et me vis avant que le monde
Sortît de ce néant dont tu le sus former.

CHAP. IV. — *Qu'il faut marcher devant Dieu en esprit de vérité et d'humilité.*

Marche devant mes yeux en droite vérité,
Cherche partout ma vue avec simplicité,
Fais que ces deux vertus te soient inséparables,
Qu'elles soient en tous lieux les guides de tes pas;
  Et leurs forces incomparables
Contre tous ennemis sauront t'armer le bras.

Oui, quelques ennemis qui s'osent présenter,
Qui marche en vérité n'a rien à redouter;
Il se trouve à couvert des rencontres funestes;
C'est un contre-poison contre les séducteurs,
  Qui dissipe toutes leurs pestes,
Et confond tout l'effort des plus noirs détracteurs.

Si cette vérité t'en délivre une fois,
Tu seras vraiment libre, et sous mes seules lois
Qui font la liberté par un doux esclavage;
Et tous les vains discours de ces lâches esprits
  Ne feront naître en ton courage
Que la noble fierté d'un généreux mépris.

  C'est là tout le bien où j'aspire,
  C'est là mon unique souhait;
  Ainsi que tu daignes le dire,
  Ainsi, Seigneur, me soit-il fait !

  Que ta vérité salutaire
  M'enseigne quel est ton chemin;
  Qu'elle m'y préserve et m'éclaire
  Jusqu'à la bienheureuse fin.

Qu'elle purge toute mon âme
De toute impure affection,
Et de tout ce désordre infâme
Que fait naître la passion.

Ainsi cheminant dans ta voie
Sous cette même vérité,
Je goûterai la pleine joie
Et la parfaite liberté.

Je t'enseignerai donc toutes mes vérités;
Je t'illuminerai de toutes mes clartés,
Pour ne te rien cacher de ce qui peut me plaire :
Tu verras les sentiers que doit suivre ta foi,
  Tu verras tout ce qu'il faut faire,
Et si tu ne le fais, il ne tiendra qu'à toi.

Pense à tous tes péchés avec un plein regret,
Avec un déplaisir et profond et secret;
Le repentir du cœur me tient lieu de victime :
Dans le bien que tu fais, fuis la présomption,
  Et garde que la propre estime
Ne corrompe le fruit de ta bonne action.

Tu n'es rien qu'un pécheur, dont la fragilité,
Sujette aux passions, prend leur malignité,
Et n'a jamais de soi que le néant pour terme;
Elle y penche, elle y glisse, elle y tombe aisément;
  Et plus ta ferveur se croit ferme,
Plus prompte est sa défaite ou son relâchement.

Non, tu n'as rien en toi qui puisse avec raison
Enfler de quelque orgueil la gloire de ton nom,
Tu n'as que des sujets de mépris légitime;
Tes défauts sont trop grands pour en rien présumer,
  Et ta foiblesse ne s'exprime
Que par un humble aveu qu'on ne peut l'exprimer.

Ne fais donc point d'état de tout ce que tu fais;
Ne range aucune chose entre les grands effets;
Ne crois rien précieux, ne crois rien admirable,
Rien noble, rien enfin dans la solidité,
  Rien vraiment haut, rien désirable,
Que ce qui doit aller jusqu'à l'éternité.

De cette éternité le caractère saint,
Que sur mes vérités ma main toujours empreint,
Doit plaire à tes désirs par-dessus toute chose;
Et rien ne doit jamais enfler tes déplaisirs

A l'égal des maux où t'expose
Le vil abaissement de ces mêmes désirs.

Tu n'as rien tant à craindre et rien tant à blâmer
Que l'appât du péché qui cherche à te charmer,
Et par qui des enfers les portes sont ouvertes :
Fuis-le comme un extrême et souverain malheur;
   L'homme ne peut faire de pertes
Qu'il ne doive souffrir avec moins de douleur.

Il est quelques esprits dont l'orgueil curieux
Jusques à mes secrets les plus mystérieux
Tâche à guinder l'essor de leur intelligence;
Bouffis de leur superbe, ils en font tout leur but,
   Et laissent à leur négligence
Étouffer les soucis de leur propre salut.

Comme ils n'ont point d'amour ni de sincérité,
Comme ils ne sont qu'audace et que témérité,
Moi-même j'y résiste, et j'aime à les confondre;
Et l'ordinaire effet de leur ambition
   C'est de n'y voir enfin répondre
Que le péché, le trouble, ou la tentation.

N'en use pas comme eux, prends d'autres sentimens,
Redoute ma colère, et crains mes jugemens,
Sans vouloir du Très-Haut pénétrer la sagesse :
Au lieu de mon ouvrage examine le tien,
   Et revois ce que ta foiblesse
Aura commis de mal, ou négligé de bien.

Il est d'autres esprits dont la dévotion
Attache à des livrets toute son action,
S'applique à des tableaux, s'arrête à des images;
Et leur zèle, amoureux des marques du dehors,
   En sème tant sur leurs visages,
Qu'il laisse l'âme vide aux appétits du corps.

D'autres parlent de moi si magnifiquement,
Avec tant de chaleur, avec tant d'ornement,
Qu'il semble qu'en effet mon service les touche;
Mais souvent leur discours n'est qu'un discours moqueur,
   Et, s'ils ont mon nom à la bouche,
Ce n'est pas pour m'ouvrir les portes de leur cœur.

Il est d'autres esprits enfin bien éclairés,
De qui tous les désirs dignement épurés
De l'éternité seule aspirent aux délices;
La terre n'a pour eux ni plaisirs ni trésors,

Et leur zèle prend pour supplices
Tous ces soins importuns que l'âme doit au corps.

Ceux-là sentent en eux l'Esprit de vérité
Leur prêcher cette heureuse et vive éternité,
Et suivant cet Esprit ils dédaignent la terre;
Ils ferment pour le monde et l'oreille et les yeux,
   Ils se font une sainte guerre,
Et poussent jour et nuit leurs souhaits jusqu'aux cieux.

Chap. V. — *Des merveilleux effets de l'amour divin.*

Je te bénis, Père céleste,
Père de mon divin Sauveur,
Qui rends en tous lieux ta faveur
Pour tes enfans si manifeste.

J'en suis le plus pauvre et le moindre,
Et tu daignes t'en souvenir;
Combien donc te dois-je bénir,
Et combien de grâces y joindre!

O Père des miséricordes!
O Dieu des consolations!
Reçois nos bénédictions
Pour les biens que tu nous accordes.

Tu répands les douceurs soudaines
Sur l'amertume des ennuis,
Et, tout indigne que j'en suis,
Tu consoles toutes mes peines.

J'en bénis ta main paternelle,
J'en bénis ton fils Jésus-Christ,
J'en rends grâces au Saint-Esprit :
A tous les trois gloire éternelle.

O Dieu tout bon, ô Dieu qui m'aimes
Jusqu'à supporter ma langueur,
Quand tu descendras dans mon cœur
Que mes transports seront extrêmes!

C'est toi seul que je considère
Comme ma gloire et mon pouvoir,
Comme ma joie et mon espoir,
Et mon refuge en ma misère.

Mais mon amour encor débile
Tombe souvent comme abattu,
Et mon impuissante vertu
Ne fait qu'un effort inutile.

J'ai besoin que tu me soutiennes,
Que tu daignes me consoler,
Et que pour ne plus chanceler
Tu prêtes des forces aux miennes.

Redouble tes faveurs divines,
Visite mon cœur plus souvent,
Et pour le rendre plus fervent
Instruis-le dans tes disciplines.

Affranchis-le de tous ses vices,
Déracine ses passions,
Efface les impressions
Qu'y forment les molles délices.

Qu'ainsi purgé par ta présence,
A tes pieds je le puisse offrir,
Net pour t'aimer, fort pour souffrir,
Stable pour la persévérance.

Connois-tu bien l'amour, toi qui parles d'aimer ?
L'amour est un trésor qu'on ne peut estimer ;
Il n'est rien de plus grand, rien de plus admirable ;
Il est seul à soi-même ici-bas comparable ;
Il sait rendre légers les plus pesans fardeaux ;
Les jours les plus obscurs, il sait les rendre beaux,
Et l'inégalité des rencontres fatales
Ne trouve point en lui des forces inégales ;
Charmé qu'il est partout des beautés de son choix,
Quelque charge qu'il porte, il n'en sent pas le poids,
Et son attachement au digne objet qu'il aime
Donne mille douceurs à l'amertume même.
Cet amour de Jésus est noble et généreux ;
Des grandes actions il rend l'homme amoureux,
Et les impressions qu'une fois il a faites
Toujours de plus en plus aspirent aux parfaites.
Il va toujours en haut chercher de saints appas,
Il traite de mépris tout ce qu'il voit de bas,
Et dédaigne le joug de ces honteuses chaînes
Jusqu'à ne point souffrir d'affections mondaines,
De peur que leur nuage enveloppant ses yeux
A leurs secrets regards n'ôte l'aspect des cieux,
Qu'un frivole intérêt des choses temporelles
N'abatte les désirs qu'il pousse aux éternelles,
Ou que, pour éviter quelque incommodité,
Il n'embrasse un obstacle à sa félicité.
  Je te dirai bien plus, sa douceur et sa force
Sont des cœurs les plus grands la plus illustre amorce ;
La terre ne voit rien qui soit plus achevé ;

Le ciel même n'a rien qui soit plus élevé :
En veux-tu la raison? en Dieu seul est sa source;
En Dieu seul est aussi le repos de sa course;
Il en part, il y rentre, et ce feu tout divin
N'a point d'autre principe et n'a point d'autre fin.
 Tu sauras encor plus; à la moindre parole,
Au plus simple coup d'œil, l'amant va, court et vole,
Et mêle tant de joie à son activité,
Que rien n'en peut borner l'impétuosité.
Pour tous également son ardeur est extrême;
Il donne tout pour tous, et n'a rien à lui-même;
Mais, quoiqu'il soit prodigue, il ne perd jamais rien,
Puisqu'il retrouve tout dans le souverain bien,
Dans ce bien souverain à qui tous autres cèdent,
Qui seul les comprend tous, et dont tous ils procèdent;
Il se repose entier sur cet unique appui,
Et trouve tout en tous sans posséder que lui.
 Dans les dons qu'il reçoit, tout ce qu'il se propose,
C'est d'en bénir l'auteur par-dessus toute chose :
Il n'a point de mesure, et comme son ardeur
Ne peut de son objet égaler la grandeur,
Il la croit toujours foible, et souvent en murmure,
Quand même cette ardeur passe toute mesure.
 Rien ne pèse à l'amour, rien ne peut l'arrêter;
Il n'est point de travaux qu'il daigne supputer;
Il veut plus que sa force; et, quoi qui se présente,
L'impossibilité jamais ne l'épouvante;
Le zèle qui l'emporte au bien qu'il s'est promis
Lui montre tout possible, et lui peint tout permis.
 Ainsi qui sait aimer se rend de tout capable;
Il réduit à l'effet ce qui semble incroyable :
Mais le manque d'amour fait le manque de cœur,
Il abat le courage, il détruit la vigueur,
Relâche les désirs, brouille la connoissance,
Et laisse enfin tout l'homme à sa propre impuissance.
 L'amour ne dort jamais, non plus que le soleil :
Il sait l'art de veiller dans les bras du sommeil;
Il sait dans la fatigue être sans lassitude;
Il sait dans la contrainte être sans servitude,
Porter mille fardeaux sans en être accablé,
Voir mille objets d'effroi sans en être troublé :
C'est d'une vive flamme une heureuse étincelle,
Qui, pour se réunir à sa source immortelle,
Au travers de la nue et de l'obscurité
Jusqu'au plus haut des cieux s'échappe en sûreté.
 Quiconque sait aimer sait bien ce que veut dire
Cette secrète voix qui souvent nous inspire,

Et quel bruit agréable aux oreilles de Dieu
Fait cet ardent soupir qui lui crie en tout lieu :

    O mon Dieu, mon amour unique !
    Regarde mon zèle et ma foi,
    Reçois-les, et sois tout à moi,
    Comme tout à toi je m'applique.

    Dilate mon cœur et mon âme
    Pour les remplir de plus d'amour,
    Et fais-leur goûter nuit et jour
    Ce que c'est qu'une sainte flamme.

    Qu'ils trouvent partout des supplices
    Hormis aux douceurs de t'aimer ;
    Qu'ils se baignent dans cette mer ;
    Qu'ils se fondent dans ces délices.

    Que cette ardeur toujours m'embrase,
    Et que ses transports tout-puissans,
    Jusqu'au-dessus de tous mes sens
    Poussent mon amoureuse extase.

    Que dans ces transports extatiques,
    Où seul tu me feras la loi,
    Tout hors de moi, mais tout en toi,
    Je te chante mille cantiques.

    Que je sache si bien te suivre,
    Que tu me daignes accepter,
    Et qu'à force de t'exalter
    Je me pâme et cesse de vivre.

    Que je t'aime plus que moi-même,
    Que je m'aime en toi seulement,
    Et qu'en toi seul pareillement
    Je puisse aimer quiconque t'aime.

    Ainsi mon âme tout entière,
    Et toute à toi jusqu'aux abois,
    Suivra ces amoureuses lois
    Que lui montrera ta lumière.

Ce n'est pas encor tout, et tu ne conçois pas
Ni tout ce qu'est l'amour ni ce qu'il a d'appas ;
Apprends qu'il est bouillant, apprends qu'il est sincère,
Apprends qu'il a du zèle, et qu'il sait l'art de plaire,
Qu'il est délicieux, qu'il est prudent et fort,
Fidèle, patient, constant jusqu'à la mort,
Courageux, et surtout hors de cette foiblesse
Qui force à se chercher, et pour soi s'intéresse :
Car enfin c'est en vain qu'on se laisse enflammer ;
Aussitôt qu'on se cherche on ne sait plus aimer.

L'amour est circonspect, il est juste, humble, et sage ;
Il ne sait ce que c'est qu'être mol ni volage,
Et des biens passagers les vains amusemens
N'interrompent jamais ses doux élancemens :
L'amour est sobre et chaste, il est ferme et tranquille ;
A garder tous ses sens il est prompt et docile :
L'amour est bon sujet, soumis, obéissant,
Plein de mépris pour soi, pour Dieu reconnoissant ;
En Dieu seul il se fie, en Dieu seul il espère,
Même quand Dieu l'expose à la pleine misère,
Qu'il est sans goût pour Dieu dans l'effort du malheur ;
Car le parfait amour ne vit point sans douleur.
Et quiconque n'est prêt de souffrir toute chose,
D'attendre que de lui son bien-aimé dispose,
Quiconque peut aimer si mal, si lâchement,
N'est point digne du nom de véritable amant.
Pour aimer comme il faut, il faut pour ce qu'on aime
Embrasser l'amertume et la dureté même,
Pour aucun accident n'en être diverti,
Et pour aucun revers ne quitter son parti.

CHAP. VI. — *Des épreuves du véritable amour.*

Tu m'aimes, je le vois, mais ton affection
N'est pas encore au point de la perfection ;
Elle a manqué de force, et manque de prudence,
Et son feu le plus vif et le plus véhément,
A la moindre traverse, au moindre empêchement,
   Perd sitôt cette véhémence,
   Que de tout le bien qu'il commence
   Il néglige l'avancement.

Ainsi des bons propos la céleste vigueur
Aisément dégénère en honteuse langueur ;
Tu sembles n'en former qu'afin de t'en dédire ;
Ce lâche abattement de ton infirmité
Cherche qui te console avec avidité,
   Et ton cœur après moi soupire,
   Moins pour vivre sous mon empire
   Que pour vivre en tranquillité.

Le vrai, le fort amour, en soi-même affermi,
Sait bien et repousser l'effort de l'ennemi
Et refuser l'oreille à ses ruses perverses ;
Il sait du cœur entier lui fermer les accès,
Et de sa digne ardeur le salutaire excès,
   Égal aux fortunes diverses,
   M'adore autant dans les traverses
   Que dans les plus heureux succès.

Quiconque sait aimer, mais aimer prudemment,
A la valeur des dons n'a point d'attachement;
En tous ceux qu'on lui fait c'est l'amour qu'il estime;
C'est par l'affection qu'il en juge le prix :
Et de son bien-aimé profondément épris,
  Il ne peut croire légitime
  Que sans lui quelque don imprime
  Autre chose que du mépris.

Ainsi dans tous les miens il n'a d'yeux que pour moi;
Ainsi de tous les miens il fait un noble emploi;
A force de les mettre au-dessous de moi-même,
Il se repose en moi comme au bien souverain,
Et tous ces autres biens que sur le genre humain
  Laisse choir ma bonté suprême,
  Il ne les estime et les aime
  Qu'en ce qu'ils tombent de ma main.

Si quelquefois pour moi, quelquefois pour mes saints,
Ton zèle aride et lent suit mal tes bons desseins,
Et ne te donne point de sensible tendresse,
Il ne faut pas encor que ton cœur éperdu,
Pour voir languir tes vœux, estime tout perdu;
  Ce qui manque à leur sécheresse,
  Quoi qu'en présume ta foiblesse,
  Te peut être bientôt rendu.

Tout ce qui coule au cœur de doux saisissemens,
De liquéfactions, d'épanouissemens,
Marque bien les effets de ma grâce présente;
C'est bien quelque avant-goût du céleste séjour,
Mais prompte est sa venue, et prompt est son retour,
  Et sa douceur la plus charmante,
  Lorsque tu crois qu'elle s'augmente,
  Soudain échappe à ton amour.

Il ne seroit pas sûr de s'y trop assurer :
Ne songe qu'à combattre, à vaincre, à te tirer
De ces lacs dangereux où ton plaisir t'invite;
Sous les mauvais désirs n'être point abattu,
Triompher hautement du pouvoir qu'ils ont eu,
  Et du diable qui les suscite,
  C'est la marque du vrai mérite
  Et de la solide vertu.

Ne te trouble donc point pour les distractions
Qui rompent la ferveur de tes dévotions;
De quelques vains objets qu'elles t'offrent l'image,
Garde un ferme propos sans jamais t'ébranler,
Garde un cœur pur et droit sans jamais chanceler,

> Et la grandeur de ton courage
> Dissipera tout ce nuage
> Qu'elles s'efforcent d'y mêler.

Quelquefois ton esprit, s'élevant jusqu'aux cieux,
De cette haute extase où j'occupe ses yeux
Retombe tout à coup dans quelque impertinence;
Pour confus que tu sois d'un si prompt changement,
Fais un plein désaveu de cet égarement,
> Et prends une sainte arrogance
> Qui dédaigne l'extravagance
> De son indigne amusement.

Ces foiblesses de l'homme agissent malgré toi;
Et, bien que de ton cœur elles brouillent l'emploi,
Elles n'y peuvent rien que ce cœur n'y consente :
Tant que tu te défends d'y rien contribuer,
Tu leur défends aussi de rien effectuer;
> Et leur embarras te tourmente,
> Mais ton mérite s'en augmente,
> Au lieu de s'en diminuer.

L'immortel ennemi des soins de ton salut,
Qui ne prend que ma haine et ta perte pour but,
Par là dessous tes pas creuse des précipices;
Il met tout en usage afin de t'arracher
Ces vertueux désirs où je te fais pencher,
> Et ne t'offre aucunes délices
> Qu'afin que tes bons exercices
> Trouvent par où se relâcher.

Il hait tous ces honneurs que tu rends à mes saints,
Il hait tous mes tourmens dans ta mémoire empreints,
Dont tu fais malgré lui tes plus douces pensées;
Il hait ta vigilance à me garder ton cœur;
Il hait tes bons propos qui croissent en vigueur,
> Et ce que tes fautes passées
> Dans ton souvenir retracées
> Te laissent pour toi de rigueur.

Il cherche à t'en donner le dégoût ou l'ennui;
Et pour t'ôter, s'il peut, ces armes contre lui,
Il s'arme contre toi de toute la nature :
De mille objets impurs il unit le poison,
Afin que de leur peste infectant ta raison
> Il s'y fasse quelque ouverture
> Pour troubler ta sainte lecture,
> Et disperser ton oraison.

L'humble aveu de ton crime aux pieds d'un confesseur,

Qui sur toi de ma grâce attire la douceur,
Gêne jusqu'aux enfers l'orgueil de son courage ;
Et comme il hait surtout ces amoureux transports
Où s'élève ton âme en recevant mon corps,
    Les artifices de sa rage
      T'en feroient quitter tout l'usage,
    Si l'effet suivoit ses efforts.

Ferme-lui bien l'oreille, et vis sans t'émouvoir
De ces piéges secrets que pour te décevoir
Sous un appât visible il dresse à ta misère :
Ne t'inquiète point de ses subtilités ;
Et n'imputant qu'à lui toutes les saletés
    Que sa ruse en vain te suggère,
    Reproche-lui d'un ton sévère
    L'amas de ses impuretés.

« Va, malheureux esprit, va, va, lui dois-tu dire,
Dans les feux immortels de ton funeste empire,
Vas-y rougir de honte, et brûler de courroux
    De perdre ainsi tes coups.

« Tu les perds contre moi lorsque tu te figures
Que tu vas m'accabler sous ce monceau d'ordures ;
De quelques faux appâts que tu m'oses flatter,
    Je sais les rejeter.

« Va donc, encore un coup, va, séducteur infâme ;
N'espère aucune part désormais en mon âme ;
Jésus-Christ est ma force et marche à mes côtés
    Contre tes saletés.

« Tel qu'un puissant guerrier armé pour ma défense,
Il dompte qui m'attaque, il abat qui m'offense,
Et réduira l'effet de ton illusion
    A ta confusion.

« Je choisirai plutôt les plus cruels supplices,
J'accepterai la mort, j'en ferai mes délices,
Avant que tes efforts m'arrachent un moment
    Du vrai consentement.

« De tes suggestions réprime l'impudence ;
Pour épargner ta honte impose-toi silence ;
Aussi bien tes discours deviennent superflus ;
    Je ne t'écoute plus.

« Tu m'as jusqu'à présent donné beaucoup de peine ;
Tu m'as bien fait trembler et bien mis à la gêne :
Mais le Seigneur m'éclaire et se fait mon appui ;
    Qu'ai-je à craindre avec lui ?

« Que tes noirs escadrons en bataille rangée
Combattent les désirs de mon âme assiégée,
Je verrai leurs fureurs fondre toutes sur moi
   Sans en prendre d'effroi.

« Contre ces escadrons mon Dieu me sert d'escorte ;
Contre tant de fureurs il me prête main-forte ;
Il est mon espérance et mon libérateur ;
   Fuis, lâche séducteur. »

Ainsi tu dois, mon fils, t'apprêter au combat ;
Ainsi tu dois combattre en courageux soldat,
Et dissiper ainsi les forces qu'il amasse.
S'il t'arrive de choir par ta fragilité,
Relève-toi plus fort que tu n'avois été ;
  Et, lorsque ta vigueur se lasse,
  Appelle une plus haute grâce
  Au secours de ta lâcheté.

Tu dois t'y confier ; mais prends garde avec soin
Que cette confiance, allant un peu trop loin,
Ne se tourne en superbe et folle complaisance :
Plusieurs y sont trompés ; et ce vain sentiment,
Les portant de l'erreur jusqu'à l'aveuglement
  D'une ingrate méconnoissance,
  Les met presque dans l'impuissance
  D'un véritable amendement.

Instruit par le malheur de ces présomptueux,
Tiens sous l'humilité ton désir vertueux ;
Prends-en dans leur ruine une digne matière :
Vois comme leur orgueil, facile à s'ébranler,
Tombe d'autant plus bas que haut il crut voler ;
  Et des chutes d'une âme fière
  Tâche à tirer quelque lumière
  Qui t'éclaire à te ravaler.

Chap. VII. — *Qu'il faut cacher la grâce de la dévotion sous l'humilité.*

Tu veux être dévot, et je t'en fais la grâce ;
  Mais apprends qu'il la faut cacher,
  Et qu'un don que tu tiens si cher,
Renfermé dans toi-même aura plus d'efficace :
  Bien que tu saches ce qu'il vaut,
  Ne t'en élève pas plus haut ;
Parles-en d'autant moins que plus je t'en inspire ;
  Et n'en prends pas l'autorité
De donner plus de poids à ce que tu veux dire,
  Par une sotte gravité.

Le mépris de toi-même est le plus heureux signe
  Que tu sais connoître son prix :
  Sois donc ferme dans ce mépris,
Et crains de perdre un bien dont tu te sens indigne.
  Toutes ces petites douceurs
  Que le zèle épand dans les cœurs
Ne sont pas de ce bien la garde la plus sûre ;
  N'y mets aucun attachement ;
Je te l'ai déjà dit, que telle est leur nature,
  Qu'elles passent en un moment.

Dans ces heureux momens où ma grâce t'éclaire,
  Regarde avec humilité
  Quelle devient ta pauvreté
Sitôt que cette grâce a voulu se soustraire.
  Le grand progrès spirituel
  N'est pas au goût continuel
Des sensibles attraits dont elle te console,
  Mais à souffrir sans murmurer
Les maux qu'elle te laisse alors qu'elle s'envole,
  Et ne te point considérer.

Bien qu'en ce triste état tout te nuise et te fâche,
  Bien qu'une importune langueur
  Éteigne presque ta vigueur,
Ne permets pas pourtant que ton feu se relâche ;
  Veille, prie, et ne quitte rien
  De ce que tu faisois de bien
Alors que tu sentois ta ferveur plus entière ;
  Fais enfin suivant ton pouvoir,
Suivant ce qui te reste en l'esprit de lumière,
  Et tu rempliras ton devoir.

Je me tiendrai toujours de ton intelligence,
  Pourvu que cette aridité,
  Pourvu que cette anxiété
Ne se tourne jamais en pleine négligence.
  Plusieurs bronchent à ce faux pas ;
  Et dès qu'ils perdent ces appas,
Il semble par dépit qu'au surplus ils renoncent ;
  Tout leur courage s'amollit,
Et dans la nonchalance où leurs âmes s'enfoncent
  Leur plus beau feu s'ensevelit.

Ce n'est pas comme il faut se ranger à ma suite :
  L'homme a beau former un dessein,
  Il n'a pas toujours en sa main
Tout ce qu'il se promet de sa bonne conduite.
  Quelle que soit l'ardeur des vœux,

C'est quand je veux et qui je veux
Que console, où je veux, ma grâce toute pure,
Et de ses plus charmans attraits
Mon vouloir souverain est la seule mesure,
Et non la ferveur des souhaits.

Souvent cette ferveur, par ses douces amorces
Fatale aux esprits imprudens,
Fait succomber les plus ardens
A force d'entreprendre au-dessus de leurs forces ;
Ces dévots trop présomptueux
Dans leurs élans impétueux
Ne daignent réfléchir sur ce qu'ils peuvent faire,
Et changent leur zèle en poison,
Quand ils écoutent plus son ardeur téméraire
Que les avis de la raison.

Ainsi ces indiscrets perdent bientôt mes grâces,
Pour oser plus qu'il ne me plaît ;
Et leur vol rencontre un arrêt
Qui les rejette au rang des âmes les plus basses.
Pour fruit de leur témérité
Ils retrouvent l'indignité
Des imperfections qui leur sont naturelles,
Afin que n'espérant rien d'eux,
Et ne prétendant plus voler que sous mes ailes,
Ils me laissent régler leurs feux.

Vous donc qui commencez à marcher dans ma voie,
Chers apprentis de la vertu,
Dans ce chemin que j'ai battu
Portez, je le consens, grand cœur et grande joie :
Mais gardez sous cette couleur
D'écouter toute la chaleur
Qui s'allume sans ordre en vos jeunes courages ;
Vous pourrez trébucher bien bas,
Si vous ne choisissez les conseils les plus sages
Pour guides à vos premiers pas.

C'est vous faire une folle et vaine confiance,
De croire plus vos sentimens
Que les solides jugemens
Qu'affermit une longue et sainte expérience ;
Quelque bien que vous embrassiez,
Quelque progrès que vous fassiez,
Ils vous laissent à craindre une funeste issue,
Si ce que vous avez d'amour
Pour ces foibles clartés de votre propre vue,
S'obstine à fuir tout autre jour.

L'esprit persuadé de sa propre sagesse
    Rarement reçoit sans ennui
    L'ordre ni les leçons d'autrui ;
Il aime rarement à suivre une autre adresse.
    L'innocente simplicité
    Que relève l'humilité
Passe le haut savoir qu'enfle la suffisance ;
    Et des fruits qu'il fait recueillir
Le peu vaut mieux pour toi que la pleine abondance,
    Si tu t'en peux enorgueillir.

Sache régler ta joie ; une âme est peu discrète,
    Qui dans les plus heureux succès
    S'y livre avec un tel excès,
Qu'elle va tout entière où ce transport la jette :
    Avec trop de légèreté,
    De sa première pauvreté,
Au milieu de mes dons, ingrate, elle s'oublie ;
    Et qui sait bien l'art d'en jouir
Craint toujours de donner à ma grâce affoiblie
    Quelque lieu de s'évanouir.

Ne sois pas moins soigneux de régler la tristesse :
    C'est témoigner peu de vertu
    Que d'avoir un cœur abattu
Sitôt qu'un déplaisir violemment te presse :
    Quelque grand que soit le malheur,
    Il ne faut pas que la douleur
Forme aucun désespoir de ton impatience,
    Ni que le zèle rebuté
Étouffe par dépit toute la confiance
    Qu'il doit avoir en ma bonté.

Fuis ces extrémités : quiconque en la bonace
    S'ose tenir trop assuré
    Devient lâche et mal préparé
A la moindre tempête, à sa moindre menace.
    Si tu peux te faire la loi,
    Toujours humble, toujours en toi,
Toujours de ton esprit le véritable maître,
    Alors, moins prompt à succomber,
Tu verras les périls que toutes deux font naître
    Presque sans péril d'y tomber.

Dans l'ardeur la plus forte et la mieux éclairée
    Conserve bien le souvenir
    De ce que tu dois devenir
Lorsque cette clarté se sera retirée :
    Dans l'éclipse d'un si beau jour

Pense de même à son retour ;
Fais briller ses rayons sans cesse en ta mémoire ;
    Et s'ils paroissent inconstans,
Crois que c'est pour ton bien et pour ta propre gloire
    Que je t'en prive quelque temps.

Cette sorte d'épreuve est souvent plus utile,
    Bien qu'un peu rude à ta ferveur,
    Que si tu voyois ma faveur
Rendre à tous tes souhaits l'événement facile.
    L'amas des consolations,
    L'éclat des révélations,
Ne sont pas du mérite une marque fort sûre ;
    Et ni par le degré plus haut,
Ni par la suffisance à lire l'Écriture,
    On ne juge bien ce qu'il vaut.

Il veut pour fondemens de son prix légitime
    Une sincère humilité,
    Une parfaite charité,
Un ferme désaveu de toute propre estime.
    Celui-là seul sait mériter,
    Qui n'aspire qu'à m'exalter,
Qui partout et sur tout ne cherche que ma gloire,
    Qui tient les mépris à bonheur,
Et gagne sur soi-même une telle victoire,
    Qu'il les goûte mieux que l'honneur.

Chap. VIII. — *Du peu d'estime de soi-même en la présence de Dieu.*

    Seigneur, t'oserai-je parler,
Moi qui ne suis que cendre et que poussière,
Qu'un vil extrait d'une impure matière,
Qu'au seul néant on a droit d'égaler ?

    Si je me prise davantage,
    Je t'oblige à t'en ressentir,
Je vois tous mes péchés soudain me démentir,
    Et contre moi porter un témoignage
    Où je n'ai rien à repartir.

    Mais si je m'abaisse et m'obstine
A me réduire au néant dont je viens,
Si toute estime propre en moi se déracine,
    Et qu'en dépit de tous ses entretiens
Je rentre en cette poudre où fut mon origine,
    Ta grâce avec pleine vigueur
    Est soudain propice à mon âme,

Et les rayons de ta céleste flamme
  Descendent au fond de mon cœur.

    L'orgueil, contraint à disparoître,
Ne laisse dans ce cœur aucun vain sentiment
Qui ne soit abîmé, pour petit qu'il puisse être,
    Dans cet anéantissement,
    Sans pouvoir jamais y renaître.

    Ta clarté m'expose à mes yeux,
Je me vois tout entier, et j'en vois d'autant mieux
Quels défauts ont suivi ma honteuse naissance;
Je vois ce que je suis, je vois ce que je fus,
    Je vois d'où je viens; et confus
    De ne voir que de l'impuissance,
Je m'écrie : « O mon Dieu, que je m'étois déçu !
    Je ne suis rien, et n'en avois rien su. »

    Si tu me laisses à moi-même,
Je n'ai dans mon néant que foiblesse et qu'effroi;
Mais, si dans mes ennuis tu jettes l'œil sur moi,
Soudain je deviens fort, et ma joie est extrême.
    Merveille, que de ces bas lieux,
Élevé tout à coup au-dessus du tonnerre,
    Je vole ainsi jusques aux cieux,
Moi que mon propre poids rabat toujours en terre;
    Que tout à coup de saints élancemens,
Tout chargé que je suis d'une masse grossière,
Jusque dans ces palais de gloire et de lumière
Me fassent recevoir tes doux embrassemens!

    Ton amour fait tous ces miracles :
C'est lui qui me prévient sans l'avoir mérité;
    C'est lui qui brise les obstacles
Qui naissent des besoins de mon infirmité;
    C'est lui qui soutient ma foiblesse,
    Et, quelque péril qui me presse,
C'est lui qui m'en préserve et le sait détourner;
C'est lui qui m'affranchit, c'est lui qui me retire
    De tant de malheurs, qu'on peut dire
Que leur nombre sans lui ne se pourroit borner.

Ces malheurs, ces périls, ces besoins, ces foiblesses,
C'est ce que l'amour-propre en nos cœurs a semé,
C'est ce qu'on a pour fruit de ses molles tendresses,
Et je me suis perdu quand je me suis aimé;
    Mais quand, détaché de moi-même,
Je t'aime purement et ne cherche que toi,
Je trouve ce que j'aime en un si digne emploi,
Je me retrouve encor, Seigneur, en ce que j'aime;

Et ce feu tout divin, plus il sait pénétrer,
Plus dans mon vrai néant il m'apprend à rentrer.

Ton amour à t'aimer ainsi me sollicite,
  Et me rappelle à mon devoir
  Par des faveurs qui passent mon mérite,
Et par des biens plus grands que mon espoir.

   Je t'en bénis, Être suprême,
   Dont l'immense bénignité
   Étend sa libéralité
   Sur l'indigne et sur l'ingrat même :
Ce torrent que jamais tu ne laisses tarir
   Ne se lasse point de courir
   Même vers ceux qui s'en éloignent,
   Et souvent sur l'aversion
   Que les plus endurcis témoignent,
Il roule les trésors de ton affection.
   De ces sources inépuisables
   Fais sur nous déborder les flots ;
   Rends-nous humbles, rends-nous dévots,
Rends-nous reconnoissans, rends-nous inébranlables ;
Relève-nous le cœur sous nos maux abattu,
Attire-nous à toi par cette sainte amorce,
   Toi qui seul es notre vertu,
   Notre salut et notre force.

CHAP. IX. — *Qu'il faut rapporter tout à Dieu comme à notre dernière fin.*

Si tu veux du bonheur t'aplanir la carrière,
Choisis-moi pour ta fin souveraine et dernière,
Épure tes désirs par cette intention ;
Tes flammes deviendront comme eux droites et pures,
Tes flammes, que souvent ta folle passion
Recourbe vers toi-même, ou vers les créatures,
Et qui n'ont que foiblesse, aridité, langueur,
Sitôt qu'à te chercher tu ravales ton cœur.

C'est à moi, c'est à moi qu'il faut que tu rapportes
Les biens les plus exquis, les grâces les plus fortes,
A moi qui donne tout et tiens tout en ma main :
Pour bien user de tout, regarde chaque chose
Comme un écoulement de ce bien souverain,
Que de moi seul je forme, et dont seul je dispose ;
Et prends ce que sur toi j'en verse de ruisseaux
Pour guides vers la source à qui tu dois leurs eaux.
Qui monte jusque-là ne m'en trouve point chiche.
Le petit et le grand, le pauvre avec le riche,

Y peuvent sans relâche également puiser;
Mon amour libéral l'ouvre à tous sans réserve :
J'aime à donner mes biens, j'aime à favoriser :
Mais je veux à mon tour qu'on m'aime et qu'on me serve;
Je hais le cœur ingrat, le froid, l'indifférent,
Et ma grâce est le prix des grâces qu'on me rend.

Quiconque s'ose enfler de propre suffisance
Jusqu'à prendre en soi-même ou gloire, ou complaisance,
Ou chercher hors de moi de quoi se réjouir,
Sa joie est inquiète, et si mal établie,
Que son cœur pleinement ne peut s'épanouir;
D'angoisse sur angoisse il la sent affoiblie,
Il voit trouble sur trouble, et naître à tout moment
Mille vrais déplaisirs d'un faux contentement.

Ne t'impute donc rien de bon, de salutaire,
Et, quoi qu'un autre même à tes yeux puisse faire,
A sa propre vertu n'attribue aucun bien;
Dans celui que tu fais ne perds point la mémoire
Qu'il en faut bénir Dieu, sans qui l'homme n'a rien :
Comme tout vient de moi, j'en veux toute la gloire;
Je veux un plein hommage, un cœur passionné,
Et qu'on me rende ainsi tout ce que j'ai donné.

C'est par ces vérités qu'est soudain mise en fuite
La vanité mondaine avec toute sa suite,
Et fait place à la vraie et vive charité;
C'est ainsi que ma grâce occupe toute une âme,
Et lors plus d'amour-propre et plus d'anxiété.
Plus d'importune envie et plus d'impure flamme;
De tous ses ennemis cette âme vient à bout
Par cette charité qui triomphe de tout.

Par cette charité ses forces dilatées
Ne sont plus en état de se voir surmontées :
Mais, je te le redis, saches-en bien user;
Ne prends point hors de moi de joie ou d'espérance:
Je suis cette bonté qu'on ne peut épuiser,
Mais qui ne peut souffrir aucune concurrence;
Je suis et serai seul durant tout l'avenir
Qu'il faille en tout, partout, et louer, et bénir.

CHAP. X. — *Qu'il y a beaucoup de douceur à mépriser le monde pour servir Dieu.*

J'oserai donc parler encore un coup à toi;
Mon silence n'est plus un respect légitime:
      Je ne puis me taire sans crime:
Je dois bénir mon Dieu, mon Seigneur et mon Roi :

J'irai jusqu'à ton trône assiéger tes oreilles
Du récit amoureux de tes hautes merveilles :
J'en ferai retentir toute l'éternité ;
Et je veux qu'à jamais mes cantiques enseignent
Quelles sont les douceurs que ta bénignité
    Ne montre qu'à ceux qui te craignent.

Mais que sont ces douceurs au prix de ces trésors
Qu'à toute heure tes mains prodiguent et réservent
    Pour ceux qui t'aiment et te servent,
Et qui du cœur entier te donnent les efforts ?
Ah ! ces ravissemens, sans borne et sans exemple,
S'augmentent d'autant plus que plus on te contemple :
Nous n'avons rien en nous qui les puisse exprimer ;
Le cœur les goûte bien, et l'âme les admire ;
Tout l'homme les sent croître à force de t'aimer,
    Mais la bouche ne les peut dire.

Tu ne te lasses point, Seigneur, de cet amour,
Et j'en porte sur moi des marques infaillibles ;
    Tes bontés incompréhensibles
Du néant où j'étois m'ont daigné mettre au jour.
J'ai couru loin de toi vagabond et sans guide ;
Pour un fragile bien j'ai quitté le solide,
Et tu m'as rappelé de cet égarement ;
Tu fais plus : pour t'aimer tu m'ordonnes de vivre,
Et joins à la douceur de ce commandement
    La clarté qui montre à le suivre.

O fontaine d'amour, mais d'amour éternel,
Après tant de bienfaits que dirai-je à ta gloire ?
    Pourrai-je en perdre la mémoire
Quand tu ne la perds pas d'un chétif criminel ?
Au milieu de ma chute et courant à ma perte,
Par delà tout espoir j'ai vu ta grâce ouverte
Répandre encor sur moi des rayons de pitié,
Et ta miséricorde, excédant tous limites [1],
Accabler un pécheur d'un excès d'amitié
    Qui surpasse tous les mérites.

Que te rendrai-je donc pour de telles faveurs ?
Quel encens unirai-je aux concerts de louanges
    Que de tes saints et de tes anges
Sans fin et sans relâche entonnent les ferveurs ?
Tu ne fais pas à tous cette grâce profonde
Qui détache les cœurs des embarras du monde,
Pour se ranger au cloître et n'être plus qu'à toi,

---

1. Il y a peu d'exemples de *limite* au masculin.

Et ce n'est pas à tous que tu donnes l'envie
De s'enrichir des fruits que fait naître l'emploi
    D'une religieuse vie.

Je ne fais rien de rare alors que je te sers ;
J'apprends cette leçon de toute la nature ;
    L'hommage de la créature
N'est qu'un tribut commun que te doit l'univers.
Tout ce qu'en te servant je trouve d'admirable,
C'est qu'étant de moi-même et pauvre et misérable,
Tu daignes t'abaisser jusques à t'en servir,
Qu'avec tes plus chéris tu m'y daignes admettre,
Et veux bien m'enseigner comme il te faut ravir
    Ce que tu leur voulus promettre.

Tout vient de toi, Seigneur, et nous en recevons
Tout ce qu'à te servir applique cet hommage ;
    J'ose dire encor davantage,
Tu nous sers beaucoup plus que nous ne te servons :
La terre qui nous porte, et qui nous sert de mère,
L'air que nous respirons, le ciel qui nous éclaire,
Ont ces ordres de toi qu'ils ne rompent jamais ;
L'ange même nous sert, tout pécheurs que nous sommes,
Et garde exactement ceux où tu le soumets
    Pour le ministère des hommes.

C'est peu pour toi que l'air, et la terre, et les cieux,
C'est peu qu'à nous servir l'ange s'assujettisse ;
    Pour mieux nous rendre cet office,
Tu choisis un sujet encor plus précieux :
Tu quittes, Roi des rois, ton sacré diadème ;
Tu descends jusqu'à nous de ton trône suprême ;
Tu te revêts pour nous de nos infirmités ;
Et, nous fortifiant par ta sainte présence,
Tu nous fais triompher de nos fragilités,
    Et te promets pour récompense.

Pour tant et tant de biens que ne puis-je à mon tour
Te servir dignement tout le temps de ma vie !
    Oh ! que j'aurois l'âme ravie
De le pouvoir, Seigneur, seulement un seul jour !
Te servir à demi c'est te faire une injure ;
Et, comme tes bontés n'ont jamais de mesure,
Il ne faut point de borne aux devoirs qu'on te rend :
A toi toute louange, à toi gloire éternelle,
A toi, Seigneur, est dû ce que peut de plus grand
    Le zèle d'une âme fidèle.

N'es-tu pas, ô mon Dieu! mon Seigneur souverain,
Et moi ton serviteur, pauvre, lâche, imbécile,

Dont tout l'effort est inutile,
A moins qu'avoir l'appui de ta divine main?
Je dois pourtant, je dois de toute ma puissance
Te louer, te servir, te rendre obéissance,
Sans m'en lasser jamais, sans prendre autre souci.
Viens donc à mon secours, bonté toute céleste;
Tu vois que je le veux et le souhaite ainsi;
  Par ta faveur supplée au reste.

La pompe des honneurs dans son plus haut éclat
N'a rien de comparable à cette servitude,
  A cette glorieuse étude
Qui nous apprend de tout à faire peu d'état :
Mépriser tout pour toi, pour ce noble esclavage
Qui sous tes volontés enchaîne le courage,
C'est se mettre au-dessus des princes et des rois;
Et l'ineffable excès des grâces que tu donnes
A qui peut s'affermir dans cet illustre choix,
  Vaut mieux que toutes les couronnes.

Par des attraits divins et toujours renaissans
Ton saint Esprit se plaît à consoler les âmes
  Dont les pures et saintes flammes
Dédaignent pour t'aimer tous les plaisirs des sens :
Ces âmes qui pour toi prennent l'étroite voie,
Qui n'ont point d'autre but, qui n'ont point d'autre joie,
Y goûtent de l'esprit l'entière liberté;
Leur retraite en vrais biens se voit toujours féconde,
Et trouve un plein repos dans la digne fierté
  Qui leur fait négliger le monde.

Miraculeux effet, bonheur prodigieux,
Qu'ainsi la liberté naisse de la contrainte!
  O doux lien! ô douce étreinte!
O favorable poids du joug religieux!
Sainte captivité, qu'on te doit de louanges!
Tu rends dès ici-bas l'homme pareil aux anges;
Tu le rends agréable aux yeux de son Auteur;
Tu le rends formidable à ces troupes rebelles,
A ces noirs escadrons de l'ange séducteur,
  Et louable à tous les fidèles.

O fers délicieux et toujours à chérir,
Que vous cachez d'appas sous un peu de rudesse!
  O du ciel infaillible adresse,
Que tu rends ses trésors aisés à conquérir!
O jeûnes, pauvreté, disciplines, cilices,
Amoureuses rigueurs et triomphans supplices!
O cloître! ô saints travaux, qu'il vous faut souhaiter,

Vous qui donnez à l'âme une joie assurée,
Et qui l'asservissant lui faites mériter
  Un bien d'éternelle durée!

CHAP. XI. — *Qu'il faut examiner soigneusement les désirs du cœur et prendre peine à les modérer.*

Je vois qu'à me servir enfin tu te disposes;
  Mais n'en espère pas grand fruit,
A moins que je t'apprenne encor beaucoup de choses
  Dont tu n'es pas encore assez instruit.

    Seigneur, que veux-tu m'apprendre?
      Je suis prêt de t'écouter;
    Joins à la grâce d'entendre
      La force d'exécuter.

Toutes tes volontés doivent être soumises
  Purement à mon bon plaisir,
Jusqu'à ne souhaiter en toutes entreprises
  Que les succès que je voudrai choisir.

Tu ne dois point t'aimer, tu ne dois point te plaire
  Dans tes propres contentemens;
Tu dois n'être jaloux que de me satisfaire,
  Et d'obéir à mes commandemens.

Quel que soit le désir qui t'échauffe et te pique,
  Considère ce qui t'en plaît,
Et vois si sa chaleur à ma gloire s'applique,
  Ou s'il t'émeut par ton propre intérêt.

Lorsque ce n'est qu'à moi que ce désir se donne,
  Qu'il n'a pour but que mon honneur,
Quelque effet qui le suive, et quoi que j'en ordonne,
  Ta fermeté tient tout à grand bonheur.

Mais lorsque l'amour-propre y garde encor sa place,
  Quoique secret et déguisé,
C'est là ce qui te gêne et ce qui t'embarrasse,
  C'est ce qui pèse à ton cœur divisé.

Défends-toi donc, mon fils, de la première amorce
  D'un désir mal prémédité;
N'y prends aucun appui, n'y donne aucune force
  Qu'après m'avoir pleinement consulté.

Ce qui t'en plaît d'abord peut bientôt te déplaire,
  Et te réduire au repentir,
Et tu rougiras lors de ce qu'aura pu faire
  Cette chaleur trop prompte à consentir.

Tout ce qui paroît bon n'est pas toujours à suivre,
　　Ni son contraire à rejeter;
L'ardeur impétueuse à mille erreurs te livre,
　　Et trop courir c'est te précipiter.

La bride est souvent bonne, et même il en faut une
　　A la plus sainte affection;
Son trop d'empressement la peut rendre importune,
　　Et te pousser dans la distraction.

Il te peut emporter hors de la discipline,
　　Sous prétexte de faire mieux,
Et laisser du scandale à qui ne l'examine
　　Que par la règle où s'attachent ses yeux.

Il peut faire en autrui naître une résistance
　　Que tu n'auras daigné prévoir,
Et de qui la surprise ébranlant ta constance
　　La troublera jusqu'à te faire choir.

Un peu de violence est souvent nécessaire
　　Contre les appétits des sens,
Même quand leur effet te paroît salutaire,
　　Quand leurs désirs te semblent innocens.

Ne demande jamais à ta chair infidèle
　　Ce qu'elle veut ou ne veut pas;
Range-la sous l'esprit, et fais qu'en dépit d'elle
　　Son esclavage ait pour toi des appas.

Qu'en maître, qu'en tyran cet esprit la châtie,
　　Qu'il l'enchaîne de rudes nœuds,
Jusqu'à ce que, domptée et bien assujettie,
　　Elle soit prête à tout ce que tu veux;

Jusqu'à ce que, de peu satisfaite et contente,
　　Elle aime la simplicité,
Et que chaque revers qui trompe son attente
　　Sans murmurer en puisse être accepté.

CHAP. XII. — *Comme il se faut faire à la patience, et combattre les passions.*

　　A ce que je puis voir, Seigneur,
　　J'ai grand besoin de patience
　　Contre la rude expérience
　　Où cette vie engage un cœur.

　　Elle n'est qu'un gouffre de maux,
　　D'accidens fâcheux et contraires,
　　Qu'un accablement de misères,
　　D'où naissent travaux sur travaux.

Je n'y termine aucuns combats
Que chaque instant ne renouvelle,
Et ma paix y traîne avec elle
La guerre attachée à mes pas.

Les soins mêmes de l'affermir
Ne sont en effet qu'une guerre,
Et tout mon séjour sur la terre
Qu'une occasion de gémir.

Tu dis vrai, mon enfant ; aussi ne veux-je pas
Que tu cherches en terre une paix sans combats,
Un repos sans tumulte, un calme sans orage,
Où toujours la fortune ait un même visage,
Et semble par le cours de ses événemens
S'asservir en esclave à tes contentemens.
Je veux te voir en paix, mais parmi les traverses,
Parmi les changemens des fortunes diverses ;
Je veux y voir ton calme, et que l'adversité
Te serve à t'affermir dans la tranquillité.
 Tu ne peux, me dis-tu, souffrir beaucoup de choses ;
En vain tu t'y résous, en vain tu t'y disposes,
Tu sens une révolte en ton cœur mutiné
Contre la patience où tu l'as condamné.
Lâche, qu'oses-tu dire ? Ainsi le purgatoire,
Ainsi ses feux cuisans sont hors de ta mémoire ?
Auras-tu plus de force ? ou les présumes-tu
Plus aisés à souffrir à ce cœur abattu ?
Apprends que de deux maux il faut choisir le moindre,
Que tes soins en ce but se doivent tous rejoindre,
Et que, pour éviter les tourmens éternels,
Tu dois traiter tes sens d'infâmes criminels,
Braver leurs appétits, leur imposer des gênes,
Préparer ta constance aux misères humaines,
Les souffrir sans murmure, et recevoir les croix
Ainsi que des faveurs qui viennent de mon choix.
 Crois-tu les gens du monde exempts d'inquiétude ?
Ne vois-tu rien pour eux ni d'amer ni de rude ?
Va chez ces délicats qui n'ont soin que d'unir
Le choix des voluptés aux moyens d'y fournir ;
Si tu crois y trouver des roses sans épines,
Tu n'y trouveras point ce que tu t'imagines.
 Mais ils suivent, dis-tu, leurs inclinations ;
Leur seule volonté règle leurs actions,
Et l'excès des plaisirs en un moment consume
Ce peu qui par hasard s'y coule d'amertume.
 Eh bien ! soit, je le veux, ils ont tout à souhait ;
Mais combien doit durer un bonheur si parfait ?

Ces riches, que du siècle adore l'imprudence,
Passent comme fumée avec leur abondance,
Et de leurs voluptés le plus doux souvenir,
S'il ne passe avec eux, ne sert qu'à les punir.
Celles que leur permet une si triste vie
Sont dignes de pitié beaucoup plus que d'envie;
Elles vont rarement sans mélange d'ennuis,
Leurs jours les plus brillans ont les plus sombres nuits;
Souvent mille chagrins empoisonnent leurs charmes,
Souvent mille terreurs y jettent mille alarmes,
Et souvent des objets d'où naissent leurs plaisirs
Ma justice en courroux fait naître leurs soupirs :
L'impétuosité qui les porte aux délices
Elle-même à leur joie enchaîne les supplices,
Et joint aux vains appas d'un peu d'illusion
Le repentir, le trouble et la confusion.
   Toutes ces voluptés sont courtes et menteuses,
Toutes n'ont que désordre, et toutes sont honteuses :
Les hommes cependant n'en aperçoivent rien;
Enivrés qu'ils en sont, ils en font tout leur bien :
Ils suivent en tous lieux, comme bêtes stupides,
Leurs sens pour souverains, leurs passions pour guides;
Et pour l'indigne attrait d'un faux chatouillement,
Pour un bien passager, un plaisir d'un moment,
Amoureux d'une vie ingrate et fugitive,
Ils acceptent pour l'âme une mort toujours vive,
Où, mourant à toute heure, et ne pouvant mourir,
Ils ne sont immortels que pour toujours souffrir.
   Plus sage à leurs dépens, donne moins de puissance
Aux brutales fureurs de ta concupiscence;
Garde-toi de courir après les voluptés,
Captive tes désirs, brise tes volontés,
Mets en moi seul ta joie, et m'en fais une offrande,
Et je t'accorderai ce que ton cœur demande.
   Oui, ce cœur ainsi libre, ainsi désabusé,
Ne peut, quoi qu'il demande, en être refusé;
Et, si tu veux goûter des plaisirs véritables,
Des consolations et pleines et durables,
Tu n'as qu'à dédaigner par un noble mépris
Cet éclat dont le monde éblouit tant d'esprits;
Tu n'as qu'à t'arracher à ces voluptés basses
Qui repoussent des cœurs les effets de mes grâces;
Tu n'as qu'à te soustraire à leur malignité,
Et je te rendrai plus que tu n'auras quitté;
Plus à leurs faux attraits tu fermeras de portes,
Plus mes faveurs seront et charmantes et fortes;
Et moins la créature aura chez toi d'accès,

Et plus du Créateur les dons auront d'excès.
Ne crois pas toutefois sans peine et sans tristesse
A ce détachement élever ta foiblesse ;
Une vieille habitude y voudra résister,
Mais par une meilleure il faudra la dompter ;
Ta chair murmurera, mais de tout son murmure
La ferveur de l'esprit convaincra l'imposture ;
Enfin le vieux serpent tâchera de t'aigrir
Contre les moindres maux que tu voudras souffrir ;
Il fera mille efforts pour brouiller ta conduite ;
Mais avec l'oraison tu le mettras en fuite,
Et l'obstination d'un saint et digne emploi
Ne lui laissera plus aucun pouvoir sur toi.

CHAP. XIII. — *De l'obéissance de l'humble sujet,
à l'exemple de Jésus-Christ.*

Quiconque se dérobe à l'humble obéissance
  Bannit ma grâce en même temps,
Et se livre lui-même à toute l'impuissance
  De ses désirs vains et flottans.
Ces dévots indiscrets dont le zèle incommode,
  Pour les rendre saints à leur mode,
Leur forme une conduite et fait des lois à part,
Au lieu de s'avancer par un secret mérite,
Perdent ce qu'en commun dans la règle on profite,
  A force de vivre à l'écart.

Qui n'obéit qu'à peine, et dans l'âme s'attriste
  Des ordres d'un supérieur,
Fait bien voir que sa chair à son tour lui résiste
  Par un murmure intérieur ;
Qu'il est mal obéi par cette vaine esclave,
  Qui se révolte, qui le brave,
Et n'est jamais d'accord de ce qu'il lui prescrit :
Obéis donc toi-même, et tôt et sans murmure,
Si tu veux que ta chair à ton exemple endure
  Le frein que lui doit ton esprit.

Des assauts du dehors une âme tourmentée
  Triomphe tôt des plus ardens,
Quand la rébellion de la chair mal domptée
  Ne ravage point le dedans ;
Mais ils trouvent souvent dans leur intelligence
  L'amour-propre et la négligence,
Qui leur font de toi-même un renfort contre toi ;
Et cette âme n'a point d'ennemi plus à craindre

Que cette même chair, quand elle ose se plaindre
De l'esprit qui lui fait la loi.

Prends donc, prends pour toi-même un mépris véritable
Qui te réduise au dernier rang,
Si tu veux mettre à bas ce pouvoir redoutable
Qu'ont sur toi la chair et le sang.
Mais tu t'aimes encore; et ton âme obstinée
Dans cette amour désordonnée
Ne peut y renoncer sans trouble et sans ennui :
De là vient que ton cœur s'épouvante et s'indigne ;
De là vient qu'il frémit avant qu'il se résigne
Pleinement au vouloir d'autrui.

Que fais-tu de si grand, toi qui n'es que poussière,
Ou, pour mieux dire, qui n'es rien,
Quand tu soumets pour moi ton âme un peu moins fière
A quelque autre vouloir qu'au tien?
Moi qui suis tout-puissant, moi qui d'une parole
Ai bâti l'un et l'autre pôle,
Et tiré du néant tout ce qui s'offre aux yeux,
Moi dont tout l'univers est l'ouvrage et le temple,
Pour me soumettre à l'homme et te donner l'exemple,
Je suis bien descendu des cieux.

De ces palais brillans où ma gloire ineffable
Remplit tout de mon seul objet,
Je me suis ravalé jusqu'au rang d'un coupable,
Jusqu'à l'ordre le plus abject;
Je me suis fait de tous le plus humble et le moindre,
Afin que tu susses mieux joindre
Un digne abaissement à ton indignité,
Et que, malgré le monde et ses vaines amorces,
Pour dompter ton orgueil tu trouvasses des forces
Dans ma parfaite humilité.

Apprends de moi, pécheur, apprends l'obéissance
Des sentimens humiliés;
Poudre, terre, limon, apprends de ta naissance
A te faire fouler aux pieds;
Apprends à te ranger sous le plus rude empire;
Apprends à te vaincre, à dédire
De ton propre vouloir les désirs les plus doux;
Apprends à triompher des assauts qu'il te donne;
Apprends à t'asservir à tout ce qu'on t'ordonne,
Apprends à te soumettre à tous.

Fais que contre toi-même un saint zèle t'enflamme
D'une juste indignation,

Pour étouffer soudain ce qui naît dans ton âme
    De superbe et d'ambition ;
Désenfle-la si bien qu'elle soit toujours prête
    A voir que chacun sur ta tête
Par un dernier mépris ose imprimer ses pas,
Que le plus rude affront n'ait pour toi rien d'étrange,
Et qu'alors qu'on te traite à l'égal de la fange
    Tu te mettes encor plus bas.

De quoi murmures-tu, chétive créature,
    Et comment peux-tu repartir,
Alors qu'on te reproche, à toi qui n'es qu'ordure,
    Ce que tu ne peux démentir?
N'es-tu pas un ingrat, un rebelle à ma grâce,
    D'avoir eu tant de fois l'audace
D'offenser, de trahir le Dieu de l'univers?
Et tes attachemens, tes lâchetés, tes vices,
N'ont-ils pas mille fois mérité les supplices
    Qui me vengent dans les enfers?

Mais parce qu'à mes yeux ton âme est précieuse,
    Il m'a plu de te pardonner,
Et je n'étends sur toi qu'une main amoureuse
    Qui ne veut que te couronner.
Vois par là ma bonté, vois quelle est sa puissance;
    Montre par ta reconnoissance
Qu'enfin de mes bienfaits tu sais le digne prix;
Fais de l'humilité ta plus douce habitude,
De la soumission ta plus ardente étude,
    Et tes délices du mépris.

CHAP. XIV. — *De la considération des secrets jugemens de Dieu, de peur que nous n'entrions en vanité pour nos bonnes actions.*

Seigneur, tu fais sur moi tonner tes jugemens;
Tous mes os ébranlés tremblent sous leur menace;
Ma langue en est muette; et mon cœur tout de glace
N'a plus pour s'expliquer que des frémissemens.

Mon âme épouvantée à l'éclat de leur foudre
S'égare de frayeur, et s'en laisse accabler;
Tout ce qu'elle prévoit ne fait que la troubler,
Et mon esprit confus ne sauroit que résoudre.

Je demeure immobile en ce mortel effroi,
Et partout sous mes pas je trouve un précipice;
Je vois quel est mon crime, et quelle est ta justice,
Et je sais que le ciel n'est pas pur devant toi.

Tes anges devant toi n'ont pas été sans tache
Et tu n'as rien permis à ta pitié pour eux :
Étant plus criminel, serois-je plus heureux,
Moi qu'à cette justice aucune ombre ne cache?

Au plus creux de l'abîme elle a fait trébucher
Ces astres si brillans de gloire et de lumière ;
Et moi, Seigneur, et moi, qui ne suis que poussière,
Croirai-je avec raison que je te sois plus cher?

Les grands dévots comme eux font des chutes étranges ;
J'ai vu dégénérer leurs plus nobles travaux,
Et les sales rebuts des plus vils animaux
Plaire à leur mauvais goût après le pain des anges.

La vertu la plus prête à se voir couronner,
Quand ta main se retire est aussitôt fragile ;
Et toute la sagesse est comme elle inutile,
Quand cette même main cesse de gouverner.

La force et la valeur trompent notre espérance,
Si pour la conserver tu n'avances ton bras ;
Et jamais chasteté n'est bien sûre ici-bas,
Si ta protection ne fait son assurance.

Enfin si nous n'avons ton aide et ton soutien,
Si tu ne nous défends, si tu ne nous regardes,
Tout l'effort qu'on se fait pour être sur ses gardes
N'est qu'un effort qui gêne et qui ne sert de rien.

Le naufrage est certain si tu nous abandonnes ;
Le soin de l'éviter nous fait même y courir ;
Mais sitôt que ta main daigne nous secourir,
Nous rentrons à la vie, et gagnons les couronnes.

Nous sommes inconstans, mais tu nous affermis ;
Notre feu s'amortit, tu lui prêtes des flammes,
Et les saintes ardeurs que tu rends à nos âmes
Sont autant de remparts contre nos ennemis.

Qu'un plein ravalement ainsi m'est nécessaire !
Que je me dois pour moi des sentimens abjects !
Et quand je fais du bien, si quelquefois j'en fais,
Le peu d'état, Seigneur, qu'il m'est permis d'en faire !

Que je dois m'abaisser, que je dois m'avilir
Sous tes saints jugemens, sous leurs profonds abîmes,
Où je ne vois en moi qu'un néant plein de crimes,
Qui, tout néant qu'il est, ose s'enorgueillir !

O néant ! ô vrai rien ! mais pesanteur extrême,
Mais charge insupportable à qui veut s'élever !

Mer sans rive où partout chacun se peut trouver,
Mais sans trouver partout qu'un néant en soi-même !

Dans un gouffre si vaste où te retires-tu,
Où te peux-tu cacher, source de vaine gloire ?
Mérite, où vois-tu lieu de flatter la mémoire ?
Où va la confiance en la propre vertu ?

Tout s'abîme, Seigneur, dans cette mer profonde
Que tes grands jugemens ouvrent de toutes parts ;
Et, si tous les mondains y jetoient leurs regards,
Il ne seroit jamais de vaine gloire au monde.

Que verroient-ils en eux qu'ils pussent estimer,
S'ils voyoient devant toi ce qu'est leur chair fragile ?
Comment souffriroient-ils qu'une masse d'argile
S'enflât contre la main qui vient de la former ?

Un cœur vraiment à toi ne prend jamais le change ;
Et qui goûte une fois l'Esprit de vérité,
Qui se peut y soumettre avec sincérité,
Ne sauroit plus goûter une vaine louange.

Oui, quand ta vérité l'a bien soumis à toi,
Le bien qu'on dit de lui jamais ne le soulève :
Qu'un monde entier te loue, un monde entier achève
D'affermir les mépris qu'il a conçus de soi.

Sitôt qu'il fixe en Dieu toute son espérance,
Les éloges sur lui n'ont plus aucun pouvoir ;
Il entend leurs douceurs, mais sans s'en émouvoir,
Sans leur prêter jamais la moindre complaisance.

Aussi tous les flatteurs eux-mêmes ne sont rien ;
Ce qu'ils donnent d'encens est comme eux périssable ;
Mais ta vérité seule est toujours immuable,
Et seule nous conduit jusqu'au souverain bien.

CHAP. XV. — *Comme il faut nous comporter et parler
à Dieu en tous nos souhaits.*

Pense à moi, mon enfant, quoi que tu te proposes,
Laisse-m'en disposer, et dis en toutes choses :

« O mon Dieu ! si ton bon plaisir
S'accorde à ce que je souhaite,
Donne-m'en le succès conforme à mon désir ;
Sinon, ta volonté soit faite.

« Si ta gloire peut s'exalter
Par l'effet où j'ose prétendre,

Permets qu'en ton saint nom je puisse exécuter
  Ce que tu me vois entreprendre.

  « S'il doit servir à mon salut,
  Si mon âme en tire avantage,
Ainsi que ton honneur en est l'unique but,
  Que te servir en soit l'usage.

  « Mais s'il est nuisible à mon cœur,
  S'il est inutile à mon âme,
Daigne éteindre, ô mon Dieu, cette frivole ardeur,
  Et remplis-moi d'une autre flamme. »

Car souvent un désir peut sembler vertueux,
Qui n'a de la vertu qu'un air tumultueux,
Qu'une ombre colorée, et ce n'est pas à dire,
Quoiqu'il paroisse bon, que c'est moi qui l'inspire.
Il ne t'est pas aisé de juger au certain
Quel esprit meut ton âme, ou ta langue, ou ta main;
S'il est bon ou mauvais; si l'un ou l'autre est cause
Que tu fais un souhait pour telle ou telle chose,
Ou si ce n'est enfin qu'un simple mouvement
Qu'excite dans ton cœur ton propre sentiment.
Plusieurs y sont trompés, et leur fausse lumière
Trouve le précipice au bout de la carrière,
Après avoir cru prendre avec fidélité
Pour guide en tous leurs pas l'Esprit de vérité.
Tu dois donc, ô mon fils, toujours avec ma crainte,
Avec l'humilité dedans ton cœur empreinte,
M'adresser tous tes vœux, me demander l'effet
De tout ce que tu crois digne de ton souhait,
Réduire tes désirs sous ce que je désire,
M'en remettre le tout, et toujours me redire :

  « Tu vois ce qui m'est le meilleur,
  De mes maux tu sais le remède ;
Regarde mon désir, et règle-le, Seigneur,
  Ainsi que tu veux qu'il succède.

  « Donne-moi ce que tu voudras ;
  Choisis le temps et la mesure :
Et comme il te plaira daigne étendre le bras
  Sur ta chétive créature.

  « Vois-moi gémir et travailler ;
  Et pour tout fruit ne me destine
Que ce qui te plaît mieux, et qui fait mieux briller
  L'éclat de ta gloire divine.

  « Ordonne de tout mon emploi
  Par ta providence suprême ;

Agis partout en maître, et dispose de moi
    Sans considérer que toi-même.

« Tiens-moi dans ta main fortement ;
    Tourne, retourne-moi sans cesse ;
Porte-moi, sans repos, de la joie au tourment,
    De la douleur à l'allégresse.

« Tel qu'un esclave prêt à tout,
    Pour toi, non pour moi, je veux vivre :
C'est là mon seul désir : puissé-je jusqu'au bout,
    O mon Dieu ! dignement le suivre ! »

Oraison pour faire le bon plaisir de Dieu.

Doux arbitre de mon sort,
Daigne m'accorder ta grâce ;
Qu'elle aide mon foible effort,
Et que sa pleine efficace
Dure en moi jusqu'à la mort.

Fais, Seigneur, que mon désir
N'ait pour but invariable
Que ce que ton bon plaisir
Aura le plus agréable,
Que ce qu'il voudra choisir.

Que ton vouloir soit le mien,
Que le mien toujours le suive ;
Et s'y conforme si bien,
Qu'ici-bas, quoi qu'il m'arrive,
Sans toi je ne veuille rien.

Fais-le toujours prévaloir
Sur quoi que je me propose,
Et mets hors de mon pouvoir
De vouloir aucune chose
Que ce qu'il te plaît vouloir.

Fais-moi de sorte mourir
A tout ce qu'on voit au monde,
Que je ne puisse chérir
Sur la terre ni sur l'onde
Que ce qui ne peut périr.

Que ma gloire à l'abandon,
Sous les mépris abîmée,
Conserve si peu mon nom,
Qu'à mes yeux la renommée
Doute si je vis ou non.

Fais que de tous mes souhaits
En toi seul je me repose ;
Fais qu'attendant les effets
Où mon âme se dispose,
Elle trouve en toi sa paix.

Toi seul es le vrai repos ;
Hors de toi le calme est rude ;
Et la bonace des flots
Augmente l'inquiétude
Des plus sages matelots.

En cette paix donc, Seigneur,
Essentielle et suprême,
En cet unique bonheur
Qui n'est autre que toi-même,
Fais le repos de mon cœur.

Chap. XVI. — *Que les véritables consolations ne se doivent chercher qu'en Dieu.*

J'épuise mon désir, j'épuise ma pensée
    A chercher des contentemens
    Qui par de vrais soulagemens
Adoucissent les maux dont mon âme est pressée ;
Mais, hélas ! après tout, j'ai beau m'en figurer,
    J'ai beau les désirer,
Ce n'est point en ces lieux que je les dois attendre ;
    L'avenir seul me les promet,
Cet heureux avenir où chacun peut prétendre,
Mais qu'on n'obtient qu'au prix où la vertu le met.

Quand par un heureux choix d'événemens propices
    Le monde me feroit sa cour,
    Quand il n'auroit soin nuit et jour
Que d'inventer pour moi de nouvelles délices ;
Quand il attacheroit lui-même à mes côtés
    Toutes ses voluptés,
De combien de momens en seroit la durée ?
    Et quels biens me pourroit donner
Sa faveur la plus ferme et la mieux assurée,
Qu'en un coup d'œil peut-être il faut abandonner ?

N'espère point de joie, ô mon cœur, que frivole ;
    N'en espère aucune ici-bas
    Qu'en ce grand Dieu de qui le bras
Soutient l'humble et le pauvre, et partout le console ;
Quels que soient tes ennuis, attends encore un peu,
    Sans attiédir ton feu,

Attends le doux effet des promesses divines;
    Et tu posséderas bientôt
Des biens encor plus grands que tu ne t'imagines,
Et que le ciel pour toi garde comme en dépôt.

Ce lâche abaissement aux douceurs temporelles,
    Que le siècle fait trop goûter,
    Sert d'un grand obstacle à monter
Dans ce palais de gloire où sont les éternelles :
Attache tes désirs, mon âme, à celles-ci;
    Fais-en ton seul souci,
Et regarde en passant celles-là pour l'usage; —
    Ne t'en laisse plus éblouir:
Ce Dieu qui du néant te fit à son image
Eut un plus digne objet que de t'en voir jouir.

De quoi te serviroient tous les trésors du monde,
    Tous ceux que la terre et la mer
    Dans leur sein peuvent enfermer,
Si ce n'est point sur eux qu'un vrai bonheur se fonde?
Le plus pompeux éclat de ces riches trésors
    N'a qu'un brillant dehors
Qui n'excite au dedans que de l'inquiétude;
    Il n'a point de solide bien;
Et, si tu veux trouver quelque béatitude,
Elle n'est qu'en ce Dieu qui créa tout de rien.

Mais garde-toi surtout de la présumer telle
    Que se la peignent ces mondains
    Dont les désirs brutaux et vains
Au gré de leur caprice en forment un modèle :
Tu t'y dois figurer un amas de vrais biens,
    Tel que les vrais chrétiens
Dans leurs plus longs travaux attendent sans murmure;
    Un avant-goût délicieux,
Tel que sent quelquefois une âme droite et pure
De qui tout l'entretien s'élève jusqu'aux cieux.

Rempli de cette idée, il te sera facile
    De juger l'instabilité
    Qu'a le monde et sa vanité,
Comme lui décevante, et comme lui fragile.
La seule vérité donne aux afflictions
    Des consolations
Durables à l'égal de sa sainte parole :
    Ainsi l'éprouvent les dévots;
Et, portant en tous lieux un Dieu qui les console,
Ils savent bien aussi lui dire à tout propos:

« Bénin Sauveur de la nature,
Prends soin partout de m'assister,
Et daigne sans cesse prêter
Ton secours à ta créature.

« Qu'au milieu de toutes mes peines
Ce me soit un soulagement
D'être abandonné pleinement
Des consolations humaines.

« Qu'au défaut même de la tienne,
J'en trouve dans ta volonté,
Dont la juste sévérité
Fait cette épreuve de la mienne.

« Car enfin, Seigneur, ta colère
Fera place à des temps plus doux,
Et les fureurs d'un Dieu jaloux
Céderont aux bontés d'un père. »

CHAP. XVII. — *Qu'il faut nous reposer en Dieu de tout le soin de nous-mêmes.*

Laisse-moi te traiter ainsi que je l'entends :
    Je sais ce qui t'est nécessaire ;
Je juge mieux que toi de ce que tu prétends ;
    Encore un coup, laisse-moi faire.
Tu vois tout comme un homme, et sur tous les objets
Les sentimens humains conduisent tes projets ;
Souvent ta passion elle seule y préside :
Tu lui remets souvent le choix de tes désirs ;
Et, recevant ainsi cette aveugle pour guide,
Tu rencontres des maux où tu crois des plaisirs.

Ce que tu dis, Seigneur, n'est que trop véritable ;
    Les soucis que tu prends de moi
Surpassent de bien loin tous ceux dont est capable
    L'amour-propre et son fol emploi.

Aussi faut-il sur toi pleinement s'en démettre,
    Sans se croire, sans se chercher ;
Et qui n'en use ainsi ne sauroit se promettre
    De faire un pas sans trébucher.

Tiens donc ma volonté sous ton ordre céleste,
    Droite en tout temps, ferme en tous lieux ;
Laisse-moi cette grâce, et dispose du reste
    Comme tu jugeras le mieux.

A cela près, Seigneur, que ta main se déploie ;
    Je ne veux examiner rien ;

Et je suis assuré que, quoi qu'elle m'envoie,
    Tout est bon, tout est pour mon bien.

Sois béni, si tu veux que tes lumières saintes
    Éclairent mon entendement;
Et ne le sois pas moins, si leurs clartés éteintes
    Me rendent mon aveuglement.

Sois à jamais béni, si tes douces tendresses
    Daignent consoler mes travaux,
Et ne le sois pas moins, si tes justes rudesses
    Se plaisent à croître mes maux.

Ainsi tous tes souhaits se doivent concevoir,
    Si tu veux que je les écoute;
Ainsi tu dois, mon fils, te mettre en mon pouvoir,
    Si tu veux marcher dans ma route.
Tiens ton cœur prêt à tout, et d'un visage égal
Accepte de ma main et le bien et le mal,
Le profond déplaisir et la pleine allégresse;
Sois content, pauvre et riche, et toujours satisfait;
Soit que je te console, ou que je te délaisse,
Bénis ma providence, et chéris-en l'effet.

Volontiers, ô mon Dieu! volontiers je captive
    Mes désirs sous ton saint vouloir,
Et pour l'amour de toi je veux, quoi qu'il m'arrive,
    Souffrir tout sans m'en émouvoir.

Le succès le plus triste et le plus favorable,
    Le plus doux et le plus amer,
Me seront tous des choix de ta main adorable,
    Qu'également il faut aimer.

Je les recevrai tous, sans mettre différence
    Entre le bon et le mauvais;
Je les aimerai tous, et ma persévérance
    T'en rendra grâces à jamais.

Aux assauts du péché rends mon âme invincible;
    Daigne l'en faire triompher;
Et je ne craindrai point la mort la plus terrible,
    Ni les puissances de l'enfer.

Pourvu que ma langueur ne soit jamais punie
    Par un éternel abandon,
Pourvu, Seigneur, pourvu que du livre de vie
    Jamais tu n'effaces mon nom,

Fais pleuvoir des douleurs, fais pleuvoir des misères,
    Fais-en sur moi fondre un amas;

Rien ne pourra me nuire, et dans les plus amères
    Je ne verrai que des appas.

CHAP. XVIII. — *Qu'il faut souffrir avec patience les misères temporelles, à l'exemple de Jésus-Christ.*

    Vois, mortel, combien tu me dois;
      J'ai quitté le sein de mon Père,
Je me suis revêtu de toute ta misère,
J'en ai voulu subir les plus indignes lois :
Le ciel étoit fermé, tu n'y pouvois prétendre;
Pour t'en ouvrir la porte il m'a plu d'en descendre,
Sans que rien m'imposât cette nécessité;
Et, pour prendre une vie amère et douloureuse,
J'ai suivi seulement la contrainte amoureuse
    De mon immense charité.

    Mais je veux amour pour amour;
    Je veux, mon fils, que tu contemples
Ce que je t'ai laissé de précieux exemples
Comme autant de leçons pour souffrir à ton tour:
Que, sous l'accablement des misères humaines,
L'esprit dans les ennuis et le corps dans les gênes,
Tu tiennes toujours l'œil sur ce que j'ai souffert,
Et que, malgré l'horreur qu'en conçoit la nature,
Tu t'offres sans relâche à souffrir sans murmure,
    Ainsi que je m'y suis offert.

    Examine chaque moment
    Qu'en terre a duré ma demeure;
Va du premier instant jusqu'à la dernière heure;
Remonte de la fin jusqu'au commencement;
Tiens-en toute l'image à tes yeux étendue;
Verras-tu de mes maux la course suspendue,
De ces maux où pour toi je me suis abîmé?
La crèche où je naquis vit mes premières larmes;
Tous mes jours n'ont été que douleurs ou qu'alarmes,
    Et ma croix a tout consommé.

    Au manquement continuel
    Des commodités temporelles
On a joint contre moi les plaintes, les querelles,
Et tout ce que l'opprobre avoit de plus cruel :
J'en ai porté la honte avec mansuétude;
J'ai vu sans m'indigner la noire ingratitude
Payer tous mes bienfaits d'un outrageux mépris,
La fureur du blasphème attaquer mes miracles,
Et l'orgueil ignorant condamner les oracles
    Dont j'illuminois les esprits.

Il est vrai, mon Sauveur, que toute votre vie
Est de la patience un miroir éclatant,
Et qu'un si grand exemple à souffrir me convie
Tout ce qu'a le malheur de plus persécutant.

Puisque par là surtout vous sûtes satisfaire
Aux ordres que vous fit votre Père éternel,
Avec quelle raison voudrois-je m'y soustraire?
L'innocent lui doit-il plus que le criminel?

Il faut bien qu'à son tour le pécheur misérable
Accepte de ses maux toute la dureté,
Et soumette une vie infirme et périssable
Aux souverains décrets de votre volonté.

Il est juste, ô mon Dieu, que sans impatience
J'en porte le fardeau pour mon propre salut,
Et que de ses ennuis la triste expérience
Ne produise en mon cœur ni dégoût ni rebut.

La foiblesse attachée à notre impure masse
Trouve sa charge lourde et fâcheuse à porter;
Mais, par l'heureux secours de votre sainte grâce,
Plus le poids en est grand, plus il fait mériter.

Votre exemple nous aide à souffrir avec joie;
Celui de tous vos saints nous rehausse le cœur :
L'un et l'autre du ciel nous aplanit la voie;
L'un et l'autre y soutient notre peu de vigueur.

Sous la loi de Moïse et son rude esclavage
La vie avoit bien moins de quoi nous consoler;
Le ciel toujours fermé laissoit peu de passage
Par où jusque sur nous sa douceur pût couler.

Sa route étoit alors beaucoup plus inconnue,
Et sembloit se cacher sous tant d'obscurité,
Que peu pour la trouver avoient assez de vue,
Et très-peu pour la suivre assez de fermeté.

Encor ce petit nombre, en qui l'âme épurée
Avoit fait sur le monde un vertueux effort,
Voyoit bien dans le ciel sa place préparée;
Mais pour s'y voir assis il falloit votre mort.

Il leur falloit attendre, après tous leurs mérites,
Que votre sang versé les rendît bienheureux,
Et vers votre justice ils n'étoient pas bien quittes,
A moins que votre amour payât encor pour eux.

Que je vous dois d'encens, que je vous dois de grâces
De m'avoir enseigné le bon et droit chemin,

Et de m'avoir frayé ces douloureuses traces
Qui mènent sur vos pas à des plaisirs sans fin!

La faveur m'est commune avec tous vos fidèles,
Qu'unit la charité sous votre aimable loi :
Recevez-en, Seigneur, des grâces éternelles;
Je vous en rends pour eux aussi bien que pour moi.

Car enfin votre vie est cette voie unique
Où par la patience on marche jusqu'à vous :
Par là votre royaume à tous se communique;
Par là votre couronne est exposée à tous.

Si vous n'aviez vous-même enseigné cette voie,
Si vous n'y laissiez voir l'empreinte de vos pas,
Vous offririez en vain votre couronne en proie;
Prendroit-on un chemin qu'on ne connoîtroit pas?

Si nous cessions d'avoir votre exemple pour guide,
Les moindres embarras nous feroient rebrousser,
Et toute notre ardeur abattue et languide
Tourneroit en arrière, au lieu de s'avancer.

Hélas! puisqu'on s'égare avec tant de lumière
Qu'épandent votre vie et vos enseignemens,
Qui pourroit arriver au bout de la carrière,
Si nous étions réduits à nos aveuglemens?

CHAP. XIX. — *De la véritable patience.*

Qu'as-tu, mon fils, que tu soupires?
Considère ma Passion,
Considère mes saints, regarde leurs martyres,
Et baisse après les yeux sur ton affliction :
Qu'y trouves-tu qui leur soit comparable,
Toi qui prétends une place en leur rang?
Va, cesse de nommer ton malheur déplorable;
Tu n'en es pas encor jusqu'à verser ton sang.

Tu souffres, mais si peu de chose
Au prix de ce qu'ils ont souffert,
Que le fardeau léger des croix que je t'impose
Ne vaut pas que sur lui tu tiennes l'œil ouvert :
Vois, vois plutôt celles qu'ils ont portées;
Vois quels tourmens a bravés leur vertu,
Que d'assauts repoussés, que d'horreurs surmontées;
Et si tu le peux voir, dis-moi, que souffres-tu?

Vois par mille épreuves diverses
Leurs cœurs sans relâche exercés;
Vois-les bénir mon nom dans toutes leurs traverses,

Et tomber sous le faix sans en être lassés;
    Vois leur constance au milieu de leurs gênes
  Monter plus haut plus on les fait languir;
Mesure bien tes maux sur l'excès de leurs peines,
Tes maux n'auront plus rien qui mérite un soupir.

    Sans doute, alors que ta foiblesse
      Les trouve trop lourds à porter,
Ta propre impatience est tout ce qui te blesse,
Et seule fait le poids qu'elle veut rejeter.
    Légers ou lourds, il faut que tu les portes;
      Tu ne peux rompre un ordre fait pour tous,
Et, soit que tes douleurs soient ou foibles ou fortes,
Tu dois même constance à soutenir leurs coups.

    Tu te montres d'autant plus sage,
      Que tu t'y prépares le mieux;
Ton mérite en augmente, et prend un avantage
Qui te rend d'autant plus agréable à mes yeux;
    La douleur même en est d'autant moins rude
      Quand le courage, à souffrir disposé,
S'en est fait par avance une douce habitude;
Et, lorsqu'il s'est vaincu, tout lui devient aisé.

    Ne dis jamais pour ton excuse :
    « Je ne saurois souffrir d'un tel,
De mon trop de bonté sa calomnie abuse,
Le dommage est trop grand, l'outrage trop mortel;
    A ma ruine il se montre inflexible,
      Il prend pour but de me déshonorer;
Je souffrirai d'un autre, et serai moins sensible,
Selon que je verrai qu'il est bon d'endurer. »

    Cette pensée est folle et vaine,
      Et l'amour-propre qu'elle suit,
Sous ce discernement de la prudence humaine,
Cache un orgueil secret qui t'enfle et te séduit.
    Au lieu de voir ce qu'est la patience,
      Et quelle main la doit récompenser,
Il attache tes yeux à voir quelle est l'offense,
Et mesurer la main qui vient de t'offenser.

    La patience est délicate
      Qui ne veut souffrir qu'à son choix,
Qui borne ses malheurs, et jusque-là se flatte
Qu'elle en prétend régler et le nombre et le poids :
    La véritable est d'une autre nature;
      Et, quelques maux qui se puissent offrir,
Elle ne leur prescrit ordre, temps, ni mesure,
Et n'a d'yeux que pour moi quand il lui faut souffrir.

Que son supérieur l'exerce,
Son pareil, son inférieur,
Elle est toujours la même, et sa peine diverse
Conserve également son calme intérieur;
Quelle que soit l'épreuve ou la personne,
Elle y présente un courage affermi,
Et n'examine point si l'essai qui l'étonne
Vient d'un homme de bien, ou d'un lâche ennemi.

Sa vertueuse indifférence
Reçoit avec remercîmens
Ces odieux trésors d'amertume et d'offense
Qui font partout ailleurs tant de ressentimens;
Autant de fois qu'elle se voit pressée,
Autant de fois elle l'impute à gain,
Et regarde si peu la main qui l'a blessée,
Que tout devient pour elle un présent de ma main.

Instruite dans ma sainte école,
Elle met son espoir aux cieux,
Et sait que dans ses maux si je ne la console,
Du moins ce qu'elle souffre est présent à mes yeux;
Qu'un jour viendra que ma douce visite
De ses travaux couronnera la foi,
Et qu'un peu de souffrance amasse un grand mérite,
Quand ce peu qu'on endure est enduré pour moi.

Tiens donc ton âme toujours prête
A toute épreuve, à tous combats,
Du moins si tu veux vaincre et couronner ta tête
De ce qu'un beau triomphe a de gloire et d'appas :
La patience a sa couronne acquise;
Mais sans combattre on n'y peut aspirer;
A qui sait bien souffrir ma bouche l'a promise,
Et c'en est un refus qu'un refus d'endurer.

Encore un coup, cette couronne
N'est que pour les hommes de cœur :
Si tu peux souhaiter qu'un jour je te la donne,
Résiste avec courage, et souffre avec douceur.
Sans le travail et sans l'inquiétude
Le vrai repos ne se peut obtenir,
Et sans le dur effort d'un combat long et rude
A la pleine victoire on ne peut parvenir.

Donne-moi donc ta grâce; et par elle, Seigneur,
Fais pouvoir à ta créature
Ce qui semble impossible à la morne langueur
Où l'ensevelit la nature.

Tu connois mieux que moi que mon peu de vertu
    Ne peut souffrir que peu de chose ;
Tu sais que mon courage est soudain abattu
    Au moindre obstacle qui s'oppose.

Daigne le relever de cet abattement,
    Quelque injure qui me soit faite ;
Et fais-moi pour ton nom souffrir si constamment,
    Que je m'y plaise et le souhaite.

Car endurer pour toi l'outrage et le rebut,
    Être pour toi traité d'infâme,
C'est prendre le chemin qui conduit au salut,
    C'est la haute gloire de l'âme.

CHAP. XX. — *De l'aveu de sa propre infirmité, et des misères de cette vie.*

A ma confusion, Seigneur, je te confesse
Quelle est mon injustice, et quelle est ma foiblesse ;
Je veux bien te servir de témoin contre moi :
Peu de chose m'abat, peu de chose m'attriste,
Et dans tous mes souhaits, pour peu qu'on me résiste,
Un orgueilleux chagrin soudain me fait la loi.

J'ai beau me proposer d'agir avec courage,
Le moindre tourbillon me fait peur de l'orage,
Et renverse d'effroi mon plus ferme propos ;
D'angoisse et de dépit j'abandonne ma route,
Et, me livrant moi-même à ce que je redoute,
Je me fais le jouet et des vents et des flots.

C'est bien pour en rougir de voir quelle tempête
Souvent mes lâchetés attirent sur ma tête,
Et combien ce grand trouble a peu de fondement ;
C'est bien pour en rougir de me voir si fragile,
Que souvent dans mon cœur la chose la plus vile
Forme d'une étincelle un long embrasement.

Quelquefois, au milieu de ma persévérance,
Lorsque je crois marcher avec quelque assurance,
Et fournir ma carrière avec moins de danger,
Quand j'y pense le moins, je trébuche par terre,
Et, lorsque je m'estime à l'abri du tonnerre,
Je me trouve abattu par un souffle léger.

Reçois-en l'humble aveu, Seigneur, et considère
De ma fragilité l'impuissante misère,
Qui me met à toute heure en état de périr :
Sans que je te la montre, elle t'est trop connue ;

Elle est de tous côtés exposée à ta vue :
D'un regard de pitié daigne la secourir.

Tire-moi de la fange où ma chute m'engage ;
De ce bourbier épais arrache ton image,
Que par mon propre poids je n'y reste enfoncé :
Fais que je me relève aussitôt que je tombe ;
Fais que, si l'on m'abat, jamais je ne succombe ;
Fais que je ne sois point tout à fait terrassé.

Ce qui devant tes yeux rend mon âme confuse,
Ce qui dans elle-même à tous momens l'accuse,
Et me force à trembler sous un juste remords,
C'est de me voir si prompt à choir dans cette boue,
Et qu'à mes passions, qu'en vain je désavoue,
Je n'oppose en effet que de lâches efforts.

Bien que ta main, propice à mon cœur qui s'en fâche,
Au plein consentement jamais ne le relâche,
Et contre leurs assauts lui donne un grand appui,
Le combat est fâcheux, il importune, il gêne,
Et, comme la victoire est toujours incertaine,
Vivre toujours en guerre accable enfin d'ennui.

De mille objets impurs l'abominable foule,
Qui jusqu'au fond du cœur en moins de rien se coule,
N'a pas pour en sortir même facilité ;
Leur plus légère idée a peine à disparoître ;
Le soin de l'effacer souvent l'obstine à croître,
Et montre ainsi l'excès de mon infirmité.

Puissant Dieu d'Israël, qui, jaloux de nos âmes,
Ne veux les voir brûler que de tes saintes flammes,
Regarde mes travaux, regarde ma douleur ;
Secours par tes bontés ton serviteur fidèle ;
Et, de quelque côté que se porte mon zèle,
De tes divins rayons prête-lui la chaleur.

Répands dans mon courage une céleste force,
De peur que de la chair la dangereuse amorce,
Le vieil homme, à l'esprit encor mal asservi,
Se prévalant sur moi de toute ma foiblesse,
N'affermisse un empire à cette chair traîtresse,
Et que par l'esprit même il ne soit trop suivi.

C'est contre cette chair, notre fière ennemie,
Que tant que nous traînons cette ennuyeuse vie
Nous avons à combattre autant qu'à respirer.
Quelle est donc cette vie où tout n'est que misères,
Que tribulations, que rencontres amères,
Que piéges, qu'ennemis prêts à nous dévorer ?

Qu'une affliction passe, une autre lui succède ;
Souvent elle renaît de son propre remède,
Et rentre du côté qu'on la vient de bannir ;
Un combat dure encor que mille autres surviennent,
Et cet enchaînement dont ils s'entre-soutiennent
Fait un cercle de maux, qui ne sauroit finir.

Peut-on avoir pour toi quelque amour, quelque estime,
O vie ! ô d'amertume affreux et vaste abîme,
Cuisant et long supplice et de l'âme et du corps?
Et, parmi les malheurs dont je te vois suivie,
A quel droit gardes-tu l'aimable nom de vie,
Toi dont le cours funeste engendre tant de morts?

On t'aime cependant, et la foiblesse humaine,
Bien qu'elle voie en toi les sources de sa peine,
Y cherche avidement celle de ses plaisirs.
Le monde est un pipeur, on dit assez qu'il trompe,
On déclame assez haut contre sa vaine pompe,
Mais on ne laisse point d'y porter ses désirs.

Le pouvoir dominant de la concupiscence
Qu'imprime en notre chair notre impure naissance
Ainsi sous ce trompeur captive nos esprits ;
Mais il faut que le cœur saintement se rebelle,
Et juge quels motifs font aimer l'infidèle,
Et quels doivent pousser à son juste mépris.

Les appétits des sens, la soif de l'avarice,
L'orgueil qui veut monter au gré de son caprice,
Enfantent cet amour que nous avons pour lui ;
Les angoisses d'ailleurs, les peines, les misères,
Qui les suivent partout comme dignes salaires,
En font naître à leur tour le dégoût et l'ennui.

Mais une âme à l'aimer lâchement adonnée,
Par d'infâmes plaisirs en triomphe menée,
Ne considère point ce qui le fait haïr :
Ce fourbe à ses regards déguise toutes choses,
Lui peint les nuits en jours, les épines en roses,
Et ses yeux subornés aident à la trahir.

Aussi n'a-t-elle rien qui l'en puisse défendre ;
Les douceurs que d'en haut Dieu se plaît à répandre
Sont des biens que jamais sa langueur n'a goûtés ;
Elle n'a jamais vu quel charme a ce grand Maître,
Ni combien la vertu, qui craint de trop paroître,
Verse en l'intérieur de saintes voluptés.

Le vrai, le plein mépris des vanités mondaines
Qu'embrassent en tous lieux ces âmes vraiment saines

Qui, sous la discipline, ont Dieu pour leur objet,
C'est ce qui leur départ cette douceur exquise;
Et de sa propre voix Dieu même l'a promise
A qui peut s'affermir dans ce noble projet.

Par là notre ferveur, enfin mieux éclairée,
Promène sur le monde une vue assurée,
Que son flatteur éclat ne sauroit éblouir :
Nous voyons comme il trompe et se trompe lui-même;
Nous le voyons se perdre et perdre ce qu'il aime
Au milieu des faux biens dont il pense jouir.

CHAP. XXI. — *Qu'il faut se reposer en Dieu par-dessus tous les biens et tous les dons de la nature et de la grâce.*

Mon âme, c'est en Dieu par-dessus toutes choses
Qu'il faut qu'en tout, partout, toujours tu te reposes;
Il n'est point de repos ailleurs que criminel,
Et lui seul est des saints le repos éternel.

Fais donc, aimable Auteur de toute la nature,
Qu'en toi j'en trouve plus qu'en toute créature,
Plus qu'au plus long bonheur de la pleine santé,
Plus qu'aux plus vifs attraits dont charme la beauté,
Plus qu'au plus noble éclat de l'honneur le plus rare,
Plus qu'en tout le brillant dont la gloire se pare,
Plus qu'en toute puissance, et plus qu'au plus haut rang
Où puissent élever les charges et le sang;
Plus qu'en toute science, et plus qu'en toute adresse,
Plus que dans tous les arts, plus qu'en toute richesse,
Plus qu'en toute la joie et les ravissemens
Que puissent prodiguer de pleins contentemens,
Plus qu'en toute louange et toute renommée,
Qu'en toute leur illustre et pompeuse fumée,
Qu'en toutes les douceurs des consolations
Qui soulagent un cœur dans ses afflictions.

Seigneur, puisqu'en toi seul ce vrai repos habite,
Fais-le-moi prendre en toi par-dessus tout mérite,
Par-dessus quoi que fasse espérer de plaisir
La plus douce promesse, ou le plus cher désir,
Par-dessus tous les dons que ta main libérale
Pour enrichir une âme abondamment étale,
Par-dessus tout l'excès des plus dignes transports
Dont soit capable un cœur rempli de ces trésors,
Par-dessus les secours que lui prêtent les anges,
Par-dessus le soutien qu'il reçoit des archanges,
Par-dessus tout ce gros de saintes légions
Qui de ton grand palais peuplent les régions,
Par-dessus tout enfin ce que tu rends visible,

Par-dessus ce qui reste aux yeux imperceptible,
Et, pour dire en un mot tout ce que je conçoi,
Par-dessus, ô mon Dieu ! tout ce qui n'est point toi.
    Car tu possèdes seul en un degré suprême
La bonté, la grandeur, et la puissance même ;
Toi seul suffis à tout, toi seul en toi contiens
L'immense plénitude où sont tous les vrais biens ;
Toi seul as les douceurs après qui l'âme vole,
Toi seul as dans ses maux tout ce qui la console,
Toi seul as des beautés dignes de la charmer,
Toi seul es tout aimable, et toi seul sais aimer ;
Toi seul portes en toi ce noble et vaste abîme
Qui t'environne seul de gloire légitime ;
Enfin c'est en toi seul que vont se réunir
Le passé, le présent, avec tout l'avenir ;
En toi qu'à tous momens s'assemblent et s'épurent
Tous les biens qui seront, et qui sont, et qui furent ;
En toi que tous ensemble ils ont toujours été,
Qu'ils sont et qu'ils seront toute l'éternité.
    Ainsi tous tes présens autres que de toi-même
N'ont point de quoi suffire à cette âme qui t'aime ;
A moins que de te voir, à moins que d'en jouir,
Rien n'offre à ses désirs de quoi s'épanouir.
Quoi qu'assure à ses vœux ta parole fidèle,
Quoi que de tes grandeurs ta bonté lui révèle,
Elle n'y trouve point à se rassasier ;
Quelque chose lui manque où tu n'es pas entier ;
Et mon cœur n'a jamais ni de repos sincère,
Ni par où pleinement se pouvoir satisfaire,
S'il ne repose en toi, si de tout autre don
Il ne fait pour t'aimer un solide abandon ;
Si, porté fortement à travers les nuages
Jusqu'au-dessus des airs et de tous tes ouvrages,
Par les sacrés élans d'un zèle plein de foi
Sur les pieds de ton trône il ne s'attache à toi.
    Adorable Jésus, cher époux de mon âme,
Qui dans la pureté fais luire tant de flamme,
Souverain éternel, et de tous les humains,
Et de tout ce qu'ont fait et ta voix et tes mains,
Qui pourra me donner ces ailes triomphantes
Que d'un cœur vraiment libre ont les ardeurs ferventes,
Afin que hors des fers de ce triste séjour
Je vole dans ton sein pour y languir d'amour ?
    Quand pourrai-je, Seigneur, bannir toute autre idée,
Et l'âme toute en toi, de toi seul possédée,
T'embrasser à mon aise, et goûter à loisir
Combien ta vue est douce au pur et saint désir ?

Quand verrai-je cette âme en toi bien recueillie,
Sans plus faire au dehors d'imprudente saillie,
S'oublier elle-même à force de t'aimer,
Sensible pour toi seul, en toi se transformer,
Ne se plus servir d'yeux, de langue, ni d'oreilles,
Que pour voir, pour chanter, pour ouïr tes merveilles,
Et par ces doux transports, que tu rends tout-puissans,
Passer toute mesure et tout effort des sens,
Pour s'unir pleinement aux grandeurs de ton être
D'une façon qu'à tous tu ne fais pas connoître?
  Je ne fais que gémir, et porte avec douleur,
Attendant ce beau jour, l'excès de mon malheur;
Mille sortes de maux dans ce val de misères
Troublent incessamment ces élans salutaires,
M'accablent de tristesse et m'offusquent l'esprit,
Rompent tous les effets de ce qu'il se prescrit,
Le détournent ailleurs, de lui-même le chassent,
Sous de fausses beautés l'attirent, l'embarrassent,
Et, m'ôtant l'accès libre à tes attraits charmans,
M'empêchent de jouir de tes embrassemens,
M'empêchent d'en goûter les douceurs infinies,
Qu'aux esprits bienheureux jamais tu ne dénies.
  Laisse-toi donc toucher, Seigneur, à mes soupirs;
Laisse-toi donc toucher, Seigneur, aux déplaisirs
Qui, de tous les côtés tyrannisant la terre,
En cent et cent façons me déclarent la guerre,
Et, répandant partout leur noire impression,
N'y versent qu'amertume et désolation.
  Ineffable splendeur de la gloire éternelle,
Consolateur de l'âme en sa prison mortelle,
En ce pèlerinage où le céleste amour
Lui montrant son pays la presse du retour,
Si ma bouche est muette, écoute mon silence :
Écoute dans mon cœur une voix qui s'élance;
Là, d'un ton que jamais nul que toi n'entendit,
Cette voix sans parler te dit et te redit :

    « Combien dois-je encore attendre?
    Jusques à quand tardes-tu,
    O Dieu tout bon, à descendre
    Dans mon courage abattu?

    « Mon besoin t'en sollicite,
    Toi qui, de tous biens auteur,
    Peux d'une seule visite
    Enrichir ton serviteur.

    « Viens donc, Seigneur, et déploie
    Tous tes trésors à mes yeux;

Remplis-moi de cette joie
Que tu fais régner aux cieux.

« De l'angoisse qui m'accable
Daigne être le médecin,
Et d'une main charitable
Dissipes-en le chagrin.

« Viens, mon Dieu, viens sans demeure;
Tant que je ne te vois pas,
Il n'est point de jour ni d'heure
Où je goûte aucun appas.

« Ma joie en toi seul réside;
Tu fais seul mes bons destins;
Et sans toi ma table est vide
Dans la pompe des festins.

« Sous les misères humaines,
Infecté de leur poison,
Et tout chargé de leurs chaînes,
Je languis comme en prison;

« Jusqu'à ce que ta lumière
Y répande sa clarté,
Et que ta faveur entière
Me rende ma liberté;

« Jusqu'à ce qu'après l'orage,
La nuit faisant place au jour,
Tu me montres un visage
Qui soit pour moi tout d'amour. »

Que d'autres, enivrés de leurs folles pensées,
Suivent au lieu de toi leurs ardeurs insensées;
Que le reste du monde attache ses plaisirs
Aux frivoles objets de ses bouillans désirs;
Rien ne me plaît, Seigneur, rien ne pourra me plaire
Que toi, qui seul de l'âme es l'espoir salutaire :
Je ne m'en tairai point, et sans cesse je veux
Jusqu'au ciel, jusqu'à toi, pousser mes humbles vœux,
Tant que ma triste voix enfin mieux entendue,
Tant que ta grâce enfin à mes soupirs rendue,
Tu daignes, pour réponse à cette voix sans voix,
D'un même accent me dire et redire cent fois :

« Me voici, je viens à ton aide;
Je viens guérir les maux où tu m'as appelé,
Et ma main secourable apporte le remède
  Dont tu dois être consolé.

« De mon trône j'ai vu tes larmes;
J'ai vu de tes désirs l'amoureuse langueur;
J'ai vu tes repentirs, tes douleurs, tes alarmes,
Et l'humilité de ton cœur.

« J'ai voulu si peu me défendre
De tout ce que leur vue attiroit de pitié,
Que jusque dans ton sein il m'a plu de descendre
Par un pur excès d'amitié. »

A ces mots, tout saisi d'un transport extatique,
Ma joie et mon amour te diront pour réplique :

« Il est vrai, mes gémissemens
Ont eu recours à ta clémence
Pour obtenir la jouissance
De tes sacrés embrassemens.

« Il est vrai, tout mon cœur, épris
Du bonheur que tu lui proposes,
Veut bien pour toi de toutes choses
Faire un illustre et saint mépris..

« Mais tu m'excites le premier
A rechercher ta main puissante,
Et sans ta grâce prévenante
Je me plairois dans mon bourbier.

« Sois donc béni de la faveur
Que ta haute bonté m'accorde,
Et presse ta miséricorde
« D'augmenter toujours ma ferveur. »

Qu'ai-je à dire de plus? que puis-je davantage
Que te rendre à jamais un juste et plein hommage,
Sous tes saintes grandeurs toujours m'humilier,
De mon propre néant jamais ne m'oublier,
Et par un souvenir fidèle et magnanime
Déplorer à tes pieds ma bassesse et mon crime?
Quoi qui charme sur terre ou l'oreille ou les yeux,
Quoi que l'esprit lui-même admire dans les cieux,
Ces miracles n'ont rien qui te soit comparable :
Tu demeures toi seul à toi-même semblable;
Sur tout ce que tu fais ta haute majesté
Grave l'impression de sa propre bonté;
Dans tous tes jugemens la vérité préside;
Ta seule providence au monde sert de guide,
Et son ordre éternel qui régit l'univers
En fait, sans se changer, les changemens divers.
A toi gloire et louange, ô divine Sagesse !
Puisse ma voix se plaire à te bénir sans cesse!

Puisse jusqu'au tombeau mon cœur l'en avouer,
Et tout être créé s'unir à te louer !

CHAP. XXII. — *Qu'il faut conserver le souvenir de la multitude des bienfaits de Dieu.*

De tes lois à mon cœur ouvre l'intelligence,
Seigneur; conduis mes pas sous tes enseignemens,
Et dans l'étroit sentier de tes commandemens
Fais-moi sous tes clartés marcher sans négligence :
Instruis-moi de ton ordre et de tes volontés;
Élève mes respects jusques à tes bontés,
Pour faire de tes dons une exacte revue,
Soit qu'ils me soient communs avec tous les humains,
Soit que par privilége une grâce imprévue,
Pour me les départir, les choisisse en tes mains.

Que tous en général présens à ma mémoire,
Que de chacun à part le digne souvenir,
De ce que je te dois puissent m'entretenir,
Afin que je t'en rende une immortelle gloire.
Mais ma reconnoissance a beau le projeter,
Tous mes remercîmens ne sauroient m'acquitter :
A ma honte, ô mon Dieu! je le sais et l'avoue;
Et pour peu que de toi je puisse recevoir,
S'il faut que dignement ma foiblesse t'en loue,
Ma foiblesse jamais n'en aura le pouvoir.

Non, il n'est point en moi de pouvoir bien répondre
Au moindre écoulement de tes sacrés trésors;
Et, quand pour t'en bénir je fais tous mes efforts,
Les efforts que je fais ne font que me confondre.
Quand je porte les yeux jusqu'à ta majesté,
Quand j'ose en contempler l'auguste immensité,
Et mesurer l'excès de ta magnificence,
Soudain, tout ébloui de ces vives splendeurs,
Je sens dans mon esprit d'autant plus d'impuissance,
Qu'il a vu de plus près tes célestes grandeurs.

Nos âmes et nos corps de ta main libérale
Tiennent toute leur force et tous leurs ornemens;
Ils ne doivent qu'à toi ces embellissemens
Que le dedans recèle, ou le dehors étale :
Tout ce que la nature ose faire de dons,
Tout ce qu'au-dessus d'elle ici nous possédons,
Sont des épanchemens de ta pleine richesse;
Toi seul nous as fait naître, et toi seul nous maintiens;
Et tes bienfaits partout nous font voir ta largesse,
Qui nous prodigue ainsi toute sorte de biens.

Si l'inégalité se trouve en leur partage,
Si l'un en reçoit plus, si l'autre en reçoit moins,
Tout ne laisse pas d'être un effet de tes soins,
Et ce plus et ce moins te doivent même hommage.
Sans toi le moindre don ne se peut obtenir,
Et qui reçoit le plus se doit mieux prémunir
Contre ce doux orgueil où l'abondance invite;
Et, de quoi que sur tous il soit avantagé,
Il ne doit ni s'enfler de son propre mérite,
Ni traiter de mépris le plus mal partagé.

L'homme est d'autant meilleur que moins il s'attribue;
Il est d'autant plus grand qu'il s'abaisse le plus,
Et qu'en te bénissant pour tant de biens reçus
Il reconnoît en soi sa pauvreté plus nue.
C'est par le zèle ardent, c'est par l'humilité,
C'est par le saint aveu de son indignité
Qu'il attire sur lui de plus puissantes grâces;
Et qui se peut juger le plus foible de tous
S'affermit d'autant plus à marcher sur tes traces,
Et va d'autant plus haut, qu'il prend mieux le dessous.

Celui pour qui ta main semble être plus avare
Doit le voir sans tristesse et souffrir sans ennui;
Et, sans porter d'envie aux plus riches que lui,
Attendre avec respect ce qu'elle lui prépare.
Au lieu de murmurer contre ta volonté,
C'est à lui de louer ta divine bonté,
Qui fait tous ses présens sans égard aux personnes :
Tu donnes librement, et préviens le désir;
Mais il est juste aussi que de ce que tu donnes
Le partage pour loi n'ait que ton bon plaisir.

Ainsi que d'une source en biens inépuisable,
De ta bénignité tout découle sur nous;
Sans devoir à personne elle départ à tous,
Et, quoi qu'elle départe, elle est toute adorable :
Tu sais ce qu'à chacun il est bon de donner,
Et quand il faut l'étendre, ou qu'il la faut borner,
Ton ordre a ses raisons qui règlent toutes choses;
L'examen de ton choix sied mal à nos esprits,
Et du plus et du moins tu connois seul les causes,
Toi qui connois de tous le mérite et le prix.

Aussi veux-je tenir à faveur souveraine
D'avoir peu de ces dons qui brillent au dehors,
De ces dons que le monde estime des trésors,
De ces dons que partout suit la louange humaine.
Je sais qu'assez souvent ce sont de faux luisans,

Que la pauvreté même est un de tes présens,
Qui porte de ton doigt l'inestimable empreinte,
Et qu'entre les mortels être bien ravalé
Donne moins un sujet de chagrin et de plainte,
Qu'une digne matière à vivre consolé.

Tu n'as point fait ici dans l'or ni dans l'ivoire
Le choix de tes amis et de tes commensaux,
Mais dans le plus bas rang et les plus vils travaux
Que le monde orgueilleux ait bannis de sa gloire.
Tes apôtres, Seigneur, en sont de bons témoins ;
Eux à qui du troupeau tu laissas tous les soins,
Eux qu'ordonnoit ta main pour princes de la terre,
De quel ordre éminent les avois-tu tirés ?
Et quelle étoit la pourpre et de Jean et de Pierre,
Dans une barque usée, et des rets déchirés ?

Cependant sans se plaindre ils ont traîné leur vie,
Et plongés qu'ils étoient dans la simplicité,
Le précieux éclat de leur humilité
Aux plus grands potentats ne portoit point d'envie :
Ils agissoient partout sans malice et sans fard,
Et la superbe en eux avoit si peu de part,
Que de l'ignominie ils faisoient leurs délices ;
Les opprobres pour toi ne les pouvoient lasser,
Et ce que fuit le monde à l'égal des supplices,
C'étoit ce qu'avec joie ils couroient embrasser.

Ainsi, qui de tes dons connoît bien la nature
N'en conçoit point d'égal à celui d'être à toi,
D'avoir ta volonté pour immuable loi,
D'accepter ses décrets sans trouble et sans murmure :
Il te fait sur lui-même un empire absolu ;
Et, quand ta providence ainsi l'a résolu,
Il tombe sans tristesse au plus bas de la roue :
Ce qu'il est sur un trône, il l'est sur un fumier,
Humble dans les grandeurs, content parmi la boue,
Et tel au dernier rang qu'un autre est au premier.

Son âme, de ta gloire uniquement charmée,
Et maîtresse partout de sa tranquillité,
La trouve dans l'opprobre et dans l'obscurité,
Comme dans les honneurs et dans la renommée.
Pour règle de sa joie il n'a que ton vouloir ;
Partout, sur toute chose, il le fait prévaloir,
Soit que ton bon plaisir l'élève, ou le ravale ;
Et son esprit se plaît à le voir s'accomplir
Plus qu'en tous les présens dont ta main le régale,
Et plus qu'en tous les biens dont tu le peux remplir.

Chap. XXIII. — *De quatre points fort importans pour acquérir la paix.*

Maintenant que je vois ton âme plus capable
　　De mettre un ordre à tes souhaits,
Je te veux enseigner comme on obtient la paix,
　　Et la liberté véritable.

　　Dégage tôt cette promesse,
J'en recevrai, Seigneur, l'effet avec plaisir;
Hâte-toi de répondre à l'ardeur qui m'en presse,
　　Et donne-moi cette allégresse,
　　Toi qui fais naître ce désir.

En premier lieu, mon fils, tâche plutôt à faire
　　Le vouloir d'autrui que le tien;
Aime si peu l'éclat, le plaisir et le bien,
　　Que le moins au plus s'en préfère.

Cherche le dernier rang, prends la dernière place,
　　Vis avec tous comme sujet,
Et donne à tous tes vœux pour seul et plein objet
　　Qu'en toi ma volonté se fasse.

Qui de ces quatre points embrasse la pratique
　　Prend le chemin du vrai repos,
Et s'y conservera, pourvu qu'à tous propos
　　A leur saint usage il s'applique.

　　Seigneur, voilà peu de paroles,
Mais qui font l'abrégé de la perfection;
Et ce long embarras de questions frivoles
　　Dont retentissent nos écoles
　　Laisse bien moins d'instruction.

　　Ces deux mots que ta bouche avance
Ouvrent un sens profond au cœur qui les comprend;
Et quand il en peut joindre avec pleine constance
　　La pratique à l'intelligence,
　　Le fruit qu'il en reçoit est grand.

　　Si pour les bien mettre en usage
J'avois assez de force et de fidélité,
Le trouble, qui souvent déchire mon courage,
　　N'y feroit pas ce grand ravage
　　Avec tant de facilité.

　　Autant de fois que me domine
La noire inquiétude ou le pesant chagrin,
Je sens autant de fois que de cette doctrine

J'ai quitté la route divine
Pour suivre un dangereux chemin.

Toi qui peux tout, toi dont la grâce
Aime à nous soutenir, aime à nous éclairer,
Redouble en moi ses dons, et fais tant qu'elle passe
Jusqu'à cette heureuse efficace
Qui m'empêche de m'égarer.

Que mon âme, ainsi mieux instruite,
Embrasse de la gloire un glorieux rebut,
Et que de tes conseils l'invariable suite
Soit d'achever, sous leur conduite,
Le grand œuvre de mon salut.

Oraison contre les mauvaises pensées.

N'éloigne pas de moi ta dextre secourable,
Viens, ô Maître du ciel! viens, ô Dieu de mon cœur!
Ne me refuse pas un regard favorable
A fortifier ma langueur.

Vois les pensers divers qui m'assiégent en foule;
Vois-en des légions contre moi se ranger;
Vois quel excès de crainte en mon âme se coule;
Vois-la gémir et s'affliger.

Contre tant d'ennemis prête-moi tes miracles
Pour passer au travers sans en être blessé,
Et donne-moi ta main pour briser les obstacles
Dont tu me vois embarrassé.

Ne m'as-tu pas promis de leur faire la guerre?
Ne m'as-tu pas promis de marcher devant moi,
Et d'abattre à mes pieds ces tyrans de la terre,
Qui pensent me faire la loi?

Oui, tu me l'as promis, et de m'ouvrir les portes,
Si jamais leurs fureurs me jetoient en prison,
Et d'apprendre à ce cœur, qu'enfoncent leurs cohortes,
Les secrets d'en avoir raison.

Viens donc tenir parole, et fais quitter la place
A ces noirs escadrons qu'arme et pousse l'enfer:
Ta présence est leur fuite; et leur montrer ta face,
C'est assez pour en triompher.

C'est là l'unique espoir que mon âme troublée
Oppose à la rigueur des tribulations;
C'est là tout son recours quand elle est accablée
Sous le poids des afflictions.

Toi seul es son refuge, et seul sa confiance,
C'est toi seul qu'au secours son zèle ose appeler,
Cependant qu'elle attend avecque patience
    Que tu daignes la consoler.

Oraison pour obtenir l'illumination de l'âme.

    Éclaire-moi, mon cher Sauveur,
Mais de cette clarté qui, cachant sa splendeur,
Chasse mieux du dedans tous les objets funèbres,
    Et qui purge le fond du cœur
    De toutes sortes de ténèbres.

    Étouffe ces distractions
Qui pour troubler l'effet de mes intentions
A ma plus digne ardeur mêlent leur insolence,
    Et dompte les tentations
    Qui m'osent faire violence.

    Secours-moi d'un bras vigoureux;
Terrasse autour de moi ces monstres dangereux,
Ces avortons rusés d'une subtile flamme,
    Qui, sous un abord amoureux,
    Jettent leur poison dans mon âme.

    Que la paix ainsi de retour
Te fasse de mon cœur comme une sainte cour,
Où ta louange seule incessamment résonne,
    Par un épurement d'amour
    A qui tout le cœur s'abandonne.

    Abats les vents, calme les flots;
Tu n'as qu'à dire aux uns : « Demeurez en repos; »
Aux autres : « Arrêtez, c'est moi qui le commande; »
    Et soudain après ces deux mots
    La tranquillité sera grande.

    Répands donc tes saintes clartés,
Fais briller jusqu'ici tes hautes vérités,
Et que toute la terre en soit illuminée,
    En dépit des obscurités
    Où ses crimes l'ont condamnée.

    Je suis cette terre sans fruit,
Dont la stérilité sous une épaisse nuit
N'enfante que chardons, que ronces et qu'épines :
    Vois, Seigneur, où je suis réduit
    Jusqu'à ce que tu m'illumines.

    Verse tes grâces dans mon cœur;
Fais-en pleuvoir du ciel l'adorable liqueur;

A mon aridité prête leurs eaux fécondes ;
Prête à ma traînante langueur
La vivacité de leurs ondes.

Qu'ainsi par un prompt changement
Ce désert arrosé se trouve en un moment
Un champ délicieux où règne l'affluence,
Et paré de tout l'ornement
Que des bons fruits a l'abondance.

Mais ce n'est pas encore assez :
Élève à toi mes sens sous le vice oppressés,
Et romps si bien pour eux des chaînes si funestes,
Que mes désirs débarrassés
N'aspirent qu'aux plaisirs célestes.

Que le goût du bien souverain
Déracine en mon cœur l'attachement humain,
Et, faisant aux faux biens une immortelle guerre,
M'obstine au généreux dédain
De tout ce qu'on voit sur la terre.

Fais plus encore ; use d'effort,
Use de violence, et m'arrache d'abord
A cette indigne joie, à ces douceurs impures,
A ce périssable support
Que promettent les créatures.

Car ces créatures n'ont rien
Qui forme un plein repos, qui produise un vrai bien ;
Leurs charmes sont trompeurs, leurs secours infidèles,
Et tout leur appui sans le tien
S'ébranle, et trébuche comme elles.

Daigne donc t'unir seul à moi ;
Attache à ton amour par une ferme foi
Toutes mes actions, mes désirs, mes paroles,
Puisque toutes choses sans toi
Ne sont que vaines et frivoles.

CHAP. XXIV. — *Qu'il ne faut point avoir de curiosité pour les actions d'autrui.*

Bannis, mon fils, de ton esprit
La curiosité vagabonde et stérile ;
Son empressement inutile
Peut étouffer les soins de ce qui t'est prescrit :
Si tu n'as qu'une chose à faire,
Qu'ont tel et tel succès qui t'importe en effet ?
Préfère au superflu ce qui t'est nécessaire,
Et suis-moi, sans penser à ce qu'un autre fait.

Qu'un tel soit humble, ou qu'il soit vain,
Qu'il parle, qu'il agisse en telle ou telle sorte,
  Encore une fois, que t'importe ?
Ai-je mis sa conduite ou sa langue en ta main ?
  As-tu quelque part en sa honte ?
Répondras-tu pour lui de son peu de vertu ?
Ou, si c'est pour toi seul que tu dois rendre compte,
Quels que soient ses défauts, de quoi t'embrouilles-tu ?

  Souviens-toi que du haut des cieux
Je perce d'un regard l'un et l'autre hémisphère,
  Et que le plus secret mystère
N'a point d'obscurité qui le cache à mes yeux :
  Rien n'échappe à ma connoissance ;
Je vois tout ce que font les méchans et les saints ;
J'entends tout ce qu'on dit ; je sais tout ce qu'on pense,
Et jusqu'au fond des cœurs je lis tous les desseins.

  Tu dois donc me remettre tout,
Puisque tout sur la terre est présent à ma vue :
  Que tout autre à son gré remue,
Conserve en plein repos ton âme jusqu'au bout ;
  Quoi qu'il excite de tempête,
Quelques lâches soucis qui puissent l'occuper,
Tout ce qu'il fait et dit reviendra sur sa tête,
Et, pour rusé qu'il soit, il ne peut me tromper.

  Ne cherche point l'éclat du nom ;
Ce qu'il a de brillant ne va jamais sans ombre :
  Ne cherche en amis ni le nombre,
Ni les étroits liens d'une forte union ;
  Tout cela ne fait que distraire,
Et ce peu qu'au dehors il jette de splendeur,
Par la malignité d'un effet tout contraire,
T'enfonce plus avant les ténèbres au cœur.

  Je t'entretiendrai volontiers :
Je te veux bien instruire en ma savante école
  Jusqu'à t'expliquer ma parole,
Jusqu'à t'en révéler les secrets tout entiers ;
  Mais il faut que ta diligence
Sache bien observer les momens où je viens,
Et qu'avec mes bontés ton cœur d'intelligence
Ouvre soudain la porte à mes doux entretiens.

  Tu n'en peux recevoir le fruit,
Si ce cœur avec soin ne prévoit ma venue :
  Commence donc, et continue ;
Prépare-moi la place, et m'attends jour et nuit ;

Joins la vigilance aux prières :
L'oraison redoublée est un puissant secours;
Mais rien n'attire mieux mes célestes lumières
Que de t'humilier et partout et toujours.

Chap. XXV. — *En quoi consiste la véritable paix.*

Je l'ai dit autrefois : « Je vous laisse ma paix,
Je vous la donne à tous, et les dons que je fais
N'ont rien de périssable ainsi que ceux du monde. »
Tous aiment cette paix, tous voudroient la trouver;
Mais tous ne cherchent pas le secret où se fonde
Le bien de l'acquérir et de la conserver.

Ma paix est avec l'humble, avec le cœur bénin;
Si tu veux posséder un bonheur si divin,
Joins à ces deux vertus beaucoup de patience;
Mais ce n'est pas encore assez pour l'obtenir;
Prête-moi donc, mon fils, un moment de silence,
Et je t'enseignerai tout l'art d'y parvenir.

Tiens la bride sévère à tous tes appétits;
Prends garde exactement à tout ce que tu dis;
N'examine pas moins tout ce que tu veux faire;
Et donne à tes désirs pour immuable loi
Que leur unique objet soit le bien de me plaire,
Et leur unique but de ne chercher que moi.

Ne t'embarrasse point des actions d'autrui;
Laisse là ce qu'il dit et ce qu'on dit de lui,
A moins qu'à tes soucis sa garde soit commise;
Chasse enfin tout frivole et vain empressement,
Et le trouble en ton cœur trouvera peu de prise,
Ou, s'il l'agite encor, ce sera rarement.

Mais, ne t'y trompe pas, vivre exempt de malheur,
Le cœur libre d'ennuis, et le corps de douleur,
N'être jamais troublé d'aucune inquiétude,
Ce n'est point un vrai calme en ces terrestres lieux;
Et ce don n'appartient qu'à la béatitude
Que pour l'éternité je te réserve aux cieux.

Ainsi, quand tu te vois sans aucuns déplaisirs,
Que tout de tous côtés répond à tes désirs,
Qu'il ne t'arrive rien d'amer ni de contraire,
N'estime pas encore avoir trouvé la paix,
Ni que tout soit en toi si bon, si salutaire,
Qu'on ait lieu de te mettre au nombre des parfaits.

Ne te crois pas non plus ni grand ni bien aimé,
Pour te sentir un zèle à ce point enflammé,

Qu'à force de tendresse il te baigne de larmes ;
Des solides vertus la vraie affection
Ne fait point consister en tous ces petits charmes
Ni ton avancement ni ta perfection.

En quoi donc, me dis-tu, consiste pleinement
Cette perfection et cet avancement?
Cette paix véritable, où se rencontre-t-elle?
Je veux bien te l'apprendre : elle est, en premier lieu,
A t'offrir tout entier un cœur vraiment fidèle
Aux ordres souverains du vouloir de ton Dieu.

Cette soumission à mes sacrés décrets
Te doit fermer les yeux pour tous tes intérêts,
Soit qu'ils soient de petite ou de grande importance :
N'en cherche dans le temps ni dans l'éternité,
Et souhaite le ciel, moins pour ta récompense,
Que pour y voir mon nom à jamais exalté.

Montre un visage égal aux changemens divers ;
Dans le plus doux bonheur, dans le plus dur revers,
Rends-moi, sans t'émouvoir, même action de grâces ;
Tiens la balance droite à chaque événement,
Tiens-la ferme à tel point, que jamais tu ne passes
Jusque dans la foiblesse ou dans l'emportement.

Si tu sens qu'au milieu des tribulations
Je retire de toi mes consolations,
Et te laisse accablé sous ce qui te ravage,
Forme des sentimens d'autant plus résolus,
Et soutiens ton espoir avec tant de courage,
Qu'il prépare ton cœur à souffrir encor plus.

Ne te retranche point sur ton intégrité,
Comme si tu souffrois sans l'avoir mérité,
Et que pour tes vertus ce fût un exercice ;
Fuis cette vaine idée, et comme criminel,
En toutes mes rigueurs adore ma justice,
Et bénis mon courroux et saint et paternel.

C'est comme il te faut mettre au droit et vrai chemin,
Qui seul te peut conduire à cette paix sans fin
Qu'à mes plus chers amis moi-même j'ai laissée :
Suis-le sur ma parole, et crois sans t'ébranler
Qu'après ta patience à mon choix exercée
Mes clartés de nouveau te viendront consoler.

Que si jamais l'effort d'un zèle tout de foi
Par un parfait mépris te détache de toi
Pour ne plus respirer que sous ma providence,

Sache qu'alors tes sens, à moi seul asservis,
Posséderont la paix dans la pleine abondance,
Autant qu'en peut souffrir cet exil où tu vis.

CHAP. XXVI. — *Des excellences de l'âme libre.*

Seigneur, qu'il faut être parfait
Pour tenir vers le ciel l'âme toujours tendue,
Sans jamais relâcher la vue
Vers ce que sur la terre on fait!

A travers tant de soins cuisans
Passer comme sans soin, non ainsi qu'un stupide
Que son esprit morne et languide
Assoupit sous les plus pesans;

Mais par la digne fermeté
D'une âme toute pure et toute inébranlable,
Par un privilége admirable
De son entière liberté;

Détacher son affection
De tout ce qu'ici-bas un cœur mondain adore,
Seigneur, j'ose le dire encore,
Qu'il y faut de perfection!

O Dieu tout bon, Dieu tout-puissant,
Défends-moi des soucis où cette vie engage;
Qu'ils n'enveloppent mon courage
D'un amas trop embarrassant.

Sauve-moi des nécessités
Dont le soutien du corps m'importune sans cesse;
Que leur surprise ou leur mollesse
Ne donne entrée aux voluptés.

Enfin délivre-moi, Seigneur,
De tout ce qui peut faire un obstacle à mon âme,
Et changer sa plus vive flamme
En quelque mourante langueur.

Ne m'affranchis pas seulement
Des folles passions dont la terre est si pleine,
Et que la vanité mondaine
Suit avec tant d'empressement;

Mais de tous ces petits malheurs
Dont répand à toute heure une foule importune
La malédiction commune
Pour peine sur tous les pécheurs;

De tout ce qui peut retarder

La liberté d'esprit où ta bonté m'exhorte,
 Et semble lui fermer la porte
 Quand tu veux bien me l'accorder.

 Ineffable et pleine douceur,
Daigne, ô mon Dieu! pour moi changer en amertume
 Tout ce que le monde présume
 Couler de plus doux dans mon cœur.

 Bannis ces consolations
Qui peuvent émousser le goût des éternelles,
 Et livrer mes sens infidèles
 A leurs folles impressions.

 Bannis tout ce qui fait chérir
L'ombre d'un bien présent sous un attrait sensible,
 Et dont le piége imperceptible
 Nous met en état de périr.

 Fais, Seigneur, avorter en moi
De la chair et du sang les dangereux intrigues;
 Fais que leurs ruses ni leurs ligues
 Ne me fassent jamais la loi;

 Fais que cet éclat d'un moment
Dont le monde éblouit quiconque ose le croire,
 Cette brillante et fausse gloire,
 Ne me déçoive aucunement.

 Quoi que le diable ose inventer
Pour ouvrir sous mes pas un mortel précipice,
 Fais que sa plus noire malice
 N'ait point de quoi me supplanter.

 Pour combattre et pour souffrir tout,
Donne-moi de la force et de la patience,
 Donne à mon cœur une constance
 Qui persévère jusqu'au bout.

 Fais que j'en puisse voir proscrit
Le goût de ces douceurs où le monde préside;
 Fais qu'il laisse la place vide
 A l'onction de ton esprit.

 Au lieu de cet amour charnel
Dont l'impure chaleur souille ce qu'elle enflamme,
 Fais couler au fond de mon âme
 Celui de ton nom éternel.

 Boire, et manger, et se vêtir,
Sont d'étranges fardeaux qu'impose la nature;

Oh ! qu'un esprit fervent endure
Quand il s'y faut assujettir !

Fais-m'en user si sobrement
Pour réparer un corps où l'âme est enfermée,
Qu'elle ne soit point trop charmée
De ce qu'ils ont d'allèchement.

Leur bon usage est un effet
Que le propre soutien a rendu nécessaire,
Et ce corps qu'il faut satisfaire
N'y peut renoncer tout à fait.

Mais de cette nécessité
Aller au superflu, passer jusqu'aux délices,
Et par de lâches artifices
Y chercher sa félicité,

C'est ce que nous défend ta loi ;
De peur que de la chair l'insolence rebelle
A son tour ne range sous elle
L'esprit qui doit être son roi.

Entre ces deux extrémités,
De leur juste milieu daigne si bien m'instruire,
Que les excès qui peuvent nuire
Soient de part et d'autre évités.

CHAP. XXVII. — *Que l'amour-propre nous détourne du souverain bien.*

Donne-moi tout pour tout, donne-toi tout à moi,
Sans te rien réserver, sans rien garder en toi
    Par où tu te sois quelque chose :
L'amour-propre est pour l'âme un dangereux poison,
Et les autres malheurs où son exil l'expose,
    Quelle qu'en puisse être la cause,
    N'entrent point en comparaison.

Selon l'empressement, l'affection, les soins,
Chaque chose à ton cœur s'attache plus ou moins,
    Ils en sont l'unique mesure :
Si ton amour est pur, simple et bien ordonné,
Tu pourras hautement braver la créature,
    Sans craindre en toute la nature
    Que rien te retienne enchaîné.

Ne désire donc point, fuis même à regarder
Tout ce que sans péché tu ne peux posséder ;
    Tout ce qui brouille ton courage ;
Bannis tout ce qui peut offusquer sa clarté

Sous l'obscure épaisseur d'un indigne nuage,
Et changer en triste esclavage
L'intérieure liberté.

Chose étrange, mon fils, parmi tant d'embarras,
Que du fond de ton cœur tu ne te ranges pas
Sous ma providence ineffable,
Et qu'une folle idée, étouffant ton devoir,
T'empêche de soumettre à mon ordre adorable
Tout ce que tu te sens capable
Et de souhaiter, et d'avoir!

Pourquoi t'accables-tu de soucis superflus,
Et qui te fait livrer tes sens irrésolus
Au vain chagrin qui les consume?
Arrête ta conduite à mon seul bon plaisir,
N'admets aucune flamme, à moins que je l'allume,
Et l'angoisse ni l'amertume
Ne te pourront jamais saisir.

Si pour l'intérêt seul de tes contentemens
Tu veux choisir les lieux et les événemens
Que tu penses devoir te plaire,
Tu ne te verras point dans un entier repos,
Et les mêmes soucis dont tu te crois défaire
Sur ton bonheur imaginaire
Reviendront fondre à tout propos.

Le succès le plus doux et le plus recherché
Aura pour ton malheur quelque défaut caché
Par où corrompre tes délices,
Et de quelque séjour que tu fasses le choix,
Ou l'envie, ou la haine, ou d'importuns caprices,
Ou de secrètes injustices,
T'y feront bien porter ta croix.

Ce n'est point ni l'acquis par d'assidus efforts,
Ni ce qu'un long bonheur multiplie au dehors
Qui te sert pour ma paix divine;
C'est un intérieur et fort détachement,
Qui, retranchant du cœur jusques à la racine
L'indigne amour qui te domine,
T'y donne un prompt avancement.

Joins au mépris des biens celui des dignités;
Joins au mépris du rang celui des vanités
D'une inconstante renommée :
On condamne demain ce qu'on loue aujourd'hui,
Et cette gloire enfin dont l'âme est si charmée,

Comme le monde l'a formée,
S'éclipse et passe comme lui.

Ne t'assure non plus au changement de lieux :
Le cloître le plus saint ne garantit pas mieux,
  Si la ferveur d'esprit n'abonde ;
Et la paix qu'on y trouve en sa pleine vigueur
Ne devient qu'une paix stérile et vagabonde,
  Si le zèle ardent ne la fonde
  Sur la stabilité du cœur.

Tiens-y donc ce cœur stable et soumis à mes lois ;
Ou tu t'y changeras et mille et mille fois
  Sans être meilleur ni plus sage ;
Et les occasions y sauront rejeter,
Y sauront, malgré toi, semer pour ton partage
  Autant de trouble, et davantage,
  Que tu n'en voulus éviter.

Oraison pour obtenir la pureté du cœur.

Affermis donc, Seigneur, par les grâces puissantes
Dont ton Esprit divin est le distributeur,
Les doux élancemens de ces ferveurs naissantes
  Dont tu daignes être l'auteur.

Détache-moi si bien de la foiblesse humaine,
Que l'homme intérieur se fortifie en moi,
Et purge tout mon cœur de tout ce qui le gêne,
  Et de tout inutile emploi.

Que d'importuns désirs jamais ne le déchirent ;
Que d'un mépris égal il traite leurs objets,
Sans que les plus brillans de leur côté l'attirent,
  Sans qu'il s'amuse aux plus abjects.

Fais-moi voir les plaisirs, les richesses, la gloire,
Ainsi que de faux biens qui passent en un jour ;
Fais-leur pour tout effet graver en ma mémoire
  Que je dois passer à mon tour.

Sous le ciel rien ne dure, et partout sa lumière
Ne voit que vanités, que trouble, qu'embarras :
Oh ! que sage est celui qui de cette manière
  Envisage tout ici-bas !

Donne-la-moi, Seigneur, cette haute sagesse,
Qui, te cherchant sur tout, te trouve jour et nuit,
Et qui, t'aimant sur tout, n'a ni goût ni tendresse
  Que pour ce qu'elle y fait de fruit.

Qu'elle peigne à mes yeux toutes les autres choses,
Non telles qu'on les croit, mais telles qu'elles sont,
Pour en user dans l'ordre à quoi tu les disposes,
  Dans l'impuissance qu'elles ont.

Que son dédain accort rejette avec prudence
Du plus adroit flatteur l'hommage empoisonné,
Et ne murmure point de voir par l'imprudence
  Son meilleur avis condamné.

Ne se point émouvoir pour des paroles vaines,
Qui font bruit au dehors et ne sont que du vent,
Et refuser l'oreille à la voix des sirènes,
  Dont tout le charme est décevant.

C'est un des grands secrets par qui l'âme avancée
Sous ta sainte conduite au bon et vrai sentier
Poursuit en sûreté la route commencée,
  Et se fait un bonheur entier.

CHAP. XXVIII. — *Contre les langues médisantes.*

Mon fils, si quelques-uns forment des sentimens
  Qui soient à ton désavantage,
S'ils tiennent des discours, s'ils font des jugemens
Qui ternissent ta gloire, et te fassent outrage,
Ne t'en indigne point, n'en fais point le surpris :
  Quels que soient leurs mépris,
Ton estime pour toi doit être encor plus basse ;
Tu dois croire, au milieu de leur indignité,
Quelque puissante en toi que tu sentes ma grâce,
Qu'il n'est foiblesse égale à ton infirmité.

Si dans l'intérieur un bon et saint emploi
  Te donne une démarche forte,
Tu ne prendras jamais le mal qu'on dit de toi
Que pour un son volage et que le vent emporte :
Il faut de la prudence en ces momens fâcheux ;
  Et celle que je veux,
Celle que je demande, est qu'on sache se taire,
Qu'on sache au fond du cœur vers moi se retourner
Sans relâcher en rien son allure ordinaire,
Pour chose que le monde en veuille condamner.

Ne fais point cet honneur aux hommes imparfaits
  Que leur vain langage te touche ;
Ne fais point consister ta gloire ni ta paix
En ces discours en l'air qui sortent de leur bouche :
Que de tes actions ils jugent bien ou mal,
  Tout n'est-il pas égal ?

Ton âme en devient-elle ou plus nette ou plus noire?
En as-tu plus ou moins ou d'amour ou de foi?
Et, pour tout dire enfin, la véritable gloire,
La véritable paix, est-elle ailleurs qu'en moi?

Si tu peux t'affranchir de cette lâcheté,
    Dont l'esclavage volontaire
Cherche à leur agréer avec avidité,
Et compte à grand malheur celui de leur déplaire,
Tu jouiras alors d'une profonde paix,
    Et dans tous tes souhaits
Tu la verras passer en heureuse habitude.
Les indignes frayeurs, le fol emportement.
C'est ce qui dans ton cœur jette l'inquiétude,
C'est ce qui de tes sens fait tout l'égarement.

CHAP. XXIX. — *Comment il faut invoquer Dieu, et le bénir aux approches de la tribulation.*

Tu le veux, ô mon Dieu! que cette inquiétude,
Ce profond déplaisir, vienne troubler ma paix;
Après tant de douceurs ta main veut m'être rude,
Et moi, j'en veux bénir ton saint nom à jamais.

Je ne saurois parer ce grand coup de tempête;
Ses approches déjà me font pâlir d'effroi;
Et tout ce que je puis, c'est de baisser la tête,
C'est de forcer mon cœur à recourir à toi.

Je ne demande point que tu m'en garantisses;
Il suffit que ton bras daigne être mon appui,
Et que l'heureux succès de tes bontés propices
Me rende salutaire un si cuisant ennui.

Je le sens qui m'accable: ah! Seigneur, que j'endure!
Que d'agitations me déchirent le cœur!
Qu'il se trouve au milieu d'une étrange torture!
Et qu'il y soutient mal sa mourante vigueur!

Père doux et bénin, qui connois ma foiblesse,
Que faut-il que je die en cet accablement?
Tu vois de toutes parts quelle rigueur me presse;
Sauve-moi, mon Sauveur, d'un si cruel moment.

Mais il n'est arrivé, ce moment qui me tue,
Qu'à dessein que ta gloire en prenne plus d'éclat,
Lorsqu'après avoir vu ma constance abattue
On la verra par toi braver ce qui l'abat.

Étends donc cette main puissante et débonnaire
Qui par notre triomphe achève nos combats;

Car, chétif que je suis, sans toi que puis-je faire?
De quel côté sans toi puis-je tourner mes pas?

Encor pour cette fois donne-moi patience;
Aide-moi par ta grâce à ne point murmurer;
Et je ne craindrai point sur cette confiance,
Pour grands que soient les maux qu'il me faille endurer.

Cependant derechef que faut-il que je die?
Ton saint vouloir soit fait, ton ordre exécuté!
Perte de biens, disgrâce, opprobre, maladie,
Tout est juste, Seigneur, et j'ai tout mérité.

C'est à moi de souffrir, et plaise à ta clémence
Que ce soit sans chagrin, sans bruit, sans m'échapper,
Jusqu'à ce que l'orage ait moins de véhémence,
Jusqu'à ce que le calme ait pu le dissiper.

Ta main toute-puissante est encore aussi forte
Que l'ont sentie en moi tant d'autres déplaisirs,
Et peut rompre le coup que celui-ci me porte,
Comme elle a mille fois arrêté mes soupirs.

Elle qui, de mes maux domptant la barbarie,
A souvent des abois rappelé ma vertu,
Peut encor de ceux-ci modérer la furie,
De peur que je n'en sois tout à fait abattu.

Oui, ta pitié, mon Dieu, soutenant mon courage,
Peut le rendre vainqueur de leur plus rude assaut;
Et, plus ce changement m'est un pénible ouvrage,
Pus je le vois facile à la main du Très-Haut.

CHAP. XXX. — *Comme il faut demander le secours de Dieu.*

Viens à moi, mon enfant, lorsque tu n'es pas bien;
Fais-moi de ton angoisse un secret entretien;
Dans les plus mauvais jours, quelque coup qu'elle porte,
Je suis toujours ce Dieu qui console et conforte :
Mais tout ce qui retient ces consolations
Que je verse d'en haut sur les afflictions,
C'est que, bien qu'elles soient leurs remèdes uniques,
A me les demander un peu tard tu t'appliques;
Avant que je te voie à mes pieds prosterné
M'invoquer dans les maux dont tu te sens gêné,
Tu fais de vains essais de tout ce que le monde
Promet d'amusemens à ta douleur profonde,
Et cet égarement de tes vœux imprudens
Va chercher au dehors ce que j'offre au dedans.

Ainsi ce que tu fais te sert de peu de chose;

Ainsi ce que tu fais à d'autres maux t'expose,
Jusqu'à ce qu'il souvienne à ton reste de foi
Que j'en sais garantir quiconque espère en moi,
Et qu'il n'est ni secours ailleurs qui ne leur cède,
Ni conseil fructueux, ni durable remède.
  De quelques tourbillons que ton cœur soit surpris,
Après qu'ils sont passés rappelle tes esprits,
Vois ma miséricorde, et reprends dans sa vue
La première vigueur de ta force abattue :
Je suis auprès de toi, tout prêt à rétablir
Tout ce que la tempête y pourroit affoiblir,
Et non pas seulement d'une égale mesure,
Mais avec abondance, avec excès d'usure,
En sorte que les biens qui te seront rendus
Servent de comble à ceux qui te semblent perdus.
  D'où vient que sur ce point ta croyance vacille?
Peux-tu rien concevoir qui me soit difficile?
Ou ressemblé-je à ceux dont le foible soutien
Ose beaucoup promettre, et n'exécute rien?
Qu'as-tu fait de ta foi? que fait ton espérance?
Montre une âme plus ferme en sa persévérance,
Sois fort, sois courageux, endure, espère, attends,
Les consolations te viendront en leur temps :
Moi-même je viendrai te retirer de peine;
Je viendrai t'apporter ta guérison certaine.
Le trouble où je te vois n'est qu'un peu de frayeur
Qui t'accable l'esprit d'une vaine terreur;
L'avenir inconstant fait ton inquiétude;
Tu crains ses prompts revers et leur vicissitude :
Mais à quoi bon ces soins, qu'à te donner enfin
Tristesse sur tristesse et chagrin sur chagrin?
Cesse d'aller si loin mendier un supplice;
Chaque jour n'a que trop de sa propre malice;
Chaque jour n'a que trop de son propre tourment;
Qui se charge de plus souffre inutilement,
Et tu ne dois fonder ni déplaisirs, ni joie,
Sur ces douteux succès que l'avenir déploie,
Qui peut-être suivront ce que tu t'en promets,
Et qui peut-être aussi n'arriveront jamais.
  Mais l'homme de soi-même a ces désavantages,
Qu'il se laisse éblouir par de vaines images,
Et qu'il s'en fait souvent un fantôme trompeur
Qui tire tout à lui son espoir et sa peur.
C'est la marque d'une âme encor foible et légère,
Que d'être si facile à ce qu'on lui suggère,
Et de porter soudain un pied mal affermi
Vers ce qu'à ses regards présente l'ennemi.

Cet imposteur rusé tient dans l'indifférence
S'il déçoit par la vraie ou la fausse apparence ;
Il n'importe des deux à ses illusions
Qui remplisse ton cœur de folles visions ;
Tout lui devient égal, pourvu qu'il te séduise,
Tout lui devient égal, pourvu qu'il te détruise.
Si l'amour du présent ne l'y fait parvenir,
Il y mêle aussitôt l'effroi de l'avenir ;
Sa haine en cent façons à te perdre est savante :
Mais ne te trouble point, ne prends point l'épouvante ;
Crois en moi, tiens en moi ton espoir arrêté ;
Prends confiance entière en ma haute bonté ;
Oppose-la sans crainte aux traits qu'il te décoche.
Quand tu me crois bien loin, souvent je suis bien proche ;
Souvent, quand ta langueur présume tout perdu,
C'est lors que ton soupir est le mieux entendu,
Et tu touches l'instant dont tu me sollicites,
Qui te doit avancer à de plus grands mérites.

Non, tout n'est pas perdu pour quelque contre-temps,
Pour quelque effet contraire à ce que tu prétends ;
Tu n'en dois pas juger suivant ce qu'en présume
Le premier sentiment d'une telle amertume,
Ni, de quelque côté que viennent tes malheurs,
Toi-même aveuglément t'obstiner aux douleurs,
Comme si d'en sortir toute espérance éteinte
Abandonnoit ton âme à leur mortelle atteinte.

Ne te répute pas tout à fait délaissé,
Bien que pour quelque temps je t'y laisse enfoncé,
Bien que pour quelque temps tu sentes retirées
Ces consolations de toi si désirées ;
Ainsi ta fermeté s'éprouve beaucoup mieux,
Et c'est ainsi qu'on passe au royaume des cieux :
Le chemin est plus sûr, plus il est difficile ;
Et pour quiconque m'aime, il est bien plus utile
Qu'il se voie exercé par quelques déplaisirs,
Que si l'effet partout secondoit ses désirs.

Je lis du haut du ciel jusque dans ta pensée ;
Je vois jusqu'à quel point ton âme est oppressée,
Et juge avantageux qu'elle soit quelquefois
Sans aucune douceur au milieu de ses croix,
De peur qu'un bon succès ne t'enfle et ne t'élève
Jusqu'à t'attribuer ce que ma main achève,
Jusqu'à te plaire trop en ce qu'il a d'appas,
Et prendre quelque gloire en ce que tu n'es pas.

Quelque grâce sur toi qu'il m'ait plu de répandre,
Je puis, quand il me plaît, te l'ôter et la rendre.
Quelques dons que j'accorde à tes plus doux souhaits,

Ils sont encore à moi quand je te les ai faits;
Je te donne du mien quand ce bonheur t'arrive,
Et ne prends point du tien alors que je t'en prive.
Ces biens, ces mêmes biens, après t'être donnés,
Font part de mes trésors dont ils sont émanés,
Et, leur perfection tirant de moi son être,
Quand je t'en fais jouir, j'en suis encor le maître.
  Tout est à moi, mon fils, tout vient, tout part de moi;
Reçois tout de ma main sans chagrin, sans effroi;
Si je te fais traîner un destin misérable,
Si je te fais languir sous l'ennui qui t'accable,
Ne perds sous ce fardeau patience ni cœur :
Je puis en un moment ranimer ta langueur;
Je puis mettre une borne aux maux que je t'envoie,
Et changer tout leur poids en des sujets de joie :
Mais je suis toujours juste en te traitant ainsi,
Toujours digne de gloire, et j'en attends aussi;
Et, soit que je t'élève ou que je te ravale,
Je veux d'un sort divers une louange égale.
  Si tu peux bien juger de ma sévérité,
Si tu peux sans nuage en voir la vérité,
Les coups les plus perçans d'une longue infortune
N'auront rien qui t'abatte, et rien qui t'importune :
Loin de t'en attrister, de meilleurs sentimens
Ne t'y feront voir lieu que de remercîmens,
Ne t'y feront voir lieu que de pleine allégresse;
Dans cette dureté tu verras ma tendresse,
Et réduiras ta joie à cet unique point,
Que ma faveur t'afflige et ne t'épargne point.
  Tel que jadis pour moi fut l'amour de mon Père,
Tel est encor le mien pour qui cherche à me plaire,
Et tel étoit celui qu'autrefois je promis
A ce troupeau choisi de mes plus chers amis :
Cependant, tu le sais, je les livrai sur terre
Aux cruelles fureurs d'une implacable guerre,
A d'éternels combats, à d'éternels dangers,
Et non pas aux douceurs des plaisirs passagers;
Je les envoyai tous au mépris, à l'injure,
Et non à ces honneurs qui flattent la nature,
Non à l'oisiveté, mais à de longs travaux;
Et je les plongeai tous dans ces gouffres de maux,
Afin que leur amère et rude expérience
Les enrichît des fruits que fait la patience.
Souviens-toi donc, mon fils, de ces instructions,
Sitôt que tu te vois dans les afflictions.

CHAP. XXXI. — *Du mépris de toutes les créatures pour s'élever au créateur.*

Seigneur, si jusqu'ici tu m'as fait mille grâces,
    Il n'est pas temps que tu t'en lasses;
J'ai besoin d'un secours encor bien plus puissant,
Puisqu'il faut m'élever par-dessus la nature,
Et prendre un vol si haut, qu'aucune créature
    N'ait pour moi rien d'embarrassant.

A cet heureux effort en vain je me dispose;
    Tant qu'ici-bas la moindre chose
Vers ses foibles attraits saura me ravaler,
L'imperceptible joug d'une indigne contrainte
Ne me permettra point cette liberté sainte
    Qui jusqu'à toi nous fait voler.

Ton David à ce vol ne vouloit point d'obstacle,
    Et te demandoit ce miracle,
Lorsque dans ses ennuis il tenoit ce propos :
« Qui pourra me donner des ailes de colombe,
Et du milieu des maux sous qui mon cœur succombe
    Je volerai jusqu'au repos? »

Cet oiseau du vrai calme est le portrait visible;
    On ne voit rien de si paisible
Que la simplicité que nous peignent ses yeux :
On ne voit rien de libre à l'égal d'un vrai zèle,
Qui, sans rien désirer, s'élève à tire-d'aile
    Au-dessus de tous ces bas lieux.

Il faut donc pleinement s'abandonner soi-même,
    S'arracher à tout ce qu'on aime,
Pousser jusques au ciel des transports plus qu'humains,
Et bien considérer quels sont les avantages
Que l'Auteur souverain a sur tous les ouvrages
    Qu'ont daigné façonner ses mains.

Sans ce détachement, sans cette haute extase,
    L'âme que ton amour embrase
Ne peut en liberté goûter tes entretiens;
Peu savent en effet contempler tes mystères,
Mais peu forment aussi ces mépris salutaires
    De toutes sortes de faux biens.

Ainsi l'homme a besoin que ta bonté suprême,
    L'élevant par-dessus lui-même,
Prodigue en sa faveur son trésor infini;
Qu'un excès de ta grâce en esprit le ravisse,

Et de tout autre objet tellement l'affranchisse,
    Qu'à toi seul il demeure uni.

A moins que jusque-là l'enlève ainsi ton aide,
    Quoi qu'il sache, quoi qu'il possède,
Tout n'est pas de grand poids, tout ne lui sert de rien ;
Il rampe et rampera toujours foible et débile,
S'il peut s'imaginer rien de grand ou d'utile
    Que l'immense et souverain bien.

Tout ce qui n'est point Dieu n'est point digne d'estime,
    Et son prix le plus légitime,
Comme enfin ce n'est rien, c'est d'être à rien compté :
Vous le savez, dévots que la grâce illumine ;
Votre doctrine aussi de toute autre doctrine
    Diffère bien en dignité.

Sa noblesse est bien autre ; et comme l'influence
    De la suprême intelligence
Par un sacré canal d'en haut la fait couler,
Ce qu'à l'esprit humain en peut donner l'étude,
Ce qu'en peut acquérir la longue inquiétude,
    Ne la peut jamais égaler.

Le bien de contempler ce que les cieux admirent
    Est un bien où plusieurs aspirent,
Et que de tout leur cœur ils voudroient obtenir ;
Mais ils suivent si mal la route nécessaire,
Que souvent ils ne font que ce qu'il faudroit faire
    Pour éviter d'y parvenir.

Le trop d'abaissement vers les objets sensibles
    Fait des obstacles invincibles,
Comme le trop de soin des marques du dehors ;
Et la sévérité la mieux étudiée,
Si l'âme n'est en soi la plus mortifiée,
    Ne sert qu'au supplice du corps.

J'ignore, à dire vrai, de quel esprit nous sommes,
    Nous autres qui parmi les hommes
Passons pour éclairés et pour spirituels,
Et nous plongeons ainsi pour des choses légères,
De vils amusemens, des douceurs passagères,
    En des travaux continuels.

Parmi de tels soucis que pouvons-nous prétendre,
    Nous qui savons si peu descendre
Dans le fond de nos cœurs indignement remplis,
Et qui si rarement de toutes nos pensées
Appliquons au dedans les forces ramassées
    Pour en voir les secrets replis ?

Notre âme en elle-même à peine est recueillie,
    Qu'une extravagante saillie
Nous emporte au dehors, et fait tout avorter,
Sans repasser jamais sous l'examen sévère
Ce que nous avons fait, ce que nous voulions faire,
    Ni ce qu'il nous faut projeter.

Nous suivons nos désirs sans même y prendre garde,
    Et rarement notre œil regarde
Combien à leurs effets d'impureté se joint.
Lorsque toute la chair eut corrompu sa voie,
Nous savons que des eaux elle devint la proie,
    Cependant nous ne tremblons point.

L'affection interne étant toute gâtée,
    Les objets dont l'âme est flattée
N'y faisant qu'une impure et folle impression,
Il faut bien que l'effet, pareil à son principe,
Pour marque qu'au dedans la vigueur se dissipe,
    Porte même corruption.

Quand un cœur est bien pur, une vertu solide
    A tous ses mouvemens préside;
La bonne et sainte vie en est le digne fruit.
Mais ce dedans n'est pas ce que l'on considère,
Et, depuis qu'une fois l'effet a de quoi plaire,
    N'importe comme il est produit.

La beauté, le savoir, les forces, la richesse,
    L'heureux travail, la haute adresse,
C'est ce qu'on examine, et qui fait estimer;
Qu'un homme soit dévot, patient, humble, affable,
Qu'il soit pauvre d'esprit, recueilli, charitable,
    On ne daigne s'en informer.

Ce n'est qu'à ces dehors que se prend la nature
    Pour s'en former une peinture;
Mais c'est l'intérieur que la grâce veut voir :
L'une est souvent déçue à suivre l'apparence;
Mais l'autre met toujours toute son espérance
    En Dieu, qui ne peut décevoir.

CHAP. XXXII. — *Qu'il faut renoncer à soi-même et à toutes sortes de convoitises.*

Cherche la liberté comme un bonheur suprême;
Mais souviens-toi, mon fils, de cette vérité,
Qu'il te faut renoncer tout à fait à toi-même,
Ou tu n'obtiendras point d'entière liberté.

Ceux qui pensent ici posséder quelque chose
La possèdent bien moins qu'ils n'en sont possédés,
Et ceux dont l'amour-propre en leur faveur dispose
Sont autant de captifs par eux-mêmes gardés.

Les appétits des sens ne font que des esclaves;
La curiosité comme eux a ses liens,
Et les plus grands coureurs ne courent qu'aux entraves
Que jettent sous leurs pas les charmes des faux biens.

Ils recherchent partout les douceurs passagères
Plus que ce qui conduit jusqu'à l'éternité;
Et souvent pour tout but ils se font des chimères
Qui n'ont pour fondement que l'instabilité.

Hors ce qui vient de moi, tout passe, tout s'envole;
Tout en son vrai néant aussitôt se résout;
Et, pour te dire tout d'une seule parole,
Quitte tout, mon enfant, et tu trouveras tout.

Tu trouveras la paix, quittant la convoitise;
C'est ce que fortement il te faut concevoir;
Du ciel en ces deux mots la science est comprise :
Qui les pratique entend tout ce qu'il faut savoir.

  Oui, leur pratique est ma félicité;
Mais Seigneur, d'un seul jour elle n'est pas l'ouvrage,
  Ni de ces jeux dont la facilité
Amuse des enfans l'esprit foible et volage,
  Et suit leur imbécillité.

  De ces deux mots le précieux effet
Demande bien du temps, bien des soins, bien des veilles;
  Et ces deux traits forment le grand portrait
De tout ce que le cloître enfante de merveilles
  Dans son état le plus parfait.

Il est vrai, des parfaits c'est la sublime voie;
Mais quand je te la montre, en dois-tu perdre cœur?
Ne dois-tu pas plutôt t'y porter avec joie,
Ou du moins soupirer après un tel bonheur?

Ah! si je te voyois en venir à ce terme,
Que l'amour-propre en toi fût bien déraciné,
Que sous mes volontés tu demeurasses ferme,
Et sous celles du Père à qui je t'ai donné!

Alors tu me plairois, et le cours de ta vie
Seroit d'autant plus doux que tu serois soumis;
De mille vrais plaisirs tu la verrois suivie,
Et s'écouler en paix entre mille ennemis.

Mais il te reste encore à quitter bien des choses,
Que si tu ne me peux résigner tout à fait,
Tu n'acquerras jamais ce que tu te proposes,
Jamais de tes désirs tu n'obtiendras l'effet.

Veux-tu mettre en ta main la solide richesse ?
Achète de la mienne un or tout enflammé ;
Je veux dire, mon fils, la céleste sagesse,
Qui foule aux pieds ces biens dont le monde est charmé.

Préfère ses trésors à l'humaine prudence,
A tout ce qu'elle prend pour son plus digne emploi,
A tout ce que sur terre il est de complaisance,
A tout ce que toi-même en peux avoir pour toi.

Préfère, encore un coup, ce qu'on méprise au monde
A tout ce que son choix a le plus ennobli,
Puisque cette sagesse en vrais biens si féconde
Y traîne dans l'opprobre, et presque dans l'oubli.

Elle ne s'enfle point aussi de ces pensées
Que la vanité pousse en sa propre faveur,
Et voit avec dédain ces ardeurs empressées
Dont la soif des honneurs entretient la ferveur.

Beaucoup en font sonner l'estime ambitieuse,
Qui montrent par leur vie en faire peu d'état ;
Et tu la peux nommer la perle précieuse
Qui cache à beaucoup d'yeux son véritable éclat.

CHAP. XXXIII. — *De l'instabilité du cœur, et de l'intention finale qu'il faut dresser vers Dieu.*

Sur l'état de ton cœur ne prends point d'assurance ;
Son assiette, mon fils, se change en un moment :
Un moment la renverse, et ce renversement
Des plus justes desseins peut tromper l'espérance :
Tant que dure le cours de ta mortalité,
L'inévitable joug de l'instabilité
T'impose une fâcheuse et longue servitude ;
En dépit de toi-même elle te fait la loi,
Et l'ordre chancelant de sa vicissitude
Ne prend point ton aveu pour triompher de toi.

Ainsi tantôt la joie et tantôt la tristesse
De ton cœur, malgré lui, s'emparent tour à tour ;
Tantôt la paix y règne, et dans le même jour
Mille troubles divers surprennent sa foiblesse.
La ferveur, la tiédeur, ont chez toi leur instant ;
Ton soin le plus actif n'est jamais si constant

Qu'il ne cède la place à quelque nonchalance ;
Et le poids qui souvent règle tes actions
Laisse en moins d'un coup d'œil emporter la balance
A la légèreté de tes affections.

Parmi ces changemens le sage se tient ferme ;
Il porte au-dessus d'eux l'ordre qu'il s'est prescrit,
Et, bien instruit qu'il est des routes de l'esprit,
Il suit toujours sa voie, et va jusqu'à son terme ;
Il agit sur soi-même en véritable roi,
Sans regarder jamais à ce qu'il sent en soi,
Ni d'où partent des vents de si peu de durée ;
Et son unique but dans le plus long chemin,
C'est que l'intention de son âme épurée
Se tourne vers la bonne et désirable fin.

Ainsi sans s'ébranler il est toujours le même
Dans la diversité de tant d'événemens,
Et son cœur, dégagé des propres sentimens,
N'aimant que ce qu'il doit, s'attache à ce qu'il aime ;
Ainsi l'œil simple et pur de son intention
S'élève sans relâche à la perfection,
Dont il voit en moi seul l'invariable idée ;
Et plus cet œil est net, et plus sa fermeté,
Au travers de l'orage heureusement guidée,
Vers ce port qu'il souhaite avance en sûreté.

Mais souvent ce bel œil de l'intention pure
Ne s'ouvre pas entier, ou se laisse éblouir,
Et ce détachement dont tu penses jouir
Ne ferme pas la porte à toute la nature.
Aussitôt qu'un objet te chatouille et te plaît,
Un regard dérobé par le propre intérêt
Te rappelle et t'amuse à voir ce qui te flatte ;
Et tu peux rarement si bien t'en affranchir,
Que de ce propre amour l'amorce délicate
Vers toi, sans y penser, ne te fasse gauchir.

Crois-tu, lorsque les Juifs couroient en Béthanie,
Que ce fût seulement pour y voir Jésus-Christ ?
La curiosité partageoit leur esprit
Pour y voir le Lazare et sa nouvelle vie.
Tâche donc que cet œil dignement épuré
Tienne un regard si droit et si bien mesuré,
Que d'une ou d'autre part jamais il ne s'égare,
Qu'il soit simple, et surtout que parmi tant d'objets,
Malgré tout ce qu'ils ont de charmant et de rare,
Ton âme jusqu'à moi dresse tous ses projets.

Chap. XXXIV. — *Que celui qui aime Dieu le goûte en toutes choses et par-dessus toutes choses.*

  Voici mon Dieu, voici mon tout ;
   Que puis-je vouloir davantage ?
Qu'a de plus l'univers de l'un à l'autre bout ?
Et quel plus grand bonheur peut m'échoir en partage ?

   O mot délicieux sur tous !
   O parole en douceurs féconde !
Qu'elle en a, mon Sauveur, pour qui n'aime que vous !
Qu'elle en a peu pour ceux qui n'aiment que le monde !

   Voici mon tout, voici mon Dieu ;
   A qui l'entend, c'est assez dire,
Et la redite est douce à toute heure, en tout lieu,
A quiconque pour vous de tout son cœur soupire.

   Oui, tout est doux, tout est charmant,
   Tout ravit en votre présence ;
Mais, quand votre bonté se retire un moment,
Tout fâche, tout ennuie en ce moment d'absence.

   Vous faites la tranquillité
   Et le calme de notre course,
Et ce que notre joie a de stabilité
N'est qu'un écoulement dont vous êtes la source.

   Vous faites juger sainement
   De tous effets, de toutes causes,
Et vous nous inspirez ce digne sentiment
Dont la céleste ardeur vous loue en toutes choses.

   Rien ne plaît longtemps ici-bas,
   Rien ne peut nous y satisfaire,
A moins que votre grâce y joigne ses appas,
Et que votre sagesse y verse de quoi plaire.

   Quel dégoût peut jamais trouver
   Celui qui goûte vos délices ?
Et qui les goûte mal, que peut-il éprouver
Où son juste dégoût ne trouve des supplices ?

   Que je vois de sages mondains
   Se confondre dans leur sagesse !
Que je vois de charnels porter haut leurs desseins,
Et soudain trébucher sous leur propre foiblesse !

   Des uns l'aveugle vanité
   Au précipice est exposée ;
Les autres, accablés de leur brutalité,
Traînent toute leur vie une mort déguisée.

Mais ceux qui, par un plein mépris
Du monde et de ses bagatelles,
A marcher sur vos pas appliquent leurs esprits,
Et domptent de la chair les sentimens rebelles;

Ceux-là, vrais sages en effet,
Vous immolant toute autre envie,
Du vain bonheur au vrai font un retour parfait,
De la chair à l'esprit, de la mort à la vie;

Ceux-là dans le suprême Auteur
Goûtent des douceurs toutes pures;
Ceux-là font remonter la gloire au Créateur
De tout ce qu'ont de bon toutes les créatures.

Mais le goût est bien différent
De l'ouvrier et de l'ouvrage,
De ce que le temps donne ou de bon ou de grand,
Et de ce qu'aux élus l'éternité partage.

Les lumières que nous voyons
S'effacent près de la divine,
Et sa source incréée a bien d'autres rayons
Que toutes ces clartés qu'elle seule illumine.

Éternelle et vive splendeur,
Qui surpassez toutes lumières,
Lancez du haut du ciel votre éclat dans mon cœur,
Parcez-en jusqu'au fond les ténèbres grossières.

Daignez, Seigneur, purifier
Mon âme et toutes ses puissances,
La combler d'allégresse, et la vivifier,
Remplir de vos clartés toutes ses connoissances.

Que, malgré les désirs du corps,
Une extase tranquille et sainte,
Pour l'attacher à vous par de sacrés transports,
Lui fasse des liens d'une amoureuse crainte.

Quand viendra pour moi cet instant
Où tant de douceurs sont encloses,
Où de votre présence on est plein et content,
Où vous serez enfin mon tout en toutes choses?

Jusqu'à ce qu'il soit arrivé,
Quoi que votre faveur m'envoie,
Je ne jouirai point d'un bonheur achevé,
Je ne goûterai point une parfaite joie.

Hélas! malgré tout mon effort,
Le vieil Adam encor respire;

Il n'est pas bien encor crucifié ni mort,
Il veut encor sur moi conserver son empire.

  Ce vieil esclave mal dompté
   Émeut une guerre intestine,
Pousse contre l'esprit un orgueil empesté,
Et ne veut point souffrir que l'âme le domine.

  Vous donc, qui commandez aux flots,
   Qui des mers calmez la furie,
Venez, Seigneur, venez rétablir mon repos,
Accourez au secours d'un cœur qui vous en prie.

  Rompez, dissipez les bouillons
   De ces ardeurs séditieuses,
Et, brisant la fureur de leurs noirs bataillons,
Faites mordre la terre aux plus impétueuses.

  Montrez ainsi de votre bras
   Les triomphes et les miracles,
Et pour faire exalter votre nom ici-bas
Faites tomber sous lui toute sorte d'obstacles.

  Vous êtes mon unique espoir;
   Je mets en vous tout mon refuge;
Je dédaigne l'appui de tout autre pouvoir;
Soyez mon défenseur avant qu'être mon juge.

CHAP. XXXV. — *Que durant cette vie on n'est jamais en sûreté contre les tentations.*

La vie est un torrent d'éternelles disgrâces;
Jamais la sûreté n'accompagne son cours;
Entre mille ennemis il faut que tu la passes,
A la gauche, à la droite, il en renaît toujours.
  Ce sont guerres continuelles,
Qui portent dans ton sein chaque jour mille morts,
Si tu n'es bien muni d'armes spirituelles
  Pour en repousser les efforts.

De leur succès douteux la juste défiance
Demande à ta vertu de vigoureux apprêts;
Mais il te faut surtout l'écu de patience
Qui te dérobe entier aux pointes de leurs traits.
  Que de tous côtés il te couvre,
Sans que par art ni force il puisse être enfoncé;
Autrement tiens-toi sûr que, pour peu qu'il s'entr'ouvre,
  Tu te verras soudain percé.

A moins qu'à mes bontés ton âme abandonnée
Embrasse aveuglément ce que j'aurai voulu,

Et qu'une volonté ferme et déterminée
A tout souffrir pour moi te tienne résolu,
    Ne te promets point cette gloire
De pouvoir soutenir l'ardeur d'un tel combat,
Et d'emporter enfin cette pleine victoire
    Qui de mes saints fait tout l'éclat.

Tu dois donc, ô mon fils! franchir avec courage
Les plus affreux périls qui t'osent menacer,
Et d'une main puissante arracher l'avantage
Aux plus fiers escadrons qui te veuillent forcer.
    Je vois d'en haut tout comme père,
Prêt à donner la manne au généreux vainqueur;
Mais je réserve aussi misère sur misère
    A quiconque manque de cœur.

Si, durant une vie où rien n'est perdurable,
Tu te rends amoureux de la tranquillité,
Oseras-tu prétendre à ce calme ineffable
Que gardent les trésors de mon éternité?
    Quitte ces folles espérances,
Préfere à ces désirs les désirs d'endurer,
Et sache que ce n'est qu'à de longues souffrances
    Que ton cœur se doit préparer.

La véritable paix a des douceurs bien pures,
Mais en vain sur la terre on pense l'obtenir;
Il n'est aucuns mortels, aucunes créatures,
Dont les secours unis y fassent parvenir :
    C'est moi, c'est moi seul qui la donne,
Ne la cherche qu'au ciel, ne l'attends que de moi;
Mais apprends qu'il t'en faut acheter la couronne
    Par les épreuves de ta foi.

Les travaux, les douleurs, les ennuis, les injures,
La pauvreté, le trouble et les anxiétés,
Souffrir la réprimande, endurer les murmures,
Ne se point rebuter de mille infirmités,
    Accepter pour moi les rudesses,
L'humiliation, les affronts, les mépris,
Prendre tout de ma main comme autant de caresses,
    C'en est le véritable prix.

C'est par de tels sentiers qu'enfin la patience
A la haute vertu guide un nouveau soldat;
C'est par cette fâcheuse et rude expérience
Qu'il trouve un diadème au sortir du combat :
    Ainsi d'une peine légère
La longue récompense est un repos divin,

Et, pour quelques momens de honte passagère,
Je rends une gloire sans fin.

Cependant tu te plains sitôt que sans tendresse
Je laisse un peu durer les tribulations;
Comme si ma bonté, soumise à ta foiblesse,
Devoit à point nommé ses consolations !
　　　Tous mes saints ne les ont pas eues,
Alors que sur la terre ils vivoient exilés,
Et dans leurs plus grands maux mes faveurs suspendues
　　　Souvent les laissoient désolés.

Mais dans ces mêmes maux qui sembloient sans limites,
Armés de patience, ils souffroient jusqu'au bout,
Et s'assuroient bien moins en leurs propres mérites
Qu'en la bonté d'un Dieu dont ils espéroient tout;
　　　Ils savoient bien, ces vrais fidèles,
De quel immense prix étoit l'éternité,
Et que pour l'obtenir les gênes temporelles
　　　N'avoient point de condignité[1].

As-tu droit de vouloir dès les moindres alarmes,
Toi qui n'es en effet qu'ordure et que péché,
Ce qu'en un siècle entier de travaux et de larmes
Tant et tant de parfaits m'ont à peine arraché ?
　　　Attends que l'heure en soit venue,
Cette heure où tu seras visité du Seigneur;
Travaille en l'attendant, commence, et continue
　　　Avec grand amour et grand cœur.

Ne relâche jamais, jamais ne te défie;
Quelques tristes succès qui suivent tes efforts,
Redouble ta constance, expose et sacrifie
Pour ma plus grande gloire et ton âme et ton corps;
　　　Je rendrai tout avec usure;
Je suis dans le combat sans cesse à tes côtés,
Et je reconnoîtrai ce que ton cœur endure
　　　Par de pleines félicités.

Chap. XXXVI. — *Contre les vains jugemens des hommes.*

Fixe en moi de ton cœur tous les attachemens,
Sans te mettre en souci de ces vains jugemens
　　　Que les hommes en voudront faire :
L'innocence leur doit un mépris éternel,
　　　Lorsque l'âme droite et sincère
Dans ses replis secrets n'a rien de criminel.

Quand on souffre pour moi les injustes discours,

---

1. « Assez de dignité. »

La plus dure souffrance a de charmans retours
   Qui sentent la béatitude :
L'humble qui se confie en son Dieu plus qu'en soi
   Jamais n'y trouve rien de rude,
Et relève d'autant son espoir et sa foi.

Plusieurs parlent beaucoup sans être bien instruits,
Et leur témérité sème tant de faux bruits,
   Qu'on croit fort peu tant de paroles;
Ne conçois donc, mon fils, ni chagrin ni courroux
   Pour leurs discernemens frivoles,
Puisqu'il n'est pas en toi de satisfaire à tous.

Paul même, dont l'ardente et vive charité
Se donnoit avec tous tant de conformité
   Qu'il étoit tout à tout le monde,
Ne put si bien conduire un si noble dessein,
   Que sa vertu la plus profonde
Ne passât pour un crime au tribunal humain.

Bien qu'il n'épargnât rien pour le salut d'autrui,
Bien qu'il fît sans relâche autant qu'il fût en lui,
   Bien qu'en lui tout fût exemplaire,
Il ne put empêcher que de mauvais esprits
   Ne fissent de quoi qu'il pût faire
Un jugement sinistre et d'injustes mépris.

Il remit tout à Dieu qui connoissoit le tout,
Et, quoique assez souvent on le poussât à bout
   Par la calomnie et l'outrage,
Contre tous les auteurs de tant d'indignité
   Les armes que prit son courage
Furent sa patience et son humilité.

Au gré de leur caprice ils eurent beau parler,
Ils eurent beau mentir, médire, quereller,
   A se taire il mit sa défense;
Ou si de temps en temps sa bouche l'entreprit,
   Ce fut de peur que son silence
Ne laissât du scandale en quelque foible esprit.

Peux-tu donc te connoître, et prendre quelque effroi
De quoi que puisse dire un mortel comme toi,
   Qui comme toi n'est que poussière?
Tu le vois aujourd'hui tout près de t'accabler,
   Et dès demain un cimetière
Cachera pour jamais ce qui te fait trembler.

Tu le crains toutefois, tu pâlis devant lui;
Mais veux-tu t'affranchir d'un si pressant ennui,
   Chasse la crainte par la crainte :

Crains Dieu, crains son courroux; et ton indigne peur,
    Par ces justes frayeurs éteinte,
Laissera rétablir le calme dans ton cœur.

Les injures ne sont que du vent et du bruit;
Et quiconque t'en charge en a si peu de fruit,
    Qu'il te nuit bien moins qu'à soi-même :
Pour grand qu'il soit en terre, un Dieu voit ce qu'il fait,
    Et de son jugement suprême
Il ne peut éviter l'irrévocable effet.

Tiens-le devant tes yeux, à toute heure, en tout lieu,
Ce juge universel, ce redoutable Dieu,
    Et vis sans soin de tout le reste;
Quoi qu'on t'ose imputer, ne daigne y repartir,
    Et dans un silence modeste
Trouve, sans t'indigner, l'art de tout démentir.

Tu paroîtras peut-être en quelque occasion
Tout couvert d'infamie ou de confusion,
    Malgré ce grand art du silence;
Mais ne t'en émeus point, n'en sois pas moins content,
    Et crains que ton impatience
Ne retranche du prix du laurier qui t'attend.

Quelque honte à ton front qui semble s'attacher,
Souviens-toi que mon bras peut toujours t'arracher
    A toute cette ignominie,
Que je sais rendre à tous suivant leurs actions,
    Et sur l'imposture punie
Élever la candeur de tes intentions.

CHAP. XXXVII. — *De la pure et entière résignation de soi-même pour obtenir la liberté du cœur.*

Quitte-toi, mon enfant, et tu me trouveras;
Prépare-toi sans choix à quoi que je t'envoie,
Sans aucun propre amour, sans aucun embarras
De ce qui peut causer ta douleur ou ta joie :
Tu gagneras beaucoup en quittant tout ainsi,
Ma grâce remplira la place du souci,
    Plus forte et mieux accompagnée;
    Et je te la ferai sentir
Sitôt qu'entre mes mains ton âme résignée
    Ne voudra plus se revêtir.

    Pour arriver où ta bonté m'invite,
    Pour tant de biens qu'elle m'offre à gagner,
    Combien de fois me dois-je résigner?
    En quoi faut-il, Seigneur, que je me quitte?

En tout, mon fils, en tout, et partout, et toujours,
Aux points les plus petits, aux choses les plus grandes ;
Je n'en excepte rien : si tu veux mon secours,
Tout dépouillé de tout il faut que tu l'attendes.
Tu ne peux autrement te donner tout à moi,
Et je ne puis non plus me donner tout à toi,
    Si tu réserves quelque chose ;
    Je veux l'âme, je veux le corps,
Sans que jamais en toi ta volonté dispose
    Ni du dedans ni du dehors.

D'autant plus promptement que par ce grand effort
Tu brises de ta chair le honteux esclavage,
D'autant plus tôt en toi le vieil Adam est mort,
Et le nouveau succède avec plus d'avantage.
Résigne-toi surtout avec sincérité,
Si tu veux obliger ma libéralité
    A t'en payer avec usure :
    Elle aime à prodiguer mes biens ;
Mais l'effort qu'elle y fait souvent prend sa mesure
    Sur la plénitude des tiens.

J'en vois se résigner avec retranchement,
De la moitié du cœur se remettre en ma garde,
Et ne s'assurer pas en moi si fortement
Qu'ils ne veuillent pourvoir à ce qui les regarde ;
Quelques autres d'abord m'offrent bien tous leurs vœux,
Mais la tentation marche à peine vers eux
    Qu'ils font retraite vers eux-mêmes ;
    Et leur courage rabattu,
Cherchant d'autres appuis que mes bontés suprêmes,
    N'avance point en la vertu.

Ni ceux-ci ni ceux-là n'arriveront jamais
A la liberté vraie, inébranlable, entière,
A cette pure joie, à cette ferme paix
Qu'entretient dans les cœurs ma grâce familière :
C'est peu que d'élever jusque-là son désir,
A moins que de soumettre à tout mon bon plaisir
    Son âme pleinement captive ;
    Et, sans s'immoler chaque jour,
On ne conserve point l'union fruitive
    Que donne le parfait amour.

Je te l'ai déjà dit, je te le dis encor,
Quitte, résigne-toi, déprends-toi de toi-même,
Et tu posséderas ce précieux trésor,
Ce calme intérieur, qui fuit tout ce qui s'aime :
Donne-moi tout pour tout, ne forme aucun désir,

Ne redemande rien, n'envoie aucun soupir
  Vers ce tout que pour moi tu quittes;
  Tiens enfin ton cœur tout en moi;
Et moi, qui paye enfin par delà les mérites,
  Je me donnerai tout à toi.

Ainsi tu seras libre, et l'ange ténébreux
Ne te pourra jamais réduire en servitude;
Mais n'épargne ni soins, ni prières, ni vœux,
Pour ce digne avant-goût de la béatitude :
Ce plein dépouillement des soucis superflus,
Te laissant nu dans l'âme, ainsi que je le fus,
  Te rendra digne de me suivre :
  Et par un bienheureux transport
Tu sauras en moi-même éternellement vivre,
  Sitôt qu'en toi tu seras mort.

Alors disparoîtront tous ces fantômes vains
Qui t'obsèdent partout de leurs folles images,
Cet inutile amas d'empressemens mondains,
Ces troubles qui chez toi font de si grands ravages.
La crainte immodérée, et l'amour déréglé,
Ces infâmes tyrans de ton cœur aveuglé,
  Verront leur force dissipée;
  Et leur nuit faisant place au jour,
Celle qu'ils y tenoient sera toute occupée
  Par ma crainte et par mon amour.

CHAP. XXXVIII. — *De la bonne conduite aux choses extérieures, et du recours à Dieu dans les périls.*

Quelque chose, mon fils, qui t'occupe au dehors,
Conserve le dedans vraiment libre et tranquille,
Et te souviens toujours que de ces deux trésors
La conquête est pénible, et la perte facile.
En tous temps, en tous lieux, en toutes actions,
Ce digne épurement de tes intentions
Doit garder sur toi-même une puissance égale,
T'élever au-dessus de tous les biens humains,
Sans permettre jamais que ton cœur se ravale
Sous l'objet de tes yeux, ou l'œuvre de tes mains.

Ainsi, maître absolu de tout ce que tu fais,
Et non plus de tes sens le sujet ou l'esclave,
Tu te verras partout affranchi pour jamais
De ce qui t'importune et de ce qui te brave :
Tu quitteras l'Égypte en véritable Hébreu,
Qu'à travers les déserts la colonne de feu
Guide, sans s'égarer, vers la terre promise;

Et de tous ennemis tes exploits triomphans
Passeront, en dépit de toute leur surprise,
Au partage que Dieu destine à ses enfans.

Mais ces enfans de Dieu, sais-tu bien ce qu'ils sont?
Pour être de leur rang, sais-tu ce qu'il faut être?
Sais-tu quelle est leur vie, et quels projets ils font?
A quelle digne marque il te les faut connoître?
De tout ce qui du siècle attire l'amitié
Ces esprits épurés se font un marchepied,
Pour voir d'autant plus près l'éclat des biens célestes;
Et leur constance est telle à conduire leurs yeux,
Que, quoi qui se présente à leurs regards modestes,
Le gauche est pour la terre, et le droit pour les cieux.

Bien loin que des objets le dangereux attrait
Jusqu'à l'attachement abaisse leur courage,
Ils savent ramener par un contraire effet
Leur plus flatteuse amorce au bon et saint usage :
En vain un vieil abus en grossit le pouvoir;
Ils savent les réduire au sincère devoir
Que l'Auteur souverain leur a voulu prescrire;
Et, comme en faisant tout il n'a rien négligé,
Ils savent rejeter sous un si juste empire
Tout ce qu'un long désordre en auroit dégagé.

Tiens-toi ferme au-dessus de tous événemens;
Que leur extérieur ne puisse te surprendre;
Et jamais de ta chair ne prends les sentimens
Sur ce qu'on te fait voir, ou qu'on te fait entendre.
De peur d'être ébloui par leur illusion,
Fais ainsi que Moïse à chaque occasion,
Viens consulter ton Dieu sur toute ta conduite :
Sa réponse souvent daignera t'éclairer,
Et tu n'en sortiras que l'âme mieux instruite
De tout ce qui se passe, ou qu'il faut espérer.

Ce grand législateur qui publioit mes lois
Ainsi sur chaque doute entroit au tabernacle,
Sur chaque question il écoutoit ma voix,
Et, mes avis reçus, il prononçoit l'oracle;
De quelques grands périls qu'il fût embarrassé,
Quelques séditions dont il se vît pressé,
Il fit de l'oraison son recours ordinaire :
Entre, entre à son exemple au cabinet du cœur,
Et pour tirer de moi le conseil nécessaire
Du zèle en tes besoins redouble la ferveur.

Josué son disciple, et les fils d'Israël

Dont l'imprudence aveugle excéda ses limites,
Pour n'avoir pas ainsi consulté l'Éternel,
Se virent abusés par les Gabaonites ;
Le flatteur apparat d'un discours affecté,
S'étant saisi d'abord de leur crédulité,
Mit la compassion où la haine étoit due :
Ils perdirent des biens qui leur étoient promis ;
Et le charme imposteur de leur pitié déçue
Dedans leur propre sein sauva leurs ennemis.

CHAP. XXXIX. — *Que l'homme ne doit point s'attacher avec empressement à ses affaires.*

Mon fils, entre mes mains remets toujours ta cause ;
Je saurai bien de tout ordonner en son temps ;
Sans ennui, sans murmure attends que j'en dispose,
Et je ferai trouver à tes désirs contens
  Plus d'avantage en toute chose
  Que toi-même tu n'en prétends.

Je vous remets le tout, Seigneur, sans répugnance ;
Je vous remets le tout ; et plus j'ose y penser,
Plus je vois qu'en effet je ne suis qu'impuissance,
Et que tous mes efforts ne peuvent m'avancer.

Plût à votre bonté que, l'âme peu touchée
De tout ce qui peut suivre ou tromper son désir,
Je la pusse à toute heure offrir bien détachée
Aux ordres souverains de votre bon plaisir !

Mon fils, l'homme est changeant, et souvent il s'emporte
Avec empressement vers ce qu'il veut avoir ;
Tant qu'il ne l'obtient pas sa passion est forte ;
Mais quelque estime enfin qu'il veuille en concevoir,
  Il en juge d'une autre sorte
  Sitôt qu'il est en son pouvoir.

Dans tout ce qu'il possède il voit moins de mérite ;
Une flamme nouvelle éteint le premier feu ;
Du propre attachement l'inconstance l'agite ;
Un désir fait de l'autre un soudain désaveu,
  Et ce n'est pas peu qu'on se quitte
  Même dans les choses de peu.

C'est l'abnégation, mais sincère et parfaite,
Qui peut seule affermir son instabilité :
Qui se bannit de soi trouve en moi sa retraite ;
L'esclavage qu'il prend devient sa liberté,
  Et dans la perte qu'il a faite
  Il rencontre sa sûreté.

Mais ce vieil ennemi de la nature humaine
De tes meilleurs desseins cherche à gâter le fruit;
Et, tout impatient de renouer ta chaîne,
Pour rétablir en toi son empire détruit,
    Il tient les ruses de sa haine
    En embuscade jour et nuit.

Il étale à tes sens des douceurs sans pareilles,
Qu'eux-mêmes prennent soin de te faire goûter;
Il cache tous ses lacs sous de fausses merveilles,
Pour voir si par surprise il t'y pourra jeter;
    Et sans l'oraison et les veilles
    Tu ne les saurois éviter.

CHAP. XL. — *Que l'homme n'a rien de bon de soi-même, et ne se peut glorifier d'aucune chose.*

Seigneur, qu'est-ce que l'homme? et dans ton souvenir
Qui lui donne le rang que tu l'y fais tenir?
Que sont les fils d'Adam, que sont tous leurs mérites,
Pour attirer chez eux l'honneur de tes visites?
Que t'a fait l'homme enfin, que ta grâce pour lui
Aime à se prodiguer, et lui servir d'appui?
Ai-je lieu de m'en plaindre avec quelque justice,
Quand elle m'abandonne à mon propre caprice?
Et puis-je à ta rigueur reprocher quelque excès,
Quand toute ma prière obtient peu de succès?
  C'est bien alors à moi d'avouer ma foiblesse;
C'est à moi de penser et de dire sans cesse :
« Seigneur, je ne suis rien, je ne puis rien de moi,
Et je n'ai rien de bon, s'il ne me vient de toi. »
Mes défauts sont si grands, mon impuissance est telle,
Qu'elle a vers le néant une pente éternelle.
A moins que ton secours me relève le cœur,
A moins que ta bonté ranime ma langueur,
Qu'elle daigne au dedans me former et m'instruire,
Mes plus ardens efforts ne peuvent rien produire,
Et mon infirmité retrouve en un moment
La tiédeur, le désordre et le relâchement.
  Toi seul, toujours le même, et toujours immuable,
Te soutiens dans un être à jamais perdurable,
Toujours bon, toujours saint, toujours juste, et toujours
Dispensant saintement ton bienheureux secours.
Ta bonté, ta justice agit en toutes choses,
Et de tout et partout sagement tu disposes :
Mais pour moi qui toujours penche plus fortement
Vers l'imperfection que vers l'avancement,

Je n'ai pas un esprit toujours en même assiette ;
Il cherche, il craint, il fuit, il embrasse, il rejette,
Et son meilleur état, par un triste retour,
Est sujet à changer plus de sept fois le jour.
  Tous mes maux toutefois rencontrent leur remède
Aussitôt qu'il t'a plu d'accourir à mon aide ;
Et, pour faire à mon âme un bonheur souverain,
Tu n'as qu'à lui prêter, qu'à lui tendre la main.
Tu le peux, ô mon Dieu! de ta volonté pure,
Sans emprunter le bras d'aucune créature ;
Tu me peux de toi seul si bien fortifier,
Que mon âme n'ait plus de quoi se défier,
Que ma constante ardeur ne tourne plus en glace,
Que mon sort affermi ne change plus de face,
Et que mon cœur enfin, plein de zèle et de foi,
Ainsi que dans son centre ait son repos en toi.
  Ah! si jamais ce cœur pouvoit bien se défaire
Des consolations que la terre suggère,
Soit pour mieux faire place aux célestes faveurs
Qui font naître ici-bas et croître les ferveurs,
Soit par ce grand besoin qui réduit ma foiblesse
A la nécessité d'implorer ta tendresse,
Puisque dans les malheurs où je me sens couler
Il n'est aucun mortel qui puisse consoler ;
Alors certes, alors j'aurois pleine matière
D'espérer de ta grâce une abondance entière,
Et de m'épanouir à ces charmes nouveaux
Dont je verrois ta main adoucir mes travaux.
  C'est de toi, mon Sauveur, c'est de toi, source vive,
Que se répand sur moi tout le bien qui m'arrive !
Je ne suis qu'un néant bouffi de vanité,
Je ne suis qu'inconstance et qu'imbécillité ;
Et quand je me demande un titre légitime
D'où prendre quelque gloire, et chercher quelque estime,
Je vois, pour tout appui de mes plus hauts efforts,
Le néant que je suis, et le rien d'où je sors,
Et que fonder sa gloire ainsi sur le rien même,
C'est une vanité qui va jusqu'à l'extrême.
  O vent pernicieux ! ô poison des esprits !
Que le monde sait peu ton véritable prix !
O fausse et vaine gloire! ô dangereuse peste,
Qui n'es rien qu'un néant, mais un néant funeste !
Tes décevans attraits retirent tous nos pas
Du chemin où la vraie étale ses appas,
Et l'âme, de ton souffle indignement souillée,
Des grâces de son Maître est par toi dépouillée.
Oui, notre âme, Seigneur, tout ton portrait qu'elle est,

Commence à te déplaire alors qu'elle se plaît,
Et son avidité pour de vaines louanges
La prive des vertus qui l'égaloient aux anges.
On doit se réjouir et se glorifier,
Mais ce n'est qu'en toi seul qu'il faut tout appuyer;
En toi seul, non en soi, qu'il faut prendre sans cesse
La véritable gloire, et la sainte allégresse,
Rapporter à toi seul, et non à sa vertu,
Le plus solide éclat dont on soit revêtu,
Louer en tous ses dons l'Auteur de la nature,
Et ne voir que lui seul en toute créature.

   Je le veux, ô mon Dieu! si je fais quelque bien,
Pour en louer ton nom qu'on supprime le mien,
Que l'univers entier par de communs suffrages
Sur le mépris des miens élève tes ouvrages,
Que même en celui-ci mon nom soit ignoré
Afin que le tien seul en soit mieux adoré;
Que ton Saint-Esprit seul en ait toute la gloire,
Sans que louange aucune honore ma mémoire,
Et que puisse à mes yeux s'emparer qui voudra
De la plus douce odeur que mon vers répandra.

   En toi seul est ma gloire, en toi seul est ma joie,
Et, quoi que l'avenir en ma faveur déploie,
Je les veux prendre en toi, sans faire vanité
Que du sincère aveu de mon infirmité.

   C'est aux Juifs, c'est aux cœurs que ta grâce abandonne,
A chercher cet honneur qu'ici l'on s'entre-donne;
Ils peuvent y courir avec empressement,
Sans que je porte envie à leur aveuglement:
La gloire que je cherche, et l'honneur où j'aspire,
C'est celle, c'est celui que fait ton saint empire,
Qu'à tes vrais serviteurs départ ta seule main,
Et qui ne peut souffrir aucun mélange humain.
Ces honneurs temporels qui rendent l'âme vaine,
Ces orgueilleux dehors de la grandeur mondaine,
A ta gloire éternelle une fois comparés,
Ne sont qu'amusemens de cerveaux égarés.

   O vérité suprême et toujours adorable!
Miséricorde immense et toujours ineffable!
Je ne réclame point dans ma fragilité
D'autre miséricorde, ou d'autre vérité.

   A toi, Trinité sainte, espoir du vrai fidèle,
A toi pleine louange, à toi gloire immortelle.
Puisse tout l'univers, puisse tout l'avenir,
Toute l'éternité te louer et bénir!
Ce sont là tous mes vœux, c'est là tout l'avantage
Que mes foibles travaux demandent en partage;

Trop heureux si l'éclat de mon plus digne emploi
Laisse mon nom obscur pour rejaillir sur toi.

CHAP. XLI. — *Du mépris de tous les honneurs.*

    Ne prends point de mélancolie
De voir qu'à tes vertus on refuse leur prix,
Qu'un autre est dans l'estime, et toi dans le mépris,
Qu'on l'honore partout, durant qu'on t'humilie.
Lève les yeux au ciel, lève-les jusqu'à moi,
Et tout ce que la terre ose juger de toi
Ne te donnera plus aucune inquiétude ;
Tu ne sentiras plus de mouvemens jaloux,
Et ce ravalement qui te sembloit si rude
N'aura plus rien en soi qui ne te semble doux.

Il est tout vrai, Seigneur ; mais cette chair fragile
De ses aveuglemens aime l'épaisse nuit,
Et de la vanité l'amorce est si subtile,
    Qu'en un moment elle séduit.

A bien considérer la chose en sa nature,
Je ne mérite amour, ni pitié, ni support :
Et, quoi qu'on m'ait pu faire, aucune créature
    Ne m'a jamais fait aucun tort.

Mes plaintes auroient donc une insolence extrême,
Si j'osois t'accuser de trop de dureté,
Et qu'ainsi j'imputasse à la justice même
    Une injuste sévérité.

Mon crime a dû forcer toutes les créatures
A me persécuter, à s'armer contre moi,
Et quiconque m'accable ou d'opprobre ou d'injures
    N'en fait qu'un légitime emploi.

A moi la honte est due, à moi l'ignominie ;
Leur plus durable excès ne peut trop me punir ;
A toi seul la louange et la gloire infinie
    Dans tous les siècles à venir.

Prépare-toi, mon âme, à souffrir sans tristesse
Les mépris des méchans, et ceux des gens de bien,
A me voir ravalé jusqu'à cette bassesse
    Que même on ne me compte à rien.

Enfin de ton orgueil éteins les moindres restes,
Ou n'espère autrement de paix dans aucun lieu,
Ni de stabilité, ni de clartés célestes,
    Ni d'union avec ton Dieu.

CHAP. XLII. — *Qu'il ne faut point fonder sa paix sur les hommes, mais sur Dieu, et s'anéantir en soi-même.*

  Si la douceur de vivre ensemble,
  D'avoir les mêmes sentimens,
Te fait de ton repos asseoir les fondemens
Sur ceux de qui l'humeur à la tienne ressemble,
Quelque sûr que tu sois de leur fidélité,
  Toute cette tranquillité,
Que tes yeux éblouis trouvent si bien fondée,
  Ne sera qu'une vaine idée
Que suivront l'embarras et l'instabilité.

  Mais si ton zèle invariable
  Réunit ses désirs flottans
A cette vérité qui parmi tous les temps
Demeure toujours vive et toujours immuable ;
Qu'un ami parte ou meure, ou que son cœur léger
  Ose même te négliger,
Ni son triste départ, ni sa perte imprévue,
  Ni même son change à ta vue,
N'auront rien dont jamais tu daignes t'affliger.

  En moi seul doit être établie
  Cette sincère affection,
Qui, n'ayant pour objet que la perfection,
Par aucun changement ne peut être affoiblie.
Tous ceux que leur bonté donne lieu d'estimer,
  Et chez qui tu vois s'enflammer
Et l'amour des vertus, et la haine des vices,
  Je veux bien que tu les chérisses,
Mais ce n'est qu'en moi seul que tu les dois aimer.

  L'amitié la plus assurée
  Tient de moi toute sa valeur :
Tu n'en peux voir sans moi qu'une fausse couleur,
Qui n'est ni d'aucun prix ni d'aucune durée ;
Son ardeur n'a jamais aucuns louables feux
  Que soumis à ce que je veux ;
Et tu ne saurois voir dans toute la nature
  D'union bien solide et pure,
Si de ma propre main je n'en ai fait les nœuds.

  Ces vrais amis que je te donne,
  Ces unions que je te fais,
Doivent me résigner si bien tous tes souhaits,
Que tu sois mort à tout sitôt que je l'ordonne.
Je veux avoir ton cœur tout entier en ma main,
  Par un détachement si plein,

Qu'autant qu'il est en toi ta sainte inquiétude
　　Aspire à cette solitude
Qui te doit retrancher de tout commerce humain.

　　Quiconque me choisit pour maître,
　　Et ne cherche qu'à me gagner,
M'approche d'autant plus qu'il sait mieux s'éloigner
Des consolations que les hommes font naître;
Plus dans leur folle estime il se trouve compris,
　　Plus il ravale de son prix,
Et va d'autant plus haut vers ma grandeur suprême,
　　Qu'il descend plus bas en lui-même,
Et se tient abîmé dans le propre mépris.

　　Mais une âme présomptueuse,
　　Qui s'ose imputer quelque bien,
Se refuse à ma grâce, et ne se porte à rien
Où toute sa chaleur ne soit infructueuse;
Elle ferme la porte à ma bénignité
　　Par son aveugle vanité,
Puisque du Saint-Esprit les faveurs prévenantes,
　　Les entières, les triomphantes,
N'entrent jamais au cœur que par l'humilité.

　　Homme, si tu pouvois apprendre
　　L'art de te bien anéantir,
De bien purger ce cœur, d'en bien faire sortir
Ce que l'amour terrestre y peut jeter de tendre;
Si tu savois, mon fils, pratiquer ce grand art,
　　Tu verrois bientôt de ma part
S'épandre au fond du tien l'abondance des grâces,
　　Et tes actions les plus basses
Sauroient jusqu'à mon trône élever ton regard.

　　Une affection mal conçue
　　Dérobe tout l'aspect des cieux;
Et, quand la créature a détourné tes yeux,
Tu perds tout aussitôt le Créateur de vue.
Sache te vaincre en tout, et partout te dompter,
　　Sache pour lui tout surmonter,
Bannis tout autre amour, coupes-en les racines,
　　Et les connoissances divines
A leurs plus hauts degrés te laisseront monter.

　　Ne dis point que c'est peu de chose,
　　Ne dis point que c'est moins que rien
A qui ton âme prête un moment d'entretien,
Sur qui par échappée un coup d'œil se repose;
Ce peu, ce moins que rien, quand son amusement

   Attire trop d'empressement,
Quand trop de complaisance à ce coup d'œil s'attache,
   Imprime aux vertus une tache,
Et retarde l'esprit du haut avancement.

  CHAP. XLIII. — *Contre la vaine science du siècle,
   et de la vraie étude du chrétien.*

   Défends ton cœur de ton oreille ;
   Souvent une fausse merveille
   Entre par elle et te surprend :
   Ne t'émeus donc point et n'admire
   Quoi que les hommes puissent dire
   De beau, de subtil, ou de grand.
Mon royaume n'est pas pour ces brillans frivoles
Dont l'humaine éloquence orne ses fictions ;
Il se donne aux vertus, et non pas aux paroles,
Et fuit les beaux discours sans bonnes actions

   Ma seule parole sacrée
   Est celle à qui tu dois l'entrée ;
   C'est elle qui te doit charmer ;
   C'est elle qui verse dans l'âme
   Les ardeurs de la sainte flamme
   Qui seule s'y doit allumer :
Elle éclaire l'esprit par des rayons célestes,
Elle jette les cœurs dans la componction,
Et répand sur l'aigreur des maux les plus funestes
En cent et cent façons ma consolation.

   Jamais à lire ne t'anime
   Par un vain désir qu'on t'estime
   Plus habile homme, ou plus savant ;
   De cette ambitieuse étude
   L'inépuisable inquiétude
   Ne produit jamais que du vent :
Sache dompter tes sens, sache amortir tes vices,
Et de cette science espère plus de fruit
Que si de tout autre art les épineux caprices
T'avoient laissé percer leur plus obscure nuit.

   Quand tu saurois par ta lecture
   Connoître toute la nature,
   Tu n'as qu'un point à retenir,
   Un seul principe est nécessaire.
   On a beau dire, on a beau faire,
   C'est là qu'il en faut revenir.
C'est moi seul qui dépars la solide science ;
C'est de mes seuls trésors que je la fais couler,

Et j'en prodigue plus à l'humble confiance
Que tout l'esprit humain ne t'en peut étaler.

  Oui, le cœur humble qui m'adore,
  Le cœur épuré que j'honore
  De mon amoureux entretien,
  Abonde bientôt en sagesse,
  Et s'avance en la haute adresse
  Qui mène l'esprit au vrai bien.
Malheur, malheur à ceux qui, se laissant conduire
Aux désirs empressés d'un curieux savoir,
En l'art de me servir dédaignent de s'instruire,
Et veulent ignorer leur unique devoir !

  Un jour viendra que le grand Maître,
  Le grand Roi se fera paroître
  Armé de foudres et d'éclairs ;
  Qu'assis sur un trône de gloire,
  Il rappellera la mémoire
  De ce qu'aura fait l'univers :
Il faudra voir alors quelle est votre science,
Savans ; il entendra votre leçon à tous,
Et sur cet examen de chaque conscience
Un moment réglera sa grâce ou son courroux.

  Alors on verra sa lumière
  De Hiérusalem tout entière
  Éplucher jusqu'au moindre trait ;
  Alors les plus obscures vies
  Dans les ténèbres éclaircies
  Ne trouveront plus de secret :
Les grands raisonnemens de ces langues disertes
N'auront force ni poids en cette occasion ;
La parole mourra dans les bouches ouvertes,
Et cédera la place à la confusion.

  Plus une âme est humiliée,
  Plus elle s'est étudiée
  A ce noble ravalement,
  D'autant mieux cette ferme base
  Soutient la haute et sainte extase
  Où je l'élève en un moment.
C'est alors qu'en secret une de mes paroles
Lui fait comprendre mieux ce qu'est l'éternité,
Que si toute la poudre et le bruit des écoles
Avoient lassé dix ans son assiduité.

  J'instruis, j'inspire, j'illumine ;
  J'explique toute ma doctrine

   Sans aucun embarras de mots,
   Sans que les âmes balancées
   D'aucunes confuses pensées
   En perdent jamais le repos ;
Jamais des vains degrés la pompe imaginaire
De son faste orgueilleux n'embrouille mes savans,
Et les rusés détours d'un argument contraire
Ne leur tendent jamais de piéges décevans.

   Ainsi je montre, ainsi j'enseigne
   Comme il faut que l'homme dédaigne
   Toutes les douceurs d'ici-bas,
   Qu'il néglige les temporelles,
   Qu'il n'aspire qu'aux éternelles,
   Qu'il ne goûte que leurs appas ;
J'enseigne à fuir l'honneur, à souffrir le scandale ;
Pour but, pour seul espoir j'enseigne à me choisir ;
J'enseigne à me chérir d'une ardeur sans égale,
J'enseigne à ramasser en moi tout son désir.

   Un grand dévot m'a su connoître,
   Sans en consulter d'autre maître
   Que le feu qui sut l'enflammer ;
   Il dit des choses admirables
   De mes attributs ineffables,
   Et n'avoit appris qu'à m'aimer ;
Il dégagea son cœur de toute la nature,
Et se fit bien plus docte en quittant tout ainsi,
Que s'il eût attaché, jusqu'à la sépulture,
Sur des subtilités un long et vain souci.

   Ma façon d'instruire est diverse :
   Je parle aux uns et les exerce
   Sur des préceptes généraux ;
   Je parle à d'autres à l'oreille
   Du secret de quelque merveille,
   Ou du choix de quelques travaux ;
Je ne me montre aux uns que sous quelque figure
Qui leur fait doucement comprendre ma bonté,
Et sur d'autres j'épands cette lumière pure
Qui fait voir le mystère avec pleine clarté.

   Les livres à leur ouverture
   Offrent à tous même lecture,
   Mais non pas même utilité ;
   J'en suis au dedans l'interprète,
   Et seul à seul dans la retraite
   J'en explique la vérité.
Je pénètre les cœurs, je vois dans les pensées,

J'excite, je prépare aux bonnes actions
Et je tiens mes faveurs plus ou moins avancées,
Suivant qu'on fait profit de mes instructions.

CHAP. XLIV. — *Qu'il ne faut point s'embarrasser des choses extérieures.*

Mon fils, il est bon d'ignorer
Beaucoup de choses qui se passent,
Et de ne point considérer
Mille événemens qui s'entassent :
Sois comme mort sur terre; et, par le saint emploi
De cette indifférence en mérites féconde,
Tiens-toi crucifié pour les choses du monde,
Et les choses du monde autant de croix pour toi.

Fais la sourde oreille à ces bruits
Que roule un indiscret murmure,
Et pense les jours et les nuits
Au repos que je te procure.
Il est beaucoup meilleur de retirer les yeux
De tout ce qui te choque ou qui te peut déplaire,
Que d'être tout de feu sur un avis contraire,
Pour un frivole honneur de raisonner le mieux.

Laisse à chacun son sentiment;
Qu'il parle et discoure à sa mode;
Tiens ton cœur en moi fortement,
Et fuis ce débat incommode.
Comme mes jugemens ne sont jamais déçus,
Préfère leur conduite à la prudence humaine;
Attaches-y ta vue, et tu verras sans peine
Que dans tes démêlés un autre ait le dessus.

A quelle extrémité, Seigneur, vont nos malheurs!
La perte temporelle est digne de nos pleurs;
Pour un peu d'intérêt on court, on se tourmente;
Mais ce qui touche l'âme, on le laisse au hasard,
Et l'oubli d'heure en heure à tel point s'en augmente,
Qu'on n'y jette qu'à peine un coup d'œil sur le tard.

On cherche avec chaleur ce qui ne sert de rien;
On n'a d'yeux qu'en passant pour le souverain bien :
Ce qui n'importe plaît; le nécessaire gêne :
Tout l'homme aisément glisse et s'échappe au dehors;
Et, si le repentir soudain ne le ramène,
Il se livre avec joie aux appétits du corps.

Chap. XLV. — *Qu'il ne faut pas croire toutes personnes, et qu'il est aisé de s'échapper en paroles.*

Envoie à mon secours tes bontés souveraines,
Seigneur, contre les maux qui m'ont choisi pour but,
Puisqu'en vain je mettrois aux amitiés humaines
   L'espoir de mon salut.

O mon Dieu ! qu'ici-bas j'ai trouvé d'infidèles
Dont je m'imaginois occuper tous les soins !
Et que j'ai rencontré de véritables zèles
   Où j'en croyois le moins !

En vain donc on voudroit fonder quelque espérance
Sur l'effet incertain de leur douteuse foi,
Et les justes jamais ne trouvent l'assurance
   De leur salut qu'en toi.

Que sous tes ordres saints notre esprit se captive
Jusqu'à tout recevoir d'un sentiment égal,
Et bénir ton saint nom de quoi qui nous arrive
   Ou de bien ou de mal.

Nous n'y contribuons qu'un importun mélange
De foiblesse, d'erreur, et d'instabilité,
Qui des meilleurs desseins nous fait prendre le change
   Avec facilité.

Quelqu'un applique-t-il à toute sa conduite
Une âme si prudente, un esprit si réglé,
Que souvent il ne voie ou cette âme séduite,
   Ou cet esprit troublé ?

Mais qui sur ton vouloir forme sa patience,
Qui simplement te cherche, et n'a point d'autre espoir,
Qui remet en toi seul toute sa confiance,
   N'est pas si prompt à choir.

Quelque pressé qu'il soit du malheur qui l'accable,
Sitôt que vers le ciel tu l'entends soupirer,
Ton bras étend sur lui cette main secourable
   Qui l'en sait retirer.

Rien ne le fait gémir dont tu ne le consoles,
Et quiconque en ta grâce espère jusqu'au bout
Reçoit enfin l'effet de tes saintes paroles,
   Et triomphe de tout.

Il est rare de voir qu'un ami persévère
Dans nos afflictions jusqu'à l'extrémité,
Et nous aide à porter toute notre misère
   Sans être rebuté.

Toi seul es cet ami fidèle, infatigable,
Que de nos intérêts rien ne peut détacher,
Et toute autre amitié n'a rien de si durable
    Qu'il en puisse approcher.

Oh! que cette âme sainte avoit sujet de dire :
« J'ai pour base mon Dieu, pour appui Jésus-Christ ;
En lui seul je me fonde, en lui seul je respire,
    Et m'affermis l'esprit ! »

Si je lui ressemblois j'aurois moins d'épouvante
Des jugemens du monde et de tout son pouvoir,
Et les traits les plus forts d'une langue insolente
    Ne pourroient m'émouvoir.

Mais qui pourra, Seigneur, par sa propre sagesse
Pressentir tous les maux qui doivent arriver?
Et, si quelqu'un le peut, aura-t-il quelque adresse
    Qui puisse l'en sauver?

Ah! si ce qu'en prévoit la prudence ou la crainte
Abat encor souvent toute notre vigueur,
Que font les imprévus, et quelle rude atteinte
    N'enfoncent-ils au cœur?

En vain pour me flatter je me le dissimule,
Il me falloit des miens prévenir mieux l'effet,
Et je ne devois pas une âme si crédule
    Aux rapports qu'on m'a fait.

Mais l'homme est toujours homme, et les vaines louanges
Le dépouillent si peu de sa fragilité,
Que ceux même qu'on nomme et qu'on croit de vrais anges
    Ne sont qu'infirmité.

Qui croirai-je que toi, Vérité souveraine,
Qui jamais n'es déçue et ne peux décevoir?
Qui prendrai-je que toi dans cette course humaine
    Pour règle à mon devoir?

L'homme est muable et foible, et ses discours frivoles
Portent l'impression de son déréglement;
Il se méprend et trompe; et surtout en paroles
    Il s'échappe aisément.

Aussi ne doit-on pas donner prompte croyance
A tout ce qui d'abord semble la mériter,
Et ce qu'il dit de vrai laisse à la défiance
    De quoi s'inquiéter.

Tu m'avertis assez de ses lâches pratiques,
Tu m'en instruis assez, Seigneur, quand tu me dis

Qu'il faut que je m'en garde, et que nos domestiques
      Sont autant d'ennemis;

Qu'il n'est pas sûr de croire à quiconque vient dire :
« Mon avis est le bon, l'infaillible est le mien; »
Et que tel en décide avec un plein empire
      Qui souvent ne sait rien.

Je ne l'ai que trop vu, Seigneur, pour mon dommage;
Et puissé-je en former quelques saintes terreurs
Qui ne me laissent pas égarer davantage
      Dans mes folles erreurs!

Par une impertinente et fausse confidence,
Quelqu'un me dit un jour : « Écoute, sois discret,
Et conserve en ton cœur sous un profond silence
      Le fruit de mon secret. »

A peine je promets de cacher le mystère,
Qu'il trouve de sa part le silence fâcheux,
Me quitte, va conter ce qu'il m'oblige à taire,
      Et nous trahit tous deux.

Préserve-moi, Seigneur, de ces gens tout de langues,
De ces illusions d'un esprit inconstant,
Garde partout le mien de leurs folles harangues,
      Et moi d'en faire autant.

Daigne mettre en ma bouche une parole vraie,
Qui soit pleine de force et de stabilité,
Et ne souffre jamais que ma langue s'essaie
      A la duplicité.

Accorde à ma foiblesse assez de prévoyance
Pour aller au-devant du mal qui peut s'offrir,
Et détourner les maux que sans impatience
      Je ne pourrois souffrir.

Qu'il est bon de se taire! et qu'en paix on respire,
Quand de parler d'autrui soi-même on s'interdit,
Sans être prompt à croire, ou léger à redire
      Plus qu'on ne nous a dit!

Une seconde fois, qu'il est bon de se taire,
De n'ouvrir tout son cœur à personne qu'à toi,
Et n'abandonner pas aux rapports qu'on vient faire
      Une indiscrète foi!

Qu'heureux est, ô mon Dieu! qu'heureux est qui souhaite
Que ton seul bon plaisir soit partout accompli,
Qu'au dedans, qu'au dehors ta volonté soit faite,
      Et ton ordre rempli!

Que ta grâce en un cœur se trouve en assurance
Alors qu'à fuir l'éclat il met tous ses efforts,
Et qu'il sait dédaigner cette vaine apparence
    Qu'on admire au dehors !

Qu'une âme à ton vouloir saintement asservie
Ménage bien les dons que lui fait ta faveur,
Lorsqu'elle applique tout à corriger sa vie,
    Ou croître sa ferveur !

La gloire du mérite un peu trop épandue
A fait perdre à plusieurs les trésors qu'ils ont eus,
Et j'ai vu la louange un peu trop tôt rendue
    Gâter bien des vertus.

Mais quand la grâce en nous demeure bien cachée,
Elle redouble en fruits, en forces, en appas,
Et secourt d'autant mieux une vie attachée
    A d'éternels combats.

CHAP. XLVI. — *De la confiance qu'il faut avoir en Dieu quand on est attaqué de paroles.*

Eh bien ! on te querelle, on te couvre d'injures ;
La calomnie est grande et te remplit d'effroi :
Veux-tu rompre aisément ses pointes les plus dures ?
Affermis ton espoir et ta constance en moi.
Ne t'inquiète point de ces discours frivoles ;
Les paroles enfin ne sont que des paroles,
Que des sons parmi l'air vainement dispersés ;
Elles peuvent briser quelques âmes de verre,
    Et ne tombent point sur la pierre
    Que leurs traits n'en soient émoussés.

Quand leur plus gros déluge insolemment t'accable,
Sache faire profit de son plus vaste effort,
Songe à te corriger, si tu te sens coupable,
Songe à souffrir pour moi, si rien ne te remord :
C'est du moins qu'il te faille endurer quelque chose
D'un conte qui te blesse, ou d'un mot qui t'impose,
Toi que de rudes coups auroient bientôt lassé,
Et qui verrois bientôt tes forces chancelantes
    Sous les épreuves violentes
    Par où tant de saints ont passé.

D'où vient que pour si peu le chagrin te dévore,
Qu'un mot jusqu'en ton cœur va trouver ton défaut,
Si ce n'est que la chair, qui te domine encore,
Te fait considérer l'homme plus qu'il ne faut ?
C'est le mépris humain que ton âme appréhende,

Qui soulève ce cœur contre la réprimande,
Lors même qu'elle est due à ta légèreté ;
C'est là ce qui te force à chercher quelque ruse
    Qui, sous une mauvaise excuse,
    Mette à couvert ta lâcheté.

Examine-toi mieux, et, quoi qu'on t'ose dire,
Descends jusqu'en toi-même, et vois ce que tu crains :
Tu verras que le monde encore en toi respire
Avec le vain souci d'agréer aux mondains :
Craindre pour tes défauts qu'on ne te mésestime,
Que la confusion sur ton front ne s'imprime,
C'est montrer que ton cœur s'est mal sacrifié,
Que tu n'as point encor d'humilité profonde,
    Et que tu n'es ni mort au monde,
    Ni lui pour toi crucifié.

Mais écoute, mon fils, écoute ma parole,
Et dix mille d'ailleurs ne te pourront toucher,
Quand même la malice en sa plus noire école
Forgeroit tous leurs dards pour te les décocher ;
Qu'à son choix contre toi le mensonge travaille,
Laisse-le s'épuiser, prise moins qu'une paille
Toute l'indignité dont il te veut couvrir :
Que te peut nuire enfin une telle tempête ?
    Est-il un cheveu sur ta tête
    Dont elle puisse t'appauvrir ?

Ceux qui, vers le dehors poussant toute leur âme,
N'ont ni d'yeux au dedans, ni Dieu devant les yeux,
Sensibles jusqu'au fond aux atteintes du blâme,
Frémissent à toute heure, et tremblent en tous lieux ;
Mais ceux dont la sincère et forte patience
Porte jusqu'en moi seul toute sa confiance,
Et ne s'arrête point au propre sentiment,
Ceux-là craignent si peu ces discours de la terre,
    Que jamais leur plus rude guerre
    Ne les fait pâlir un moment.

Tu dis qu'il est fâcheux de voir la calomnie
De la vérité même emprunter les couleurs,
Que la plus juste gloire en demeure ternie,
Et peut des plus constans tirer quelques douleurs ;
Mais que t'importe enfin, si tu m'as pour refuge ?
N'en suis-je pas au ciel l'inévitable juge,
Qui vois sans me tromper comme tout s'est passé ?
Et pour le châtiment, et pour la récompense,
    Ne sais-je pas qui fait l'offense,
    Et qui demeure l'offensé ?

Rien ne va sans mon ordre, et c'est moi qui t'envoie
Ce mot que contre toi lancent tes ennemis;
Je veux qu'ainsi des cœurs le secret se déploie,
Et tout ce qui t'arrive, exprès je l'ai permis.
Tu verras quelque jour mon arrêt équitable
Séparer l'innocent d'avecque le coupable,
Et rendre à tous les deux ce qu'ils ont mérité;
Cependant il me plaît qu'en secret ma justice
   De l'un éprouve la malice,
   Et de l'autre la fermeté.

Tout ce que l'homme ici te rend de témoignage
Est sujet à l'erreur et périt avec lui;
La vérité des miens leur fait cet avantage
Qu'ils sont au bout des temps les mêmes qu'aujourd'hui.
Je les cache souvent, et fort peu de lumières
Savent en pénétrer les ténèbres entières,
Mais l'erreur n'entre point dans leur obscurité;
Et, dans le même instant qu'on y trouve à redire,
   L'âme bien éclairée admire
   Leur inconcevable équité.

Il faut donc me remettre à juger chaque chose,
Et sur le propre sens jamais ne s'appuyer;
C'est ainsi que le juste, à quoi que je l'expose,
Ne sent rien qui le trouble ou le puisse ennuyer :
Quoique la calomnie élève à sa ruine
De ses noirs attentats la plus forte machine,
Il en attend le coup sans aucun tremblement;
Et si quelqu'un l'excuse, et prenant sa défense
   Fait triompher son innocence,
   Sa joie est sans emportement.

Il prend peu de souci de la honte et du blâme;
Il sait que j'en connois les injustes efforts,
Que je sonde le cœur, que je vois toute l'âme,
Et ne m'éblouis point des plus brillans dehors :
Il me voit au-dessus de la fausse apparence,
Et reconnoît par là quelle est la différence
Du jugement de l'homme et de mon jugement,
Et que souvent mes yeux regardent comme un crime
   Ce que trouve digne d'estime
   Son aveugle discernement.

  Seigneur, qui par de vifs rayons
  Pénètres chaque conscience,
  Juste juge, en qui nous voyons
  Et la force et la patience,
  Tu sais quelle fragilité,

Quelle pente à l'impureté
Suit partout la nature humaine;
Daigne me servir de soutien,
Et sois la confiance pleine
Qui me guide au souverain bien.

Pour ne voir point de tache en moi,
Mon innocence n'est pas sûre;
Tu vois bien plus que je ne vois;
Tu fais bien une autre censure :
Aussi devrois-je avec douceur
M'humilier sous la noirceur
De tous les défauts qu'on m'impute;
Et souffrir d'un esprit remis,
Lors même qu'on me persécute
Pour ce que je n'ai point commis.

Pardon, mon cher Sauveur, pardon
Quand j'en use d'une autre sorte;
Ne me refuse pas le don
D'une patience plus forte :
Ta miséricorde vaut mieux,
Pour rencontrer grâce à tes yeux
Dans l'excès de ton indulgence,
Qu'une apparente probité
Ne peut servir à la défense
De la secrète infirmité.

Quand un long amas de vertus
M'érigeroit un haut trophée
Sur tous les vices abattus
Et la convoitise étouffée;
Ces vertus n'auroient pas de quoi
Me justifier devant toi,
Quelque mérite qui les suive;
Il y faut encor ta pitié,
Puisque sans elle homme qui vive
A tes yeux n'est justifié.

CHAP. XLVII. — *Que pour la vie éternelle il faut endurer les choses les plus fâcheuses.*

Ne te rebute point, mon fils, de ces travaux
Que l'ardeur de ton zèle entreprend pour ma gloire;
Ne te laisse jamais abattre sous les maux
Qui te veulent des mains enlever la victoire :
En quelque triste état que leur rigueur t'ait mis,
    Songe à ce que je t'ai promis,
Reprends cœur là-dessus, espère, et te console;

Je rendrai tes désirs pleinement satisfaits,
Et j'ai toujours de quoi dégager ma parole
    Par l'abondance des effets.

Tu n'auras point ici longtemps à te lasser,
Tes douleurs n'y sont pas d'une éternelle suite;
Un peu de patience, et tu verras passer
Ce torrent de malheurs où ta vie est réduite :
Un jour, un jour viendra que ce rude attirail
    De soins, de troubles, de travail,
Fera place aux douceurs de la paix désirée :
Cependant souviens-toi que les maux les plus grands
Ne sont que peu de chose, et de peu de durée,
    Quand ils cessent avec le temps.

Applique à me servir une assiduité
Qui de ce que tu dois jamais ne se dispense;
Travaille dans ma vigne avec fidélité,
Et je serai moi-même enfin ta récompense.
Écris, lis, chante, prie et gémis tout le jour,
    Garde le silence à son tour,
Supporte avec grand cœur tous les succès contraires :
Leur plus longue amertume aura de doux reflux,
Et la vie éternelle a d'assez grands salaires
    Pour être digne encor de plus.

Oui, tu verras un jour finir tous ces ennuis;
Dieu connoît ce grand jour, qu'autre ne peut connoître :
Tu ne verras plus lors ni les jours ni les nuits,
Comme ici tu les vois, s'augmenter ou décroître;
D'une clarté céleste un long épanchement
    Fera briller incessamment
D'un rayon infini la splendeur ineffable;
Et d'une ferme paix le repos assuré
Versera dans ton cœur le calme invariable
    Que ces maux t'auront procuré.

Tu ne diras plus lors : « Qui pourra m'affranchir
De la mort que je traîne, et des fers que je porte ? »
Tu ne crieras plus lors : « Faut-il ainsi blanchir ?
Faut-il voir prolonger mon exil de la sorte ? »
La mort, précipitée aux gouffres du néant,
    N'aura plus ce gosier béant,
Dont tout ce qui respire est l'infaillible proie;
Et la santé, sans trouble et sans anxiété,
N'y laissera goûter que la parfaite joie
    D'une heureuse société.

Que ne peux-tu, mon fils, percer jusques aux cieux,

Pour y voir de mes saints la couronne éternelle,
Les pleins ravissemens qui brillent dans leurs yeux,
Le glorieux éclat dont leur front étincelle?
Voyant ces grands objets d'un injuste mépris
  En remporter un si haut prix,
Eux qu'à peine le monde a crus dignes de vivre,
Ta sainte ambition les voudroit égaler,
Te régleroit sur eux, et sauroit pour les suivre
  Jusqu'en terre te ravaler.

Tous les abaissemens te sembleroient si doux,
Qu'en haine des honneurs où ta folie aspire,
Tu choisirois plutôt d'être soumis à tous,
Que d'avoir sur un seul quelque reste d'empire;
Les beaux jours de la vie et les charmes des sens,
  Pour toi devenus impuissans,
Te laisseroient choisir ce mépris en partage;
Tu tiendrois à bonheur d'être persécuté,
Et tu regarderois comme un grand avantage
  Le bien de n'être à rien compté.

Si tu pouvois goûter toutes ces vérités,
Si jusque dans ton cœur elles étoient empreintes,
Tout un siècle de honte et de calamités
Ne t'arracheroit pas un seul moment de plaintes;
Tu dirois qu'il n'est rien de si laborieux
  Que pour un prix si glorieux
Il ne faille accepter sitôt qu'on le propose,
Et que perdre ou gagner le royaume de Dieu,
Quoi qu'en jugent tes sens, n'est pas si peu de chose,
  Qu'il faille chercher un milieu.

Lève donc l'œil au ciel pour m'y considérer;
Vois-y mes saints assis au-dessus du tonnerre;
Après tant de tourmens soufferts sans murmurer,
Après tant de combats qu'ils ont rendus sur terre,
Ces illustres vainqueurs des tribulations
  Goûtent les consolations
D'une joie assurée et d'un repos sincère;
Assis à mes côtés sans trouble et sans effroi,
Ils règnent avec moi dans le sein de mon Père,
  Et vivront sans fin avec moi.

CHAP. XLVIII. — *Du jour de l'éternité, et des angoisses de cette vie*

O séjour bienheureux de la cité céleste,
Où de l'éternité le jour se manifeste,
Jour que jamais n'offusque aucune obscurité,

Jour qu'éclaire toujours l'astre de vérité,
Jour où sans cesse brille une joie épurée,
Jour où sans cesse règne une paix assurée,
Jour toujours immuable, et dont le saint éclat
Jamais ne dégénère en un contraire état!
Que déjà ne luit-il! et pour le laisser luire
Que ne cessent les temps de perdre et de produire!
Que déjà ne fait place à ce grand avenir
Tout ce qu'ici leur chute avec eux doit finir!
Il luit, il luit déjà, mais sa vive lumière
Aux seuls hôtes du ciel se fait voir tout entière.
Tant que nous demeurons sur la terre exilés,
Il n'en tombe sur nous que des rayons voilés;
L'éloignement confond ou dissipe l'image
De ce qui s'en échappe au travers d'un nuage,
Et tout ce qu'à nos yeux il est permis d'en voir,
Ce sont traits réfléchis qu'en répand un miroir.
 Ces habitans du ciel en savent les délices,
Tandis qu'en ces bas lieux nous traînons nos supplices,
Et qu'un accablement d'amertume et d'ennuis
De nos jours les plus beaux fait d'effroyables nuits.
 Ces jours, que le temps donne et dérobe lui-même,
Longs pour qui les connoît, et courts pour qui les aime,
Ont pour l'un et pour l'autre un tissu de malheurs
D'où naissent à l'envi l'angoisse et les douleurs.
Tant que l'homme en jouit, que de péchés le gênent!
Combien de passions l'assiégent ou l'enchaînent!
Que de justes frayeurs, que de soucis cuisans
Lui déchirent le cœur, et brouillent tous les sens!
La curiosité de tous côtés l'engage;
La folle vanité le tient en esclavage;
Enveloppé d'erreurs, atterré de travaux,
Entre mille ennemis pressé de mille assauts,
Le repos l'affoiblit, et le plaisir l'énerve;
Tout le cours de sa vie a des maux de réserve;
Le riche par ses biens n'en est pas exempté,
Et le pauvre a pour comble encor sa pauvreté.
 Quand verrai-je, Seigneur, finir tant de supplices?
Quand cesserai-je d'être un esclave des vices?
Quand occuperas-tu toi seul mon souvenir?
Quand mettrai-je ma joie entière à te bénir?
Quand verrai-je en mon cœur une liberté sainte,
Sans aucun embarras, sans aucune contrainte?
Et quand ne sentirai-je en mes ardens transports
Rien qui pèse à l'esprit, rien qui gêne le corps?
Quand viendra cette paix et profonde et solide,
Où la sûreté règne, où ton amour préside,

Paix dedans et dehors, paix sans anxiétés,
Paix sans trouble, paix ferme enfin de tous côtés?
 Doux Sauveur de mon âme, hélas! quand te verrai-je?
Quand m'accorderas-tu ce dernier privilége?
Quand te pourront mes yeux contempler à loisir,
Te voir en tout, partout, être mon seul désir?
Quand te verrai-je assis sur ton trône de gloire,
Et quand aurai-je part aux fruits de ta victoire,
A ce règne sans fin, que ta bénignité
Prépare à tes élus de toute éternité?
 Tu sais que je languis, abandonné sur terre
Aux cruelles fureurs d'une implacable guerre,
Où toujours je me trouve en pays ennemi,
Où rien ne me console après avoir gémi,
Où de mon triste exil les suites importunes
Ne sont qu'affreux combats et longues infortunes.
 Modère les rigueurs de ce bannissement,
Verse en mes déplaisirs quelque soulagement :
Tu sais que c'est pour toi que tout mon cœur soupire;
Tu vois que c'est à toi que tout mon cœur aspire;
Le monde m'est à charge, et ne fait que grossir
Ce fardeau de mes maux qu'il tâche d'adoucir :
Ni de lui ni de moi je ne dois rien attendre;
Je veux te posséder, et ne te puis comprendre;
Je forme à peine un vol pour m'attacher aux cieux,
Qu'un souci temporel le ravale en ces lieux,
Et de mes passions les forces mal domptées
Me rendent aux douceurs qu'elles m'avoient prêtées :
L'esprit prend le dessus, mais le poids de la chair
Jusqu'au-dessous de tout me force à trébucher.
Ainsi je me combats et me pèse à moi-même,
Ainsi de mon dedans le désordre est extrême;
La chair rappelle en bas, quand l'esprit tire en haut,
Et la foible partie est celle qui prévaut.
 Que je souffre, Seigneur, quand, mon âme élevée
Jusqu'aux pieds de son Dieu qui l'a faite et sauvée,
Un damnable escadron de sentimens honteux
Vient troubler sa prière et distraire ses vœux!
 Toi, qui seul de mes maux tiens en main le remède,
En ces extrémités n'éloigne pas ton aide,
Et ne retire point par un juste courroux
Le bras qui seul pour moi peut rompre tous leurs coups.
Lance du haut du ciel un éclat de ta foudre,
Qui dissipe leur force et les réduise en poudre;
Précipite sur eux la grêle de tes dards;
Rends-les à leur néant d'un seul de tes regards,
Et renvoie aux enfers, comme souverain maître,

Ces fantômes impurs que leur prince fait naître.

D'autre côté, Seigneur, recueille en toi mes sens,
Ranime, réunis mes désirs languissans;
Fais qu'un parfait oubli des choses de la terre
Tienne à couvert mon cœur de toute cette guerre;
Ou si par quelque embûche il se trouve surpris,
Fais que, par les efforts d'un prompt et saint mépris,
Il rejette soudain ces délices fardées,
Dont le vice blanchit ses plus noires idées.

Viens, viens à mon secours, suprême Vérité,
Que je ne donne entrée à quelque vanité;
Viens, céleste douceur, viens occuper la place,
Et toute impureté fuira devant ta face.

Cependant fais-moi grâce, et ne t'offense pas
Si dans le vrai chemin je fais quelque faux pas,
Si quelquefois de toi mon oraison s'égare,
Si quelque illusion malgré moi m'en sépare :
Car enfin, je l'avoue à ma confusion,
Je ne cède que trop à cette illusion;
L'ombre d'un faux plaisir follement retracée
S'empare à tous momens de toute ma pensée;
Je ne suis pas toujours où se trouve mon corps;
Souvent j'occupe un lieu dont mon cœur est dehors;
Et, mon extravagance emportant l'infidèle,
Je suis bien loin de moi quand il est avec elle.
L'homme, sans y penser, pense à ce qu'il chérit,
Ainsi que l'œil de soi tourne à ce qui lui rit;
Ce qu'aime la nature ou qui plaît par l'usage,
C'est ce qui le plus tôt nous offre son image,
Et l'offre rarement, que notre esprit touché
Ne s'attache sans peine où le cœur est penché.

Aussi ta bouche même a bien voulu me dire,
Qu'où je mets mon trésor, là mon âme respire :
Si je le mets au ciel, il m'est doux d'y penser;
Si je le mets au monde, il m'y sait rabaisser;
De ses prospérités je fais mon allégresse,
Et ses coups de revers excitent ma tristesse.

Si les plaisirs des sens saisissent mon amour,
Ce qui peut les flatter m'occupe nuit et jour;
Si j'aime de l'esprit la parfaite science,
Je fais mon entretien de tout ce qui l'avance;
Enfin tout ce que j'aime et tout ce qui me plaît
Me tient comme enchaîné par un doux intérêt,
J'en parle avec plaisir, avec plaisir j'écoute
Tout ce qui peut m'instruire à marcher dans sa route,
Et j'emporte chez moi l'image avec plaisir
De tout ce qui chatouille et pique mon désir.

Qu'heureux est donc, ô Dieu, celui dont l'âme pure
Bannit, pour t'aimer seul, toute la créature,
Qui se fait violence, et n'osant s'accorder
Rien de ce que lui-même aime à se demander,
De la chair et des sens tellement se défie,
Qu'à force de ferveur l'esprit les crucifie !
C'est ainsi qu'en son cœur rétablissant la paix,
Sur le mépris du monde élevant ses souhaits,
Il t'offre une oraison, il t'offre des louanges
Dignes de se mêler à celles de tes anges,
Puisqu'en lui ton amour par ses divins transports
Étouffe le terrestre et dedans et dehors.

CHAP. XLIX. — *Du désir de la vie éternelle, et combien d'avantages sont promis à ceux qui combattent.*

Lorsque tu sens, mon fils, s'allumer dans ton cœur
Un désir amoureux de la béatitude,
Qu'il soupire après moi d'une douce langueur
Pour me voir sans ombrage et sans vicissitude ;
Quand tu le sens pousser d'impatiens transports
Pour se voir affranchi de la prison du corps,
Et contempler de près mes clartés infinies ;
Ouvre ton âme entière à cette ambition,
Et porte de ce cœur les forces réunies
A ce que veut de toi cette inspiration.

Surtout, quand tu reçois cet amoureux désir,
Souviens-toi de m'en rendre un million de grâces,
A moi dont la bonté daigne ainsi te choisir,
Te daigne ainsi tirer d'entre les âmes basses ;
C'est moi dont la clémence abaisse ma grandeur
Jusqu'à te visiter, et faire cette ardeur
Qui jusque dans ton sein de là-haut s'est coulée ;
C'est moi qui jusqu'à moi t'élève et te soutiens,
De peur que par ton poids ton âme ravalée
N'embrasse, au lieu de moi, la terre dont tu viens.

Ni tes efforts d'esprit, ni ceux de ta ferveur,
N'enfantent ce désir qu'il me plaît de produire ;
Il est un pur effet de ma haute faveur,
De mon aspect divin qui sur toi daigne luire :
Sers-t'en pour t'avancer avec facilité
Au chemin des vertus et de l'humilité ;
Fais qu'aux plus grands combats sans peine il te prépare ;
Fais que jusqu'en mon sein il te puisse ravir,
Qu'il t'y puisse attacher sans que rien t'en sépare,
Ni refroidisse en toi l'ardeur de me servir.

Le feu brûle aisément, mais il est malaisé
Que sa pointe aille haut sans un peu de fumée ;
Ainsi de quelques-uns le zèle est embrasé,
En qui l'impureté n'est pas bien consumée.
Un reste mal détruit de leurs engagemens
Attiédit la chaleur des bons élancemens
Sous les tentations que la chair leur suggère ;
Et ces vœux qu'à toute heure ils m'offrent en tribut
Ne sont pas tous conçus purement pour me plaire,
N'ont pas tous mon honneur pour leur unique but.

Les tiens mêmes, les tiens, dont l'importunité
Avec tant de chaleur souvent me sollicite,
Et presse les effets de ma bénignité
Par le sincère aveu de ton peu de mérite ;
Tes vœux, dis-je, souvent, sans s'en apercevoir,
Couvrant ton intérêt de cet humble devoir,
Cherchent ta propre joie, aussi bien que ma gloire,
Et ce peu qui s'y joint de propre affection
Leur imprime aussitôt une tache assez noire
Pour les tenir bien loin de la perfection.

Demande donc, mon fils, demande fortement,
Non ce qui t'est commode et te doit satisfaire,
Mais un succès pour moi, mais un événement
Qui me soit glorieux et digne de me plaire.
Si d'un esprit bien sain tu sais régler tes vœux,
Tu sauras les soumettre à tout ce que je veux,
Sans rien considérer de ce que tu désires,
Et préférer si bien mon ordre à ton désir,
Que tu ne parles plus, ni penses, ni respires,
Que pour suivre le choix de mon seul bon plaisir.

Je sais de ce désir quel est le digne objet,
A gémir si souvent je vois ce qui t'engage,
Et, comme tes soupirs ne vont pas sans sujet,
J'entends du haut du ciel leur plus secret langage :
Un dédain de la terre, une sainte fierté,
Te voudroient déjà voir dans cette liberté
Qu'assure à mes élus le séjour de la gloire ;
Il charme ton esprit ici-bas captivé,
Et sera quelque jour le prix de ta victoire ;
Mais le temps, ô mon fils ! n'en est pas arrivé.

Avant ce temps heureux un autre est à passer,
Un temps tout de combats, et tout d'inquiétudes,
Un temps où les travaux ne doivent point cesser,
Un temps plein de malheurs, et d'épreuves bien rudes ;
Tu languis cependant, et tes ardens souhaits

Pour le bien souverain, pour la céleste paix,
Ont une impatience, ont une soif extrême :
Tu ne peux pas sitôt atteindre où tu prétends ;
Prie, espère, attends-moi, je suis ce bien suprême,
Mais mon royaume enfin ne viendra qu'en son temps.

Il faut encore en terre éprouver ta vertu ;
Il faut sous mille essais encor que tu soupires,
Je saurai consoler ton esprit abattu,
Mais non pas à ton choix, ni tant que tu désires :
Montre un courage ferme à ce qui vient s'offrir,
Soit qu'il faille embrasser, soit qu'il faille souffrir
Des choses où tu sens la nature contraire ;
Revêts un nouvel homme et dépouille le vieux,
Et pour faire souvent ce que tu hais à faire,
Et pour quitter souvent ce qui te plaît le mieux.

Tu pourras à toute heure être mal satisfait
Des inégalités dont la vie est semée ;
Tous les projets d'un autre auront leur plein effet,
Tandis que tous les tiens s'en iront en fumée ;
Tu verras applaudir à tout son entretien,
Et ta voix à ses yeux n'être comptée à rien,
Quoiqu'à ton sentiment on dût la préférence ;
Tu verras sa demande aisément parvenir
Aux plus heureux succès qui flattent l'espérance,
Et tu demanderas sans pouvoir obtenir.

Des autres le grand nom sans mérite ennobli
Aura ce qui t'est dû de gloire et de louange,
Cependant que le tien traînera dans l'oubli,
S'il ne tombe assez bas pour traîner dans la fange ;
Ainsi que dans l'estime ils seront dans l'emploi,
Et l'injuste mépris que l'on aura pour toi
Te fera réputer serviteur inutile :
L'orgueil de la nature en voudra murmurer,
Et ce sera beaucoup, si ton esprit docile
Peut apprendre à se taire et toujours endurer

C'est par là, mon enfant, qu'ici-bas il me plaît
D'éprouver jusqu'au bout le cœur du vrai fidèle,
Pour voir comme il renonce à son propre intérêt,
Comme il sait rompre en tout la pente naturelle.
Voir arriver sans trouble et supporter sans bruit
Tout ce qu'obstinément ta volonté refuit,
T'imputer à bonheur tout ce qui t'importune,
C'est le dernier effort d'un courage fervent,
Et tu ne verras point qu'aucune autre infortune
T'oblige à te mieux vaincre, ou mourir plus avant.

Surtout il t'est bien dur qu'on te veuille ordonner
Ce qui semble à tes yeux une injustice extrême,
Ce qui n'est bon à rien, ce qu'on peut condamner
Ainsi qu'un attentat contre la raison même.
A cause que tu vis sous le pouvoir d'autrui,
Il te faut, malgré toi, prendre la loi de lui,
Obéir à son ordre, et suivre son empire ;
Et c'est là ce qui fait tes plus cruels tourmens,
Quand tu sens ta raison puissamment contredire,
Et qu'il faut accepter de tels commandemens.

Mais ne pense pas tant à l'excès de ces maux,
Que tu ne puisses voir qu'un moment les termine,
Que leur fruit passe enfin la grandeur des travaux,
Et que la récompense en est toute divine.
Au lieu de t'être à charge, au lieu de t'accabler,
Ils sauront faire naître, ils sauront redoubler
La douceur nécessaire à soulager ta peine ;
Et ce moment d'effort dessus ta volonté
La rendra dans le ciel à jamais souveraine
Sur l'infini trésor de toute ma bonté.

Dans ces palais brillans que moi seul je remplis,
Tu trouveras sans peine en moi seul toutes choses,
Tu verras tes souhaits aussitôt accomplis,
Tu tiendras en ta main quoi que tu te proposes ;
Toutes sortes de biens avec profusion
Y naîtront d'une heureuse et claire vision,
Sans crainte que le temps les change ou les enlève ;
Ton vouloir et le mien n'y seront qu'un vouloir,
Et tu n'y voudras rien qui hors de moi s'achève,
Ni dont ton intérêt s'ose seul prévaloir.

Là, personne à tes vœux ne voudra résister ;
Personne contre toi ne formera de plainte ;
Tu n'y trouveras point d'obstacle à surmonter ;
Tu n'y rencontreras aucun sujet de crainte ;
Les objets désirés s'offrant tous à la fois
N'y balanceront point ton amour ni ton choix
Sur les ébranlemens de ton âme incertaine ;
Tu posséderas tout sans besoin de choisir,
Et tu t'abîmeras dans l'abondance pleine,
Sans que la plénitude émousse le désir.

Là, ma main libérale, épanchant le bonheur,
De tous maux en tous biens fera d'entiers échanges ;
Pour l'opprobre souffert je rendrai de l'honneur,
Pour le blâme et l'ennui, d'immortelles louanges :
L'humble ravalement jusques au dernier lieu,

Relevé sur un trône au royaume de Dieu,
De ses submissions recevra la couronne;
L'aveugle obéissance aura ses dignes fruits,
Et les gênes qu'ici la pénitence donne
T'en feront là goûter qu'elles auront produits.

Range-toi donc, mon fils, sous le vouloir de tous,
Par une humilité de jour en jour plus grande;
Trouve tout de leur part juste, facile, doux,
Et n'examine point qui parle ou qui commande;
Que ce soit ton sujet, ton maître, ou ton égal,
Qu'il te veuille du bien, ou te veuille du mal,
Reçois à cœur ouvert son ordre, ou sa prière;
Entends même un coup d'œil, quand il s'adresse à toi;
Porte à l'exécuter une franchise entière,
Et t'en fais aussitôt une immuable loi.

Que d'autres à leur gré sur différens objets
Attachent des désirs que le succès avoue;
Qu'ils fassent vanité de tels ou tels projets;
Que mille et mille fois le monde les en loue:
Toi, mets toute ta joie à souffrir les mépris;
En mon seul bon plaisir unis tous tes esprits;
Que de mon seul honneur ton âme soit ravie;
Et souhaite surtout avec sincérité
Que, soit que je t'envoie ou la mort ou la vie
En tout ce que tu fais mon nom soit exalté.

CHAP. L. — *Comment un homme désolé doit se remettre entre les mains de Dieu.*

Qu'à présent, qu'à jamais soit béni ton saint nom;
La chose arrive ainsi que tu l'as résolue:
Tu l'as faite, ô mon Dieu! puisque tu l'as voulue,
    Et tout ce que tu fais est bon.

Ce n'est pas en autrui, ce n'est pas en soi-même
Que doit ton serviteur prendre quelque plaisir,
Mais en tous les succès que tu lui veux choisir,
    Mais en ta volonté suprême.

Toi seul remplis un cœur de vrai contentement,
Toi seul de mes travaux es le prix légitime;
Et l'honneur que je cherche et l'espoir qui m'anime
    En toi seul ont leur fondement.

Que vois-je en moi, Seigneur, qu'y puis-je voir paroître
Que ce que tu dépars sans l'avoir mérité?
Et ce que donne et fait ta libéralité,
    N'en es-tu pas toujours le maître?

Je suis pauvre, fragile, assiégé de malheurs ;
Dès mes plus jeunes ans l'angoisse m'environne,
Et mon âme aux ennuis quelquefois s'abandonne
    Jusqu'à l'indignité des pleurs.

Souvent même, souvent, au milieu de mes larmes,
Ce que je souffre cède à ce que je prévoi,
Et d'un triste avenir l'impitoyable effroi
    Me déchire à force d'alarmes.

Je souhaite ardemment la paix de tes enfans
Qu'ici-bas tu nourris de ta vive lumière,
Attendant que là-haut ta gloire tout entière
    Les rende à jamais triomphans.

Donne-moi cette paix, cette sainte allégresse ;
Ta louange aisément suivra cette faveur ;
Et mes ennuis changés en heureuse ferveur
    N'auront que des pleurs de tendresse.

Mais si tu te soustrais, comme tu fais souvent,
Tu me verras soudain rebrousser en arrière,
Et, sans pouvoir fournir cette sainte carrière,
    Gémir ainsi qu'auparavant.

Tu me verras, courbé sous ma propre impuissance,
De foiblesse et d'ennui tomber sur mes genoux,
Me battre la poitrine, et montrer à grands coups
    Combien je souffre en ton absence.

Qu'ils étoient beaux ces jours où sur tous mes travaux
Ta clarté répandoit ses vives étincelles,
Où mon âme, à couvert sous l'ombre de tes ailes,
    Bravoit les plus rudes assauts !

Maintenant une autre heure aux souffrances m'expose ;
Le moment est venu d'éprouver mon amour :
Père aimable, il est juste ; et je dois à mon tour
    Endurer pour toi quelque chose.

De toute éternité tu prévis ce moment
Qui m'abat au dehors durant un temps qui passe,
Pour me faire au dedans revivre dans ta grâce,
    Et t'aimer éternellement.

Il faut qu'un peu de temps je traîne dans la honte
Cet objet de mépris et de confusion ;
Que je semble tomber à chaque occasion
    Sous la langueur qui me surmonte.

Père saint, tu le veux ; mais ce n'est qu'à dessein
Que mon âme avec toi de nouveau se relève,

Et que du haut du ciel un nouveau jour achève
De s'épandre au fond de mon sein.

Ton ordre est accompli, ta volonté suivie ;
Je souffre, je languis, je vis dans le rebut,
Et je prends tous ces maux dont tu me fais le but
Pour arrhes d'une heureuse vie.

Ce sont traits de ta grâce, et c'est ton amitié
Qui donne à tes amis à souffrir pour ta gloire,
Et ce qu'ose contre eux la fureur la plus noire
Marque un effet de ta pitié.

Toutes les fois qu'ainsi ta bonté se déploie,
Ils nomment ces malheurs un bienheureux hasard,
Et n'examinent point quelle main les départ,
Lorsque la tienne les envoie.

Seigneur, sans ton vouloir rien n'arrive ici-bas ;
Il fait la pauvreté comme il fait l'abondance ;
Et les raisons de tout sont en ta providence
Que ce grand tout suit pas à pas.

Il est juste, il est bon qu'ainsi tu m'humilies,
Pour m'apprendre à marcher sous tes enseignemens,
Et bannir de mon cœur les vains emportemens
De mes orgueilleuses folies.

Il m'est avantageux que mon front soit couvert
D'une confusion qui vers toi me rappelle,
Pour chercher mon refuge en ta main paternelle,
Plutôt qu'en l'homme qui me perd.

J'en apprends à trembler sous l'abîme inscrutable
Que présente à mes yeux ton profond jugement,
Lorsque je vois ton bras frapper également
Sur le juste et sur le coupable.

Bien que d'abord cet ordre ait de quoi m'étonner,
Il est l'équité même et la même justice,
Puisqu'il afflige l'un pour hâter son supplice,
Et l'autre pour le couronner.

Quelles grâces, Seigneur, ne te dois-je point rendre
De ne m'épargner point les grâces des travaux,
Et de me prodiguer l'amertume ces maux
Dont le vrai bien se doit attendre !

Ces maux, à pleines mains sur ma tête versés,
A l'esprit comme au corps font sentir leurs atteintes,
Et dedans et dehors je porte les empreintes
Des carreaux que tu m'as lancés.

L'angoisse et les douleurs deviennent mon partage,
Sans que rien sous le ciel m'en puisse consoler;
Toi seul les adoucis, toi seul y sais mêler
    Ce qui me soutient le courage.

Céleste médecin de ceux que tu chéris,
Ainsi jusqu'aux enfers tu mènes et ramènes;
Tu nous ouvres le ciel par l'essai de leurs gênes;
    Tu blesses, et puis tu guéris.

Étends sur moi, Seigneur, étends ta discipline;
Décoche ces doux traits de ta sévérité,
Qui servent de remède à la fragilité
    Par leur instruction divine.

Me voici, Père aimé, prêt à les recevoir;
Je m'incline et m'abats sous ta main amoureuse;
Fais-lui prendre à ton gré ta verge rigoureuse
    Qui me rejette en mon devoir.

Ce corps bouffi d'orgueil, cette âme ingrate et vaine,
De leur propre vouloir courbent sous le fardeau;
Frappe, et redresse-les au juste et droit niveau
    De ta volonté souveraine.

Fais de moi ton disciple humble, dévot, soumis,
Comme, quand il te plaît, ta coutume est d'en faire,
Afin que tous mes pas n'aillent qu'à satisfaire
    A ce que tu m'auras commis.

Une seconde fois frappe, je t'en convie;
Je me remets entier sous ta correction;
Elle est ici l'effet de ta dilection,
    Et de ta haine en l'autre vie.

Ne la réserve pas à ce long avenir :
Tu vois au fond du cœur jusqu'à la moindre tache,
Et dans la conscience il n'est rien qui te cache
    Ce que ta bonté doit punir.

Tu vois nos lâchetés avant qu'elles arrivent;
Et tu n'as point besoin qu'aucun te donne avis
Ni de quelle façon tes ordres sont suivis,
    Ni de quel air les hommes vivent.

Tu sais, et mieux que moi quelles impressions,
Me peuvent avancer en ton divin service,
Et combien est puissante à dérouiller le vice
    L'aigreur des tribulations.

Ne dédaigne donc pas cette âme pécheresse,
Toi qui vois mieux que tous son foible et son secret;

Fais-la se conformer à l'aimable décret
  De ton éternelle sagesse.

Fais-moi savoir, Seigneur, ce que je dois savoir,
Fais-moi ne rien aimer que ce qu'il faut que j'aime,
Louer tout ce qui plaît à ta bonté suprême,
  Et qui remplit un saint devoir.

Fais-moi n'estimer rien en toute la nature
Que ce qui devant toi conserve quelque prix ;
Fais-moi ne rien blâmer que ce qu'à tes mépris
  Expose sa propre souillure.

Ne me laisse juger biens ni maux apparens
Par cet extérieur qui n'a rien de solide,
Et ne souffre jamais que mon âme en décide
  Sur le rapport des ignorans.

Fais-moi d'un jugement simple, mais véritable,
Discerner le visible et le spirituel,
Et rechercher surtout d'un soin continuel
  Ce que veut ton ordre adorable.

Souvent le sens humain, d'erreurs enveloppé,
Précipite avec lui la prudence déçue,
Et l'amour qui s'attache à ce qu'offre la vue
  Est encor plus souvent trompé.

De quoi nous peut servir l'éloge qui nous flatte?
Pour être mis plus haut en devient-on meilleur?
Et reçoit-on son prix de la vaine couleur
  Dont une fausse gloire éclate?

Je dois fuir qui m'en donne, ou ne le regarder
Que comme un abuseur qui séduit ce qu'il loue,
Un infirme insolent qui d'un foible se joue,
  Un aveugle qui veut guider.

La louange mal due aussi bien n'est qu'un conte
Que le peu de mérite en soi-même dédit,
Et qui donne au dehors beaucoup moins de crédit
  Qu'au dedans il ne fait de honte.

Il faut donc s'en défendre à toute heure, en tous lieux,
Puisque aucun après tout n'est ni grand ni louable
(Si l'humble saint François en peut être croyable),
  Qu'autant qu'il l'est devant tes yeux.

CHAP. LI. — *Qu'il faut nous appliquer aux actions extérieures et ravalées, quand nous ne pouvons nous élever aux plus hautes.*

Lorsque tu sens, mon fils, ton âme inquiétée
De voir tes bons désirs lâchement rabattus,
Apprends que la ferveur qu'allument les vertus
    N'est pas toujours de ta portée :
Tu ne peux pas toujours soutenir à ton gré
La contemplation dans le plus haut degré ;
C'est en dépit de toi qu'ainsi tu te ravales ;
Et le honteux besoin que l'esprit a du corps,
Lui donnant malgré lui des heures inégales,
Malgré lui le rejette aux œuvres du dehors.

Telle est l'impression que fait ton origine
Sur la plus digne ardeur dont tu sois emporté ;
Tel est le sang impur et le suc infecté
    Que tu tires de ta racine :
Tu vois avec dégoût et souffres à regret
L'importune langueur et le fardeau secret
Dont t'accable une vie infirme et corruptible ;
Il le faut toutefois, et ton malheur est tel,
Que ce dégoût de l'âme y devient invincible
Tant que pour sa prison elle a ce corps mortel

Gémis donc, et souvent, sous le poids que t'impose
Une chair qui te lie à son être imparfait ;
Gémis des rudes lois que cette chair te fait ;
    Gémis des maux qu'elle te cause ;
Gémis de ne pouvoir avec un plein effort
Attacher ton étude à ce divin transport
Qui dégage l'esprit de toute la matière ;
Gémis de n'avoir pas assez de fermeté
Pour me donner sans cesse une âme tout entière,
Et sans relâche aucune admirer ma bonté.

Ne dédaigne pas lors ces actions plus basses
Où le corps s'exerçant l'âme en a tout le fruit,
Ces emplois du dehors où tu te sens conduit
    Par un doux reste de mes grâces.
Attends en patience, attends l'heureux retour
Qui, du plus haut du ciel rappelant mon amour,
Reportera chez toi les biens de ma visite ;
Et ne murmure point de cette aridité
Qui, saisissant ton cœur sitôt que je le quitte,
Le tient comme en exil dans son infirmité.

Il est mille actions pour cette mauvaise heure
Qui peuvent adoucir et tromper ton chagrin,

Attendant que je vienne et qu'il me plaise enfin
    Rétablir chez toi ma demeure.
Je viendrai t'affranchir de tes anxiétés,
Et de tant de travaux pour mon nom supportés
Une solide joie éteindra la mémoire ;
Je me conformerai moi-même à tes souhaits,
Et te ferai goûter, pour essai de ma gloire,
Le calme intérieur d'une céleste paix.

J'ouvrirai devant toi le pré des Écritures,
Afin qu'à cœur ouvert tes saints ravissemens
Y courent le sentier de mes commandemens
    Avec des intentions pures ;
Alors, perçant de l'œil toute l'éternité,
Pour voir de ton bonheur la haute immensité,
Tu t'écrieras soudain : « Ah ! qu'il est ineffable !
Seigneur, quelques tourmens qu'il nous faille sentir,
Tout ce qu'on souffre ici n'a rien de comparable
A la gloire qu'un jour tu dois nous départir. »

CHAP. LII. — *Que l'homme ne se doit point estimer digne de consolation, mais plutôt de châtiment.*

Seigneur, si je m'arrête au peu que je mérite,
Je ne puis espérer tes consolations,
Ni que du haut du ciel ta secrète visite
Daigne adoucir l'aigreur de mes afflictions.

Je n'en fus jamais digne, et lorsque tu me laisses
Dénué, pauvre, infirme, impuissant, éperdu,
Tu ne fais que justice à mes lâches foiblesses,
Et ce triste abandon me rend ce qui m'est dû.

Quand de tout mon visage un océan de larmes
Pourroit à gros torrens incessamment couler,
Je n'aurois aucun droit au moindre de ces charmes
Que versent tes bontés quand tu viens consoler.

Après m'être noirci d'un million d'offenses,
M'être fait un rebelle à tes commandemens,
Tu ne me peux devoir pour justes récompenses
Que d'âpres coups de fouet, et de longs châtimens.

Je l'avoue à ma honte ; et, plus je m'examine,
Plus je découvre en moi cette indigne noirceur,
Qui ne peut mériter de ta faveur divine
Ni le moindre secours, ni la moindre douceur.

Mais toi, dont la bonté passe toute mesure
A prodiguer les biens dont ses trésors sont pleins,

Et qui dans cette indigne et vile créature
Considères encor l'ouvrage de tes mains ;

Toi, qui ne veux jamais que tes œuvres périssent,
Tu ne regardes point ce que j'ai mérité,
Et de ces grands vaisseaux qui jamais ne tarissent
Tu fais couler les dons de ta bénignité.

Tu les répands sur moi, Seigneur ; tu me consoles,
Non pas à la façon des hommes tels que nous :
Leurs consolations se bornent aux paroles ;
Les tiennes ont l'effet aussi prompt qu'il est doux.

Que t'ai-je fait, ô Dieu ! digne que ta clémence
M'envoie ainsi d'en haut un céleste rayon ?
Et qui me fait ainsi jouir de ta présence,
Moi qui ne me souviens d'avoir rien fait de bon ?

Je force ma mémoire à retracer ma vie,
Et n'y vois que désordre et que déréglement,
Qu'une pente au péché honteusement suivie,
Qu'une morne langueur pour mon amendement.

C'est une vérité que je ne te puis taire ;
Et, si mon impudence osoit la dénier,
Tes yeux me convaincroient aussitôt du contraire,
Sans qu'aucun entreprît de me justifier.

Qu'ai-je pu mériter par cet amour du vice,
Que d'être mis au rang des plus grands criminels ?
Et, si tu fais agir seulement ta justice,
Qu'aura-t-elle pour moi que des feux éternels ?

Je ne suis digne au plus que de voir sur ma face
L'opprobre et le mépris rejaillir à grands flots ;
Et c'est injustement que j'occupe une place
Dans cette maison sainte où vivent tes dévots.

Je veux bien contre moi rendre ce témoignage,
Quelque dur qu'il me soit d'entendre ce discours,
Afin que ta pitié plus aisément s'engage
A remettre mon crime et me prêter secours.

Tout confus que je suis de me voir si coupable,
Que dirai-je, sinon : « J'ai péché, mon Sauveur,
J'ai péché ; mais pardonne, et d'un œil pitoyable
Regarde un criminel qui demande faveur. »

Ne la refuse pas aux peines que j'endure,
Et laisse-moi du moins plaindre un peu mes douleurs
Avant que je descende en cette terre obscure,
Qu'enveloppe la mort de ses noires couleurs.

Ce que tu veux surtout d'une âme ensevelie
Dans cette juste horreur que lui fait son péché,
C'est que le cœur se brise, et qu'elle s'humilie
Sous le saint repentir dont ce cœur est touché.

Cette contrition humble, sincère, vraie,
Autorise l'espoir du pardon attendu,
Calme si bien l'esprit, ferme si bien sa plaie,
Que ta grâce lui rend ce qu'il avoit perdu.

C'est une sauvegarde à l'âme pénitente
Contre l'ire future et l'effroyable jour;
Dieu vient au-devant d'elle, et remplit son attente
Par un baiser de paix qui rejoint leur amour.

C'est, ô Dieu tout-puissant! c'est l'heureux sacrifice
Qu'accepte à bras ouverts ton immense grandeur;
Et tout l'encens du monde offert à ta justice
N'a point de quoi répandre une si douce odeur.

C'est l'onguent précieux, c'est le nard dont toi-même
As voulu qu'ici-bas l'homme embaumât tes pieds;
Et jamais on n'a vu que ta bonté suprême
Ait dédaigné les vœux des cœurs humiliés.

C'est l'asile assuré contre la fière audace
Dont nos vieux ennemis osent nous assaillir;
Par là de tout l'impur la souillure s'efface;
Par là nous dépouillons tout ce qui fait faillir.

CHAP. LIII. — *Que la grâce de Dieu est incompatible avec le goût des choses terrestres.*

Ma grâce est précieuse, et l'impur alliage
Des attraits du dehors et des plaisirs mondains,
Ces douceurs dont la terre empoisonne un courage,
Sont l'éternel objet de ses justes dédains;
Elle n'en souffre point l'injurieux mélange
Et, depuis qu'avec elle on pense les unir,
    Elle prend aussitôt le change,
Et leur cède le cœur qui les veut retenir.

Défais-toi donc, mon fils, de tout le corruptible,
Bannis bien loin de toi tout cet empêchement,
Si tu veux que ton cœur demeure susceptible
De ce qu'a de plus doux son plein épanchement;
Plongé dans la retraite, et seul avec toi-même,
Fais-en ton seul plaisir et ton unique bien;
    Adore son auteur suprême,
Et fuis l'amusement de tout autre entretien.

Redouble à tous momens l'ardeur de ta prière,
Afin que je te donne un esprit recueilli,
Une pureté d'âme inviolable, entière,
Un tendre et long regret d'avoir longtemps failli :
Ne compte à rien le monde; et quand cet infidèle
Par quelques hauts exploits émeut ta vanité,
      Préfère ceux où je t'appelle
A tout l'extérieur dont tu te vois flatté.

Tu ne peux contempler mes augustes mystères,
M'offrir une âme pure et des vœux innocens,
Et laisser tout ensemble aux douceurs passagères
Ce dangereux aveu de chatouiller tes sens;
Il faut qu'un saint exil, par un pieux divorce,
De tes plus chers amis sache te retrancher,
      Et rejette toute l'amorce
Des satisfactions qui viennent de la chair.

Ainsi Pierre autrefois, ce prince des apôtres,
Savoit en éviter le piége décevant,
Et pour, à son exemple, attirer tous les autres,
Il les prioit lui-même, et leur disoit souvent :
« Contenez vos désirs, et marchez sur la terre
Comme si vous étiez en pays étranger;
      Ce sont eux qui vous font la guerre,
Et leur plus doux appas fait le plus grand danger. »

Oh! que l'homme à la mort porte de confiance,
Quand il n'a dans le monde aucun attachement,
Qu'il s'est dépris de tout, et que sa conscience
A su se faire un fort de ce retranchement !
Mais il n'est pas aisé, ni que l'esprit malade
Rompe ainsi tous les fers dont il est arrêté,
      Ni que la chair se persuade
Quels biens a de l'esprit l'entière liberté.

Il le faut toutefois, du moins si tu veux vivre
Ainsi qu'un vrai dévot, avec ordre, avec soin;
Il te faut affranchir des assauts que te livre
Tout ce que qui te regarde ou de près ou de loin :
Il est besoin surtout de vigilance extrême,
D'un cœur bien résolu, d'un courage affermi,
      Et de te garder de toi-même
Comme de ton plus grand et plus fier ennemi.

Tout le reste aisément avouera sa défaite,
Si tu sais de toi-même une fois triompher;
Le combat est fini, la victoire est parfaite,
Quand l'amour-propre fuit, ou se laisse étouffer.

Qui se dompte à ce point qu'il tient partout soumise
Sa chair à sa raison, et sa raison à moi,
 Ne craint plus aucune surprise,
Et demeure le maître et du monde et de soi.

Oui, quand l'homme en est là, la bataille est gagnée ;
Mais pour y parvenir il faut bien commencer,
Avec force et courage empoigner la cognée,
Et jusqu'en la racine à grands coups l'enfoncer :
C'est ainsi qu'on détruit, c'est ainsi qu'on arrache
L'amour désordonné qu'on se porte en secret,
 Et c'est ainsi qu'on se détache
Et de l'intérêt propre, et de tout faux attrait.

De ce vice commun, de cet amour trop tendre
Où par sa propre main on se laisse enchaîner,
Coulent tous les désirs dont il se faut défendre,
S'élèvent tous les maux qu'il faut déraciner ;
De là descend le trouble, et de là prend naissance
Tout cet égarement qui brouille tes souhaits ;
 Et qui peut briser sa puissance
S'assure en même temps une profonde paix.

Mais il en est fort peu dont la vertu sublime
Réduise tous leurs soins à bien mourir en eux,
A bien anéantir toute la propre estime,
Et du propre regard purifier leurs vœux :
Ce charmant embarras les retient, les rappelle ;
Enveloppés en eux, ils n'en peuvent sortir,
 Et leur âme toute charnelle
A prendre un vol plus haut ne sauroit consentir.

Quiconque cependant veut marcher dans ma voie,
Et suivre en liberté la trace de mes pas,
Doit de tous ces désirs que l'amour-propre envoie
Sous de saintes rigueurs ensevelir l'appas,
Combattre dans son cœur et vaincre la nature,
Ne lui rien accorder qu'elle ait trop désiré,
 Et pour aucune créature
N'avoir aucun amour qui ne soit épuré.

CHAP. LIV. — *Des divers mouvemens de la nature et de la grâce.*

Considère, mon fils, en tout ce qui se passe,
 De la nature et de la grâce
Les mouvemens subtils l'un à l'autre opposés ;
Leurs images souvent en lieu même épandues,
 L'une dans l'autre confondues,

Ont des traits si pareils et si peu divisés,
Que les plus grands dévots, après s'être épuisés
    En des recherches assidues,
A peine, quelque soin qu'ils s'en puissent donner,
Ont des yeux assez vifs pour les bien discerner.

Chacun se porte au bien, et le désir avide
    Jamais n'embrasse d'autre objet :
Mais il en est de faux ainsi que de solide ;
Et, comme l'apparence attire le projet,
La fausse avec tant d'art quelquefois y préside,
Que l'un passe pour l'autre, et les yeux les meilleurs
    Se trompent aux mêmes couleurs.

C'est ainsi que souvent à force d'artifices
    La nature enchaîne et déçoit,
Se considère seule aux vœux qu'elle conçoit,
Et se prend pour seul but en toutes ses délices ;
Mais la grâce chemine avec simplicité,
Ne peut souffrir du mal l'ombre ni l'apparence,
Ne tend jamais de piége à la crédulité,
    Voit toujours Dieu par préférence,
Ne fait rien que pour lui, le prend pour seule fin,
Et met tout son repos en cet Être divin.

S'il faut mourir en soi, se vaincre, se soumettre,
Se laisser opprimer, se voir assujettir,
La nature jamais ne peut y consentir,
    Jamais n'ose se le permettre :
Mais la grâce prend peine à se mortifier,
Sous le vouloir d'autrui cherche à s'humilier,
A se dompter partout met toute son étude ;
    Et de la sensualité
Le joug, si doux pour l'autre, est pour elle si rude,
Qu'à lui seul elle oppose un esprit révolté.

    Pour en mieux briser l'esclavage,
La propre liberté, chez elle hors d'usage,
    N'a rien qu'elle daigne garder ;
Elle aime à se tenir dessous la discipline,
Jamais avec plaisir sur aucun ne domine,
    Jamais n'aspire à commander.
Être et vivre sous Dieu, s'attacher en captive
    A l'ordre aimable de ses lois,
Et se ranger pour lui sous le moindre qui vive,
C'est de tous ses désirs l'inébranlable choix.

    Regarde comme la nature
    S'empresse avec activité

A la moindre couleur, à la moindre ouverture
Que fait son intérêt ou sa commodité :
Dans son plus beau travail tout ce qu'elle examine,
C'est combien sur un autre un tel emploi butine;
L'estime s'en mesure à ce qu'il rend de fruit :
La grâce cherche aussi l'utile et le commode;
  Mais la sainte ardeur qu'elle suit,
  Par une contraire méthode,
Sans se considérer, embrasse à cœur ouvert
Ce qui sert à plusieurs, et non ce qui lui sert.

L'une aime les honneurs où le monde l'appelle,
Les reçoit avec joie, et court même au-devant;
L'autre m'en fait toujours un hommage fidèle,
Et sur ceux qu'on lui rend son zèle s'élevant
Me les réfère tous, sans en vouloir pour elle.

L'une craint les mépris et la confusion;
  L'autre en bénit l'occasion,
  Et d'une allégresse infinie
Au nom de Jésus-Christ souffre l'ignominie.

La molle oisiveté, le repos nonchalant,
  Pour la nature ont de douces amorces :
Mais la grâce, au contraire, est d'un esprit bouillant
Qui veut faire sans cesse un essai de ses forces;
  Sa vie est toute d'action,
Et ne peut subsister sans occupation.

  Les nouveautés plaisent à la nature;
Elle aime l'ajusté, le beau, le précieux;
Le vil et le grossier sont l'horreur de ses yeux,
L'en vouloir revêtir c'est lui faire une injure :
La grâce aime l'habit simple et sans ornement;
  Elle n'affecte point la mode;
Le plus vieux drap n'a rien qui lui semble incommode,
Et le plus mal poli lui plaît également.

La nature a le cœur aux choses de la terre,
  Dont le vain éclat l'éblouit,
  Et, si le gain l'épanouit,
  La perte aussitôt le resserre;
Il chancelle, il s'abat sous le moindre revers,
Et s'aigrit fortement pour un mot de travers.

  Comme la grâce est éloignée
  De cet indigne attachement,
Les seuls biens éternels attirent pleinement
  L'œil d'une âme qu'elle a gagnée;
  Elle tient pour indifférens

Et la perte et le gain de ces biens apparens;
Contre elle sans effet l'opprobre se déploie;
Rien ne la peut troubler, rien ne la peut aigrir;
Et, ne mettant qu'au ciel ses trésors et sa joie,
Elle ne peut rien perdre où rien ne peut périr.

La nature est cupide autant qu'elle est avare,
    Et sa brûlante soif d'avoir
    La rend plus prompte à recevoir
Qu'à faire part de ce qu'elle a de rare;
Tout ce qu'elle possède émeut le propre amour,
    Et, la possédant à son tour,
A l'usage privé par cet amour s'applique :
La grâce est libérale, et, contente de peu,
Ne veut point de trésors qu'elle ne communique,
Et du propre intérêt fait un tel désaveu,
Qu'elle trouve à donner plus de béatitude
Qu'à recevoir d'autrui la juste gratitude.

    Emprunte, emprunte mes clartés
    Pour voir où penche la nature,
    Comme elle incline aux vanités,
    A la chair, à la créature,
    Comme elle se plaît à courir
    Et pour voir et pour discourir,
Cependant que vers Dieu la grâce attire une âme,
    Et que sur le vice abattu
Elle aplanit aux cœurs qu'un saint désir enflamme
    L'heureux sentier de la vertu.

    Elle fait bien plus, cette grâce,
Elle renonce au monde; et son feu généreux
    Devient une invincible glace
Pour tout ce que la terre a d'attraits dangereux :
Tout ce qu'aime la chair est l'objet de sa haine;
Et, bien loin de courir vagabonde, incertaine,
    Au gré de quelque folle ardeur,
La retraite a pour elle une si douce chaîne,
Que paroître en public fait rougir sa pudeur.

Leurs consolations sont même si diverses,
Que l'une les arrête à ce qu'aiment les sens;
    L'autre, qui les tient impuissans,
Ne regarde que Dieu dans toutes ses traverses,
N'a recours qu'à lui seul, et ne se plaît à rien
    Qu'en l'unique et souverain bien.

    Retrancher l'espoir du salaire,
C'est rendre la nature à son oisiveté;

Et détourner ses yeux de sa commodité,
C'est la mettre en état de ne pouvoir rien faire :
Elle ne prête point ses soins officieux
Sans prétendre aussitôt ou la pareille ou mieux;
Quelques dons qu'elle fasse, elle veut qu'on les prise,
Que ses moindres bienfaits soient tenus de grand poids,
Qu'elle en ait la louange ou qu'on l'en favorise,
Et qu'un foible service acquière de pleins droits.

  Oh! que la grâce est différente!
Qu'elle fait du salaire un généreux mépris!
  Son Dieu seul est le digne prix
  Qui puisse remplir son attente.
  Comme l'humaine infirmité
Fait des biens temporels une nécessité,
C'est pour ce besoin seul qu'elle en souffre l'usage,
  Et ne consent d'en obtenir
  Que pour mieux se faire un passage
  A ceux qui ne sauroient finir.

Si le nombre d'amis, si la haute alliance,
  Si le vieil amas des trésors,
Si le rang que tu tiens, si le lieu dont tu sors,
De quelque vaine gloire enflent ta confiance;
  Si tu fais ta cour aux puissans,
  Si les riches ont tes encens,
  Par une molle flatterie
Si tu vantes partout ce que font tes pareils;
Tu ne suis que le cours de cette afféterie
Qu'inspire la nature à qui croit ses conseils.

  La grâce agit d'une autre sorte;
  Elle chérit ses ennemis,
  Et la foule épaisse d'amis
  Jamais hors d'elle ne l'emporte;
Quoiqu'elle fasse état des qualités, du rang,
  De l'illustre et haute naissance,
Elle n'en prise point l'éclat ni la puissance,
Si la haute vertu ne passe encor le sang.

Le pauvre en sa faveur la trouve plus flexible
  Que ne fait le riche orgueilleux;
Avec l'humble innocence elle est plus compatible
  Qu'avec le pouvoir sourcilleux :
Ses applaudissemens sont pour les cœurs sincères,
  Non pour ces bouches mensongères
  Que la seule fourbe remplit;
Elle exhorte les bons à ces œuvres parfaites,
Ces hautes charités publiques et secrètes,

Par qui du Fils de Dieu l'image s'accomplit ;
Et sa pieuse adresse aux vertus les avance
Par l'émulation de cette ressemblance.

La nature jamais ne veut manquer de rien,
Jamais du moindre mal n'aime à souffrir l'atteinte ;
Tout ce qu'elle n'a pas, faute d'un peu de bien,
  Lui donne un grand sujet de plainte :
La grâce n'en vient point à cette lâcheté,
Et porte constamment toute la pauvreté.

La nature sur soi fixe toute sa vue,
Y jette tout l'effort de ses réflexions,
Et n'a point de combats ni d'agitations
Où par l'intérêt propre elle ne soit émue :
  La grâce a d'autres mouvemens,
  Dont les sacrés épuremens
Rapportent tout à Dieu comme à leur origine ;
Elle ne s'attribue aucun bien qu'elle ait fait,
Et toute sa vertu jamais ne s'imagine
Que son plus grand mérite ait rien que d'imparfait.

  Elle n'est point contentieuse,
  Et ne donne point ses avis
  D'une manière impérieuse
  Qui demande à les voir suivis.
Jamais à ceux d'un autre elle ne les préfère ;
Et, de quoi qu'elle juge ou qu'elle délibère,
A l'examen divin elle soumet le tout,
  Et fait la Sagesse éternelle
Arbitre souveraine et de ce qu'on croit d'elle,
  Et de tout ce qu'elle résout.

L'âpre démangeaison d'entendre des nouvelles,
  Ou de pénétrer un secret,
  Pour la nature a tant d'attrait,
Qu'elle prête l'oreille à mille bagatelles ;
L'ambitieuse soif de paroître au dehors
  Lui fait consumer mille efforts
A lasser de ses sens la vaine expérience ;
Et l'éclat d'un grand nom lui semble un tel bonheur,
Qu'il la force à courir avec impatience
Où brille quelque espoir de louange et d'honneur.

La grâce n'a jamais cette humeur curieuse
  Qui court après les raretés ;
  Jamais les folles nouveautés
N'allument dans son sein d'amour capricieuse :
Toutes naissent aussi de ces corruptions

Que du cercle des temps les révolutions
Sous de nouveaux dehors rendent à la nature;
Et jamais sur la terre on n'a lieu d'espérer
Du retour déguisé de cette pourriture
Aucun effet nouveau, ni qui puisse durer.

Elle enseigne à ranger tes sens sous ta puissance,
  A bannir de tes actions
  L'orgueil des ostentations,
  Et le fard de la complaisance;
Elle enseigne à cacher dessous l'humilité
Ce que de tes vertus l'effort a mérité,
  Quand même il est tout admirable;
  En toute science, en tout art,
Elle cherche quel fruit en peut être estimable,
Et combien de son Dieu la gloire y tient de part.

Elle ne veut jamais ni qu'on la considère,
Ni qu'on daigne priser quoi qu'elle puisse faire,
Mais que dans tous ses dons ce Dieu seul soit béni,
Ce Dieu qui les fait tous de sa pure largesse,
  Et se plaît à livrer sans cesse
Aux prodigalités d'un amour infini
L'inépuisable fonds de toute sa richesse.

Pour t'exprimer enfin ce que la grâce vaut,
C'est un don spécial du souverain Monarque,
Un trait surnaturel des lumières d'en haut,
Le grand sceau des élus et leur céleste marque,
Du salut éternel le gage précieux,
L'arrhe du paradis, et l'avant-goût des cieux.
C'est par elle que l'homme, arraché de la terre,
Pousse jusqu'à leur voûte un feu continuel,
De charnel qu'il étoit devient spirituel,
Et se fait à soi-même une implacable guerre.
Plus tu vaincs la nature et l'oses maltraiter,
Plus cette grâce abonde, et sème des mérites,
Que moi-même honorant de mes douces visites
Je fais de jour en jour d'autant plus haut monter;
Et ma main, d'autant mieux réparant mon ouvrage,
Dans ton intérieur rétablit mon image.

CHAP. LV. — *De la corruption de la nature, et de l'efficace de la grâce.*

Seigneur, à ton image il t'a plu me former;
Ton souffle dans mon âme a daigné l'imprimer
  Par un amoureux caractère;
Mais ce n'est pas assez; il faut, il faut encor

Cette grâce, ce grand trésor,
Que tu viens de montrer m'être si nécessaire ;
Je ne puis autrement vaincre l'orgueil caché
De ma nature pervertie,
Qui, faisant triompher la plus foible partie,
Me précipite au mal et m'entraîne au péché.

Malgré moi j'y succombe, et j'en sens malgré moi
Régner sur tout mon cœur l'impérieuse loi,
Aux lois de l'esprit opposée ;
Esclave qu'il en est, il l'aide à me trahir
Jusqu'à me forcer d'obéir
Aux sensualités de la chair abusée :
Je n'en saurois dompter les folles passions
Sans l'assistance de ta grâce,
Et si tu ne répands son ardente efficace
Sur la malignité de leurs impressions.

Oui, Seigneur, il faut grâce, il en faut grand secours,
Il en faut grand effort qui croisse tous les jours,
Pour assujettir la nature,
Elle qui, du moment qu'elle peut respirer,
Sans aucun soin de s'épurer,
Penche vers la révolte et glisse vers l'ordure.
Le péché fit sa chute et sa corruption,
Et depuis le premier des hommes
Cette tache a passé dans tous tant que nous sommes
Avec tous les malheurs de sa punition.

Ce chef-d'œuvre si beau qui sortit de tes mains,
Paré des ornemens si brillans et si saints
De la justice originelle,
En a si bien perdu l'éclat et les vertus,
Que son nom même ne sert plus
Qu'à nommer la nature infirme et criminelle ;
Ce qui lui reste encor de propre mouvement
N'est qu'un triste amas de foiblesses,
Qui, n'ayant pour objet que d'infâmes bassesses,
Ne fait que l'abîmer dans son déréglement.

Malgré tout ce désordre et sa morne langueur,
Il lui demeure encor quelque peu de vigueur,
Mais qui ne la sauroit défendre :
Ce n'est du premier feu qu'un rayon égaré,
Une pointe mourante, un trait défiguré,
Une étincelle sous la cendre ;
C'est enfin cette foible et tremblante raison,
Qu'enveloppe un épais nuage :

Qui mêle tant de trouble à son plus clair usage,
Que souvent son remède est un nouveau poison.

Elle peut discerner aux dehors inégaux
Le bien d'avec le mal, le vrai d'avec le faux,
  Ce qu'elle doit aimer ou craindre :
Elle a, pour en juger, quelquefois de bons yeux ;
Mais pour mettre en effet ce qu'elle a vu le mieux,
  Ses forces n'y sauroient atteindre,
Et ne la font jouir ni des pleines clartés
  Que la vérité pure inspire,
Ni d'un ordre bien sain dans ce qu'elle désire,
Ni d'un droit absolu dessus nos volontés.

De là vient, ô mon Dieu, qu'en tout ce que je fais
L'esprit me porte en haut, et fait que je me plais
  En la loi que tu m'as prescrite :
Je sais que ton précepte est bon, et juste, et saint,
Je sais qu'il montre à fuir le vice qui l'enfreint,
  Et le mal qu'il faut que j'évite ;
Mais une loi contraire où m'asservit la chair,
  Forte de ma propre impuissance,
Me contraint d'obéir à sa concupiscence
Plutôt qu'à la raison qui m'en veut détacher.

Ainsi je vois souvent tomber à mes côtés
Les efforts languissans des bonnes volontés
  Qu'à l'effet je ne puis conduire ;
Ainsi pour la vertu contre les vains plaisirs
J'ai force bons propos, j'ai force bons désirs,
  Mais qui ne peuvent rien produire.
La grâce n'aidant pas d'un secours assez plein
  Ma foiblesse et mon inconstance,
Ce qui jette au-devant la moindre résistance
Me fait perdre courage et changer de dessein.

Vacillante clarté qui manques de pouvoir,
Raison, pourquoi faut-il que tu me fasses voir
  La droite manière de vivre ?
Pourquoi m'enseignes-tu le chemin des parfaits,
Si de soi ton idée, impuissante aux effets,
  Ne peut fournir d'aide à la suivre ;
Si cet infâme poids de ma corruption
  Rabat l'effort dont tu m'élèves,
Et si ces grands projets que jamais tu n'achèves
Ne peuvent me tirer de l'imperfection ?

Sainte grâce du ciel, sans qui je ne puis rien,
Que tu m'es nécessaire à commencer le bien,

> A le poursuivre, à le parfaire !
Oui, Seigneur, oui, mon Dieu, je pourrai tout en toi,
Pourvu qu'elle m'assiste à régler mon emploi,
> Pourvu que son rayon m'éclaire.
Il n'est point de mérite où la grâce n'est pas ;
> Et tous les dons de la nature,
S'ils n'en ont point l'appui, ne sont qu'une imposture
Dont l'œil bien éclairé ne peut faire de cas.

La richesse, les arts, la force, la beauté,
L'éloquence et l'esprit, devant ta majesté
> Ne sont d'aucun poids sans la grâce :
La nature est aveugle à répartir ses dons,
Elle en est libérale aux méchans comme aux bons,
> Et n'y mêle rien qui ne passe ;
Mais la dilection que ta grâce produit
> Est la marque du vrai fidèle,
Qu'on ne porte jamais sans devenir par elle
Digne de ce grand jour qui n'aura point de nuit.

La grâce donne à tout le rang qu'il doit tenir :
Sans elle, ce n'est rien de prévoir l'avenir
> Et d'en prononcer les oracles ;
Sans elle, c'est en vain qu'on perce jusqu'aux cieux,
Qu'on rend l'oreille aux sourds, aux aveugles les yeux ;
> Ce n'est rien que tous ces miracles :
L'espérance, la foi, le reste des vertus,
> Sans la charité, sans la grâce,
Pour hautes qu'elles soient, tombent devant ta face
Ainsi que des épis de langueur abattus.

O trésor que jamais le monde ne comprit !
O grâce qui répands sur le pauvre d'esprit
> Des vertus les saintes richesses,
Et rends sainte à son tour l'abondance des biens
Par cette humilité qu'en l'âme tu soutiens
> Contre l'orgueil de nos foiblesses,
Viens dès le point du jour, descends, verse en mon cœur
> Tes consolations divines,
De peur qu'aride et las dans ce champ plein d'épines
Il n'y demeure enfin sans force et sans vigueur !

Accorde-moi ce don, et j'accepte un refus
De quoi qu'osent chercher les sentimens confus
> De l'infirmité naturelle.
Ta grâce me suffit, et si je suis tenté,
Battu d'afflictions, trahi, persécuté,
> Je ne craindrai rien avec elle ;
J'y mets toute ma force, et j'en fais tout mon bien

Elle secourt, elle conseille ;
Il n'est sagesse aucune à la sienne pareille,
Ni pouvoir ennemi qui soit égal au sien.

C'est elle qui du cœur est la vive clarté,
Elle qui nous instruit et de la vérité
    Et de l'heureuse discipline ;
C'est elle qui soutient parmi l'oppression ;
C'est elle qui nourrit dans la dévotion,
    Et bannit tout ce qui chagrine :
Elle ne souffre en l'âme aucun indigne effroi,
    Elle en dissipe les alarmes,
Et donne au saint amour des soupirs et des larmes
Qu'elle-même prend soin d'élever jusqu'à toi.

Sans elle je ne suis qu'un arbre infortuné,
Une souche inutile, un tronc déraciné,
    Qui n'est bon qu'à jeter aux flammes.
O grand Dieu, dont la main nous prête un tel secours,
Fais-moi donc prévenir, fais-moi suivre toujours
    Par cette lumière des âmes ;
Fais qu'elle m'affermisse aux bonnes actions,
    Père éternel, je t'en conjure
Par ton Fils Jésus-Christ, par cette source pure
D'où part le doux torrent de ses impressions !

CHAP. LVI. — *Que nous devons renoncer à nous-mêmes, et imiter Jésus-Christ en portant notre croix.*

Autant que tu pourras t'écarter de toi-même,
Autant passeras-tu dans mon être suprême.
Comme l'âme au dedans enracine la paix
Quand pour tout le dehors elle éteint ses souhaits,
Ainsi, lorsqu'au dedans elle-même se quitte,
Elle s'unit à moi par un si haut mérite.
Je te veux donc apprendre à te bien détacher,
Sans plus te revêtir, sans plus te rechercher,
T'instruire à te soumettre à ma volonté pure,
Sans contradiction, sans bruit et sans murmure.
  Suis-moi, je suis et vie, et voie, et vérité :
On ne va point sans voie au terme projeté :
On ne vit point sans vie ; on ne peut rien connoître
Si de la vérité le jour ne vient paroître.
  C'est moi qui suis la vie où tu dois aspirer,
La vérité suprême où tu dois t'assurer,
La voie à suivre en tout, mais voie inviolable,
Vérité hors de doute, et vie interminable.
  Je suis la droite voie, et dont le juste cours

Pour arriver au ciel ne souffre aucuns détours ;
Je suis la vérité souveraine et sacrée ;
Je suis la vie enfin vraie, heureuse, incréée.
Si tu prends bien ma voie, et marches sans gauchir,
La vérité saura pleinement t'affranchir ;
Tu la verras entière, et sa clarté fidèle
Te servira de guide à la vie éternelle.
 Pour la connoître bien, écoute et crois ma voix ;
Pour entrer à la vie, aime et garde mes lois ;
Pour te rendre parfait, vends tout, et te détache.
Quiconque est mon disciple à soi-même s'arrache ;
De la présente vie il fait un saint mépris :
Si tu prétends à l'autre, on ne l'a qu'à ce prix.
Tu dois à tous tes sens faire une rude guerre,
Pour être grand au ciel t'humilier en terre,
Pour régner avec moi te charger de ma croix ;
Ma couronne est acquise à qui soutient son poids,
Et c'est l'aimable joug de cette servitude
Qui seul ouvre la voie à la béatitude.

Seigneur, puisqu'il t'a plu de choisir ici-bas
Les rigueurs d'une vie étroite et méprisée,
Fais qu'aux mêmes rigueurs ma constance exposée
Par le mépris du monde avance sur tes pas.
J'aurois mauvaise grâce à ne vouloir pas être
   Au même rang que mon Auteur ;
Le disciple n'est pas au-dessus du docteur,
   Ni l'esclave au-dessus du maître.

Fais que ton serviteur s'exerce à t'imiter ;
Fais qu'à suivre ta vie à toute heure il s'essaie ;
En elle est mon salut, et la sainteté vraie ;
C'est par là seulement qu'on te peut mériter.
Quoi que je lise ailleurs, quoi que je puisse entendre,
   Je n'en puis être satisfait,
Et je n'y trouve rien de ce plaisir parfait
   Que d'elle seule on doit attendre.

Puisque tu sais, mon fils, toutes ces vérités,
Que ta sainte lecture a toutes ces clartés,
Tu seras bienheureux, si tu fais sans réserve
Ce que tu vois assez que je veux qu'on observe.
Celui qui, bien instruit par ces enseignemens,
Garde un profond respect pour mes commandemens,
C'est celui-là qui m'aime ; et comme je sais rendre
A qui me sait aimer plus qu'il n'ose prétendre,
Je l'aime, et l'aimerai jusqu'à lui faire voir
Ma gloire en cet éclat qu'on ne peut concevoir,

L'en couronner moi-même, et pour digne salaire
L'asseoir à mes côtés au trône de mon Père.

Seigneur, dont la bonté ne s'épuise jamais,
Et qui dans tous nos maux toi-même nous consoles,
Puissé-je voir l'effet de tes saintes paroles!
Puissé-je mériter ce que tu me promets!
J'ai reçu de ta main le fardeau salutaire
  De cette aimable et sainte croix,
Et je la porterai jusqu'aux derniers abois
  Telle que tu la voudras faire.

La croix est en effet du bon religieux
La véritable vie, et le chemin solide,
La lumière assurée, et l'infaillible guide
Qui le mène à la gloire et l'introduit aux cieux :
Quand on a commencé d'en suivre la bannière,
  Il ne faut plus en désister,
Et l'on devient infâme à la vouloir quitter,
  Ou faire deux pas en arrière.

Mes frères, marchons donc sous cet heureux drapeau;
Marchons d'un même pas, Jésus sera des nôtres :
Pour lui nous l'avons pris, ainsi que ses apôtres;
Nous le devons pour lui suivre jusqu'au tombeau.
Le plus âpre sentier ne peut donner de peine,
  Puisqu'il nous est frayé par lui :
Il marche devant nous, et sera notre appui,
  Comme il est notre capitaine.

Pourrions-nous reculer en voyant notre roi
Les armes à la main commencer la conquête?
Il combattra pour nous, il est à notre tête;
Suivons avec ardeur, n'ayons aucun effroi;
Soyons prêts de mourir dans ce champ de victoire
  Que lui-même a teint de son sang;
La retraite est un crime, et qui sort de son rang
  Souille et trahit toute sa gloire.

  CHAP. LVII. — *Que l'homme ne doit pas perdre courage
  quand il tombe en quelques défauts.*

Mon fils, je me plais mieux à l'humble patience
  Parmi les tribulations,
Qu'au zèle affectueux de ces dévotions
Dont la prospérité nourrit la confiance.
Pourquoi donc t'émeus-tu pour un foible revers?
Pourquoi t'affliges-tu pour un mot de travers?
Un reproche léger n'est pas un grand outrage;

Quand même jusqu'au cœur il t'auroit pu blesser,
Il ne te devroit pas ébranler le courage ;
Va, fais la sourde oreille, et laisse-le passer.

Ce n'est pas le premier dont tu sentes l'atteinte ;
  Il n'a pour toi rien de nouveau ;
Et, si tu peux longtemps reculer du tombeau,
Ce n'est pas le dernier dont tu feras ta plainte.
Tu n'es que trop constant hors de l'adversité ;
Tu secours même un autre avec facilité,
Ta pitié le conseille, et ta voix le conforte,
Tu sais à tous ses maux mettre un prompt appareil ;
Mais, quand l'affliction vient frapper à ta porte,
Tu n'as plus aussitôt ni force ni conseil.

Par là tu peux juger l'excès de ta foiblesse,
  Que mille épreuves te font voir,
Puisque le moindre obstacle a de quoi t'émouvoir,
Et que le moindre mal t'accable de tristesse.
Je sais qu'il t'est fâcheux de te voir mépriser ;
Tel qui te foule aux pieds te devroit courtiser ;
Tel devroit t'obéir qui sous lui te captive :
Mais souviens-toi qu'enfin tout est pour ton salut,
Que ce qui te déplaît par mon ordre t'arrive,
Et que ton bonheur propre en est l'unique but.

Je ne demande point que tu sois insensible ;
  Mais tâche à bien régler ton cœur,
Tâche à bien soutenir ce qu'il a de vigueur,
Et, si tu ne peux tout, fais du moins ton possible :
A chaque déplaisir tiens-toi ferme en ce point
Que, s'il te peut toucher, il ne t'abatte point,
Que, jamais son aigreur, longtemps ne t'embarrasse :
Souffre avec allégresse, ou, si c'est trop pour toi,
Souffre avec patience, et conserve une place
A recevoir sans bruit tout ce qui vient de moi.

Que si tu ne saurois sans trop de répugnance
  Endurer tant d'oppression,
Si tu ne peux ouïr sans indignation
Ce que la calomnie à ton opprobre avance,
Rends-toi maître du moins de tous ces mouvemens,
Réprime la chaleur de leurs soulèvemens,
De crainte qu'à les voir quelqu'un ne s'effarouche ;
Et, de quelque façon que tu sois méprisé,
Prends garde qu'un seul mot ne sorte de ta bouche
Dont puisse un esprit foible être scandalisé.

La tempête, bientôt cédant à la bonace,

N'aura plus ces éclats ardens;
Et toute la douleur qu'elle excite au dedans
Perdra son amertume au retour de ma grâce.
Je suis le Dieu vivant encor prêt à t'aider,
Prêt à venger ta honte, et prêt à t'accorder
Des consolations l'abondante lumière;
Mais pour en obtenir les nouvelles faveurs
Il faut remettre en moi ta confiance entière,
Et prendre à m'invoquer de nouvelles ferveurs.

Montre-toi plus égal durant ce peu d'orage,
　　Fais ton effort pour le braver,
Et, quelques grands malheurs qui puissent t'arriver,
Prépare encor ton âme à souffrir davantage.
Pour te sentir pressé des tribulations,
Pour te voir chanceler sous les tentations,
Ne crois pas tout perdu, n'y trouve rien d'étrange :
Tu n'es qu'homme, et non Dieu, mais homme tout de chair,
Mais chair toute fragile, et non pas tel qu'un ange,
Que de l'abus des sens il m'a plu détacher.

Les anges même au ciel, le premier homme en terre,
　　Où je lui fis un paradis,
　　Conservèrent si peu l'état où je les mis
Qu'ils devinrent bientôt dignes de mon tonnerre.
Ne prétends non plus qu'eux conserver ta vertu
Sans te voir ébranlé, sans te voir combattu;
Mais en ce triste état offre-moi ta foiblesse :
J'élève qui gémit avec humilité,
Et, plus l'homme à mes yeux reconnoît sa bassesse,
Plus je le fais monter vers ma divinité.

Béni sois-tu, Seigneur, dont la sainte parole
　　Me fortifie et me console;
　　Il n'est rien ailleurs de si doux :
Que ferois-je, ô mon Dieu! parmi tant de misères,
　　Parmi tant d'angoisses amères,
Si tu ne m'enseignois à rabattre leurs coups?

Pourvu qu'heureusement j'achève ma carrière,
　　Pourvu que ta sainte lumière
　　Me conduise au port de salut,
Que m'importe combien je souffre de traverses,
　　Et combien de peines diverses
Me font du monde entier le glorieux rebut?

Fais qu'une bonne fin de ces maux me dégage;
　　Donne-moi cet heureux passage
　　De ce monde à l'éternité;

Aplanis-moi la route à monter dans ta gloire,
Et ne perds jamais la mémoire
Du besoin qu'a de toi mon imbécillité.

CHAP. LVIII.— *Qu'il ne faut point vouloir pénétrer les hauts mystères, ni examiner les secrets jugemens de Dieu.*

N'abuse point, mon fils, de tes foibles lumières
Jusqu'à vouloir percer les plus hautes matières,
Jusqu'à vouloir entrer dans les profonds secrets
De l'inégal dehors de mes justes décrets;
Ne cherche point à voir quelle raison pressante
Fait que ma grâce agit, ou paroît impuissante,
Est avare ou prodigue, abandonne ou soutient;
N'examine jamais d'où ce partage vient,
Ni pourquoi l'un ainsi languit dans la misère,
Et que l'autre est si haut au-dessus du vulgaire.
Il n'est raisonnement, il n'est effort humain
Qui puisse pénétrer mon ordre souverain,
Ni s'éclaircir au vrai par la longue dispute
D'où vient que je caresse, ou que je persécute.
　Quand le vieil ennemi fait ces suggestions,
Qu'un esprit curieux émeut ces questions,
Au lieu de perdre temps à leur vouloir répondre,
Lève les yeux au ciel, et dis pour les confondre :
« Seigneur, vous êtes juste en tous vos jugemens,
La vérité préside à vos discernemens,
Et l'équité qui règne en vos ordres suprêmes
Les rend toujours en eux justifiés d'eux-mêmes :
Qu'il leur plaise abaisser, qu'il leur plaise agrandir,
On doit trembler sous eux, sans les approfondir,
Et jamais sans folie on ne peut l'entreprendre,
Puisque l'esprit humain ne les sauroit comprendre. »
　Ne t'informe non plus qui des saints m'est aux cieux
Le plus considérable, ou le moins précieux,
Et ne conteste point sur la prééminence
Que de leur sainteté mérite l'excellence;
Ces curiosités sont autant d'attentats,
Qui ne font qu'exciter d'inutiles débats,
Enfler les cœurs d'orgueil, brouiller les fantaisies,
Jusqu'aux dissensions pousser les jalousies,
Lorsque de part et d'autre un cœur passionné
A préférer son saint porte un zèle obstiné.
　Les contestations de ces recherches vaines
Ne laissent aucun fruit après beaucoup de peines;
Ce n'est que se gêner d'un frivole souci,
Et l'on déplaît aux saints quand on les loue ainsi.

Jamais avec ce feu mon esprit ne s'accorde :
Je suis le Dieu de paix, et non pas de discorde ;
Et cette paix consiste en vraie humilité,
Plus qu'aux vaines douceurs d'avoir tout emporté.
Je sais qu'en bien des cœurs souvent le zèle imprime
Pour tel ou tel des saints plus d'ardeur et d'estime ;
Mais cette ardeur, ce zèle, et cette estime enfin,
Partent d'un mouvement plus humain que divin.
C'est de moi seul qu'au ciel ils tiennent tous leur place ;
Je leur donne la gloire, et leur donnai la grâce ;
Je connois leur mérite, et les ai prévenus
Par un épanchement de trésors inconnus,
De bénédictions, de douceurs toujours prêtes
A redoubler leur force au milieu des tempêtes.
 Je n'ai point attendu la naissance des temps
Pour chérir mes élus, et les juger constans.
De toute éternité ma claire prescience
A su se faire jour dedans leur conscience ;
De toute éternité j'ai vu tout leur emploi,
Et j'ai fait choix d'eux tous, et non pas eux de moi.
 Ma grâce les appelle à mon céleste empire,
Et ma miséricorde après moi les attire ;
Ma main les a conduits par les tentations ;
Je les ai remplis seul de consolations ;
Je leur ai donné seul de la persévérance,
Et seul j'ai couronné leur humble patience.
 Ainsi je les connois du premier au dernier ;
Ainsi j'ai pour eux tous un amour singulier ;
Ainsi de ce qu'ils sont la louange m'est due ;
Toute la gloire ainsi m'en doit être rendue ;
Ainsi par-dessus tout doit être en eux béni
Par-dessus tout vanté mon amour infini,
Qui, pour montrer l'excès de sa magnificence,
Les élève à ce point de gloire et de puissance,
Et, sans qu'aucun mérite en eux ait précédé,
Les prédestine au rang que je leur ai gardé.
 Qui méprise le moindre au plus grand fait outrage,
Parce que de ma main l'un et l'autre est l'ouvrage ;
On ôte à leur Auteur tout ce qu'on ôte à l'un ;
On l'ôte à tout le reste, et l'opprobre est commun ;
L'ardente charité, qui ne fait d'eux qu'une âme,
Les unit tous entre eux par des liens de flamme ;
Tous n'ont qu'un sentiment et qu'une volonté ;
Tous s'entr'aiment en un par cette charité.
 Je dirai davantage : ils m'aiment plus qu'eux-mêmes ;
Ravis au-dessus d'eux vers mes bontés suprêmes,
Après avoir banni la propre affection,

Ils s'abîment entiers dans ma dilection,
Et, de l'objet aimé possédant la présence,
Ils trouvent leur repos dans cette jouissance :
Rien d'un si digne amour ne les peut détourner;
Rien vers d'autres objets ne les peut ramener :
L'immense Vérité dont leurs âmes sont pleines
Par sa vive lumière entretient dans leurs veines
Et de la charité l'inextinguible feu,
Et de toute autre ardeur un constant désaveu.

   Que ces hommes charnels, que ces âmes brutales
Qui leur osent donner des places inégales,
Ces cœurs qui n'ont pour but que les plaisirs mondains,
Cessent de discourir de l'état de mes saints;
L'ardeur qu'ils ont pour eux, ou foible, ou véhémente,
Au gré de son caprice ôte, déguise, augmente,
Sans consulter jamais sur leur félicité
La voix de ma sagesse et de ma vérité.

   L'ignorance en plusieurs fait ce mauvais partage
Qu'ils font entre mes saints de mon propre héritage,
Surtout en ces esprits foiblement éclairés,
Qui, de leur propre amour encor mal séparés,
Ont peine à conserver dans une âme charnelle
Une dilection toute spirituelle.
Le penchant naturel de l'humaine amitié
De leur zèle imprudent fait plus de la moitié;
Comme ils n'en forment point que leurs sens n'examinent,
Ce qui se passe en bas, en haut ils l'imaginent,
Et, tel que sur la terre en est l'ordre et le cours,
Tel le présume au ciel leur aveugle discours.
Cependant la distance en est incomparable,
Et pour les imparfaits est si peu concevable,
Que des illuminés la spéculation
N'atteint point jusque-là sans révélation.

   Garde bien donc, mon fils, par trop de confiance,
De sonder des secrets qui passent ta science;
Ne porte point si haut ton esprit curieux,
Et, sans vouloir régler le rang qu'on tient aux cieux,
Réunis seulement tes soins et ta lumière
Pour y trouver ta place, et fût-ce la dernière.
Quand tu pourrois connoître avec pleine clarté
Quels saints en mon royaume ont plus de dignité,
De quoi t'en serviroit l'entière connoissance,
Si tu n'en devenois plus humble en ma présence,
Et si tu n'en prenois une plus forte ardeur
A publier ma gloire, et bénir ma grandeur?
Vois ton peu de mérite et l'excès de tes crimes;
Et, si tu peux des saints voir les vertus sublimes,

Vois combien tes défauts et ton manque de soin
De leur perfection te laissent encor loin :
Tu feras beaucoup mieux que celui qui conteste
Touchant leur préférence au royaume céleste,
Et sur l'emportement de son esprit malsain
Du moindre et du plus grand décide en souverain.
 Oui, mon fils, il vaut mieux leur rendre tes hommages,
Les yeux baignés de pleurs implorer leurs suffrages,
Mendier leur secours, leur offrir d'humbles vœux,
Que de juger ainsi de leurs secrets et d'eux.
 Puisqu'ils ont tous au ciel de quoi se satisfaire,
Que les hommes en terre apprennent à se taire,
Et donnent une bride à la témérité
Où de leurs vains discours va l'importunité.
Les saints ont du mérite, et n'en font point de gloire;
Ils ne se donnent point l'honneur de leur victoire;
Comme de mes trésors tout leur bien est sorti,
Et que ma charité leur a tout départi,
Ils rapportent le tout au pouvoir adorable
De cette charité pour eux inépuisable.
 Ils ont un tel amour pour ma divinité,
Un tel ravissement de ma bénignité,
Que cette sainte joie en vrais plaisirs féconde,
Qui toujours les remplit, et toujours surabonde,
Par un regorgement qu'on ne peut expliquer,
Fait que rien ne leur manque, et ne leur peut manquer.
 Plus ils sont élevés dans ma gloire suprême,
Plus leur esprit soumis se ravale en lui-même;
Et mon amour par là redoublant ses attraits,
Le plus humble d'entre eux m'approche de plus près.
Aussi devant l'éclat qui partout m'environne
L'Écriture t'apprend qu'ils baissent leur couronne,
Qu'ils tombent sur leur face aux pieds du saint Agneau
Qui daigna de son sang racheter le troupeau,
Et qu'ainsi prosternés ils adorent sans cesse
Du Dieu toujours vivant l'éternelle sagesse.
 Plusieurs veulent savoir ce que chaque saint vaut,
Et qui d'eux tient au ciel le grade le plus haut,
Qui sont mal assurés s'ils pourront les y joindre,
Et s'ils mériteront d'être reçus au moindre.
C'est beaucoup de se voir le dernier en un lieu
Où tous sont grands, tous rois, tous vrais enfans de Dieu.
Le moindre y vaut plus seul que mille rois en terre,
Et l'orgueil de cent ans frappé de mon tonnerre
N'a de part qu'au séjour de l'éternelle mort,
Qui du plus vieux pécheur doit terminer le sort.
 Ainsi je dis moi-même autrefois aux apôtres :

« Si vous voulez au ciel être au-dessus des autres,
Sachez qu'auparavant il faut se convertir,
Qu'il faut s'humilier, qu'il faut s'anéantir,
Se ranger aussi bas que cette foible enfance
Qui vit soumise à tous par sa propre impuissance ;
Autrement point d'accès au royaume des cieux :
Oui, ce petit enfant qui se traîne à vos yeux
De votre humilité doit être la mesure ;
Rendez-vous ses égaux, ma gloire vous est sûre ;
L'amour vous y conduit, et l'espoir, et la foi ;
Mais le plus humble enfin est le plus grand chez moi. »
   Voyez donc, orgueilleux, quelle est votre disgrâce !
Bien que le ciel soit haut, la porte en est si basse,
Qu'elle en ferme l'entrée à ceux qui sont trop grands
Pour se pouvoir réduire à l'égal des enfans.
   Malheur encore à vous, riches, pour qui le monde
En consolations de tous côtés abonde !
Les pauvres entreront, cependant qu'au dehors
Vos larmes et vos cris feront de vains efforts.
   Humble, réjouis-toi : pauvres, prenez courage ;
Le royaume du ciel est votre heureux partage ;
Il l'est, si toutefois dans votre humilité
Vous pouvez jusqu'au bout marcher en vérité.

CHAP. LIX. — *Qu'il faut mettre en Dieu seul notre espoir et toute notre confiance.*

Seigneur, quelle est ma confiance
  Au triste séjour où je suis ?
Et de quelles douceurs l'heureuse expérience
  Rompt le mieux cette impatience
  Où me réduisent mes ennuis ?

En puis-je trouver qu'en toi-même,
  Sauveur amoureux et bénin,
Dont la miséricorde en un degré suprême
  Verse dans une âme qui t'aime
  Des plaisirs sans nombre et sans fin ?

En quels lieux hors de ta présence
  M'est-il arrivé quelque bien ?
Et quels maux à mon cœur font sentir leur puissance,
  Sinon alors que ton absence
  Me prive de ton cher soutien ?

  La fortune avec ses largesses
    A tous les mondains fait la loi ;
Mais si la pauvreté jouit de tes caresses,

Je la préfère à ces richesses
Qui séparent l'homme de toi.

Le ciel même, quelque avantage
Que sur la terre il puisse avoir,
Me verroit mieux aimer cet exil, ce passage,
Si tu m'y montrois ton visage,
Que son paradis sans te voir.

C'est le seul aspect du grand Maître
Qui fait le bon ou mauvais sort :
Tu mets le ciel partout où tu te fais paroître;
Et les lieux où tu cesses d'être,
C'est là qu'est l'enfer et la mort.

Puisque c'est à toi que j'aspire,
Qu'en toi seul est ce que je veux,
Il faut bien qu'après toi je pleure, je soupire,
Et que, jusqu'à ce que j'expire,
J'envoie après toi tous mes vœux.

Quelle autre confiance pleine
Pourroit me promettre un secours
Qui de tous les besoins de la misère humaine,
Par une vertu souveraine,
Pût tarir ou borner le cours?

Toi seul es donc mon espérance,
L'appui de mon infirmité,
Le Dieu saint, le Dieu fort, qui fait mon assurance,
Qui me console en ma souffrance,
Et m'aime avec fidélité.

Chacun cherche ses avantages;
Tu ne regardes que le mien,
Et c'est pour mon salut qu'à m'aimer tu t'engages,
Que tu calmes tous mes orages,
Que tu me tournes tout en bien.

La rigueur même des traverses
A pour but mon utilité :
C'est la part des élus; par là tu les exerces,
Et leurs tentations diverses
Sont des marques de ta bonté.

Ton nom n'est pas moins adorable
Parmi les tribulations,
Et dans leur dureté tu n'es pas moins aimable
Que quand ta douceur ineffable
Répand ses consolations.

Aussi ne mets-je mon refuge
Qu'en toi, mon souverain Auteur;
Et, de tous mes ennuis quel que soit le déluge,
Hors du sein de mon propre juge
Je ne veux point de protecteur.

Je ne vois ailleurs que foiblesse,
Qu'une lâche instabilité,
Qui laisse trébucher au moindre assaut qui presse
L'effort de sa vaine sagesse
Sous sa propre imbécillité.

Hors de toi point d'ami qui donne
De favorables appareils,
Point de secours si fort qui soudain ne s'étonne,
Point de prudence qui raisonne,
Point de salutaires conseils.

Il n'est sans toi docteur ni livre
Qui me console en ma douleur;
Il n'est de tant de maux trésor qui me délivre,
Ni lieu sûr où je puisse vivre
Exempt de trouble et de malheur.

A moins que ta sainte parole
Relève mon cœur languissant,
A moins qu'elle m'instruise en ta divine école,
Qu'elle m'assiste et me console,
Le reste demeure impuissant.

Tout ce qui semble ici produire
Le paix dont on pense jouir,
N'est sans toi qu'un éclair si prompt à se détruire,
Que le moment qui le fait luire
Le fait aussi s'évanouir.

Non, ce n'est qu'une vaine idée
D'une fausse tranquillité,
Une couleur trompeuse, une image fardée,
Qui n'a ni douceur bien fondée,
Ni solide félicité.

Ainsi tout ce qu'a cette vie
D'éminent et d'illustre emploi,
Les plus profonds discours dont l'âme y soit ravie,
Tous les biens dont elle est suivie,
N'ont fin ni principe que toi.

Ainsi de toute la misère
Où nous plonge son embarras
L'âme sait adoucir l'aigreur la plus amère,

Quand par-dessus tout elle espère
Aux saintes faveurs de ton bras.

C'est en toi seul que je me fie ;
A toi seul j'élève mes yeux ;
Dieu de miséricorde, éclaire, fortifie,
Épure, bénis, sanctifie,
Mon âme du plus haut des cieux.

Fais-en un siége de ta gloire,
Un lieu digne de ton séjour,
Un temple où, parmi l'or, et l'azur, et l'ivoire,
Aucune ombre ne soit si noire,
Qu'elle déplaise à ton amour.

Joins à ta clémence ineffable
De ta pitié l'immense effort,
Et ne rejette pas les vœux d'un misérable
Qui traîne un exil déplorable
Parmi les ombres de la mort.

Rassure mon âme alarmée ;
Et contre la corruption,
Contre tous les périls dont la vie est semée,
Toi qui pour le ciel l'as formée,
Prends-la sous ta protection.

Qu'ainsi ta grâce l'accompagne,
Et par les sentiers de la paix,
A travers cette aride et pierreuse campagne,
La guide à la sainte montagne
Où ta clarté luit à jamais.

LIVRE QUATRIÈME.

Du très-saint sacrement de l'autel.

PRÉFACE.

Vous dont un poids trop lourd étouffe la vigueur,
Vous que je vois gémir sous un travail trop rude,
Accourez tous à moi, venez, dit le Seigneur,
Venez, je vous rendrai de la force et du cœur ;
Je vous affranchirai de toute lassitude.
Le pain que je réserve à qui me sait chercher
 N'est autre que ma propre chair,
Que je dois à mon Père offrir pour votre vie :
 Prenez, mangez, c'est mon vrai corps

Qu'on livrera pour vous aux rages de l'envie,
Et qui d'un pain visible emprunte les dehors.

Faites en ma mémoire un jour à votre rang
Ce qu'à vos yeux je fais avant ma dernière heure.
Ceux qui mangent ma chair, ceux qui boivent mon sang,
Ce sang qui dans ce vase est tel que dans mon flanc,
Demeurent dans moi-même, et dans eux je demeure.
Dites ce que je dis pour faire comme moi;
  L'efficace de votre foi
Produira même effet par les paroles mêmes;
  Donnez aux miennes plein crédit,
Et n'oubliez jamais que mes bontés suprêmes
Les remplissent toujours et de vie et d'esprit.

Chap. I. — *Avec quel respect il faut recevoir le corps de Jésus-Christ.*

Ce sont là tes propos, Vérité souveraine;
Ta bouche en divers temps les a tous prononcés;
Je les vois par écrit en divers lieux tracés;
Mais ce sont tous ruisseaux de la même fontaine :
Ils sont tiens, ils sont vrais, et mon infirmité
Les doit recevoir tous avec fidélité,
  Avec pleine reconnoissance,
En faire tout mon bien, et les considérer
Comme autant de trésors que ta magnificence
Pour mon propre salut a voulu m'assurer.

Je les prends avec joie au sortir de ta bouche
Pour les faire passer jusqu'au fond de mon cœur,
Et comme ils n'ont en eux qu'amour et que douceur,
Leur sainte impression sensiblement me touche;
Mais la terreur que mêle à de si doux transports
De mes impuretés le sensible remords,
  Par d'inévitables reproches
Retarde tout l'effet de leurs plus forts attraits,
D'un mystère si haut me défend les approches,
Et me laisse accablé du poids de mes forfaits.

Cependant tu le veux, Seigneur, tu me l'ordonnes,
Qu'opposant tes bontés à tout ce juste effroi,
Je marche en confiance et m'approche de toi,
Si je veux avoir part aux vrais biens que tu donnes;
Tu veux me préparer par un céleste mets
Aux bienheureux effets de ce que tu promets
  Dans une abondance éternelle,
Et que mon impuissance et ma fragilité;

Si je veux obtenir une vie immortelle,
Se nourrissent du pain de l'immortalité.

« Vous donc qui gémissez sous un travail trop rude,
Vous dont un poids trop lourd étouffe la vigueur,
Venez tous, nous dis-tu, je vous rendrai du cœur,
Je vous affranchirai de toute lassitude. »
O termes pleins d'amour! ô mots doux et charmans,
Qu'ils ont pour le pécheur de hauts ravissemens
   Quand tu l'appelles à ta table!
Un pauvre, un mendiant, s'en voir par toi pressés!
S'y voir par toi repus de ton corps adorable!
Mais enfin tu l'as dit, Seigneur, et c'est assez.

Qui suis-je, ô mon Sauveur, pour oser y prétendre?
Qui me peut enhardir à m'approcher de toi?
Et qui te fait nous dire : « Accourez tous à moi, »
Toi que ne peut le ciel contenir ni comprendre?
D'où te vient cet amour qui m'y daigne inviter,
Moi, dont les actions ne font que t'irriter;
   Moi, qui ne suis qu'ordure et glace?
L'ange ne peut te voir sans en frémir d'effroi,
Les justes et les saints tremblent devant ta face,
Et tu dis aux pécheurs : « Accourez tous à moi! »

Si tu ne le disois, quel homme oseroit croire
Qu'un Dieu jusqu'à ce point se voulût abaisser?
Et, si tu n'ordonnois à tous de s'avancer,
Quel homme attenteroit à cet excès de gloire?
Si Noé fut cent ans à bâtir un vaisseau
Qui contre le ravage et les fureurs de l'eau
   Devoit garantir peu de monde,
Quelle apparence, ô Dieu! qu'ayant à recevoir
Le Créateur du ciel, de la terre et de l'onde,
Une heure à ces respects prépare mon devoir?

Si ton grand serviteur, ton bien-aimé Moïse,
Pour enfermer la pierre écrite de tes doigts,
Fit une arche au désert d'incorruptible bois,
Et vêtit ses dehors d'une dorure exquise,
Si de ce bois choisi le précieux emploi
Ne fut que pour garder les tables d'une loi
   Que tu voulois être suivie;
Moi, qui ne suis qu'un tronc tout pourri, tout gâté,
Pour recevoir l'Auteur des lois et de la vie,
Oserai-je apporter tant de facilité?

Ce modèle accompli des têtes couronnées,
Le plus sage des rois; le grand roi Salomon;

Pour élever un temple à l'honneur de ton nom,
Tout grand roi qu'il étoit, employa sept années;
Il fit huit jours de fête à le sanctifier;
Il mit sur tes autels, pour te le dédier,
      Mille victimes pacifiques;
Et les chants d'allégresse, et le son des clairons,
Quand il plaça ton arche en ces lieux magnifiques,
En apprirent la pompe à tous les environs.

Et moi, qui des pécheurs suis le plus misérable,
Oserai-je introduire un Dieu dans ma maison,
Lui présenter pour temple une sale prison,
Lui donner pour demeure un séjour effroyable?
Au lieu d'un siècle entier, de sept ans, de huit jours,
Un quart d'heure amortit, un moment rompt le cours
      De toute l'ardeur de mon zèle;
Et puissé-je du moins m'acquitter dignement
Des amoureux devoirs d'un serviteur fidèle,
Ou durant ce quart d'heure, ou durant ce moment!

Qu'ils ont pour t'obéir, qu'ils ont pour te mieux plaire,
Tous trois consumé d'art, de travaux et de temps!
Qu'auprès de leur ferveur mes feux sont inconstans!
Et que je te sers mal pour un si grand salaire!
Alors que ta bonté m'attire à ce festin
Où ton corps est la viande, et ton sang est le vin,
      Que lâchement je m'y prépare!
Que rarement en moi je me tiens recueilli!
Qu'aisément mon esprit de lui-même s'égare,
Et suit les vains objets dont il est assailli!

Certes en ta présence un penser salutaire
Devroit fermer la porte à tous autres désirs,
Et réunir en toi si bien tous nos plaisirs,
Qu'aucune autre douceur ne pût nous en distraire;
Tout ce qui du respect s'écarte tant soit peu,
Tout ce dont les parfaits font quelque désaveu,
      Devroit de tout point disparoître;
Puisque les anges même ont lieu d'être jaloux
De voir, non un d'entre eux, mais leur souverain Maître
Ravaler sa grandeur jusqu'à loger en nous.

Quelques honneurs qu'on dût à l'arche d'alliance,
De quelque sacré prix que fussent ses trésors,
La différence est grande entre elle et ton vrai corps,
Entre eux et les vertus de ta sainte présence.
Tout ce qu'on immoloit sous l'ancienne loi
N'étoit de l'avenir promis à notre foi
      Qu'une ombre, qu'une image obscure;

Et dessus nos autels on offre à tout moment
Le parfait sacrifice, et la victime pure,
Qui de tout ce vieil ordre est l'accomplissement.

Que ne conçois-je donc une ardeur plus sincère,
Un zèle plus fervent, à ton divin aspect!
Que ne me préparé-je avec plus de respect
A la réception de ton sacré mystère!
Dans les siècles passés, prophètes, princes, rois,
Patriarches et peuple, en ont cent et cent fois
      Donné le précepte et l'exemple,
Et leurs cœurs pour ton culte ardemment embrasés,
Me forcent à rougir, quand je porte à ton temple
Des vœux si languissans, et sitôt épuisés.

Le dévot roi David, sautant devant ton arche,
Publioit tes bienfaits reçus par ses aïeux;
Des instrumens divers le son mélodieux
Concerté par son ordre en régloit la démarche;
Des psaumes le doux son tout autour s'entendoit;
Poussé du Saint-Esprit lui-même il accordoit
      Sa harpe à chanter tes merveilles;
Lui-même il enseignoit tout son peuple à s'unir
Pour louer chaque jour tes grandeurs sans pareilles;
Lui-même il l'instruisoit en l'art de te bénir.

Si telle étoit jadis la ferveur pour ta gloire,
Si le zèle agissoit alors si fortement,
Que de son seul aspect l'arche du Testament
De ta sainte louange excitoit la mémoire,
Quelle est la révérence, et quels sont les transports
Que ce grand sacrement, que ton précieux corps
      Doit m'imprimer au fond de l'âme?
Et que ne doivent point tous les peuples chrétiens
Apporter de respect, de tendresse et de flamme,
Quand ils vont recevoir cette source de biens?

Les reliques des saints et leurs superbes temples
Font courir les mortels en mille et mille lieux;
Ils s'y laissent charmer et l'oreille et les yeux
Par la haute structure et par leurs hauts exemples;
Ils baisent à genoux les précieux dépôts
De leur chair vénérable et de leurs sacrés os,
      Qu'enveloppent l'or et la soie;
Et je te vois, mon Dieu, tout entier à l'autel,
Toi le grand Saint des saints, toi l'auteur de leur joie,
Toi de tout l'univers le Monarque immortel!

Souvent même l'esprit de ces pèlerinages

N'est qu'un chatouillement de curiosité,
Et l'attrait qu'a toujours en soi la nouveauté
Vers ce qu'on n'a point vu tire ainsi les courages.
Quand un motif si vain les pousse et les conduit,
Le travail le plus long rapporte peu de fruit,
  Et ne laisse rien qui corrige,
Surtout en ces esprits follement empressés,
Qu'une ardeur trop légère à ces courses oblige,
Sans aucun saint retour sur leurs crimes passés.

Mais en ce sacrement ton auguste présence,
Véritable Homme-Dieu, rend le fruit assuré,
Toutes les fois qu'un cœur dignement préparé
Y porte ferveur pleine et pleine révérence :
Il n'y va point aussi ni par légèreté,
Ni par démangeaison de curiosité,
  Ni par autre sensible amorce ;
Tout ce qui l'y conduit c'est une ferme foi,
C'est d'un solide espoir l'inébranlable force,
C'est un ardent amour qui n'a d'objet que toi.

De la terre et du ciel Créateur invisible,
Que grande est la bonté que tu montres pour nous !
Que ton ordre aux élus est favorable et doux,
De leur offrir pour mets ton corps incorruptible !
De ta façon d'agir les miracles charmans
Épuisent la vigueur de nos entendemens,
  Et ne s'en laissent point comprendre :
C'est ce qui des dévots attire tous les cœurs ;
C'est ce qui dans leurs cœurs verse un amour si tendre ;
C'est ce qui les élève aux plus hautes ferveurs.

Aussi ces vrais dévots, dont les saints exercices
Appliquent de leurs soins toute l'activité
A corriger en eux cette facilité
Que prête la nature aux attaques des vices,
Ces rares serviteurs, qui n'ont point d'autre but
Que d'avancer leur vie au chemin du salut,
  Et rendre leurs âmes parfaites,
Reçoivent d'ordinaire en ce grand sacrement
Un zèle plus soumis à ce que tu souhaites,
Et l'amour des vertus empreint plus fortement.

O grâce merveilleuse autant qu'elle est cachée,
Qu'éprouve le fidèle, et que ne peut goûter
Ni le manque de foi qui s'arrête à douter,
Ni l'âme aux vains plaisirs en esclave attachée !
Par tes rayons secrets l'esprit mieux éclairé,
Loin des sentiers obscurs qui l'avoient égaré,

Reprend sa route légitime ;
Sa beauté se répare, ainsi que sa vertu,
Et tout ce qu'en gâtoit la souillure du crime
Rend à ses premiers traits l'éclat qu'ils avoient eu.

Tu descends quelquefois avec telle abondance,
Qu'après l'âme remplie un doux regorgement
En répand sur le corps le rejaillissement,
Et l'anime à son tour par sa vive influence :
La prodigalité de la divine main
Veut que tout l'homme ait part à ce bien souverain
Au milieu de sa lassitude ;
Et du corps tout usé la traînante langueur,
Dans le débordement de cette plénitude,
Souvent trouve un trésor de nouvelle vigueur.

Est-il rien cependant honteux et déplorable
Comme nos lâchetés, comme notre tiédeur,
De ne pas nous porter avecque plus d'ardeur
A prendre Jésus-Christ, à manger à sa table ?
C'est en lui, c'est aux biens qu'il nous y fait trouver
Que consistent de ceux qui se doivent sauver
Tout l'espoir et tous les mérites ;
C'est lui qui sanctifie, et nous a rachetés,
Qui nous console ici par ses douces visites,
Et qui des saints au ciel fait les félicités.

Nous avons donc bien lieu d'une douleur profonde
De voir tant de mortels ouvrir si peu les yeux
Sur un mystère saint qui réjouit les cieux,
Et qui par sa vertu conserve tout le monde.
Oh ! quel aveuglement ! oh ! quelle dureté
De regarder si peu quelle est la dignité
D'un don si grand, si salutaire !
L'usage trop commun semble la rabaisser,
Et tel prend chaque jour cet auguste mystère,
Qui le prend par coutume et ne daigne y penser.

Si nous n'avions qu'un lieu, si nous n'avions qu'un prêtre
Par qui ton corps sacré s'offrît sur nos autels,
Avec combien de foule y courroient les mortels !
Quelle ardeur pour le voir ne feroient-ils paroître ?
Mais tu n'épargnes point un bien si précieux ;
Tant de prêtres partout l'offrent en tant de lieux,
Que nos froideurs n'ont point d'excuse ;
On le voit, on l'adore, on le prend chaque jour ;
Et, plus cette faveur sur la terre est diffuse,
Plus elle y fait briller ta grâce et ton amour.

Ton nom en soit béni, Sauveur de la nature,
Dieu de miséricorde, et Pasteur éternel,
Dont l'amour excessif pour l'homme criminel
Lui donne en cet exil ton corps pour nourriture!
Pauvre et banni qu'il est, loin de le rejeter,
A ce banquet sacré tu daignes l'inviter;
      Ta propre bouche l'y convie :
« O vous qui succombez sous le faix des travaux,
Venez tous, nous dis-tu, doux Auteur de la vie,
Et je soulagerai la grandeur de vos maux. »

CHAP. II. — *Que le sacrement de l'autel nous découvre une grande bonté et un grand amour de Dieu.*

Je m'approche, Seigneur, plein de la confiance
Que tu veux que je prenne en ta haute bonté ;
Je m'approche en malade, avec impatience
De recevoir de toi la parfaite santé.

Je cherche en altéré la fontaine de vie ;
Je cherche en affamé le pain vivifiant ;
Et c'est sur cet espoir que mon âme ravie
Au Monarque du ciel présente un mendiant.

Aux faveurs de son maître ainsi l'esclave espère,
Ainsi la créature aux dons du Créateur ;
Ainsi le désolé cherche dans sa misère
Un doux refuge au sein de son consolateur.

Qui peut m'avoir rendu ta bonté si propice,
Que jusqu'à moi, Seigneur, il te plaise venir?
Et qui suis-je après tout, que ton corps me nourrisse,
Qu'au mien en ce banquet tu le daignes unir?

De quel front un pécheur devant toi comparoître?
De quel front jusqu'à toi s'ose-t-il avancer?
Comment le souffres-tu, toi, son juge et son maître?
Et comment jusqu'à lui daignes-tu t'abaisser?

Ce n'est point avec toi qu'il faut que je raisonne,
Tu connois ma foiblesse et mon peu de ferveur,
Et tu sais que de moi je n'ai rien qui me donne
Aucun droit de prétendre une telle faveur.

Plus je contemple aussi l'excès de ma bassesse,
Plus j'admire aussitôt celui de ton amour;
J'adore ta pitié, je bénis ta largesse,
Et t'en veux rendre gloire et grâces nuit et jour.

C'est par cette clémence, et non pour mes mérites,
Que tu fais à mes yeux luire ainsi ta bonté,

Pour faire croître en moi l'amour où tu m'invites,
Et mieux enraciner la vraie humilité.

Puis donc que tu le veux, puisque tu le commandes,
J'ose me présenter au don que tu me fais ;
Et puissé-je ne mettre à des bontés si grandes
Aucun empêchement par mes lâches forfaits !

Débonnaire Jésus, quelles sont les louanges,
Quels sont et les respects et les remercîmens
Que te doivent nos cœurs pour ce vrai pain des anges
Que ta main nous prodigue en ces festins charmans ?

Telle est la dignité de ce pain angélique,
Que son expression passe notre pouvoir,
Et nous voulons en vain que la bouche l'explique,
Lorsque l'entendement ne la peut concevoir.

Mais que dois-je penser à cette table sainte ?
M'approchant de mon Dieu, de quoi m'entretenir ?
J'y porte du respect, du zèle et de la crainte,
Et ne le puis assez respecter ni bénir.

Je n'ai rien de meilleur ni de plus salutaire
Que de m'humilier devant ta majesté,
Et de tenir l'œil bas sur toute ma misère,
Pour élever d'autant l'excès de ta bonté.

Je te loue, ô mon Dieu, je t'exalte sans cesse ;
De mon propre mépris je me fais une loi,
Et je m'abîme au fond de toute ma bassesse,
Pour de tout mon pouvoir me ravaler sous toi.

Toi, la pureté même, et moi, la même ordure ;
Toi, le grand Saint des saints ; toi, leur unique roi,
Tu viens à cette indigne et vile créature,
Qui ne mérite pas de porter l'œil sur toi !

Tu viens jusques à moi pour loger en moi-même !
Tu m'invites toi-même à ces divins banquets,
Où la profusion de ton amour extrême
Sert un pain angélique et de célestes mets !

Ce pain, ce mets sacré que tu nous y fais prendre,
C'est toi, c'est ton vrai corps, arbitre de mon sort,
Pain vivant, qui du ciel as bien voulu descendre
Pour redonner la vie aux enfans de la mort.

Quels tendres soins pour nous ton amour fait paroître !
Que grande est la bonté dont part ce grand amour !
Que ta louange, ô Dieu ! chaque jour en doit croître !
Que de remercîmens on t'en doit chaque jour !

Que tu pris un dessein utile et salutaire,
Quand tu te fis auteur de ce grand sacrement!
Et l'aimable festin qu'il te plut de nous faire,
Quand tu nous y donnas ton corps pour aliment!

Qu'en cet effort d'amour tes œuvres admirables
Montrent de ta vertu le pouvoir éclatant!
Et que ces vérités sont pour nous ineffables,
Que ta voix exécute aussitôt qu'on l'entend!

Ta parole jadis fit sitôt toutes choses,
Que rien n'en sépara le son d'avec l'effet;
Et ta vertu passant dans les secondes causes,
A peine l'homme parle, et ton vouloir est fait.

Chose étrange, et bien digne enfin que la foi vienne,
Au secours de nos sens et de l'esprit humain,
Que l'espèce du vin tout entier te contienne,
Que tu sois tout entier sous l'espèce du pain!

Tu fais de leur substance en toi-même un échange;
Tu les anéantis, et revêts leurs dehors,
Et, bien qu'à tous momens on te boive et te mange,
On ne consume point ni ton sang ni ton corps.

Grand Monarque du ciel, qui dans ce haut étage
N'as besoin de personne, et ne manques de rien,
Tu veux loger en nous, et faire un alliage,
Par ce grand sacrement, de notre sang au tien!

Conserve donc mon cœur et tout mon corps sans tache,
Afin qu'un plein repos dans mon âme épandu,
A ce mystère saint un saint amour m'attache,
Et qu'à le célébrer je me rende assidu.

Que souvent je le puisse offrir en ta mémoire,
Comme de ta voix propre il t'a plu commander,
Et qu'après l'avoir pris pour ta plus grande gloire,
Au salut éternel il me puisse guider.

Par des transports de joie et de reconnoissance,
Bénis ton Dieu, mon âme, en ce val de malheurs,
Où tu reçois ainsi de sa toute-puissance
Un don si favorable à consoler tes pleurs.

Sais-tu qu'autant de fois que ton zèle s'élève
A prendre du Sauveur le véritable corps,
L'œuvre de ton salut autant de fois s'achève,
Et de tous ses tourmens t'applique les trésors?

Il n'a rien mérité qu'il ne t'y communique;
Et, comme son amour ne peut rien refuser,

Sa bonté toujours pleine et toujours magnifique
Est un vaste océan qu'on ne peut épuiser.

Portes-y de ta part l'attention sévère
D'un cœur renouvelé pour s'y mieux préparer,
Et pèse mûrement la grandeur d'un mystère
Dont dépend ton salut que tu vas opérer.

Lorsque ta propre main offre cette victime,
Quand tu la vois offrir par un autre à l'autel,
Tout doit être pour toi surprenant, doux, sublime,
Comme si de nouveau Dieu se faisoit mortel.

Oui, tout t'y doit sembler aussi grand, aussi rare
Que si ce jour-là même il naissoit ici-bas,
Ou que la cruauté d'une troupe barbare
Pour le salut de tous le livrât au trépas.

CHAP. III. — *Qu'il est utile de communier souvent.*

Je viens à toi, Seigneur, afin de m'enrichir
Des dons surnaturels qu'il te plaît de nous faire;
J'en viens chercher la joie, afin de m'affranchir
Des longs et noirs chagrins qui suivent ma misère;
Je cours à ce banquet que ta pleine douceur
   Tient prêt pour le pauvre pécheur :
Je ne puis, je ne dois souhaiter autre chose :
Toi seul es mon salut et ma rédemption;
En toi tout mon espoir se fonde et se repose,
Tout mon bonheur en toi voit sa perfection.

Je n'ai point ici-bas d'autre gloire à chercher;
Je n'ai point d'autre force en qui prendre assurance;
Je n'ai point d'autres biens où je puisse attacher
La juste ambition de ma persévérance.
Comble donc aujourd'hui de solides plaisirs
   Ce cœur, ces amoureux désirs,
Que pousse jusqu'à toi ton serviteur fidèle;
Vois les empressemens de son humble devoir,
Et ne rejette pas cette ardeur de son zèle
Qu'un vrai respect prépare à te bien recevoir.

Entre dans ma maison, où j'ose t'inviter;
Répands-y les douceurs de ta vertu cachée,
Que de ta propre main je puisse mériter
D'être à jamais béni comme un autre Zachée;
Daigne m'admettre au rang, par ce comble de biens,
   Des fils d'Abraham et des tiens :
C'est le plus cher désir, c'est le seul qui m'enflamme;
Et, comme tout mon cœur soupire après ton corps,

Comme il le reconnoît pour sa véritable âme,
Mon âme pour s'y joindre unit tous ses efforts.

Donne-toi donc, Seigneur, donne-toi tout à moi;
Par ce don précieux dégage ta parole;
Tu me suffiras seul, je trouve tout en toi;
Mais sans toi je n'ai rien qui m'aide, ou me console;
Sans toi je ne puis vivre, et tout autre soutien
      N'est qu'un vain appui, qu'un faux bien;
Je ne puis subsister sans tes douces visites :
Et mes propres langueurs m'abattroient en chemin,
Si je me confiois à mon peu de mérites,
Sans recourir souvent à ce mets tout divin.

Souviens-toi que ce peuple à qui dans les déserts
Ta sagesse elle-même annonçoit tes oracles,
Guéri qu'il fut par toi de mille maux divers,
Vit ta pitié s'étendre à de plus grands miracles :
De crainte qu'au retour il ne languît de faim,
      Tu lui multiplias le pain;
Seigneur, fais-en de même avec ta créature,
Toi qui, pour consoler un peuple mieux aimé,
Lui veux bien chaque jour servir de nourriture
Sous les dehors d'un pain où tu t'es enfermé.

Quiconque en ces bas lieux te reçoit dignement,
Pain vivant, doux repas de l'âme du fidèle,
S'établit un partage au haut du firmament,
Et s'assure un plein droit à la gloire éternelle :
Mais, las ! que je suis loin d'un état si parfait,
      Moi que souvent le moindre attrait
Jusque dans le péché traîne sans répugnance,
Et qu'une lenteur morne, un sommeil croupissant,
Tiennent enveloppé de tant de nonchalance,
Qu'à tous les bons effets je demeure impuissant !

C'est là ce qui m'impose une nécessité
De porter, et souvent, mes pleurs aux pieds d'un prêtre;
D'élever, et souvent, mes vœux vers ta bonté,
De recevoir souvent le vrai corps de mon Maître.
Je dois, je dois souvent renouveler mon cœur,
      Combattre ma vieille langueur,
Purifier mon âme en ce banquet céleste,
De peur qu'enseveli sous l'indigne repos
Où plonge d'un tel bien l'abstinence funeste,
Je n'échappe à toute heure à tous mes bons propos.

Notre imbécillité, maîtresse de nos sens,
Conserve en tous les cœurs un tel penchant aux vices,

Que l'homme tout entier dès ses plus jeunes ans
Glisse et court aisément vers leurs molles délices ;
S'il n'avoit ton secours contre tous leurs assauts,
      Chaque moment croîtroit ses maux :
C'est la communion qui seule l'en dégage ;
C'est elle qui lui prête un assuré soutien,
Dissipe sa paresse, anime son courage,
Le retire du mal, et l'affermit au bien.

Si telle est ma foiblesse et ma tépidité
Au milieu d'un secours de puissance infinie,
Si j'ai tant de langueur et tant d'aridité
Alors que je célèbre ou que je communie,
En quel abîme, ô Dieu ! serois-je tôt réduit,
      Si j'osois me priver du fruit
Que tu m'offres toi-même en ce divin remède !
Et dessous quels malheurs me verrois-je abattu,
Si j'osois me trahir jusqu'à refuser l'aide
Que ta main y présente à mon peu de vertu !

Certes, si je ne puis me trouver chaque jour
En état de t'offrir cet auguste mystère,
Du moins de temps en temps l'effort de mon amour
Tâchera d'avoir part à ce don salutaire.
Tant que l'âme gémit sous l'exil ennuyeux
      Qui l'emprisonne en ces bas lieux,
Ce qui plus la console est ta sainte mémoire,
La repasser souvent, et d'un zèle enflammé,
Qui n'a point d'autre objet que celui de ta gloire,
S'unir par ce grand œuvre à son cher bien-aimé.

O merveilleux effet de ton amour pour nous,
Que toi, source de vie, et première des causes,
Le Créateur de tout, le Rédempteur de tous,
Le souverain Arbitre enfin de toutes choses,
Tu daignes ravaler cette immense grandeur
      Jusqu'à venir vers un pécheur,
Jusqu'à le visiter, homme et Dieu tout ensemble !
Tu descends jusqu'à lui pour le rassasier,
Par un abaissement devant qui le ciel tremble,
D'un homme tout ensemble et d'un Dieu tout entier !

Heureuse mille fois l'âme qui te reçoit,
Toi, son espoir unique et son unique Maître,
Avec tous les respects et l'amour qu'elle doit
A l'excès des bontés que tu lui fais paroître !
Est-il bouche éloquente, est-il esprit humain
      Qui ne se consumât en vain
S'il vouloit exprimer toute son allégresse ?

Et peut-on concevoir ces hauts ravissemens,
Ces avant-goûts du ciel, que ta pleine tendresse
Aime à lui prodiguer en ces heureux momens?

Qu'elle reçoit alors pour hôte un grand Seigneur!
Qu'elle en prend à bon titre une joie infinie,
Et brave de ses maux la plus âpre rigueur,
Voyant l'Auteur des biens lui faire compagnie!
Qu'elle se souvient peu du temps qu'elle a gémi,
   Quand elle loge un tel ami!
Qu'elle trouve d'attraits en l'époux qu'elle embrasse!
Qu'il est grand, qu'il est noble, et digne d'être aimé,
Puisqu'il n'a rien en soi dont le lustre n'efface
Tout ce dont ici-bas le désir est charmé!

Que la terre et les cieux et tout leur ornement
Apprennent à se taire en ta sainte présence :
Tout ce qui brille en eux le plus pompeusement
Vient des profusions de ta magnificence;
Tout ce qu'ils ont de beau, tout ce qu'ils ont de bon,
   Jamais des grandeurs de ton nom
Ne pourra nous tracer qu'une foible peinture :
Ta sagesse éternelle a ses trésors à part,
Le nombre en est sans nombre ainsi que sans mesure,
Et ne met point de borne aux biens qu'elle départ.

CHAP. IV. — *Que ceux qui communient dévotement en reçoivent de grands biens.*

Préviens ton serviteur par cette douce amorce
Que versent dans les cœurs tes bénédictions;
Joins à la pureté de leurs impressions
Tout ce que le respect et le zèle ont de force;
Donne-moi les moyens d'approcher dignement
   De ton auguste sacrement;
Remplis mon sein pour toi d'une céleste flamme,
Et daigne m'arracher à la morne lenteur
   De l'assoupissement infâme
Où me plonge, à tous coups, ma propre pesanteur.

Viens, avec tout l'effet de ce don salutaire,
D'une sainte visite aujourd'hui m'honorer,
Que je puisse en esprit pleinement savourer
Les douceurs qu'enveloppe un si sacré mystère;
Détache en ma faveur un vif rayon des cieux
   Qui fasse pénétrer mes yeux
Au fond de cet abîme où tout mon bien s'enferme;
Et, si pour y descendre ils ont trop peu de jour,

Fais qu'une foi solide et ferme
En croie aveuglément l'excès de ton amour.

Car enfin c'est lui seul qui met en évidence
Ce miracle impossible à tout l'effort humain,
C'est ton saint institut, c'est l'œuvre de ta main,
Qui passe de bien loin toute notre prudence.
Il n'est point de mortel qui puisse concevoir
　　　Ce qui n'est pas même au pouvoir
De la subtilité que tu dépars à l'ange;
Et je serois coupable autant comme indiscret,
　　　Moi, qui ne suis que terre et fange,
D'attenter à comprendre un si profond secret.

J'approche donc, Seigneur, puisque tu me l'ordonnes,
Mais avec un cœur simple, une sincère foi,
Et mon respect y porte un vertueux effroi
Qui n'intimide point l'espoir que tu me donnes.
Je crois, et je suis prêt de signer de mon sang
　　　Que sous ce rond, que sous ce blanc,
Véritable Homme-Dieu, tu caches ta présence,
Et que ce que les yeux jugent encor du pain
　　　N'en conserve que l'apparence,
Qui voile à tous nos sens ton être souverain.

Je vais te recevoir, tu le veux, tu commandes
Que mon cœur à ton cœur s'unisse en charité;
Porte donc jusqu'à toi son imbécillité
Par un don spécial et des grâces plus grandes;
Qu'au feu d'un saint amour ce cœur liquéfié
　　　Trouve en un Dieu crucifié
L'océan où sans cesse il s'écoule et s'abîme;
Et que tout autre attrait, effacé par le tien,
　　　Me laisse abhorrer comme un crime
Les vains chatouillemens de tout autre entretien.

Quels souhaits dans nos maux peut former la pensée,
Que ne puisse remplir un si grand sacrement?
D'où pouvons-nous attendre un tel soulagement
Ou pour le corps malade, ou pour l'âme oppressée?
Quelles vives douleurs, quelles afflictions,
　　　Bravent ses consolations?
Quels imprévus revers triomphent de son aide?
Ne relève-t-il pas l'abattement des cœurs?
　　　Et n'est-il pas le vrai remède
Pour ce que leur foiblesse enfante de langueurs?

Par lui la convoitise au fond de l'âme éteinte
Voit mettre sous le frein toutes les passions;

Et l'empire qu'il prend sur les tentations,
Ou les dompte, ou du moins en affoiblit l'atteinte :
C'est par lui que la grâce avance à gros torrens,
   Et que sur les vices mourans
S'affermit la vertu que lui-même il fait naître ;
C'est par lui que la foi plus fortement agit,
   Que l'espérance a de quoi croître,
Et que la charité s'enflamme et s'élargit.

Puissant réparateur des misères humaines,
Protecteur de mon âme, espoir de tous ses vœux,
Qui dans l'intérieur verses, quand tu le veux,
Tout ce qui nous console et soulage nos peines,
Tu fais des biens sans nombre, et souvent tu les fais
   A ces dévots, à ces parfaits,
Qui savent dignement approcher de ta table ;
Et tu mêles par là dans leurs divers travaux
   Une douceur inépuisable
Qui dissipe aisément l'aigreur de tous leurs maux.

C'est ce qui du néant de leur propre bassesse
Les élève à l'espoir de ta protection,
Et prête un nouveau jour à leur dévotion,
Que la grâce accompagne, et que suit l'allégresse.
Ainsi ceux dont l'esprit triste, aride, inquiet,
   Avant cet amoureux banquet,
Gémissoit sous un trouble au vrai repos funeste,
Sitôt qu'ils sont repus de ce mets tout divin,
   De ce breuvage tout céleste,
En pleins ravissemens changent tout leur chagrin.

Tu leur fais de la sorte éprouver que d'eux-mêmes
Leur force est peu de chose, ou plutôt moins que rien ;
Que s'ils ont quelque grâce, ou s'ils font quelque bien,
Ils en doivent le tout à tes bontés suprêmes ;
Que les plus beaux talens de leur infirmité
   Ne sont que glace et dureté,
Qu'angoisse, que langueur, que vague incertitude ;
Mais qu'alors que sur eux tu répands ta faveur,
   Ils ont zèle, ils ont promptitude,
Ils ont calme, ils ont joie, ils ont stable ferveur.

Aussi lorsqu'en douceurs une source est féconde,
Peut-on s'en approcher qu'on n'en remporte un peu ?
Peut-on sans s'échauffer être auprès d'un grand feu ?
Peut-on l'avoir au sein que la glace n'y fonde ?
N'es-tu pas, ô mon Dieu ! cette source de biens
   Toujours ouverte aux vrais chrétiens,
Toujours vive, toujours pleine et surabondante ?

Et n'es-tu pas ce feu toujours pur, toujours saint,
 Dont la flamme toujours ardente
Se nourrit d'elle-même, et jamais ne s'éteint?

Si mon indignité ne peut monter encore
Au haut de cette source, et puiser en pleine eau,
Si je ne puis en boire à même le ruisseau
Jusqu'à rassasier la soif qui me dévore,
Je collerai ma bouche au canal précieux
 Que tu fais descendre des cieux,
Afin que dans mon cœur une goutte en distille,
Que ma soif s'en apaise, et que l'aridité,
 Qui rend mon âme si stérile,
Ne la dessèche pas jusqu'à l'extrémité.

Si d'ailleurs de ma glace un invincible reste
M'empêche d'égaler l'ardeur des séraphins,
Si je ne puis encor, comme les chérubins,
Pour m'unir tout à toi, devenir tout céleste,
J'attacherai du moins ce que j'ai de vigueur
 A si bien préparer mon cœur
Par un effort d'amour qui toujours renouvelle,
Que sur mes humbles vœux ce divin sacrement
 Fera voler quelque étincelle
Du feu vivifiant de cet embrasement.

Tu vois ce qui me manque, ô Sauveur adorable!
Doux Jésus, bonté seule en qui j'ose espérer;
Supplée à mes défauts, et daigne réparer
Ce que détruit en moi la langueur qui m'accable :
Tu t'en es fait toi-même une amoureuse loi,
 Quand, nous appelant tous à toi,
Ta bouche toute sainte a bien voulu nous dire :
« Accourez tous à moi, vous dont sous les travaux
 Le cœur incessamment soupire,
Et je soulagerai la grandeur de vos maux. »

D'une sueur épaisse ils couvrent mon visage;
Mon cœur outré d'ennuis en est presque aux abois;
Mille et mille péchés me courbent sous leur poids;
Mille tentations me troublent le courage :
Je ne fais que gémir sous les oppressions
 Des insolentes passions,
Dont je trouve en tous lieux l'embarras qui m'obsède;
Et dans tous ces malheurs où je me vois blanchir,
 Dénué de support et d'aide,
Je n'ai que toi, Seigneur, qui m'en puisse affranchir.

Aussi je te remets tout ce qui me regarde;

Je me remets entier à ton soin paternel :
Daigne, ô Dieu ! me conduire au salut éternel,
Et durant le chemin reçois-moi sous ta garde ;
Fais que puisse mon âme à jamais t'honorer,
    Toi qui m'as daigné préparer
Ton corps sacré pour viande, et ton sang pour breuvage ;
Fais enfin que mon zèle augmente chaque jour
    Par le fréquent et saint usage
De ce divin mystère où brille tant d'amour.

CHAP. V. — *De la dignité du sacrement, et de l'état du sacerdoce.*

D'un ange dans les cieux atteins la pureté ;
D'un Baptiste au désert joins-y la sainteté ;
Mais pur à leur égal, mais saint à son exemple,
Ne crois pas l'être assez pour pouvoir dignement
Et tenir en tes mains et m'offrir en mon temple
    Un si grand sacrement.

Conçois, si tu le peux, quelle est cette faveur
De tenir en tes mains le corps de ton Sauveur,
Le consacrer toi-même, et le prendre pour viande ;
Et tu connoîtras lors qu'il n'est mérite humain
A qui doive l'effet d'une bonté si grande
    L'Arbitre souverain.

Ce mystère est bien grand, puisque du haut des cieux
Il fait descendre un Dieu jusques en ces bas lieux,
Et le met en état qu'on le touche et le mange ;
Du sacerdoce aussi grande est la dignité,
Puisqu'on reçoit par là ce que jamais de l'ange
    N'obtint la pureté.

Prêtres, c'est à vous seuls que, sans vous le devoir,
Ma main par mon Église accorde ce pouvoir,
Cette émanation de ma vertu céleste ;
A vous seuls appartient de consacrer mon corps,
D'en faire un sacrifice, et départir au reste
    Ce qu'il a de trésors.

En prononçant les mots que je vous ai dictés,
Suivant mon institut, suivant mes volontés,
Vous opérez l'effet de votre ministère :
Un invisible agent concourt d'un pas égal,
Et, tout Dieu que je suis, soudain j'y coopère
    Comme auteur principal.

Ma voix toute-puissante, à qui tout est soumis,
Moi-même me soumet à ce que j'ai promis ;

M'assujettit aux lois de mon ordre suprême ;
Et ma divinité ne croit point se trahir
A descendre du ciel pour donner elle-même
    L'exemple d'obéir.

Crois-en donc plus ton Dieu que tes aveugles sens,
Crois-en plus de sa voix les termes tout-puissans,
Que le rapport trompeur d'aucun signe visible ;
Et, sans que ces dehors te rendent rien suspect,
Porte à cette action tout ce qui t'est possible
    D'amour et de respect.

Pense à toi, prends-y garde, aime, respecte, crains :
Vois de quel ministère, en t'imposant les mains,
L'évêque t'a commis le divin exercice ;
Il t'a consacré prêtre, et c'est à toi d'offrir
Ce doux mémorial de tout l'affreux supplice
    Qu'il m'a plu de souffrir.

Songe à t'en acquitter avec fidélité,
Avec dévotion, avec humilité ;
N'offre point qu'avec foi, n'offre point qu'avec zèle ;
Songe à régler ta vie, et la règle si bien,
Qu'elle soit sans reproche, et serve de modèle
    Aux devoirs d'un chrétien.

Ton rang, loin d'alléger le poids de ton fardeau,
En redouble la charge, et jusques au tombeau
Il te met sous le joug d'une loi plus sévère ;
Il te prescrit à suivre un chemin plus étroit,
Et la perfection que doit ton caractère
    Veut qu'on marche plus droit.

Oui, tu dois un exemple au reste des mortels,
Qui fasse rejaillir du pied de mes autels
Jusqu'au fond de leurs cœurs une clarté solide ;
Et toutes les vertus qui brillent ici-bas
Doivent former d'un prêtre un infaillible guide
    Pour qui va sur ses pas.

Loin de suivre le train des hommes du commun,
Un prêtre doit en fuir le commerce importun,
De peur d'être souillé de leurs honteux mélanges ;
Et dans tout ce qu'il fait un vigilant souci
Lui doit pour entretien choisir au ciel les anges,
    Et les parfaits ici.

Des ornemens sacrés lorsqu'il est revêtu,
Il a de Jésus-Christ l'image et la vertu ;
Ainsi que son ministre il agit en sa place ;

Et ce n'est qu'en son nom que les vœux qu'il conçoit
Pour le peuple et pour lui montent devant la face
    D'un Dieu qui les reçoit.

Ces habits sont aussi comme l'expression
Des plus âpres tourmens par qui ma Passion
Pour le salut humain termina ma carrière;
La croix sur eux empreinte en fait le souvenir,
Et le prêtre la porte et devant et derrière,
    Pour mieux le retenir.

Il la porte devant, afin que son regard
S'arrêtant fixement sur ce digne étendard,
Ses ardeurs à le suivre en deviennent plus promptes;
Il la porte derrière, afin qu'en ses malheurs
Il souffre sans ennuis les travaux et les hontes
    Qui lui viennent d'ailleurs.

Il la porte devant pour pleurer ses forfaits;
Derrière, afin que ceux que son prochain a faits
De sa compassion tirent aussi des larmes;
Et que, comme il agit au nom du Rédempteur,
Entre le peuple et Dieu, qui tient en main les armes,
    Il soit médiateur.

C'est par cette raison qu'il s'y doit attacher,
Et que sa fermeté ne doit rien relâcher
Ni de ses vœux fervens, ni de ses sacrifices,
Tant qu'il obtienne grâce, et que du souverain
Il se rende à l'autel les bontés si propices,
    Qu'il désarme sa main.

Enfin quand il célèbre, il m'honore, il me sert;
Tout le ciel applaudit par un sacré concert;
Tout l'enfer est confus, l'Église édifiée;
Il secourt les vivans, des morts il fait la paix,
Et son âme devient l'heureuse associée
    Des bons et des parfaits.

CHAP. VI. — *Préparation à s'exercer avant la communion.*

    Quand je contemple ta grandeur,
    Quand j'y compare ma bassesse,
    Je tremble, et toute mon ardeur
    Résiste à peine à ma foiblesse;
Tant la confusion qui saisit tous mes sens
    Balance mes vœux languissans!

    N'approcher point du sacrement,
    C'est fuir la source de la vie;

En approcher indignement,
C'est offenser qui m'y convie,
Et, par une honteuse et lâche trahison,
Changer le remède en poison.

Daigne donc, Seigneur, m'éclairer
Touchant ce qu'il faut que je fasse,
Toi qui ne me vois espérer
Qu'en l'heureux appui de ta grâce,
Et de qui seul j'attends en un trouble pareil
Et le secours et le conseil.

Dissipe ma vieille langueur,
Inspire-moi quelque exercice
Par qui je prépare mon cœur
A cet amoureux sacrifice,
Et par le droit sentier conduis-moi sur tes pas
A ce doux et sacré repas.

Fais-moi, Seigneur, fais-moi savoir
Avec quel zèle et révérence
Un Dieu, pour le bien recevoir,
Veut que je m'apprête et m'avance,
Et comment pour t'offrir des mystères si saints
Je dois purifier mes mains.

CHAP. VII. — *De l'examen de sa conscience, et du propos de s'amender.*

Prêtre, qui que tu sois, qui vas sur mon autel
Offrir un Dieu vivant à son Père immortel,
Et tenir en tes mains et recevoir toi-même
De mon amour pour toi le mystère suprême,
Approche, mais surtout prépare dans ton sein
Une humilité forte, un respect souverain,
Une foi pleine et ferme, une intention pure
D'honorer, de bénir l'Auteur de la nature;
Sur ton intérieur jette l'œil avec soin,
En juge incorruptible, en fidèle témoin;
Et, si de mon honneur un vrai souci te touche,
Fais que le cœur contrit et l'humble aveu de bouche
Sachent si bien purger le désordre caché,
Que rien par le remords ne te soit reproché;
Que rien plus ne te pèse, et que rien que tu saches
N'empêche un libre accès par ses honteuses taches.
Porte empreint sur ce cœur un regret général
Pour tout ce que jamais il a commis de mal;
Joins à ce déplaisir des douleurs singulières
Pour les infirmités qui te sont journalières;

Et, si l'heure le souffre, en secret devant Dieu
Repasses-en le nombre, et le temps, et le lieu ;
Et, de tous les défauts où ton âme s'engage,
Étends devant ses yeux la pitoyable image.

Gémis, soupire, pleure aux pieds de l'Éternel,
D'être encor si mondain, d'être encor si charnel,
D'avoir des passions si peu mortifiées,
Des inclinations si mal purifiées,
Que les mauvais désirs demeurent tout-puissans
Sur qui veille si mal à la garde des sens.

Gémis d'en voir souvent les approches saisies
Par les vains embarras de tant de fantaisies,
D'avoir pour le dehors tant de soupirs ardens,
Et si peu de retour aux choses du dedans ;
De souffrir que ton âme à toute heure n'aspire
Qu'à ce qui divertit, qu'à ce qui te fait rire,
Tandis que pour les pleurs et la componction
Ton endurcissement a tant d'aversion ;
De te voir tant de pente à vivre plus au large,
Dans l'aise et les plaisirs d'une chair qui te charge,
Cependant que ton cœur a tant de lâcheté
Pour la ferveur du zèle et pour l'austérité ;
D'être si curieux d'entendre des nouvelles,
De voir des raretés surprenantes et belles,
Et si lent à choisir de ces emplois abjects
Que prend l'humilité pour ses plus doux objets.

Gémis de tant d'ardeur pour amasser et prendre,
Et de tant de réserve à départir ou rendre,
Qu'on a raison de croire et de te reprocher
Que ce que tient ta main ne s'en peut détacher.

Pleure ton peu de soin à régler tes paroles,
Ton silence rempli d'égaremens frivoles,
Le peu d'ordre en tes mœurs, le peu de jugement
Que dans tes actions fait voir chaque moment.
Gémis d'avoir aimé les plaisirs de la table,
Et fait la sourde oreille à ma voix adorable ;
D'avoir pris pour vrai bien la molle oisiveté ;
D'avoir pris le travail pour infélicité ;
Pour des contes en l'air eu vigilance entière,
Long assoupissement pour la sainte prière,
Hâte d'être à la fin, et l'esprit vagabond
Vers ce qu'il ne fait pas ou que les autres font.

Pleure ta nonchalance à rendre ton office,
Gémis de ta tiédeur pendant ton sacrifice,
De tant d'aridité dans tes communions,
De tant de complaisance en tes distractions,
D'avoir si rarement l'âme bien recueillie,

De faire hors de toi toujours quelque saillie,
Prompt à te courroucer, prompt à fâcher autrui,
Sévère à le reprendre, et juger mal de lui.
Pleure l'emportement de tes humeurs diverses
Qu'enflent les bons succès, qu'abattent les traverses;
Pleure enfin ta misère, et l'ouvrage imparfait
De tant de bons desseins que suit si peu d'effet.
 Ces défauts déplorés, et tout ce qui t'en reste,
Avec un vif regret d'un cœur qui les déteste,
Avec de ta foiblesse un aveu douloureux,
D'où naisse un déplaisir cuisant, mais amoureux,
Passe au ferme propos de corriger ta vie,
D'avancer aux vertus où ma voix te convie,
D'élever tes désirs sans plus les ravaler,
D'aller de mieux en mieux sans jamais reculer;
Puis, d'une volonté fortement résignée,
Qui tienne sous tes pieds la terre dédaignée,
Offre-toi tout entier toi-même en mon honneur
Pour holocauste pur sur l'autel de ton cœur;
Remets entre mes mains et ton corps et ton âme,
Afin que, tout rempli d'une céleste flamme,
Tu sois en digne état par cet humble devoir
De consacrer mon corps et de le recevoir.
 Car, si tu ne le sais, pour plaire au Dieu qui t'aime,
L'offrande la plus digne est celle de toi-même;
C'est elle qu'il faut joindre à celle de mon corps
Par d'amoureux élans, par de sacrés transports,
Qui puissent jusqu'à moi les élever unies
Et quand tu dis la messe, et quand tu communies.
Rien ne t'affranchit mieux de ce qu'a mérité
Ou ta noire malice, ou ta fragilité,
Et rien n'efface mieux les taches de tes crimes,
Que la sainte union qu'ont lors ces deux victimes.
 Quand le pécheur a fait, autant qu'il est en lui,
Qu'une douleur sensible, un véritable ennui,
Un profond repentir le prosterne à ma face
Pour obtenir pardon et me demander grâce,
Je suis le Dieu vivant qui ne veut point sa mort;
Mais qu'à se convertir il fasse un digne effort,
Qu'il vive en mon amour pour revivre en ma gloire,
Et de tous ses péchés je perdrai la mémoire;
Tous lui seront par moi si pleinement remis,
Qu'il aura place au rang de mes plus chers amis.

CHAP. VIII. — *De l'oblation de Jésus-Christ en la croix, et de la propre résignation.*

Vois comme tout nu sur la croix,
Victime pure et volontaire,
Les deux bras étendus sur cet infâme bois,
Jadis pour tes péchés je m'offris à mon Père :
Y réservai-je rien de ce qui fut en moi,
Qu'afin de te sauver et de lui satisfaire
Mon amour n'immolât pour toi?

Tel tu dois de tout ton pouvoir
M'offrir chaque jour en la messe
Toute l'affection que tu peux concevoir,
Avec toute sa force et toute sa tendresse;
Tel tu me dois, mon fils, immoler à ton tour
Un cœur qui tout entier pour moi seul s'intéresse,
Et me rende amour pour amour.

Ainsi tu sauras me gagner,
Et ce que plus je te demande,
C'est que tu prennes soin de te bien résigner,
De faire de toi-même une sincère offrande.
Tous autres dons pour moi ne sont point suffisans,
Je ne regarde point si leur valeur est grande,
Je te cherche, et non tes présens.

Comme il ne te suffiroit pas
D'avoir sans moi mille avantages,
Ainsi n'espère point que je fasse aucun cas
De tout ce que sans toi m'offriront tes hommages;
Offre-toi tout entier, et de tes volontés,
En te donnant à moi, ne fais aucuns partages,
Et tes dons seront acceptés.

Tu vois que je me suis offert
Pour toi tout entier à mon Père;
Tu vois que je te donne, après avoir souffert,
Tout mon corps et mon sang en ce divin mystère;
Ce don que je te fais, pour être tout à toi,
Te sert d'un grand exemple, et t'apprend pour me plaire
Que tu dois être tout à moi.

Si dans toi ton propre intérêt
Se peut réserver quelque chose,
Si tu ne t'offres pas à tout ce qui me plaît,
Si tu n'es point d'accord que moi seul j'en dispose,
Tu ne me feras point d'entière oblation,
Et l'art de nous unir, qu'ici je te propose,
N'aura point sa perfection.

Cette oblation de ton cœur,
　　Quelques actions que tu fasses,
Doit précéder entière avec pleine vigueur,
Doit se faire à toute heure et sans que tu t'en lasses.
Aime ce digne joug de ma captivité,
Et n'attends que de lui l'abondance des grâces
　　Et la parfaite liberté.

　　D'où crois-tu qu'on voit ici-bas
　　Si peu d'âmes illuminées,
Si peu dont le dedans soit purgé d'embarras,
Si peu dont les ferveurs ne se trouvent bornées?
C'est qu'à se dépouiller peu savent consentir,
Qui, par le propre amour vers elles ramenées,
　　Ne penchent à se revêtir.

　　Souviens-toi que j'ai prononcé
　　Cette irrévocable parole :
« Quiconque pour me suivre à tout n'a renoncé
N'est point un vrai disciple instruit en mon école. »
Si tu le veux donc être en ce mortel séjour,
Donne-toi tout à moi, sans souffrir qu'on me vole
　　La moindre part en ton amour.

CHAP. IX. — *Qu'il faut nous offrir à Dieu avec tout ce qui est en nous, et prier pour tout le monde.*

Et le ciel, et la terre, et tout ce qu'ils contiennent,
Leurs effets, leurs vertus à jamais t'appartiennent;
Tout est à toi, Seigneur, tout marche sous ta loi,
Et je m'y viens offrir en véritable hostie,
Moi qui de ce grand tout fais la moindre partie,
Pour être par cette offre encor mieux tout à toi.

Dans la simplicité d'un cœur qui te réclame,
Je t'offre tout entiers et mon corps et mon âme;
J'en fais un saint hommage à tes commandemens;
J'offre à tes volontés un serviteur fidèle
En sacrifice pur de louange immortelle,
Et réunis en toi tous mes attachemens.

Daigne avoir, ô mon Dieu! la victime agréable;
A cette oblation de ton corps adorable
Mon amour aujourd'hui l'ajoute pour tribut :
Je t'offre l'une et l'autre en présence des anges;
Reçois cet holocauste, et fais de ces louanges
Pour moi, pour tout le peuple, un œuvre de salut.

Ces bienheureux esprits, témoins de tant d'offenses
Par qui j'ai tant de fois mérité tes vengeances,

Seront aussi témoins des vœux que je te fais;
Et tout ce qu'à leurs yeux j'ai fait de punissable
Depuis le premier jour qui m'en a vu capable,
Je te l'offre à leurs yeux sur cet autel de paix.

Lance de ton amour une vive étincelle,
Qui, m'allumant au sein une ferveur nouvelle,
Y brûle pour jamais cet amas de péché;
Fais que ce feu divin en consume l'ordure,
Et que l'embrasement d'une flamme si pure
Efface tout l'impur dont tu me vois taché.

Qu'un pardon général, par sa pleine efficace
Abolissant mon crime et me rendant ta grâce,
Sous l'ordre de tes lois range tout mon vouloir :
Entre mon âme et toi rétablis la concorde,
Et par ce haut effet de ta miséricorde
Au saint baiser de paix daigne me recevoir.

Après tant de péchés que ferois-je autre chose?
Je vois que leur excès à ta rigueur m'expose,
Qu'il arme contre moi ta juste inimitié :
Que puis-je donc, ô Dieu! pour t'arracher les armes,
Que t'avouer ma faute, et, fondant tout en larmes,
Implorer à genoux l'excès de ta pitié?

Exauce, exauce-moi, Seigneur, je t'en conjure;
Exauce cette indigne et vile créature
Que prosterne à tes pieds un humble repentir :
Mon péché me déplaît, et la plus douce idée
Que m'ose présenter son image fardée
Ne m'ôtera jamais l'horreur d'y consentir.

Je pleure, et veux pleurer tout le temps de ma vie
Sa route jusqu'ici honteusement suivie;
Je veux à mes forfaits égaler mes ennuis;
Et, si pour t'obéir j'eus trop peu de constance,
J'en accepte, ô mon Dieu! j'en fais la pénitence,
Et veux te satisfaire autant que je le puis.

Pardonne, encore un coup, pardonne pour ta gloire,
Pour l'amour de ton nom bannis de ta mémoire
Tout ce que mes désirs ont eu de vicieux;
Et, pour sauver mon âme à les croire emportée,
Souviens-toi seulement que tu l'as rachetée
Par la profusion de ton sang précieux.

Je sais, Seigneur, je sais, pour grand que soit mon crime,
Que ta miséricorde est un profond abîme;
Je me résigne entier à son immensité :

N'agis que suivant elle, et, lorsque ta justice
Pressera ton courroux de hâter mon supplice,
Laisse-lui fermer l'œil sur mon iniquité.

J'ose te faire encore en ce divin mystère
L'offre de tout le bien que jamais j'ai pu faire,
Quoique tout imparfait et de peu de valeur,
Quoique ces actions soient en si petit nombre,
Qu'à peine du vrai bien elles font voir une ombre
Dont les informes traits n'ont aucune couleur.

Donne-leur ce qui manque à leur foible teinture;
Corrige, sanctifie, agrée, achève, épure;
Fais-les de jour en jour aller de mieux en mieux;
Comble-les d'une grâce en vertus si fertile,
Que cet homme chétif, paresseux, inutile,
Trouve une heureuse fin qui le conduise aux cieux.

Je t'offre tous les vœux de ces dévotes âmes
Qui ne conçoivent plus que de célestes flammes;
De mes plus chers parens je t'offre les besoins,
Ceux de tous les amis que tu m'as fait connoître,
Des frères et des sœurs que m'a donnés le cloître,
Et de tous ceux enfin qui méritent mes soins.

Pourrois-je oublier ceux dont le cœur charitable
A mes nécessités se montre favorable,
Ou qui pour ton amour à d'autres font du bien?
Pourrois-je oublier ceux dont les saints artifices
Ou de mes oraisons ou de mes sacrifices
Empruntent le secours pour obtenir le tien?

Je t'offre pour eux tous, soit qu'ils vivent encore,
Soit qu'en ton purgatoire un juste feu dévore
Les péchés qu'en ce monde ils ont mal su purger;
Fais-leur sentir la force et l'appui de ta grâce;
Console, soutiens-les dans ce tourment qui passe,
Et dans tous leurs périls daigne les protéger.

Abrége en leur faveur la peine méritée;
Avance à tous leurs maux cette fin souhaitée,
Qui change l'amertume en doux ravissemens,
Afin qu'en liberté leur sainte gratitude
Fasse avec allégresse et hors d'inquiétude
Retentir tout le ciel de leurs remerciemens.

J'offre ces mêmes vœux et ces mêmes hosties
Pour ceux dont la malice ou les antipathies
M'ont rendu déplaisir, m'ont nui, m'ont offensé;
Pour ceux qui m'ont causé quelques désavantages,

Procuré quelque perte, ou fait quelques outrages,
Contredit à ma vue, ou sous main traversé.

Je te les offre encor d'une ferveur égale
Pour ceux à qui j'ai fait ou dépit ou scandale,
Pour ceux que j'ai fâchés, même sans le savoir ;
Je t'offre pour eux tous, pour eux tous je t'invoque ;
Pardonne-nous à tous la froideur réciproque,
Et remets-nous ensemble au chemin du devoir.

Arrache de nos cœurs cette indigne semence
D'envie et de soupçon, de colère et d'offense,
Tout ce qui peut nourrir la contestation,
Tout ce qui peut blesser l'amitié fraternelle,
Et par une chaleur à tes ordres rebelle
Éteindre le beau feu de la dilection.

Prends, Seigneur, prends pitié de ceux qui la demandent ;
Fais un don de ta grâce aux pécheurs qui l'attendent ;
Dans nos pressans besoins laisse-nous l'obtenir ;
Et rends-nous tels enfin que notre âme ravie
En puisse dignement jouir durant la vie,
Et dans le ciel un jour à jamais t'en bénir.

CHAP. X. — *Qu'il ne faut pas aisément quitter la sainte communion.*

Tu dois avoir souvent recours
A la source de grâce et de miséricorde,
Cette fontaine pure, où se forme le cours
D'un torrent de bonté qui sur toi se déborde ;
    Ainsi tu sauras t'affranchir
    De tout ce qui te fait gauchir
    Vers les passions et les vices ;
Ainsi plus vigoureux, ainsi plus vigilant,
Des attaques du diable et de ses artifices
Tu braveras la ruse et l'effort insolent.

Ce fier ennemi des mortels
De la communion sait quel bonheur procède,
Et combien on reçoit au pied de mes autels,
En ce festin sacré, de fruit et de remède ;
    Il ne perd point d'occasions
    De semer ses illusions
    Pour en détourner les fidèles ;
Il en fait son grand œuvre, et met tout son pouvoir
A ne laisser en l'âme aucunes étincelles
Qui puissent rallumer l'ardeur de ce devoir.

Plus il te voit t'y préparer
Avec une ferveur d'un saint espoir guidée,
Plus les fantômes noirs qu'il te vient figurer
Font un épais nuage et brouillent ton idée.
  Tu lis dans Job en plus d'un lieu
  Que parmi les enfans de Dieu
  Cet esprit ténébreux se coule;
C'est contre eux qu'il s'efforce, et sa malignité
Prend mille objets impurs que devant eux il roule
Pour les remplir de crainte ou de perplexité.

  Il tâche par mille embarras
De vaincre ou d'affoiblir le zèle qui t'enflamme,
Et de se rendre maître à force de combats
De cette aveugle foi qui t'illumine l'âme :
  Il ne néglige aucun secret
  Pour t'éloigner de ce banquet,
  Ou t'en faire approcher plus tiède;
Mais il est en ta main de le rendre impuissant;
Son plus heureux effort n'abat que qui lui cède,
Et ne peut t'ébranler, si ton cœur n'y consent.

  Quelques horribles saletés
Dont contre toi sa rage excite la tempête,
Tu n'as qu'à te moquer de leurs impuretés,
Et tu renverseras leurs foudres sur sa tête;
  Tu n'as qu'à traiter de mépris
  Ce roi des malheureux esprits,
  Pour le dépouiller de sa force.
Ris donc de son insulte, et quelque émotion
Dont il ose à tes yeux jeter l'indigne amorce,
Ne te relâche point de la communion.

  Souvent, à force d'y penser,
Le soin d'être dévot trop longtemps inquiète;
Souvent l'anxiété de se bien confesser
Enveloppe l'esprit d'une langueur secrète :
  Fais choix alors de confidens
  Qui soient éclairés et prudens,
  Et bannis tout le vain scrupule;
Il empêche ma grâce, et la précaution
Que lui fait apporter son effroi ridicule
Éteint le plus beau feu de la dévotion.

  Faut-il pour un trouble léger,
Pour un amusement qu'un vain objet excite,
Pour une pesanteur qui te vient assiéger,
Que ta communion se diffère ou se quitte?
  Porte tout à ce tribunal,

Où, par un bonheur sans égal,
Qui s'accuse aussitôt s'épure :
Pardonne à qui t'offense, et cours aux pieds d'autrui
Lui demander pardon, si tu lui fis injure;
Tu l'obtiendras de moi, si tu le veux de lui.

Que peut avoir d'utilité
De la confession cette folle remise?
De quoi te peut servir cette facilité
A reculer un bien que t'offre mon Église?
Vomis tout ce maudit poison,
Et pour en purger ta raison
Cours en hâte à ce grand remède :
Tu t'en trouveras mieux, et tu dois redouter
Qu'à l'obstacle présent quelque autre ne succède,
Plus fâcheux à souffrir et plus fort à dompter.

Remettre ainsi de jour en jour
Pour te mieux préparer à ce bonheur insigne,
C'est te priver longtemps de ce gage d'amour,
Et peut-être à la fin t'en rendre plus indigne.
Romps, le plus tôt que tu pourras,
Les chaînes de ces embarras
Dont ta propre lenteur t'accable :
Nourrir l'inquiétude apporte peu de fruit,
Et l'on s'avance mal quand on refuit ma table
Pour des empêchemens que chaque jour produit.

Sais-tu que l'assoupissement
Où te laisse plonger ta langueur insensible
T'achemine à grands pas à l'endurcissement,
Et qu'à force de temps il devient invincible?
Qu'il est de lâches, qu'il en est
Dont la tépidité s'y plaît
Jusqu'à le rendre volontaire,
Et dont la nonchalance aime à prendre aux cheveux
La moindre occasion d'éloigner un mystère
Qui les obligeroit d'avoir mieux l'œil sur eux!

Oh! que foible est leur charité!
Que leur dévotion est traînante et débile!
Et que ce zèle est faux, dont l'imbécillité
A quitter un tel bien se trouve si facile!
Heureux l'homme qui tous les jours
Pour recevoir un tel secours
Épure assez sa conscience,
Et n'en passeroit point sans un si grand appui,
Si de ses directeurs il en avoit licence,
Ou qu'il ne craignît point qu'on parlât trop de lui!

   Quand par un humble sentiment
Le respect en conseille une sainte abstinence,
Ou qu'on y voit d'ailleurs un juste empêchement,
Un homme est à louer de cette révérence ;
    Mais lorsque parmi ce conseil
    Il se glisse un morne sommeil,
    On se doit exciter soi-même,
Faire tout ce que peut l'humaine infirmité :
Mon secours est tout prêt, et ma bonté suprême
Considère surtout la bonne volonté.

   Alors que ta dévotion
A pour s'en abstenir des causes légitimes,
Ton désir vertueux, ta bonne intention,
Te peuvent en donner les fruits les plus sublimes.
    Quiconque a Dieu devant les yeux
    Peut en tout temps, peut en tous lieux
    Goûter en esprit ce mystère ;
Il n'est obstacle aucun qui l'en puisse empêcher,
Et c'est toujours pour l'âme un repas salutaire
Quand, au défaut du corps, elle en sait approcher.

   Non que cette communion,
Qu'il peut faire en tout temps toute spirituelle,
Doive monter si haut en son opinion
Que son esprit content néglige l'actuelle ;
    Il faut que souvent sa ferveur
    De la bouche comme du cœur
    Reçoive ce vrai pain des anges,
Qu'il ait des temps réglés pour un si digne effet,
Et s'y donne pour but ma gloire et mes louanges,
Plus que ce qui le flatte et qui le satisfait.

   Attendant ces jours bienheureux,
Contemple dans la crèche un Dieu qui s'est fait homme ;
Repasse en ton esprit mon trépas douloureux ;
Vois l'œuvre du salut qu'en la croix je consomme :
    Autant de fois qu'un saint transport
    Dans ma naissance ou dans ma mort
    Prendra de quoi croître ta flamme,
Ton zèle autant de fois saura mystiquement
D'une invisible main communier ton âme,
Et recevra le fruit de ce grand sacrement.

   Qui ne daigne s'y préparer
Qu'alors qu'il est pressé par cette grande fête,
Et que le jour pour lui semble le désirer,
Y portera souvent une âme fort mal prête.
    Heureux qui du plus digne apprêt,

Sans attache au propre intérêt,
Fait son ordinaire exercice,
Et s'offre en holocauste à son Père immortel,
Quand pour le sacrement ou pour le sacrifice
Il se met à ma table, ou monte à mon autel!

Observe pour dernier avis
De n'être ni trop long, ni trop court en ta messe ;
Contente ainsi que toi ceux avec qui tu vis,
Et garde un train commun en qui rien ne les blesse.
Un prêtre n'est bon que pour lui,
S'il gêne le zèle d'autrui,
Faute de suivre la coutume ;
Et tu dois regarder ce qui profite à tous
Plus que toute l'ardeur qui dans ton cœur s'allume,
Et que tous ces élans qui te semblent si doux.

Chap. XI. — *Que le corps de Jésus-Christ et la sainte Écriture sont entièrement nécessaires à l'âme fidèle.*

Oh! que ta douceur infinie
Répand de charmantes faveurs,
Sauveur bénin, sur les ferveurs
De qui dignement communie!
Ce grand banquet où tu l'admets
N'a point pour lui de moindres mets
Que son bien-aimé, son unique ;
Que toi, dis-je, seul à choisir,
Et seul à qui son cœur s'applique
Par-dessus tout autre désir.

Que j'en verrois croître les charmes,
Si d'un amoureux sentiment
Le tendre et long épanchement
M'y donnoit un torrent de larmes!
Que tous mes vœux seroient contens
D'en baigner tes pieds en tout temps
Avec la sainte pécheresse!
Mais où sont ces vives ardeurs?
Où cette amoureuse tendresse?
Où cet épanchement de pleurs?

En présence d'un tel Monarque,
A l'aspect de toute sa cour,
Un transport de joie et d'amour
En devroit porter cette marque ;
Mon cœur par mille ardens soupirs
Devroit pousser mille désirs

Jusques à la voûte étoilée,
Et dans cet avant-goût des cieux
Ma joie en larmes distillée
Couler à grands flots de mes yeux.

En cet adorable mystère
Je te vois présent en effet,
Dieu véritable, homme parfait,
Sous une apparence étrangère;
Tu me caches cette splendeur
Dont ta souveraine grandeur
Avant les temps est revêtue :
Seigneur, que je te dois bénir
D'épargner à ma foible vue
Ce qu'elle n'eût pu soutenir !

Les yeux même de tout un monde
En un seul regard assemblés,
De tant de lumière aveuglés,
Rentreroient sous la nuit profonde;
Ils ne pourroient pas subsister,
S'ils attentoient à supporter
Des clartés si hors de mesure;
Et l'éclat de ta majesté,
Quand elle emprunte une figure,
Fait grâce à notre infirmité.

Sous ces dehors où tu te ranges
Je te vois tel qu'au firmament;
Je t'adore en ce sacrement
Tel que là t'adorent les anges.
La différence entre eux et moi,
C'est que les seuls yeux de la foi
M'y font voir ce que j'y révère,
Et qu'en ce lumineux pourpris
Une vision pleine et claire
Te montre à ces heureux esprits.

Mais il faut que je me contente
D'avoir pour guide ce flambeau,
En attendant qu'un jour plus beau
Remplisse toute mon attente;
C'est ce jour de l'éternité,
Dont la brillante immensité
Dissipera toutes les ombres,
Et de la pointe de ses traits
Détruira tous ces voiles sombres
Qui couvrent tes divins attraits.

La parfaite béatitude,
Éclairant nos entendemens,
Fera cesser les sacremens
Dans son heureuse plénitude;
Ce glorieux prix des travaux,
Qui nous met au-dessus des maux,
Ote le besoin du remède;
Face à face tu t'y fais voir;
Sans fin, sans trouble, on t'y possède;
On t'y contemple sans miroir.

L'esprit, de lumière en lumière
Montant dans ton infinité,
S'y transforme en ta déité,
Qu'il embrasse et voit tout entière;
Cet esprit tout illuminé
Y goûte le Verbe incarné;
Toi-même à ses yeux tu l'exposes,
Tel que dans ces vastes palais
Il étoit avant toutes choses,
Et tel qu'il demeure à jamais.

Le souvenir de ces merveilles
Fait qu'ici tout m'est ennuyeux,
Que tout y déplaît à mes yeux,
Tout importune mes oreilles;
Le goût même spirituel
M'est un chagrin continuel
Près de cette douce mémoire;
Et, quoi qu'il m'arrive de bien,
Tant que je ne vois point ta gloire,
Tout m'est à charge, tout n'est rien.

Tu le sais, ô Dieu de ma vie,
Qu'ici-bas il n'est point d'objet
Où se termine mon projet,
Où se repose mon envie :
A te contempler fixement,
Sans fin et sans empêchement,
Je mets ma gloire souveraine;
Mais, avant que de voir finir
La mortalité que je traîne,
Ce bonheur ne peut s'obtenir.

Je dois donc avec patience
Te soumettre tous mes désirs,
Ne chercher point d'autres plaisirs,
N'avoir point d'autre confiance.
Les saints qui règnent avec toi

Vécurent au monde avec foi,
Avec patience y languirent,
Et leur cœur en toi satisfait
De ce que leurs vœux se promirent
Attendit constamment l'effet.

J'ai la même foi qu'ils ont eue;
J'ai le même espoir qu'ils ont eu;
Et, croyant tout ce qu'ils ont cru,
J'aspire comme eux à ta vue.
Avec ta grâce et pareils vœux
J'espère d'arriver comme eux
A tes promesses les plus amples,
Et jusqu'à cette fin sans fin
Ma foi, qu'appuieront leurs exemples,
Suivra sous toi le vrai chemin.

J'aurai de plus pour ma conduite
Les livres saints, dont le secours
A toute heure adoucit le cours
Des maux où mon âme est réduite;
Je trouve en leurs instructions
Des miroirs pour mes actions,
Sur qui je les règle et me juge;
Et par-dessus tous leurs trésors
J'ai pour remède et pour refuge
Le banquet de ton sacré corps.

Cet accablement de misères
Qui m'environne incessamment,
Pour le supporter doucement,
Me rend deux choses nécessaires;
J'ai besoin en toutes saisons
De deux choses dans ces prisons
Où me renferme la nature;
Et, manque de l'une des deux,
De lumière, ou de nourriture,
Mon séjour n'y peut être heureux.

Seigneur, ta bonté singulière,
Pour m'aider à suivre tes pas,
M'y donne ton corps pour repas,
Et ta parole pour lumière.
Dans ces misérables vallons,
Sans l'un et l'autre de ces dons
Ta route seroit mal suivie;
Car l'un est l'immuable jour,
Et l'autre le vrai pain de vie
Qui nourrit l'âme en ton amour.

L'âme de ton amour éprise
Peut regarder ces deux soutiens
Comme deux tables que tu tiens
Dans le trésor de ton Église ;
L'une est celle de ton autel,
Où se prend ton corps immortel
Pour nourriture et médecine ;
Et l'autre, celle de ta loi,
Qui nous instruit de ta doctrine,
Et nous affermit en la foi.

C'est elle qui, du sanctuaire
Tirant pour nous le voile épais,
Jusqu'en ses plus profonds secrets
Nous introduit et nous éclaire :
C'étoit pour nous la préparer
Qu'il te plut jadis inspirer
Les prophètes et les apôtres ;
Et tes augustes vérités
Chaque jour encor par mille autres
Répandent sur nous leurs clartés.

Créateur et Sauveur des hommes,
Qu'on te doit de remercîmens
D'avoir fait ces banquets charmans
Pour des malheureux que nous sommes !
Tu nous les tiens à tous ouverts
Pour montrer à tout l'univers
Cette charité magnifique
Qui, déployant tous ses trésors,
N'y donne plus l'Agneau mystique,
Mais ton vrai sang et ton vrai corps.

Là, sans cesse tous les fidèles,
Des traits de ton amour navrés,
Et de ton calice enivrés,
Goûtent quelques douceurs nouvelles ;
Toutes les délices des cieux
Font un raccourci précieux
Dans ce calice salutaire ;
L'ange les y goûte avec nous ;
Mais, comme sa vue est plus claire,
Ses plaisirs sont aussi plus doux.

Prêtres, qu'illustre est votre office !
Que haute est cette dignité
Dont vous tenez l'autorité
De faire ce grand sacrifice !
Deux mots sacrés et souverains

Font descendre un Dieu dans vos mains;
Vous le prenez dans votre bouche;
Et dans ces festins solennels
Cette même main qui le touche
Le donne au reste des mortels.

Que ces mains doivent être pures!
Que cette bouche, que ce lieu
Où loge si souvent un Dieu
Doit être bien purgé d'ordures!
O prêtres, que tout votre corps
Doit avoir dedans et dehors
Une intégrité consommée!
Et qu'il faut voir de sainteté
Dans cette demeure animée
De l'auteur de la pureté!

Une bouche si souvent prête
A recevoir le sacrement
Doit prendre garde exactement
Qu'il n'en sorte rien que d'honnête.
Loin tous inutiles discours
D'un organe qui tous les jours
A Jésus-Christ sert de passage;
Point, point d'entretien que fervent;
Point d'œil que simple, chaste, et sage,
En qui l'approche si souvent.

Vos mains, qui touchent à toute heure
L'Auteur de la terre et des cieux,
Doivent accompagner vos yeux
A s'élever vers sa demeure.
Songez bien surtout que sa loi
Vous demande un sévère emploi
Qui réponde au grand nom de prêtre;
Et que, lorsqu'il y dit à tous :
« Soyez saints comme votre Maître, »
Il parle aux autres moins qu'à vous.

Seigneur, qui de ce caractère
Nous as daigné favoriser,
Ne nous laisse pas abuser
De son auguste ministère;
Aide-nous, fais-nous dignement
Former un dévot sentiment
Par l'assistance de tes grâces,
Afin qu'en toute pureté
Nous puissions marcher sur tes traces,
Et mieux servir ta majesté.

Que si de l'humaine impuissance
L'insensible et commun pouvoir
Relâche trop notre devoir
De ce qu'il lui faut d'innocence,
Fais que de sincères douleurs
Effacent à force de pleurs
Tout ce qui s'y coule de vice;
Et que, ravis de ta bonté,
Nous attachions à ton service
Une humble et ferme volonté.

Chap. XII. — *Qu'il faut se préparer avec grand soin à la communion.*

J'aime la pureté par-dessus toute chose;
Je cherche le cœur net, c'est là que je repose;
C'est moi qui donne ici toute la sainteté,
Et j'en fais bonne part à cette pureté.
Je l'ai dit autrefois, et je te le répète :
« Prépare en ta maison une salle bien nette,
Et nous viendrons soudain, mes disciples et moi,
Y célébrer la Pâque, et la faire avec toi. »
Si tu veux que j'y vienne établir ma demeure,
Purge ce vieux levain qui s'enfle d'heure en heure,
Et par l'austérité d'une sainte rigueur
Sache purifier le séjour de ton cœur :
Des vanités du monde exclus-en les tumultes;
Des folles passions bannis-en les insultes;
Tiens-y-toi solitaire, et tel qu'un passereau
Qui d'un arbre écarté s'est choisi le coupeau,
Repasse en ton esprit avec mille amertumes
Et tes honteux défauts et tes lâches coutumes.
Quiconque pour un autre a quelque affection
Prépare un digne lieu pour sa réception,
Et le soin qu'il en prend est d'autant plus extrême
Que par là cet ami juge à quel point on l'aime.
Mais ne présume pas qu'il soit en ton pouvoir
Par ta propre vertu de me bien recevoir,
Ni que ton plus grand soin fait en soi le mérite
De m'apprêter un lieu digne que je l'habite.
Quand durant tout le temps qu'à tes jours j'ai prescrit
Il ne te passeroit autre chose en l'esprit,
Tu verrois que l'esprit qu'une vie y dispose,
Si je n'y mets la main, ne fait que peu de chose.
Ma bonté qui t'invite à ce divin repas
T'y permet un accès qu'elle ne te doit pas;
Et, comme à cette table elle seule t'appelle,

Lorsque je t'y reçois, je ne regarde qu'elle.
Viens-y, mais seulement en me remerciant,
Tel qu'à celle d'un roi se sied un mendiant,
Qui, n'ayant rien d'égal à de si hautes grâces,
S'humilie à ses pieds, en adore les traces,
Et lui fait ce qu'il peut de rétributions
Par ses remercîmens et ses submissions.

 Viens-y, non par coutume, ou par quelque contrainte,
Mais avec du respect, mais avec de la crainte,
Mais avec de l'amour, mais avec de la foi,
Fais avec diligence autant qu'il est en toi;
Viens ainsi, prends ainsi le corps d'un Dieu qui t'aime,
Et que tu dois aimer au delà de toi-même.
Il veut loger en toi, lui qui remplit les cieux;
Il descend jusqu'à toi pour t'encourager mieux;
Lui-même il te convie à ce banquet céleste;
Lui-même il te l'ordonne, et suppléera le reste;
Si tes défauts sont grands, plus grand est son pouvoir;
Approche en confiance, et viens le recevoir.

 Si tu sens qu'un beau feu fonde ta vieille glace,
Rends grâces à ce Dieu qui te fait cette grâce;
Non qu'il t'ait pu devoir une telle amitié,
Mais parce que son œil te regarde en pitié.
Si ton zèle au contraire impuissant ou languide
De moment en moment te laisse plus aride,
Redouble ta prière et tes gémissemens
Pour arracher de lui de meilleurs sentimens;
Persévère, importune, obstine-toi de sorte
A pleurer à ses pieds, à frapper à sa porte,
Qu'il t'ouvre, ou que du moins de ce bien souverain
Il laisse distiller quelque goutte en ton sein.

 Cette importunité n'est jamais incivile:
Je te suis nécessaire et tu m'es inutile;
Tu ne viens pas à moi pour me sanctifier,
Mais je m'abaisse à toi pour te justifier,
Pour te combler de biens, pour te donner la voie
De croître ton bonheur et d'affermir ta joie.
Tu viens à mon banquet pour en sortir plus saint,
Pour rallumer en toi la ferveur qui s'éteint,
Pour mieux t'unir à moi d'une chaîne éternelle,
Pour recevoir d'en haut une grâce nouvelle,
Et pour voir naître en toi de son épanchement
De plus pressans désirs pour ton amendement.
Garde de négliger une faveur si grande,
Tiens-lui ton cœur ouvert, fais-m'en entière offrande;
Et, m'ayant dignement préparé ce séjour,
Introduis-y l'objet de ton céleste amour.

Mais ce n'est pas assez d'y préparer ton âme
Avec toute l'ardeur d'une céleste flamme :
Si pour l'y disposer il faut beaucoup de soins,
Le sacrement reçu n'en demande pas moins,
Et le recueillement après ce grand remède
Doit égaler du moins l'ardeur qui le précède :
Oui, la retraite sainte après le sacrement
Est un sublime apprêt pour le redoublement,
Et la communion où la ferveur abonde
A de plus grands effets prépare la seconde.
Qui trop tôt s'y relâche en perd soudain le fruit,
Et se dispose mal à celle qui la suit :
Tiens-toi dans le silence, et rentre dans toi-même,
Pour jouir en secret de ce bonheur suprême :
Si tu sais une fois l'art de le conserver,
Le monde tout entier ne t'en sauroit priver.
Mais il faut qu'à moi seul ton cœur entier se donne,
Pour vivre plus en moi qu'en ta propre personne,
Sans que tout l'univers sous aucunes couleurs
T'inquiète l'esprit pour ce qui vient d'ailleurs.

CHAP. XIII. — *Que l'âme dévote doit s'efforcer de tout son cœur à s'unir à Jésus-Christ dans le sacrement.*

Qui me la donnera, Seigneur,
Cette joie où mon âme aspire,
De pouvoir seul à seul te montrer tout mon cœur,
Et de jouir de toi comme je le désire?

Que je rirai lors des mépris
Qu'auront pour moi les créatures!
Qu'il m'importera peu si leurs foibles esprits
Me comblent de faveurs, ou m'accablent d'injures!

Je te dirai tout mon secret,
Tu me diras le tien de même,
Tel qu'un ami s'explique avec l'ami discret,
Tel qu'un amant fidèle entretient ce qu'il aime.

C'est là, Seigneur, tout mon désir,
C'est tout ce dont je te conjure,
Qu'une sainte union à ton seul bon plaisir
Arrache de mon cœur toute la créature;

Qu'à force de communions,
D'offrandes et de sacrifices,
Élevant jusqu'au ciel toutes mes passions,
J'apprenne à ne goûter que ses pures délices.

Quand viendra-t-il, cet heureux jour,

Ce moment tout beau, tout céleste,
Qu'absorbé tout en toi par un parfait amour
Je m'oublierai moi-même et fuirai tout le reste?

Viens en moi, tiens-toi tout en moi;
Souffre à tes bontés adorables
De nous faire à tous deux cette immuable loi,
Qu'à jamais cet amour nous rende inséparables.

N'es-tu pas ce cher bien-aimé,
Cet époux choisi d'entre mille
A qui veut s'attacher mon cœur tout enflammé,
Tant qu'il respirera dedans ce tronc mobile?

N'es-tu pas seul toute ma paix,
Paix véritable et souveraine,
Hors de qui les travaux ne finissent jamais,
Hors de qui tout plaisir n'est que trouble et que peine?

N'es-tu pas cette Déité
Ineffable, incompréhensible,
Qui, fuyant tout commerce avec l'impiété,
Au cœur simple, au cœur humble est toujours accessible?

Seigneur, que ton esprit est doux!
Que pour tes enfans il est tendre!
Et que c'est les aimer que de les nourrir tous
De ce pain que du ciel tu fais pour eux descendre!

Est-il une autre nation
Si grande, si favorisée,
Qui possède ses dieux avec telle union,
Qui trouve leur approche également aisée?

Chaque jour, pour nous soulager,
Pour nous porter au bien suprême,
Tu nous offres à tous ton vrai corps à manger;
Tu nous donnes à tous à jouir de toi-même.

Quel climat est si précieux
Sur qui nous n'ayons l'avantage?
Et quelle créature obtint jamais des cieux
Rien d'égal à ce don qui fait notre partage?

Un Dieu venir jusqu'en nos cœurs!
De sa chair propre nous repaître!
O grâce inexplicable! ô célestes faveurs!
Par quels dignes présens puis-je les reconnoître?

Que te rendrai-je, ô Dieu tout bon,
Après ce trait d'amour immense?
Où pourrai-je trouver de quoi te faire un don
Qui puisse tenir lieu d'une reconnoissance?

Je l'ai, mon Dieu, j'ai ce de quoi
Te faire une agréable offrande ;
Je n'ai qu'à me donner de tout mon cœur à toi,
Et je te rendrai tout ce qu'il faut qu'on te rende.

Oui, c'est là tout ce que tu veux
Pour cette faveur infinie.
Seigneur, que d'allégresse animera mes vœux,
Quand je verrai mon âme avec toi bien unie !

D'un ton amoureux et divin
Tu me diras lors à toute heure :
« Si tu veux avec moi vivre jusqu'à la fin,
Avec toi jusqu'au bout je ferai ma demeure. »

Et je te répondrai soudain :
« Si tu m'en veux faire la grâce,
Seigneur, c'est de ma part mon unique dessein ;
Fais que d'un si beau nœud jamais je ne me lasse. »

CHAP. XIV. — *De l'ardent désir de quelques dévots pour le sacré corps de Jésus-Christ.*

Que de charmes, Seigneur, ta bonté juste et sainte
Réserve pour les cœurs qui vivent sous ta crainte !
Qu'immense en est l'excès !
Et qu'il porte une douce atteinte
Dans l'âme qui par là s'ouvre chez toi l'accès !

Quand j'ai devant les yeux ce zèle inépuisable
Dont tant de vrais dévots s'approchent de ta table,
J'en deviens tout confus,
Et sous la honte qui m'accable,
A force d'en rougir, je ne me connois plus.

Soit que j'aille à l'autel, soit que je me présente
A ce banquet sacré dont ton amour ardente
Daigne nous régaler,
J'y vais l'âme si languissante
Que je ne trouve point par où m'en consoler.

J'y porte une tiédeur qui dégénère en glace ;
Mes élans les plus doux y font aussitôt place
A mon aridité ;
Et me laissent devant ta face
Stupide aux saints attraits de ta bénignité.

Je n'y sens point comme eux ces ardeurs empressées ;
Je n'y vois point régner sur toutes mes pensées
Ces divines chaleurs,

LIVRE IV, CHAPITRE XIV.

<pre>
       Dont leurs âmes comme forcées
Distillent leur tendresse en des torrens de pleurs.

De la bouche et du cœur je les vois tous avides,
Tous gros des bons désirs qui leur servent de guides,
       Courir à ces appas,
       Et voler à ces mets solides,
Que ta main leur prodigue en ces divins repas.

S'ils n'ont ton corps pour viande et ton sang pour breuvage,
Leur faim en ces bas lieux n'a rien qui la soulage,
       Qui puisse l'assouvir;
       Et de ton amour ce saint gage
A seul de quoi leur plaire et de quoi les ravir.

Que leurs ravissemens, que leur impatience,
Que leurs ardens transports marquent bien ta présence!
       Et que leur vive foi
       Fait une pleine expérience
Des célestes douceurs qu'on ne goûte qu'en toi!

Ces disciples aimés font hautement paroître
La véritable ardeur qu'ils sentent pour leur Maître
       Durant tout le chemin,
       Et comme ils savent le connoître
A cette fraction de ce pain tout divin.

C'est ce qui me confond alors que je compare
Aux sublimes ferveurs d'une vertu si rare
       Mon lâche égarement,
       Et la froideur dont je prépare
Mon âme vagabonde à ce grand sacrement.

Daigne, Sauveur bénin, daigne m'être propice;
Fais que souvent je sente en ce grand sacrifice
       Un peu de cet amour;
       Fais que souvent il me ravisse,
Que souvent il m'éclaire, et m'embrase à mon tour.

Fais que par là ma foi d'autant mieux s'illumine,
Que par là mon espoir d'autant mieux s'enracine
       En ta haute bonté,
       Et que cette manne divine
Fortifie en mon cœur l'esprit de charité.

Que cette charité vivement allumée
Ne s'éteigne jamais, jamais sous la fumée
       Ne se laisse étouffer,
       Jamais par le temps désarmée
Ne cède aux vanités que suggère l'enfer
</pre>

Tu peux bien, ô mon Dieu, me faire cette grâce;
Tu peux m'en accorder l'abondante efficace
  Que cherche mon désir :
  Ta pitié jamais ne se lasse,
Et pour prendre ton temps tu n'as qu'à le choisir.

En ces bienheureux jours dont je te sollicite,
Tu sauras abaisser vers mon peu de mérite
  Ton immense grandeur,
  Et par une douce visite
M'inspirer cet esprit d'union et d'ardeur.

Si je n'ai pas encor cette ferveur puissante,
Que de tes grands dévots l'âme reconnoissante
  Mêle dans tous ses vœux,
  La mienne, quoique languissante,
Du moins, Seigneur, aspire à de semblables feux.

Fais que je participe à toutes leurs extases,
Et rends si digne enfin l'ardeur dont tu m'embrases
  D'avoir place en leur rang,
  Qu'appuyé sur les mêmes bases
J'atteigne aussi bien qu'eux au vrai prix de ton sang.

 CHAP. XV. — *Que la grâce de la dévotion s'acquiert par l'humilité, et par l'abnégation de soi-même.*

Pour devenir dévot, prends de la confiance,
Recherche cette grâce avec attachement;
Sache la demander avec empressement;
Attends-la sans chagrin et sans impatience :
D'un cœur reconnoissant tu dois la recevoir,
Conserver ses trésors sous un humble devoir,
Appliquer toute l'âme à leur plus digne usage,
Et remettre avec joie au grand dispensateur
Le temps et la façon d'avancer un ouvrage
Qui n'a que lui pour but, et que lui pour auteur.

Quand le zèle te manque, ou qu'il n'a que foiblesse,
Trouve à t'humilier dans ton peu de vertu;
Mais garde que ton cœur n'en soit trop abattu,
Et ne t'en laisse pas accabler de tristesse.
Dieu souvent est prodigue après de longs refus,
Le bonheur qu'il diffère en devient plus diffus;
Les faveurs qu'il recule en sont plus singulières :
Il se plaît à surprendre, il choisit son moment,
Et souvent il accorde à la fin des prières
La grâce qu'il dénie à leur commencement.

S'il en faisoit le don sitôt qu'on le demande,

L'homme ne sauroit pas ce que vaut un tel bien,
Tant il oublieroit tôt sa foiblesse et son rien !
Tant il voudroit peu voir que sa misère est grande !
Le prix en décroîtroit par la facilité.
Attends donc cette grâce avec humilité,
Avec un ferme espoir armé de patience ;
Et, si tu ne l'obtiens, ou s'il te veut l'ôter,
N'en cherche la raison que dans ta conscience ;
C'est à tes seuls péchés que tu dois l'imputer.

Peu de chose souvent à mes faveurs s'oppose ;
Peu de chose repousse ou rétraint leur pouvoir ;
Si l'on peut toutefois ou dire ou concevoir
Que ce qui le rétraint ne soit que peu de chose :
L'obstacle est toujours grand de qui l'amusement
A de pareils bonheurs forme un empêchement ;
Mais, soit grand, soit léger, apprends à t'en défaire ;
Triomphe pleinement de ce qui le produit ;
Et, sans plus craindre alors qu'un tel bien se diffère,
De tes plus doux souhaits tu recevras le fruit.

Aussitôt qu'une entière et fidèle retraite
En Dieu de tout ton cœur t'aura su résigner,
Et que ton propre choix s'y verra dédaigner
Jusqu'à tenir égal quoi qu'il aime ou rejette ;
En de si bonnes mains ce cœur vraiment remis
Dans l'heureuse union de ton esprit soumis
D'un repos assuré trouvera l'abondance ;
Et rien ne touchera ton goût ni ton désir
Comme l'ordre éternel de cette Providence,
Dont tu rechercheras partout le bon plaisir.

Quiconque, le cœur simple et l'intention pure,
Me donne tous ses soins avec sincérité,
Quiconque sait porter cette simplicité
Au-dessus de soi-même et de la créature ;
Au moment qu'il bannit ces folles passions,
Et le déréglement de ces aversions
Que souvent l'amour-propre inspire aux âmes basses,
Il mérite aussitôt de recevoir des cieux
Les pleins écoulemens du torrent de mes grâces,
Et l'ardeur qui rend l'homme agréable à mes yeux.

Ma libéralité, féconde en biens solides,
Ne peut voir de mélange où je viens m'établir :
Je veux remplir moi seul ce que je veux remplir,
Et ne verse mes dons que dans des vaisseaux vides.
Plus un homme renonce aux choses d'ici-bas,
Plus un parfait mépris de tous leurs vains appas

L'avance en l'art sacré de mourir à soi-même,
D'autant plus tôt ma grâce anime sa langueur,
D'autant plus de ses dons l'affluence est extrême,
Et porte haut en lui la liberté du cœur.

En cet heureux état avec pleine tendresse
Il saura s'abîmer dans mes doux entretiens,
Et lui-même admirant ces abîmes de biens
Il verra tout son cœur dilaté d'allégresse ;
Moi-même, prenant soin de conduire ses pas,
Je lui ferai partout goûter les saints appas
Que je verse dans l'âme où je fais ma demeure ;
Et, comme dans ma main tout entier il s'est mis,
Ma main toute-puissante, en tous lieux, à toute heure,
Lui servira d'appui contre tous ennemis.

Ainsi sera béni l'homme qui ne s'enflamme
Que des saintes ardeurs de ne chercher que moi,
L'homme qui, ne voulant que mon vouloir pour loi,
N'a pas en vain reçu l'empire de son âme :
Il n'approchera point de la communion
Sans emporter en soi l'amoureuse union
Qui doit être le fruit de ce divin mystère ;
Et j'épandrai sur lui cet excès de bonheur,
Pour avoir moins cherché par où se satisfaire
Que par où soutenir ma gloire et mon honneur.

CHAP. XVI. — *Que nous devons découvrir toutes nos nécessités à Jésus-Christ.*

Source de tous les biens où nous devons prétendre,
  Aimable et doux Sauveur,
Qu'en cet heureux moment je souhaite de prendre
  Avec pleine ferveur ;

De toutes mes langueurs, de toutes mes foiblesses
  Tes yeux sont les témoins,
Et du plus haut du ciel, d'où tu fais tes largesses,
  Tu vois tous mes besoins.

Tu connois mieux que moi tous mes maux, tous mes vices,
  Toutes mes passions,
Et n'ignores aucun des plus secrets supplices
  De mes tentations.

Le trouble qui m'offusque et le poids qui m'accable
  Sont présens devant toi ;
Tu vois quelle souillure en mon âme coupable
  Imprime un juste effroi.

Je cherche en toi, Seigneur, le souverain remède
  De toutes mes douleurs,
Et le consolateur qui me prête son aide
  Contre tant de malheurs.

Je parle à qui sait tout, à qui dans mon courage
  Voit tout à découvert,
Et peut seul adoucir les fureurs de l'orage
  Qui m'entraîne et me perd.

Tu sais quels biens surtout sont les plus nécessaires
  A mon cœur abattu,
Et combien dans l'excès de toutes mes misères
  Je suis pauvre en vertu.

Je me tiens à tes pieds, chétif, nu, misérable;
  J'implore ta pitié,
Et j'attends, quoique indigne, un effort adorable
  De ta sainte amitié.

Daigne, daigne-repaître un cœur qui te mendie
  Un morceau de ton pain,
De ce pain tout céleste, et qui seul remédie
  Aux rigueurs de sa faim.

Dissipe mes glaçons par cette heureuse flamme
  Qu'allume ton amour,
Et sur l'aveuglement qui règne dans mon âme
  Répands un nouveau jour.

De la terre pour moi rends les douceurs amères,
  Quoi qu'on m'y puisse offrir;
Mêle aux sujets d'ennuis, mêle aux succès contraires
  Les plaisirs de souffrir.

Fais qu'en dépit du monde et de ses impostures
  Mon esprit ennobli
Regarde avec mépris toutes les créatures,
  Ou les traite d'oubli.

Élève tout mon cœur au-dessus du tonnerre;
  Fixe-le dans les cieux;
Et ne le laisse plus divaguer sur la terre
  Vers ce qui brille aux yeux.

Sois l'unique douceur, sois l'unique avantage
  Qui puisse l'arrêter,
Sois seul toute la viande et seul tout le breuvage
  Qu'il se plaise à goûter.

Deviens tout son amour, toute son allégresse,
  Tout son bien, tout son but;

Deviens toute sa gloire et toute sa tendresse,
    Comme tout son salut.

Fais-y naître un beau feu par ta bonté suprême,
    Et si bien l'enflammer,
Qu'il l'embrase, consume, et transforme en toi-même
    A force de t'aimer.

Que par cette union avec toi je devienne
    Un seul et même esprit,
Et qu'un parfait amour à jamais y soutienne
    Ce que tu m'as prescrit.

Ne souffre pas, Seigneur, que de ta sainte table,
    Où tu m'as invité,
Je sorte avec la faim et la soif déplorable
    De mon aridité.

Par ta miséricorde inspire, avance, opère,
    Achève tout en moi.
Ainsi que dans tes saints on t'a vu souvent faire
    En faveur de leur foi.

Seroit-ce une merveille, ô Dieu, si ta clémence
    Me mettoit tout en feu,
Sans qu'en moi de moi-même en ta sainte présence
    Il restât tant soit peu?

N'es-tu pas ce brasier, cette flamme divine
    Qui ne s'éteint jamais,
Et dont le vif rayon purifie, illumine
    Et l'âme et ses souhaits?

Chap. XVII. — Du désir ardent de recevoir Jésus-Christ.

Avec tous les transports dont est capable une âme,
Avec toute l'ardeur d'une céleste flamme,
Avec tous les élans d'un zèle affectueux,
Et les humbles devoirs d'un cœur respectueux,
Je souhaite approcher de ta divine table,
J'y souhaite porter cet amour véritable,
Cette ferveur sincère et ces fermes propos
Qu'y portèrent jadis tant d'illustres dévots,
Tant d'élus, tant de saints, dont la vie exemplaire
Sut le mieux pratiquer le grand art de te plaire.
  Oui, mon Dieu, mon seul bien, mon amour éternel,
Tout chétif que je suis, tout lâche et criminel,
Je veux te recevoir avec autant de zèle
Que jamais de tes saints ait eu le plus fidèle,
Et je souhaiterois qu'il fût en mon pouvoir

D'en avoir encor plus qu'il n'en put concevoir.
  Je sais qu'à ces désirs en vain mon cœur s'excite;
Ils passent de trop loin sa force et son mérite :
Mais tu vois sa portée, il va jusques au bout;
Il t'offre ce qu'il a, comme s'il avoit tout,
Comme s'il avoit seul en sa pleine puissance
Ces grands efforts d'amour et de reconnoissance,
Comme s'il avoit seul tous les pieux désirs
Qui d'une âme épurée enflamment les soupirs,
Comme s'il avoit seul toute l'ardeur secrète,
Tous les profonds respects d'une vertu parfaite.
  Si ce qu'il t'offre est peu, du moins c'est tout son bien;
C'est te donner beaucoup que ne réserver rien :
Qui de tout ce qu'il a te fait un plein hommage
T'offriroit beaucoup plus s'il pouvoit davantage.
Je m'offre donc entier, et tout ce que je puis,
Sans rien garder pour moi de tout ce que je suis;
Je m'immole moi-même, et pour toute ma vie,
Au pied de tes autels, en volontaire hostie.
  Que ne puis-je, ô mon Dieu, suppléer mon défaut
Par tout ce qu'après toi le ciel a de plus haut!
Et pour mieux exprimer tout ce que je désire,
(Mais, ô mon Rédempteur, t'oserai-je le dire?
Si je te fais l'aveu de ma témérité,
Lui pardonneras-tu d'avoir tant souhaité?)
Je souhaite aujourd'hui recevoir ce mystère
Ainsi que te reçut ta glorieuse Mère,
Lorsqu'aux avis qu'un ange exprès lui vint donner
Du choix que faisoit d'elle un Dieu pour s'incarner,
Elle lui répondit et confuse et constante :
« Je ne suis du Seigneur que l'indigne servante;
Qu'il fasse agir sur moi son pouvoir absolu,
Comme tu me le dis et qu'il l'a résolu. »
Tout ce qu'elle eut alors pour toi de révérence,
De louanges, d'amour, et de reconnoissance,
Tout ce qu'elle eut de foi, d'espoir, de pureté,
Durant ce digne effort de son humilité,
Je voudrois tout porter à cette sainte table
Où tu repais les tiens de ton corps adorable.
  Que ne puis-je du moins par un céleste feu
A ton grand précurseur ressembler tant soit peu,
A cet illustre saint, dont la haute excellence
Semble sur tout le reste emporter la balance!
Que n'ai-je les élans dont il fut animé
Lorsqu'aux flancs maternels encor tout enfermé,
Impatient déjà de préparer ta voie,
Il sentit ta présence, et tressaillit de joie,

Mais d'une sainte joie et d'un tressaillement
Dont le Saint-Esprit seul formoit le mouvement!
 Lorsqu'il te vit ensuite être ce que nous sommes,
Converser, enseigner, vivre parmi les hommes,
Tout enflammé d'ardeur : « Quiconque aime l'époux,
Cria-t-il, de sa voix trouve l'accent si doux,
Que de ses tons charmeurs l'amoureuse tendresse,
Sitôt qu'il les entend, le comble d'allégresse. »
 Que n'ai-je ainsi que lui ces hauts ravissemens,
Ces désirs embrasés, et ces grands sentimens,
Afin que tout mon cœur dans un transport sublime
T'offre une plus entière et plus noble victime?
 J'ajoute donc au peu qu'il m'est permis d'avoir
Tout ce que tes dévots en peuvent concevoir,
Ces entretiens ardens, ces ferveurs extatiques
Où seul à seul toi-même avec eux tu t'expliques,
Ces lumières d'en haut qui leur ouvrent les cieux,
Ces claires visions pour qui l'âme a des yeux,
Ces amas de vertus, ces concerts de louanges,
Que les hommes sur terre, et qu'au ciel tous les anges,
Que toute créature enfin pour tes bienfaits
Et te rend chaque jour, et te rendra jamais;
J'offre tous ces désirs, ces ardeurs, ces lumières,
Pour moi, pour les pécheurs commis à mes prières,
Pour nous unir ensemble et nous sacrifier
A te louer sans cesse et te glorifier.
 Reçois de moi ces vœux d'allégresse infinie,
Ces désirs que partout ta bonté soit bénie;
Ces vœux justement dus à ton infinité,
Ces désirs que tout doit à ton immensité,
Je te les rends, Seigneur, et je te les veux rendre
Tant que de mon exil le cours pourra s'étendre,
Chaque jour, chaque instant, devant tous, en tous lieux :
Puisse tout ce qu'il est d'esprits saints dans les cieux,
Puisse tout ce qu'il est en terre de fidèles,
Te rendre ainsi que moi des grâces éternelles,
Te bénir avec moi de l'excès de tes biens,
Et joindre avec ferveur tous leurs encens aux miens!
 Que des peuples divers les différens langages
Ne fassent qu'une voix pour t'offrir leurs hommages!
Que tous mettent leur gloire et leur ambition
A louer à l'envi les grandeurs de ton nom!
 Fais, Seigneur, que tous ceux qu'un zèle véritable
Anime à célébrer ton mystère adorable,
Que tous ceux dont l'amour te reçoit avec foi
Obtiennent pour eux grâce et t'invoquent pour moi.
Quand la sainte union où leurs souhaits aspirent

Les aura tous remplis des douceurs qu'ils désirent,
Qu'ils sentiront en eux ces consolations
Que versent à grands flots tes bénédictions,
Qu'ils sortiront ravis de ta céleste table,
Fais qu'ils prennent souci d'aider un misérable,
Et que leurs saints transports, avant que de finir,
D'un pécheur comme moi daignent se souvenir.

Chap. XVIII.—*Que l'homme ne doit point approfondir le mystère du saint sacrement avec curiosité, mais soumettre ses sens à la foi.*

Toi qui suis de tes sens les dangereuses routes,
Et veux tout pénétrer par ton raisonnement,
Sache qu'approfondir un si grand sacrement,
C'est te plonger toi-même en l'abîme des doutes :
Quiconque ose d'un Dieu sonder la majesté,
Dans ce vaste océan de son immensité,
Opprimé de sa gloire, aisément fait naufrage ;
Et tu voudrois en vain comprendre son pouvoir,
Puisqu'un mot de sa bouche opère davantage
Que tout l'esprit humain ne sauroit concevoir.

Je ne te défends pas la recherche pieuse
Des saintes vérités dont tu dois être instruit ;
Leur pleine connoissance est toujours de grand fruit,
Pourvu qu'elle soit humble, et non pas curieuse.
Que des Pères surtout les fidèles avis
Avec soumission soient reçus et suivis :
Tu te rendras heureux si tu te rends docile.
Mais plus heureuse encore est la simplicité
Qui fuit des questions le sentier difficile,
Et sous les lois de Dieu marche avec fermeté.

Que le monde en a vu dont l'indiscrète audace,
A force de chercher, est tombée en défaut,
Et, pour avoir porté ses lumières trop haut,
De la dévotion a repoussé la grâce !
Ton Dieu sait ta foiblesse, et n'exige de toi
Que la sincérité d'une solide foi,
Qu'une vie obstinée à la haine du crime ;
Et non pas ces clartés qu'un haut savoir produit,
Ni cette intelligence et profonde et sublime
Qui du mystère obscur perce toute la nuit.

Si ce que tu peux voir au-dessous de toi-même
Se laisse mal comprendre à ton esprit confus,
Comment comprendras-tu ce qu'a mis au-dessus
Ce que s'est réservé le Monarque suprême ?
Rabats de cet esprit l'essor tumultueux ;

A ces rébellions des sens présomptueux
Impose de la foi l'aimable tyrannie ;
Soumets-toi tout entier ; remets-moi tout le soin
De répandre sur toi ma science infinie,
Et j'en mesurerai le don à ton besoin.

Souvent, touchant la foi d'un si profond mystère,
Plusieurs, et fortement, sont tentés de douter ;
Mais ces tentations ne doivent s'imputer
Qu'à la suggestion du commun adversaire :
Ne t'en mets point en peine, évite l'embarras
Où jetteroient ton cœur ces périlleux débats ;
Quoi qu'il t'ose objecter, dédaigne d'y répondre ;
Crois-moi, crois ma parole et celle de mes saints :
Cet unique secret suffit pour le confondre,
Et fera par sa fuite avorter ses desseins.

S'il revient à l'attaque et la fait plus pressée,
Soutiens-en tout l'effort sans en être troublé ;
Et souviens-toi qu'enfin cet assaut redoublé
Est la marque d'une âme aux vertus avancée.
Ces méchans endurcis, ces pécheurs déplorés,
Comme il les tient pour lui déjà tous assurés,
A les inquiéter jamais il ne s'amuse ;
C'est aux bons qu'il s'attache ; et c'est contre leur foi
Qu'il déploie à toute heure et sa force et sa ruse,
Pour m'enlever, s'il peut, ce qu'il voit tout à moi.

Viens, et n'apporte point une foi chancelante
Que la raison conseille et qui tient tout suspect ;
Je la veux simple et ferme, avec l'humble respect
Qu'à ce grand sacrement doit ta sainte épouvante.
Viens donc, et pour garant en ce divin repas
De tout ce que tu crois et que tu n'entends pas,
Ne prends que mon vouloir et ma toute-puissance.
Je ne déçois jamais, et ne puis décevoir :
Mais quiconque en soi-même a trop de confiance
Se trompe, et ne sait rien de ce qu'il croit savoir.

Je marche avec le simple, et ne fais ouverture
Qu'aux vrais humbles de cœur de mes plus hauts secrets ;
Aux vrais pauvres d'esprit j'aplanis mes décrets,
Et dessille les yeux où je vois l'âme pure.
La curiosité qu'un vain orgueil conduit
Se fait de ses faux jours une plus sombre nuit,
Qui cache d'autant plus mes clartés à sa vue.
Plus la raison s'efforce, et moins elle comprend ;
Aussi comme elle est foible, elle est souvent déçue :
Mais la solide foi jamais ne se méprend.

Tous ces discernemens que la nature inspire,
Toute cette recherche où le sens peut guider,
Doivent suivre la foi qu'ils veulent précéder,
Doivent la soutenir, et non pas la détruire :
C'est la foi, c'est l'amour, qui tous deux triomphans,
Dans ce festin que Dieu présente à ses enfans,
Marchent d'un pas égal, ont des forces pareilles;
Et leur sainte union, par d'inconnus ressorts,
Fait tout ce grand ouvrage et toutes ces merveilles
Qui du raisonnement passent tous les efforts.

Le pouvoir souverain de cet absolu Maître,
Que ne peuvent borner ni les temps ni les lieux,
Opère mille effets sur terre et dans les cieux,
Que l'homme voit, admire, et ne sauroit connoître.
Plus l'esprit s'y travaille, et plus il s'y confond;
Plus il les sonde avant, moins il en voit le fond;
Ils sont toujours obscurs et toujours admirables;
Et, si par la raison ils étoient entendus,
Le nom de merveilleux et celui d'ineffables,
Quelque haut qu'on les vît, ne leur seroient pas dus.

LETTRES

SUR L'AUTEUR DE L'*IMITATION DE JÉSUS-CHRIST*,

ADRESSÉES AU R. P. BOULAUD, GÉNOVÉFAIN.

I.

A Rouen, la veille de Pâques 1652.

Mon révérend Père,

Je reçus votre paquet mercredi dernier, et avois résolu de différer à vous en remercier après les fêtes, d'autant que les dévotions ordinaires de la semaine sainte, et les embarras où je suis maintenant comme marguillier de ma paroisse, qui dois rendre compte de mon administration dans deux ou trois jours, ne me donnent point le loisir de lire aucune chose de ce que vous m'envoyez. Mais ayant rejeté les yeux sur votre lettre, j'ai vu qu'elle étoit datée du 7 du courant, et que ce seroit trop loin à vous faire savoir que je l'ai reçue. Vous avez eu peur de me faire coûter du port par le messager, et votre paquet a été dix-huit jours à venir de Paris à Rouen pour me faire cette épargne. Je vous supplie de n'avoir plus cette circonspection, et de croire que la voie du messager n'est pas si onéreuse qu'on n'en soit bien récompensé par la promptitude. Je vous fais cette prière d'autant que je prévois bien que ce paquet ne sera pas la dernière faveur que je recevrai de vous. Je vous demande donc encore une huitaine pour le lire, et vous en mander ma pensée, en vous envoyant l'opuscule du P. Heserus, qui vous est venu d'Allemagne. En attendant, je vous dirai que je travaille à la continuation de ma version, et que sitôt que nous pourrons avoir quelque calme, j'en donnerai une seconde partie au public, avec la première fort corrigée en beaucoup d'endroits. C'est ce qui me fait vous prier de deux choses : l'une, de me donner avis de ce que vous et vos amis jugerez à propos de corriger dans cette première, soit pour la bassesse de l'expression, soit pour la fidélité que je dois au texte de l'auteur, car je suis de ceux qui ne se tiennent pas impeccables, et qu'un avis particulier oblige autant qu'une censure publique offense; l'autre est de vouloir contribuer quelque chose à un embellissement que je prépare à ce travail : c'est que je me suis résolu de mettre des tailles douces au-devant de chaque chapitre, et en ai déjà fait graver onze que je vous envoie, afin que vous puissiez connoître mieux l'ordre du dessin, qui est de choisir un exemple dans la *Vie des Saints* ou dans la *Bible*, et l'appliquer sur une sentence tirée du chapitre où doit être mise l'image. On m'en grave encore deux ou trois ; mais comme je ne suis pas fort savant en ces histoires, je mendie des sujets chez tous les religieux de ma connoissance. Entre autres, j'ai besoin que vous m'en donniez de vos saints, parce que, dans celles que je vous envoie, vous en trouverez trois de l'habit de Saint-Benoît, et on pourroit prendre cela pour une déclaration tacite d'être du parti des bénédictins dans votre querelle. Vous m'obligerez donc fort de m'en donner quelques-uns de votre habit, et, s'il se peut, même de Thomas à Kempis, pour appliquer aux chapitres qui me manquent encore de cette première partie, ou aux cinq derniers du premier livre et aux douze du second, qui composeront la seconde partie. Je n'ai point encore d'exemples, au reste, pour le sixième chapitre *De inordinatis affectionibus*, ni pour les dixième, onzième, douzième, quatorzième et dix-neuvième. Le reste des vingt premiers est rempli ; mais il faut, s'il vous plaît, que ce ne soit pas une simple image de saint, mais une action qui parle, et qui soit belle à peindre. Le soin que j'avois de conserver ma neutralité entre les deux partis m'avoit fait adresser déjà à vos pères de Saint-Lô pour cela ; mais je n'en ai pas eu de satisfaction. Si vous daigniez prendre la peine d'y songer (et il me semble que vous y avez quelque intérêt), et que vous voulussiez remplir ces cinq places vacantes, il faudroit, s'il vous plaît, m'en envoyer les sujets dans dix ou douze jours. Pour les chapitres qui feront la seconde partie, je n'ai rien qui presse ; mais comme je ferois ajouter déjà ces images à la première partie, si j'avois ma vingtaine fournie, je cherche de tous côtés à trouver de quoi l'achever. Excusez l'incivilité de ma prière ; j'aurai l'honneur de vous écrire plus au long dans huit ou dix jours. Cependant, obligez-moi de croire que si les raisons de vos adversaires m'ont fait douter si Thomas à Kempis étoit l'auteur de ce que je traduis, du moins ils ne m'ont point encore persuadé que Jean Gersen aie jamais été au monde. J'ai grande obligation au P. Souply, dont l'épître me donne autant de confusion pour moi que je dois d'admiration à la beauté de ses vers. Nous avons ici une famille de ce nom-là ; je voudrois qu'il en fût, afin de me pouvoir vanter de l'avoir pour compatriote. A la première impression que je ferai faire, je lui demanderai la permission de me parer de son travail, et des éloges qu'il me donne sans les mériter. Je pensois ne vous écrire que deux lignes à la dérobée, et à peine puis-je trouver place pour vous dire que je suis,

Mon révérend Père,

Votre très-humble et très-obligé serviteur,
CORNEILLE.

II.

MON RÉVÉREND PÈRE,

Vous me trouverez un peu paresseux à vous remercier du soin que vous avez pris de m'envoyer des sujets pour mes tailles douces; mais je voulois vous envoyer le *Lexicon Germanico-Thomæum* du P. Heserus; j'ai voulu attendre que j'eusse eu le loisir de l'extraire. A mon petit sens, ce livret ne fait pas assez pour votre parti, parce qu'il ne vous vendique pas assez l'ouvrage contentieux. C'est un Allemand qui l'a fait; et le zèle qu'il a pour son pays, lui faisant faire effort pour montrer sa phrase allemande, laisse à vos adversaires l'avantage des mots qu'ils prétendent italiens, comme *contentare*, *bassare*, etc. Quoi qu'il dise à la fin que cent phrases allemandes doivent l'emporter sur treize mots italiens, c'est toujours reconnoître qu'il y a treize mots italiens, et laisser la chose douteuse. Je ne sais pas l'allemand, et par conséquent je ne puis pas juger de la conformité du style de notre auteur avec la grammaire de son pays; mais je crois qu'il vous seroit plus avantageux de prétendre que son latin sentiroit le flamand ou, pour mieux dire, le wallon, que non pas l'allemand. Il ne cite pas une phrase pour allemande que je ne prétende françoise, et les mots que les Italiens prétendent leur appartenir ont aussi l'air entièrement françois. Ainsi vous pourriez prétendre que Thomas à Kempis auroit pris la phrase et les mots des Wallons, dont son monastère étoit très-proche, et qu'il s'y seroit mêlé aussi quelque chose de flamand. En son temps, la Flandre étoit sous la souveraineté de France : on y parloit françois, on y plaidoit en françois, et on s'y servoit de nos ordonnances, qui sont pleines de ce latin grossier. Et peut-être a-ce été la cause qu'on a attribué ce livre, en son commencement, à deux François, saint Bernard et Jean Gersen, dont le premier, à ce qu'on m'a dit (car je ne le lis pas souvent), se sert aussi de *grosse vestire*, et de mots semblables. M. Carré touche cet argument dans l'ouvrage que vous m'avez envoyé, mais il ne fait que l'effleurer et ne l'approfondit pas. Du reste, ce dernier travail est très-pressant, et il ne s'est rien fait de plus fort dans la querelle. Celui qui a fait la petite apologie françoise me semble aussi y avoir fort bien réussi : mais il faut être instruit déjà; autrement on ne comprendra pas toute la force des raisonnemens qu'il a réduits en abrégé, et dont il fait comme une récapitulation. Je vous demande pardon si je vous débite avec tant de franchise ma pensée sur les présens que vous m'avez faits; vous me l'avez ordonné, et je vous obéis. La sentence que vous avez obtenue vous est aussi fort avantageuse, en ce qu'un des quatre manuscrits dont il est question, et le seul qui n'étoit point au pouvoir de vos parties, a été produit au procès. Il est vrai que je douterois fort si ce jugement est de la compétence du palais, et en croirois plus volontiers une décision de Sorbonne. Vous voyez par là que, si j'étois obligé de choisir un auteur et d'entrer en la querelle, je me rangerois plutôt du côté de Thomas à Kempis que de Jean Gersen, quoique les pères bénédictins aient formé des argumens contre ce premier qui peuvent en faire douter ; et je connois des personnes savantes qu'ils ont persuadées que ce n'est point lui. Mais autre chose est de faire douter de celui qui est en possession, autre chose d'en établir un autre en sa place ; et les mêmes qui croient que Thomas à Kempis n'est pas l'auteur du livre contesté demandent qu'on leur montre que J. Gersen aie été au monde. Pour moi, qui ne prends intérêt ni pour le pays ni pour l'habit, j'ai besoin de me tenir neutre, et poursuivre comme j'ai commencé, afin que ma traduction puisse être bien reçue de tout le monde. Quoique la cause de J. Gersen me semble jusqu'ici assez mal fondée, puisque son existence est révoquée en doute, elle a fait l'opinion à la mode, et il y a eu des docteurs qui m'ont refusé leur approbation si j'y mettois le nom de Thomas à Kempis. Il y a même quelque raison particulière, que je ne vous puis écrire et que je vous dirai quand j'aurai l'honneur de vous voir, qui m'oblige à m'attacher à cette neutralité, du moins jusqu'à ce que l'ouvrage soit achevé. Entre ci et là, les choses pourront changer de face, et la vérité plus connue. Cependant vous m'obligerez fort de me faire part de ce qui s'écrira pour votre parti. J'ai un frère de votre habit, et, sans cela, j'y penche plus que de l'autre. J'oubliois à vous remercier de vos sujets pour mes tailles douces ; les premiers me semblèrent un peu nus, et n'avoir pas de quoi satisfaire le peintre ; les autres sont fort beaux, et je crois que je me servirai presque de tous, à la réserve de ceux qui sont pour les chapitres pour qui j'en ai déjà fait graver. Quand il vous en tombera quelques autres dans la pensée pour la suite, où je travaille à présent, je tiendrai à grande faveur que vous m'en fassiez part : vous ne trouverez point la place occupée. Cependant obligez-moi de croire que je suis de tout mon cœur,

Mon révérend Père,

Votre très-humble et très-obéissant serviteur,
CORNEILLE.

A Rouen, ce 12 d'avril 1652.

J'ai remis le livret du P. Heserus entre le mains du révérend père prieur de Saint-Lô, pour vous le renvoyer.

III.

Mon révérend Père,

Je vous remercie de ce que vous avez fait voir de nouveau pour la défense de Thomas à Kempis, et vous renvoie ce que vous m'ordonnez, que je remettrai avec la présente entre les mains du père prieur de Saint-Lô ; et puisque vous voulez aussi que je vous en dise ma pensée, la voici :

Les *Septuaginta palmæ* du P. Heserus ne vous font ni bien ni mal ; ce sont des éloges de l'ouvrage, et non pas des argumens pour en connoître l'auteur.

J'avois vu déjà les deux lettres de M. Chifflet; elles enfoncent plus avant, et, comme elles portent une recherche exacte des manuscrits de Flandre, son témoignage vous est assez avantageux.

La lettre du P. Petau est de fort grand poids, et fort propre à opposer à celle du P. Sirmond, dont les gersénistes se fortifient. C'est un homme docte, et en réputation de grand antiquaire, et qui donne son témoignage après avoir examiné les raisons et connu l'auteur du gersénisme, l'abbé Cajetan, pour un fourbe, et maître à faire des suppositions en faveur de son ordre.

Les témoignages de M. de Grace et de M. Arnauld ne sont pas de si haute conséquence, d'autant qu'ils ne font que dire leur opinion comme en passant; le premier l'attribuant simplement à Thomas à Kempis, sans savoir même si cela lui étoit disputé; et l'autre, comme ayant appris d'un des vôtres que Jean Gersen n'en étoit pas l'auteur, et se tenant comme satisfait de ses raisons. Ce sont deux opinions de modernes, qui seront bonnes à ajouter au *Centumvirale judicium* du P. Heserus.

Bolandus, et ce témoignage que vous avez fait venir de Flandre, ne sont que la même chose, et l'un sert de preuve à l'autre et aux lettres de M. Chifflet.

Le témoignage du jésuite Theophilus Renaudus est très-élégant et bien couché; mais, comme il se fonde particulièrement sur ce qu'il a appris de M. Naudé, il ne persuadera que ceux que ledit sieur Naudé aura persuadés, si ce n'est par le témoignage qu'il rend contre l'abbé Cajetan pareil à celui du P. Petau, et d'autant plus considérable que, demeurant de son temps à Rome, il le connoissoit encore mieux que le P. Petau.

Voilà, mon révérend père, ce que vous avez voulu que je vous mandasse touchant ces papiers que je vous renvoie, et vous prie que si vous pouvez avoir encore un exemplaire de *Dioptra Heseri*, que vous me mandez avoir reçu d'Allemagne, vous m'en fassiez part : mais tant que vous n'en aurez qu'un, ne me l'envoyez point, s'il vous plaît; car je crains de n'être pas assez obéissant pour vous le renvoyer comme je fais ceux-ci, à la réserve de ceux que vous voulez que je garde.

J'ai vu le *Thomas vindicatus* du R. P. Fronteau, que j'estime très-fort; mais, si je ne me trompe, il ne répond point aux mots dont je vous parlois dans ma dernière. Il justifie bien que les façons de parler de l'*Imitation de Jésus-Christ* sont les mêmes que celles des autres livres de Thomas à Kempis, ce que M. Carré a fait encore plus au long; mais il ne touche qu'au mot de *leviter*; pour les autres, *bassare*, *grosse vestire*, *sentimenta*, *sententiare*, *contentare*, etc., il n'en dit rien du tout; et je ne vois pas de moyen de faire passer ces mots-là pour allemands, si bien qu'il faut les avouer italiens, à moins que vous disiez que Thomas à Kempis les a pris de la langue françoise, qui se parloit en son monastère ou aux environs, aussi bien que la flamande. Cela ne fait rien contre Thomas à Kempis; au contraire, je crois qu'il lui peut servir, à cause de la quantité d'autres façons de parler qui sont purement françoises, et égaleroient bien le nombre des allemandes.

Au reste, je ne crois pas que les pères bénédictins puissent prendre aucun avantage de ce que je continuerai à ne mettre aucun nom d'auteur à ma traduction. Ils en ont eu, à la vérité, de ce qu'on n'en a point mis à l'impression royale, parce que c'étoit beaucoup faire que d'ôter dès l'abord Thomas à Kempis de la possession où il étoit avant qu'il y eût contestation formée; mais à présent qu'il y a querelle et procès, et qu'après la sentence des requêtes leur appel met encore la chose en doute, les particuliers qui n'ont point d'intérêt à la chose doivent du moins attendre que l'arrêt qui interviendra leur apprenne ce qu'il en faut croire. Vous me permettrez donc de continuer comme j'ai commencé, et me ferez la grâce de croire que je n'en suis pas moins,

Mon révérend père,

Votre très-humble et très-obéissant serviteur,
CORNEILLE.

A Rouen, ce 23 d'avril 1652.

J'oubliois à vous dire que je ne suis point encore pressé d'images pour le second livre, ne faisant que d'achever ma traduction de ce qui restoit du premier, où je crois avoir été un peu au delà de ce que vous avez pu voir.

IV.

A Rouen, ce 10 de juin 1656.

MON TRÈS-RÉVÉREND PÈRE,

J'espérois de jour en jour aller à Paris, suivant ce que vous a dit M. Ballard, et là vous remercier de vive voix de celle qu'il vous a plu m'écrire : mais, quelque affaire m'ayant obligé de remettre ce voyage, trouvez bon que je me serve de ma plume pour m'acquitter en quelque sorte de ce que je vous dois. Vous ne m'avez aucune obligation du témoignage que j'ai rendu à la vérité; je n'ai point fait le juge en votre affaire, ni ajouté mon sentiment au jugement que vous avez emporté : j'en ai fait seulement un récit fidèle, pour en rafraîchir la mémoire à ceux qui le savent et l'apprendre à ceux qui ne le savent pas. Si j'avois mis le nom de Thomas à Kempis à la tête du livre, je me fusse déclaré partial; et comme cet auteur m'apprend qu'il faut chercher la paix et dedans et dehors, j'ai été bien aise de la conserver avec les pères bénédictins, et d'être en pouvoir de leur dire que, quand ils auront eu un jugement à leur avantage, j'en ferai le même récit au public pour eux, comme j'ai fait pour vous. J'ai été assez heureux pour conserver la paix en mon particulier avec les deux partis opposés sur les questions de la grâce. Tous deux prétendent que l'auteur soit de leur opinion, et tous deux m'ont avoué que ma traduction est fidèle, et veulent qu'elle tombe dans leur sens. Je ne sais pas assez de théologie pour pénétrer dans leurs différends, que même je ne comprends pas; mais je crois savoir assez de latin pour rendre le sens d'un auteur dont le style n'est pas fort obscur, et heureusement je n'ai déplu à aucun de ces deux partis, parmi lesquels il s'est mêlé tant d'aigreur. J'ai tâché de faire la même chose pour votre différend entre les pères de Saint-Benoît; bien que je voie un peu plus clair dans cette question que dans l'autre, et que je ne vous en aie pas celé mon sentiment, je n'ai voulu rien dire de moi-même, et m'arrête au récit du jugement célèbre qui a assoupi cette guerre. J'ai cru vous satisfaire et ne les pas mécontenter. Voilà, mon révérend père, ce qui m'a retenu pour le regard de l'inscription, qui ne vous est pas de grande importance et les eût puissamment désobligés; j'ai des parens et des amis parmi eux, à qui j'ai été bien aise de ne rendre pas ce déplaisir, ayant trouvé cette voie d'acquitter ma conscience envers la vérité.

Pour le manuscrit de Thomas à Kempis, vous me fîtes la faveur de me le faire voir, il y a tantôt deux ans, quand je passai pour aller à Bourbon; vous me donnâtes aussi le livre de la contestation, qui est fort bien fait. Vos pères de Saint-Lô m'en ont fait voir un autre en latin, intitulé *Triumphus Thomæ a Kempis*, fait par un religieux de Nevers et imprimé là, qui n'est presque que la répétition de ce qui a été déjà dit en françois dans l'autre; il ne laisse pas d'être fait avec beaucoup d'esprit. Je crois que vous faites bien de ne faire rien imprimer davantage; il est bon de se reposer après la bataille gagnée, et il me semble que vous n'avez plus rien à faire, puisque le champ vous est demeuré, surtout pour ce qui regarde les écrits de M. Naudé, qui étoit sans doute très-savant, mais qui mêloit plus de doctrine que d'agrément dans ses ouvrages. Le livret de M. de Launoy ne mérite pas de réponse.

Je vous rends grâce de ce que vous m'avez envoyé de la façon du R. P. Fronteau : c'est un grand homme en tout, et ce n'est pas avoir peu fait d'effet sur moi que de m'avoir obligé à lire son oraison funèbre tout entière, moi qui ai une aversion naturelle contre les panégyriques, et qui n'ai jamais pu lire plus de quatre pages d'aucun qui soit tombé sous ma main; je n'en excepte pas même celui de Pline second. Le papier me manque : trouvez bon que j'emploie ce peu qui m'en reste à vous assurer que je serai toujours,

Mon très-révérend Père,

Votre très-humble et très-obéissant serviteur,
CORNEILLE.

L'OFFICE
DE LA SAINTE VIERGE,

TRADUIT EN FRANÇOIS,

TANT EN VERS QU'EN PROSE,

AVEC LES SEPT PSAUMES PÉNITENTIAUX, LES VÊPRES ET COMPLIES
DU DIMANCHE, ET TOUS LES HYMNES DU BRÉVIAIRE ROMAIN.

A LA REINE.

MADAME,

Ce n'est pas sans quelque sorte de confiance que j'ose présenter cet Office de la Reine du ciel à la première reine de la terre ; et si mes forces avoient pu répondre à la dignité de la matière et au zèle de Votre Majesté, je me tiendrois très-assuré de lui faire un présent tout à fait selon son cœur. Cette infatigable piété qui ajoute à sa couronne un brillant si extraordinaire, lui fait prendre une joie bien plus sensible à rendre ses devoirs à Dieu qu'à recevoir ceux des hommes : et comme elle a sans cesse devant les yeux qu'il est infiniment plus au-dessus d'elle qu'elle n'est au-dessus du moindre de ses sujets ; dans la hauteur de ce rang qui a mérité les adorations des peuples, elle trouve une gloire plus solide à se regarder comme sa servante que comme reine. En attendant les récompenses éternelles qu'il lui en réserve en l'autre vie, il en fait éclater d'illustres et d'étonnantes dès celle-ci dans les prospérités continuelles qu'il prodigue au roi, et dans les belles naissances des princes qu'il donne par elle à la France. Il ne lui suffit pas de cette florissante et inébranlable tranquillité dont il nous fait jouir sous les ordres de cet invincible monarque ; ce ne lui est pas assez de faire trembler au seul nom de cet illustre conquérant tous les ennemis de son État : il promet les mêmes avantages à ceux qui naîtront après nous, par les rares qualités qu'il fait admirer de jour en jour en Mgr le Dauphin. Il ne s'arrêtera pas là, Madame, et, pour comble de bénédictions et de grâces, il fera de tous vos exemples autant d'inépuisables sources, qui répandront sur tout le royaume les vertus qui font leur asile de votre cabinet. Nous avons droit d'en espérer ces pleins effets, après les puissantes impressions que nous leur voyons faire sur les âmes de ces généreuses filles qui ont l'honneur d'être nourries auprès de Votre Majesté et attachées au service de sa personne : elles n'en sortent que pour se consacrer à celui de Dieu : votre balustre leur inspire le mépris des vanités et le dégoût du monde : elles y apprennent à renoncer à leurs volontés, à dompter leurs sentimens, à triompher de tout l'amour-propre : elles y conçoivent ces courageuses résolutions de s'enfermer dans les cloîtres les plus austères, pour s'appliquer incessamment, dans le bien-

ÉPÎTRE À LA REINE.

heureux calme de ces retraites toutes saintes, à ce qu'elles ont vu pratiquer à Votre Majesté parmi les tumultes des grandeurs. Dieu ne laisse point ses ouvrages imparfaits : il achèvera celui-ci, Madame, et portera la force de ces miraculeux exemples aussi loin que les bornes de cet empire, pour qui Votre Majesté en a obtenu ce prodigieux enchaînement de félicités. Ce sont les vœux de tous les véritables François, et ceux que fait avec le plus de passion,

MADAME,

DE VOTRE MAJESTÉ,

Le très-humble, très-obéissant et très-fidèle serviteur et sujet,

P. CORNEILLE.

PRIÈRE POUR LE ROI.

PSAUME XIX[1].

En ces jours dont l'issue est souvent si fatale,
Daigne ouïr le Seigneur les vœux que tu lui fais,
Et du Dieu de Jacob la vertu sans égale
Par sa protection répondre à tes souhaits.

Des célestes lambris de sa sainte demeure
Daigne son bras puissant t'envoyer du secours,
Et du haut de Sion renverser à toute heure
Sur l'orgueil ennemi les périls que tu cours.

Puisse ton cœur soumis, puisse ton sacrifice,
S'offrir à sa mémoire en tous temps, en tous lieux !
Puisse ton holocauste offert à sa justice
Élever une flamme agréable à ses yeux !

Qu'un bonheur surprenant, une faveur solide,
Porte plus loin ton nom que n'ose ton désir ;
Que dans tous tes conseils son Esprit saint préside,
Et leur donne l'effet que tu voudras choisir.

De tes prospérités nous aurons pleine joie,
Nous bénirons ce Dieu qui t'en fait l'heureux don,

---

1. *Traduction en prose.*

Ps. XIX. Que le Seigneur vous exauce au jour de la tribulation : que le nom du Dieu de Jacob vous protége.

Que de sa sainte demeure il vous envoie du secours, et que du haut de Sion il vous défende.

Qu'il se souvienne de tous vos sacrifices, et rende votre holocauste digne d'être accepté par lui.

Qu'il vous donne des succès selon votre cœur ; qu'il approuve et seconde tous vos desseins.

Nous ferons de hautes réjouissances de ce qu'il vous aura conservé,

Nous vanterons partout son bras qui les déploie,
Nous nous glorifierons nous-mêmes en son nom.

Qu'il ne se lasse point de remplir tes demandes,
Lui qui t'a couronné pour régner sous sa loi,
Et que par ses bontés de jour en jour plus grandes
Il fasse encor mieux voir l'amour qu'il a pour toi.

Des lumineux palais de sa demeure sainte
Il entendra tes vœux, défendra tes États,
Montrera qu'il est digne et d'amour et de crainte,
Et qu'il tient en sa main le sort des potentats.

Ceux qui nous attaquoient ont mis leur confiance,
Les uns en leurs chevaux, les autres en leurs chars;
Nous autres, mieux instruits par notre expérience,
Nous l'avons mise au Dieu qui règle les hasards.

Ceux-là sont demeurés ou morts, ou dans nos chaînes,
Leurs chars et leurs chevaux les ont embarrassés;
Et ceux qui nous voyoient trébucher sous leurs haines,
Nous ont vus par leur chute aussitôt redressés.

Sauvez notre grand roi, bénissez-en la race.
Embrasez-le, Seigneur, de vos célestes feux :
Nous demandons pour lui chaque jour votre grâce;
Donnez un plein effet à de si justes vœux.

Gloire au Père éternel, la première des causes,
Gloire au Verbe incarné, gloire à l'Esprit divin!
Et telle qu'elle étoit avant toutes les choses,
Telle soit-elle encor maintenant, et sans fin!

et nous nous tiendrons comblés de gloire au nom de notre Dieu de ce qu'il aura fait pour vous.

Qu'il remplisse toutes vos demandes : je vois dès maintenant qu'il a sauvé de tous périls le roi qu'il a consacré par son onction.

Il l'exaucera de ce lieu saint qu'il habite dans le ciel, et fera voir qu'il n'appartient qu'à sa droite d'être la sauvegarde des potentats.

Les uns s'assurent en leurs chariots, les autres en leur cavalerie : mais pour nous, nous ne prenons aucune confiance qu'au nom de notre Dieu que nous invoquons.

Aussi se sont-ils embarrassés tous, et ont trébuché, cependant que nous nous sommes élevés; ou si par quelque malheur nous avons penché vers la chute, ce n'a été que pour nous redresser plus fortement.

Seigneur, ayez la bonté de sauver le roi, et de nous exaucer toutes les fois que nous vous invoquerons pour son salut.

Gloire soit au Père, etc.

Telle qu'elle, etc.

Oraison pour le roi. Nous vous supplions, Dieu tout-puissant, de faire que Louis votre serviteur et notre roi, qui par votre grâce a pris en sa main le gouvernail de ce royaume, augmente incessamment en vertus, par le moyen desquelles il puisse éviter les monstres des vices, triompher de ses ennemis, et arriver heureusement à vous, qui êtes la voie, la vérité, et la vie. Nous vous en conjurons par Jésus-Christ notre Seigneur. Ainsi soit-il.

Oraison pour la reine. Dieu, qui avez fait tous les royaumes et les régissez, nous vous prions de répandre sur notre reine votre servante, Marie-Thérèse, l'esprit de votre grâce salutaire, et de la favoriser d'une bénédiction perpétuelle, afin que toutes ses actions et ses pensées n'aient rien qui ne soit véritablement conforme à votre bon plaisir. Nous vous en conjurons par Jésus-Christ notre Seigneur. Ainsi soit-il.

Oraison pour Mgr le Dauphin. Dieu éternel et tout-puissant, regardez avec une amoureuse miséricorde votre serviteur Louis, Dauphin de France, et conduisez-le par votre clémence en la voie du salut éternel, afin que par votre grâce il ne souhaite que ce qui vous est agréable, et se porte de tout son cœur à le pratiquer en sa perfection. Nous vous en conjurons par Jésus-Christ notre Seigneur. Ainsi soit-il.

OFFICE.

L'ORAISON DOMINICALE.

Notre Père qui êtes aux cieux, que votre nom soit sanctifié; que votre règne arrive; que votre volonté se fasse en la terre, comme elle se fait au ciel. Donnez-nous aujourd'hui notre pain quotidien, et nous remettez nos dettes, comme nous les remettons à nos débiteurs. Et ne nous laissez pas tomber dans la tentation, mais délivrez-nous du mal. Ainsi soit-il.

LA SALUTATION ANGÉLIQUE.

Je vous salue, Marie, pleine de grâce; le Seigneur est avec vous. Vous êtes bénie entre les femmes, et Jésus le fruit de votre ventre est béni.

Sainte Marie, mère de Dieu, priez pour nous autres pauvres pécheurs, maintenant, et à l'heure de notre mort. Ainsi soit-il.

LE SYMBOLE DES APOTRES.

Je crois en Dieu le Père tout-puissant, créateur du ciel et de la terre, et en Jésus-Christ son Fils unique, notre Seigneur:

qui a été conçu du Saint-Esprit, et est né de la vierge Marie :
qui a enduré sous Ponce Pilate, a été crucifié, est mort, et a
été enseveli : qui est descendu aux enfers, et est ressuscité
d'entre les morts le troisième jour : qui est monté aux cieux,
et y est assis à la dextre de Dieu le Père tout-puissant, d'où il
viendra juger les vivans et les morts. Je crois au Saint-Esprit,
la sainte Église catholique, la communion des saints, la rémission des péchés, la résurrection de la chair et la vie éternelle.
Ainsi soit-il.

A MATINES.

Je vous salue, Marie, etc.

Ouvrez mes lèvres, Roi des anges[1],
Que je réponde à leurs concerts,
Et ma bouche de vos louanges
Fera retentir l'univers.

O grand Dieu, de qui tout procède,
Qui faites et vivre et mourir,
Ne me refusez pas votre aide,
Hâtez-vous de me secourir.

Gloire au Père, souverain maître,
Gloire au Fils, à l'Esprit divin :
Et telle qu'elle étoit quand tout commença d'être,
Telle soit-elle encor, maintenant, et sans fin.

Louez le Seigneur.
Invitatoire. Je vous salue, Marie, pleine de grâce : le Seigneur
est avec vous. Je vous salue, Marie, pleine de grâce : le Seigneur
est avec vous.

PSAUME XCIV[2].

Venez, peuple, venez ; il est honteux de taire
  Les merveilles du Roi des rois ;
Élevons avec joie et nos cœurs et nos voix
  Au vrai Dieu, notre salutaire :

---

1. Seigneur, vous ouvrirez mes lèvres ;
Et ma bouche annoncera vos louanges.
Mon Dieu, venez à mon aide.
Seigneur, hâtez-vous de me secourir.
Gloire soit au Père, et au Fils, et au Saint-Esprit.
Telle qu'elle a été au commencement, telle soit-elle encore maintenant, et toujours, et dans les siècles des siècles. Ainsi soit-il.

2. Ps. xciv. Venez, réjouissons-nous au Seigneur, chantons des
cantiques de joie à Dieu, notre salutaire : préoccupons sa face avec

Que la louange de son nom
Puisse en notre faveur préoccuper sa face,
Nos concerts mériter sa grâce,
Nos larmes obtenir pardon !

Je vous salue, Marie, pleine de grâce : le Seigneur est avec vous.

Il est le Dieu des dieux, il en est le grand maître,
Aussi fort, aussi bon que grand ;
Il ne dédaigne point l'hommage qu'on lui rend,
Il conserve ce qu'il fait naître :
Il est de tout l'unique auteur,
Il enferme en sa main les deux bouts de la terre,
Des monts plus hauts que le tonnerre
D'un coup d'œil il voit la hauteur.

Le Seigneur est avec vous.

Du vaste sein des mers les eaux les plus profondes
Sont à lui, prennent loi de lui ;
Il est seul de la terre et l'auteur et l'appui,
Il la soutient contre tant d'ondes.
Venez, pleurons à ses genoux,
Il nous a faits son peuple, il aime ses ouvrages,
Et dans ses heureux pâturages
Il n'admet de troupeaux que nous.

Je vous salue, Marie, pleine de grâce : le Seigneur est avec vous.

Oyez, oyez sa voix qui répond à vos larmes,
Mais n'endurcissez pas vos cœurs,
Comme alors qu'au désert contre vos conducteurs
Il s'élevoit tant de vacarmes.
Vos pères y voulurent voir

des louanges, et chantons-lui des psaumes pour marque d'allégresse.

Car le Seigneur est un grand Dieu, et un grand roi par-dessus tous les dieux : le Seigneur ne rejettera point la prière de son peuple ; il a dans sa main tous les bouts de la terre, et quelque hautes que soient les montagnes, il les voit encore de plus haut.

La mer est à lui, et c'est lui qui l'a faite, et ses mains ont jeté les fondemens de la terre. Venez, que nous l'adorions, prosternons-nous devant Dieu, pleurons en la présence du Seigneur, qui nous a faits : car il est le Seigneur notre Dieu, et nous ne sommes que son peuple, et les brebis de ses pâturages.

Si vous entendez aujourd'hui sa voix, gardez-vous d'endurcir vos cœurs, comme il arriva dans le soulèvement qui se fit au désert, le

Jusques où s'étendoit le pouvoir d'un tel maître,
Et l'épreuve leur fit connoître
Par leurs yeux mêmes ce pouvoir.

Le Seigneur est avec vous.

Quarante ans, vous dit-il, j'ai conduit cette race,
Quarante ans j'ai sondé leurs cœurs,
Sans y voir que murmure, et qu'orgueil, et qu'erreurs,
Sans y trouver pour moi que glace :
Ces vieux ingrats à tous propos
Ne vouloient plus savoir les chemins de me plaire,
Et je jurai dans ma colère
De leur refuser mon repos.

Je vous salue, Marie, pleine de grâce : le Seigneur est avec vous.

Gloire au Père éternel, la première des causes,
Gloire au Fils, à l'Esprit divin,
Telle encor maintenant, et telle encor sans fin,
Qu'elle étoit avant toutes choses.

Le Seigneur est avec vous.
Je vous salue, Marie, pleine de grâce : le Seigneur est avec vous.

HYMNE.

Celui que la machine ronde
Adore et loue à pleines voix,
Qui gouverne et remplit le ciel, la terre, et l'onde,
Marie en soi l'enferme, et l'y porte neuf mois.

Ce grand Roi, que de la nature
Servent l'un et l'autre flambeau,
D'un flanc que de la grâce un doux torrent épure
Devient l'enflure sainte, et le sacré fardeau.

O mère en bonheur sans égale,
De qui l'artisan souverain
Daigne souffrir neuf mois sa prison virginale,
Lui qui tient l'univers tout entier en sa main;

jour de la tentation, où vos pères me tentèrent : ils y éprouvèrent et virent mes œuvres.

Je me suis attaché quarante ans à ce peuple, et j'ai toujours dit : « Le cœur de ces gens-là s'égare : » mais pour eux, ils ne connurent point mes voies. Aussi je leur jurai en ma colère qu'ils n'entreroient point dans mon repos.

Gloire soit au Père, et au Fils, et au Saint-Esprit. Telle qu'elle a été au commencement, telle soit-elle encore maintenant, et toujours, et dans les siècles des siècles. Ainsi soit-il.

Qu'heureuse te rend ce message
Que suivent tes soumissions,
Par qui le Saint-Esprit forme en toi ce cher gage,
Ce Fils, ce désiré de tant de nations !

Gloire à toi, Merveille suprême,
Dieu par une Vierge enfanté ;
Même gloire à ton Père, au Saint-Esprit la même,
Et durant tous les temps et dans l'éternité.

POUR LE Ier NOCTURNE.

Ces trois psaumes se disent le dimanche, le lundi et le jeudi.
Antienne. Vous êtes bénie.

PSAUME VIII [1].

Dieu, notre Souverain, tout-puissant et tout bon,
Auteur de la nature, et maître du tonnerre,
Que la gloire de ton saint nom
S'est rendue admirable aux deux bouts de la terre !

L'œil qui d'un sain regard contemple ces bas lieux
Voit ta magnificence aux plus bas lieux gravée ;
Et sitôt qu'il s'élève aux cieux,
Par-dessus tous les cieux il la voit élevée.

Ton plus parfait éloge, exprès tu l'as commis
Aux accens imparfaits que hasarde l'enfance,
Pour confondre tes ennemis,
Et détruire l'esprit de haine et de vengeance.

Lorsque je vois des cieux le brillant appareil,
De ta savante main je ne vois que l'ouvrage,
Et lune, étoiles, ni soleil,
N'ont aucunes splendeurs qu'elle ne leur partage.

Parmi ces grands effets qui te font admirer,
Seigneur, qu'est-ce que l'homme, et quel est son mérite ?
Et qui t'oblige à l'honorer
D'un tendre souvenir, d'une douce visite ?

---

1. Ps. VIII. O Dieu, notre souverain Seigneur, que votre nom est admirable en toute la terre !

Votre magnificence est élevée au-dessus des cieux.

Vous avez fait éclater votre louange la plus parfaite par la bouche des enfans à la mamelle, à cause de vos ennemis ; afin de détruire l'esprit d'inimitié et de vengeance.

Vos cieux que je vois sont les ouvrages de vos doigts, et c'est vous qui avez formé la lune et les étoiles.

Qu'est-ce que l'homme, pour être digne de votre souvenir ? et qu'est-ce que le fils de l'homme, pour mériter que vous le visitiez ?

Un peu moindre que l'ange il t'a plu le former,
De gloire et de grandeurs tu comblas sa naissance,
 Et ce qu'il te plut animer
Fut aussitôt par toi soumis à sa puissance.

A peine la nature avoit rempli ta voix,
Que ta voix sous nos pieds rangea ces nouveaux êtres :
 Les hôtes des champs et des bois,
Tout nous sert aujourd'hui, tout servit nos ancêtres.

Les oiseaux dans les airs, les poissons dans les eaux,
De ton image en nous reconnoissent l'empire ;
 Et sous ces liquides tombeaux
Tout ce qui nage ou vit, c'est pour nous qu'il respire.

Dieu, notre Souverain, tout-puissant et tout bon,
Auteur de la nature, et maître du tonnerre,
 Que la gloire de ton saint nom
S'est rendue admirable aux deux bouts de la terre !

Gloire au Père éternel, gloire au Verbe incarné,
Gloire à l'Esprit divin, ainsi qu'eux ineffable.
 Telle qu'avant que tout fût né,
Telle soit-elle encor à jamais perdurable.

Antienne. Vous êtes bénie entre les femmes, et le fruit de votre ventre est béni.

Antienne. Ainsi que la myrrhe.

PSAUME XVIII[1].

Des célestes lambris la pompeuse étendue
 Fait l'éloge du Souverain,
Et tout le firmament ne présente à la vue
 Que des ouvrages de sa main.

Vous ne l'avez fait qu'un peu moindre que les anges ; vous l'avez couronné de gloire et d'honneur, et vous l'avez établi sur les ouvrages de vos mains.

Vous avez tout mis sous ses pieds ; toutes les brebis, tous les bœufs et toutes les bêtes de la campagne.

Les oiseaux du ciel, et les poissons de la mer, qui se promènent dans les routes de la mer.

O Dieu, notre souverain Seigneur, que votre nom est admirable en toute la terre !

Gloire soit au Père, et au Fils, et au Saint-Esprit.

Telle qu'elle a été au commencement, etc.

1. Ps. xviii. Les cieux racontent la gloire de Dieu, et le firmament annonce les ouvrages de ses mains.

Le jour prend soin d'apprendre au jour qui lui succède
    Ce que sa parole a produit,
Et la nuit qui l'a su de la nuit qui lui cède
    L'enseigne a celle qui la suit.

Aux quatre coins du monde ils parlent un langage
    Qu'entendent toutes nations,
Et des plus noirs climats l'hôte le plus sauvage
    En comprend les instructions.

Ils servent de tableaux ainsi que de trompettes,
    Ce qu'ils disent ils le font voir;
Et des grandeurs de Dieu s'ils sont les interprètes,
    Ils en sont aussi le miroir.

Le soleil qui lui sert d'un trône incorruptible
    Les étale aux regards de tous,
Et ce visible agent d'un monarque invisible
    En est paré comme un époux.

Il part tel qu'un géant armé d'une lumière,
    Ceint d'un feu qui nous enrichit;
Et du sommet des cieux il s'ouvre une carrière
    Dont jamais il ne s'affranchit.

Chaque jour, pour finir et reprendre sa course,
    Il remonte au même sommet,
Et sa chaleur partout verse l'heureuse source
    Des biens que son maître promet.

La loi du même Dieu n'est pas moins salutaire,
    Elle touche, elle convertit;
Et pour les yeux du corps que le soleil éclaire,
    Elle éclaire ceux de l'esprit.

Le jour en parle au jour suivant : et la nuit en montre la science à la nuit.

Il n'est point de langages, ni de manières de s'exprimer, dont leurs voix ne soient entendues.

Leur son est allé par toute la terre, et leurs paroles ont pénétré jusqu'aux bouts du monde.

Il a mis son tabernacle dans le soleil, et lui-même est comme un époux qui sort de sa chambre nuptiale.

Il part avec une joie pareille à celle d'un géant qui va commencer sa course : sa sortie est du plus haut du ciel.

Et son retour remonte jusqu'au plus haut du même ciel, sans que personne se cache à sa chaleur.

La loi du Seigneur est immaculée, elle convertit les âmes : le témoignage du Seigneur est fidèle, et départ la sagesse aux plus petits.

Sa parole est fidèle, et répand la sagesse
    Dans les cœurs les plus ravalés :
Sa justice est exacte, et répand l'allégresse
    Dans les cœurs les plus désolés.

C'est la sainte frayeur de ses ordres suprêmes
    Qui fait vivre à l'éternité ;
Ils sont tous en tous lieux justifiés d'eux-mêmes,
    Tous sont la même vérité.

L'or, la perle, et l'éclat des pierres précieuses,
    Sont beaucoup moins à souhaiter ;
Et les douceurs du miel les plus délicieuses
    Sont bien moins douces à goûter.

Aussi ton serviteur avec soin les observe ;
    Tu le sais, ô Dieu, tu le vois !
O que grand est le prix que ta bonté réserve
    Aux âmes qui gardent tes lois !

Mais qui connoît, Seigneur, les péchés d'ignorance ?
    Épure-m'en dès aujourd'hui ;
Pardonne ceux d'orgueil, de propre suffisance,
    Et défends-moi de ceux d'autrui.

Si je pouvois sur moi leur ôter tout empire,
    Si je m'en voyois bien purgé,
Des crimes les plus grands que tout l'enfer inspire
    Je m'estimerois dégagé.

Il ne sortiroit lors aucun mot de ma bouche
    Qui ne plût au grand Roi des cieux ;
Je ne m'entretiendrois que de ce qui le touche,
    Je l'aurois seul devant les yeux.

Les justices du Seigneur sont droites, elles remplissent les cœurs de joie : le commandement du Seigneur est clair, il illumine les yeux.

La crainte du Seigneur est sainte et permanente au siècle du siècle : les jugemens du Seigneur sont véritables et justifiés en eux-mêmes.

Ils sont plus désirables que l'or et la pierre précieuse, et plus doux que le miel et que le rayon de miel.

Aussi votre serviteur les garde : il y a une grande rétribution à les garder.

Qui est celui qui connoît bien tous ses péchés ? purifiez-moi de ceux qui sont cachés à ma connoissance, et pardonnez ceux d'autrui à votre serviteur.

S'ils ne dominent point en moi, je me trouverai sans souillure ; et je serai purgé du plus grand des crimes.

Toutes les paroles de ma bouche auront alors de quoi vous plaire ; et mon cœur dans sa méditation se tiendra toujours en votre présence.

Seigneur, qui de tous maux êtes le seul remède,
Et de tous biens l'unique auteur,
En ces pressans besoins prodiguez-moi votre aide,
Et soyez mon libérateur.

Gloire au Père éternel, la première des causes,
Gloire au Fils, à l'Esprit divin;
Et telle qu'elle étoit avant toutes les choses,
Telle soit-elle encor sans fin.

Antienne. Ainsi que la myrrhe choisie, ô sainte Mère de Dieu, vous avez rendu une odeur de suavité
Antienne. Devant la couche.

PSAUME XXIII[1].

La terre est au Seigneur, et toute son enceinte;
Il la forma lui-même en commençant les temps,
Et son globe appartient à sa majesté sainte,
Ainsi que tous ses habitans.

Tout à l'entour des mers c'est lui qui l'a posée,
C'est lui qui l'affermit au-dessus de tant d'eaux,
C'est lui qui des courans dont elle est arrosée
L'élève sur tous les ruisseaux.

Mais comment s'élever, et quel chemin se faire
A la sainte montagne où brille son palais?
Et qui s'établira dans son grand sanctuaire,
Pour y demeurer à jamais?

L'homme au cœur pur et droit, à l'innocente vie,
Qui n'a point de son Dieu reçu son âme en vain,
Qui par aucun serment, fourbe, ni calomnie,
N'a fait injure à son prochain.

Seigneur, vous êtes mon aide, et mon rédempteur.
Gloire au Père, et au Fils, et au Saint-Esprit.
Telle qu'elle étoit, etc.

1. Ps. XXIII. La terre appartient au Seigneur, et toute sa plénitude : le globe de la terre, et tous ses habitans.
Car c'est lui-même qui l'a fondée au-dessus des mers, et qui l'a préparée au-dessus des fleuves.
Qui montera sur la montagne du Seigneur? ou qui demeurera en son lieu saint?
Celui qui a les mains innocentes, et le cœur net; qui n'a point reçu son âme en vain, et n'a point juré en fraude à son prochain.

Le Seigneur à jamais bénira sa conduite,
Le Seigneur, dont il prend la gloire pour seul but :
Oui, Dieu lui fera grâce, et ses bontés ensuite
    L'admettront au port de salut.

C'est là ce qu'il réserve à cette heureuse race,
Qui ne cherche ici-bas que le Maître du ciel,
Et qui marche en tous lieux comme devant la face
    De l'unique Dieu d'Israël.

Ouvrez, princes, ouvrez vos portes éternelles,
Portes du grand palais, laissez-vous pénétrer :
Laissez-en l'accès libre aux escadrons fidèles,
    Le roi de gloire y veut entrer.

Quel est ce roi de gloire? à quoi peut-on connoître
Où s'étend son empire, et ce que peut son bras?
C'est un roi le plus fort qu'on ait encor vu naître,
    C'est un roi puissant aux combats.

Ouvrez encore un coup, princes, ouvrez vos portes;
Portes du grand palais, laissez-vous pénétrer :
Laissez-en l'accès libre aux fidèles cohortes,
    Le roi de gloire y veut entrer.

Dites-nous donc enfin quel est ce roi de gloire,
Quels peuples, quels climats sont rangés sous sa loi?
C'est le roi des vertus, le roi de la victoire,
    C'est Dieu qui lui-même est ce roi.

Gloire au Père éternel, la première des causes,
Gloire au Verbe incarné, gloire à l'Esprit divin;
Et telle qu'elle étoit avant toutes les choses,
    Telle soit-elle encor sans fin.

Antienne. Devant la couche de cette Vierge, chantez-nous souvent de doux cantiques.

Celui-là recevra bénédiction du Seigneur, et miséricorde de Dieu son salutaire.
    Telle est la génération de ceux qui le cherchent; de ceux qui cherchent la face du Dieu de Jacob.
    Princes, ouvrez vos portes, et vous, portes éternelles, élevez-vous, et le roi de gloire entrera.
    Qui est ce roi de gloire? c'est un seigneur fort et puissant, c'est un seigneur puissant aux combats.
    Princes, ouvrez vos portes, et vous, portes éternelles, élevez-vous, et le roi de gloire entrera.
    Mais enfin qui est ce roi de gloire? C'est le Seigneur des vertus qui est lui-même ce roi de gloire.
    Gloire soit au Père, et au Fils, et au Saint-Esprit.
    Telle qu'elle, etc.

℣. La grâce est répandue en vos lèvres.
℟. C'est pourquoi Dieu vous a bénie à toute éternité.
Notre Père, etc., *tout bas.*
L'absolution et les trois leçons sont après le troisième nocturne.

POUR LE IIe NOCTURNE.

Les trois psaumes suivans se disent le mardi et le vendredi.
Antienne. Avec votre grâce.

PSAUME XLIV[1].

Je me sens tout le cœur plein de grandes idées,
Je les sens à l'envi s'en échapper sans moi,
Je les sens vers le roi d'elles-mêmes guidées ;
 Dédions-les toutes au roi.

Ma langue qui s'empresse à chanter son mérite
Suit plus rapidement l'effort de mon esprit,
Que ne court une plume en la main la plus vite
 Qui puisse tracer un écrit.

Sa beauté sans égale entre les fils des hommes
Mêle une grâce infuse à ses moindres discours,
Et Dieu qui l'a béni sur tous tant que nous sommes
 L'appuie, et l'appuiera toujours.

Grand monarque dont l'âme est sans cesse occupée
A bien remplir ce rang où le ciel vous a mis,
Vous n'avez qu'à paroître et ceindre votre épée,
 Pour confondre vos ennemis.

Vos attraits sont si forts, vos actions si belles,
Tant de gloire et d'amour les sait accompagner,
Que chacun se déclare et pour eux et pour elles ;
 Et vous faire voir, c'est régner.

La justice en votre âme et la mansuétude
Avec la vérité font un accord si doux,
Que de tant de vertus la sainte plénitude
 Fait partout miracle pour vous.

---

1. Ps. XLIV. Mon cœur a poussé au dehors une bonne parole : je dédie mes œuvres au roi.
 Ma langue est comme la plume d'un écrivain, qui écrit très-vite.
 Vous êtes beau par-dessus les fils des hommes, la grâce est répandue en vos lèvres : c'est pourquoi Dieu vous a béni à toute éternité.
 Ceignez votre glaive sur votre cuisse, très-puissant monarque.
 Avec votre grâce et votre beauté, formez des desseins, avancez en prospérité, et régnez.
 A cause de votre vérité, et de votre mansuétude, et de votre justice, votre droite vous conduira partout avec des miracles.

D'un acier pénétrant la pointe de vos flèches
Percera tous les cœurs rebelles à leur roi ;
Et voyant ruisseler leur sang par tant de brèches,
    Les peuples tomberont d'effroi.

Comme votre grandeur s'est toujours mesurée
Sur la droiture même et la même équité,
Votre règne n'aura pour borne à sa durée
    Que celle de l'éternité.

La haine des forfaits, l'amour de la justice,
Font de tous vos desseins les sacrés appareils ;
Et Dieu répand sur vous une onction propice,
    Plus qu'il ne fait sur vos pareils.

De riches vêtemens au jour de votre gloire,
D'ambre, aloès et myrrhe embaumés à la fois,
Seront tirés pour vous des cabinets d'ivoire
    Par les filles des plus grands rois.

La reine votre épouse à votre droite assise
Brillera d'une auguste et douce majesté :
Ses habits feront voir dans leur dorure exquise
    Une exquise diversité.

Mais écoute, ma fille, écoute, et considère
Combien en sa personne éclatent de trésors :
Oublie auprès de lui la maison de ton père,
    Et ce cher peuple d'où tu sors.

Plus son amour pour toi se fera voir extrême,
Plus tes soumissions le doivent honorer ;
Car enfin c'est ton roi, ton Seigneur, ton Dieu même,
    Qu'on fera gloire d'adorer,

Vos flèches sont pointues, les peuples tomberont sous vous, et elles iront dans les cœurs des ennemis du roi.

Votre siége, ô Dieu, durera au siècle du siècle : le sceptre avec lequel vous régnez est un sceptre de droiture.

Vous avez aimé la justice et haï l'iniquité : à cause de cela Dieu vous a oint d'une huile d'allégresse par-dessus tous ceux de votre sorte.

Une odeur de myrrhe, d'aloès et de casse aromatique s'exhale de vos vêtemens qu'on a tirés des maisons d'ivoire, desquelles les filles des rois sont sorties en votre honneur, et vous ont agréé.

La reine a paru à votre droite en habit d'or, environnée de variété.

Écoute, ma fille, et regarde, et penche ton oreille, et oublie ton peuple, et la maison de ton père.

Et le roi deviendra épris de ta beauté : mais n'oublie pas aussi qu'il est ton maître et ton Dieu, et que les peuples l'adoreront.

Les princesses de Tyr te rendront leur hommage,
Avec même respect qu'on t'aura vu pour lui :
Le riche avec ses dons briguera ton suffrage,
    Et réclamera ton appui.

Mais si l'âme au dedans n'est encor mieux ornée,
Reine, ce sera peu que l'ornement du corps,
Bien que la frange d'or en fleurons contournée
    Y borde cent divers trésors.

De cent filles d'honneur tu te verras suivie,
Quand il faudra paroître aux yeux d'un si grand roi;
Et tes plus proches même y verront sans envie
    Qu'on les y présente après toi.

Toutes en montreront une allégresse entière,
Toutes y borneront leurs plus ardens souhaits,
Toutes estimeront à faveur singulière
    Le droit d'entrer en son palais.

Pour récompense enfin d'avoir quitté tes pères,
Il te naîtra des fils plus grands, plus braves qu'eux,
Qui feront recevoir tes lois les plus sévères
    Aux peuples les plus belliqueux.

La terre qu'on verra trembler devant leur face
Conservera sous eux ton digne souvenir;
Et l'on respectera ton nom de race en race,
    Dans tous les siècles à venir.

Toutes les nations en ta faveur unies
De ce nom à l'envi publieront la grandeur;
Et les temps, jusqu'au bout de leurs courses finies,
    En verront briller la splendeur.

Et les filles de Tyr viendront avec des présens : tous les riches du peuple demanderont instamment à voir ton visage.

Toute la gloire de cette fille du roi vient du dedans, bien que ses vêtemens soient frangés d'or, et qu'elle soit environnée de variétés.

On amènera au roi des vierges à sa suite : ses plus proches vous seront apportées.

Elles seront apportées avec joie et exultation : elles seront amenées dans le temple du roi.

Il t'est né des enfans au lieu de tes pères : tu les établiras princes par toute la terre.

Ils conserveront de race en race la mémoire de ton nom.

A cause de cela les peuples te loueront à toute éternité, et jusqu'au siècle du siècle.

Gloire au Père éternel, la première des causes,
Gloire au Verbe incarné, gloire à l'Esprit divin;
Et telle qu'elle étoit avant toutes les choses,
  Telle soit-elle encor sans fin.

Antienne. Avec votre grâce et votre beauté, formez des desseins, avancez en prospérité, et régnez.
Antienne. Dieu l'assistera.

PSAUME XLV[1].

  Que Dieu nous est propice à tous!
Il est seul notre force, il est notre refuge,
Il est notre soutien contre le noir déluge
  Des malheurs qui fondent sur nous.

  La terre aura beau se troubler :
Quand nous verrions partout les roches ébranlées,
Et jusqu'au fond des mers les montagnes croulées,
  Nous n'aurions point lieu de trembler.

  Que les eaux roulent à grand bruit,
Que leur fureur éclate à l'égal du tonnerre,
Que les champs soient noyés, les montagnes par terre,
  Que l'univers en soit détruit;

  Leur fière impétuosité
Qui comble tout d'horreurs, comble Sion de joie,
Et ne fait qu'arroser, alors que tout se noie,
  Les murs de la sainte cité.

  Dieu fait sa demeure au milieu,
Dieu lui donne un plein calme en dépit des orages;
Et dès le point du jour, contre tous leurs ravages
  Elle a le secours de son Dieu.

Gloire soit au Père, et au Fils, et au Saint-Esprit.
Telle qu'elle a été au commencement, etc.

1. Ps. XLV. Notre Dieu est notre refuge et notre vertu : il est notre secours dans les tribulations qui ne nous ont trouvés que trop souvent.

C'est à cause de cela que nous ne tremblerons point, quand la terre sera en trouble, et quand les montagnes seront transportées au cœur de la mer.

Leurs eaux ont résonné avec grand bruit, et en ont été troublées : les montagnes ne l'ont pas moins été, quand il a montré sa force.

L'impétuosité du fleuve donne de la joie à la cité de Dieu : le Très-Haut a sanctifié son tabernacle.

Dieu est au milieu d'elle, elle ne s'ébranlera point : Dieu la secourra au matin, dès le point du jour.

A MATINES.

On a vu les peuples troublés,
Les trônes chancelans pencher vers leur ruine;
Dieu n'a fait que parler, et de sa voix divine
　　Ils ont paru tous accablés.

Invincible Dieu des vertus,
Que ta protection est un grand privilége !
Quels que soient les malheurs dont l'amas nous assiége,
　　Nous n'en serons point abattus.

Venez, peuples, venez bénir
Les prodiges qu'il fait sur la terre et sur l'onde :
La guerre désoloit les quatre coins du monde,
　　Et ce Dieu l'en vient de bannir.

Il a brisé les arcs d'acier,
Tous les dards, tous les traits, tous les chars des gendarmes,
Et jeté dans le feu, pour finir vos alarmes,
　　Et l'épée et le bouclier.

Calmez vos appréhensions,
Voyez bien qu'il est Dieu, qu'il est l'unique maître,
Et que malgré l'enfer sa gloire va paroître
　　Parmi toutes les nations.

Encore un coup, Dieu des vertus,
Que ta protection est un grand privilége !
Quels que soient les malheurs dont l'amas nous assiége,
　　Nous n'en serons point abattus.

Gloire aux Trois dont l'être est divin,
Gloire soit en tous lieux à leur unique essence;
Et telle qu'elle étoit lorsque tout prit naissance,
　　Telle soit-elle encor sans fin.

Les nations se sont troublées, et les royaumes ont été sur leur penchant : il a fait entendre sa voix, et la terre s'est émue.

Le Seigneur des vertus est avec nous, le Dieu de Jacob est notre protecteur.

Venez et voyez les œuvres du Seigneur, quels prodiges il a faits sur la terre, en exterminant la guerre jusqu'à ses extrémités.

Il brisera l'arc, et rompra les armes, et brûlera les boucliers avec du feu.

Quittez vos travaux, et voyez que je suis Dieu : je serai exalté parmi les gentils, et serai exalté par toute la terre.

Le Seigneur des vertus est avec nous, le Dieu de Jacob est notre protecteur.

Gloire soit au Père, et au Fils, et au Saint-Esprit.

Telle qu'elle a été au commencement, etc.

Antienne. Dieu l'assistera par ses regards, Dieu est au milieu d'elle, elle ne s'ébranlera point.
Antienne. Tels que sont des gens.

PSAUME LXXXVI[1].

Le Seigneur a fondé sur les saintes montagnes
Ce temple et ce palais qui s'élèvent aux cieux,
Et tout ce qu'Israël a peuplé de campagnes
  N'a rien de si cher à ses yeux.

Cité du Dieu vivant, cité pleine de gloire,
Sion où l'Éternel daigne dicter sa loi;
Que, pour faire à jamais honorer ta mémoire,
  On dit partout de bien de toi!

On y vient de Rahab, on vient de Babylone
Apprendre dans tes murs quelles sont ses bontés,
Et les rois quitteront les douceurs de leur trône,
  Pour mieux y voir ses vérités.

Elles y sont aussi toutes comme en leur source;
Et des bords étrangers, et du milieu de Tyr,
Et de l'Éthiopie, où le Nil prend sa course,
  Ils y viennent se convertir.

Sion qui les voit tous s'habituer chez elle,
Et comme nés chez elle aime à les regarder,
Fait de son peuple et d'eux une cité fidèle,
  Qu'au Très-Haut il plaît de fonder.

Dieu les écrira tous en son livre de vie,
Ils ne mourront ici que pour revivre mieux,
Et cette heureuse loi qu'en terre ils ont suivie
  Les réunira dans les cieux.

Du Seigneur cependant attachés à la voie,
Dans les glorieux murs de la sainte cité,
Tous marquent à l'envi par l'excès de leur joie
  Celui de leur félicité.

---

1. Ps. LXXXVI. Ses fondemens sont dans les saintes montagnes; Dieu chérit les portes de Sion par-dessus tous les tabernacles de Jacob.
 On a dit des choses glorieuses de toi, cité de Dieu.
 Je me souviendrai de Rahab et de Babylone, qui me connoissent.
 Voici les étrangers, et Tyr, et les peuples d'Éthiopie : tous ces gens ont été là.
 Sion ne dira-t-elle pas qu'un homme, et un homme est né en elle, et que le Très-Haut l'a fondée?
 Le Seigneur, dans les registres qu'il tient des peuples et des rois, parlera de ceux qui ont été chez elle.
 Tous ceux qui demeurent en toi sont comme des gens comblés de joie

Gloire au Père éternel, la première des causes,
Gloire au Verbe incarné, gloire à l'Esprit divin;
Et telle qu'elle étoit avant toutes les choses,
  Telle soit-elle encor sans fin.

Antienne. Tels que des gens tous comblés de joie, tels sont ceux qui demeurent en vous, sainte Mère de Dieu.

℣. La grâce est répandue en vos lèvres.

℟. C'est pourquoi Dieu vous a bénie à l'éternité.

Notre Père, etc., *tout bas.*

L'absolution et les trois leçons sont après le troisième nocturne.

POUR LE IIIᵉ NOCTURNE.

Les trois psaumes suivans se disent le mercredi et le samedi.
Antienne. Réjouissez-vous, Vierge Marie.

PSAUME XCV [1].

Qu'on fasse résonner dans un nouveau cantique
  Les éloges du Roi des rois;
Formez, terre, à sa gloire un concert magnifique,
  Unissez-y toutes vos voix.

Exaltez son grand nom, vantez ce qu'il opère,
  Faites-le bénir hautement :
Annoncez chaque jour son digne salutaire,
  Annoncez-le chaque moment.

Que toutes nations apprennent de vos bouches
  Ses merveilles et ses grandeurs;
Qu'il ne soit cœurs si durs, ni peuples si farouches,
  Qui n'en admirent les splendeurs.

A sa juste louange aucun ne peut atteindre,
  Aucun la porter assez haut :
Par-dessus tous les dieux il est lui seul à craindre,
  Seul tout-puissant, seul sans défaut.

Gloire soit au Père, et au Fils, et au Saint-Esprit.
Telle qu'elle a été au commencement, etc.

---

1. Ps. xcv. Chantez un nouveau cantique au Seigneur : que toute la terre chante à la gloire du Seigneur.

Chantez au Seigneur, et bénissez son nom : annoncez de jour en jour son salutaire.

Annoncez sa gloire parmi les nations, et ses merveilles parmi tous les peuples.

Car le Seigneur est grand et digne d'une louange infinie : il est à craindre par-dessus tous les dieux.

Ce ne sont que démons, que les gentils adorent
    Sous un titre usurpé de dieux ;
Et c'est l'unique Dieu que nos besoins implorent,
    Qui d'un mot a fait tous les cieux.

La gloire et la beauté qui suivent sa présence
    Couronnent ses perfections :
La sainteté suprême et la magnificence
    Parent toutes ses actions.

Portez donc au Seigneur, gentils, portez vous-mêmes
    De quoi lui rendre un plein honneur ;
Exaltez son grand nom par des respects suprêmes,
    Portez-y la bouche et le cœur.

Entrez dedans son temple, et prenez des victimes
    Pour les immoler au vrai Dieu ;
Adorez avec nous de ses grandeurs sublimes
    Le saint éclat en ce saint lieu.

Que la terre s'émeuve à l'aspect de sa face,
    De l'un jusques à l'autre bout ;
Et qu'elle fasse dire à toute votre race
    Que le Seigneur règne partout.

Le monde qu'il corrige et remet dans la voie
    N'aura plus d'instabilité,
Et quelques jugemens que sur tous il déploie,
    Ils n'auront que de l'équité.

Qu'une allégresse entière en tous lieux épandue
    Remplisse la terre et les mers,
Que tout le ciel l'étale en sa vaste étendue,
    Que tous les champs en soient couverts.

Parce que tous ces dieux des gentils ne sont que démons : mais c'est le Seigneur qui a fait les cieux.

La louange et la beauté se trouvent toujours en sa présence : la sainteté et la magnificence sont les ornemens de son sanctuaire.

Apportez, provinces des gentils, apportez de l'honneur et de la gloire au Seigneur : apportez au Seigneur de la gloire pour son nom.

Prenez des hosties et entrez en son temple : adorez le Seigneur dans son saint parvis.

Que toute la terre s'émeuve devant sa face : dites par toutes les nations que le Seigneur a régné.

Car c'est lui qui a corrigé l'instabilité du globe de la terre, qui ne s'ébranlera plus : il jugera les peuples en équité.

Que les cieux s'en réjouissent, et que la terre en montre entière allégresse ; que la mer en fasse voir des émotions de joie en toute sa plénitude : les campagnes et tout ce qui les habite en auront même ravissement.

Des bois mêmes, des bois l'écorce et les feuillages
  Marqueront leurs ravissemens,
Comme s'ils avoient part à ces hauts avantages
  Qui naissent de ses jugemens.

Aussi jugera-t-il les vertus et les vices
  Selon la suprême équité,
Et pas un ne doit craindre aucunes injustices
  Des règles de sa vérité.

Gloire au Père éternel, la première des causes,
  Gloire au Fils, à l'Esprit divin ;
Et telle qu'elle étoit avant toutes les choses,
  Telle soit-elle encor sans fin.

Antienne. Réjouissez-vous, ô Vierge Marie, vous avez détruit vous seule toutes les hérésies dans tout le monde.

Antienne. Ayez agréable.

PSAUME XCVI[1].

Enfin le Seigneur règne, enfin il a fait voir
  Son absolu pouvoir :
Terre, fais voir ta joie en tes cantons fertiles,
  Et toi, mer, en tes îles.

Quelque nuage épais qui de sa majesté
  Couvre l'immensité,
L'heureux prix des vertus et la peine du vice
  Font briller sa justice.

Le feu qui le précède et partout lui fait jour
  Se répand tout autour,
Et de ses ennemis qu'enveloppe sa flamme
  Il brûle jusqu'à l'âme.

Tous les arbres des forêts feront éclater leur allégresse à la face du Seigneur, parce qu'il vient ; et surtout parce qu'il vient juger la terre.

Il jugera toute la terre en équité, et les peuples en sa vérité. Gloire, etc.

[1]. Ps. XCVI. Le Seigneur a régné, que la terre en ait du ravissement, et que toutes les îles s'en réjouissent.

Il a des nuages et de l'obscurité tout à l'entour de lui : la justice et le jugement sont les règles du trône où il se sied.

Le feu marchera devant lui, et embrasera ses ennemis tout alentour.

Ses foudres éclatans ont semé l'univers
De prodiges divers :
On les vit sur la terre, on en vit ébranlées
Montagnes et vallées.

Les rochers les plus hauts fondirent devant Dieu,
Comme la cire au feu ;
Et virent sous le bras qui lançoit le tonnerre
Trembler toute la terre.

Le ciel annonça lors à tous les élémens
Ses justes jugemens ;
Et les peuples, voyant ce qu'ils n'auroient pu croire,
Reconnurent sa gloire.

Soient confus à jamais les vains adorateurs
Du travail des sculpteurs,
Et cet impie orgueil qui rend de vrais hommages
A de fausses images !

Anges, que dans le ciel vous vous faites d'honneur,
D'adorer le Seigneur !
Sion, que de douceurs, sitôt que ses merveilles
Frappèrent tes oreilles !

Les filles de Juda dans toutes leurs cités
Bénirent ses bontés,
Et tous ses jugemens à leurs âmes ravies
Semblèrent d'autres vies.

Aussi, Seigneur, aussi vous êtes le Très-Haut,
Et le seul sans défaut :
Tous les dieux près de vous sont dieux aussi frivoles
Que leurs froides idoles.

Ses éclairs ont brillé par toute la terre : la terre les a vus, et en a frémi.

Les montagnes ont fondu devant sa face comme la cire : toute la terre a fondu devant sa face.

Les cieux ont annoncé sa justice, et tous les peuples ont vu sa gloire.

Que tous ceux qui adorent les idoles soient confondus, et tous ceux qui se glorifient en leurs simulacres.

Anges du Seigneur, adorez-le tous ; Sion l'a entendu, et s'en est réjouie.

Et les filles de Juda en ont été toutes ravies : et ç'a été, Seigneur, à cause de vos jugemens.

Parce que vous êtes le Très-Haut sur toute la terre, et que vous êtes infiniment élevé par-dessus tous les dieux.

Vous, qui de son amour portez un cœur touché,
   Haïssez le péché :
Dieu, qui hait les pécheurs, garantit l'âme sainte
   De leur plus rude atteinte.

Sa bonté pour le juste aime à se déclarer,
   Elle aime à l'éclairer ;
Et sur l'homme au cœur droit les grâces qu'il déploie
   Ne répandent que joie.

Justes, prenez en lui, prenez incessamment
   Un plein ravissement ;
Et de sa sainteté consacrez la mémoire
   Par des chants à sa gloire.

Gloire au Père éternel, au Fils, à l'Esprit saint,
   Que tout adore et craint ;
Et telle qu'elle étoit avant l'ange rebelle,
   Telle à jamais soit-elle.

Antienne. Ayez agréable, Vierge sacrée, que je publie vos louanges : donnez-moi de la vertu contre vos ennemis.

Antienne. Après l'enfantement.

PSAUME XCVII [1].

Sion, encore un coup, par un nouveau cantique
Des bontés du Seigneur bénis les hauts effets :
Fais régner en tes murs l'allégresse publique,
   Pour les miracles qu'il a faits.

Rien n'a pu te sauver que sa dextre adorable,
Qui t'a fait un triomphe après tant de combats ;
Et tu n'en dois enfin l'ouvrage incomparable
   Qu'à la sainteté de son bras.

Vous qui aimez le Seigneur, haïssez le mal : le Seigneur garde les âmes de ses saints, il les délivrera de la main du pécheur.

La lumière s'est levée pour le juste, et la joie s'est répandue sur les hommes droits de cœur.

Justes, réjouissez-vous au Seigneur, et donnez des louanges à la mémoire de sa sanctification.

Gloire soit au Père, et au Fils, et au Saint-Esprit.

Telle qu'elle, etc.

1. Ps. XCVII. Chantez au Seigneur un cantique nouveau ; car il a fait des choses merveilleuses.

Sa dextre nous a sauvés pour lui, et son bras saint nous a défendus.

Son divin salutaire a paru dans le monde,
Et dégagé la foi des révélations :
Lui-même a dévoilé sa justice profonde
    A la face des nations.

Il n'a point oublié quelle miséricorde
Aux enfans d'Israël promit sa vérité :
L'effet à la promesse heureusement s'accorde,
    On voit ce qu'on a souhaité.

Oui, tout ce qu'a de bords l'un et l'autre hémisphère,
Ceux où règne le jour, ceux où règne la nuit,
Tout a vu du grand Dieu le sacré salutaire,
    Et les merveilles qu'il produit.

Chantez, peuples, chantez, et par toute la terre
Exaltez la vertu de son bras tout-puissant ;
Montrez par votre joie au maître du tonnerre
    L'effort d'un cœur reconnoissant.

N'épargnez point les luths à votre psalmodie,
De la plus douce harpe ajustez-y les tons :
Joignez-y l'éclatante et forte mélodie
    Des trompettes et des clairons.

A l'aspect du Seigneur éclatez d'allégresse ;
Que la mer en résonne en tout son vaste enclos,
Et que la terre entière avec chaleur s'empresse
    A mieux retentir que ses flots.

Les fleuves suspendront leurs courses vagabondes,
Pour applaudir au Roi qui nous vient protéger :
Les montagnes suivront l'exemple de tant d'ondes,
    Voyant comme il vient tout juger.

    Le Seigneur a fait connoître son salutaire : il a révélé sa justice à la vue des nations.
    Il s'est souvenu de sa miséricorde et de sa vérité, en faveur de la maison d'Israël.
    Tous les cantons de la terre ont vu le salutaire de notre Dieu.
    Que toute la terre applaudisse à Dieu par des cris de joie : qu'elle chante, qu'elle psalmodie, et fasse éclater ses ravissemens.
    Psalmodiez à la gloire du Seigneur avec la harpe : joignez à la harpe les voix de la psalmodie, accordez-y les trompettes d'airain et le son des cornets.
    Montrez une pleine allégresse en la présence du Seigneur : que la mer s'en émeuve, et toute sa plénitude, le globe de la terre, et tous ceux qui l'habitent.
    Les fleuves battront des mains, et en même temps les montagnes feront éclater leur joie en la présence du Seigneur, parce qu'il vient juger la terre.

Aussi jugera-t-il les vertus et le vice
Sur la justice même et la même équité,
Sans faire soupçonner de la moindre injustice
    Sa plus haute sévérité.

Gloire au Père éternel, la première des causes,
Gloire au Verbe incarné, gloire à l'Esprit divin
Et telle qu'elle étoit avant toutes les choses,
    Telle soit-elle encor sans fin.

Antienne. Après l'enfantement vous êtes demeurée vierge sans tache : Mère de Dieu, intercédez pour nous.

℣. La grâce est répandue en vos lèvres.
℟. C'est pourquoi Dieu vous a bénie à toute éternité.

Notre Père, etc., *tout bas.*

Absolution. Que par les prières et les mérites de la bienheureuse Marie toujours vierge, et de tous les saints, le Seigneur nous fasse parvenir au royaume des cieux. ℟. Ainsi soit-il.

℣. Donnez-moi votre bénédiction.
Bénédiction. Que la Vierge Marie avec son Fils tout débonnaire nous bénisse. ℟. Ainsi soit-il.

Leçon I. *En l'Ecclésiastique*, XXIV. J'ai cherché le repos partout, et résolu d'arrêter ma demeure en l'héritage du Seigneur. Alors le Créateur de tous m'a honorée de ses commandemens et de son entretien, et celui-là même qui m'a créée s'est reposé en mon tabernacle, et m'a dit : « Habitez au dedans de Jacob, prenez votre partage héréditaire en Israël, et enracinez-vous parmi ceux que j'ai choisis. » Quant à vous, Seigneur, ayez pitié de nous. ℟. Rendons grâces à Dieu.

℟. Sainte et immaculée Virginité, je ne sais point de louanges assez hautes pour vous honorer; car vous avez porté dans votre sein celui que les cieux ne pouvoient contenir.

℣. Vous êtes bénie entre les femmes, et le fruit de votre ventre est béni ; car vous avez porté en votre sein celui que les cieux ne pouvoient contenir.

℣. Donnez-moi votre bénédiction.
Bénédiction. Que la Vierge des vierges intercède elle-même pour nous. ℟. Ainsi soit-il.

Leçon II. C'est ainsi que je me suis affermie en Sion, et c'est en cette manière que j'ai pris mon repos en la ville sancti-

---

Il jugera tout le tour de la terre avec justice, et les peuples avec équité.
Gloire au Père, et au Fils, et au Saint-Esprit.
Telle qu'elle, etc.

fiée, que ma puissance est en Jérusalem, et que j'ai pris racine chez un peuple comblé d'honneur. Son héritage est du partage de mon Dieu, et ma demeure est en la plénitude des saints. Quant à vous, Seigneur, ayez pitié de nous.

℟. Rendons grâces à Dieu.

℟. Vous êtes bienheureuse, Vierge Marie, qui avez porté le Seigneur qui a créé le monde. Vous avez engendré celui qui vous a faite, et demeurez vierge à toute éternité.

℣. Je vous salue, Marie, pleine de grâce, le Seigneur est avec vous. Vous avez engendré celui qui vous a faite, et demeurez vierge à toute éternité.

Gloire soit au Père, et au Fils, et au Saint-Esprit. Vous avez engendré celui qui vous a faite, et demeurez vierge à toute éternité.

℣. Donnez-moi votre bénédiction.

Bénédiction. Que le Seigneur nous donne le salut et la paix par la Vierge Mère.

Leçon III. J'ai crû aussi haut qu'un cèdre au Liban, et qu'un cyprès en la montagne de Sion : j'ai crû comme un palmier en Cadès, et comme un plant de roses en Hiérico : j'ai crû comme les plus beaux oliviers en la campagne, et comme un plane sur le bord des eaux. Dans les places publiques j'ai rendu une odeur pareille à celle de la cannelle et du baume aromatique, et répandu une senteur aussi agréable que celle de la myrrhe choisie. Quant à vous, Seigneur, ayez pitié de nous.

℟. Rendons grâces à Dieu.

HYMNE DE SAINT AMBROISE ET DE SAINT AUGUSTIN.

Nous te louons, Seigneur, nous t'avouons pour maître ;
La terre en fait autant de l'un à l'autre bout,
T'adore comme auteur et soutien de son être,
Comme père éternel, et créateur de tout.

Les amoureux concerts de la troupe angélique,
Les puissances des cieux ne chantent que ce mot,
Chérubins, séraphins n'ont que cette musique,
Saint, saint, et trois fois saint le Dieu de Sabaoth.

Ta gloire ainsi sur terre et dans le ciel résonne ;
Apôtres, et martyrs qu'en revêt un rayon,
Prophètes, confesseurs que ta main en couronne,
Tout bénit à l'envi, tout exalte ton nom.

Ton Église ici-bas, une, sainte, infaillible,
Et du Père, et du Fils, et de l'Esprit divin,
Vante l'immensité, l'essence indivisible,
Le pouvoir sans limite, et le règne sans fin.

A MATINES.

O Jésus, roi de gloire, et Rédempteur du monde,
Fils avant tous les temps de ce Père éternel,
Qui t'enfermas au sein d'une vierge féconde,
Pour rendre l'innocence à l'homme criminel ;

L'aiguillon de la mort brisé par ta victoire
T'a laissé nous ouvrir les royaumes des cieux ;
A la dextre du Père on t'y voit dans ta gloire,
D'où tu viendras un jour juger tous ces bas lieux.

Daigne donc secourir ces foibles créatures,
Qu'il t'a plu sur la croix racheter de ton sang ;
Et dans le clair séjour de tes lumières pures
Fais-leur parmi tes saints mériter quelque rang.

Sauveur, sauve ton peuple, et sur ton héritage
Verse à larges torrens tes bénédictions ;
Gouverne, guide, élève à l'éternel partage
Nos pensers, nos discours, nos vœux, nos actions.

Chaque jour nous t'offrons un tribut de louanges,
C'est pour les entonner qu'on nous voit nous unir,
C'est pour bénir ton nom : souffre qu'avec tes anges
A toute éternité nous puissions le bénir.

Surtout, durant le cours de toute la journée,
Préserve-nous de tache, et tiens-nous sans péché :
Prends pitié des malheurs dont notre âme est gênée,
Prends pitié des périls où l'homme est attaché.

Fais que cette pitié réponde à l'espérance
Qu'a mise en tes bontés notre esprit éperdu :
Seigneur, j'y mets encor toute mon assurance,
Et quiconque l'y met n'est jamais confondu.

A LAUDES.

O grand Dieu, de qui tout procède[1],
Qui faites et vivre et mourir,
Ne me refusez pas votre aide,
Hâtez-vous de me secourir.

Gloire au Père, souverain Maître,
Gloire au Fils, à l'Esprit divin :
Et telle qu'elle étoit quand tout commença d'être,
Telle soit-elle encor, maintenant, et sans fin.

Louez le Seigneur.
Antienne. Marie est élevée.

1. Mon Dieu, venez à mon aide.
Seigneur, hâtez-vous de me secourir.
Gloire soit au Père, et au Fils, et au Saint-Esprit. Telle qu'elle, etc.

PSAUME XCII[1].

Le Seigneur pour régner s'est voulu rendre aimable;
    Il s'est revêtu de beauté;
Il s'est armé de force en prince redoutable,
    Ceint de gloire et de majesté.

Ses ordres sur un point ont affermi la terre,
    Pour y répandre son pouvoir;
Et s'il veut qu'elle tremble à l'éclat du tonnerre,
    Il lui défend de se mouvoir.

Il prépara pour siége à sa grandeur suprême
    Dès lors ces globes éclatans,
D'où, comme avant les temps il régnoit en lui-même
    Il voulut régner dans les temps.

Tous les fleuves dès lors lui rendirent hommage,
    Ils élevèrent tous la voix;
Tous les fleuves dès lors par un commun suffrage
    Acceptèrent toutes ses lois.

Pour le voir de plus près, de leurs grottes profondes
    Tous surent élever leurs flots;
Tous surent applaudir par le bruit de leurs ondes
    A qui les tiroit du chaos.

Les enflures des mers sont autant de miracles
    Qu'enfante leur sein orgueilleux;
Et ce maître de tout dans ses hauts tabernacles
    Se montre encor plus merveilleux.

Tes paroles, Seigneur, n'en sont que trop croyables;
    Et tant que dureront les jours,
La sainteté doit luire en ces lieux vénérables
    Où nous implorons ton secours.

---

1. Ps. xcii. Le Seigneur a régné, il s'est vêtu de beauté : le Seigneur s'est vêtu de force, il s'en est ceint et environné.

Il a affermi le globe de la terre, qui ne sera point ébranlé.

Votre siége a été préparé dès lors, vous êtes de toute éternité.

Les fleuves ont élevé, Seigneur, les fleuves ont élevé leur voix.

Les fleuves ont élevé leurs vagues, avec les voix de quantité d'eaux.

Les élévations de la mer sont merveilleuses ; le Seigneur est admirable dans tout ce qu'il y a de haut.

Vos témoignages sont devenus trop croyables : votre maison doit être ornée de sainteté dans toute la longueur des jours.

Gloire au Père éternel, la première des causes,
  Gloire au Fils, à l'Esprit divin ;
Et telle qu'elle étoit avant toutes les choses,
  Telle soit-elle encor sans fin.

Antienne. Marie est élevée dans le ciel, les anges s'en réjouissent, ils en louent et en bénissent le Seigneur.

Antienne. La Vierge Marie.

PSAUME XCIX[1].

Terre, que ton enclos tout entier retentisse
  Des louanges de ton Seigneur :
  Ne songe à lui rendre service
Que l'hymne dans la bouche, et l'allégresse au cœur.

Paroître en le servant chagrin devant sa face,
  C'est ne le servir qu'à regret :
  Entrons, et que la joie efface
Ce qu'attire d'ennuis le mal le plus secret.

Vous, son peuple, apprenez qu'il est roi, qu'il est maître,
  Que tout empire est sous le sien,
  Qu'à tous il nous a donné l'être,
Et que sa main sans nous nous a formés de rien.

Nous sommes ses brebis, à qui ses pâturages
  En tous lieux sont toujours ouverts :
  Portons chez lui de saints hommages,
Et courons dans son temple entonner nos concerts.

Adorons tous son nom, sa douceur adorée
  Fait revivre à l'éternité ;
  Et telle sera la durée
De sa miséricorde et de sa vérité.

Gloire soit au Père, et au Fils, et au Saint-Esprit.
Telle qu'elle a été au commencement, etc.

1. Ps. XCIX. Que toute la terre applaudisse à Dieu par des chants de joie : servez le Seigneur avec allégresse.
Entrez en sa présence avec des transports de contentement.
Sachez que le Seigneur est le vrai Dieu : c'est lui-même qui nous a faits, et non pas nous-mêmes.
Nous sommes son peuple, et les brebis de ses pâturages ; entrez dans ses portes en le louant, entonnez des hymnes en entrant dans son temple, et chantez sa gloire.
Louez son nom, parce qu'il est la douceur même : sa miséricorde durera à l'éternité, et sa vérité subsistera de génération en génération.

Gloire au Père éternel, gloire au Verbe ineffable,
    Gloire à l'Esprit leur pur amour,
    Telle à tout jamais perdurable
Qu'elle étoit en tous trois avant le premier jour.

Antienne. La Vierge Marie est élevée à un céleste appartement, où le Roi des rois est assis en un trône étoilé.

Antienne. C'est après l'odeur.

PSAUME LXII[1].

Dieu, que je reconnois pour l'auteur de mon être,
    De qui dépend mon avenir,
Sitôt que la lumière a commencé de naître,
    Je m'éveille pour te bénir.

Pour apaiser l'ardeur qui dessèche mon âme,
    Sa soif n'a de recours qu'à toi ;
Et ma chair, que dévore une pareille flamme,
    Se fait une pareille loi.

Dans un climat sans eaux, sans habitans, sans voie,
    Devant toi je me suis offert,
Pour mieux voir les vertus que ta bonté déploie,
    Et ta gloire dans ce désert.

Cette bonté, Seigneur, vaut mieux que mille vies,
    Que mille empires à la fois :
Nous t'en devons louer, et nos âmes ravies
    Y vont unir toutes nos voix.

Puissé-je de mes jours n'employer ce qui reste
    Qu'aux éloges d'un Dieu si bon,
Et n'élever les mains vers la voûte céleste
    Que pour en exalter le nom !

Gloire soit au Père, etc.

1. Ps. LXII. O Dieu, qui êtes mon Dieu, je m'éveille pour penser à vous dès le point du jour.

Mon âme sent une ardente soif de vous posséder, et ma chair est pressée de cette même soif en bien des manières.

En cette terre déserte, sans voie et sans eau, je me suis présenté devant vous comme en un lieu saint, pour y voir votre vertu et votre gloire.

Parce que votre miséricorde vaut mieux que toutes les vies, mes lèvres chanteront vos louanges.

Ainsi je vous bénirai toute ma vie, et je lèverai mes mains en votre nom.

Se puisse ainsi mon âme enivrer de ta grâce
        Et s'enrichir de tes présens,
Que ma joie à ma langue en confiera l'audace
        Jusques à la fin de mes ans.

Au milieu de la nuit, dans le fond de ma couche
        J'en veux prendre un soin amoureux,
Et dès le point du jour mon esprit et ma bouche
        Béniront ton secours heureux.

En l'appui de ton bras, sous l'ombre de tes ailes,
        J'ai mis mon bonheur souverain;
Et mon âme attachée à tes lois éternelles
        A reçu l'aide de ta main.

Mes ennemis ont vu dissiper leur poursuite,
        Leur sang coulera sous l'acier;
Dans le sein de la terre ils cacheront leur fuite,
        Ainsi que renards au terrier.

Mon trône est raffermi, ma joie est ranimée,
        Et tes humbles adorateurs
Feront gloire de voir la bouche ainsi fermée
        Aux lâches calomniateurs.

PSAUME LXVI[1].

Jette un œil de pitié sur toute notre race;
Seigneur, pour la bénir désarme ton courroux;
Laisse briller sur elle un rayon de ta face,
        Et fais-nous grâce à tous.

Que mon âme se remplisse comme de graisse et d'embonpoint, et ma bouche vous louera avec des lèvres d'exultation.

Si je me suis souvenu de vous sur mon lit durant les ténèbres, je ne penserai pas moins à vous dès le matin, parce que vous avez été mon aide.

Et j'aurai des ravissemens de joie sous le voile de vos ailes; mon âme s'est attachée à courir après vous, et votre dextre m'a reçu.

Mais quant à mes ennemis, ils ont cherché mon âme en vain; ils entreront au plus bas de la terre : ils seront livrés en la main du glaive, ils seront le partage des renards.

Cependant le roi se réjouira en Dieu, tous ceux qui jurent en lui recevront des louanges : parce que ceux qui ne parlent qu'iniquité ont la bouche fermée.

1. Ps. LXVI. Que Dieu prenne pitié de nous, et nous bénisse; qu'il fasse resplendir son visage sur nous, et en prenne pitié;

Afin que nous puissions connoître ici ta voie,
Qu'elle y puisse régler nos pas, nos actions,
Et que ton salutaire y répande la joie
    En toutes nations.

Que des peuples unis l'humble reconnoissance
Fasse voir en tous lieux ton saint nom applaudi :
Du levant au couchant qu'aucun ne s'en dispense,
    Ni du nord au midi.

Qu'en ces peuples divers règne même allégresse,
Qu'à l'envi sous tes lois ils courent se ranger ;
Tes lois dont l'équité les juge avec tendresse,
    Et les sait diriger.

Une seconde fois, que leur reconnoissance
Fasse éclater ta gloire en tous lieux à grand bruit :
Une terre stérile a produit l'abondance,
    Et nous donne son fruit.

Qu'en tous lieux à jamais ce grand Dieu nous bénisse,
Qu'en tous lieux à jamais il nous protége en Dieu,
Qu'en tous lieux à jamais sa gloire retentisse,
    Qu'on le craigne en tout lieu.

Gloire au Père éternel, la première des causes,
Gloire au Verbe incarné, gloire à l'Esprit divin ;
Et telle qu'elle étoit avant toutes les choses,
    Telle soit-elle encor sans fin.

Antienne. C'est après l'odeur de vos parfums que nous courons ; les jeunes filles vous ont extraordinairement aimée.
Antienne. Fille, vous êtes bénie.

CANTIQUE DES TROIS ENFANS.
En Dan.[1], III.

Ouvrages du Très-Haut, effets de sa parole,
    Bénissez le Seigneur ;

Afin que nous connoissions votre voie en terre, et votre salutaire parmi toutes les nations.
Que les peuples vous louent, ô Dieu ! que tous les peuples vous louent.
Que les nations se réjouissent, et soient ravies de ce que vous jugez les peuples dans l'équité, et dirigez les nations sur la terre.
Que les peuples vous louent, ô Dieu ! que tous les peuples vous louent : la terre a donné son fruit.
Que Dieu, que notre Dieu nous bénisse : que Dieu nous bénisse, et que toutes les extrémités de la terre le craignent.
Gloire soit au Père, etc.

1. *Cantique des trois enfans.* Que tous les ouvrages du Seigneur

Et jusqu'au bout des temps, de l'un à l'autre pôle,
    Exaltez sa grandeur.

Anges, qui le voyez dans sa splendeur entière,
    Bénissez le Seigneur :
Cieux, qu'il a peints d'azur et revêt de lumière,
    Exaltez sa grandeur.

Eaux sur le firmament par sa main suspendues,
    Bénissez le Seigneur :
Vertus par sa clémence en tous lieux répandues,
    Exaltez sa grandeur.

Soleil qui fais le jour, lune qui perces l'ombre,
    Bénissez le Seigneur :
Étoiles dont mortel n'a jamais su le nombre,
    Exaltez sa grandeur.

Féconds épanchemens de pluie et de rosée,
    Bénissez le Seigneur :
Vents, à qui la nature est sans cesse exposée,
    Exaltez sa grandeur.

Feux, dont la douce ardeur ouvre et pare la terre,
    Bénissez le Seigneur :
Froids, dont l'âpre rigueur la ravage et resserre,
    Exaltez sa grandeur.

Incommodes brouillards, importunes bruines,
    Bénissez le Seigneur :
Frimas, triste gelée, effroyables ravines,
    Exaltez sa grandeur.

Admirables trésors de neiges et de glaces,
    Bénissez le Seigneur :
Jour qui fais la couleur, et toi, nuit qui l'effaces
    Exaltez sa grandeur.

bénissent le Seigneur, qu'ils le louent et le surexaltent en tous les siècles.

Anges du Seigneur, bénissez le Seigneur : cieux, bénissez le Seigneur.

Que toutes les eaux qui sont sur les cieux bénissent le Seigneur : que toutes les vertus du Seigneur bénissent le Seigneur.

Soleil et lune, bénissez le Seigneur : étoiles du ciel, bénissez le Seigneur.

Que toute pluie et rosée bénisse le Seigneur, que tous les esprits de Dieu bénissent le Seigneur.

Feu et chaleurs étouffantes, bénissez le Seigneur : froids perçans, bénissez le Seigneur.

Rosées et bruines, bénissez le Seigneur : gelée et froidures, bénissez le Seigneur.

Glaces et neiges, bénissez le Seigneur : nuits et jours, bénissez le Seigneur.

Ténèbres et clarté, leurs éternels partages,
　　Bénissez le Seigneur :
Armes de sa colère, éclairs, foudres, orages,
　　Exaltez sa grandeur.

Terre, que son vouloir enrichit ou désole,
　　Bénissez le Seigneur :
Et jusqu'au bout des temps, de l'un à l'autre pôle,
　　Exaltez sa grandeur.

Monts sourcilleux et fiers, agréables collines,
　　Bénissez le Seigneur :
Doux présens de la terre, herbes, fruits et racines,
　　Exaltez sa grandeur.

Délicieux ruisseaux, inépuisables sources,
　　Bénissez le Seigneur :
Fleuves, et vastes mers qui terminez leurs courses,
　　Exaltez sa grandeur.

Poissons, qui sillonnez la campagne liquide,
　　Bénissez le Seigneur :
Hôtes vagues des airs, qui découpez leur vide,
　　Exaltez sa grandeur.

Animaux, que son ordre a mis sous notre empire,
　　Bénissez le Seigneur :
Hommes, qu'il a faits rois de tout ce qui respire,
　　Exaltez sa grandeur.

Israël, qu'il choisit pour unique héritage,
　　Bénissez le Seigneur :
Et d'un climat à l'autre, ainsi que d'âge en âge,
　　Exaltez sa grandeur.

　Lumière et ténèbres, bénissez le Seigneur : éclairs et nuées, bénissez le Seigneur.
　Que la terre bénisse le Seigneur : qu'elle le loue et le surexalte en tous les siècles.
　Montagnes et collines, bénissez le Seigneur : que tout ce qui germe en la terre bénisse le Seigneur.
　Fontaines, bénissez le Seigneur : mers et fleuves, bénissez le Seigneur.
　Baleines, et tout ce qui se meut en la mer, bénissez le Seigneur : oiseaux du ciel, bénissez tous le Seigneur.
　Que toutes les bêtes et les troupeaux bénissent le Seigneur : fils des hommes, bénissez le Seigneur.
　Qu'Israël bénisse le Seigneur : qu'il le loue et le surexalte en tous les siècles.

Prêtres, de ses secrets sacrés dépositaires,
Bénissez le Seigneur :
Du Monarque éternel serviteurs exemplaires,
Exaltez sa grandeur.

Ames justes, esprits en qui la grâce abonde,
Bénissez le Seigneur :
Humbles, qu'un saint orgueil fait dédaigner le monde,
Exaltez sa grandeur.

Mais sur tous, Misaël, Ananie, Azarie,
Bénissez le Seigneur :
Et tant qu'il lui plaira vous conserver la vie,
Exaltez sa grandeur.

Bénissons tous le Père, et le Fils ineffable,
Avec l'Esprit divin :
Rendons honneur et gloire à leur être immuable,
Exaltons-les sans fin.

On te bénit au ciel, Dieu, qui nous fis l'usage
De ton être divin :
On te doit en tous lieux louange, gloire, hommage,
On te les doit sans fin.

Antienne. Fille, vous êtes bénie du Seigneur, parce que nous avons participé au fruit de vie par votre moyen.

Antienne. Vous êtes belle.

PSAUME CXLVIII [1].

Louez, pures intelligences,
Le Dieu qui vous commet à gouverner les cieux ;
Et, du plus haut séjour de ses magnificences,
Donnez l'exemple à ces bas lieux.

Prêtres du Seigneur, bénissez le Seigneur : serviteurs du Seigneur, bénissez le Seigneur.

Esprits et âmes des justes, bénissez le Seigneur : saints et humbles de cœur, bénissez le Seigneur.

Ananie, Azarie, et Misaël, bénissez le Seigneur : louez-le et le surexaltez en tous les siècles.

Bénissons le Père, et le Fils, et le Saint-Esprit : louons-le et le surexaltons en tous les siècles.

Seigneur, vous êtes béni dans le firmament du ciel : vous êtes louable et plein de gloire, et surexalté dans tous les siècles.

1. Ps. CXLVIII. Louez du milieu des cieux le Seigneur : louez-le dans le plus haut du firmament.

Louez-le tous, esprits célestes,
Ministres éternels de ses commandemens :
Puissances, qui rendez ses vertus manifestes,
N'y refusez aucuns momens.

Soleil, à toi seul comparable,
Lune, à qui chaque nuit fait changer de splendeur,
Astres étincelans, lumière inépuisable,
Louez à l'envi sa grandeur.

Vastes cieux, prisons éclatantes,
Qui renfermez les airs, et la terre, et les eaux,
Réservoirs suspendus, mers sur le ciel flottantes,
Imitez ces brillans flambeaux.

Quand il lui plut vous donner l'être,
Le rien fut sa matière, et l'ouvrier sa voix :
Il ne fit que parler, et ce grand tout pour naître
N'en attendit point d'autres lois.

Il égala votre durée
A celle que dès lors il choisit pour les temps :
Il prescrivit à tous une borne assurée,
Il vous fit des ordres constans.

Louez-le du fond de la terre,
Abîmes dans son centre à jamais enfoncés :
Exaltez ainsi qu'eux ce maître du tonnerre,
Fiers dragons, et le bénissez.

Bénissez-le, foudres, orages,
Frimas, neiges, glaçons, grêles, vents indomptés,
Qui ne mutinez l'air, et n'ouvrez les nuages,
Que pour faire ses volontés.

Que tous ses anges le louent : que toutes ses vertus le glorifient.

Louez-le, soleil et lune : que toutes les étoiles et la lumière le louent.

Louez-le, cieux des cieux, et que toutes les eaux qui sont sur les cieux louent le nom du Seigneur.

Parce qu'il n'a fait que parler, et ils ont été faits ; il n'a fait que commander, et ils ont été créés.

Il les a établis pour durer à l'éternité, et dans le siècle du siècle : il leur a donné un ordre qui ne passera point.

De tous les cantons de la terre louez le Seigneur : dragons, et toutes sortes d'abîmes.

Que le feu, la grêle, la neige, la glace, les esprits d'orages qui font sa parole ;

Vous, montagnes inaccessibles,
Vous, gracieux coteaux qui parez les vallons,
Arbres qui portez fruit, cèdres incorruptibles,
    Qui bravez tous les aquilons;

Vous, monstres, vous, bêtes sauvages,
Serpens qui vous cachez aux lieux les plus couverts,
Animaux qui peuplez nos champs et nos bocages,
    Volages habitans des airs;

Peuples et rois, soldats et princes,
Citadins, gouverneurs, souverains, et sujets,
Juges qui maintenez les lois dans vos provinces,
    Louez Dieu dans tous ses projets.

Louez, tous sexes et tous âges,
Louez ce Dieu vivant, réclamez son appui;
Et sachez qu'aucun Dieu ne mérite d'hommages,
    Ni de vœux, ni d'encens, que lui.

Suppléez aux bouches muettes;
L'air, la terre, les eaux, les cieux même en sont pleins :
Soyez, fils de Jacob, soyez les interprètes
    De tant d'ouvrages de ses mains.

Il vous a donné la victoire,
Vos tyrans sont défaits, et vos malheurs finis :
Il a pris soin de vous, prenez soin de sa gloire,
    Vous qu'à sa gloire il tient unis.

PSAUME CXLIX [1].

Ames des dons du ciel comblées,
Par un nouveau cantique exaltez le Seigneur :
Que de son peuple aimé les saintes assemblées
    Y portent la voix et le cœur.

Que les montagnes et toutes les collines, les arbres fruitiers, et tous les cèdres;
Que les bêtes et tous les troupeaux, les serpens et les oiseaux ailés;
Que les rois de la terre et tous les peuples, les princes et tous les juges de la terre;
Que les jeunes garçons et les filles, les vieillards et les enfans, louent le Seigneur : car il n'y a que lui seul dont le nom doive être exalté.
Que sa louange vole sur le ciel et sur la terre : il a élevé la force et la gloire de son peuple.
Qu'un hymne éclate dans la bouche de tous ses saints : et surtout des fils d'Israël, de ce peuple qu'il tient proche de lui.

1. Ps. CXLIX. Chantez au Seigneur un nouveau cantique : que sa louange retentisse dans l'assemblée des saints.

Que tous les cœurs s'épanouissent,
Qu'au Dieu qui les a faits ils fassent d'humbles vœux;
Que les fils de Sion en lui se réjouissent
  Du roi qu'il a choisi pour eux.

  Que le plein chœur de leur musique
Exalte son grand nom, adore son secours,
Et marie aux accords de ce nouveau cantique
  Ceux des harpes et des tambours.

  Sur le penchant de la ruine
Il aime à relever son peuple favori :
Plus il le voit soumis, plus sa bonté divine
  Protége ce qu'il a chéri.

  Elle appuie, elle glorifie
Ceux qui font pour sa gloire un ferme et saint propos;
Et qu'il soit jour ou nuit, l'homme qui s'y confie
  Veille en joie, ou dort en repos.

  Ses saints n'ont que lui dans la bouche,
Sa louange est l'objet qui remplit tous leurs chants;
Et leurs mains, pour dompter l'orgueil le plus farouche,
  Auront un glaive à deux tranchans.

  C'est ainsi qu'ils prendront vengeance
De tant de nations qui les ont opprimés,
Et leur reprocheront la barbare insolence
  Dont les peuples se sont armés.

  Nous verrons leurs rois dans nos chaînes,
Ces rois dont la fureur étonnoit l'univers;
Et tout ce qui sous eux servit le mieux leurs haines
  Tombera comme eux dans nos fers.

Qu'Israël se réjouisse en celui qui l'a fait, et les enfans de Sion en leur roi.

Qu'ils louent son nom en des chœurs de musique : qu'ils chantent à sa louange, sur le tambour et sur le psaltérion.

Car le Seigneur se plaît en son peuple : et il a exalté les débonnaires pour les sauver.

Les saints se réjouiront dans la gloire : ils chanteront avec allégresse sur leurs lits.

Les hautes louanges de Dieu seront dans leur bouche; et ils auront en leurs mains des glaives à deux tranchans,

Pour prendre vengeance des nations, et faire de sanglans reproches aux peuples;

Pour attacher et lier leurs rois avec des entraves, et les plus nobles d'entre eux avec des manotes [1] de fer;

---

1. *Manotes* ou *menotes*. (Nicot, *Thresor de la langve françoyse*, 1606.)

Telle est l'éclatante justice
Qu'a résolu ce Dieu d'en faire par nos mains,
Et le triomphe heureux que sa bonté propice
Dès ici prépare à ses saints.

PSAUME CL [1].

Louez l'inconcevable essence,
La majesté d'un maître admirable en ses saints;
Louez l'auguste éclat de sa magnificence,
Louez-le dans tous ses desseins.

Louez-le de tant de merveilles
Qu'en faveur des mortels prodigue sa bonté :
Louez incessamment ses grandeurs sans pareilles,
Louez leur vaste immensité.

N'épargnez hautbois, ni trompettes,
Pour lui faire à l'envi des concerts plus charmans :
Employez-y clairons, harpes, luths, épinettes;
N'oubliez aucuns instrumens.

Unissez en votre musique
La flûte à la viole, et la lyre aux tambours :
Que l'orgue à tant de sons mêle un son magnifique
Prête un harmonieux secours.

Joignez-y celui des cymbales,
Et de ces tons divers formez un tel accord,
Que pour vanter son nom leurs forces inégales
Ne semblent qu'un égal effort.

Gloire au Père, cause des causes,
Gloire au Verbe incarné, gloire à l'Esprit divin;
Et telle qu'elle étoit avant toutes les choses,
Telle soit-elle encor sans fin.

Afin d'exécuter en eux le jugement écrit de la main de Dieu : c'est là la gloire qui est réservée à tous ses saints.

1. Ps. CL. Louez le Seigneur en ses saints : louez-le dans le firmament de sa vertu.

Louez-le en ses vertus : louez-le selon la multitude de ses grandeurs.

Louez-le avec le son de la trompette : louez-le sur le psaltérion et sur la harpe.

Louez-le avec des tambours et des chœurs de musique : louez-le avec des instrumens à cordes et à organes.

Louez-le avec des cymbales harmonieuses, louez-le avec des cymbales de jubilation : que tout esprit loue le Seigneur.

Gloire soit au Père, etc.

Antienne. Vous êtes belle et bien parée, fille de Jérusalem, et terrible comme une armée rangée en bataille.

Chapitre. Cant. I. Les filles de Sion l'ont vue, et ont publié à haute voix qu'elle étoit bienheureuse, et les reines lui ont donné des louanges.

℟. Rendons-en grâces à Dieu.

HYMNE.

Reine glorieuse et sacrée,
Qui te sieds au-dessus des cieux,
Et pour nourrir sur terre un Dieu qui t'a créée,
Lui donnas de ton sein le nectar précieux;

Ce qu'Ève fit perdre à sa race,
Par ta race tu nous le rends :
Par toi notre foiblesse au ciel trouve enfin place;
Par toi sa porte s'ouvre aux fidèles mourans.

Porte du Monarque céleste,
Porte des immenses clartés,
C'est par toi que la vie éteint la mort funeste :
Applaudissez en foule, ô peuples rachetés !

Gloire, à toi, Merveille suprême,
Dieu par une vierge enfanté;
Même gloire à ton Père, au Saint-Esprit la même,
Et durant tous les temps, et dans l'éternité.

℣. Vous êtes bénie entre les femmes.
℟. Et le fruit de votre ventre est béni.

Antienne. Bienheureuse Mère de Dieu.

CANTIQUE DE ZACHARIE.
En saint Luc, I[1].

Qu'à jamais soit béni le maître du tonnerre,
Le Souverain des rois, le grand Dieu de Sion,
Qui pour nous visiter descend du ciel en terre,
Et commence à nos yeux notre rédemption.

Pour relever nos cœurs d'une chute mortelle,
Avec notre bassesse il unit sa hauteur;
Et du sang de David, son serviteur fidèle,
Du salut tant promis il a formé l'auteur.

---

1. *Cantique de Zacharie.* Béni soit le Seigneur Dieu d'Israël, de ce qu'il a visité son peuple, et en a fait le rachat;

Et a élevé pour nous une corne de salut, en la maison de David son serviteur.

Ainsi l'avoient prédit les célestes oracles
Qu'on vit de siècle en siècle illuminer les temps ;
Il en vient dégager la foi par ses miracles,
Et changer la promesse en effets éclatans.

Ils nous ont de sa part laissé pleine assurance
Que tous nos ennemis par lui seroient domptés,
Qu'il réduiroit pour nous leur haine à l'impuissance,
Et guériroit les coups qu'ils nous auroient portés.

Ils avoient répondu de sa grâce à nos pères,
Qu'il en seroit prodigue et pour eux et pour nous,
Et qu'il se souviendroit au fort de nos misères
Du pacte qu'il posa pour borne à son courroux.

Tout ce qu'ils en ont dit, il l'a juré lui-même ;
Abraham en reçut un solennel serment,
Que la haute faveur de sa bonté suprême
Pour descendre sur nous choisiroit son moment

Il promit de nous mettre au-dessus de l'atteinte
De la fureur jalouse et des fers ennemis,
De nous mettre en état de le servir sans crainte,
Et vient de nous donner ce qu'il avoit promis.

Nous lui rendrons hommage avec cette justice,
Avec la sainteté qui le sait épurer ;
Et nous ferons durer ce zèle à son service,
Autant qu'auront nos jours ici-bas à durer.

Et toi qu'ont vu nos yeux en tressaillir de joie,
Enfant, qui l'as connu du ventre maternel,
Tu seras son prophète à préparer sa voie,
Et l'annoncer à tous pour Monarque éternel.

Ainsi qu'il l'a dit par la bouche de ses saints, de ses prophètes qui ont été depuis le commencement du siècle,

Qu'il nous sauveroit de nos ennemis, et de la main de tous ceux qui nous haïssent,

Afin de faire miséricorde envers nos pères, et montrer qu'il se souvient de son saint Testament.

C'est le jugement qu'il a juré à Abraham notre père : qu'il nous donneroit son assistance,

Afin qu'étant délivrés de la main de nos ennemis nous puissions le servir sans aucune crainte ;

Et que nous nous tenions en sa présence dans la sainteté et dans la justice, tous les jours de notre vie.

Et toi, enfant, tu seras appelé le prophète du Très-Haut : car tu marcheras devant la face du Seigneur, pour préparer ses voies,

Son peuple aura par toi l'heureuse connoissance
Qui lui vient aplanir les routes du salut,
Remettre ses péchés, et rendre l'espérance
A ceux qui choisiront sa gloire pour seul but.

C'est par cette pitié qui règne en ses entrailles
Que va le Saint des saints sanctifier ces lieux :
C'est avec ces bontés que le Dieu des batailles
Pour nous rendre visite est descendu des cieux.

Ceux qu'arrête la mort dans ses fatales ombres
Se verront par lui-même éclairés à jamais :
Leurs pas démêleront les détours les plus sombres,
Et l'auront pour leur guide aux sentiers de la paix.

Gloire au Père éternel, la première des causes,
Gloire au Verbe incarné, gloire à l'Esprit divin ;
Et telle qu'elle étoit avant toutes les choses,
Telle soit-elle encor, maintenant, et sans fin.

Antienne. Bienheureuse Mère de Dieu, Marie, Vierge perpétuelle, temple du Seigneur, sacré trésor du Saint-Esprit, vous seule avez plu sans exemple à Jésus-Christ notre Seigneur; priez pour le peuple, intervenez pour le clergé, intercédez pour le dévot sexe des femmes.

Seigneur, ayez pitié de nous; Jésus-Christ, ayez pitié de nous; Seigneur, ayez pitié de nous.

℣. Seigneur, écoutez ma prière.

℟. Et que mes clameurs aillent jusqu'à vous.

Oraison. O Dieu, qui avez voulu que votre Verbe prît chair des entrailles de la bienheureuse Vierge Marie, suivant que l'ange le venoit d'annoncer, accordez à nos humbles supplications que nous qui la croyons véritablement mère de Dieu, nous soyons aidés auprès de vous par son intercession. Nous vous en conjurons par le même Jésus-Christ notre Seigneur. ℟. Ainsi soit-il.

Antienne pour les saints. Saints de Dieu, daignez tous intercéder pour notre salut et pour celui de tous.

℣. Justes, réjouissez-vous au Seigneur, et montrez-vous remplis d'allégresse.

℟. Et que tous ceux qui ont le cœur droit se glorifient en lui.

Pour donner une science de salut à son peuple, qui lui apprenne à obtenir la rémission de ses péchés ;
Par les entrailles de la miséricorde de notre Dieu, d'où ce soleil levant nous est venu visiter d'en haut,
Pour illuminer ceux qui sont assis dans les ténèbres et dans l'ombre de la mort, et conduire nos pieds dans la voie de paix.
Gloire au Père, etc.

Oraison. Seigneur, protégez votre peuple, qui se confie en l'intercession de saint Pierre et de saint Paul, et de vos autres apôtres, et conservez-le par une défense perpétuelle.

Nous vous supplions, Seigneur, que tous vos saints nous assistent partout, afin que, cependant que nous renouvelons ici-bas la mémoire de leurs mérites, nous ressentions les effets de leur protection auprès de vous. Accordez la paix à nos jours, repoussez de votre Église toute sorte de méchanceté ; disposez notre démarche, nos actions, nos volontés et celle de tous vos serviteurs, dans la prospérité du salut qui vient de vous. Donnez des biens éternels pour rétribution à nos bienfaiteurs, et accordez le repos éternel à tous les fidèles défunts. Nous vous en conjurons par Jésus-Christ notre Seigneur.

℟. Ainsi soit-il.
℣. Seigneur, écoutez ma prière.
℟. Et que mes clameurs aillent jusqu'à vous.
℣. Bénissons le Seigneur.
℟. Rendons grâces à Dieu.
℣. Que les âmes des fidèles reposent en paix par la miséricorde de Dieu.
℟. Ainsi soit-il.

A PRIME.

Je vous salue, Marie, etc.

O grand Dieu, de qui tout procède[1],
Qui faites et vivre et mourir,
Ne me refusez pas votre aide,
Hâtez-vous de me secourir.

Gloire au Père, souverain Maître,
Gloire au Fils, à l'Esprit divin ;
Et telle qu'elle étoit quand tout commença d'être,
Telle soit-elle encor, maintenant, et sans fin.

Louez le Seigneur.

HYMNE.

Bénin Sauveur de la nature,
Souviens-toi que d'un criminel
Tu pris la forme au sein d'une vierge très-pure,
Et daignas comme nous naître enfant et mortel.

---

1. Mon Dieu, venez à mon aide ;
Seigneur, hâtez-vous de me secourir.
Gloire soit au Père, etc.

O Mère de grâce, ô Marie,
  Qui n'es que douceur et qu'amour,
Contre nos ennemis protége notre vie,
  Et rends-toi notre asile au grand et dernier jour.

  Gloire à toi, Merveille suprême,
  Dieu, par une vierge enfanté;
Même gloire à ton Père, au Saint-Esprit la même,
Et durant tous les temps, et dans l'éternité.

Antienne. Marie est élevée.

PSAUME LIII[1].

Si vous ne voulez pas, Seigneur, que je périsse,
  En votre nom faites ma sûreté;
Montrez votre puissance à me rendre justice,
  Et déployez votre bonté.

Il m'en faut, Roi des rois, une assistance entière :
  Daignez ouïr la voix d'un malheureux;
Il ose jusqu'à vous élever sa prière,
  Ne rejetez pas d'humbles vœux.

D'un perfide étranger l'impitoyable envie
  Me va réduire à périr en ces lieux;
Un puissant ennemi cherche à m'ôter la vie,
  Sans vous avoir devant les yeux.

Mais le cœur me le dit, leur rage forcenée
  Succombera sous de plus justes coups;
Et cette âme, Seigneur, que vous m'avez donnée
  Verra son défenseur en vous.

Renversez leurs fureurs sur leurs coupables têtes,
  Exterminez ces lâches ennemis;
Écrasez leur orgueil sous leurs propres tempêtes,
  Suivant que vous l'avez promis.

---

1. Ps. LIII. O Dieu, sauvez-moi en votre nom; et jugez-moi en votre vertu.

O Dieu, exaucez ma prière : écoutez les paroles de ma bouche.

Des étrangers se sont élevés contre moi, et des gens puissans ont cherché mon âme, et ne se sont point proposé Dieu devant les yeux.

Mais voici que Dieu me secourt, et le Seigneur reçoit mon âme en sa protection.

Détournez mes maux sur mes ennemis : et dissipez-les en votre vérité.

J'oserai vous offrir alors un sacrifice,
  Et ferai voir à tout notre avenir
Combien sert votre nom à qui lui rend service,
  Et combien on le doit bénir.

Je dirai hautement : « De toutes mes misères
  Le Tout-Puissant m'a si bien garanti,
Que j'ai vu trébucher les haines les plus fières
  De tout le contraire parti. »

Gloire au Père éternel, la première des causes,
  Gloire à son Fils, gloire à l'Esprit divin ;
Et telle qu'elle étoit avant toutes les choses,
  Telle soit-elle encor sans fin.

PSAUME LXXXIV[1].

Il vous a plu, Seigneur, bénir votre contrée,
Ce cher et doux climat choisi sur l'univers,
Et par tant de soupirs votre âme pénétrée
  A tiré Jacob de ses fers.

Vous avez répandu les bontés d'un vrai père
Sur ce que votre peuple a commis de péchés ;
Et pour ne les plus voir d'un regard de colère,
  Votre amour vous les a cachés.

Toute cette colère enfin s'est adoucie ;
Vous avez détourné les traits de sa fureur,
Et de tous les excès dont nous l'avons grossie
  Vous avez pardonné l'erreur.

Changez si bien nos cœurs qu'elle se puisse éteindre,
Qu'elle n'y trouve plus de quoi se rallumer :
Sa plus foible étincelle est toujours trop à craindre
  A qui ne veut que vous aimer.

Je vous offrirai des sacrifices volontairement, et je louerai votre nom, parce qu'il est la bonté même.
  Parce que vous m'avez délivré de toutes mes tribulations ; et mon œil a regardé mes ennemis de haut en bas.
  Gloire soit au Père, etc.

1. Ps. LXXXIV. Seigneur, vous avez béni votre terre : vous avez détourné la captivité de Jacob.
  Vous avez remis à votre peuple son iniquité : vous avez couvert tous ses péchés.
  Vous avez adouci tout votre courroux : vous nous avez retirés de devant la colère de votre indignation.
  Convertissez-nous, ô Dieu, qui êtes notre salutaire ; et détournez votre colère de nous.

Pourriez-vous, Dieu tout bon, pourriez-vous sur nos têtes
Tenir le bras levé durant tout l'avenir ;
Et ne quitter jamais ces foudres toujours prêtes
    A vous venger et nous punir ?

Non, non, ce vieux courroux fait place à la clémence,
Il s'est évanoui pour lui laisser son tour :
Vous allez rendre à tous la joie et l'assurance
    De voir régner tout votre amour.

Hâtez-vous de montrer en prince débonnaire
Cet effet de pitié si longtemps attendu,
Faites-nous le grand don de votre salutaire ;
    Vous l'avez promis, il est dû.

Peuple, faites silence à cette voix secrète
Par qui le Tout-Puissant s'en explique avec moi ;
Et je vais vous apprendre en fidèle interprète
    Quelle paix suivra votre foi.

Ce sera cette paix dont sa bonté suprême
De ses vrais serviteurs remplit la sainteté,
Et que possède un cœur qui, rentrant en soi-même,
    En chasse toute vanité.

Ce divin salutaire est bien près de paroître,
De se rendre visible aux yeux de qui le craint :
Oui, sa gloire est bien près de se faire connoître
    A ce que la terre a de saint.

La rencontre s'est faite, après tant de colère,
De la miséricorde avec la vérité ;
La justice et la paix par un baiser sincère
    Marquent notre félicité.

Serez-vous éternellement irrité contre nous ; et étendrez-vous votre colère de génération en génération ?

Non, non, vous vous tournerez vers nous, et nous vivifierez : et votre peuple se réjouira en vous.

Seigneur, montrez-nous votre miséricorde : et donnez-nous votre salutaire.

J'écouterai ce que dira en moi le Seigneur mon Dieu : car il ne parlera que de paix sur son peuple.

Il ne parlera que de paix sur ses saints, et sur ceux qui rentrent dans leur cœur pour l'épurer.

Certainement son salutaire est proche de ceux qui le craignent, afin que sa gloire habite en notre terre.

La miséricorde et la vérité se sont rencontrées : la justice et la paix se sont baisées,

Je vois naître déjà d'une terre sans vice
La même vérité pour qui nous soupirons,
Et du plus haut du ciel cette même justice
    Descendre sur nos environs.

Je ne m'en dédis point. Le grand maître du monde
Fait briller tout l'éclat de sa bénignité :
La terre, par lui seul et pour lui seul féconde,
    Va donner le fruit souhaité.

La justice en tous lieux lui servira de guide,
Elle lui tracera ses routes ici-bas,
Et mettra dans la voie où le vrai bien réside
    Quiconque s'attache à ses pas.

Gloire au Père éternel, la première des causes,
Gloire au Verbe incarné, gloire à l'Esprit divin;
Et telle qu'elle étoit avant toutes les choses,
    Telle soit-elle encor sans fin.

PSAUME CXVI [1].

Nations, qui peuplez le reste de la terre,
    Bénissez toutes le Seigneur :
Peuples, que la Judée en ses cantons resserre,
    Louez comme elles sa grandeur.

Vous voyez, nations, sa grâce descendue,
    Et vous, peuples, sa vérité :
Toutes deux sont pour vous d'une égale étendue,
    Et durent à l'éternité.

Gloire au Père éternel, la première des causes,
    Gloire au Fils, à l'Esprit divin;
Et telle qu'elle étoit avant toutes les choses,
    Telle soit-elle encor sans fin.

Antienne. Marie est élevée dans le ciel, les anges s'en réjouissent, ils en louent et bénissent le Seigneur.

La vérité est sortie de la terre; et la justice a regardé du haut du ciel.

Le Seigneur répandra sa bénignité; et notre terre donnera son fruit.

La justice marchera devant lui, et mettra ses pas en la voie.

Gloire soit au Père, etc.

1. Ps. CXVI. Nations, louez toutes le Seigneur : peuples, louez-le tous.

Parce que sa miséricorde s'est affermie sur nous, et que la vérité du Seigneur demeure à l'éternité.

Gloire soit au Père, etc.

Chapitre. Qui est celle qui s'avance comme une aurore qui se lève, belle comme le soleil, terrible comme une armée rangée en bataille?

℟. Rendons grâces à Dieu.

℣. Ayez agréable, Vierge sacrée, que je publie vos louanges.

℟. Donnez-moi de la vertu contre vos ennemis.

Seigneur, ayez pitié de nous. Jésus-Christ, ayez pitié de nous. Seigneur, ayez pitié de nous.

℣. Seigneur, écoutez ma prière.

℟. Et que mes clameurs aillent jusqu'à vous.

Oraison. Seigneur, qui avez daigné choisir le palais virginal de la bienheureuse Vierge Marie, pour y faire votre demeure; nous vous supplions de faire qu'étant fortifiés par sa défense, nous puissions assister avec joie à la solennité qui se fait en sa mémoire; nous vous en conjurons, véritable Dieu, qui vivez et régnez dans tous les siècles des siècles. ℟. Ainsi soit-il.

℣. Seigneur, écoutez ma prière.

℟. Et que mes clameurs aillent jusqu'à vous.

℣. Bénissons le Seigneur.

℟. Rendons grâces à Dieu.

℣. Que les âmes des fidèles reposent en paix par la miséricorde de Dieu.

℟. Ainsi soit-il.

A TIERCE.

Je vous salue, Marie, etc.

O grand Dieu, de qui tout procède[1],
Qui faites et vivre et mourir,
Ne me refusez pas votre aide,
Hâtez-vous de me secourir.

Gloire au Père, souverain Maître,
Gloire au Fils, à l'Esprit divin;
Et telle qu'elle étoit quand tout commença d'être,
Telle soit-elle encor, maintenant, et sans fin.

Louez le Seigneur.

---

1. Mon Dieu, venez à mon aide.
Seigneur, hâtez-vous de me secourir.
Gloire soit au Père, etc.

HYMNE.

Bénin sauveur de la nature,
Souviens-toi que d'un criminel
Tu pris la forme au sein d'une vierge très-pure,
Et daignas comme nous naître enfant et mortel.

O Mère de grâce, ô Marie,
Qui n'es que douceur et qu'amour,
Contre nos ennemis protége notre vie,
Et rends-toi notre asile au grand et dernier jour.

Gloire à toi, Merveille suprême,
Dieu par une vierge enfanté ;
Même gloire à ton Père, au Saint-Esprit la même,
Et durant tous les temps et dans l'éternité.

Antienne. La Vierge Marie.

PSAUME CXIX[1].

Dans les ennuis qui m'ont pressé,
J'ai toujours au Seigneur élevé ma prière,
Et n'ai point réclamé son aide en ma misère,
Qu'il ne m'ait exaucé.

De lâches calomniateurs
Font que tout de nouveau, Seigneur, je la réclame :
Daigne m'en garantir, et délivre mon âme
Des perfides flatteurs !

Il n'est point de contre-poisons
Contre le noir venin des langues médisantes,
Et ce sont tout autant de blessures cuisantes
Que toutes leurs raisons.

Les traits que lance un bras puissant
Portent bien moins de morts que ceux de leur parole ;
Et les pointes d'un feu qui ravage et désole
N'ont rien de si perçant.

---

1. Ps. CXIX. J'ai élevé mes cris au Seigneur, quand j'ai été dans la tribulation ; et il m'a exaucé.

Seigneur, délivrez-moi des lèvres injustes, et de la langue pleine de fraude.

Que peut-on donner, ou que peut-on mettre auprès de vous de comparable à une langue pleine de fraude?

Elle ressemble à des flèches aiguës, décochées par un puissant bras, et à des charbons qui désolent tout.

Que mon exil me fait d'horreur!
J'y vis comme en Cédar je vivrois sous des tentes,
Et ne vois que brutaux, dont les mœurs insolentes
  N'étalent que fureur.

  Plus j'ose leur parler de paix,
Plus j'aigris contre moi leur haine et leur colère;
Et la vaine douceur de nuire et de mal faire
  Forme tous leurs souhaits.

  Gloire aux Trois dont l'être est divin,
Gloire soit en tous lieux à leur unique essence,
Telle comme elle étoit lorsque tout prit naissance,
  Et telle encor sans fin.

PSAUME CXX[1].

  Près d'être accablé de misère,
Jusqu'au plus haut des cieux j'ai levé mes regards,
  Et recherché de toutes parts
D'où pourroit me venir le secours nécessaire.

  Mais dans une si rude guerre
Je n'ai vu que mon Dieu qui pût me secourir :
  C'est à lui qu'il faut recourir,
A ce Dieu qui de rien fit le ciel et la terre.

  Ne craignons ni faux pas, ni chute,
Puisque ce Dieu des dieux s'abaisse à nous garder :
  C'est un crime d'appréhender
Qu'un œil si vigilant se ferme ou se rebute.

  Il veille, Israël, il te veille,
Il voit tous les périls qui s'ouvrent sous tes pas :
  Marche sans trouble, et ne crains pas
Que jamais il s'endorme, ou même qu'il sommeille.

Que je suis malheureux de ce que mon exil est encore prolongé! j'ai demeuré avec des habitans de Cédar, et mon âme a été longtemps exilée.

J'étois pacifique avec ces gens qui haïssent la paix : quand je leur parlois, ils m'attaquoient de gaieté de cœur.

Gloire au Père, etc.

1. Ps. cxx. J'ai levé mes yeux aux montagnes, d'où me doit venir du secours.

Le secours me viendra du Seigneur, qui a fait le ciel et la terre.

Qu'il ne souffre point que ton pied trébuche, et que celui qui te garde ne s'assoupisse point.

Non, il ne s'assoupira point et ne s'endormira point, celui qui garde Israël.

Il est ta garde en tes alarmes,
Il te guide et protége en ta calamité;
Et puisqu'il marche à ton côté,
Ta main pour te couvrir n'a point à chercher d'armes.

Le soleil qui commence à luire
Ne te brûlera point dans la chaleur du jour;
Et quand la lune aura son tour,
Ses rais les plus malins ne pourront plus te nuire.

Contre le fer, contre la flamme,
Contre tous les assauts du malheur qui te suit,
Il te gardera jour et nuit;
Il fera plus encore, il gardera ton âme.

Daigne en la mort comme en la vie
L'excès de sa bonté répondre à tes souhaits,
Et de tes desseins à jamais
Favoriser l'entrée, et bénir la sortie.

Gloire au Père, cause des causes,
Gloire au Verbe incarné, gloire à l'Esprit divin,
Telle maintenant et sans fin
Qu'elle étoit en tous trois avant toutes les choses.

PSAUME CXXI[1].

O l'heureuse nouvelle!
Le grand mot qu'on m'a dit! Nous irons, peuple aimé,
Nous rentrerons, troupe fidèle,
Dans la maison du Dieu qui seul a tout formé.

Nous reverrons encore
Les murs, les sacrés murs de la sainte Sion,
Où le Dieu qu'Israël adore
Fait briller tant d'effets de sa protection.

Le Seigneur te garde, le Seigneur te protége, beaucoup mieux que ta main droite ne le peut.

Le soleil ne te brûlera point durant le jour, ni la lune durant la nuit.

Le Seigneur te garde de tout mal! le Seigneur veuille garder ton âme!

Le Seigneur veuille garder ton entrée et ta sortie, de cette heure jusqu'à tout jamais!

Gloire soit au Père, etc.

1. Ps. CXXI. Je me suis réjoui de ce qu'on m'a dit : nous irons en la maison du Seigneur.

Nous nous tiendrons de pied ferme, comme autrefois, dans la demeure de Jérusalem;

Cette reine des villes,
Qu'il doit faire durer même au delà des temps,
Ne craint point de guerres civiles,
Tant l'union est forte entre ses habitans.

Ces nombreuses lignées,
Qui du sang d'Israël portent si haut l'honneur,
Des terres les plus éloignées
Y viennent rendre hommage au grand nom du Seigneur.

Dans ses tours les plus fortes
La pudeur, l'équité, le saint amour revit;
Et la justice entre ses portes
Tient le haut tribunal des enfans de David.

Montrez-lui votre zèle,
Peuple; à vœux redoublés souhaitez-lui la paix :
Ce que vous obtiendrez pour elle
Entretiendra chez vous l'abondance à jamais.

Qu'à jamais ta puissance,
Sion, à cette paix force tes ennemis,
Et qu'à jamais cette abondance
Du sommet de tes tours coule chez tes amis!

J'ai chez toi tant de frères,
Mes proches avec toi m'ont fait de si doux nœuds,
Que tant de liaisons si chères
Pour ce bienheureux calme unissent tous mes vœux.

Ce temple, où Dieu lui-même
Fait éclater souvent toute sa majesté,
Surtout oblige un cœur qui t'aime
A des vœux assidus pour ta prospérité.

Jérusalem qu'on bâtit comme une ville, aux avantages de laquelle tous ses habitans participent par leur union.

Car c'est là que sont montées les tribus, les tribus choisies du Seigneur, qu'Israël y envoie en témoignage de sa foi, pour y chanter les louanges du Seigneur.

C'est là que sont établis les siéges de la justice, les siéges où on la rend à la maison de David.

Demandez à Dieu ce qui concerne la paix de Jérusalem ; et que l'abondance arrive à ceux qui l'aiment.

Que la paix se fasse en ta vertu, et que l'abondance soit en tes tours.

A cause de mes frères et de mes proches, je parlois sans cesse de paix pour toi ;

A cause de la maison du Seigneur notre Dieu, j'ai cherché à te procurer du bien.

Père, cause des causes,
Gloire à ton Fils et toi, gloire à l'Esprit divin :
Telle qu'avant toutes les choses,
Telle soit-elle encor, maintenant, et sans fin.

Antienne. La Vierge Marie est élevée à un céleste appartement, où le Roi des rois est assis en un trône étoilé.

Chapitre. Ecclésiastique, XXIV. C'est ainsi que je me suis affermie en Sion, et c'est en cette manière que j'ai pris mon repos en la ville sanctifiée, et que ma puissance est en Jérusalem.

℟. Rendons-en grâces à Dieu.
℣. La grâce est répandue en vos lèvres.
℟. C'est pourquoi le Seigneur vous a bénie à l'éternité.

Seigneur, ayez pitié de nous. Jésus-Christ, ayez pitié de nous. Seigneur, ayez pitié de nous.
℣. Seigneur, écoutez ma prière.
℟. Et que mes clameurs aillent jusqu'à vous.

Oraison. O Dieu, qui par la féconde virginité de la bienheureuse Marie avez accordé au genre humain les prix du salut éternel, nous vous supplions de nous faire ressentir les effets de l'intercession de cette même Vierge; par laquelle nous avons mérité de recevoir l'auteur de la vie, notre Seigneur Jésus-Christ.

℟. Ainsi soit-il.
℣. Seigneur, écoutez ma prière.
℟. Et que mes clameurs aillent jusqu'à vous.
℣. Bénissons le Seigneur.
℟. Rendons grâces à Dieu.
℣. Que les âmes des fidèles reposent en paix par la miséricorde de Dieu.
℟. Ainsi soit-il.

A SEXTE.

Je vous salue, Marie, etc.

O grand Dieu, de qui tout procède[1],
Qui faites et vivre et mourir,
Ne me refusez pas votre aide,
Hâtez-vous de me secourir.

Gloire au Père, souverain Maître,
Gloire au Fils, à l'Esprit divin;

Gloire soit au Père, etc.

1. Mon Dieu, venez à mon aide, etc.

Et telle qu'elle étoit quand tout commença d'être,
Telle soit-elle encor, maintenant, et sans fin.

Louez le Seigneur.

HYMNE.

Bénin sauveur de la nature,
Souviens-toi que d'un criminel
Tu pris la forme au sein d'une vierge très-pure,
Et daignas comme nous naître enfant et mortel.

O mère de grâce, ô Marie,
Qui n'es que douceur et qu'amour,
Contre nos ennemis protége notre vie,
Et rends-toi notre asile au grand et dernier jour.

Gloire à toi, Merveille suprême,
Dieu, par une vierge enfanté ;
Même gloire à ton Père, au Saint-Esprit la même,
Et durant tous les temps, et dans l'éternité.

Antienne. C'est après l'odeur.

PSAUME CXXII [1].

Auteur de l'univers, qui choisis pour demeure
Les immenses palais des cieux,
A toute rencontre, à toute heure,
Jusque-là, jusqu'à toi j'ose élever mes yeux.

Ainsi le serviteur sur la main de son maître
A tous momens porte les siens,
Lorsqu'il tremble et veut reconnoître
Ce qu'il doit en attendre ou de maux, ou de biens.

La servante inquiète aux mains de sa maîtresse
N'attache pas mieux ses regards,
Que ma douloureuse tendresse
Ramène à toi, Seigneur, les miens de toutes parts.

Jette un œil de pitié sur mon âme accablée
Et d'opprobres et de mépris :
La honte dont elle est comblée
De ses plus durs travaux chaque jour est le prix.

---

1. Ps. CXXII. J'ai élevé mes yeux vers vous, Seigneur, qui habitez dans les cieux.
Comme les yeux des serviteurs s'attachent sur les mains de leurs maîtres,
Comme les yeux d'une servante s'attachent sur les mains de sa maîtresse : ainsi font nos yeux sur le Seigneur notre Dieu, jusqu'à ce qu'il prenne pitié de nous.
Prenez pitié de nous, Seigneur, prenez pitié de nous ; car nous sommes accablés de mépris.

Le riche me dédaigne, et l'orgueilleux m'affronte :
  Mais enfin jette ce coup d'œil,
  Le riche recevra la honte,
Et tu renverseras l'opprobre sur l'orgueil.

Gloire au Père éternel, la première des causes,
  Gloire au Fils, à l'Esprit divin ;
  Et telle qu'avant toutes choses,
Telle soit-elle encor, maintenant, et sans fin.

PSAUME CXXIII[1].

Si le Dieu d'Israël ne m'avoit garanti
De l'insolente audace, et de la perfidie :
  Qu'Israël lui-même le die,
Si le Seigneur n'eût pris notre parti,

Des ennemis couverts les piéges décevans,
Des ennemis connus le bras fait au carnage,
  Auroient si bien uni leur rage,
Qu'elle nous eût engloutis tout vivans.

Le barbare complot de tant de conjurés
Qui s'enivrent de sang, et se gorgent de crimes,
  Nous eût plongés en des abîmes
Où leur fureur nous auroit dévorés.

De leurs plus fiers torrens les orgueilleux ruisseaux
N'ont fait en dépit d'eux que bondir sur nos têtes,
  Où sans lui mille autres tempêtes
Auroient roulé d'insupportables eaux.

Béni soit le Seigneur, béni soit le secours
Que sa faveur départ, que sa bonté déploie !
  Il leur vient d'arracher leur proie,
Et de leurs dents il a sauvé nos jours.

Notre âme en est toute accablée ; elle est devenue l'opprobre des riches et le mépris des superbes.
Gloire soit au Père, etc.

1. Ps. CXXIII. Si le Seigneur n'eût été avec nous : qu'Israël dise maintenant, si le Seigneur n'eût été avec nous,
Quand les hommes s'élevoient contre nous, peut-être nous eussent-ils dévorés tout vivans.
Quand leur fureur s'allumoit contre nous, peut-être l'eau nous auroit englouttis.
Notre âme a passé au travers d'un torrent : peut-être lui auroit-il fallu passer au travers d'une eau insupportable.
Béni soit le Seigneur, qui ne nous a pas donnés en proie à leurs dents.

Ils nous avoient poussés sur les bords du tombeau,
Ils y tenoient déjà notre âme enveloppée ;
   Mais elle s'en est échappée,
  A l'oiseleur comme échappe un oiseau.

On a brisé les lacs qu'ils nous avoient tendus,
De notre liberté nous recouvrons l'usage,
   Et nous triomphons de leur rage
  Dans le moment qu'on nous croyoit perdus.

Peuple, n'en doute point, c'est le Seigneur, c'est lui,
Dont le bras invincible a pris notre défense ;
   Et son adorable puissance
  A qui le sert aime à servir d'appui.

Gloire au Père éternel, gloire au Verbe incarné,
Gloire à l'Esprit divin, ainsi qu'eux adorable ;
   Telle à tout jamais perdurable,
  Qu'elle éclatoit avant que tout fût né.

PSAUME CXXIV[1].

Quiconque met en Dieu toute sa confiance
A même fermeté que le mont de Sion :
Rien ne peut l'ébranler, et dans sa patience
Il est assez armé contre l'oppression.

Si pour Jérusalem l'enceinte des montagnes
Forme des bastions qu'on a peine à forcer ;
Ce Dieu qui d'un coup d'œil les réduit en campagnes,
Sert aux siens d'un rempart qu'on ne peut renverser.

Non, il ne souffre point aux méchans un empire
Sous qui l'homme de bien soit longtemps abattu,
De peur qu'à cette amorce une âme qui soupire
Ne prenne goût au crime, et quitte la vertu.

Notre âme en a été délivrée, comme un passereau qui s'échappe des lacs des chasseurs.
  Les lacs ont été rompus, et nous avons été délivrés.
  Nous n'avons point d'autres secours que le nom du Seigneur, qui a fait le ciel et la terre.
  Gloire soit au Père, etc.

1. Ps. CXXIV. Ceux qui se confient au Seigneur sont comme la montagne de Sion ; celui qui habite en Jérusalem ne sera jamais ébranlé.
Les montagnes sont à l'entour d'elle, et le Seigneur est à l'entour de son peuple, de ce moment jusqu'à tout jamais.
Car le Seigneur ne laissera point la verge du pécheur sur le partage des justes, de peur que les justes n'étendent leurs mains vers l'iniquité.

Hâtez-vous donc, Seigneur, hâtez-vous de répandre
Sur qui s'attache à vous quelques prospérités :
Versez-y des faveurs qui nous fassent comprendre
Quels biens suivent un cœur qui suit vos vérités.

Quant à ceux qui ne sont que détours et que ruses,
Rangez-les avec ceux qui ne font que forfaits,
Ne faites point de grâce à leurs folles excuses,
Et par là d'Israël établissez la paix.

Gloire au Père éternel, la première des causes,
Gloire au Verbe incarné, gloire à l'Esprit divin ;
Et telle qu'elle étoit avant toutes les choses,
Telle soit-elle encor, maintenant, et sans fin.

Antienne. C'est après l'odeur de vos parfums que nous courons ; les jeunes filles vous ont extraordinairement aimée.

Chapitre. Ecclésiastique, XXIV. J'ai pris racine chez un peuple comblé d'honneur, et son héritage est du partage de mon Dieu, et ma demeure est en la plénitude des saints.

℞. Rendons-en grâces à Dieu.
℣. Vous êtes bénie entre les femmes.
℞. Et le fruit de votre ventre est béni.
Seigneur, ayez pitié de nous. Jésus-Christ, ayez pitié de nous. Seigneur, ayez pitié de nous.
℣. Seigneur, écoutez ma prière.
℞. Et que mes clameurs aillent jusqu'à vous.

Oraison. Dieu tout miséricordieux, accordez un appui à notre fragilité, afin que nous qui célébrons la mémoire de la sainte Mère de Dieu, nous nous relevions de nos iniquités par son intercession. Nous vous en conjurons par le même Jésus-Christ notre Seigneur.
℣. Seigneur, écoutez ma prière.
℞. Et que mes clameurs aillent jusqu'à vous.
℣. Bénissons le Seigneur.
℞. Rendons grâces à Dieu.
℣. Que les âmes des fidèles reposent en paix par la miséricorde de Dieu.
℞. Ainsi soit-il.

Seigneur, faites du bien aux bons et aux droits de cœur.
Mais ceux qui se détournent dans des voies obliques, le Seigneur les rangera avec ceux qui commettent l'iniquité, et la paix sera sur Israël.
Gloire soit au Père, etc.

A NONE.

Je vous salue, Marie, etc.

O grand Dieu, de qui tout procède[1],
Qui faites et vivre et mourir,
Ne me refusez pas votre aide,
Hâtez-vous de me secourir.

Gloire au Père, souverain maître,
Gloire au Fils, à l'Esprit divin;
Et telle qu'elle étoit quand tout commença d'être,
Telle soit-elle encor, maintenant, et sans fin.

Louez le Seigneur.

HYMNE.

Bénin Sauveur de la nature,
Souviens-toi que d'un criminel
Tu pris la forme au sein d'une vierge très-pure,
Et daignas comme nous naître enfant et mortel.

O Mère de grâce, ô Marie,
Qui n'es que douceur et qu'amour,
Contre nos ennemis protège notre vie,
Et rends-toi notre asile au grand et dernier jour.

Gloire à toi, Merveille suprême,
Dieu par une vierge enfanté;
Même gloire à ton Père, au Saint-Esprit la même,
Et durant tous les temps, et dans l'éternité.

Antienne. Vous êtes belle.

PSAUME CXXV[2].

Dès qu'il plut au Seigneur mettre fin à nos peines,
Sitôt qu'il eut brisé nos fers,
Nous traitâmes de songe et de chimères vaines
Les maux que nous avions soufferts.

Un plein ravissement de tout notre visage
Bannit les marques du passé;
Et jusqu'au souvenir d'un si dur esclavage,
Tout cessa, tout fut effacé.

---

1. Mon Dieu, venez à mon aide, etc.

2. Ps. cxxv. Quand le Seigneur changea la captivité de Sion en liberté, nous devînmes comme des gens tout consolés.

Notre bouche fut alors remplie de joie; et notre langue d'exultation.

Toutes les nations qui voyoient notre joie
    Se disoient, d'un air sourcilleux :
« Il faut que le bonheur où leur Dieu les renvoie
    Soit bien grand et bien merveilleux. »

Oui, leur répondions-nous, c'est le Dieu des merveilles,
    C'est lui qui nous tire d'ici ;
Et comme ses bontés sont pour nous sans pareilles,
    Notre allégresse l'est aussi.

Favorisez, Seigneur, des mêmes priviléges
    Ces restes pour qui nous tremblons ;
Comme un vent du midi, faites fondre des neiges,
    Qui fertilisent leurs sablons.

Finissez leur exil ainsi que nos alarmes,
    Exaucez leur juste désir,
Vous qui nous avez dit que qui semoit en larmes
    Moissonneroit avec plaisir.

Ils ont semé leurs blés, mais sous des lois sévères
    Que leur imposoient leurs malheurs.
Leur douleur égaloit l'excès de leurs misères :
    Autant de pas, autant de pleurs.

Mais s'ils les ont semés avec pleine tristesse,
    Accablés d'ennuis et de maux,
Ils reviendront, Seigneur, avec pleine allégresse,
    Chargés du fruit de leurs travaux.

Gloire au Père éternel, la première des causes,
    Gloire au Fils, à l'Esprit divin ;
Et telle qu'elle étoit avant toutes les choses,
    Telle soit-elle encor sans fin.

On dira parmi les nations : « Le Seigneur a fait pour eux des choses magnifiques. »

Oui, le Seigneur a fait des choses magnifiques pour nous ; et c'est ce qui nous rend si ravis.

Achevez, Seigneur, de rompre notre captivité, comme un torrent au midi.

Ceux qui sèment en larmes recueilleront en exultation.

Ils ne marchoient qu'en pleurant, lorsqu'ils semoient leurs grains.

Mais ils reviendront avec pleine exultation, portant les gerbes qu'ils auront recueillies.

Gloire soit au Père, etc.

PSAUME CXXVI [1].

Que sert tout le pouvoir humain ?
A bâtir un palais qu'en sert tout l'artifice ?
Hommes, vous travaillez en vain,
A moins que le Seigneur avec vous le bâtisse.

Des soldats les plus courageux
Qui veillent jour et nuit à garder une ville,
Si Dieu ne la garde avec eux,
Toute la vigilance est pour elle inutile.

C'est en vain que pour amasser
Un avare inquiet se lève avant l'aurore ;
Il ne fait que se harasser,
Pour du pain de douleur qu'à regret il dévore.

Dieu joint pour ses enfans chéris
Un paisible sommeil à la sainte abondance :
Pour siens il adopte leurs fils,
Et leurs moindres travaux portent leur récompense.

Tels que des guerriers généreux
Qui s'arment en faveur d'un pouvoir légitime,
Ces fils qu'il donne aux moins heureux
Soutiennent puissamment un père qu'on opprime.

Heureux qui les voit bien agir,
Qui trouve en leur secours un assuré refuge :
Il n'a jamais lieu de rougir
Quand il lui faut répondre au tribunal d'un juge.

Gloire au Père, au Verbe incarné,
Gloire à l'Esprit divin, ainsi qu'eux adorable :
Telle qu'avant que tout fût né,
Telle soit-elle encore à jamais perdurable.

---

1. Ps. CXXVI. Si le Seigneur ne bâtit la maison, c'est en vain qu'ont travaillé ceux qui la bâtissent.

Si le Seigneur ne garde la ville, c'est inutilement que veille celui qui la garde.

C'est en vain que vous vous levez avant le jour : ne vous levez qu'après vous être reposés, vous qui mangez du pain de douleur.

Quand il aura donné le sommeil à ses bien-aimés, vous verrez que vos fils sont l'héritage du Seigneur, et que la fécondité du ventre est une récompense.

Comme des flèches en la main d'un puissant homme, ainsi seront les fils des persécutés.

Heureux l'homme qui a rempli son désir par eux : il n'aura point de confusion, quand il parlera à ses ennemis en la porte.

Gloire soit au Père, etc.

PSAUME CXXVII[1].

O que votre bonheur vous doit remplir de joie,
    Vous tous qui craignez le Seigneur,
      Qui ne marchez que dans sa voie,
    Et lui donnez tout votre cœur !

Des travaux de vos mains il fait la nourriture
      Nécessaire à votre soutien :
        Point pour vous de bien qui ne dure,
      Point de mal qui ne tourne en bien.

Vos femmes, tout ainsi que ces fécondes vignes
      Qui des maisons parent le tour,
      Vous rendront les fruits les plus dignes
      Que promette un parfait amour.

Vos fils se rangeront autour de votre table
      Comme de jeunes oliviers,
      Et leur concorde inviolable
      Suivra vos plus heureux sentiers.

Voilà comme ce Dieu bénira par avance
      Un cœur pour lui vraiment atteint,
      Et ce qu'aura pour récompense
      Dès ici l'homme qui le craint.

Que du haut de Sion ses bontés vous bénissent,
      Et n'étalent dans sa cité,
      Jusqu'à ce que vos jours finissent,
      A vos yeux que félicité !

Qu'elles vous fassent voir prospérer votre race
      Dans les enfans de vos enfans,
      Israël toujours sans disgrâce,
      Et tous ses peuples triomphans !

---

1. Ps. CXXVII. Heureux sont tous ceux qui craignent le Seigneur, et qui marchent dans ses voies.

Les travaux de vos mains vous fourniront de quoi manger ; vous êtes heureux, et il ne vous arrivera que du bien.

Votre femme sera comme une vigne abondante, dans les côtés de votre maison.

Vos enfans seront comme de jeunes plants d'oliviers, tout autour de votre table.

C'est ainsi que sera béni l'homme qui craint le Seigneur.

Que le Seigneur vous bénisse de Sion ! puissiez-vous voir le bonheur de Jérusalem tous les jours de votre vie !

Puissiez-vous voir les enfans de vos enfans, et la paix sur Israël !

Gloire au Père éternel, la première des causes,
Gloire au Fils, à l'Esprit divin ;
Et telle qu'avant toutes choses,
Telle soit-elle encor sans fin.

Antienne. Vous êtes belle et bien parée, fille de Jérusalem, et terrible comme une armée rangée en bataille.

Chapitre. Ecclésiastique, XXIV. Dans les places, j'ai rendu une odeur pareille à celle de la cannelle et du baume aromatique, et répandu une senteur aussi agréable que celle de la myrrhe choisie.

℟. Rendons grâces à Dieu.
℣. Vous êtes demeurée vierge sans tache après l'enfantement.
℟. Mère de Dieu, intercédez pour nous.

Seigneur, ayez pitié de nous. Jésus-Christ, ayez pitié de nous. Seigneur, ayez pitié de nous.

℣. Seigneur, écoutez ma prière.
℟. Et que mes clameurs aillent jusqu'à vous.

Oraison. Nous vous supplions, Seigneur, de faire grâce aux péchés de vos serviteurs, afin que nous, qui n'avons pas de quoi vous plaire par nos actions, nous puissions être sauvés par l'intercession de la Mère de votre Fils, notre Seigneur. Nous vous en conjurons par le même Jésus-Christ notre Seigneur.
℟. Ainsi soit-il.
℣. Seigneur, écoutez ma prière.
℟. Et que mes clameurs aillent jusqu'à vous.
℣. Bénissons le Seigneur.
℟. Rendons grâces à Dieu.
℣. Que les âmes des fidèles reposent en paix par la miséricorde de Dieu.
℟. Ainsi soit-il.

A VÊPRES.

Je vous salue, Marie, etc.

O grand Dieu, de qui tout procède[1],
Qui faites et vivre et mourir,
Ne me refusez pas votre aide,
Hâtez-vous de me secourir.

Gloire au Père, etc.

1. Mon Dieu, venez à mon aide, etc.

Gloire au Père, souverain Maître,
Gloire au Fils, à l'Esprit divin;
Et telle qu'elle étoit quand tout commença d'être,
Telle soit-elle encor, maintenant, et sans fin.

Antienne. Lorsque le roi.

PSAUME CIX[1].

Le Seigneur vient de dire à son Verbe ineffable,
Qui n'est pas moins que lui mon souverain Seigneur :
« Viens te seoir à ma dextre, et rends-toi redoutable
    Par ce dernier comble d'honneur.

« Cependant mon courroux aura soin de descendre
Sur ceux qui t'accabloient de leurs inimitiés;
J'en confondrai l'audace, et je saurai les rendre
    Tels qu'un escabeau sous tes pieds.

« Je ferai de Sion partir l'éclat suprême
Du sceptre universel qu'à tes mains j'ai promis :
Comme je règne au ciel, tu régneras de même
    Au milieu de tes ennemis.

« Au jour de ta vertu tu leur feras connoître,
Par les saintes splendeurs de tes droits éclatans,
Que mes regards féconds de mon sein t'ont fait naître
    Avant la naissance des temps.

« Je te l'ai trop juré pour m'en vouloir dédire :
Selon Melchisédech tu seras prêtre et roi,
Et je joindrai moi-même un éternel empire
    Au sacrifice offert par toi. »

Oui, Seigneur, oui, grand Dieu, ce divin salutaire,
Qui se sied à ta dextre et nous donne tes lois,
Viendra briser lui-même, au jour de sa colère,
    Les plus fermes trônes des rois.

---

1. Ps. CIX. Le Seigneur a dit à mon Seigneur : « Seyez-vous à ma dextre,

« Jusqu'à ce que j'aie réduit vos ennemis à être l'escabeau de vos pieds.

« Le Seigneur fera partir de Sion la verge de votre vertu : dominez au milieu de vos ennemis.

« Le principe étoit avec vous au jour de votre vertu, dans les splendeurs des saints : je vous ai engendré de mes entrailles avant le point du jour. »

Le Seigneur l'a juré, et il ne s'en repentira point : vous êtes prêtre pour toute l'éternité selon l'ordre de Melchisédech.

Le Seigneur est à votre droite : il a rompu et brisé les rois au jour de sa colère.

Parmi les nations ces lois autorisées
Feront tant de ruine et de tels châtimens,
Qu'en mille et mille lieux les têtes écrasées
    Publieront ses ressentimens.

L'eau trouble du torrent lui servit de breuvage,
Tant qu'il lui plut traîner son exil ici-bas,
Et sa gloire en reçoit d'autant plus d'avantage,
    Que rudes furent ses combats.

Gloire au Père éternel, la première des causes,
Gloire au Verbe incarné, gloire à l'Esprit divin :
Et telle qu'elle étoit avant toutes les choses,
    Telle soit-elle encor sans fin.

Antienne. Lorsque le roi étoit assis sur son lit, ma boîte de nard a répandu une odeur de suavité.
Antienne. Sa gauche.

PSAUME CXII [1].

Enfans, de qui les voix à peine encor formées
    Ne font que bégayer,
C'est à louer le nom du Seigneur des armées
    Qu'il les faut essayer.

Que ce nom soit béni dans toute l'étendue
    Que les siècles auront;
Que la gloire en soit même au delà répandue
    De ce qu'ils dureront.

De climat en climat, ainsi que d'âge en âge,
    Il est à respecter;
Et du nord au midi, de l'Inde jusqu'au Tage,
    Il le faut exalter.

Sa gloire, qui s'élève au-dessus des monarques,
    Est seule sans défaut :
Bien qu'on en voie au ciel éclater mille marques,
    Elle est encor plus haut.

Il jugera parmi les nations, il fera des ruines entières, il écrasera sur la terre les têtes de beaucoup de gens.
Il boira de l'eau du torrent en son chemin, et c'est ce qui lui fera élever sa tête.
Gloire soit au Père, etc.

1. Ps. CXII. Enfans, louez le Seigneur; louez le nom du Seigneur.
Que le nom du Seigneur soit béni de ce moment jusqu'à l'éternité.
Du levant au couchant, le nom du Seigneur doit être loué.
Le Seigneur est élevé sur toutes les nations, et sa gloire va au-dessus des cieux.

Quel roi fait sa demeure au-dessus du tonnerre,
Comme ce Dieu des dieux,
Qui voit de haut en bas et tout ce qu'a la terre,
Et tout ce qu'ont les cieux?

Il dégage le pauvre, et la pauvreté même,
Du plus épais bourbier;
Et tire le plus vil, par son pouvoir suprême,
Du plus sale fumier.

Il les place lui-même à côté de leurs princes,
Parmi les potentats;
Il leur donne lui-même à régir leurs provinces,
Et régler leurs États.

Il fait plus, il répand sur la femme stérile
La joie et le bonheur,
Et, faisant de sa couche une terre fertile,
Il la met en honneur.

Gloire à ton Fils et toi, Père, cause des causes,
Gloire à l'Esprit divin,
Telle encor maintenant qu'avant toutes les choses,
Et telle encor sans fin.

Antienne. Sa gauche passera sous ma tête, et sa droite m'embrassera.

Antienne. Je suis noire.

PSAUME CXXI[1].

O l'heureuse nouvelle!
Le grand mot qu'on m'a dit! Nous irons, peuple aimé,
Nous rentrerons, troupe fidèle,
Dans la maison du Dieu qui seul a tout formé.

Qui est comme le Seigneur notre Dieu, qui habite aux lieux les plus hauts, et ne dédaigne pas de jeter l'œil sur les choses les plus basses qui soient au ciel et en la terre?

Il élève de terre le plus chétif, et tire le pauvre de dessus le fumier.

Il les place avec les princes, avec les princes de son peuple.

Il fait habiter la femme stérile avec joie dans sa maison, en la rendant mère de plusieurs enfans.

Gloire soit au Père, etc.

1. Ps. CXXI. Je me suis réjoui de ce qu'on m'a dit : Nous irons en la maison du Seigneur.

Nous reverrons encore
Les murs, les sacrés murs de la sainte Sion,
Où le Dieu qu'Israël adore
Fait briller tant d'effets de sa protection.

Cette reine des villes,
Qu'il doit faire durer même au delà des temps,
Ne craint point de guerres civiles,
Tant l'union est forte entre ses habitans.

Ces nombreuses lignées,
Qui du sang d'Israël portent si haut l'honneur,
Des terres les plus éloignées
Y viennent rendre hommage au grand nom du Seigneur.

Dans ses tours les plus fortes
La pudeur, l'équité, le saint amour revit,
Et la justice entre ses portes
Tient le haut tribunal des enfans de David.

Montrez-lui votre zèle,
Peuple; à vœux redoublés souhaitez-lui la paix :
Ce que vous obtiendrez pour elle
Entretiendra chez vous l'abondance à jamais.

Qu'à jamais ta puissance,
Sion, à cette paix force tes ennemis,
Et qu'à jamais cette abondance
Du sommet de tes tours coule chez tes amis!

J'ai chez toi tant de frères,
Mes proches avec toi m'ont fait de si doux nœuds,
Que tant de liaisons si chères
Pour ce bienheureux calme unissent tous mes vœux.

Nous nous tiendrons de pied ferme comme autrefois, dans la demeure de Jérusalem ;

Jérusalem qu'on bâtit comme une ville, aux avantages de laquelle tous ses habitans participent par leur union.

Car c'est là que sont montées les tribus, les tribus choisies du Seigneur, qu'Israël envoie, en témoignage de sa foi, pour y chanter les louanges du Seigneur.

C'est là que sont établis les siéges de la justice, les siéges où on la rend à la maison de David.

Demandez à Dieu ce qui concerne la paix de Jérusalem ; et que l'abondance arrive à ceux qui l'aiment.

Que la paix se fasse en ta vertu, et que l'abondance soit en tes tours.

A cause de mes frères et de mes proches, je parlois sans cesse de paix pour toi ;

Ce temple, où Dieu lui-même,
Fait éclater souvent toute sa majesté,
Surtout oblige un cœur qui t'aime
A des vœux assidus pour ta prospérité.

Père, cause des causes,
Gloire à ton Fils et toi, gloire à l'Esprit divin :
Telle qu'avant toutes les choses,
Telle soit-elle encor, maintenant, et sans fin.

Antienne. Je suis noire, mais je suis belle, filles de Jérusalem : c'est pourquoi le roi m'a aimée, et m'a fait entrer dans sa chambre.

Antienne. L'hiver est déjà passé.

PSAUME CXXVI[1].

Que sert tout le pouvoir humain ?
A bâtir un palais qu'en sert tout l'artifice ?
Hommes, vous travaillez en vain,
A moins que le Seigneur avec vous le bâtisse.

Des soldats les plus courageux
Qui veillent nuit et jour à garder une ville,
Si Dieu ne la garde avec eux,
Toute la vigilance est pour elle inutile.

C'est en vain que, pour amasser,
Un avare inquiet se lève avant l'aurore ;
Il ne fait que se harasser,
Pour du pain de douleur qu'à regret il dévore.

Dieu joint pour ses enfans chéris
Un paisible sommeil à la sainte abondance :
Pour siens il adopte leurs fils,
Et leurs moindres travaux portent leur récompense.

A cause de la maison du Seigneur notre Dieu, j'ai cherché à te procurer du bien.

Gloire soit au Père, etc.

1. Ps. CXXVI. Si le Seigneur ne bâtit la maison, c'est en vain qu'ont travaillé ceux qui la bâtissent.

Si le Seigneur ne garde la ville, c'est inutilement que veille celui qui la garde.

C'est en vain que vous vous levez avant le jour : ne vous levez qu'après vous être reposés, vous qui mangez du pain de douleur.

Quand il aura donné le sommeil à ses bien-aimés, vous verrez que vos fils sont l'héritage du Seigneur, et que la fécondité du ventre est une récompense.

Tels que des guerriers généreux
Qui s'arment en faveur d'un pouvoir légitime,
Ces fils qu'il donne aux moins heureux
Soutiennent puissamment un père qu'on opprime.

Heureux qui les voit bien agir,
Qui trouve en leur secours un assuré refuge :
Il n'a jamais lieu de rougir
Quand il lui faut répondre au tribunal d'un juge.

Gloire au Père, au Verbe incarné,
Gloire à l'Esprit divin, ainsi qu'eux adorable :
Telle qu'avant que tout fût né,
Telle soit-elle encore à jamais perdurable.

Antienne. L'hiver est déjà passé, la pluie s'est écoulée et retirée : levez-vous, ma bien-aimée, et venez.
Antienne. Vous êtes devenue belle.

PSAUME CXLVII [1].

Louez, Jérusalem, louez votre Seigneur ;
Montagne de Sion, exaltez votre maître,
Honorez-le de bouche, adorez-le de cœur :
C'est de lui que vous tenez l'être.

De vos portes c'est lui qui soutient les verrous,
C'est lui qui dans vos murs tient tout en assurance ;
Il y bénit vos fils, il les y comble tous
De richesses et d'abondance.

Par lui de tant de vœux la paix est le doux fruit,
Par lui de vos confins elle s'est ressaisie :
Du blé le mieux nourri que la terre ait produit
C'est lui seul qui vous rassasie.

Comme des flèches en la main d'un puissant homme, ainsi seront les fils des persécutés.
Heureux l'homme qui a rempli son désir par eux : il n'aura point de confusion, quand il parlera à ses ennemis en la porte.
Gloire soit au Père, etc.

1. Ps. CXLVII. Jérusalem, louez le Seigneur : Sion, louez votre Dieu.
Il a renforcé les serrures de vos portes, il a béni vos enfans en vous.
C'est lui qui a mis la paix dans tous vos confins ; il vous rassasie du froment le mieux nourri.

Pour le faire obéir dans les plus grands États,
Il n'a du haut des cieux qu'à dire une parole ;
Ses ordres sont portés aux plus lointains climats
    Plus vite qu'un oiseau ne vole.

C'est lui seul qui répand la neige à pleines mains,
Comme flocons de laine il l'oblige à descendre :
La bruine à son choix s'épart sur les humains,
    Comme s'épartiroit la cendre.

En perles de cristal que lui-même endurcit,
Il sème la froidure et laisse choir la glace ;
Et quand cette froidure une fois s'épaissit,
    Qui peut tenir devant sa face ?

D'un seul mot qu'il prononce il la résout en eaux ;
A peine il a parlé qu'elle devient liquide,
Et d'un souffle il la fait couler à gros ruisseaux
    A travers la campagne humide.

Il choisit Israël pour lui donner sa loi,
Il lui daigne lui-même annoncer ses justices :
C'est de lui qu'il se plaît à se dire le roi,
    Et recevoir les sacrifices.

Il n'en fait pas de même à toutes nations,
Non, ce n'est pas ainsi qu'avec tous il en use ;
Et de ses jugemens les saintes notions
    Sont des grâces qu'il leur refuse.

Gloire au Père, à son Verbe, à l'Esprit tout divin,
Gloire soit en tous lieux à leur unique essence.
Telle encor maintenant, et telle encor sans fin,
    Qu'avant que tout eût pris naissance.

Antienne. Vous êtes devenue belle, et pleine d'une admirable douceur dans vos délices, ô sainte Mère de Dieu.

    C'est lui qui envoie sa parole à la terre, et sa parole court avec vitesse.
    C'est lui qui donne la neige en forme de laine : il épart la bruine aussi menu que la cendre.
    Il envoie sa glace comme des petits morceaux de cristal : qui pourra subsister devant la face de sa froidure ?
    Il ne fera qu'envoyer sa parole pour rendre tout cela liquide ; son esprit soufflera, et tout cela s'écoulera en eaux.
    C'est lui qui annonce sa parole à Jacob, ses justices et ses jugemens à Israël.
    Il n'a pas fait ainsi à toutes nations, et il ne leur a pas manifesté ses jugemens.
    Gloire soit au Père, etc.

Chapitre. — J'ai été formée dès le commencement et avant les siècles, et je ne cesserai jamais d'être, et j'ai servi en sa présence dans la demeure sainte.

℟. Rendons-en grâces à Dieu.

HYMNE.

Étoile de la mer, Mère du Tout-Puissant,
Toujours vierge, toujours étoile sans nuage,
Porte du ciel ouverte au pécheur gémissant,
  Reçois notre humble hommage.

De nous, comme de l'ange, accepte ce salut ;
Et, dans une paix sainte affermissant notre âme,
Change l'impression que notre sang reçut
  De la première femme.

Des captifs du péché romps les tristes liens,
Aux esprits aveuglés rends de vives lumières,
Chasse loin tous les maux, obtiens-nous tous les biens,
  Vierge, par tes prières.

Montre de pleins effets du pouvoir maternel,
Fais qu'à remplir nos vœux cet Homme-Dieu s'applique,
Qui pour rendre la vie à l'homme criminel
  Naquit ton fils unique.

O Vierge sans pareille en clémence, en bonté,
Fais-lui de tous nos cœurs d'agréables victimes ;
Verses-y ta douceur, joins-y ta chasteté,
  Et lave tous nos crimes.

Épure notre vie, enflamme notre esprit ;
Du ciel par ton suffrage assure-nous la voie,
Et fais-nous-y goûter près de ton Jésus-Christ
  Une éternelle joie.

Gloire, louange, honneur et puissance au Très-Huut,
Gloire, honneur et louange à sa parfaite image,
Gloire à l'Esprit divin ainsi qu'eux sans défaut,
  A tous trois même hommage.

℣. La grâce est répandue en vos lèvres.
℟. C'est pourquoi Dieu vous a bénie à l'éternité.

Antienne. Mère bienheureuse.

CANTIQUE DE LA SAINTE VIERGE[1].

En saint Luc, I.

Après un si haut privilége
Dont il plaît au Seigneur de me gratifier,
Je me dois tout entière à le magnifier,
Et mon silence ingrat seroit un sacrilége.

Quand même je voudrois me taire,
Un doux emportement parleroit malgré moi ;
Et cet excès d'honneur m'est une forte loi
D'épanouir mon âme en Dieu mon salutaire.

Il a regardé ma bassesse,
Il a du haut des cieux daigné s'en souvenir ;
Et depuis ce moment tout le siècle à venir
Publiera mon bonheur par des chants d'allégresse.

La merveille tant attendue
De son pouvoir en moi fait voir l'immensité ;
Et je dois de son nom bénir la sainteté,
Dont la vive splendeur sur moi s'est répandue.

De sa miséricorde sainte
L'effort de race en race enfin tombe sur nous ;
Il en fait part à ceux qui craignent son courroux,
Et je porte le prix d'une si digne crainte.

Son bras a montré sa puissance :
Les projets les plus vains, il les a dispersés ;
Les desseins les plus fiers, il les a renversés ;
Et du plus haut orgueil abattu l'insolence.

Les plus invincibles monarques
Se sont vus par sa main de leur trône arrachés ;
Et ceux que la poussière avoit tenus cachés
Ont reçu de son choix les glorieuses marques.

---

1. *Cantique de la sainte Vierge.* Mon âme magnifie le Seigneur.
Et mon esprit a tressailli de joie en Dieu, mon salutaire.
Il a regardé la bassesse de sa servante ; et à cause de cela toutes les générations me nommeront bienheureuse.
Parce que le Tout-Puissant a fait en moi de grandes choses, et a montré la vertu de son saint nom.
Et sa miséricorde passe de race en race à ceux qui le craignent.
Il a déployé la puissance de son bras, et mis les superbes bien loin de la pensée de leur cœur.
Il a déposé de leur siége les plus puissans, et a exalté les plus ravalés.

Par des faveurs vraiment solides
Il a rempli de biens ceux que pressoit la faim;
Et ceux qui puisoient l'or chez eux à pleine main,
Sa juste défaveur les a renvoyés vides.

C'est ce qui nous donne assurance
Qu'il a pris Israël en sa protection,
Et n'a point oublié la grâce dont Sion
Avoit droit de flatter son illustre espérance.

Il la promit avec tendresse,
Abraham et ses fils en eurent son serment :
Tout ce qu'il leur jura paroît en ce moment,
Et ce miracle enfin dégage sa promesse.

Gloire au Père, cause des causes,
Gloire au Verbe incarné, gloire à l'Esprit divin,
Telle encor maintenant, et telle encor sans fin,
Qu'elle étoit en tous trois avant toutes les choses.

Antienne. Mère bienheureuse, et Vierge immaculée, glorieuse Reine du monde, intercédez pour nous envers le Seigneur.

℣. Seigneur, écoutez ma prière.

℟. Et que mes clameurs aillent jusqu'à vous.

Oraison. Seigneur, nous vous prions d'accorder à vos serviteurs une santé perpétuelle de l'esprit et du corps, et que, par la glorieuse intercession de la bienheureuse Marie toujours vierge, ils soient délivrés de la tristesse présente, et jouissent un jour de l'allégresse éternelle. Par Jésus-Christ notre Seigneur.

℟. Ainsi soit-il.

Antienne. Pour les saints.

Saints de Dieu, daignez tous intercéder pour notre salut, et pour celui de tous.

℣. Justes, réjouissez-vous au Seigneur, et montrez-vous remplis d'allégresse.

℟. Et que tous ceux qui ont le cœur droit se glorifient en lui.

Oraison. Seigneur, protégez votre peuple, qui se confie en

Il a rempli de biens ceux qui étoient pressés de la faim, et renvoyé vides les opulens.

Il a pris en sa protection Israël son serviteur, en rappelant le souvenir de sa miséricorde,

Ainsi qu'il l'avoit promis à nos pères, à Abraham et à sa postérité pour tout jamais.

Gloire soit au Père, etc.

l'intercession de saint Pierre et de saint Paul, et de vos autres apôtres, et conservez-le par une défense perpétuelle.

Nous vous supplions, Seigneur, que tous vos saints nous assistent partout, afin que, cependant que nous renouvelons ici-bas la mémoire de leurs mérites, nous ressentions les effets de leur protection auprès de vous. Accordez la paix à nos jours, repoussez de votre Église toute sorte de méchanceté ; disposez notre démarche, nos actions, nos volontés, et celle de tous vos serviteurs, dans la prospérité du salut qui vient de vous. Donnez des biens éternels pour rétribution à nos bienfaiteurs, et accordez le repos éternel à tous les fidèles défunts. Nous vous en conjurons par Jésus-Christ notre Seigneur. ℟. Ainsi soit-il.

℣. Seigneur, écoutez ma prière.
℟. Et que mes clameurs aillent jusqu'à vous.
℣. Bénissons le Seigneur.
℟. Rendons grâces à Dieu.
℣. Que les âmes des fidèles reposent en paix par la miséricorde de Dieu. ℟. Ainsi soit-il.

A COMPLIES.

Je vous salue, Marie, etc.

Seigneur, de tous les cœurs qui cherchent à vous plaire'
L'unique salutaire,
Convertissez notre âme, et détournez de nous
Votre juste courroux.

O grand Dieu, de qui tout procède,
Qui faites et vivre et mourir,
Ne me refusez pas votre aide,
Hâtez-vous de me secourir.

Gloire au Père, souverain Maître ;
Gloire au Fils, à l'Esprit divin ;
Et telle qu'elle étoit quand tout commença d'être,
Telle soit-elle encor, maintenant, et sans fin.

Louez le Seigneur.

1. Convertissez-nous, ô Dieu, qui êtes notre salutaire ;
Et détournez votre colère de nous.
Mon Dieu, venez à mon aide, etc.

PSAUME CXXVIII[1].

Dès mes plus jeunes ans les pécheurs ont sans cesse
Par d'injustes complots attaqué ma foiblesse.
Jacob, qu'ils ont poussé longtemps si vivement,
    A droit de dire hautement :

Dès mes plus jeunes ans les pécheurs ont sans cesse
Par d'injustes complots attaqué ma foiblesse :
Ils ont voulu me perdre et me faire la loi,
    Mais ils n'ont rien pu contre moi.

Ces méchans ont forgé sur mon dos plus de crimes
Qu'au désert tous les ans n'en portent nos victimes,
Et n'ont fait, pour tout fruit de leur méchanceté,
    Qu'augmenter leur iniquité.

Le Seigneur a sur eux renversé leurs tempêtes,
Son bras, juste vengeur, a foudroyé leurs têtes :
Ainsi soient terrassés, à leur confusion,
    Tous les ennemis de Sion.

Qu'ils deviennent pareils à ce foin inutile
Qui sur le haut des toits pousse un tuyau débile,
Et ne s'y montre aux yeux que pour le voir sécher
    Avant qu'on l'en puisse arracher.

Qu'ils deviennent pareils à ces méchantes herbes,
Dont jamais moissonneur n'a ramassé de gerbes;
Que tient le glaneur même indignes de sa main,
    Et n'en daigne remplir son sein.

Les passans, qui sauront quelle est leur injustice,
Ne leur diront jamais : « Le Seigneur vous bénisse,
Le Seigneur vous appuie, ainsi que notre cœur
    Vous bénit au nom du Seigneur ! »

---

1. Ps. cxxvIII. Ils m'ont attaqué souvent depuis ma jeunesse : qu'Israël le dise maintenant.

Ils m'ont attaqué souvent depuis ma jeunesse ; mais ils n'ont pu rien faire contre moi.

Les pécheurs ont fabriqué sur mon dos, et n'ont fait que prolonger leur iniquité.

Le Seigneur, comme juste qu'il est, a haché la tête des pécheurs : que tous ceux qui haïssent Sion soient confus, et renversés en arrière.

Qu'ils deviennent comme le foin qui croît sur les toits, lequel est séché avant qu'on l'arrache ;

Dont le moissonneur ne remplit point sa main, et dont ne daigne remplir son sein celui qui ramasse des poignées d'épis sur le champ moissonné.

Et les passans n'ont point dit : « La bénédiction du Seigneur soit sur vous ! nous vous bénissons au nom du Seigneur. »

Gloire au Père éternel, gloire au Verbe ineffable,
Gloire à leur Esprit saint, ainsi qu'eux adorable :
Et telle qu'elle étoit avant les premiers jours,
  Telle soit-elle encor toujours.

PSAUME CXXIX[1].

Des abîmes profonds où mon péché me plonge,
  Jusqu'à toi j'ai poussé mes cris ;
Tu vois mon repentir, et l'ennui qui me ronge :
Seigneur, ne reçois pas mes vœux avec mépris.

Prête à mes longs soupirs cette oreille attentive
  Qui n'entend point sans secourir ;
Jette sur les élans d'une douleur si vive
Cet œil qui ne peut voir de maux sans les guérir.

Pour grands que soient les miens, je le dis à ma honte,
  Seigneur, je les ai mérités :
Mais qui subsistera, si tu demandes compte
De tout l'emportement de nos iniquités ?

Auprès de ta justice il est une clémence
  Que souvent tu choisis pour loi :
Elle est inépuisable, et c'est son indulgence
Qui m'a fait jusqu'ici subsister devant toi.

Je me suis soutenu, Seigneur, sur ta parole,
  Dans ce que je n'ai su parer :
Un dieu n'afflige point qu'ensuite il ne console.
C'est ce que tes bontés m'ordonnent d'espérer.

Espère ainsi que moi, peuple de la Judée !
  Fils de Jacob, espérez tous !
Et, du matin au soir, gardez la sainte idée
D'espérer en sa grâce en craignant son courroux.

Gloire au Père, etc.

1. Ps. CXXIX. Seigneur, je me suis écrié vers vous des lieux profonds : Seigneur, exaucez mon oraison.

Que vos oreilles se rendent attentives à la voix de ma supplication.

Seigneur, si vous prenez garde à toutes les iniquités, qui osera vous attendre ?

Vous avez un fonds inépuisable de clémence ; et à cause de votre loi, Seigneur, je vous ai attendu.

Mon âme a attendu le Seigneur sur sa parole : mon âme a espéré au Seigneur.

Depuis la garde du matin jusqu'à la nuit, Israël doit espérer au Seigneur ;

A sa miséricorde il n'est point de limites :
Il en a des trésors cachés,
Et prépare lui-même un excès de mérites
A racheter bientôt l'excès de nos péchés.

Attends donc, Israël, attends avec courage
L'effet de ce qu'il a promis :
Il paiera ta rançon, rompra ton esclavage,
Et brisera les fers où ton péché t'a mis.

Gloire au Père éternel, la première des causes,
Gloire au Fils, à l'Esprit divin;
Et telle qu'elle étoit avant toutes les choses,
Telle soit-elle encor, maintenant, et sans fin.

PSAUME CXXX [1].

Je n'ai point soupiré pour cette indépendance
Où veut monter l'orgueil par des droits usurpés;
Vers elle aucuns regards ne me sont échappés,
Non pas même par imprudence.

Vous le savez, Seigneur, ma plus vaste pensée
Ne m'a jamais enflé d'aucune ambition,
Ni fait chercher l'éclat d'une illustre action,
Pour voir ma fortune haussée.

Si j'ai manqué d'avoir ce mépris de moi-même,
Cet humble sentiment que vous m'avez prescrit;
Si j'ai laissé jamais surprendre mon esprit
A la splendeur du diadème :

Puisse votre rebut se rendre aussi sévère,
Aussi rude à mon cœur mortellement navré,
Qu'est sensible à l'enfant nouvellement sevré
Le refus du lait de sa mère!

Parce qu'il y a miséricorde chez le Seigneur, et pleine abondance de rédemption.
Et il rachètera lui-même Israël de toutes ses iniquités.
Gloire soit au Père, etc.

1. Ps. cxxx. Seigneur, mon cœur ne s'est point exalté, et mes yeux ne se sont point élevés.
Je n'ai point porté mes pas aux grandeurs, ni aux choses merveilleuses au delà de ma portée.
Si je n'ai point eu d'humbles sentimens de moi-même, et si j'ai exalté mon âme;
Tel qu'est le déplaisir d'un enfant nouveau sevré entre les bras de sa mère qui lui refuse son lait, telle soit en mon âme la rétribution de mon orgueil.

Porte, porte au Seigneur ta pleine confiance,
Israël, peuple élu qu'il a daigné bénir;
Et, depuis ce moment jusqu'à tout l'avenir,
  Dédaigne toute autre espérance.

Gloire au Père éternel, la première des causes,
Gloire au Verbe incarné, gloire à l'Esprit divin,
Telle encor maintenant, et telle encor sans fin,
  Qu'elle étoit avant toutes choses.

HYMNE.

  Bénin Sauveur de la nature,
  Souviens-toi que d'un criminel
Tu pris la forme au sein d'une vierge très-pure,
Et daignas comme nous naître enfant et mortel.

  O Mère de grâce, ô Marie,
  Qui n'es que douceur et qu'amour,
Contre nos ennemis protége notre vie,
Et rends-toi notre asile au grand et dernier jour.

  Gloire à toi, Merveille suprême,
  Dieu par une vierge enfanté;
Même gloire à ton Père, au Saint-Esprit la même,
Et durant tous les temps, et dans l'éternité.

Chapitre. Je suis la mère de la belle dilection, et de la crainte, et de la grandeur, et de la sainte espérance.

℟. Rendons-en grâces à Dieu.

℣. Priez pour nous, sainte Mère de Dieu.

℟. Afin que nous devenions dignes des promesses de Jésus-Christ.

Antienne. C'est sous votre protection.

CANTIQUE DE SIMÉON [1].

En saint Luc, II.

  Enfin, suivant votre parole,
  Vous me laissez aller en paix,
  Seigneur, et mon âme s'envole
  Au sein d'Abraham pour jamais.

Qu'Israël espère au Seigneur, depuis ce moment jusqu'à tout jamais.

Gloire soit au Père, etc.

1. *Cantique de Siméon.* Seigneur, vous laissez maintenant aller votre serviteur en paix, suivant votre parole.

Vous avez daigné satisfaire
De mes yeux le plus doux souci :
Ils ont vu votre salutaire,
Et n'ont plus rien à voir ici.

C'est le salutaire suprême,
Que vos saintes prénotions
Vous ont fait préparer vous-même
Devant toutes les nations.

Par cette lumière adorable
Les gentils seront éclairés,
Et d'une gloire incomparable
Vos peuples seront honorés.

Gloire au Père, cause des causes,
Gloire au Fils, à l'Esprit divin;
Et telle qu'avant toutes choses,
Telle soit-elle encor sans fin.

Antienne. C'est sous votre protection que nous nous réfugions, sainte Mère de Dieu : ne dédaignez pas nos prières dans les besoins où nous sommes, mais délivrez-nous en tout temps de tous périls, Vierge glorieuse et bénie.

Seigneur, ayez pitié de nous. Jésus-Christ, ayez pitié de nous. Seigneur, ayez pitié de nous.

℣. Seigneur, écoutez ma prière.

℟. Et que mes clameurs aillent jusqu'à vous.

Oraison. Nous vous supplions, Seigneur, que la glorieuse intercession de la bienheureuse Marie toujours vierge nous protège, et nous conduise à la vie éternelle. Par Jésus-Christ notre Seigneur votre Fils, qui étant Dieu comme vous, vit et règne avec vous en l'unité du Saint-Esprit dans tous les siècles des siècles.

℟. Ainsi soit-il.

℣. Seigneur, écoutez ma prière.

℟. Et que mes clameurs aillent jusqu'à vous.

℣. Bénissons le Seigneur.

℟. Rendons grâces à Dieu.

Parce que mes yeux ont vu votre salutaire,
Que vous avez préparé devant la face de tous les peuples,
Pour servir de lumière à éclairer les nations, et faire la gloire d'Israël votre peuple.
Gloire soit au Père, etc.

FIN DU QUATRIÈME VOLUME.

TABLE.

	Pages.
Psyché, tragédie-ballet.	1
Pulchérie, comédie héroïque.	69
Suréna, général des Parthes, tragédie.	107
L'Imitation de Jésus-Christ, traduite et paraphrasée en vers françois.	154
Livre I.	164
Livre II.	226
Livre III.	266
Livre IV.	419
Lettres sur l'auteur de l'Imitation.	471
L'Office de la sainte Vierge, traduit en françois tant en vers qu'en prose.	478

FIN DE LA TABLE DU QUATRIÈME VOLUME.

Ch. Lahure, imprimeur du Sénat et de la Cour de Cassation
(ancienne maison Crapelet), rue de Vaugirard, 9.

AUTRES PUBLICATIONS DE CH. LAHURE.

PUBLICATIONS PÉRIODIQUES.

Le Journal pour tous, magasin hebdomadaire illustré. Chaque numéro contient 250 000 lettres. Prix : 10 centimes. — L'abonnement d'un an : pour Paris, 6 francs ; pour les départements, 8 francs.

La Semaine des Enfants, magasin d'images et de lectures amusantes et instructives. Prix : 15 centimes. — L'abonnement d'un an : 9 fr.

Le Moniteur des Comices et des Cultivateurs, rédigé par une Société d'agronomes et de cultivateurs, sous la direction de M. Jourdier. Prix de l'abonnement : 6 francs par an.

ON S'ABONNE A CES RECUEILS :

à Paris : { au Bureau, rue de Vaugirard, 9 ;
et chez MM. L. Hachette et Cie, rue Pierre-Sarrazin, 14 ;

dans les départements et à l'étranger : chez tous les libraires.

ÉDITIONS FORMAT IN-18 JESUS.

POUR LA FRANCE, 2 FR. LE VOL.; POUR L'ÉTRANGER, 2 FR. 50 C.

I. ŒUVRES COMPLÈTES DES PRINCIPAUX ÉCRIVAINS FRANÇAIS.

Boileau. 1 volume.	**Montesquieu.** 2 volumes.
Fénelon. (Sous presse.)	**Pascal.** 2 volumes.
La Fontaine. 2 volumes.	**Racine.** 2 volumes.
Molière. 2 volumes.	**Rousseau** (J. J.) 8 volumes.

II. BIBLIOTHÈQUE DES MEILLEURS ROMANS ÉTRANGERS.

Bulwer : Mémoires de Pisistrate Caxton. 1 vol.	**Fullerton** (lady.) : L'Oiseau du Bon Dieu. 1 vol.
Cumming (miss) : L'Allumeur de réverbères. 1 vol.	**Gaskell** (Mrs) : Marie Barton. 1 vol.
	Mügge : Afraja. 1 vol.
Currer Bell : Jane Eyre. 1 vol.	**Smith** (J. F.) : Dick Tarleton. 2 vol.
Dickens (Ch.) : Bleak-House. 2 vol.	**Stephens** (Mrs Ann S.) : Opulence et misère. 1 vol.
— Contes de Noël. 1 vol.	
— Vie et aventures de Nicolas Nickleby. 2 vol.	**Thackeray** (W. M.) : Mémoires de Barry Lyndon, esq. 1 vol.
Freytag (G.) : Doit et avoir. 2 vol.	— Henry Esmond. 1 vol.

ADRESSER LES DEMANDES :

à MM. L. HACHETTE et Cie, rue Pierre-Sarrazin, 14 ;

ET AUX PRINCIPAUX LIBRAIRES DE LA FRANCE ET DE L'ÉTRANGER.

Ch. Lahure, imprimeur du Sénat et de la Cour de Cassation, rue de Vaugirard, 9, près de l'Odéon.

www.ingramcontent.com/pod-product-compliance
Lightning Source LLC
Chambersburg PA
CBHW072021240426
43667CB00044B/1603